의약계열

교과세특
탐구주제
바이블

저자 소개

허정욱 ─ 의정부여자고등학교 영어교과교사

- 〈성공적인 대입을 위한 면접 바이블〉, 〈학과연계 독서탐구 바이블〉 집필

전소영 ─ 청학고등학교 영어교과교사

- 경기도교육청 학교생활기록부 강사요원
- 구리남양주교육청 학교생활기록부 현장지원단
- 디지털 기반 교육혁신 선도학교 터치교사단 및 현장지원단
- 경기도 미래교실연구회
- 창의인성영어수업디자인연구회
- 네이버 블로그 '꿈꾸는 영어쌤' 운영자 (학교생활기록부 업무 및 영어 수업) ⌂ https://bit.ly/46UO9Jr
- 유튜브 '꿈꾸는 영어쌤' 운영자 (학교생활기록부 및 에듀테크) ⌂ https://bit.ly/3Tmz0cT
- 〈학생부 바이블〉 집필

고재현 ─ 성남여자고등학교 국어교과교사

- 유튜브 '고재쌤' 운영
- 대입, 고입, 공부법, 학생부종합전형, 면접 관련 컨설팅 다수
- 한국외국어대학교 대입교사자문위원회 자문위원
- 〈성공적인 대입을 위한 면접 바이블〉, 〈학과연계 독서탐구 바이블〉 집필

은동현 ─ 대구 함지고등학교 국어교과교사

- 네이버 밴드 '고등학교 담임쌤들의 시너지' 운영자 ⌂ https://band.us/@sorry95
- 대구가톨릭대학교 사범대학 국어교육과 산학협력 교수
- '주제 탐구활동 기획 및 기재 전략', '학교생활기록부 차별화 전략', '고교학점제와 28대입 전략' 등 중고등학교 대상 특강 다수 진행
- 고등학교 학교생활기록부 컨설팅 자문위원 활동
- 前) 국어과 연구 교사 (대구시교육청)
- 前) '중등교사 특색 있는 수업 발표대회' 국어계열 1등급 수상 (대구시교육청)
- 〈교과세특 추천 도서 300(공학계열)〉, 〈출제자의 시선〉 집필

강서희 ─ 안양문화고등학교 진로전담교사

- 2022 개정 교육과정 〈성공적인 직업생활〉 교과서 집필

- 〈10대를 위한 홀랜드 유형별 유망 직업 사전〉, 〈교과세특 탐구주제 바이블〉, 〈교과세특 추천 도서 300〉, 〈학생부 바이블〉 등 다수 집필
- 2022 개정 교육과정 〈직업계고 진로 워크북〉, 2022 개정 교육과정 〈중학교 창체 진로활동 워크북〉 집필
- 〈청소년을 위한 직업 카드〉, 〈미래 유망 신직업 카드〉, 〈MBTI 롤모델 카드〉, 〈드림온 스토리텔링 보드게임〉, 〈원하는 진로를 잡아라 보드게임〉 등 다수 개발

김강석 ⊢ 숭신여자고등학교 진로전담교사

- 한국교원연수원 고교학점제 대표강사
- UN청소년환경총회 자문 및 심사위원
- 前) 경기진로전담교사협의회 부회장
- 前) 교육과정평가원, 환경부, 교육부, 한국과학창의재단 자문위원
- 〈학과 바이블〉, 〈나만의 진로 가이드북〉, 〈학생부 바이블〉, 〈교과세특 탐구주제 바이블〉, 〈면접 바이블〉 집필
- 2009 ~ 2022 교육과정 환경 및 진로 교과서 등 총 10종의 교과서 집필
- 고등학교 진로 부교재 〈하이라이트〉 등 다수의 진로 관련 도서 집필
- 청소년 진로·직업 온라인 교육 콘텐츠 '초현실 세계가 온다, 메타버스의 세계' 개발
- KB은행 진로 영상 제작(교육부, 전국진로진학협의회)

한승배 ⊢ 양평 청운고등학교 진로전담교사

- 前) 청소년 사이버범죄예방 교과연구회, 정보통신윤리교육 교과연구회 회장
- 前) 전국선플교사협의회 회장
- 네이버 카페 '꿈샘 진로수업 나눔방' 운영자 ⌂ https://cafe.naver.com/jinro77
- 2022 개정 교육과정 중학교, 고등학교 〈진로와 직업〉 교과서 집필
- 2015 개정 교육과정 중학교, 고등학교 〈진로와 직업〉, 〈성공적인 직업생활〉, 〈기술·가정〉 교과서 집필
- 〈10대를 위한 직업 백과〉, 〈미리 알려주는 미래 유망 직업〉, 〈직업 바이블〉, 〈10대를 위한 홀랜드 유망 직업 사전〉, 〈유 노 직업 퀴즈 활동북〉, 〈학습만화 직업을 찾아라〉 집필
- 〈학과 바이블〉, 〈학생부 바이블〉, 〈고교학점제 바이블〉, 〈교과세특 탐구주제 바이블〉, 〈교과세특 추천 도서 300〉, 〈면접 바이블〉, 〈학과연계 독서탐구 바이블〉, 〈특성화고 학생을 위한 진학 바이블〉, 〈미디어 진로탐색 바이블〉 집필
- 〈청소년을 위한 학과 카드〉, 〈청소년을 위한 직업 카드〉 개발
- 〈드림온 스토리텔링 보드게임〉, 〈원하는 진로를 잡아라 보드게임〉 개발

서수환 ⊢ 장곡고등학교 진로전담교사

- 주요 대학 교사자문위원 활동
- 2009 개정 교육과정 교과서 집필
- 〈성공적인 대입을 위한 면접 바이블〉, 〈학과연계 독서탐구 바이블〉 집필

유홍규 ⊶ 서신여자고등학교 진로전담교사

- 충남진학교육지원단, 충남진학지도협의회
- 2022 개정 교육과정 고등학교 〈진로와 직업〉 집필
- 〈성공적인 대입을 위한 면접 바이블〉, 〈학과연계 독서탐구 바이블〉 등 집필

안병선 ⊶ 광덕고등학교 진로전담교사

- 2022 개정 교육과정 고등학교 〈진로와 직업〉 교과서 집필
- 〈성공적인 대입을 위한 면접 바이블〉, 〈학과연계 독서탐구 바이블〉 집필

안준범 ⊶ 광주 중앙고등학교 진로전담교사

- 現) 건국대학교 진로진학상담전공 겸임교수
- 2022 개정 교육과정 고등학교 〈진로와 직업〉 교과서 집필

이남설 ⊶ 수원외국어고등학교 진로전담교사

- 주요 대학 교사자문위원, 한국교원연수원 고교학점제 대표강사
- 네이버 카페 '진로진학상담 무작정 따라하기', '1만시간의법칙으로 명문대학가기' 운영자
- 2022 개정 교육과정 고등학교 〈진로와 직업〉 교과서 집필
- 〈독서탐구 바이블〉, 〈직업 바이블〉, 〈면접 바이블〉, 〈학생부 바이블〉, 〈교과세특 탐구주제 바이블〉,
  〈교과세특 기재 예시 바이블〉 등 다수 집필
- 진로 포트폴리오 〈하이라이트〉(고등학교) 개발
- 엑셀을 활용한 '교과세특 전문가', '진로 기반 학생부', '진로 진학 수시 상담', '1만 시간의 법칙 공부 시간 관리' 등
  다수 프로그램 개발

김래홍 ⊶ 신평고등학교 진로전담교사

- 충청남도진학교육지원단
- 충청남도고교학점제전문지원단
- 주요 대학 교사자문위원

차례

들어가기 전에

1. 교과 세부능력 및 특기사항(교과세특)이란

1 교과학습 발달상황이란?

학교생활기록부 중 교과 학습 발달상황에서는 학생의 학업능력을 확인할 수 있는 핵심 자료로 학업에 대한 수월성과 충실성을 살펴볼 수 있다. 이곳에서는 수강자 수, 등급, 원점수, 평균, 표준편차 등을 종합적으로 고려한 과목별 학업성취도와 선택교과 이수 현황을 통해 학업역량을 확인할 수 있으며, 전공 및 진로와 관련된 교과 이수 현황과 성취도를 통해 학업 우수성 및 전공(계열) 적합성을 확인할 수 있다. 이와 함께 학년별 성적 추이와 전반적인 교과에서 균형 잡힌 고른 성취 등을 통해 학생의 성장 잠재력과 발전 가능성, 그리고 학업에 임하는 성실성을 엿볼 수 있다.

교과 담당 선생님의 기록인 세부능력 및 특기사항은 학생의 수업태도, 수업활동 및 학습내용(발표, 토론, 실험 등), 과제 수행 과정 및 내용, 교사와의 상호작용 등 정량적인 수치에서 드러나지 않는 학생의 학업 역량 및 인성적 측면을 살펴볼 수 있는 의미 있는 자료이다. 더불어 학업에서 어려움을 극복하고 자신의 방식으로 발전하려는 모습을 통해 자기주도적 학습태도를 확인할 수 있다. 따라서 평소 학교 수업을 충실히 준비하고 적극적으로 참여하려는 것이 중요하다.

※ 대학에서는 이렇게 평가해요.

1. 학생부교과전형에서는 학업 성취도가 지원자의 학업 역량을 평가하는 주요 지표가 된다.

2. 학생부종합전형에서는 학업 역량, 진로 역량, 공동체 역량 등을 판단하는 여러 요소 가운데 하나로 활용되고 있다. 등급과 원점수뿐만 아니라 이수 과목, 이수자 수, 평균과 표준편차 등을 종합적으로 평가한다.

3. 종합적인 학업 성취도와 함께 학년의 변화에 따른 성적 변화를 함께 고려해 발전 가능성 등을 평가한다.

4. 다양한 과목 구분에 따라 학기별로 분석된 자료를 참고해 지원자의 학업 성취도를 평가하고 전 과목이나 주요 과목을 통해 전체적인 학업 능력을 평가하며, 지원자가 전공하고자 하는 분야와 관련된 교과목에 대한 개별적인 평가를 진행한다.

5. 세부능력 및 특기사항 기록 내용을 통해서 교과 수업에서 이루어진 학습 활동을 바탕으로 학생이 실제 습득한 학업 역량과 학업 태도를 종합적으로 평가한다.

6. 수업과 과제수행 과정에서 학생이 보여 준 주도적인 학업 노력, 열의와 관심, 성취 수준, 다양한 탐구 방법의 모색 등 의미 있는 지적 성취에 대한 교사의 관찰 결과에 주목한다.

7. 교과 관련 독서, 토론, 글쓰기, 탐구 활동, 실험 등 다양한 학습 경험에 대한 교사의 기록 내용을 참고로 학생의 학업 태도를 파악한다.

8. 교과 세부능력 및 특기사항을 통해 자기 주도적인 배움의 확장성, 토론이나 실험, 과제 수행, 집단 학습 같은 다양한

② 교과 세부능력 및 특기사항

교과 세부능력 및 특기사항은 흔히 '교과 세특'이라고 줄여서 사용한다. 교과 세특은 과목 담당 교사가 한 학기 동안 수업 시간을 통해 관찰한 학생의 성장 과정과 탐구 모습을 기록하는 항목이다. 단순한 성취 결과보다 과목별 성취 기준에 따른 성취 수준의 특성 및 참여도, 태도 등 특기할 만한 사항을 구체적이고 객관적으로 입력한다.

또한 교과 세특에 기재된 내용을 통해 수업 환경을 확인하고, 과목별 수업 시간에 나타난 학생의 자세, 태도, 교과 관련 활동, 탐구 과정, 성취와 결과, 개인의 우수성 등을 전체적으로 확인해 종합적으로 평가한다.

대학은 세특 항목을 통해 학업 역량 및 진로 역량 외에도 공동체 역량, 학습 태도, 성실성, 적극성, 창의성, 문제해결 능력 등 다양한 역량을 평가할 수 있다. 과제수행 과정 및 결과, 수업 시간 내 토론, 모둠활동, 발표의 주도성 등을 통해 드러난 모습을 통해 학생이 가진 대부분의 역량을 파악할 수 있다 해도 과언이 아니다. 따라서 세특 기록에 자신의 역량이 구체적으로 잘 나타나도록 적극적으로 수업에 참여한다면 긍정적인 평가를 받을 수 있다.

③ 교과 세부능력 및 특기사항의 중요성

교과 세부능력 및 특기사항이 중요한 이유는 과목의 수업 시수가 창의적 체험활동 전체 시수보다 많기 때문이다. 여러 과목의 평가가 모여 서술되기 때문에 물리적으로 시간이 더욱 많으며 내용도 창의적 체험활동보다 많아 지원자에 대한 정보가 풍성하다.

또한 학생에 대한 평가가 보다 객관적이다. 창의적 체험활동의 진로활동이나 행동특성 및 종합의견의 경우 담임교사가 기재하기 때문에 한 사람의 서술이지만, 교과 세특은 고교 3년 동안 여러 명의 교과 담당 교사가 한 학생을 평가하는 것이어서 상대적으로 더 높은 신뢰도를 가지게 된다.

2. 탐구활동 방법 및 결과물

① 탐구활동이란

탐구활동에 관하여 명확하게 정의된 내용은 없다. 하지만 고등학교에서 이루어지는 탐구활동은 '평소 의문을 가지고 있던 다양한 문제를 여러 가지 방법을 이용하여 해결해 가는 것으로, 학생 스스로 탐구주제를 정하고 주제에 맞게 탐구를 설계하며, 탐구를 통하여 문제를 해결해 가는 일련의 활동'이라고 할 수 있다.

즉 학생이 궁금하던 문제를 찾아 효과적인 방법을 스스로 모색하고, 그 방법으로 문제를 해결한 뒤 이를 다른 사람에게 알리는 과정을 의미한다.

❷ 탐구활동의 종류

이러한 탐구활동에는 관찰, 실험, 현장조사, 문헌조사 등이 있다.

1. 관찰	2. 실험	3. 현장조사	4. 문헌조사
식물의 재배나 동물의 사육, 에너지 사용 실태	다양한 기구 및 약품을 활용한 실험	수목원 또는 동물원 견학	전문 서적 또는 논문 조사

❸ 탐구활동 결과물 예시

탐구활동 후에는 발표 및 전시 이외에도 다음과 같은 다양한 결과물을 만들 수 있다.

탐구활동 결과물	예시
지필 결과물	연구보고서, 담화, 편지, 포스터, 계획서, 시, 브로슈어, 팸플릿, 질문지, 자서전, 에세이, 서평, 보고서, 사설, 영화 스크립트.
프레젠테이션 결과물	연설, 토론, 연극, 노래, 뮤지컬, 구두 보고, 패널 토론, 드라마 연극, 뉴스 방송, 토론, 춤, 제안서, 데이터 표현(차트 등), 전시, 사진
테크놀로지 결과물	컴퓨터 토론, 컴퓨터 그래픽, 프로그램, 웹사이트, 커뮤니티 맵핑 자료
미디어 결과물	오디오테이프, 슬라이드 쇼, 비디오테이프, 작도, 회화, 조각, 콜라주, 지도, 스크랩북, 역사적 증언, 사진 앨범
연습 결과물	프로그램, 매뉴얼, 작업 모형, 아이디어 노트, 통화 일지 등
계획 결과물	계획서, 예측, 입찰, 로드맵, 순서도, 일정표
구성 결과물	물리적 모형, 소비자 제품, 시스템, 과학적 실험, 음악회

3. 탐구주제 선정 방법

이러한 탐구활동을 위해 가장 먼저 해야 할 일은 바로 탐구주제를 선정하는 것이다.

"좋은 교과 학생부(세특)의 시작은 좋은 탐구주제 선정부터"

좋은 탐구활동 그리고 좋은 교과 세부능력 및 특기사항의 시작은 좋은 주제 선정부터라는 말이 있듯이 탐구활동을 하는 데 있어 가장 중요한 것이 바로 탐구주제 선정이다. 하지만 대부분 학생이 탐구주제 선정에 어려움을 겪고 있다.

그 이유 중 하나가 너무 큰 욕심으로 실현 불가능한 탐구주제를 선정하거나 주제에 대한 기본적인 이해가 없기 때문이다. 또한 모둠활동의 경우 모둠원과의 합의 과정에서 많은 시간과 열정을 소비하게 되면서 탐구 시작부터 너무 많은 에너지를 쓰기 때문에 주제 선정에 어려움을 겪게 된다.

그러므로 탐구주제를 선정할 때는 평소 교과 수업을 들을 때나 자신이 희망하는 전공(계열) 분야에 관련해서 품었던 호기심을 해결하기 위한 탐구주제를 선정해야 한다. 우리 주변의 아주 작고 사소한 소재라 할지라도 평소 무심히 지나쳤던 것들에 조금만 더 관심을 갖고 의문을 품어 본다면 좋은 탐구주제가 될 수 있다.

그 외에도 TV나 도서 그리고 매체를 통해 접했던 것들을 떠올려 보거나, 일상 속에서 불편함을 느꼈던 것들을 찾는 과정 중 내가 더 알고 싶은 것을 탐구주제로 선정할 수 있다.

1 탐구주제 선정 시 유의할 사항

1) 이 주제를 선정할 충분한 이유(동기)가 있는가?

2) 주제에 대한 충분한 흥미가 있고 나의 전공, 계열과 연계된 문제인가?

3) 고등학교 수준에 적합한 주제인가?

4) 새롭고 독창적인 문제인가?

5) 탐구 진행 시 충분한 시간과 기술을 가지고 있는가?

6) 고등학생으로서 필요한 자료의 수집이 가능한가?

7) 모둠원들의 능력과 지식으로 해결할 만한 주제인가?

선정 이유	흥미/관련성	난이도	독창성	시간	자료 수집	해결 가능성
주제 선정 시 충분한 이유(동기)가 있는가?	주제에 흥미, 희망 전공과의 관련성이 있는가?	고등학교 수준에 적합한 주제인가?	새롭고 독창적인 문제인가?	탐구활동 진행 시 충분한 시간이 있는가?	고등학생으로서 필요한 자료의 수집이 가능한가?	모둠원들의 능력과 지식으로 해결 가능한가?

tip 탐구활동의 독창성

이를 위해 탐구주제를 선정할 때 독창성을 고려해야 한다. 독창성은 탐구의 생명이자 가장 중요한 요소이다. 탐구의 독창성은 새로운 사실이나 소재의 발견, 새로운 이론의 발견을 통해 달성할 수 있다. 하지만 이미 다루어진 사실이나 소재를 대상으로 하더라도 그것을 다루는 원리나 방법이 새롭고, 이미 밝혀진 이론을 적용하더라도 결과물이 새로운 것이라면 이 또한 충분히 독창성이 있다고 볼 수 있다.

② 학교에서 배운 내용에서 탐구주제 찾아보기[1]

대학의 평가자들은 학생을 평가할 때 고교의 교육과정에 충실했는지에 관심이 있다. 예를 들어 지원자가 〈생명과학〉 과목을 이수했다면 '효소의 작용'을 제대로 이해했는지 확인하고 싶어 한다. 그래서 학교생활기록부에는 효소의 작용을 잘 이해했는지를 알 수 있게 특기사항을 기록한다. 그런데 우수한 학생을 선발하려고 하는 대입 과정에서는 교과 내용의 이해에만 그치면 좋은 평가를 받지 못한다. 그다음이 있어야 한다.

효소의 작용을 배울 때 활성화 에너지와 기질 특이성에 대해서도 배운다. 여기서는 적어도 세 개의 과학적 개념을 이해해야 한다. '효소', '활성화 에너지', '기질 특이성'이다. 이를 알게 되었다면, 이 개념들로 생명체의 다양한 기관에서 벌어지는 현상을 분석할 수 있어야 한다. 즉 적용할 수 있어야 한다. 쉽게 말해 학교에서 배운 내용을 써먹을 줄 알아야 한다는 것이다.

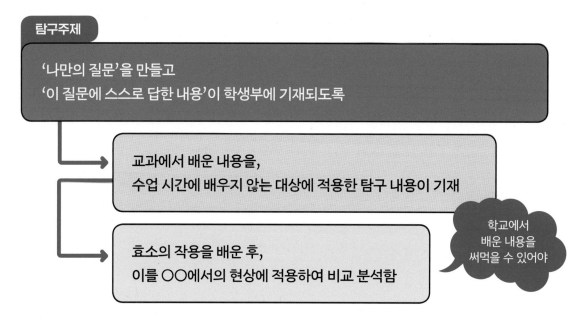

즉 **교과 내용을 이해한 후, 그 내용에 관심을 가지고 궁금해 하는 호기심이 필요하다.**

예를 들어 대기권의 층상 구조에는 대류권, 성층권, 중간권, 열권이 있다. 이 중 오존층이 있는 곳은 성층권으로 이는 수업 시간에 배우는 내용이다. 그런데 이 내용에 더 호기심을 가지게 된다면 다음과 같은 질문을 할 수 있으며, 이는 좋은 탐구주제가 된다.

"왜? 오존층은 성층권에만 있을까?"

또한 **좋은 탐구주제를 위해서는 개념을 이용하여 어떤 현상을 이해할 수 있도록 심화 질문을 만들고 책이나 논문을 통해 그 답을 찾는 과정이 필요**하다.

---

1. 의약 계열 특기사항은 이렇게 관리하세요(문성준, 〈조선에듀〉, 2023. 4. 28)

그 외에도 학생 수준에 맞는 문제해결 과제를 설정하고 해결방안을 구상해 보는 것이 중요하다. 즉 효소의 내용을 배운 후 효소를 이용한 치료제 개발 가능성에 대해 학생 수준에 맞는 자료를 찾고 제시한다면 좋은 탐구주제와 세특이 될 수 있다.

다음은 〈생명과학〉 과목을 이수하고 '효소의 작용'을 주제로 진행한 탐구활동에 대한 교과 세부능력 및 특기사항의 예시이다.

학생부 예시 : 생명과학

효소의 작용을 배운 후, 인체에 소화기관에서 작용하는 립아제 효소의 활성 이상으로 발병하는 췌장암 질환의 치료 가능성을 책과 심화 자료를 참고하여 탐구함. 립아제 효소가 비활성 상태에서 ○○한 이유로 작용하지 못함을 알고, 비활성 상태에 대한 약물 실험에서 ○○한 과정으로 호전됨을 바탕으로 치료 가능성을 제시함.

'○○'에는 매우 구체적인 내용이 기재되어야 탐구 과정도 드러나고 근거를 바탕으로 한 탐구 내용도 담을 수 있음.

마지막으로 대학은 지원자가 기본적으로 고교 교육과정에 충실했는지를 본다. 문학 과목에서 문학 비평 개념을 배웠다면 이를 교과서 외 문학 작품에 적용해서 분석하는 탐구활동을 해야 한다. 국어 교과에서 매체별 특징적인 언어 현상을 배웠다면 특정 매체의 언어 현상을 더 구체적으로 분석할 수 있어야 한다.

하지만 하나의 주제를 가지고 한 과목에서만 심화 탐구를 해서는 안 된다. 국어, 영어, 사회, 과학, 교양 등 다양한 과목과 연결 지어 탐구할 수 있다면 예시와 같이 관련 주제를 연결하여 탐구가 가능하다.

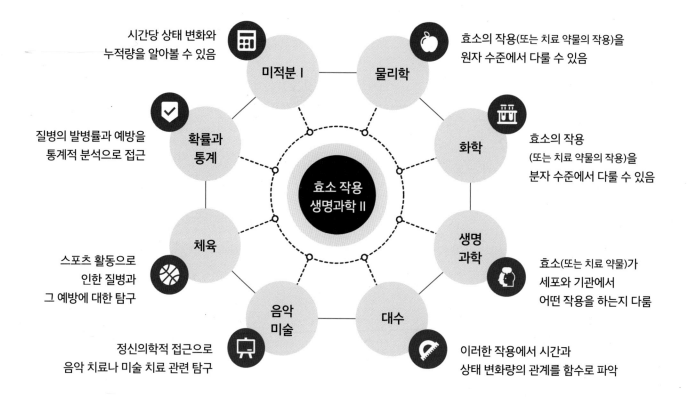

시간당 상태 변화와 누적량을 알아볼 수 있음

효소의 작용(또는 치료 약물의 작용)을 원자 수준에서 다룰 수 있음

질병의 발병률과 예방을 통계적 분석으로 접근

효소의 작용 (또는 치료 약물의 작용)을 분자 수준에서 다룰 수 있음

스포츠 활동으로 인한 질병과 그 예방에 대한 탐구

효소(또는 치료 약물)가 세포와 기관에서 어떤 작용을 하는지 다룸

정신의학적 접근으로 음악 치료나 미술 치료 관련 탐구

이러한 작용에서 시간과 상태 변화량의 관계를 함수로 파악

미적분 I · 물리학 · 확률과 통계 · 화학 · 효소 작용 생명과학 II · 체육 · 생명 과학 · 음악 미술 · 대수

❸ 선택 교육과정을 통한 탐구주제 선정하기

탐구주제를 선정하는 가장 좋은 방법은 학교 수업시간에 배운 내용에 호기심을 가지고 이를 심화·확장하는 것이다.

지금까지 배운 교과에서 자신이 진행한 교과활동의 목록을 확인하고 학교 교육과정을 살펴보아 올해 또는 다음 연도의 선택교과 중 심화 또는 확장할 수 있는 주제를 검토해 탐구 로드맵을 작성한다면 고등학교 과정 전체의 탐구주제를 명확히 할 수 있을 것이다.

이때 다음과 같이 질문을 통해 탐구주제를 구체화하면 좋은 탐구주제를 선정할 수 있다.

탐구주제 선정의 팁!

- 이전 연도 학생부 교과세특에서 나의 탐구 역량이 드러난 탐구주제 목록을 나열한 후, 그중에서 심화 또는 확장 가능한 주제를 추출하기
- 올해 교과 수업을 통해 호기심을 갖게 된 주제가 있는지 질문형으로 적어 보기
- 내년도 교육과정 편제표를 확인한 후, 자신의 전공 적합성이 드러날 과목을 선택하여, 이번 주제와 연계될 수 있는 탐구주제 로드맵을 구상하기(주제 심화, 확장, 융합)
- 사회적 또는 범세계적으로 최근 이슈가 되고 있는 내용이 무엇인지 키워드로 적어 보기
- DBpia, 국회전자도서관 등을 통해 기존 연구논문의 주제 및 제언에서 주제 참고하기
- 자신이 나열한 주제들 중에서 나의 진로, 적성 분야와 관련된 주제 선정하기

이를 위해 아래와 같이 자신이 배운 교과 중 기억에 남는 내용을 정리하고 2, 3학년 때 선택할 교과를 정리할 필요가 있다.

주요 수업 내용 기록장 ①

소속		학번		성명	

교과	교과 (군)	기억에 남는 수업		일반선택과목		진로·융합 선택과목	
		과목	수업내용	2학년	3학년	2학년	3학년
기초	국어						
	수학						
	영어						

주요 수업 내용 기록장 ②

소속		학번		성명	

교과	교과 (군)	기억에 남는 수업		일반선택과목		진로·융합 선택과목	
		과목	수업내용	2학년	3학년	2학년	3학년
기초	과학						
	사회						
	체육예술						
	생활교양						
	창체활동						

④ 키워드를 활용한 탐구주제 선정하기

고등학교 교과수업 및 자신이 희망하는 학과에 대해 호기심이 크지 않다면 교과 세특을 위한 탐구주제를 단박에 선정하기란 어려운 일이다. 그런 경우 호기심을 가지고 있는 키워드를 먼저 생각하고 이 키워드를 활용해 탐구주제를 선정하는 것도 방법이 될 수 있다.

예를 들어 지속가능경영이 궁금하다면, 국립중앙도서관, 국회전자도서관, 국가전자도서관, 구글 학술 검색, 네이버 학술정보, DBpia 등에서 검색을 통해 선행연구를 확인할 수 있다. 선행연구를 통해 다음 과정을 이해하고 새로운 아이디어를 만들 수 있다.

1) 탐구하려고 하는 주제와 관련하여 어떤 이론들이 있고 얼마만큼 연구가 진행되었는지 파악
2) 선행연구에서 연구 문제 도출, 연구 가설 설정, 그리고 연구 방법 등을 포함한 다양한 측면에서 장애 요인이나 한계점은 없는지 확인
3) 선행연구에서 다루지 않은 변인들이 무엇이며 학생 수준에서 다룰 수 있는 변인이 무엇인지 추론
4) 선행연구 분석을 통해 자신이 탐구할 주제에 대한 새로운 아이디어 생산

국회전자도서관의 경우 '인포그래픽 → 연관어 분석'을 통해 최근 키워드와 연관된 단어들을 검색할 수 있어 이를 통해 탐구주제의 내용을 심화·확장할 수 있다.

⑤ 탐구주제 아이디어 떠올리기[2]

탐구주제는 어떻게 선정해야 할까? 평소에 내가 관심을 가졌던 대상이나 하고 싶은 연구 분야가 있었다면 정리해 보자. 이 단계에서는 가능한 한 많은 아이디어를 떠올리는 것이 좋다. 브레인스토밍, 친구와의 논의, 자료 찾기 등 여러 방법을 통해 아이디어를 끌어내 보자. 아래 제시된 방법을 활용해도 좋다.

---

2. 〈자유 주제 탐구 학생 안내서〉, 김성원 외 5명, 한국과학창의재단(2020)

▶ 내가 관심 있는 주제(topic)를 선택한다. 평소에 더 알고 싶거나 궁금했던 주제가 있을 것이다. 주제를 선정하면 꽤 긴 시간 동안 그 주제에 관해 연구하게 된다. 그러니 신중하게 선택하자.

▶ 인터넷으로 검색해 보자. 이미 수행된 연구 프로젝트나 보고서를 포함하여 내가 수행하게 될 분야 전반에 대한 일반적인 정보를 수집해 보자.

▶ TV나 인터넷에서 내가 들어 본 적이 있는 주제를 떠올려 보자. 무엇이 있었는가?

▶ 내 가족과 관련된 이슈를 생각해 보자. 특정한 주제에 관심이 가는 개인적인 이유가 있을 수도 있다.

▶ 교과서나 잡지 또는 관련 도서 등을 펼쳐 보고 아이디어를 얻자.

▶ 최근 학교에서 배운 내용이 무엇이었나? 더 알아보고 싶은 것이 있었다면 무엇인가?

　　연구 주제를 결정했다면 이제 해야 할 일은 구체적인 형식의 질문을 만드는 것이다. 이때, '왜'보다는 '어떻게, 무엇이, 언제, 누가, 또는 어떤'을 이용해 질문을 만들어 보도록 하자. "왜 물고기의 수정체는 사람의 수정체와 다르게 생긴 걸까?"같은 질문은 범위가 너무 넓어서 실험을 통해 알아보기가 어렵다. 이 질문을 좀 더 구체적으로 쪼개어 다음과 같이 과학 실험이 가능한 질문으로 만들 수 있다. "물속 환경에서 잘 적응하기 위한 어류 수정체의 구조는 무엇일까?"

　　이러한 과정을 통해 연구 주제를 결정했다면 실제 연구를 수행할 수 있는 주제로 구체화해야 한다. 이를 위해 다음 그림을 활용하면서 연구 주제를 선정해 보자.

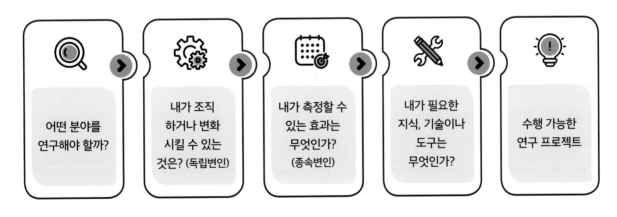

4. 교과 세특 탐구활동 수행 방법

탐구주제가 선정되었다면 본격적으로 다음과 같이 탐구활동을 수행해야 한다.

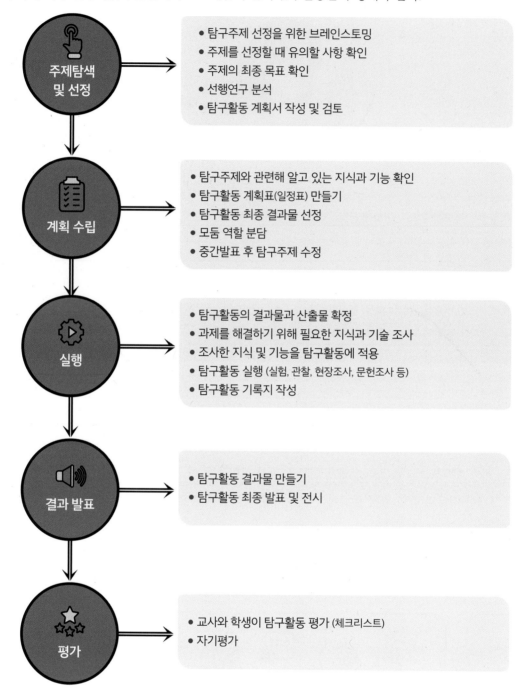

주제탐색 및 선정
- 탐구주제 선정을 위한 브레인스토밍
- 주제를 선정할 때 유의할 사항 확인
- 주제의 최종 목표 확인
- 선행연구 분석
- 탐구활동 계획서 작성 및 검토

계획 수립
- 탐구주제와 관련해 알고 있는 지식과 기능 확인
- 탐구활동 계획표(일정표) 만들기
- 탐구활동 최종 결과물 선정
- 모둠 역할 분담
- 중간발표 후 탐구주제 수정

실행
- 탐구활동의 결과물과 산출물 확정
- 과제를 해결하기 위해 필요한 지식과 기술 조사
- 조사한 지식 및 기능을 탐구활동에 적용
- 탐구활동 실행 (실험, 관찰, 현장조사, 문헌조사 등)
- 탐구활동 기록지 작성

결과 발표
- 탐구활동 결과물 만들기
- 탐구활동 최종 발표 및 전시

평가
- 교사와 학생이 탐구활동 평가 (체크리스트)
- 자기평가

무엇보다 탐구활동의 과정에서 예상했던 결과와 다르게 나올 경우 왜 예상과 다른 결과가 나오게 되었는지 분석하는 과정이 꼭 필요하다.

탐구활동은 탐구 과정을 통해 희망 전공 관련 또는 교과의 호기심을 채워나가는 것이다. 하지만 좋은 결과만 좋은 탐구활동이 되는 것은 아니다. 탐구활동을 수행하는 과정에서 다양한 문제 상황에 대처하는 과정, 탐구활동을 통해 모둠원과 의사소통하고 갈등을 해결하는 과정, 그리고 이 모든 과정을 통해 배우고 느낀 점을 통해 앞으로 탐구 과정에서 성장하는 모습이 탐구활동을 하는 더 큰 이유가 될 것이다.

국어 교과군

구분	교과(군)	공통 과목	선택 과목		
			일반 선택	진로 선택	융합 선택
보통 교과	국어	공통국어1 공통국어2	화법과 언어 독서와 작문 문학	주제탐구 독서 문학과 영상 직무 의사소통	독서 토론과 글쓰기 매체 의사소통 언어생활 탐구

공통 과목	수능	공통국어1	절대평가	상대평가
	X		5단계	5등급

단원명 | 듣기·말하기

> 🔍 화자, 청자, 상황 맥락, 사회·문화적 맥락, 담화 공동체, 담화 관습, 대화, 토론, 쟁점, 논증

[10공국1-01-01]   •••

대화의 원리를 고려하여 대화하고 자신의 듣기·말하기 과정과 공동체의 담화 관습을 성찰한다.

➡ 정보를 전달하는 것이 주된 목적이라고 볼 수 있는 의사와 환자 사이의 말하기 관습에서, 의사가 환자를 위로하고 공감하는 말하기가 하나의 대안이 되고 있다. 실제로 자신이 의사와 공감적 대화를 했거나 하지 못했던 경험을 토대로, 그러한 공감적 대화가 환자의 심리 및 전체적인 건강 활력 징후에 미치는 영향에 대해 조사하여 발표해 보자.

관련 학과 간호학과, 건강관리학과, 보건관리학과, 수의예과, 치의예과, 한의예과
《의사의 듣기와 말하기》, 정숙향 외 1명, 청년의사(2020)

[10공국1-01-02]   •••

논제의 필수 쟁점별로 논증을 구성하고 논증이 타당한지 평가하며 토론한다.

➡ 간호법 제정을 둘러싸고 '진료 보조'라는 말에 대해 '간호사의 업무 범위는 어떻게 되는 것인가?' 하는 논쟁이 벌어졌다. 이처럼 특정 단어가 가리키는 범위를 명확하게 설정하지 않아 논쟁이 생기는 경우가 있다. 이 표현에 대해 의학계와 간호학계가 어떤 판단을 하고 있는지 조사하고, 각각이 제시하는 논증이 타당한지 판단하여 정리해 보자.

관련 학과 간호학과, 약학과, 의예과, 치의예과
《간호와 법》, 차정희, 현문사(2016)

단원명 | 읽기

> 🔍 독자, 배경지식, 경험, 의미 능동적 구성, 상황 맥락, 사회·문화적 맥락, 목적, 점검·조정, 문제 해결, 읽기 전략, 긍정적 정서, 사회적 독서 문화

[10공국1-02-01]   •••

다양한 글이나 자료를 읽으며 논증의 타당성을 평가하고 자신의 관점을 바탕으로 논증을 재구성한다.

➜ 뇌-컴퓨터 인터페이스(BCI) 기술은 보행 장애나 약시에 해당하는 시각 장애 등 여러 장애를 돕는 훌륭한 기술로 손꼽히고 있다. 그러나 컴퓨터와 연결된 개인의 정체성은 무엇인가 하는 문제, 개인정보 보호 문제 등 사회적·윤리적 문제도 분명 존재한다. 각각의 입장을 드러낸 글들을 찾아 논증 방식을 분석하고, 철학·사회학·공학·생명과학의 내용을 추가하여 자신의 입장을 밝혀 보자.

관련 학과 간호학과, 언어치료학과, 약학과, 의예과, 임상병리학과, 작업치료학과, 재활학과

《우리 뇌를 컴퓨터에 업로드할 수 있을까?》, 임창환, 나무를심는사람들(2020)

[10공국1-02-02]   ● ● ●

자신의 진로나 관심 분야와 관련한 다양한 글이나 자료를 찾아 주제 통합적으로 읽고 읽은 결과를 공유한다.

➜ 대사증후군은 최근 성인은 물론 소아에게도 늘어나고 있는 질병으로, 사회가 현대화될수록 더욱 심각해질 것으로 예측된다. 대사증후군과 관련된 자료에는 혈관, 근육, 영양소, 호르몬 등의 과학적 자료뿐만 아니라 현대인들의 특징, 직업과 노동 구조 등 사회학적 자료도 있다. 계열이 다른 학생들과 모둠을 구성하여, 대사증후군을 해결하기 위해 어떤 주제들을 통합할 수 있는지 생각하고, 실제로 그 통합의 실마리를 토대로 자료를 통합하고 재구성하는 워크숍 프로그램을 진행해 보자.

관련 학과 의약계열 전체

《내 몸에 이로운 식사를 하고 있습니까?》, 바스 카스트, 유영미 역, 갈매나무(2019)

단원명 | 쓰기

🔍 필자, 기호, 매체, 인간의 생각과 감정, 의미 구성, 상황 맥락, 사회·문화적 맥락, 의사소통 목적, 문제 해결, 쓰기 전략, 쓰기 경험, 쓰기 윤리, 의사소통 문화

[10공국1-03-01]   ● ● ●

내용 전개의 일반적 원리를 고려하여 사회적 쟁점에 대한 자신의 견해를 정교하게 표현하는 글을 쓴다.

➜ 청소년 환자가 많은 질병으로는 급성 기관지염, 충치, 알레르기 비염 등이 있다. 이런 질병들은 대개 '생활 습관 개선'을 통해 치료하거나 예방할 수 있다. 내용 전개의 일반적 원리 중 '과정'의 방법을 활용하여 '청소년의 생활 습관이 급성 기관지염, 알레르기 비염에 미치는 구체적 과정'을 모둠으로 공동 작문하고, 이를 토대로 생활 습관 개선을 요구하는 팸플릿을 작성해 보자.

관련 학과 의약계열 전체

《청소년 생활습관의학 안내서》, 베스 프레이츠 외 5명, 이승현 외 5명 역, 대한생활습관의학교육원(2021)

[10공국1-03-02]   ● ● ●

다양한 언어 공동체의 특성을 고려하며 필자의 개성이 드러나는 글을 쓴다.

➜ '의학적 허상'이라는 말은 이제 옛말이 아니다. 정보통신 매체가 발달하면서 이제는 일반인이 전문의보다 많은 의학 지식을 갖게 되는 경우도 있지만, 그와 대조적으로 다른 질병적 특성과 연계하여 종합적 판단을 내리지 못하는 허상을 마주하는 경우도 있다. 이와 관련해 한국인의 대표적인 질병을 하나 택하여, '○○ 질병에 대한

허와 실'이라는 주제로 자신의 확실한 논리와 개성이 담긴 글을 써 보자.

[관련 학과] 의약계열 전체

《**장내세균의 역습**》, 에다 아카시, 박현숙 역, 비타북스(2020)

단원명 | 문법

> |🔍| 규칙과 원리, 문법 탐구, 체계와 구조, 의미 생성 자원, 관습적 규약, 문화적 산물, 의사소통의 결과물,
> 언어 주체로서의 정체성, 국어 의식

[10공국1-04-01]   ● ● ●

언어 공동체가 다변화함에 따라 다양해진 언어 실천 양상을 분석하고 언어 주체로서 책임감을 가지며 국어 생활을 한다.

➡ '의사 및 약사에게 '일상 언어'는 다소 요원한 개념일 수 있다. 그러나 사회적 상호작용의 맥락을 고려할 때, 비유·상징·치환·역설 등의 방법을 통해 구체적이고 개념적인 이론을 제시하는 것은 대화 맥락의 활발함을 더욱 도모할 수 있는 방법일 것이다. 우리가 흔히 간과하고 있는 질병이나 생활 습관 등 의학과 관련 있는 내용을 선정하여 이를 친구들에게 비유적으로 표현하여 전달해 보자.

[관련 학과] 간호학과, 수의예과, 약학과, 의예과, 임상병리학과, 치의예과

《**인간은 왜 아픈 걸까**》, 쓰보이 다카시, 곽범신 역, 시그마북스(2020)

[10공국1-04-02]   ● ● ●

음운 변동을 탐구하여 발음과 표기에 올바르게 적용한다.

➡ 언어 발달이 지연되거나 장애에 의해 정상적인 언어생활이 힘들 때 언어 치료가 필요하다. 언어 치료 중 '특정 음소 조음 지시법'은 '치경 마찰음, 경구개 파찰음, 연구개 파열음' 등 특정 음소에 대한 치료를 뜻한다. 이러한 음소의 발음이 원활하게 이루어지지 않았을 때 어떠한 음운 변동에 어려움을 겪을지 사례를 도출해 보고, 이 발음이 원활하게 이루어졌을 때의 구강 구조도 그려 보자.

[관련 학과] 보건관리학과, 언어치료학과, 임상병리학과, 작업치료학과, 재활학과, 치의예과

《**우리 아이 언어 발달 ABA 치료 프로그램**》, 메리 린치 바르베라, 한상민 역, 예문아카이브(2020)

[10공국1-04-03]   ● ● ●

다양한 분야의 글과 담화에 나타난 문법 요소 및 어휘의 표현 효과를 평가하고 적절한 표현을 생성한다.

➡ 의료 분야의 은어는 의사들끼리의 의사소통을 원활하게 하여 일의 능률을 높일 수 있지만, 환자들의 알 권리나 충분히 설명받을 권리를 보장하기에는 어려운 측면이 있다. 현재 의사나 간호사들이 쓰는 은어에는 어떤 것이 있는지 조사하고, 그 은어 사용에 대한 의사와 환자 각각의 입장을 정리하여 발표해 보자.

[관련 학과] 간호학과, 의예과, 치의예과, 한의예과

《**별것 아닌 의학용어**》, 최형석, 영진닷컴(2023)

국어 교과군

영어 교과군

수학 교과군

도덕 교과군

사회 교과군

과학 교과군

단원명 | 문학

| 🔍 | 인간의 삶, 형상화, 타자와의 소통, 갈래, 작가와 독자, 사회와 문화, 문학사, 수용·생산, 해석, 감상, 비평,
창작, 향유, 자아 성찰, 공동체

[10공국1-05-01] ● ● ●

문학 소통의 특성을 고려하며 문학 소통에 참여한다.

➡️ 최근 병원 내 의사와 간호사들의 삶을 다루는 영화나 드라마가 늘어나고 있다. 이런 작품들이 시청자에게 사랑받는 이유는, 의사가 지닌 전문성과 그 전문성으로 말미암아 사람의 생명이 회복되는 과정에 큰 감동을 받기 때문이다. 그러나 이런 작품들은 의학계의 '리얼리티'를 반영하지 못했다는 의견을 불러오기도 한다. 만약 자신이 시나리오 작가가 된다면 의학계의 허구적 상상과 진실된 이야기를 어떻게 조합할지 정리하고, 정리된 결과에 따라 실제 시나리오를 작성해 보자.

관련 학과 의약계열 전체

《**서울대학교병원 김원곤 교수 스크린을 날다**》, 김원곤, 고려의학(2016)

[10공국1-05-02] ● ● ●

갈래에 따른 형상화 방법의 특성을 고려하며 작품을 수용한다.

➡️ '경수필'은 표준국어대사전의 정의로는 '생활 주변에서 일어나는 사소한 일을 소재로 가볍게 쓴 수필, 감성적·주관적·개인적·정서적 특성을 지니는 신변잡기'이다. 의사들이 말하는 의학적 이론들은 일반 대중이 인식하기 어려울 수 있고, 칼럼 등의 경수필이 오히려 부드럽게 다가갈 수 있다. 교과서에 있는 경수필의 전개 구조, 표현 방법 등을 토대로 자신이 평소에 관심을 두고 있는 질병이나 건강 정보를 소재로 하여 한 편의 경수필을 써 보자.

관련 학과 간호학과, 물리치료학과, 수의예과, 약학과, 의료공학과, 의예과, 임상병리학과, 치의예과, 한의예과

《**기적의 식단**》, 이영훈, 북드림(2024)

[10공국1-05-03] ● ● ●

작품 구성 요소의 유기적 관계와 맥락에 유의하여 작품을 수용하고 생산한다.

➡️ 최근 메디컬 드라마가 대중에게 많은 인기를 얻고 있다. 이는 드라마 대본의 대사나 지시문 같은 요소가 사회적 요구 혹은 관심사와 밀접하게 관련되기 때문이라고 볼 수 있다. 이러한 관련성이 과연 무엇인지 분석하고, 자신이 작가라고 가정했을 때 더욱 많은 대중의 지지를 받을 수 있는 측면을 특정 장면으로 만들어 대본을 작성해 보자.

관련 학과 의약계열 전체

《**영화관에서 만나는 의학의 세계**》, 고병수, 바틀비(2023)

단원명 | 매체

[10공국1-06-01]   ● ● ●

사회적 의제를 다룬 매체 자료를 비판적으로 분석한다.

➡ 현재 일본의 의과대학에서 실시하고 있는 '지역 정원 제도'는 지역 출신을 별도 정원으로 선발해 장학금 등을 지원하고 졸업 이후에는 해당 지역에서 의무 복무를 하게 하는 제도이다. 이러한 일본의 사례를 토대로 한 우리나라의 '지역의사법(제정안)'과 관련한 기사를 읽고, 일본의 사례가 한국의 법률 제정의 타당성을 입증할 수 있는지에 대해 비판적으로 접근하는 미니 심포지엄을 열어서 토의해 보자.

관련 학과 간호학과, 보건관리학과, 수의예과, 약학과, 언어치료학과, 응급구조학과, 의예과, 임상병리학과, 치위생학과, 치의예과, 한의예과

《마을 만들기 환상》, 기노시타 히토시, 윤정구 외 1명 역, 더가능연구소(2022)

[10공국1-06-02]   ● ● ●

소통 맥락과 매체 특성을 고려하여 다양한 목적의 매체 자료를 제작한다.

➡ '말벌에 쏘인 사람 치료하기', '아이를 들다 허리를 삐끗한 사람 치료하기', '조개나 굴을 먹고 복통을 호소하는 사람 조치하기' 등은 모두 구체적인 상황에서의 행동 요령을 요구한다. 이러한 방법을 사람들에게 알리기 위해서는 구체적인 시각 자료 등이 필요할 것이다. 의학계열에서 필수적으로 알아야 할 응급 조치 내용을 인포그래픽을 활용하여 포스터 매체로 제작해 보자.

관련 학과 물리치료학과, 미술치료학과, 보건관리학과, 안경광학과, 언어치료학과, 응급구조학과, 작업치료학과, 재활학과

《집에서 할 수 있는 확실한 응급처치법》, 쇼난 ER, 장은정 역, 시그마북스(2023)

국어 교과군

영어 교과군

수학 교과군

도덕 교과군

사회 교과군

과학 교과군

공통 과목	수능	공통국어2	절대평가	상대평가
	X		5단계	5등급

단원명 | 듣기·말하기

| 🔍 | 청중 분석, 상호작용, 언어적 표현, 준언어적 표현, 비언어적 표현, 매체, 발표, 상황 맥락, 사회·문화적 맥락, 쟁점, 이해관계, 협상, 사회적 소통 윤리

[10공국2-01-01]

청중의 관심과 요구에 맞게 내용을 구성하여 발표하고 청중의 질문에 효과적으로 답변한다.

➜ 의사, 간호사, 약사는 수없이 많은 환자를 상대하는 직업이다. 그리고 환자에게 현재의 건강 상태나 처방 내용, 유의할 사항 등에 대해 설명하는 것은 특정 사람 앞에서 어떤 사실에 관해 발표하는 것과 성격이 유사하다고 할 수 있다. 청자의 특성을 충분히 고려하여 발표를 준비해야 함을 고려할 때, 병원이나 약국에서의 경험을 떠올려 의사, 간호사, 약사가 의학 분야에 대한 배경지식이 부족한 환자를 대상으로 전문적인 내용이나 민감한 내용을 말하는 상황에서 활용할 수 있는 말하기 전략에 대해 탐구하여 발표해 보자.

관련 학과 의약계열 전체

《간호사, 어떻게 말해야 하는가》, 송애랑, 북샵(2019)

[10공국2-01-02]

쟁점과 이해관계를 고려하여 문제를 해결할 수 있는 대안을 탐색하며 협상한다.

➜ '간호법' 제정을 두고 우리 사회에 찬반 논란이 계속되고 있다. 간호법은 간호 인력 관련 내용을 현행 의료법이 포괄적으로 규율하고 있는 의료인의 범주로부터 독립시키고자 발의한 법안으로, 간호사의 업무 범위와 처우 개선, 숙련된 간호 인력 확보를 목적으로 하나, 협상 과정에서 각 이익 집단의 이해관계 때문에 현재까지도 갈등이 이어지고 있다. 간호법 제정을 둘러싼 협상의 진행 과정을 참고하여, 표면적으로 드러난 양측의 입장 이면에 숨겨진 근원적 동기를 고려하여 각 입장의 대안을 분석해 보자.

관련 학과 의약계열 전체

《간호사를 부탁해》, 정인희, 원더박스(2017)

[10공국2-01-03]

사회적 소통 과정에서 말의 영향력을 고려하여 책임감 있게 듣고 말한다.

➜ 최근 의학 관련 뉴스에는 기존에 우리가 알고 있던 의학 상식을 뒤집는 내용이 종종 발표되곤 한다. 날이 갈수록 의과학이 발전하고 새로운 연구 결과가 계속해서 나와 기존에 알려진 의학 상식들이 뒤집히고 있기 때문이다. 그런데 환자들이 의사의 말을 절대적으로 신뢰하는 상황에서, 최신 의학을 따라가지 못하는 의사들이 거짓

으로 밝혀진 가짜 의학 상식을 여전히 전파한다면 어떨까? 기존에 알려진 의학 상식들 중 가짜로 밝혀진 것들에 대한 관련 연구 결과를 바탕으로 그것이 거짓인 근거를 분석하고, 올바른 의학 상식을 대중에게 알리기 위한 카드 뉴스를 제작해 보자. 또한 의약계열 종사자로서 말의 책임감에 대해 발표해 보자.

관련 학과 의약계열 전체

《**의사의 거짓말, 가짜 건강상식**》, 켄 베리, 한소영 역, 코리아닷컴(2019)

단원명 | 읽기

> |🔍| 내용의 타당성, 신뢰성, 공정성, 표현의 적절성, 주제 통합적 읽기, 글 재구성하기, 사회·문화적 맥락, 비판적 읽기, 읽기 목적 및 전략, 읽기 과정의 점검 및 조정

[10공국2-02-01] ● ● ●

복합 양식으로 구성된 글이나 자료에 내재된 필자의 관점이나 의도, 표현 방법을 평가하며 읽는다

➡ 2021년 7월, 미국의 코로나19 백신 접종률이 좀처럼 올라갈 기미를 보이지 않자, 조 바이든 미국 대통령은 '소셜 미디어 회사들이 코로나19에 관한 허위 정보 확산에 대처하지 않아 백신에 대한 가짜 뉴스가 퍼지게 한 데 책임이 있다'고 비판하였다. 이에 유튜브와 페이스북 등 글로벌 소셜 미디어 기업들은 기업의 사회적 책임을 고려하여, 코로나19 백신에 대한 가짜 뉴스와의 전쟁에 나섰다. 가짜 뉴스는 제작자의 의도에 따라 사실의 왜곡이 이루어지게 되는데, 독자는 이를 배경지식에 대한 이해와 신뢰성 및 공정성을 바탕으로 평가하며 비판적으로 읽어내야 한다. 코로나19를 포함해 의약계열과 관련된 가짜 뉴스의 사례를 찾아 내용의 타당성을 평가하고 제작자의 의도를 추론하면서 비판적 읽기의 중요성에 대해 발표해 보자.

관련 학과 의약계열 전체

《**코로나 미스터리**》, 김상수, 에디터(2020)

[10공국2-02-02] ● ● ●

동일한 화제의 글이나 자료라도 서로 다른 관점과 형식으로 표현됨을 이해하며 읽기 목적을 고려하여 글이나 자료를 주제 통합적으로 읽는다.

➡ 2023년 9월 25일부터 시행된 '수술실 CCTV 설치법'은 수술실에 CCTV를 설치하여 의사가 환자에게 수술하는 장면을 촬영하여 수술 상황에 대한 증거 자료를 남기도록 의무화하는 방안을 담은 의료법 개정안으로, 2021년 국회에서 통과된 이래 지금껏 논란이 계속되고 있다. 환자단체연합회, 한국소비자연맹 등에서는 환자 성폭행, 대리 수술, 의료사고 발생 시 피해자 측 소송의 어려움 등의 문제를 해결한다는 이유로 법안에 찬성하고 있는 반면, 의사협회 등에서는 수술 중 심리적 부담감 증가로 인한 의료 서비스의 질적 저하, 환자의 사생활 침해, 무분별한 의료소송 등을 이유로 반대하고 있다. 양측의 발표문을 찾아 읽으며 비교 분석하고 해당 법안에 대한 관점을 설정한 뒤, 해당 법안에 대한 자신의 입장 발표문을 작성해 보자.

관련 학과 의약계열 전체

《**논란의료**》, 박창범, 군자출판사(2021)

[10공국2-02-03] ● ● ●

의미 있는 사회적 독서 활동에 참여함으로써 타인과 교류하고 다양한 지식이나 정보, 삶에 대한 가치관 등을 이해하는 태도를 지닌다.

● 한국과학기술정보연구원에 따르면, 세계 AI 신약 개발 시장의 규모는 2022년에 약 8,000억 원이었으며 매년 45.7%씩 성장해 2027년에는 5조 3,000억 원에 이를 전망이다. 이처럼 제약 산업의 다양한 방면에서 AI가 활약을 하고 있다. 글로벌 제약회사와 IT 기업들은 신약 개발에 요구되는 시간, 신약 개발의 실패 가능성, 경제적 비용 및 노력을 줄이기 위해 AI를 적극 활용하고 있지만, 신약 개발 AI가 6시간 만에 독성물질을 4만 종이나 생성해 낸 연구 결과와 관련하여 엄청난 부작용을 우려하는 목소리로 인해 신약 개발 AI에 대한 사회적 논의의 필요성이 대두하고 있다. 신약 개발 AI에 대한 글을 읽으며 해당 문제에 대한 논란의 쟁점을 파악하고, 온라인 독서 모임 플랫폼을 활용하여 '인류를 위한 신약 개발 AI의 활용 및 규제 방안'을 주제로 토론 활동을 해 보자.

`관련 학과` 수의예과, 약학과, 의예과, 제약학과, 제약바이오학과, 제약산업학과, 치의예과, 한약학과, 한의예과

《**생명과 약의 연결고리**》, 김성훈, 웅진지식하우스(2023)

단원명 | 쓰기

| 🔍 언어 공동체, 쓰기 윤리, 작문 관습, 쓰기 과정 및 전략의 점검, 사회적 책임, 논증 요소, 논증하는 글쓰기, 신뢰할 수 있는 자료, 복합 양식 자료, 공동 보고서 쓰기

[10공국2-03-01] ● ● ●

언어 공동체가 공유하는 작문 관습의 특성을 이해하고 쓰기 과정과 전략을 점검하며 책임감 있게 글을 쓴다.

● 금융감독원은 백내장 과잉 진료, 실손 보험 과다 청구로 인한 보험금의 누수 방지를 위해 보험사기 특별신고 포상제도 등의 특별 대책을 발표했고, 이러한 대책에 힘입어 실손 보험의 적자가 절반가량 줄어들었다고 밝혔다. 과잉 진료는 의료 서비스를 필요 이상의 양이나 비용으로 제공하는 것을 말하는데, 의사가 환자를 진료하고 소견서 또는 진단서를 발급하는 것을 일종의 글쓰기에 비유한다면 과잉 진료는 거짓으로 꾸미지 않고 진실하게 글을 써야 한다는 언어 공동체의 개인적 쓰기 윤리에 위배되는 행위라고 할 수 있다. 과잉 진료의 사례들을 찾아 과잉 진료로 판단할 수 있는 의학적 근거를 분석하고, 과잉 진료 문제가 발생하는 사회 구조적 원인에 대해 탐구해 보자. 또한 조선 시대에 제정된 '의원정심규제(醫員正心規制)'와 관련하여 당대와 현대사회의 의료계 문제 현상을 비교·분석해 보자.

`관련 학과` 의약계열 전체

《**치과의 거짓말**》, 강창용, 소라주(2019)

[10공국2-03-02] ● ● ●

논증 요소에 따른 분석을 바탕으로 효과적으로 내용을 조직하여 논증하는 글을 쓴다.

● 저출산이 전 세계적 화두로 떠오른 가운데, 유명 과학 전문 인플루언서 하셈 알가일리가 영상으로 제작하여 공개한 인공자궁 '엑토라이프(Ectolife)' 영상이 SNS를 통해 알려지면서 회자되고 있다. 영상 속 해설은 엑토라이프가 암이나 기타 합병증으로 자궁을 적출한 부모들에게 해법이 될 수 있고 한국을 포함해 심각한 인구 감소

를 겪고 있는 나라들을 돕기 위해 고안되었으며, 10년 안에 그것이 현실화되는 모습을 볼 수 있을 거라고 소개한다. 하지만 일각에서는 생명윤리와 관련하여 문제를 제기하고 있다. 이에 대해 앤드루 셔넌 산부인과 교수는 "시험관 아기가 처음 등장했을 때 큰 논쟁과 반발이 있었지만 지금은 널리 받아들여지고 있다"며 인공자궁 기술에 대한 자신의 의견을 밝히기도 했다. 현재 인공자궁 기술은 어느 단계에 도달했는지, 이 기술이 보편화되면 사회적으로 어떤 변화가 나타날 것인지 탐구하여, 인공자궁 기술의 도입을 주제로 논증하는 글쓰기를 해 보자.

관련 학과 의약계열 전체

《AI 시대, 본능의 미래》, 제니 클리먼, 고호관 역, 반니(2020)

[10공국2-03-03] ●●●

신뢰할 수 있는 정보를 종합하여 복합 양식 자료가 포함된 공동 보고서를 쓴다.

➡ 의료계에서 특정 진료과를 선호하는 현상이 가속화하면서 비선호 진료과의 인력 부족 현상이 심각하다. 최근 모 대학병원에서 실시한 전공의 모집 결과, 일부 진료과는 지원자가 없어 정원을 채우지 못했을 정도로 쏠림 현상이 두드러지게 나타났다. 특히 전국적으로 지원율이 낮은 내과, 외과, 응급의학과, 소아과 등은 모두 수술실, 중환자실, 응급실 등에서 생명 유지의 최전선을 지키는 필수 의료 분야이기에 우려의 목소리가 더욱 크다. 이처럼 전국적으로 비선호 진료과 전공의 부족 사태가 심각한 가운데, 지방에서는 소아 심장 수술이 사실상 불가능할 정도 의료 붕괴가 코앞으로 다가와 있다. 커뮤니티를 활용해 의대 진학 희망 학생들을 대상으로 희망 진료과에 대한 수요 조사를 실시해 보고, 특정 진료과 쏠림 현상의 원인을 다각적으로 분석한 후 문제 상황에 대한 개선 방안을 포함한 보고서를 작성해 보자.

관련 학과 의약계열 전체

《하지마라 외과 의사》, 엄윤, 양문(2021)

단원명 | **문법**

🔍 국어의 변화, 국어의 역사성, 신조어, 언어의 사회 반영, 국어 문화 발전, 한글 맞춤법, 문제 해결적 사고, 국어 생활 성찰 및 개선, 국어 의식

[10공국2-04-01] ●●●

과거 및 현재의 국어 생활에 나타나는 국어의 변화를 이해하고 국어 문화 발전에 참여한다.

➡ 코로나19로 인해 온 국민이 정부의 발표나 언론 기사에 촉각을 곤두세우고 있을 때 정부와 언론은 '팬데믹', '코호트 격리', '부스터 샷', '롱 코비드', '코로나 블루' 등 외국어로 이루어진 의학 전문 용어를 무작정 쏟아냈다. 당시 국민들은 질병에 대한 불안감도 컸지만, 의학 용어라는 탈을 쓰고 무수히 등장하는 낯선 단어들에 대한 피로감도 적지 않았다. 상황을 쉽고 정확하게 국민에게 전달할 책임이 있는 정부와 언론이 아직 사전에 오르기로 확정되지도 않은 외국어를 무작성 사용한 것이다. 일반인이나 국어 관련 시민단체가 이런 용어들의 사용에 대해 의견을 내면, 그제야 정부와 언론은 '감염병의 세계적 유행', '동일 집단 격리', '추가 접종', '코로나 감염 후유증', '코로나 우울감' 등의 말을 더해서 사용했다. 코로나19 때처럼 전에 겪어 보지 못한 질병이 등장했을 때의 정부나 언론의 언어 사용 실태를 찾아보고, 국어 문화 발전과 연계하여 이런 현상에 대한 자신의 생각을 적어 보자.

국어 교과군

영어 교과군

수학 교과군

도덕 교과군

사회 교과군

과학 교과군

관련 학과 의약계열 전체

《아름다운 우리말 의학 전문용어 만들기》, 은희철 외 2명, 커뮤니케이션북스(2013)

[10공국2-04-02] ●●●

한글 맞춤법의 원리를 적용하여 국어 생활을 성찰하고 문제를 해결한다.

➡ 의학 용어는 의학 관련 업계 종사자들끼리 사용하는 전문어가 대부분이지만, 일반 대중에게 잘 알려진 용어들도 있다. 이런 용어들은 주로 외국어를 그대로 사용하는 대부분의 의학 전문용어에 비해 한글로 표기되어 있기 때문에, 사람들이 일상에서 한글 맞춤법을 제대로 준수하며 사용하고 있는지를 점검할 때 그 대상으로 자주 언급된다. '붓기/부기', '쓸개/쓸게', '후유증/휴유증', '집게/집개', '뇌졸중/뇌졸증', '확진율/확진률', '사례/사래' 등에서 어떤 표기가 맞춤법에 맞는지 정확하게 구분할 수 있는 사람이 몇이나 될까? 이런 단어들은 공적 글쓰기를 하는 기자들의 기사문에서도 오용된 경우가 발견되어 문제가 되고 있다. 위와 같은 단어들이 오용된 사례를 찾아 문제의 심각성을 파악하고, 한글 맞춤법에 맞는 표기는 무엇인지, 잘못된 표기를 쉽게 구분하는 방법 및 원리는 무엇인지 등을 탐구하여 '자주 틀리는 의학 용어 Top 10'을 주제로 카드 뉴스를 제작해 보자.

관련 학과 의약계열 전체

《어른의 맞춤법》, 신선해 외 1명, 앤의서재(2020)

단원명 | 문학

| 🔍 | 한국 문학사, 작가 맥락, 독자 맥락, 문학사적 맥락, 문학의 수용과 생산, 주체적 관점에서의 작품 해석, 작품의 가치 평가, 해석의 다양성

[10공국2-05-01] ●●●

한국 문학사의 흐름을 고려하여 작품을 수용한다.

➡ 한국 문학사의 한 축을 형성하고 있는 서사 갈래는 당대 사회의 현실과 그 현실을 살아가는 사람들의 의식을 작품에 반영하는 것이다. 6·25전쟁 직후의 부도덕하고 타락한 사회 현실을 고스란히 드러내는 박경리의 〈불신시대〉는 전후의 궁핍과 정신의 황폐화로 인해 인간성이 훼손된 사람들의 모습을 보여 주는데, 그중에는 사명감은 고사하고 자질마저 갖추지 않은 의사와 병원에 대한 불신이 드러나는 부분이 있다. 주인공의 어린 아들은 넘어져서 생긴 상처를 치료하러 병원에 갔다가 마취도 하지 않은 채 뇌 수술을 집도한 의사에 의해 죽게 된다. 또한 주인공이 다니는 병원의 의사는 자격증도 없는 건달에게 진료를 맡기고 그 건달은 아무 약이나 처방해 주는 등 혼란했던 시대의 타락한 의사의 모습이 여실히 묘사되고 있다. 박경리의 〈불신시대〉를 읽고 1950년대 의학계의 문제점에 대해 탐구한 후, 의사로서의 신념과 책임에 대해 독서 토론을 해 보자.

관련 학과 의약계열 전체

《불신시대》, 박경리, 문학과지성사(2021)

[10공국2-05-02] ●●●

주체적인 관점에서 작품을 해석하고 평가하며 문학을 생활화하는 태도를 지닌다.

➡ 일관된 입장 없이 정세에 따라 이로운 쪽으로 기우는 사람을 '기회주의자'라고 한다. 문학 작품 속 인물들 중 기회주의자의 대명사로 꼽히는 인물이 바로 전광용의 소설 〈꺼삐딴 리〉의 주인공 '이인국 박사'이다. 이인국 박사는 일제강점기에 제국대학 의학부를 우수한 성적으로 졸업할 정도의 수재인 데다, 뛰어난 수술 실력을 인정받아 승승장구하여 서울에서 유명 외과 병원을 운영하는 병원장이 된다. 그 과정에서 그는 출세를 위해 배신과 아부도 서슴지 않으며 처세술이 뛰어나 친일, 친소, 친미 노선을 연이어 갈아타는 등 기회주의자의 전형적인 면모를 보여 준다. 그러나 최근에 이 인물을 재평가해야 한다는 목소리가 있다. 특히 의사로서 직업적 능력만큼은 뛰어났던 인물이기에, 유능한 실력을 가진 인재로서 시대와 상황에 맞게 처신한 것을 과연 기회주의적이라고 보아야 하는지 고민해 볼 필요가 있다는 것이다. 자신이 생각하는 바람직한 의료인의 모습을 기준으로 〈꺼삐딴 리〉의 이인국 박사에 대해 평가해 보고, 현대사회의 관점에서 재평가할 만한 고전 문학 작품 속의 인물을 찾고 그 근거를 설득력 있게 전달하는 글을 써 보자.

관련 학과 의약계열 전체

《**꺼삐딴 리**》, 전광용, 사피엔스21(2014)

단원명 ┃ 매체

> | 🔍 | 매체 비평 자료, 비판적 수용, 주체적 수용과 생활화, 사회·문화적 맥락, 매체의 변화, 매체 기반 소통,
> 소통 문화, 성찰하기

[10공국2-06-01]   ● ● ●

매체 비평 자료를 비판적으로 수용하고 자신의 관점을 담아 매체 비평 자료를 제작한다.

➡ 건강보조식품은 대중에게 노출되는 빈도나 정보의 설득력 여부가 관련 기업의 매출과 직결되므로, 믿을 만한 정보의 형태로 대중에게 자주 노출된다. 이런 이유로 포털 사이트에서 특정 질병에 대해 검색하면, 그 질병과 관련된 건강보조식품의 효능에 대한 기사나 블로그 글을 쉽게 접할 수 있다. 가끔씩 해당 건강보조식품이 실제로는 효능이 없다는 기사나 영상도 찾을 수 있다. 하지만 그런 비판적 입장의 글은 건강보조식품의 효능에 대한 광고성 글로 인해 구석에 묻히고, 결국 사람들은 광고성 글에 설득당해 해당 제품을 구매하게 된다. 건강에 대한 대중의 관심은 그 어느 때보다 크지만, 매체를 통해 노출되는 정보가 의학적 또는 과학적으로 검증된 사실인지 직접 확인하는 사람은 많지 않다. 특정 건강보조식품이 실제로 효능이 있는지에 대한 상반된 정보를 찾아 비교 분석하고, 이에 대한 본인의 관점을 담은 글을 써 보자.

관련 학과 의약계열 전체

국어 교과군

영어 교과군

수학 교과군

도덕 교과군

사회 교과군

과학 교과군

**의학에 관한
위험한 헛소문**

시마 야스민, 김보은 역,
모티브북(2022)

책 소개

이 책은 우리 곁을 맴도는 의학에 관한 소문들을 하나하나 해부해서 우리에게 진실을 알려주려 한다. 뱃살을 쏙 빼준다는 해독차가 정말 효과가 있는지, 생선 오일 보충제가 정말로 심장 질환을 예방하는 데 도움이 되는지 등의 내용을 전문가의 입장에서 낱낱이 파헤쳐 독자들에게 소개한다.

세특 예시

매체 비평 자료를 비판적으로 수용하는 자세의 중요성에 대해 학습한 후, 건강보조식품의 효능과 관련된 정보들이 과연 과학적으로 검증된 것인가에 대한 궁금증을 바탕으로 '의학에 관한 위험한 헛소문(시마 야스민)'을 찾아 읽음. 특히 생선 오일 보충제의 심장 질환 예방 효과에 대한 이야기에 흥미를 느껴, 이에 대한 연구 결과나 각종 자료들을 찾아 읽으며 비교 분석하는 탐구활동을 진행함. 이를 통해 생선 오일 보충제가 실제로 효과가 있다고 주장하는 인터넷상의 많은 글들이 대부분 비슷한 표현이나 문구를 자주 사용하고 있다는 특징을 찾아냄. 한편 생선 오일 보충제의 효과에 대한 상반된 연구 결과가 모두 존재하기 때문에 실제 효능 유무에 대한 결론을 내리기는 어렵지만, 건강보조식품 관련 기업의 수익 창출 원리를 고려해 현상을 분석하면 인터넷상에서 건강보조식품이 효능이 있다는 입장의 정보가 훨씬 많이 노출되는 이유를 추론할 수 있다고 의견을 냄.

[10공국2-06-02] ● ● ●

매체의 변화가 소통 문화에 끼치는 영향을 탐구한다.

➡ 최근 식품의약품안전처는 정보 전달 매체의 변화에 발맞추어 전자적 형태의 설명서, 일명 'e-약 설명서'를 추가 제공하는 운영 지침을 마련하였다. 'e-약 설명서'는 의약품 용기, 포장, 설명서 등에 QR 코드, URL과 같은 전자 부호를 포함해 의약품에 대한 정보를 제공하는 것으로, 모바일 기기를 활용한 정보 접근성 향상과 신속하고 효율적인 의약품 정보 확인 등을 목적으로 추진되었다. 그동안 종이로 된 의약품 첨부 문서는, 의약품의 안전한 사용을 위한 핵심 자료임에도 불구하고, 글씨가 작고 내용이 많아 가독성이 떨어진다는 지적을 받아 왔다. 다양한 매체의 발달로 인해 현대인들이 긴 글을 읽는 것을 선호하지 않는다는 점을 고려할 때, 'e-약 설명서'는 영상 및 인포그래픽을 활용해 직관적으로 정보를 전달할 수 있어 효과적일 거라 전망하고 있다. 'e-약 설명서'를 전면 도입했을 때 기대되는 효과 및 우려되는 문제점을 탐구해 보자. 또한 복용 방법 및 유의점에 대해 오해할 위험이 있는 의약품을 조사하여, 영상 및 인포그래픽 등의 방법을 활용한 e-약 설명서의 내용을 구상해 보자.

관련 학과 간호학과, 물리치료학과, 보건관리학과, 약학과, 응급구조학과, 의예과, 임상병리학과, 작업치료학과, 재활학과, 치위생학과, 치의예과, 한의예과

《내 약 사용설명서》, 이지현, 세상풍경(2016)

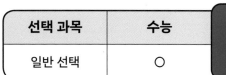

선택 과목	수능	화법과 언어	절대평가	상대평가
일반 선택	○		5단계	5등급

| 🔍 | 의사소통 목적과 맥락, 담화 참여자, 음성 언어, 의미 구성, 사고 행위, 언어적 실천, 소통 행위, 의미 기능, 맥락, 담화 수행, 비판적 사고, 능동적 참여, 언어생활 성찰, 문화 형성 |

[12화언01-01] • • •

언어를 인간의 삶과 관련지어 이해하고, 국어와 국어 생활이 시간의 흐름에 따라 변화하는 양상을 분석한다.

➡ '사랑니(wisdom teeth)'는 일반적으로 염증이 생기거나 발치할 때의 통증이 사랑을 앓는 정도와 유사하다는 의미에서 생겨난 말이라고 전해진다. 특정 대상에 대한 명명은 지역이나 세대, 국가에 따라 다르며 그 언어를 사용하는 권역의 문화를 반영하기 마련이다. 그렇다면 '사랑니'에는 우리나라의 어떤 문화가 담겨 있는지 상상하여 논의해 보고, 치의학에서는 사랑니가 어떤 존재로 인식되는지 자료를 조사하여 발표해 보자.

관련 학과 간호학과, 보건관리학과, 수의예과, 약학과, 언어치료학과, 의예과, 임상병리학과, 치기공학과, 치위생학과, 치의예과

《치과의사도 모르는 진짜 치과 이야기》, 김동오, 에디터(2019)

[12화언01-02] • • •

표준 발음을 이해하고 정확하게 발음하는 국어 생활을 한다.

➡ '결막염'의 표준 발음은 [결망념]이며, 장염의 표준 발음은 [장:념]이지만, 간염의 표준 발음은 [가념]이다. 똑같이 '염(炎)'이 결합된 복합어이며 모두 결합 과정에서 앞말이 울림소리로 끝남에도 'ㄴ 첨가 유무'가 달라지는 이유에 대해 분석하여 토의해 보자. 나아가 의학계에서 '염'이라고 하는 것이 각 질병에서 구체적으로 어떤 차이를 보이는지도 파악해 보자.

관련 학과 의약계열 전체

《남도현 발성법》, 남도현, 코러스센터(2011)

[12화언01-03] • • •

품사와 문장 구조에 대한 지식을 활용하여 언어 자료를 분석하고 설명한다.

➡ 의학, 약학 계열 및 건강과 관련된 정보에서 '100ml를 복용할 수 있다', '100ml를 복용해야 한다' 등 관형어, 서술어, 연결 어미나 전성 어미의 활용은 의미상 큰 차이를 부르고, 환자는 해당 문구의 의미를 명확하게 이해해야 한다. 평소 자신이 접하는 의학, 약학, 건강 정보 중 특정 품사나 문장 구조에 따른 의미의 변화를 다룬 내용을 조사하여 소개하고, 이를 명확히 이해해야 하는 이유를 의학적 측면에서 설명해 보자.

관련 학과 간호학과, 보건관리학과, 약학과, 의예과, 임상병리학과, 치의예과, 한의예과

《알면 약 모르면 독》, 김태희 외 4명, 생각비행(2023)

[12화언01-04] • • •

단어의 짜임과 의미, 단어 간의 의미 관계를 중심으로 어휘를 이해하고 담화에 적절히 활용한다.

➡ 의학을 비롯한 생명과학에 관한 용어는 주로 라틴어나 영어 등을 어원으로 하며, 접두사와 접미사가 특정 단어와 결합하여 다양한 단어를 만들어 내기도 한다. 각종 의학 용어의 결합 구조를 살펴본 후, 이 결합 구조가 우리말 번역에서 같은 조어법(파생어, 합성어)으로 형성되었는지 비교하는 활동을 해 보자. 나아가 이러한 단어의 번역 적절성에 대해서도 점검하여 발표해 보자.

관련 학과 간호학과, 보건관리학과, 응급구조학과, 의예과, 임상병리학과, 치의예과, 한의예과
《의학용어》, Paula Bostwick, 조영욱 외 2명 역, 메디컬에듀케이션(2021)

[12화언01-05] • • •

담화의 맥락에 적절한 어휘와 문법 요소를 선택하여 화자의 태도를 드러낸다.

➡ 명령문은 청유문과 달리 청자만 특정 행동을 행해야 한다. 나아가 명령문으로 말하면 평서문으로 말하는 것보다 더 진중한 분위기를 조성하거나 특정 행동의 이행을 강하게 요구할 수 있다. 의사와 환자의 의사소통에서 이루어지는 '명령문'의 사례를 조사하고, 이것이 지니는 심리적·의학적 효과 및 부작용에 대해 학급 친구들과 토의하여 '미니 콜로키엄' 형식으로 발표해 보자.

관련 학과 간호학과, 의예과, 치의예과, 한의예과
《나는 당신이 스트레스 없이 말하면 좋겠습니다》, 고바야시 히로유키, 조민정 역, 타커스(2018)

[12화언01-06] • • •

담화의 구조를 고려하여 적절한 어휘와 문장으로 응집성 있는 담화를 구성한다.

➡ 대용 표현은 담화 상황에서 앞에 나온 발화나 특정 단어, 문구, 문장 등을 다시 가리키는 것을 말한다. '거기, 그것, 그곳, 이런, 그런' 등의 표현이 그 예다. 언어 치료 과정에서는 이러한 대용 표현이 정확히 무엇을 지시하는지 발화자가 구체적으로 인지하고 표현할 필요가 있다. 대용 표현이 들어간 언어 치료 과정 스크립트나 자료를 찾아 분석하고, 여러 담화 상황을 설정해 대용 표현의 적절한 사용 태도를 도출하는 리포트를 작성하여 발표해 보자.

관련 학과 간호학과, 물리치료학과, 미술치료학과, 방사선학과, 보건관리학과, 수의예과, 약학과, 언어치료학과, 응급구조학과, 의료공학과, 의예과, 임상병리학과, 작업치료학과, 재활학과, 치기공학과, 치위생학과, 치의예과, 한의예과
《사회성을 길러주는 우리 아이 언어치료》, 김재리 외 3명, 이담북스(2013)

[12화언01-07] • • •

다양한 유형의 담화와 매체를 대상으로 언어의 공공성을 이해하고 평가한다.

➡ 최근 청소년 대사증후군 환자가 증가함에 따라, 청소년기의 건강 수칙을 준수해야 한다는 논의가 활발하게 일고 있다. 자신이 청소년 대사증후군을 담당하는 의사 혹은 보건 공무원이라고 가정하고 친구들을 대상으로 청소년 대사증후군의 위험성에 대해 발표한다면 어떤 공적 언어를 사용해야 할지 생각해 본 후, 표현의 정확성과 적절성 등을 고려하여 시나리오를 작성하고 실제로 발표해 보자. 이후 친구들의 피드백을 참고하여 시나리오를 고쳐 써 보자.

간호학과, 물리치료학과, 방사선학과, 보건관리학과, 약학과, 응급구조학과, 의예과, 임상병리학과, 재활학과, 치위생학과, 치의예과, 한의예과

《10대와 통하는 건강 이야기》, 권세원 외 9명, 철수와영희(2020)

[12화언01-08] ● ● ●

자아 개념이 의사소통 방식에 미치는 영향을 인식하고 협력적인 관계 형성에 적절한 방식으로 대화한다.

➡️ 최근 5년간 국내 초중고생 822명이 극단적인 선택을 했다는 기사가 보도되었을 정도로 청소년기의 우울증은 심각한 문제가 되었다. 따라서 이를 예방하고 치료하기 위한 의학적·보건적 움직임이 중요하다. 청소년기의 '자아 형성, 자아 인식'이 타인을 통해 이루어질 수 있다는 점을 토대로 '타인의 자아를 인정하고 이해하고 공감해 주는 의사의 말하기'라는 주제로 반 아이들과 '미니 심포지엄'을 열어 의견을 나누어 보자.

간호학과, 물리치료학과, 방사선학과, 보건관리학과, 약학과, 응급구조학과, 의예과, 임상병리학과, 재활학과, 치위생학과, 치의예과, 한의예과

《우울증이 있는 아동·청소년》, 김유숙 외 1명, 이너북스(2022)

[12화언01-09] ● ● ●

정제된 언어적 표현 전략 및 적절한 준언어적·비언어적 표현 전략을 활용하여 발표한다.

➡️ 분초를 다투는 수술 현장에서 의사소통은 최대한 간결하고 분명하게 이루어져야 하기 때문에 '손짓' 등을 토대로 한 '지시 표현' 같은 비언어적 메시지를 전달하는 경우가 있다. 이러한 비언어적 메시지가 언어적 메시지보다 더 효과적인 사례 및 그 반대의 사례를 '의료 현장' 등 여러 현장의 담화 맥락을 설정하여 조사하고 발표해 보자.

의약계열 전체

《이렇게 말하면 모두 내 편이 됩니다》, 마스다 유스케, 이용택 역, 이너북(2024)

[12화언01-10] ● ● ●

화자의 공신력을 이해하고 효과적인 설득 전략을 활용하여 연설한다.

➡️ 환자 혹은 내담자에 대한 '상담 과정'이 충분히 필요한 미술 치료 혹은 정신건강의학과의 치료에서는, 환자와의 '라포르(rapport) 형성'이 무엇보다 중요하다. 라포르 형성이 내담자의 진실된 믿음과 자아 개방을 부를 수 있다는 사실을 토대로 '설득을 토대로 한 연설'과 '상담'의 공통점과 차이점을 분석해 보자. 나아가 의사 혹은 치료사가 가져야 할 공신력 있는 태도는 무엇인지에 대해서도 의견을 나누어 보자.

물리치료학과, 미술치료학과, 언어치료학과, 의예과, 작업치료학과, 재활학과

《나를 위한 미술치료》, 정은주, 학지사(2023)

[12화언01-11] ● ● ●

토의에서 주제와 관련된 다양한 자료를 통해 공동체의 문제를 분석하고 합리적으로 해결한다.

➡️ 보건복지부와 한국보건산업진흥원은 최근 '원격 협진' 시범 사업을 추진한다고 밝혔다. 원격 협진을 위해서는 정확한 자료 수집 및 매체의 특성을 고려한 자료 제시가 필요할 것이다. 협진이 필요한 특정 질병을 하나 택하여 그 질병과 관련된 치료법, 사례 등의 자료를 수집하여 매체의 특성에 맞게 가공한 뒤, 실제로 역할을 나누어

원격으로 협진하는 가상회의를 해 보자.

관련 학과 의약계열 전체

《증례로 배우는 양한방 협진 암케어》, 호시노 에츠오, 조기호 외 1명 역, 군자출판사 (2017)

[12화언01-12] ● ● ●

주장, 이유, 근거를 비판적으로 검토하여 논증의 타당성, 신뢰성, 공정성에 대해 반대 신문하며 토론한다.

➡ 명상, 마음 챙김 등을 포괄하는 '심신 기술'은 단순히 정신건강의 측면을 넘어 우리의 삶을 보전(保全)하는 하나의 방법론적 측면으로 논의되고 있다. 이러한 심신 기술이 실제 의료 행위로서 존재할 수 있는지를 논제로 토론하되, '반대 신문'이 상대방의 논리적 허점을 지적한다는 점을 토대로 효과적인 반대 신문 전략을 마련하여 질문해 보자.

관련 학과 간호학과, 보건관리학과, 물리치료학과, 수의예과, 약학과, 응급구조학과, 의예과, 임상병리학과, 치의예과, 한의예과

《마음을 치료하는 법》, 로리 고틀립, 강수정 역, 코쿤북스 (2020)

[12화언01-13] ● ● ●

상황에 맞는 협상 전략을 사용하여 서로 만족할 수 있는 대안을 찾아 의사 결정을 한다.

➡ 최근 중요시되는 여러 의료 정책 가운데 하나인 항공 의료 서비스 중 '닥터 헬기'의 가동은 많은 의학, 지역학, 사회학, 행정학적 논의를 전제로 하고 있다. 이와 관련된 여러 학술 자료를 조사한 후, '닥터 헬기를 우리 지역 학교 운동장에 착륙시키기 위한 협상'에 대한 자신의 의견을 피력해 보자. 특히 이 과정에서 자신의 입장과 타인의 입장이 모두 충족되지 않더라도, 각자 주장하는 바를 축소하는 과정을 통해 모두가 사회적 이익을 추구하기 위한 방식으로서의 협상 절차를 진행해 보자.

관련 학과 간호학과, 수의예과, 응급구조학과, 의예과, 임상병리학과, 치의예과

《골든아워 2》, 이국종, 흐름출판 (2024)

[12화언01-14] ● ● ●

기호를 활용한 사회적 행위로서의 국어 생활을 성찰하고 문제점을 개선하는 태도를 지닌다.

➡ '자폐 범주성 장애(autism spectrum disorder)'가 있는 이들이 사용하는 언어는 사회적 기호보다 자의적 기호로서의 언어 양상이 두드러지는 경우가 있다. 의학적 진단 및 치료, 환자에 대한 이해의 차원에서 언어 사용에 어떤 태도로 접근해야 할지에 대해 토의하고, '언어의 자의성'과 '언어의 사회성'이 충돌하는 과정에서 나타날 수 있는 사례들에 비추어 자신의 언어생활을 성찰하는 글을 작성하여 발표해 보자.

관련 학과 미술치료학과, 보건관리학과, 안경광학과, 언어치료학과, 의료공학과, 의예과, 임상병리학과, 작업치료학과, 재활학과

《자폐 범주성 장애 아동·청소년》, 김유숙 외 1명, 이너북스 (2022)

[12화언01-15] ● ● ●

언어 공동체의 담화 관습을 이해하고, 다양성을 존중하는 의사소통 문화 형성에 기여하는 태도를 지닌다.

➡ 양의학과 한의학 계열에서 사용하는 언어는 기본적으로 각각 영어와 한자에 기반하기 때문에, 언어 관습의 차이가 있다. 나아가 '치료', '예방', '보전', '건강 증진' 등 목적에 따라서도 다를 것이다. 청소년들이 자주 겪는 '두

국어 교과군

영어 교과군

수학 교과군

도덕 교과군

사회 교과군

과학 교과군

통'에 대해 양의학과 한의학이 각각 어떤 방식으로 환자와 의사소통하는지 구체적인 사례를 조사하여 시나리오를 작성해 보고, 다른 의학의 의사소통 관습에 대한 자신의 인식을 담은 성찰 노트를 정리해 보자.

관련 학과 간호학과, 수의예과, 약학과, 응급구조학과, 의예과, 치기공학과, 치위생학과, 치의예과, 한의예과

《한의사가 본 현대인의 질병과 치료법》, 양기호, 아마존북스(2021)

국어 교과군

영어 교과군

수학 교과군

도덕 교과군

수학 교과군

과학 교과군

선택 과목	수능	독서와 작문	절대평가	상대평가
일반 선택	○		5단계	5등급

| 🔎 | 문어 의사소통, 사회·문화적 맥락, 독서 전략 및 관습, 사실적 읽기, 비판적 읽기, 추론적 읽기, 주제 통합적 읽기, 작문 전략 및 관습, 정보 전달 글쓰기, 논증하는 글쓰기, 성찰하는 글쓰기

[12독작01-01]

독서와 작문의 의사소통 방법과 특성을 이해하고 문어 의사소통 생활을 주도적으로 실천하고 성찰한다.

➔ 건강에 대한 사회적 관심이 갈수록 커지다 보니, 이를 통해 이익을 창출하려는 기업들이 각종 영양제의 효능에 대해 경쟁적으로 홍보를 하고 있다. 기업 입장에서는 사람들 입에 오르내리는 여러 종류의 영양제로 수익을 내야 하니, 복용 시 유의사항보다는 효능에 대해 집중적으로 언급할 수밖에 없고, 그런 광고들을 무수히 접하는 대중은 판단력을 잃고 현혹되기 쉽다. 결국 자신의 몸 상태에 맞는 적절한 복용법을 모른 채 아무렇게나 복용해서 부작용으로 고생하는 사람들이 많아졌고, 이에 우리 사회는 이런 상황의 심각성을 공유하려는 노력을 하고 있다. 영양제에 대한 글을 찾아 읽으며 논란이 되는 영양제의 작용 기전에 대해 탐구하고, 문제 현상의 원인과 올바른 의학 정보에 대한 조사를 바탕으로 대중의 인식 변화를 위한 작문 활동을 해 보자.

관련 학과 간호학과, 물리치료학과, 보건관리학과, 약학과, 의예과, 임상병리학과, 재활학과, 치의예과, 한의예과

《건강기능식품 약일까? 독일까?》, 김승환 외 13명, 지식과감성#(2022)

[12독작01-02]

독서의 목적과 작문의 맥락을 고려하여 가치 있는 글이나 자료를 탐색하고 선별한다.

➔ 사회 변화로 인해 현대인의 생활 습관이 바뀌면서 지금껏 겪어 보지 못한 신종 질환들이 생겨나고 있다. 세계보건기구(WHO)는 심혈관 질환, 당뇨병, 비만, 허리 디스크 등 오랜 시간 앉아서 생활하는 습관으로 인해 유발되는 질병들을 가리켜 '의자병(sitting disease)'이라고 명명하였다. 또한 이름도 생소한 'VDT 증후군'은 컴퓨터나 스마트폰 사용과 관련된 건강상의 문제를 통칭하는 말로, 어깨나 목, 허리 부위에 발생하는 근골격계 증상을 비롯해 눈의 피로, 정신 신경계 증상 등 다양한 질환이 포함된다. 이처럼 현대에 와서 과거에는 걱정하지 않던 새로운 질병들이 급증하면서, 질병의 원인과 치료 방법 등 관련 정보를 정확하게 선별해서 이해하는 것이 중요해졌다. 생활 양식의 변화로 인한 현대인의 질환 중 하나를 선정하여 해당 질환에 대한 자료를 선별 및 수집한 후, 예상 독자를 고려하여 원인과 예방, 치료법에 대해 정보를 전달하는 글을 작성해 보자.

관련 학과 간호학과, 물리치료학과, 미술치료학과, 방사선학과, 보건관리학과, 약학과, 언어치료학과, 응급구조학과, 의료공학과, 의예과, 임상병리학과, 작업치료학과, 재활학과, 치의예과, 한의예과

《히스타민 증후군》, 김상만 외 7명, 아침사과(2022)

[12독작01-03]

글에 드러난 정보를 바탕으로 글의 내용을 파악하고 글에 드러나지 않은 정보를 추론하며 읽는다.

➡ 《파이낸셜 타임스》에 따르면, 최근 해외의 유명 의학 저널에 게재된 논문 중 20%가 조작된 데이터에 기초한 것임을 독일의 샤벨 교수 연구팀이 밝혀냈다고 한다. 연구팀은 논문의 내용 자체보다는 형식에 집중하여 가짜 논문을 판별하는 '레드 플레그(red flag) 기법'을 활용했는데, 이 기법은 진짜 논문을 가짜 논문으로 오판할 가능성이 있긴 하지만, 그런 오차율을 감안했을 때도 매년 20%, 약 30만 편의 가짜 논문이 양산되고 있다고 보았다. 특히 가짜 논문의 대부분이 중국에서 나왔으며, 중국에서 생산된 논문 중 과반이 가짜 데이터에 기반했다고 주장했다. 의학계에서는 위조 논문과 관련해 이처럼 방대한 규모의 연구가 진행된 것은 드문 일이라고 하면서 문제의 심각성을 경고하고 있다. 《파이낸셜 타임스》가 이런 기사를 게재한 이유, 중국에서 가짜 논문의 비중이 매우 높은 이유, 그리고 이 문제를 해결하기 위해 참고할 만한 사례 등을 추론하여 발표해 보자.

[관련 학과] 의약계열 전체

《**사이언스 픽션**》, 스튜어트 리치, 김종명 역, 더난출판(2022)

[12독작01-04] ● ● ●

글의 내용이나 관점, 표현 방법, 필자의 의도나 사회·문화적 이념을 평가하며 읽는다.

➡ 본질적으로 의료 행위는 대면 진료가 원칙이나, 예외적인 상황에 한해 원격 의료가 인정되기도 한다. 우리나라에서는 코로나19의 확산으로 인해 한시적으로 비대면 진료를 허용한 바 있는데, 이를 계기로 원격 의료 관련 수요가 급증하면서 정부에서는 2023년 6월부터 비대면 진료 시범 사업을 추진했다. 코로나19가 유행했던 3년 동안 비대면 진료를 이용한 환자 수는 1,419만 명, 진료 건수는 3,786만 건에 이를 정도로 비대면 진료의 필요성이 인정되었으나, 제도적으로 정착하기에는 문제점이 여전히 남아 있는 상황이다. 대표적으로 지적되는 문제는 비대면 진료 시 환자를 충분히 진찰하지 못해 오진을 할 수 있다는 점과 처방 악용에 대한 우려이다. 또한 비대면 진료 시범 사업에서는 재진 환자에 한해 비대면 진료를 허용한다는 점, 비대면 진료비가 일반 진료비보다 30% 높게 책정되었다는 점도 논란이 되었다. 원격 의료에 대한 탐구활동을 바탕으로 해당 주제에 관한 글을 읽으며 내용의 타당성과 신뢰성을 판단하고, 이를 바탕으로 원격 의료에 대한 자신의 관점을 담은 글을 작성해 보자.

[관련 학과] 간호학과, 수의예과, 약학과, 의예과, 치의예과, 한의예과

《**원격의료 그 논란의 속살을 파헤친다**》, 비피기술거래, 비피기술거래(2018)

[12독작01-05] ● ● ●

글을 읽으며 다양한 내용 조직 방법과 표현 전략을 찾고 이를 글쓰기에 활용한다.

➡ 세계 각국에서 비만이 더는 개인의 문제가 아니라 사회 구조적인 문제임을 인식하고, 대책 마련에 힘쓰고 있다. 해외에서는 국가 차원의 비만 관리를 위해 '설탕세'를 도입하거나 정크 푸드에 대한 광고 및 학교 내 정크 푸드 자판기 설치를 금지하는 등의 법안을 채택하기도 했다. 우리나라는 '제1차 국가 비만관리 종합대책 (2018-2022)'을 발표하고 올바른 식습관 형성, 신체 활동 활성화, 고도비만 치료, 인식 개선 등 네 가지 세부 과제를 설정하여 국민들이 비만에 대해 경각심을 가질 수 있도록 교육을 실시하고 있다. 우리나라 정부가 비만 예방을 위해 배포하고 있는 자료를 찾아 읽으며 국민의 인식 개선을 위해 어떤 표현 전략을 사용하고 있는지 분석해 보자. 또한 비만의 사회 구조적 원인, 비만 관리를 위한 공공 개입 사례 등을 탐구해 적절한 표현 전략을 활용하여 카드 뉴스를 제작해 보자.

[관련 학과] 의약계열 전체

《**비만이 사회문제라고요?**》, 박승준, 초록서재(2021)

국어 교과군

영어 교과군

수학 교과군

도덕 교과군

사회 교과군

과학 교과군

[12독작01-06]

자신의 글을 분석적·비판적 관점으로 읽고, 내용과 형식을 효과적으로 고쳐 쓴다.

➡️ '안아키'는 '약 안 쓰고 아이 키우기'의 줄임말로, 영유아 필수 예방접종을 거부하거나 약을 쓰지 않고 아이를 키우려 하는 자연주의 육아법이다. 2013년에 관련 카페가 개설된 후로 한때 회원이 5만 5,000여 명에 이를 정도로 부모들 사이에 화제가 되기도 했다. 그러나 이러한 극단적인 자연치유 육아법은 의료 방임이자 아동학대에 해당하여, 당시 안아키 카페 운영자였던 한의사가 법적 처벌과 함께 면허 취소 처분을 받고 안아키 카페 회원들은 사회적 지탄을 받았다. 의료 방임 및 아동학대의 관점에서 안아키 육아법의 위험성에 대한 글을 작성하고, 근거의 타당성과 신뢰성을 기준으로 자신의 글을 점검하고 고쳐 써 보자.

`관련 학과` 의약계열 전체

《**툭하면 아픈 아이, 흔들리지 않고 키우기**》, 강병철, 김영사(2019)

[12독작01-07]

인간과 예술을 다룬 인문·예술 분야의 글을 읽고 삶과 예술에 대한 자신의 생각을 담은 글을 쓴다.

➡️ 미국의 한 연구팀이 약 80%의 확률로 인공수정 단계에서 남녀 성별을 선택할 수 있는 기술을 발표하여 화제가 되고 있다. 해당 기술은 정자의 염색체가 성별에 따라 무게가 다른 점에 착안하여 원하는 성별에 따른 정자를 선별한 후 인공수정을 진행하는 방식이다. 연구팀은 이 기술이 안전하고 윤리적으로도 받아들일 만하다고 했지만, 많은 전문가들이 윤리적 논쟁이 불가피하다고 지적하고 있어서 논란이다. 성별을 선택할 수 있는 인공수정 기술의 과학적 원리 및 기술이 허용될 경우 예상되는 문제 현상 등에 대해 탐구해 보자. 또한 이 기술의 적용을 둘러싼 찬반 양측의 글을 읽으며 주장의 근거 및 필자의 가치관을 분석한 후, 쟁점에 대한 자신의 의견을 작성해 보자.

`관련 학과` 의약계열 전체

《**무엇이 옳은가**》, 후안 엔리케스, 이경식 역, 세계사(2022)

[12독작01-08]

사회적·역사적 현상이나 쟁점 등을 다룬 사회·문화 분야의 글을 읽고 사회·문화적 사건이나 역사적 인물에 대한 관점을 담은 글을 쓴다.

➡️ 게임 중독을 질병으로 분류하는 '게임이용장애 질병코드'의 국내 도입을 두고 의견이 분분하다. 2019년 세계보건기구가 게임 중독을 질병으로 규정하고 '6C51'이라는 게임이용장애 질병코드를 국제 질병 분류에 등재한 후로 우리나라에서도 이와 관련한 논쟁이 이어지고 있다. 특히 의료계에서는 코로나19 이후 더욱 심각해진 게임 중독 문제에 대해 우려를 표하며 우리나라에서도 게임 중독을 질병으로 분류할 것을 주장했으며, 질병코드의 도입으로 체계적이고 전문적인 게임 중독 치료 방법 연구가 가능하다고 보았다. 반면 게임 업계는 게임 이용자들에 대한 부적절한 낙인으로 관련 산업이 위축될 수 있다며 반발하고 있다. 게임이용장애 질병코드 도입에 대해 상반된 입장에서 쓰인 기사문을 분석하고 쟁점을 정리한 후, 게임 중독을 주제로 의료인의 관점에서 글을 작성해 보자.

`관련 학과` 의약계열 전체

《**게임중독 처방전**》, 장범식, 이담북스(2018)

과학·기술의 원리나 지식을 다룬 과학·기술 분야의 글을 읽고 과학·기술의 개념이나 현상을 설명하는 글을 쓴다.

➜ 신약 개발을 위한 임상시험 전에 반드시 거쳐야 하는 단계가 바로 동물실험이다. 그런데 동물실험은 인체 임상 전 신약의 부작용이나 독성 여부를 확인할 수 있다는 장점이 있으나, 동물의 생명을 희생한다는 윤리적 문제와 함께 인간과 동물의 근본적인 차이로 인해 발생할 수밖에 없는 약효의 차이 및 부작용 문제 등을 동반한다. 동물실험의 이러한 문제점을 해결하기 위해 개발된 '오간 온 어 칩(Organ on a chip)', 즉 '장기 칩'은 인간의 특정 장기 세포를 배양한 뒤 이 세포를 기계 칩 속에 넣은 것으로, 인간의 세포를 사용했기 때문에 효과나 부작용 등 실험 결과의 신뢰도가 높다는 강점이 있어 최근 활발히 연구되고 있다. '오간 온 어 칩'에 대한 글을 읽으며 해당 기술의 원리와 개발 현황을 탐구하고, 장기 칩의 개발이 의학계에 미치는 영향을 설명하는 의학 칼럼을 작성해 보자.

관련 학과 의약계열 전체

《수상한 질문, 위험한 생각들》, 강양구, 북트리거(2019)

글이나 자료에서 가치 있는 정보를 수집하고 효과적으로 조직하면서 정보를 전달하는 글을 쓴다.

➜ 현대인 4명 중 1명이 앓고 있을 정도로 현대인의 대표적인 질병이 된 알레르기는 외부의 원인 물질에 대해 과장된 면역 반응을 보여서 오히려 인체에 해로운 영향을 미치는 현상을 말한다. 알레르기는 콧물이나 재채기 같은 비교적 가벼운 증상부터 숨 쉬기 불편한 천식이나 심각한 만성 피부질환까지 유발하며, 봄철 꽃가루와 황사, 미세먼지와 같은 대기 오염 등으로 더욱 증가하고 있다. 또한 최근에는 야외보다 실내에서 머무는 시간이 길어진 생활 습관의 변화로 인해 꽃가루에 대한 면역이 낮아져 알레르기 환자가 급증하였다. 현대인의 알레르기 질환에 대한 자료를 수집 및 분석한 후, 알레르기 질환의 발생 원인, 과정, 종류, 예방 및 치료 방안 등을 안내하는 팸플릿을 제작해 보자.

관련 학과 의약계열 전체

《당신이 이제껏 참아온 그것, 알레르기입니다》, 조상현 외 8명, 지식너머(2019)

글이나 자료에서 타당한 근거를 수집하고 효과적인 설득 전략을 활용하여 논증하는 글을 쓴다.

➜ 국민의 생명과 직결되는 필수 의료의 공백이 심각한 문제로 대두하는 가운데, 이를 해결하기 위한 정부의 '필수 의료 지원 대책'에 대해 비판의 목소리가 이어지고 있다. 환자가 응급실을 찾아 길 위에서 전전하는 '응급실 뺑뺑이' 사건이 연일 보도되면서, 최근 정부에서는 분만 및 소아 진료 보상 강화, 응급 의료 체계 개편 등을 골자로 하는 필수 의료 지원 대책을 마련하였다. 그러나 필수 의료에 대한 의료진의 기피 현상과 의료 혜택의 지역 간 격차 등 필수 의료 공백의 가장 근본적인 문제의 해법을 마련하지 못했다는 지적이 제기되고 있다. 현 의료 체계의 실태와 관련하여 정부 대책의 실효성이 떨어지는 원인을 탐구하고, 필수 의료 지원 대책을 둘러싼 쟁점에 대해 분석해 보자. 또한 이를 바탕으로 필수 의료 지원 대책에 관한 심포지엄의 참가자로서 자신의 관점을 담은 발표문을 작성해 보자.

관련 학과 의약계열 전체

《골든 아워 1》, 이국종, 흐름출판(2024)

[12독작01-12]

정서 표현과 자기 성찰의 글을 읽고 자신의 정서를 진솔하게 표현하거나 자신의 삶을 성찰하는 글을 쓴다.

➡ 고령화의 가속화로 우리 사회의 고령층이 두터워지면서 존엄한 죽음에 대한 관심이 높아지는 가운데, 죽음이 가까운 환자가 삶을 평온하게 마무리할 수 있도록 돕는 호스피스 병동에 대한 수요가 급증하고 있다. 호스피스 병동은 대개 말기 암 환자나 임종을 앞둔 환자들이 마지막으로 찾는 곳이기에, 호스피스 의사의 역할은 환자의 신체적 고통을 줄이고 심리적 안정을 취하게 하여 죽음을 편안하게 받아들이도록 하는 데 초점이 맞춰져 있다. 대개 의사들이 사람을 살리는 일을 하는 반면, 호스피스 의사는 죽음을 지키는 역할을 하는 셈이다. 호스피스 의사가 체감한 삶과 죽음에 대한 글을 읽고, 필자의 가치관과 자신의 가치관을 비교하며 삶을 성찰하는 글을 써 보자.

`관련 학과` 의약계열 전체

《천 번의 죽음이 내게 알려준 것들》, 김여환, 포레스트북스(2021)

[12독작01-13]

다양한 글을 주제 통합적으로 읽고 학습의 목적과 교과의 특성을 고려하여 학습을 위한 글을 쓴다.

➡ 챗GPT가 미국의 의사 면허 시험을 무난히 통과했다는 연구 결과가 나왔다. 더불어 의료 관련 195개의 질문에 대한 의사의 대답과 챗GPT의 대답을 분석한 결과, 의료 전문가의 79%가 '챗GPT의 답변이 의사의 답변보다 만족스러웠다'고 응답했으며, 환자에 대한 공감 측면에서도 챗GPT가 의사보다 9.8배 많은 긍정적 평가를 받았다. 이런 연구 결과들로 인해, 챗GPT가 의사의 상담을 대체할 수 있을 거라는 논조의 기사와 영상이 여럿 쏟아졌지만, 일각에서는 챗GPT가 허위 정보를 제공할 경우 일반인이 구분하기 어렵고 질문이 조금만 비껴 가도 다른 질환에 대한 답을 할 수 있기 때문에 보조 수단으로만 활용해야 한다고 경고한다. 챗GPT의 의료 상담에 대한 서로 다른 관점의 글을 비교·분석하고, '의료계에서의 챗GPT 활용 방안'을 주제로 카드 뉴스를 제작해 보자.

`관련 학과` 의약계열 전체

《10대에 의료계가 궁금한 나, 어떻게 할까?》, 오쿠 신야, 김정환 역, 오유아이(2022)

[12독작01-14]

매체의 유형과 특성을 고려하며 글이나 자료를 읽고 쓴다.

➡ 데이터를 담은 블록을 체인 형태로 연결함과 동시에 수많은 컴퓨터에 복제하고 저장하는 분산형 데이터 저장 기술인 '블록체인'은 강력한 보안 능력과 투명성, 경제성을 기반으로 의료계에서도 활발히 적용되고 있다. 특히 이를 활용해 보안이 필요한 환자의 의료 기록 등 의료 데이터를 안전하게 관리할 수 있는데, 종이로 된 코로나19 백신 접종 증명서가 지닌 위변조 위험 등의 한계를 보완하기 위해 블록체인 기반의 디지털 예방 접종 증명서를 발급하는 것 또한 의료계에 도입된 블록체인 기술의 사례이다. 블록체인 기술이 의료 분야에 적용되는 다양한 사례를 분석한 후, 효과적인 전달 매체를 선정하여 의료계에서의 블록체인 기술의 현황과 전망에 대해 발표해 보자.

`관련 학과` 의약계열 전체

《블록체인, 에스토니아처럼》, 박용범, 매일경제신문사(2018)

독서와 작문의 관습과 소통 문화를 이해하고 공동체의 소통 문화 및 담론 형성에 책임감 있게 참여한다.

➜ 식품의약품안전처에서 그동안 의약품 분류 체계에 포함되지 않았던 마이크로바이옴 활용 의약품을 생물의약품에 추가하는 내용의 '생물학적 체제 등의 품목 허가·심사 규정' 개정안을 행정 예고했다. 마이크로바이옴은 사람의 몸 안에 사는 각종 미생물을 총칭하는 것으로, 이것을 인간의 질병을 치료하는 데 사용하기 위해 관련 연구 및 투자가 활발히 진행되고 있다. 이처럼 바이오 의약품이 우리나라의 4차 산업혁명을 주도할 새로운 성장 동력으로 주목받고 있는 상황에서, 비록 전문가 수준은 아니더라도 바이오 의약품에는 어떤 것이 있는지, 왜 바이오 의약품에 주목해야 하는지, 관련 쟁점은 무엇인지 정도는 알아둘 필요가 있다. 마이크로바이옴을 포함한 바이오 의약품에 대한 탐구를 바탕으로, '바이오 의약품 시대가 온다'는 주제의 카드 뉴스를 제작해 보자.

관련 학과 　바이오의약학과, 수의예과, 약학과, 의예과, 제약학과, 치의예과

《바이오의약품 시대가 온다》, 이형기 외 2명, 청년의사(2023)

선택 과목	수능		절대평가	상대평가
일반 선택	○		5단계	5등급

문학

| 🔍 | 문학의 인식적·윤리적·미적 기능, 내용과 형식의 관계, 문학 감상의 맥락, 한국 문학의 역사와 성격, 문학의 공감적·비판적·창의적 수용, 문학의 수용과 창작, 문학의 가치, 문학의 생활화 |

[12문학01-01] ● ● ●

문학이 인간과 세계에 대한 이해를 돕고, 삶의 의미를 깨닫게 하며, 정서적·미적으로 삶을 고양함을 이해한다.

➡ 자기 관리도 경쟁력이라는 요즘, 의학의 힘을 빌려 외모 콤플렉스를 극복할 수 있다는 점에서 다양한 성형 수술이 각광받고 있다. 그러나 끝없는 욕심으로 성형 중독에 이르거나 성형 수술을 받는 연령대가 점점 낮아지는 최근의 추세는 바람직하다고 보기 어렵다. 특히 신체적, 정신적으로 한창 성장하고 있는 청소년들의 성형 수술은 미(美)에 대한 가치관을 온전히 정립하지 못한 상태에서 내면적 아름다움보다는 외면적 아름다움에 집착하는 현상으로 이어질 수 있어 주의해야 한다. 청소년기의 외모 콤플렉스를 극복해 나가는 주인공 '조이스'를 통해 진정한 아름다움이란 무엇인지를 생각하게 하는 소설인 안나의 〈쌍꺼풀〉을 읽어 보고 미성년자 성형 수술에 대한 자신의 생각을 정립한 후 작품에 대한 서평을 작성해 보자.

관련 학과 의약계열 전체

《쌍꺼풀》, 안나, 김선희 역, 미래인(2011)

[12문학01-02] ● ● ●

문학의 여러 갈래들의 특성과 문학의 맥락에 대해 이해한다.

➡ 작가는 특정 시기에 전 세계적으로 영향을 준 사건이 있으면 그 사건과 관련된 당대 사회의 모습을 작품에 반영하기도 한다. 율리 체의 〈인간에 대하여〉는 코로나 확산으로 인해 독일의 베를린이 봉쇄되기 직전인 2020년 3월부터 시민들이 정부의 대응 조치에 적응해 가던 6월까지 3개월간의 혼란스러운 사회 모습을 작품의 배경으로 설정하여 코로나19 팬데믹이 인간에게 미친 영향에 대해 다루고 있다. 율리 체의 〈인간에 대하여〉를 감상하며 위기 상황에서의 인간의 심리 및 팬데믹이 개인과 사회에 미치는 영향에 대해 탐구하고, 이를 바탕으로 작품에 대한 비평문을 작성해 보자.

관련 학과 의약계열 전체

《인간에 대하여》, 율리 체, 권상희 역, 은행나무(2022)

[12문학01-03] ● ● ●

주요 작품을 중심으로 한국 문학의 범위와 갈래, 변화 양상을 탐구한다.

➡ 신화나 민담 등에서 공통적으로 또는 반복적으로 나타나는 이야기 요소 및 설정을 '모티프(motif)'라고 한다. 이러한 모티프 중 우리나라 고전 문학에서 빼놓을 수 없는 것 중 하나가 바로 구약 모티프, 즉 부모의 병을 낫게

할 약을 구하기 위해 고행을 하고 수난을 극복하는 이야기이다. 구약 모티프의 대표적인 작품으로는 부모를 살리기 위해 저승으로 건너가 약수를 구해 온 주인공의 일대기를 담은 서사 무가 〈바리공주〉가 있다. 이를 시작으로 19세기 후반에 창작된 서유영의 〈육미당기〉, 현대에 와서는 황석영의 〈바리데기〉, 정은경의 〈열세 개의 바다: 바리〉 등이 구약 모티프를 다루었다. 구약 모티프로 창작된 작품들의 특성과 변화 양상에 대해 조사 분석하고, 현대 문학에서는 이를 어떻게 수용하고 있는지 탐구하여 보고서를 작성해 보자.

관련 학과 의약계열 전체

《**바리공주/바리데기**》, 이경하 주해, 서울대학교출판문화원(2019)

[12문학01-04] • • •

한국 문학에 반영된 시대 상황을 이해하고 문학과 역사의 상호 영향 관계를 탐구한다.

➡ 전쟁은 진실하게 노력하며 살아온 사람들이 한순간에 모든 것을 잃게 만듦으로써 삶에 대한 허무감, 불안감을 느끼게 한다. 이처럼 전쟁이 인간 사회에 미친 영향을 파헤치는 소설을 전후(戰後) 소설이라고 하는데, 한국 문학의 경우 한국 전쟁 이후에 전후 소설이 등장했다. 손창섭의 〈잉여인간〉은 전후 상황에서 존재할 수 있는 인간형들을 조명함으로써, 초기 전후 소설에서 보이던 삶에 대한 환멸과 허무감에서 벗어나 구원의 가능성을 제시했다는 점에서 문학사적 의의를 지닌다. 손창섭의 〈잉여인간〉을 읽으며 우리나라의 전후 사회 모습이 작품에 어떻게 반영되었는지 탐구하고, 무기력과 불안감을 느끼는 작품 속 인물을 외상 후 스트레스의 관점에서 분석해 보자. 그리고 러시아-우크라이나 전쟁으로 인한 사람들의 상처를 치유하는 데 문학이 어떤 역할을 할 수 있을지 탐구해 보자.

관련 학과 의약계열 전체

잉여인간

손창섭, 민음사(2005)

책 소개

이 책은 한국 전쟁 이후의 사회상과 전쟁의 후유증으로 인해 사회에 적응하지 못하고 무기력한 삶을 살아가는 소시민의 모습을 사실적으로 보여 주는, 전후 한국 문단의 문제적 작가 손창섭의 단편 소설들을 엮은 것이다. 〈잉여인간〉 외에도 손창섭의 대표작인 〈비 오는 날〉을 포함하여 총 13편의 작품이 수록되어 있다.

세특 예시

문학과 역사의 상호 영향 관계에 대한 수업에서 하근찬의 〈수난이대〉를 감상한 후 한국 전쟁이 현대 문학에 미친 영향에 대해 발표함. 전쟁으로 인해 신체적 장애를 갖게 된 부자(父子)의 모습을 통해 민족의 수난을 보여 준다는 작품의 구성에 대한 호기심을 바탕으로, 한국 전쟁으로 인해 유발된 정신적 장애는 없었는지에 대해 궁금증을 느낌. 이에 같은 시기에 창작된 손창섭의 〈잉여인간〉, 〈비 오는 날〉을 연계 감상하고, 작품 속 인물들의 특성을 전쟁으로 인한 외상 후 스트레스의 관점에서 분석하여 등장인물에 초점을 맞춘 문학 비평문을 작성함. 더 나아가 러시아-우크라이나 전쟁으로 인한 사람들의 신체적·정신적 상처를 치유하는 데 있어서 문학이 어떤 역할을 할 수 있을지 탐구하고, 이를 바탕으로 문학의 치유 기능을 주제로 카드 뉴스를 제작함.

[12문학01-05]

한국 작품과 외국 작품을 비교하며 읽고 한국 문학의 보편성과 특수성을 파악한다.

➡ 김애란의 〈두근두근 내 인생〉은 동명의 영화로도 제작되어 160만 명 이상의 관객을 동원할 만큼 많은 사랑을 받고 있는 작품이다. '가장 어린 부모와 가장 늙은 자식의 이야기'라는 책의 설명처럼, 이 작품은 조로증(早老症)으로 인해 열일곱 살에 여든 노인의 신체를 지닌 주인공 '아름'의 삶과 사랑, 그리고 열일곱 살에 '아름'을 낳고 서른넷이 된, 여전히 어린 부모의 이야기를 담고 있다. 주인공은 장애를 지니고 있음에도 자신의 불행을 원망하지 않고 특유의 긍정적이고도 명랑한 태도로 삶의 고통에 맞서는 모습을 보여 책을 읽은 많은 이들에게 감동을 주었다. 〈두근두근 내 인생〉과 같이 장애가 있는 아이의 삶을 다룬 외국 문학 작품을 찾아 작품들을 비교 분석하고, 〈두근두근 내 인생〉이 지닌 문학적 보편성과 특수성에 대한 탐구 보고서를 작성해 보자.

관련 학과 의약계열 전체

《**두근두근 내 인생**》, 김애란, 창비(2011)

[12문학01-06]

문학작품에서는 내용과 형식이 긴밀하게 연관됨을 이해하며 작품을 수용한다.

➡ 최근 동명의 드라마로도 제작된 바 있는 이은소의 소설 〈조선 정신과 의사 유세풍〉은 병의 원인은 몸이 아닌 마음에 있다는 것을 깨닫고 사람의 마음을 치유해 주는 심의(心醫)가 된 한 의원의 이야기이다. 이 책은 서자, 수절 과부, 광대 등 조선 사회에서 소외된 약자들이 앓고 있는 다양한 마음의 병과 그에 따른 사연들을 여러 장(章)에 걸쳐 소개하고 있는데, 이렇게 동일한 등장인물과 배경을 바탕으로 각각의 독립적인 이야기들을 연결한 구성을 '피카레스크식 구성'이라고 한다. 〈조선 정신과 의사 유세풍〉을 읽고, 이 작품에서 피카레스크식 구성이라는 형식적 요소가 작품의 내용을 드러내는 데 어떻게 기여하는지 탐구하여 서평을 작성해 보자.

관련 학과 의약계열 전체

《**조선 정신과 의사 유세풍**》, (상·하), 이은소, 새움(2022)

[12문학01-07]

작품을 공감적·비판적·창의적으로 감상하며, 다양한 방식으로 작품에 대해 비평한다.

➡ 2017년 노벨문학상 수상으로 잘 알려진 가즈오 이시구로의 〈나를 보내지 마〉는 '헤일셤'이라는 기숙 학교에서 학창 시절을 보낸 후 간병사로 일하고 있는 주인공 '캐시'의 이야기이다. 언뜻 평범해 보이는 이 기숙 학교는 사실 인간이 아닌 클론, 즉 인간에게 장기 이식을 할 목적으로 복제된 존재를 위한 학교이며, 주인공 '캐시' 역시 클론으로서 장기 이식 후 죽음을 맞도록 정해진 운명에 따라 살아가고 있다. 〈나를 보내지 마〉와 같은 해에 등장한 할리우드 영화 〈아일랜드〉 역시 비슷한 소재를 다루는 등 생명 연장과 치료를 목적으로 하는 유전자 복제에 대한 작품이 계속 생산되고 있다. 〈나를 보내지 마〉가 복제 인간을 바라보는 관점을 중심으로 공감적 또는 비판적으로 작품을 감상한 후, 치료 및 장기 이식용 복제 인간의 생산에 대한 자신의 의견을 담아 서평을 작성해 보자.

관련 학과 의약계열 전체

《**나를 보내지 마**》, 가즈오 이시구로, 김남주 역, 민음사(2021)

[12문학01-08] • • •

작품을 읽고 새로운 시각으로 재구성하거나 주체적인 관점에서 작품을 창작한다.

➡ '영원한 비밀은 없다'는 말이 있을 정도로, 동서고금을 막론하고 타인의 비밀을 발설하지 못해 안달난 이들의 이야기는 언제나 존재했다. 우리나라에서도 큰 귀를 가진 신라 임금 경문대왕의 비밀을 유일하게 알고 있던 모자 장인 복두장이 죽음을 앞두고서 참지 못하고 대나무 숲에 가서 "임금님 귀는 당나귀 귀!"라고 외쳤다는 유명한 일화가 《삼국유사》에 실려 오늘날까지 전해지고 있다. 타인의 개인 정보를 공개적으로 발설하는 이와 같은 이야기는 오늘날의 사회에서는 매우 신중하게 접근할 필요가 있다. 특히나 타인의 비밀을 끝까지 지켜야 할 사람 중 하나인 의사는 매우 민감한 정보를 보유하기 때문에 더욱 조심해야 한다. 이러한 관점에서 〈임금님 귀는 당나귀 귀〉 설화를 비판적으로 감상한 후, 현대의 시각과 가치관을 담아 작품을 재창작해 보자.

관련 학과 의약계열 전체

《삼국유사》, 일연, 이동환 역, 서연비람(2023)

[12문학01-09] • • •

다양한 매체로 구현된 작품의 창의적 표현 방법과 심미적 가치를 문학적 관점에서 수용하고 소통한다.

➡ 종이 책에서 벗어나 인터넷 플랫폼을 통해 연재되는 웹 소설은 최근 문화체육관광부에서 신진 인력 양성 사업에 관한 지원 정책을 마련할 정도로 활성화되고 있다. 그중 인기 웹 소설 〈중증외상센터: 골든아워〉는 대학 병원의 중증외상센터 장이자 초임 교수인 주인공과 그가 구성한 중증외상 팀이 마주하는 긴박한 응급 상황과 분투를 담고 있다. 작가가 이비인후과 전문의인 만큼, 의료 현장에 대한 고증과 상황 묘사가 탄탄하고 사실적이다. 이러한 인기에 힘입어 이 작품은 동명의 웹툰과 오디오북으로도 제작되었으며, 드라마 방영 또한 앞두고 있다. 웹 소설 〈중증외상센터: 골든아워〉의 다양한 에피소드 중 하나를 읽고, 해당 에피소드가 웹툰 또는 오디오북 등 매체를 달리하여 제작되었을 때 어떤 차이를 보일지 의학 내용을 다룬 작품의 특성과 연계하여 탐구해 보자.

관련 학과 의약계열 전체

《중증외상센터: 골든아워》(1~15), 한산이가, 몬스터(2020)

[12문학01-10] • • •

문학을 통하여 자아를 성찰하고, 타자를 이해하며 상호 소통한다.

➡ 윤동주의 시 〈병원〉은 화자가 병원에서 만난 여자 환자를 통해 자신을 성찰하고 자신과 그 여자의 병이 회복되기를 바라는 마음을 표현한 작품이다. 작품 속 의사는 인간의 '질병'에는 관심이 있지만 그것을 넘어선 인간의 '고통'에는 관심이 없기에, 화자에게는 아무런 문제가 없다는 판정을 내린다. 화자는 아무도 찾는 사람이 없어 누구와도 고통을 나눌 수 없는 여인을 바라보며, 그녀의 아픔이 자신의 아픔을 닮았다고 생각하고 자신의 고통을 그녀만은 알아줄 것 같아 그녀가 누웠던 자리에 누워 본다. 때로는 화자의 병을 스스로 깨닫게 하는 여인이 의사보다 더 큰 역할을 하는 것처럼, 문학은 독자가 자신을 성찰하도록 하여 스스로 치유할 수 있도록 이끈다. 이러한 문학의 기능을 토대로, 의학 분야에서 환자의 심신을 치료하는 데 문학을 활용하는 방안에 대해 탐구하여 보고서를 작성해 보자.

관련 학과 의약계열 전체

《윤동주 전 시집: 하늘과 바람과 별과 시》, 윤동주, 스타북스(2022)

국어 교과군

영어 교과군

수학 교과군

도덕 교과군

사회 교과군

과학 교과군

[12문학01-11] • • •

문학을 통해 공동체가 처한 여러 문제들을 이해하고 문제 해결에 참여하는 태도를 지닌다.

➡ 이청준의 소설 〈당신들의 천국〉은 일제강점기부터 1960년대까지의 소록도를 배경으로 한센병 환자들과 그들의 지도자 사이의 갈등을 그려낸 작품이다. 이 소설은 실제 소록도의 슬픈 역사를 소재로 하면서 사건과 관련된 실제 인물을 모델로 하고 있다는 점에서, 당대 독자들에게 허구적이고 추상적인 이야기가 아니라 사실적이고 구체적인 현실의 문제로 다가갔다. 이처럼 작가는 문학을 통해 공동체가 처한 여러 문제들을 독자가 인식하고 문제 해결을 위한 소통 과정에 참여하도록 하기 위해 작품을 창작하기도 한다. 〈당신들의 천국〉을 읽으며 작품에 드러난 공동체의 문제적 현실에 대해 탐구하고, 이를 바탕으로 작품에 대한 서평을 작성해 보자.

관련 학과 의약계열 전체

《**당신들의 천국**》, 이청준, 문학과지성사(2012)

[12문학01-12] • • •

주체적인 문학 활동을 생활화하여 지속적으로 문학을 즐기는 태도를 지닌다.

➡ 중증 질환 말기 상태가 된 환자에게 예후를 알리는 것은 의사에게도 가족들에게도 큰 과제이다. 박완서의 소설 〈아주 오래된 농담〉의 주인공인 의사 '심영빈'은 집안의 당부 때문에 폐암 말기인 매제에게 사실을 알리지 못하여, 매제가 자신의 삶을 제대로 마무리하지 못하고 갑자기 떠나게 되는 일을 겪는다. 이후 폐암 초기로 완치 가능성이 높은 환자에게 병을 알리지 말아달라는 환자 아내의 부탁을 받고도 매제의 일이 떠올라 환자에게 사실을 말했다가, 환자가 비싼 병원비와 힘든 투병 생활의 부담을 가족에게 지우고 싶지 않아 자살을 택함으로써 큰 충격을 받는다. 〈아주 오래된 농담〉을 읽고, 환자의 알 권리 또는 우울, 절망과 같은 환자의 심리적 상태 등 다양한 측면을 고려하여 의사로서 환자의 정확한 상태를 어떤 방식으로 알리는 것이 바람직한지에 대해 독서 토론을 진행해 보자.

관련 학과 의약계열 전체

《**아주 오래된 농담**》, 박완서, 실천문학사(2011)

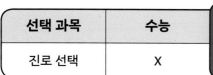

선택 과목	수능	주제탐구 독서	절대평가	상대평가
진로 선택	X		5단계	5등급

| 🔍 | 관심 분야, 책과 자료, 통합적 읽기, 주체적 탐구, 비판적·창의적 독서, 자신의 관점과 견해 형성, 주도적 독서, 삶의 성찰 및 계발 |

[12주탐01-01] •••

주제탐구 독서의 의미를 이해하고 관심 있는 분야에서 탐구할 주제를 탐색한다.

➡ '독서 활동을 통한 우리 반 아이들 건강 지키기' 프로젝트의 일환으로 각자 한 학기 동안 의학, 약학, 한의학, 치의학 등 다양한 분야의 여러 책을 읽고, 청소년기에 꼭 필요한 건강 정보를 종합하여 포스터를 제작하거나, 다큐멘터리 방송을 만들어 보거나, 애플리케이션으로 제작하여 학급 친구들에게 안내해 보자. 이후 의학 계열에서 자신의 관심 분야와 독서 활동의 내용, 우리 반 아이들의 특성을 고려하여 세부 주제를 잘 선정했는지 스스로 성찰하는 글쓰기 활동을 해 보자.

관련 학과 간호학과, 물리치료학과, 방사선학과, 보건관리학과, 수의예과, 약학과, 응급구조학과, 의료공학과, 의예과, 임상병리학과, 재활학과, 치위생학과, 치의예과, 한의예과

《**이럴 땐 어떡하지?**》, 이충란 외 5명, 도서출판 담음(2019)

[12주탐01-02] •••

학업과 진로 탐색을 위해 주제탐구 독서의 목적을 수립하고 주제를 선정한다.

➡ '위생 전문가'로서 보건 관리, 공중 보건 계열 쪽의 진로를 구체화하기 위한 '위생' 관련 주제탐구 독서 계획을 세워 보자. 특히 위생이라는 개념이 의학, 약학, 치위생학, 한의학 등의 많은 부분과 연관성이 있다는 사실을 토대로 자신의 진로를 세부적으로 탐구하기 위해 책 한 권의 참고문헌을 다시 찾아 읽는 '심화 독서' 계획을 마인드맵 방식으로 디자인하여 친구들에게 소개해 보자.

관련 학과 간호학과, 보건관리학과, 약학과, 응급구조학과, 의예과, 임상병리학과, 치위생학과, 치의예과, 한의예과

《**아는 만큼 건강해지는 위생 상식**》, 최덕호 외 1명, 에이엠스토리(2022)

[12주탐01-03] •••

관심 분야의 책과 자료가 지닌 특성을 파악하며 주제탐구 독서를 한다.

➡ 《의사외전》은 얼핏 보면 의학과 의사와 관련된 내용만 담고 있는 것 같지만, 정치·경제·사회·교육 등의 문제를 총괄하여 의사들의 생생한 증언들이 담겨 있다. 제목을 통해 대략의 내용을 추론해 보고, 자신이 의사가 되었을 때 고민할 만한 점들과 관련된 부분을 찾아서 읽은 후, 그 생각을 옹호하는지 비판하는지 자신의 견해를 발표하고 이를 토대로 친구들과 토의해 보자.

관련 학과 의약계열 전체

《**의사외전**》, 김장한 외 2명, 허원북스(2021)

[12주탐01-04] •••

주제와 관련된 책이나 자료를 탐색하면서 신뢰할 수 있고 가치 있는 정보를 선정하여 분석하며 읽는다.

➡ 'EMT'라고 하는 응급구조사의 삶은 우리 일반인들이 생각할 때도 힘들고 정신없지만, 이 책에 나타난 응급구조사의 삶은 더욱 힘겹다. '다른 사람의 삶을 이해하기'라는 주제탐구로 이 책을 읽되, 자신이 모르는 의학 용어가 등장하거나 병원 환경이 묘사되는 부분을 탐색해 자세히 분석하며 읽어 보고, 이를 통해 자신이 알게 된 타인의 삶에 대한 인상과 느낀 점을 정리하여 모둠원들과 이야기해 보자.

관련 학과 간호학과, 물리치료학과, 방사선학과, 보건관리학과, 응급구조학과, 의예과, 임상병리학과, 치의예과, 한의예과

《응급구조사는 이렇게 일한다》, 이태양, 청년의사(2022)

[12주탐01-05] •••

주제에 관련된 책과 자료를 종합하여 읽으며 자신의 관점과 견해를 형성한다.

➡ 한약이나 침 등이 비과학적이며 병을 고치는 데 도움이 되지 않는다는 견해가 있고, 양약이나 물리치료, 시술보다 병을 더 잘 고친다는 견해도 있다. '고혈압 치료'라는 주제로 한약과 양약, 한의학과 양의학 등 여러 학술 자료를 찾아보고 가상의 고혈압 상황을 설정한 후 어떤 치료가 더 효과적일지에 대한 자신의 견해를 발표해 보자.

관련 학과 의약계열 전체

《한의학의 현대적 해석과 고혈압》, 이준우, 군자출판사(2023)

[12주탐01-06] •••

매체를 포함한 다양한 방법으로 주제탐구 독서의 과정이나 결과를 사회적으로 공유하고 소통한다.

➡ '생태주의 시대에 우리가 갖춰야 할 인간-동물 문화'라는 주제로 철학·윤리학·생명과학·수의학 등과 관련된 책을 읽어 보고, '길냥이'에 대한 인식을 서로 나눌 수 있도록 오픈 채팅방을 만들어 소통해 보자. 이 과정에서 학술 자료, 책 등 독서한 내용을 논의의 근거로 제시해야 한다, 상대방을 존중하는 언어를 사용해야 한다 등 오픈 채팅의 규칙을 마련해 보자.

관련 학과 간호학과, 수의예과, 약학과, 의예과, 임상병리학과, 재활학과, 치의예과

《동물이 만드는 지구 절반의 세계》, 장구, 21세기북스(2023)

[12주탐01-07] •••

주제탐구 독서를 생활화하여 주도적으로 삶을 성찰하고 계발한다.

➡ '건강을 망치는 생활 습관 개선'이라는 주제로 근골격계, 순환계, 소화계 등의 의학 부문과 유아기, 아동기, 청소년기, 성인기 등의 시기별 건강 지침 등을 여러 책을 통해 학습하고, 자신의 식습관, 운동 습관 등이 건강에 도움이 되는지를 구체적인 근거를 들어 제시해 보자. 이후 친구들끼리 이러한 성찰 내용들을 모아 '우리 반 건강은 우리가 지킨다!' 프로젝트를 진행해 보자.

관련 학과 의약계열 전체

《자기 주도 건강관리법》, 송춘희, 모아북스(2022)

선택 과목	수능	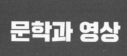	절대평가	상대평가
진로 선택	X		5단계	5등급

|🔍| 형상화, 언어 예술, 영감, 상상력, 시각적 요소와 청각적 요소의 결합, 현실 세계, 상상의 세계, 변용과 창조

[12문영01-01] ● ● ●

문학과 영상의 형상화 방법과 그 특성을 이해한다.

➡ 드라마 〈슬기로운 의사생활〉은 의학 드라마로 분류되는 경우가 있지만, 실제로는 로맨스와 휴머니즘, 특히 음악적 효과를 중요시한 복합적 성격의 드라마이다. 이 드라마를 극문학 대본으로 읽었을 때와 드라마로 보았을 때의 감상을 비교하여 논의해 보고, 대본에 있는 내용을 드라마로 구현하기 위한 구체적인 방법과 그 효과에 대해 조사하여 발표해 보자.

관련 학과 의약계열 전체

《청년의사 남기남의 슬기로운 병원생활 1》, 주웅, 청년의사(2022)

[12문영01-02] ● ● ●

양식과 매체에 따른 특성과 효과를 고려하여 문학 작품과 영상물을 해석하고 비평한다.

➡ 김애란 작가의 소설 〈노찬성과 에반〉에서 '안락사를 진행시킬 수 있는 동물 병원'이나 '죽기 전에 주인의 몸을 핥는 반려견의 모습' 등이 실제로 반려견들에게 일어나는 일인지에 대한 검증을 진행해 보자. 다양한 학술 자료 및 인터뷰 등을 통해 리얼리티를 점검해 보되, 사회적·과학적으로 사실이 아닌데도 마치 사실처럼 독자를 끌어당기는 소설의 '개연성'의 힘에 대해 작품 내외의 사례를 들어 토의해 보자.

관련 학과 수의예과, 약학과, 응급구조학과, 의예과, 임상병리학과, 치의예과

《바깥은 여름》, 김애란, 문학동네(2017)

[12문영01-03] ● ● ●

문학 작품과 영상물 간의 영향 관계와 상호작용의 효과를 파악한다.

➡ 드라마 〈낭만닥터 김사부〉나 〈슬기로운 의사생활〉, 혹은 의학과 관련된 많은 웹툰들이 최근 인기를 얻고 있다. 사람의 생명과 관련된 의학의 전문적인 내용이 영화나 드라마, 웹툰의 소재가 되어 소비되는 양상 및 전파 방식에 대해 자신의 생각을 말해 보자. 특히 의학 용어 사용이나 행위 등의 구체성에 대해 진단해 보고, 드라마가 지니고 있는 갈래적 특성을 고려하여 의학 드라마의 표현 방법론에 대해서도 의논해 보자.

관련 학과 의약계열 전체

《메디컬드라마로 배우는 기초의학용어》, 정현정, 현문사(2023)

[12문영01-04]

문학 창작과 영상 창작의 요소와 기법을 바탕으로 문학 작품과 영상물을 수용·생산한다.

➡ 의학 다큐멘터리 영상이나 의학 드라마에서는 환자의 치료가 극적으로 전개되는 경향이 있다. 이러한 전개가 실제 의학적인 치료와 궤를 같이하는지를 다양한 의학 전문가 인터뷰를 통해 정리해 보자. 특히 영상 창작 요소 중 '카메라 무빙'이 있다는 점에 주목하여, 실제로 카메라 무빙을 실감나게 활용한 병원 진료, 시술, 수술 다큐멘터리를 만들어 보자.

관련 학과 간호학과, 보건관리학과, 수의예과, 약학과, 의예과, 재활학과, 치의예과, 한의예과

《영화 연출을 위한 무빙 카메라의 모든 것》, 길 베트먼, 김진희 역, 커뮤니케이션북스(2016)

[12문영01-05]

소재가 유사한 문학 작품과 영상물을 비교하면서 통합적으로 수용한다.

➡ 웹 소설 《중증외상센터: 골든아워》, 《AI 닥터》 등은 낭만적이면서도 천재적인 의사의 활약상을 다루고 있다. 이러한 의학 소설은 '죽어가는 사람을 살린다'는 극적인 상황을 보여 주면서 독자에게 카타르시스를 안겨 준다. 이런 기능을 하는 또 다른 의학 소설에는 어떤 것이 있는지 찾아서 비교해 보되, 주제 의식이 어떠한 인물 설정과 장면 묘사 등으로 형상화되는가 하는 측면을 중점적으로 파악하여 정리해 보자.

관련 학과 의약계열 전체

《굿 닥터 1》, 박재범, 비단숲(2018)

[12문영01-06]

문학 작품과 영상물을 효과적으로 전달할 수 있는 경로와 매체를 선택하여 공유한다.

➡ 중국의 산아제한 문제를 '한 산부인과 의사와 조카의 관계'를 통해 드러내려고 했던 모옌의 《개구리》를 읽고, 긴 호흡을 보여 주고 있는 소설의 장면 중 극적인 장면을 모둠별로 토의하여 선정하고, 이 내용을 통해 작가가 드러내고자 하는 의미에 대해 서로 이야기를 나누어 보자. 이후 '풍자'의 성격이 나타날 수 있도록 '4컷 만화'의 형태로 압축하여 표현해 보자.

관련 학과 의약계열 전체

책 소개
'계획생육'이라는 중국의 산아제한 정책을 전면적으로 다루고 있는 이 작품으로 작가 모옌은 2012년 노벨 문학상을 받았다. 우리나라에도 산아 제한 정책이 있었기 때문에, 이 작품에서 느껴지는 분위기나 인물의 행위 등이 현 시대를 살아가는 독자들에게 더 면면히 다가올 것이다.

세특 예시
문학 작품이나 영상물을 독자나 시청자를 고려하여 효과적으로 전달할 수 있는 매체들의 특징에 대해 학습한 후, '풍자성, 상징성이 짙은 문학 작품을 4컷 만화로 표현하면 어떨까?'라고 생각하여 '개구리(모옌)'를 읽고

개구리

모옌, 심규호 외 1명 역,
민음사(2021)

산아제한 정책하에 이를 맹목적으로 따르는 산부인과 의사의 이야기를
풍자적인 만화로 표현하여 친구들에게 주제 의식을 강렬하게 전달함.

[12문영01-07]

문학과 영상에 관련된 진로와 분야에서 요구하는 문화적 소양에 대해 탐구한다.

➡ 응급의학과의 현실적인 삶을 치밀하게 묘사한 작품《6657, 응급의학과입니다》를 읽고, 긴 호흡을 보여 주는
소설의 장면 중 극적인 장면을 모둠별로 토의하여 선정하고, 이 내용을 통해 작가가 드러내고자 하는 의미에
관해 서로 이야기를 나눠 보자. 이후 작가의 의도가 극적으로 나타날 수 있도록 '4컷 만화'의 형태로 압축하여
표현해 보자. 나아가 이러한 표현 방법이 주제 의식을 적절하게 반영했는지에 대하여 토의해 보자.

관련 학과 의약계열 전체

《6657, 응급의학과입니다》, 최영환, 북랩(2020)

[12문영01-08]

문학 작품과 영상물을 비판적으로 수용하며 자신의 삶을 성찰한다.

➡ 100세 시대라 불리는 요즘에 이르러 건강에 대한 관심이 나날이 커지고 있다. 이러한 점을 노려 특정 상품을
판매하기 위해 허위 또는 과장된 건강 정보를 제시하는 경우가 있다. 유튜브에서 이러한 영상들을 찾아 의학적
으로 어떤 비판적인 실마리가 있는지 도출하여 정리해 보자. 나아가 이 활동을 통해 본인의 건강 관리 방법이
나 건강과 관련된 가치관이 어떻게 변했는지 성찰해 보자.

관련 학과 간호학과, 물리치료학과, 보건관리학과, 수의예과, 약학과, 의료공학과, 의예과, 임상병리학과, 치위생학과, 치의예
과, 한의예과

《건강기능식품 약일까? 독일까?》, 김승환 외 13명, 지식과감성#(2022)

[12문영01-09]

문학 작품과 영상물을 통해 창의적 사고를 표현하고 세계와 적극적으로 소통하는 태도를 가진다.

➡ 인수공통감염병 중에서 광견병이나 말라리아, 조류독감 등은 우리에게 익숙하지만 록키산 홍반열, 브루셀라
증, Q열 등은 상대적으로 잘 알려져 있지 않다. 이러한 인수공통감염병 중 하나를 골라 병의 개요, 병원체, 발병
하는 동물, 증상, 치료, 예방 등을 소개하는 영상을 만들어 보자. 특히 감염체의 생활 주기에 따라 분류되는 체
계를 토대로, 감염체의 생활 주기를 컴퓨터 그래픽으로 영상화하는 방식을 적용해 보자.

관련 학과 간호학과, 수의예과, 약학과, 의예과, 임상병리학과, 작업치료학과, 재활학과, 치위생학과, 치의예과, 한의예과

《인수공통 모든 전염병의 열쇠》, 데이비드 콰먼, 강병철 역, 꿈꿀자유(2022)

[12문영01-10]

문학 작품과 영상물의 수용과 생산 활동에 따르는 윤리적 책임을 인식하면서 주체적이고 능동적으로 참여한다.

➡ 최근 일어나는 소아과, 산부인과 진료 대란과 같은 현상과 관련해 자신의 견해를 연설문 형식으로 작성하여 편집한 후 교내 SNS에 올려 보자. 특히 자료를 수집하고 이를 토대로 연설문의 내용을 마련하는 과정에서 자신의 의견이 지나치게 한쪽으로 치우치지는 않았는지 잘 생각해 보고 내용의 '공정성'을 검증하여 윤리적 책임을 다한 자료를 만들어 보자.

관련 학과 간호학과, 수의예과, 약학과, 의예과, 임상병리학과, 작업치료학과, 재활학과, 치위생학과, 치의예과, 한의예과

《다른 의료는 가능하다》, 백영경 외 5명, 창비(2020)

국어 교과군

영어 교과군

수학 교과군

도덕 교과군

사회 교과군

과학 교과군

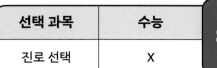

선택 과목	수능	직무 의사소통	절대평가	상대평가
진로 선택	X		5단계	5등급

🔍	직무 의사소통의 목적, 맥락, 매체, 표현 전략, 의사소통 역량, 공동체·대인 관계 역량, 직무 정보의 관리 및 활용과 조직 및 표현, 갈등 조정하기, 문제에 대한 대안 탐색 및 해결

[12직의01-01] ● ● ●

직무 의사소통의 목적과 맥락, 매체, 참여자 특성을 이해하고 적절한 표현을 사용하여 능동적으로 소통한다.

➡ 최근 환자 및 보호자의 악성 민원, 의사의 진료 행위에 대한 소송 등의 사례가 보도되면서 의사와 환자 간의 갈등이 수면 위로 떠오르고 있다. 의사와 환자가 원활한 의사소통을 하지 못한 것이 갈등의 주요 원인 중 하나이다. 의사는 많은 대기 환자들로 인해 각 환자에게 짧은 시간만 할애할 수 있는 환경인 반면, 환자는 오랜 기다림에 끝에 마주한 의사의 형식적이고 짧은 진료가 무성의하게 느껴지기 때문이다. 짧은 진료 시간 동안에도 의사가 환자의 감정을 온전히 존중하고 환자에게 필요한 정보를 충분히 제공하기 위한 말하기 전략이나 상담 기법에 대해 탐구해 보자. 또한 인공지능을 활용한 진료 지원 및 사후 관리 방안 등의 대책에 대해서도 탐구하여, 문제의 원인과 해결 방안에 대한 보고서를 작성해 보자.

관련 학과 의약계열 전체
《일방통행하는 의사, 쌍방통행을 원하는 환자》, 토르스텐 하퍼라흐, 백미숙 역, 굿인포메이션(2007)

[12직의01-02] ● ● ●

직무 공동체의 다양한 소통 문화와 직무 환경 변화에 적합하게 자기를 소개하고 면접에 참여한다.

➡ 인구 고령화가 진행되면서 우리 사회에는 노인 건강 관리 분야에 대한 관심과 수요가 꾸준히 증가하고 있다. 노인의 경우 일반적으로 신체 능력의 저하로 인해 만성적인 질병과 건강 문제를 갖고 있기 때문에 의료 서비스를 이용하는 빈도가 상대적으로 더 높다. 따라서 노인들의 건강을 증진하기 위한 고민을 바탕으로, 이에 대한 전문성을 갖출 필요가 있다. 또한 코로나 사태로 인해 온라인 치료의 필요성이 부각되면서 나타난 직무 환경의 변화에 대한 적응도 필요하다. 인구 고령화, 원격 치료의 확대 등 직무 환경의 변화에 적응하기 위해 각 진료과에서 요구되는 역량에 대해 탐구하고, 이를 바탕으로 자신을 소개하는 영상을 제작해 보자.

관련 학과 의약계열 전체
《당신도 느리게 나이 들 수 있습니다》, 정희원, 더퀘스트(2023)

[12직의01-03] ● ● ●

효과적인 진로 탐색 및 직무 수행을 위해 다양한 방법으로 정보를 수집하고 분석하여 내용을 이해하고 평가한다.

➡ X-레이 기술이 없던 시절에는 인간이 몸속의 아픈 곳을 찾아내는 일이 매우 어려웠다. 하지만 X-레이 기술이 개발되면서 몸을 직접 절개해 열어 보지 않고도 안전하게 진단과 치료를 받을 수 있게 되었다. 이러한 변화는

의공학이라고도 불리는 '바이오메디컬공학' 기술의 발전 덕분이라고 할 수 있다. 현재는 바이오메디컬공학의 발전으로 인해 뇌와 신경세포에서 발생하는 전기 신호를 통해 질병을 치료하는 전자약이나 인공와우와 같은 인공장기 등이 개발되면서 많은 사람들이 건강한 삶을 유지할 수 있게 되었다. 바이오메디컬공학의 발전 역사, 현재 개발된 기술, 비전 및 주요 과제 등에 대한 탐구를 바탕으로 첨단 의료 기술에 대한 주제탐구 보고서를 작성해 보자.

관련 학과 의약계열 전체

《교실 밖에서 듣는 바이오메디컬공학》, 임창환 외 6명, MiD (2021)

[12직의01-04] • • •

적절한 매체를 사용하여 직무에 필요한 정보를 체계적으로 관리하고 활용한다.

매년 여름이면 '눈의 감기'라고도 불리는 유행성 각결막염이 급증하여 이를 경계하는 뉴스가 쏟아지곤 한다. 마찬가지로 기온과 습도가 낮은 겨울철에는 감기와 같은 호흡기 질환이, 꽃가루와 미세먼지가 증가하는 봄철에는 알레르기성 호흡기 및 피부 질환이 유행한다. 이처럼 계절 및 시기마다 발생 가능성이 높은 질환들이 다양하기에, 계절별 유행성 질환에 대한 정확한 정보를 알리고 주의할 수 있게 하는 것만으로도 국민의 건강을 지키는 데 도움이 될 수 있다. 계절별로 유행하는 질환의 원인과 바이러스의 특징, 증상과 대처법 등에 대한 자료를 조사하고, 수집한 내용을 바탕으로 국민들을 대상으로 해당 질환에 대한 정보를 전달하는 팸플릿을 제작해 보자.

관련 학과 의약계열 전체

《질병 구조 교과서》, 윤경희 역, 나라 노부오 감수, 보누스(2022)

[12직의01-05] • • •

정보를 효과적으로 조직하여 직무의 목적·대상·상황에 적합하게 표현한다.

기상청은 온실가스를 지금과 같은 수준으로 지속적으로 배출할 경우, 21세기 후반에는 우리나라의 '극한 열 스트레스' 발생일이 현재 대비 11배까지 증가할 거라는 '열 스트레스에 대한 미래 전망 분석 결과'를 발표했다. 오랜 시간 열 스트레스에 노출되면 신체 기능에 과부하가 발생하여 각종 질병의 원인이 될 뿐 아니라, 사망에 이를 정도로 위험하기 때문에 주의를 기울일 필요가 있다. 열 스트레스에 노출되었을 때 신체에 발생하는 화학적 변화 및 관련 증상에 대한 탐구를 바탕으로, 열 스트레스의 위험성을 대중에게 효과적으로 전달할 수 있는 전략을 사용하여 건강정보지를 제작해 보자. 또한 열 스트레스를 객관적으로 진단할 수 있는 열 스트레스 지수 검사 문항을 작성하여 정보지에 포함시켜 보자.

관련 학과 의약계열 전체

《당신이 아픈 이유는 날씨 때문입니다》, 후쿠나가 아츠시, 서희경 역, 소보랩(2021)

[12직의01-06] • • •

직무 수행 과정에서 발생하는 의사소통 문제와 대인 관계 갈등에 대해 대화와 협의로 대처하고 조정한다.

우리나라 의료계에는 의사와 한의사 간 업무 영역, 전문 의약품 및 의료기기의 사용과 관련하여 갈등이 끊이지 않고 있다. 한의사가 리도카인 같은 전문 의약품을 사용하고 처방하는 일에 대한 갈등에서 코로나 바이러스와 관련해 한의사의 신속 항원검사 시행에 대한 갈등, 한의사가 X-레이·초음파·뇌파계 의료기기를 사용하는 일에 대한 갈등까지 양한방 갈등은 끊임없이 일어나고 있다. 계속되는 양한방 갈등의 근본적인 원인이 무엇인지 탐구하고, 양한방의 협진 가능성 및 국민 건강을 최우선으로 하는 올바른 해법에 대해 고민하여 양측이 모두 만족할 수 있는 대안을 마련해 보자.

관련 학과 의약계열 전체

《위험한 서양의학 모호한 동양의학》, 김영수, 창해(2013)

[12직의01-07] • • •

직무 공동체의 의사 결정 과정에 적극적으로 참여하여 대안을 탐색하고 합리적으로 문제를 해결한다.

➡ 첨단 재생의료 임상연구의 근거를 마련하고 첨단 바이오 의약품에 대한 안전관리 체계를 골자로 하는 첨단재생의료법(이하 첨생법)이 2020년부터 시행되고 있지만, 최근 반쪽짜리 법안이라는 지적을 받고 있다. 매년 줄기세포, 면역세포 치료 등을 받기 위해 원정 치료를 떠나는 환자가 1만 명 이상으로 추정되는데, 그런 해외 원정 치료의 대부분은 국내에서도 가능하다. 그러나 첨생법 때문에 국내에서는 다른 치료제가 없는 심각한 환자나 희귀병, 난치병 환자에게만 연구 목적의 재생의료 치료를 할 수 있다. 이에 첨생법을 개정하는 절차에 돌입했지만, 법 개정 과정에서 반대 의견을 넘어서는 것이 관건이다. 첨생법 도입 시의 찬반 논란, 국내외 재생의료 치료 기술의 동향, 재생의료 치료에 대한 규제를 완화한 국가들의 사례 탐구를 통해 첨생법 개정을 위한 최적의 기준을 마련해 보자.

관련 학과 의약계열 전체

《줄기세포와 생명 복제기술, 무엇이 문제일까?》, 황신영, 동아엠앤비(2022)

[12직의01-08] • • •

직무 상황에서 구성원들과 다양한 매체를 활용하여 적극적으로 협업하고 언어 예절을 갖추어 소통한다.

➡ 최근 바이오 기술의 발전에 따라 난치병 치료를 위한 혁신적인 바이오 의약품들이 등장하면서 이 분야가 신약 개발의 핵심 분야로 주목받고 있다. 다만 바이오 의약품이 기존의 합성 의약품에 비해 고가라는 점에서 건강보험의 재정 건전성을 해칠 수 있다는 우려 때문에, 국내외에서 바이오 의약품과 동등한 임상적 효능이 입증된 '바이오시밀러(동등생물의약품)'에 대한 관심이 커지고 있다. 하지만 바이오시밀러의 약가 문제와 바이오시밀러에 대한 의사들의 인식으로 인해 국내에서는 해외와 달리 바이오시밀러의 사용이 활성화되어 있지 않다. 바이오시밀러의 임상적 효능 및 안전성, 당면 과제와 기대 효과에 대한 탐구를 바탕으로, 건강보험 재정 건전성 확보를 위한 바이오시밀러 시장 확대의 필요성 및 정책 과제를 주제로 공동 보고서를 작성해 보자.

관련 학과 바이오의약학과, 수의예과, 약학과, 의예과, 제약학과, 치의예과

《유망 의료 기술의 개발 및 경쟁 촉진을 통한 의료체계 성과 향상 방안》, 박실비아 외 3명, 한국보건사회연구원(2018)

[12직의01-09] • • •

개인의 권리와 정보 보안에 대한 책무를 인식하면서 직무 의사소통에 참여한다.

➡ 임산부의 익명 출산을 허용하고 지방자치 단체가 출생 신고 및 아동 보호를 대신하도록 하는 '보호출산제'의 도입을 두고 찬반 논란이 뜨겁다. 미혼모이거나 아이가 혼외자인 등 산모가 자신의 정보를 병원에 알리기를 꺼리는 경우 병원 밖에서 아이를 출산한 후 유기하거나 살해하는 사례가 적지 않다. 이에 이런 산모들이 제도권 안에서 안전하게 출산할 수 있도록 보호출산제의 도입을 논의하고 있으나, 한편으로는 산모의 익명성 보장이 오히려 태생에 관한 아동의 알 권리를 훼손할 수 있다는 점, 그리고 익명성에 기대어 양육을 포기하는 사례가 증가할 수 있다는 점 등을 들어 보호출산제를 반대하기도 한다. 개인의 권리 보장 및 예상되는 문제점을 중심

으로 보호출산제의 쟁점을 탐구하고, 이를 바탕으로 보호출산제 도입을 논제로 하는 정책 토론회의 참가자로서 자신의 의견을 담아 입안문을 작성해 보자.

관련 학과 의약계열 전체

《중학 독서평설》(2023년 8월호), 지학사 편집부, 지학사(2023)

[12직의01-10] ● ● ●

직무 환경의 변화에 대응하여 지속적으로 자기를 계발하고, 직무 의사소통에 능동적이고 협력적으로 참여하는 태도를 지닌다.

➡ 2023년 식품의약안전처에서 지정한 13개의 혁신 의료기기 중 '소프트웨어 의료기기'가 8개 제품으로 약 60%를 차지한 것으로 나타났다. 소프트웨어 의료기기란 소프트웨어의 형태로 개발된 의료기기를 말하는 것으로, 치료 중심에서 예방 중심으로 바뀌고 있는 의료계의 패러다임과 관련된 핵심 기술로 주목받고 있다. 그 중 디지털 치료제는 질병을 예방·관리·치료하기 위해 환자에게 근거 기반 치료제 개입을 제공하는 소프트웨어 의료기기로서, 심리 및 행동, 습관의 변화와 관련 있고 꾸준한 관리가 필요한 질환을 가진 환자에게 유용하게 활용되고 있다. 디지털 치료제의 활용 사례에 대한 분석을 바탕으로 의료 현장에서 디지털 치료제가 가지는 이점에 대해 탐구해 보자. 또한 향후 디지털 치료제의 활용 가능 분야에 대해 탐구하여 '디지털 치료제의 전망'을 주제로 보고서를 작성해 보자.

관련 학과 의약계열 전체

《디지털 치료제》, 김선현, 포르체(2022)

선택 과목	수능	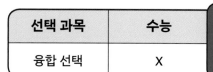 독서 토론과 글쓰기	절대평가	상대평가
융합 선택	X		5단계	5등급

🔎	주체적이고 협력적인 의미 발견 및 구성, 사회적 소통 행위, 개인과 공동체의 문제 해결, 능동적·협력적 참여, 존중, 유연한 자세

[12독토01-01] •••

개인이나 공동체의 관심사를 고려하여 읽을 책을 선정한 후 질문을 생성하고 주체적으로 해석하며 책을 읽는다.

➡ 흔히 무도병이라고 불리는 '헌팅턴병'은 경련성 움직임이 특징인 것으로 잘 알려져 있다. 이 병에 대한 시각은 중세, 근대, 현대가 각각 다르다. 이렇듯 '병에 대한 역사적 시각'과 관련된 다양한 책이나 학술 자료를 읽어 보고, 이를 토대로 정신질환의 진단과 치료의 발전에 대해 조사하여 정리해 보자.

관련 학과 간호학과, 수의예과, 약학과, 의예과, 임상병리학과, 작업치료학과, 재활학과, 한의예과
《정신의학의 역사》, 에드워드 쇼터, 최보문 역, 바다출판사(2020)

[12독토01-02] •••

대화, 토의, 토론 등 적절한 방법을 활용하여, 서로 다른 생각과 관점을 존중하며 독서 토론을 한다.

➡ '청소년 건강검진'이라고 하면 주로 '학교 밖 청소년'이나 특별한 질병이 있는 경우에만 관심을 갖게 된다. 그러나 청소년의 기초 건강 및 질병 예방을 위한 건강검진의 중요성이 커지고 있기에, 이와 관련된 책을 찾아 읽어 보고 청소년 건강검진의 필요성에 대해 분야(내과, 치과, 이비인후과, 정형외과 등)별로 내용을 마련하여 심포지엄 형식으로 자신의 의견을 이야기해 보자.

관련 학과 의약계열 전체
《K-Health를 이끄는 슬기로운 건강검진》, 권혜령, 예미(2023)

[12독토01-03] •••

독서 토론의 내용을 바탕으로 쓰기 목적, 독자, 매체를 고려하여 글을 쓰고 공유한다.

➡ 《처음 만나는 소화의 세계》를 읽고 우리 몸의 소화 체계에 대해 이해하고, 이를 토대로 '우리의 식습관, 운동 습관'에 관해 서로의 사례를 주고받는 식의 정보 전달형 토의를 진행해 보자. 이후 '식습관 개선'이라는 주제로 모둠별로 커다란 전지에 각자의 식습관에 대한 반성적 부분을 적어서 친구들에게 도움이 되는 정보를 전달해 보자.

관련 학과 의약계열 전체

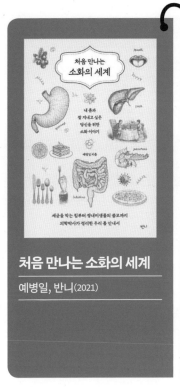

처음 만나는 소화의 세계

예병일, 반니(2021)

국어 교과군

영어 교과군

수학 교과군

도덕 교과군

사회 교과군

부록 교과군

책 소개

입, 식도, 위, 간, 쓸개, 이자, 작은창자, 큰창자, 장내 미생물, 항문은 이 책의 구성 순서이기도 하지만, 우리가 음식물을 먹었을 때 소화가 되는 경로이기도 하다. 이러한 구성 속에서 우리가 잘못 알고 있거나 미처 알지 못했던 소화와 관련된 다양한 정보뿐만 아니라 간 이식, 이자암, 위 절제 등에 관한 중요한 정보도 소개하여 우리의 소화 건강을 간접적으로 지켜 주는 역할을 하고 있다.

세특 예시

독서 토론 결과를 바탕으로 매체를 생산하고 소통하는 방법을 학습한 후, '친구들이 왜 매일 속이 쓰리다고 하지? 음식을 편안하게 소화하는 방법은 없을까?'라는 의문을 해결하기 위해 '처음 만나는 소화의 세계(예병일)'를 읽고 새롭게 알게 된 내용을 모둠별로 토의함. 이후 '우리 반 소화는 우리가 책임진다!'라는 대형 홍보지를 만들어 '위궤양', '비만 세균', '캡사이신의 위험' 등을 알려 친구들의 건강 인식 개선에 큰 영향을 줌.

[12독토01-04] • • •

인간의 삶에 대한 다양한 시각과 해석이 담긴 책을 읽고 독서 토론하고 글을 쓰며 자아를 탐색하고 타자와 세계를 이해한다.

➡ 《천 번의 죽음이 내게 알려준 것들》의 부제는 '호스피스 의사가 전하는 삶과 죽음에 관한 이야기'이다. 이 책에는 삶과 죽음에 대한 다양한 생각과 시각이 담겨 있다. 이 책을 읽고 자신이 생각하는 '죽음'에 대한 정의를 내리고, 이러한 과정에서 새롭게 생기거나 자라난 마음에 대해 친구들과 솔직하게 이야기를 나누어 보자.

관련 학과 간호학과, 보건관리학과, 응급구조학과, 의예과, 임상병리학과, 재활학과, 치의예과, 한의예과

《천 번의 죽음이 내게 알려준 것들》, 김여환, 포레스트북스(2021)

[12독토01-05] • • •

다양한 분야의 정보가 담긴 책을 읽고 독서 토론하고 글을 쓰며 학습이나 삶에 필요한 지식을 확장하고 교양을 함양한다.

➡ 병원에 갔을 때 의사가 사용하는 여러 의학 용어들의 의미가 궁금하거나 유튜브, 블로그 등에 의학 정보들이 난무할 때면 답답한 마음이 든다. 《별것 아닌 의학 용어》를 읽으면서 새롭게 알게 된 의학 용어에 대해 서로 이야기를 나누어 보고, 이를 토대로 자신의 건강 습관이나 의학 정보를 받아들였던 태도 등을 돌이켜본 후, 이를 토대로 성찰하는 글을 써 보자.

관련 학과 간호학과, 수의예과, 약학과, 의예과, 임상병리학과, 치위생학과, 치의예과, 한의예과

《별것 아닌 의학 용어》, 최형석, 영진닷컴(2023)

[12독토01-06] •••

사회적인 현안이나 쟁점이 담긴 책을 읽고 독서 토론하고 글을 쓰며 공동체 문제를 해결하고 사회적 담론에 참여한다.

➡ 성형이나 미용 등의 목적으로 받는 의학적 시술에 의료보험을 적용해야 한다는 논의와 그래서는 안 된다는 논의가 충돌하고 있다. 이는 '성형'을 보는 시각의 차이에서 비롯한다. 이에 대한 견해들이 담긴 책을 여러 권 찾아 읽어 보고 의학적 처치, 의료 서비스 등의 '수가 선정'에 대한 자신의 견해를 말해 보자.

관련 학과 간호학과, 물리치료학과, 보건관리학과, 수의예과, 약학과, 언어치료학과, 응급구조학과, 의료공학과, 의예과, 임상병리학과, 작업치료학과, 재활학과, 치위생학과, 치의예과, 한의예과

《나는 어떻게 성형미인이 되었나》, 임소연, 돌베개(2022)

[12독토01-07] •••

독서 토론과 글쓰기의 특성을 이해하고 독서, 독서 토론, 글쓰기에 능동적으로 참여한다.

➡ 의사가 되는 방법, 의사의 삶, 의사의 분류 및 하는 일이나 자격 요건 등에 대한 정보를 갖추기 위해, 그리고 이러한 정보를 교류하고 자신의 꿈에 대한 다짐을 더욱 견고히 하기 위해, 의사가 되는 과정이 담긴 책을 읽어 보자. 나아가 그 책에서 알게 된 정보를 서로 나누고, 의사가 정말 자신의 적성에 맞는지, 의사가 되기 위해서는 특별히 어떤 노력을 해야 하는지에 대한 인생 로드맵을 글로 적어서 발표하고 공유해 보자.

관련 학과 의약계열 전체

《의사 어떻게 되었을까》, 한승배, 캠퍼스멘토(2017)

선택 과목	수능		절대평가	상대평가
융합 선택	X	**매체 의사소통**	5단계	5등급

🔍	현실에 대한 재현물, 사회·문화적 맥락, 생산자의 의도 및 관점, 디지털 기술의 발전, 매체 자료의 표현 방식, 의미 구성, 의사소통 맥락, 소통 방식, 비판적 이해, 적극적인 참여와 공유, 디지털 시대의 시민, 매체 환경 조성

[12매의01-01] ● ● ●

매체의 기능과 역할에 대한 이해를 바탕으로 시대별 매체 환경과 소통 문화의 변화 과정을 탐색한다.

➡ 대중매체의 순기능에는 '신속한 정보전달'이 있다. 코로나19 바이러스가 유행했던 2020년~2022년에 마스크와 관련된 정보, 코로나 예방 행동 강령 등에 대한 신속한 정보가 바이러스에 대한 국민들의 대응에 어떠한 영향을 주었는지 '모둠 평가'를 통해 살펴보자. 특히 이러한 정보전달이 야기한 부정적인 측면들에 대한 자료도 모아 균형 있는 평가를 진행해 보자.

관련 학과 간호학과, 물리치료학과, 방사선학과, 보건관리학과, 수의예과, 약학과, 응급구조학과, 의료공학과, 의예과, 임상병리학과, 재활학과, 치위생학과, 치의예과, 한의예과

《**코로나 3년의 진실**》, 조지프 머콜라 외 1명, 이원기 역, 에디터(2022)

[12매의01-02] ● ● ●

소셜 미디어나 온라인 동영상 플랫폼 등의 디지털 매체 환경에서 청소년 문화가 지닌 문제와 가능성을 탐구한다.

➡ 성공을 위해서는 의약계열의 대학에 진학하는 것이 능사라는 내용을 다룬 영상이 많이 확산되면서, 청소년들이 이를 접하고 무리하게 의학대학 쪽으로 진로를 설정하는 경우가 많다. 여러 의약계열 종사자가 이야기하는 내용을 다양한 매체를 통해 접한 후, 이를 토대로 자신이 의약계열에 적성이 맞는지 성찰하는 보고서를 작성해 보자.

관련 학과 간호학과, 물리치료학과, 방사선학과, 보건관리학과, 수의예과, 약학과, 응급구조학과, 의료공학과, 의예과, 임상병리학과, 재활학과, 치위생학과, 치의예과, 한의예과

《**의대에 가고 싶어졌습니다**》, 서울대학교 의과대학 재학·졸업생 32명, 메가스터디북스(2022)

[12매의01-03] ● ● ●

영화, 게임, 웹툰 등의 매체 자료가 현실을 재현하는 방식을 분석하며 생산자의 의도나 관점을 파악한다.

➡ 웹툰 〈닥터 최태수〉는 낭만적인 외과 의사의 삶을 다루는 것 같지만, 그 플롯에는 낭만이 현실의 의료 시스템 아래에서 갈등하는 양상이 치열하게 드러나 있다. 이 플롯을 설정한 작가의 의도를 추론해 보고, 이러한 의사, 의료 현장, 의료 시스템이 현실적으로 구축되기 위해 갖추어야 할 것에 대해 심포지엄 형식으로 토의해 보자.

관련 학과 간호학과, 보건관리학과, 수의예과, 약학과, 응급구조학과, 의예과, 임상병리학과, 재활학과, 치위생학과, 치의예과, 한의예과

《**병원행정가는 이렇게 일한다**》, 손종영, 청년의사(2024)

[12매의01-04]

디지털 매체 환경에서 매체 생산자의 관점을 파악하고 매체 자료의 신뢰성을 판단한다.

➡️ 한의학에서 주로 쓰는 '막는다, 보전한다, 더한다' 등의 '작용적' 표현이 어떤 과정을 의미하는지에 대해 특정 사례들을 찾아 양의학적 조사를 진행해 보자. 나아가 두 의학이 상호작용하면서 더 좋은 시너지 효과를 낼 수 있도록, 두 학문을 결합한 양방적 처방의 구체적인 '매체상의 표현'에 대해 의논해 보자.

관련 학과 간호학과, 방사선학과, 보건관리학과, 수의예과, 약학과, 의예과, 임상병리학과, 치위생학과, 치의예과, 한의예과

《하이브리드 한의학》, 김종영, 돌베개(2019)

[12매의01-05]

사회적 규범과 규제가 매체 자료의 생산과 소통에 미치는 영향을 조사하고 그 의미를 탐구한다.

➡️ 의학 정보를 다루는 웹툰이나 유튜브, 블로그 등의 매체 자료를 올릴 때는 늘 '팩트 체크'라는 논리에 맞서야 한다. 여기서 말하는 '팩트'는 환자의 상태, 의료 조건 및 환경 등에 따라 달라진다. 우리가 학교 생활에서 종종 겪을 수 있는 '미세 골절, 염좌, 치아 파절, 장염, 바이러스 감염' 등에 대한 정보 중에서 우리의 보편적인 의학 관념으로는 파악하기 어려운 주요한 의학적 정보는 무엇이 있는지 파악하여 '정보 SNS'를 생성하고 공유해 보자.

관련 학과 간호학과, 방사선학과, 보건관리학과, 수의예과, 약학과, 의예과, 임상병리학과, 치위생학과, 치의예과, 한의예과

《엉터리 의학》, 말콤 켄드릭, 오경석 역, 여문각(2020)

[12매의01-06]

개인적·사회적 관심사에 대한 자신의 관점이 드러나는 주제를 선정하여 설득력 있는 매체 자료를 제작하고 공유한다.

➡️ 우울증, 불안증, 수면 장애 같은 정신과적 질환을 겪는 청소년들이 많아지면서, 이러한 질환을 예방하거나 치료하는 과정에 대한 관심이 많아지고 있다. 청소년들이 이러한 질환을 겪는 이유에 대해 생각해 본 후, 이를 예방하고 자가 진단하고 치료하기 위한 여러 방법 및 약물 치료의 원리에 대해 조사하고 '우리 반 마음 지키기'라는 주제로 자신의 생각을 담아 발표해 보자.

관련 학과 간호학과, 방사선학과, 보건관리학과, 수의예과, 약학과, 의예과, 임상병리학과, 치위생학과, 치의예과, 한의예과

《청소년을 위한 정신 의학 에세이》, 하지현, 해냄(2012)

[12매의01-07]

매체 자료의 생산자이자 수용자로서 권리와 책임을 인식하고 사회적 가치와 문제에 대해 소통한다.

➡️ 코로나19 바이러스에 의해 감염병 관리의 중요성이 부각되면서, 확진자 이동 동선 등을 수집하는 일과 관련해 '개인정보 유출' 문제가 대두하고 있다. 이러한 상황에서, 온갖 매체에 무분별하게 퍼지는 확진자 동선 등의 개인정보를 어떻게 수용해야 할지 모둠별로 논의하여 '정보 수용 강령'을 만들어 보자.

관련 학과 간호학과, 보건관리학과, 수의예과, 약학과, 응급구조학과, 의예과, 임상병리학과, 치위생학과, 치의예과, 한의예과

《우리는 감염병의 시대를 살고 있습니다》, 김정민, 우리학교(2020)

선택 과목	수능	언어생활 탐구	절대평가	상대평가
융합 선택	X		5단계	5등급

| 🔍 | 언어 자료의 수집 및 분석, 주체적·능동적 언어문화, 언어생활에 대한 민감성 및 책임감, 언어를 통한 정체성 실현과 관계 형성 양상, 사회적 담론 형성의 맥락과 과정, 공공 언어 사용 |

[12언탐01-01]

자신의 언어생활에서 의미 있는 탐구주제를 발견하여 탐구 절차에 따라 언어 자료를 수집하고 비판적으로 분석한다.

➡️ 최근 매운맛에 대한 소비자들의 선호도가 꾸준히 상승하면서 우리 사회에는 매운 음식을 잘 먹는 것에 대한 자부심을 뜻하는 '맵부심', 매운맛에 약한 사람을 칭하는 '맵찔이'라는 신조어가 유행하고 있다. 매운 음식을 먹으면 스트레스가 풀린다고 생각하며 습관적으로 매운맛을 찾는 매운맛 열풍에 맞춰, 식품업계에서는 '누가 더 맵나' 경쟁이라도 하듯 신제품을 출시하고 있다. 그런데 매운 음식을 과도하게 섭취하면 위 점막이 손상되어 위염, 위궤양 등의 질환이 발생할 수 있으며 지나치게 매운 음식은 노인의 인지기능을 저하시킨다는 연구 결과가 발표되어 귀추가 주목된다. 매운맛이 인체에 미치는 긍정적·부정적 영향과 작용 원리에 대해 탐구하고, 우리 사회에서 매운맛이 이토록 인기를 끄는 원인에 대해 분석하여 매운맛 열풍에 대한 보고서를 작성해 보자.

관련 학과 의약계열 전체

《곽재식의 먹는 화학 이야기》, 곽재식, 북바이북(2022)

[12언탐01-02]

언어 자료를 평가·해석하고 그 결과를 공유하며 자신과 공동체의 언어생활에 대한 민감성과 책임감을 지닌다.

➡️ 정부 기관이나 언론에서는 '자살'이라는 용어 사용으로 모방 자살이 발생할 가능성을 우려해 '극단적 선택'이라는 용어를 대신 사용하고 있다. 그런데 이러한 용어 사용은 본인의 의지에 의해 자살이라는 행위를 선택한 듯한 오해를 불러일으킬 수 있고 자살을 개인의 책임으로 돌리는 의식이 은연중에 자리 잡을 수도 있다며 일각에서 우려를 제기하고 있다. '극단적 선택'이라는 용어가 구체적으로 어떤 방식으로 자살 예방에 부정적인 영향을 미치는지 탐구해 보자. 또한 세계보건기구의 자살 예방을 위한 미디어 가이드라인 및 한국의 언론 보도 권고 기준을 참고하여 '극단적 선택'이라는 표현의 적절성 여부를 판단하고, 언어생활의 민감성 및 책임감에 대한 사회적 인식의 중요성을 주제로 기고문을 작성해 보자.

관련 학과 의약계열 전체

《뉴욕 정신과 의사의 사람 도서관》, 나종호, 아몬드(2022)

[12언탐01-03]

글과 담화의 소통 맥락을 고려하여 다양한 분야 및 교과의 언어 자료에 나타난 표현 특성과 효과를 탐구한다.

➡ 2018년 연명의료결정법의 시행으로 환자 자의에 의한 소극적 안락사, 즉 연명 치료 중지는 합법화되었으나, 의사의 도움으로 삶을 마감하는 적극적 안락사에 대해서는 여전히 논의가 계속되고 있다. 특히 고령화 사회의 가속화로 '웰 다잉(Well Dying)'이 우리 사회의 화두로 떠오르고 있는 지금, 신체적·정신적 고통을 수반하는 노년의 죽음을 다차원적으로 고려해야 한다는 목소리가 커지고 있다. 그러나 의료계에서는 적극적 안락사를 '의사 조력 자살'로 부르기도 하는 만큼, 환자의 죽음에 의사가 개입하게 된다는 책임과 부담이 크며 의사로서의 정체성과도 배치되는 일이라며 반대하기도 한다. 적극적 안락사에 대한 논쟁의 쟁점 및 다른 나라의 사례에 대한 분석을 통해 이에 대한 자신의 의견을 정리하고, '의사 조력 자살' 또는 '조력 존엄사' 등의 표현이 가지는 효과에 대해서도 분석해 보자.

관련 학과 의약계열 전체

《**어떻게 죽을 것인가**》, 아툴 가완디, 김희정 역, 부키(2022)

[12언탐01-04] ● ● ●

가정, 학교, 사회의 언어 사용에 나타난 정체성의 실현 양상과 관계 형성의 양상을 탐구한다.

➡ 물질적 풍요와 과학기술의 발달로 인간의 평균 수명이 지속적으로 늘어남에 따라, 불가능할 것만 같았던 '100세 인생' 시대가 눈앞에 다가와 있다. 이처럼 전 세계적으로 노인 인구가 증가하면서, 노화를 억제하거나 완화하는 데 초점을 맞추었던 기존의 '항노화'를 넘어, 나이를 먹었어도 신체 기능을 젊어지게 하는 '역노화'에 대한 관심이 커지고 있다. 노화의 원인과 관련하여 역노화 기술의 원리 및 현황에 대해 탐구하고, 역노화 기술의 발달이 가져올 변화를 긍정적인 측면과 부정적인 측면으로 나누어 살펴보자. 또한 '100세 인생'이라는 표현이 거부감 없이 받아들여지고 있는 작금의 현실에서 알 수 있는 우리 공동체의 정체성에 대해 탐구해 보자.

관련 학과 의약계열 전체

《**역노화**》, 세르게이 영, 이진구 역, 더퀘스트(2023)

[12언탐01-05] ● ● ●

다양한 매체 환경에서 사회적 담론이 형성되는 맥락과 과정을 탐구한다.

➡ 최근 한시적으로 진행된 비대면 진료 시범 사업의 종료 이후 해당 사업의 제도화가 불투명한 상황에서, 비대면 진료와 더불어 의약품 배송 시스템의 마련이 필요하다는 목소리가 점점 커지고 있다. 현재는 의약품 오남용 및 변질 등 안전성에 대한 우려 때문에 일부 환자를 제외하고는 의약품 배송이 전면 금지되어 있다. 그러나 비대면 진료에는 의약품 배송이 필수적이며 그래야 질병의 신속한 치료가 가능하다. 최근의 설문조사에서도 응답자의 80% 이상이 의약품 배송에 찬성한 바 있다. 여러 매체에서 수집한 의약품 배송에 관한 다양한 관점이 담긴 자료를 비판적인 관점으로 분석하면서 사회적 담론이 어떤 맥락과 과정을 통해 형성되는지 탐구해 보자. 이를 바탕으로 의약품 배송에 대한 자신의 의견 및 추후 과제 등을 포함하여 정책 개선 건의문을 작성해 보자.

관련 학과 의약계열 전체

《**싱크 엑설런트**》, 신기주, 포레스트북스(2022)

[12언탐01-06] ● ● ●

품격 있는 언어생활의 특성을 이해하고 공공 언어 사용의 실제를 탐구한다.

➡ 노인에게 치매는 암보다 무서울 정도로 두려운 병이다. 치매의 학술 용어인 'Dementia'가 '정신 이상'을 의미하는 데다 치매(癡呆)의 '치(癡)'가 '어리석다'는 의미까지 지니고 있어서, 치매에 대한 부정적 인식에 일조했다

고도 할 수 있다. 이에 최근 보건복지부에서 치매를 '인지저하증' 또는 '인지병'으로 바꿔 부를 것을 검토하고 있으나, 일각에서는 과거 '간질'을 '뇌전증'으로 대체했음에도 여전히 편견이 사라지지 않고 있는 사례를 제시하며 질병에 대한 부정적 인식을 개선하는 방안이 단지 용어를 바꾸는 데서 그쳐서는 안 된다고 지적한다. 치매와 같이 질병에 대한 편견을 조성하는 의학 용어를 찾아 특징을 분석하고, 해당 용어가 사회 구성원에게 미치는 영향을 탐구해 보자. 이를 바탕으로 공공 언어로서 의학 용어가 지닌 특성을 고려하여 질병의 부정적 인식 개선 방안 및 과제에 대해 탐구해 보자.

관련 학과 의약계열 전체

《**나는 치매 의사입니다**》, 하세가와 가즈오 외 1명, 김윤경 역, 라이팅하우스(2021)

[12언탐01-07] ● ● ●

언어가 우리 삶에서 담당하는 역할을 이해하고, 주체적·능동적으로 바람직한 언어문화를 실천한다.

● 한국과학기술원(KAIST)에서 의사과학자 육성을 목적으로 과학기술의학전문대학원을 설립하겠다고 밝혀 화제가 되고 있다. 의사과학자란 의사이면서 과학기술 지식에 능통하여 임상과 과학기술을 융합한 연구를 수행할 수 있는 전문 인력을 뜻하며, 코로나19 백신 개발에 의사과학자의 역할이 컸다는 사실이 알려지고 인공지능, 빅데이터 등의 과학기술이 의학에 적용되기 시작하면서 관심을 받고 있다. 의사과학자를 육성하기에는 아직 여러 난제가 있지만, 이러한 용어가 각종 매체를 통해 전달되고 있다는 사실 자체가 이미 우리 사회에 변화가 시작되었음을 의미한다는 측면에서 매우 긍정적이다. 다른 선진국에 비해 우리나라에 의사과학자가 부족한 원인에 대해 분석하고, 의사과학자 양성을 위한 방안을 탐구해 보자. 또한 새로운 직업 용어의 출현이 우리 사회에 미치는 영향에 대해서도 탐구해 보자.

관련 학과 의약계열 전체

《**건강의 비용**》, 김재홍, 파지트(2022)

영어 교과군

※ 관련 기사 목록 확인하기

구분	교과(군)	공통 과목	선택 과목		
			일반 선택	진로 선택	융합 선택
보통 교과	영어	공통영어1 공통영어2 기본영어1 기본영어2	영어I 영어II 영어 독해와 작문	직무 영어 영어 발표와 토론 심화 영어 영미 문학 읽기 심화 영어 독해와 작문	실생활 영어 회화 미디어 영어 세계 문화와 영어

공통 과목	수능	공통영어1	절대평가	상대평가
	X		5단계	5등급

단원명 | 이해

| 🔍 | 개인 맞춤 의료, 인공지능, 신약 개발, 난치병 치료, 탄소 거래, 배출권, 디지털 헬스케어, 데이터 공유, 유기동물 보호소, 감염병 예방 방안, 바이오 제약, 고주파 소음, 해결 방법 모색, 후쿠시마 오염수 방류

[10공영1-01-01] ● ● ● ●

말이나 글에 포함된 세부 정보를 파악한다.

➡ 최근 개인 환자의 고유한 유전 구성 및 기타 요인에 기반하여 맞춤형 치료를 제공하는 '개인 맞춤 의료'에 관한 관심이 높아지고 있다. 《포브스》에서 발행한 기사 'Personalized Medicine: The Evolution Of Healthcare'를 읽고 유전, 환경, 생활 습관 요인에 따라 어떤 접근 방식이 환자에게 효과적인지 결정할 수 있는 개인 맞춤 의료가 환자의 치료 결과를 개선하고 의료 비용을 절감하는 데 어떤 역할을 하는지 자세히 정리해 보자. 또한 개인 맞춤 의료로 인해 발생하는 데이터 및 개인정보 보호 등의 문제 해결을 위해 필요한 잠재적 과제에 대해서도 영어로 작성해 보자.

관련 학과 간호학과, 보건관리학과, 수의예과, 약학과, 응급구조학과, 의료공학과, 의예과, 임상병리학과, 재활학과, 치의예과, 한의예과

《DNA 헬스케어 4.0》, 김희태 외 1명, 모아북스(2022)

[10공영1-01-02] ● ● ● ●

말이나 글의 주제나 요지를 파악한다.

➡ 수년의 기간이 걸리고 수억에서 수십억 달러의 비용이 드는 신약 개발 단계에서 수많은 인공지능 도구가 혁명을 일으키고 있다. 인공지능에 의해 설계되는 신약 개발은 약물의 접근성을 높이고 난치병을 치료할 수 있는 잠재력을 가지고 있다. 관련 기사 'How Artificial Intelligence is Revolutionizing Drug Discovery'를 읽고 인공지능이 신약 개발에 도움을 주는 방법에 대해 구체적으로 조사해 보자.

관련 학과 간호학과, 물리치료학과, 보건관리학과, 수의예과, 약학과, 응급구조학과, 의료공학과, 의예과, 임상병리학과, 재활학과, 치의예과, 한의예과

《의료 인공지능》, 최윤섭, 클라우드나인(2018)

[10공영1-01-03] ● ● ● ●

말이나 글의 분위기나 화자나 인물의 심정 및 의도 등을 추론한다.

➡ 탄소 거래 시장은 기업들이 탄소 배출을 줄이기 위한 중요한 경제적 도구이다. 이 시장에서 '탄소 배출권'의 가

격 결정 메커니즘은 복잡하며 여러 요인에 영향을 받는다. 탄소 배출권 가격이 사상 처음으로 톤당 100유로를 돌파한 사건을 다룬 기사 'EU carbon hits 100 euros taking cost of polluting to record high'를 찾아 읽은 뒤, 탄소 거래 시장에서 가격 결정 메커니즘이 어떻게 작동하는지 조사하고 여러 국가들이 강력한 탄소 가격에 대해 어떤 반응을 보였는지 요약해 보자.

관련 학과 의약계열 전체

《넷제로 카운트다운》, 이진원 외 1명, 초록비책공방(2023)

[10공영1-01-04] • • •

말이나 글에 나타난 일이나 사건의 논리적 관계를 파악한다.

➡ 의료 및 헬스케어 분야에서 디지털 헬스케어의 발전이 조기 진단, 새로운 치료법 개발, 개인화 치료에 엄청난 기회를 제공하고 있지만, 의료 정보가 고립되거나 아직 잘 구조화되지 않은 상태에서 그 잠재력을 제대로 활용하기 어렵다. 이를 해결하려는 노력을 보여 준 제약회사와 소프트웨어 기업의 성공 사례를 살펴본 뒤, 현재 디지털 의료와 데이터 공유가 어떻게 활용되고 있는지 조사하고 앞으로 의료 분야에서 어떤 변화와 개선을 이룰 수 있는지 알아보자.

관련 학과 의약계열 전체

《디지털 헬스케어》, 최윤섭, 클라우드나인(2020))

[10공영1-01-05] • • •

말이나 글에 포함된 표현의 함축적 의미를 추론한다.

➡ 수도권에서 포획된 유기동물들을 수용하는 보호소에서 치명적인 바이러스가 검출됐다. 제대로 된 격리 시스템이 없는 것이 문제로 지목되었다. 이렇듯 관리가 제대로 이루어지지 않는 보호소에서 전염병에 감염되었거나 감염이 의심되는 개체들이 건강한 개체들과 같은 공간에서 생활하고 있다. 이런 열악한 환경에서 많은 동물들이 안락사되거나 자연사로 폐사하기도 한다. 반려동물 및 유기동물의 감염병 피해의 심각성을 인지하고 이를 예방하는 방안을 생각해 보자.

관련 학과 간호학과, 보건관리학과, 수의예과, 약학과, 응급구조학과, 의료공학과, 의예과, 임상병리학과, 한의예과

《유비쿼터스 반려동물과의 행복한 동행》, 이정완, 좋은땅(2023)

[10공영1-01-06] • • •

말이나 글의 전개 방식이나 구조를 파악한다.

➡ CCUS-EOR 기술은 탄소 배출량을 줄이는 효과적인 수단 중 하나이며 CO를 활용하는 기본적인 방법 중 하나이다. 에너지 사용량을 줄이고 원료 비용을 절감하며 환경에 미치는 영향을 최소화하는 데 도움이 되는 CCUS 기술이 바이오 제약 공정의 효율성을 어떻게 향상시킬 수 있는지 조사해 보자.

관련 학과 간호학과, 방사선학과, 보건관리학과, 수의예과, 약학과, 의료공학과, 의예과, 임상병리학과

《전의찬의 탄소중립 특강》, 전의찬, 지오북(2023)

[10공영1-01-07] • • •

말이나 글의 이해를 위한 적절한 전략을 적용한다.

국어 교과군

영어 교과군

수학 교과군

도덕 교과군

사회 교과군

과학 교과군

➔ 'Modern approaches to electric vehicle noise and vibration'을 분석하여 전기차의 고주파 소음이 인간의 신경계에 어떤 영향을 미치는지 조사해 보자. 특히 일반적으로 인식하기 어려운 고주파 소음이 장기적으로 스트레스나 불안 등을 유발하는지, 혹은 수면 패턴에 영향을 미치는지 등을 탐구하고, 이를 완화하거나 방지하는 방법에 대해 알아보자.

관련 학과 간호학과, 물리치료학과, 미술치료학과, 언어치료학과, 의예과, 작업치료학과, 재활학과
《전기차 첨단기술 교과서》, 톰 덴튼, 김종명 역, 보누스(2021)

[10공영1-01-08] • • •

말이나 글에 나타난 다양한 관점이나 의견을 포용적인 태도로 분석한다.

➔ 일본의 후쿠시마 오염수 방류 문제에 관해 환경 및 지질 과학 교수 제임스 스미스(James Smith)는 폐수가 저장되고 희석될 때 이미 처리되기 때문에 "이론적으로 물을 마실 수 있다"고 했지만, 에너지 및 환경법 전문가 에밀리 해먼드(Emily Hammond)는 방사성 핵종에 대해 완전히 예측할 수 없는 부분이 있으며 노출 수준이 매우 낮을 때 '안전'하다고 간주될 수 있는 것이 무엇인지 불확실하다고 했다. 후쿠시마 오염수 처리에 사용된 기술과 방사성 물질의 인체 영향에 대해 자신의 의견을 발표해 보자.

관련 학과 간호학과, 물리치료학과, 방서선학과, 보건관리학과, 수의예과, 약학과, 응급구조학과, 의예과, 임상병리학과
《방사능 팩트 체크》, 조건우 외 1명, 북스힐(2021)

단원명 | 표현

| 🔎 | 인포그래픽, 인공혈액, ADHD 증상, 창의적 사고, 수면의 질과 양, 뇌 자극, 디지털 건강검진, 개인 맞춤형 의료, 프레이밍 효과, 의사결정, 미세 플라스틱 노출, 의료 혁신, 윤리적 문제

[10공영1-02-01] • • •

실물, 그림, 사진, 도표 등을 활용하여 내용을 설명한다.

➔ 저출산과 고령화로 헌혈 인구가 줄면서 혈액 수급 위기 문제가 대두하고 있다. 세계 각국이 혈액 부족 문제를 해결하기 위해 인공혈액 개발에 뛰어들었다. 한국도 인공혈액을 내놓기 위해 정부 차원에서 인공혈액 생산기술 개발과 제조, 임상 연구를 위한 사업을 본격화하고 있다. 인포그래픽 기사 'Visualizing the Composition of Blood'를 활용하여 혈액의 성분과 기능을 조사하고, 실제로 인공혈액이 사용되면 의료계에 어떤 영향을 미칠지 정리해 보자.

관련 학과 간호학과, 물리치료학과, 미술치료학과, 방사선학과, 보건관리학과, 수의예과, 응급구조학과, 의료공학과, 의예과, 임상병리학과
《하루 한 권, 혈액》, 나라 노부오, 정이든 역, 드루(2023)

[10공영1-02-02] • • •

사실적 정보나 지식을 말이나 글로 전달한다.

➔ ADHD는 집중력 문제와 함께 과잉 활동성 및 충동성을 포함하여 다양한 증상을 보인다. 하지만 일부 연구에

서는 ADHD가 고위험 상황에서 결정력과 독창적 사고 등의 특징을 보이는 '하이퍼 포커스'를 유발할 수 있다고 말한다. 관련 기사 'Neurodiversity: the impact of ADHD on entrepreneurship'을 읽고 ADHD 증상과 창업 성공 사이에 어떤 상관관계가 있는지 분석하여 발표해 보자.

관련 학과 간호학과, 미술치료학과, 언어치료학과, 의예과, 작업치료학과, 재활학과, 한의예과

《**ADHD 2.0**》, 에드워드 할로웰 외 1명, 장석봉 역, 녹색지팡이(2022)

[10공영1-02-03] ●●●

경험이나 계획 등을 말하거나 기술한다.

➡ 영문 기사 'This Is How Sleep Patterns Can Impact Your Health'를 읽고 수면의 질과 양이 우리의 건강과 일상생활에 미치는 영향, 수면의 각 단계가 뇌에서 수행하는 기능을 알아보자. 장기적인 수면 부족이 심장병, 당뇨병 등 다양한 만성 질환에 어떤 영향을 미치는지 알아보고, 충분한 휴식이 건강 유지에 어떤 역할을 하는지 분석하여 발표해 보자.

관련 학과 의약계열 전체

《**수면의 과학**》, 헤더 다월-스미스, 김은지 역, 시그마북스(2022)

[10공영1-02-04] ●●●

자신의 생각이나 의견, 감정, 감상 등을 표현한다.

➡ 신경학자이자 교사인 주디스 윌리스(Judith Willis)는 교실에서의 새로움은 뇌 자극을 염두에 두고 가르치는 가장 효과적인 방법 중 하나라고 주장했다. 특히 학생들이 교사나 또래 친구의 예상치 못한 모습을 통해 새로운 경험에 노출되면, 뒤따르는 정보와 연결될 가능성이 훨씬 더 크다고 한다. 새로운 정보가 작동 기억을 넘어 전두엽에서 처리되는 과정을 알아보고, 새로움이 학습을 촉진하는 현상에 대해 의견을 제시해 보자.

관련 학과 간호학과, 물리치료학과, 미술치료학과, 수의예과, 약학과, 언어치료학과, 의예과

《**기억의 뇌과학**》, 리사 제노바, 웅진지식하우스(2022)

[10공영1-02-05] ●●●

듣거나 읽은 내용을 요약하여 말하거나 기술한다.

➡ 디지털 건강검진은 개인 맞춤형 의료 서비스의 핵심 요소로, 개인의 특성에 따라 맞춤화된 데이터 수집 및 분석을 통해 질병 예방과 관리에 큰 도움을 주고 있다. 관련 기사 'This is what healthcare leaders see as the future for digital health'를 참고하여 디지털 건강검진이 이 분야에서 어떤 역할을 하는지 알아보고, 개인화된 데이터 수집 및 분석이 질병 예방과 관리에 얼마나 도움이 되는지 조사하여 핵심 사항을 요약해 보자.

관련 학과 의약계열 전체

《**디지털 헬스케어**》, 최윤섭, 클라우드나인(2020)

[10공영1-02-06] ●●●

어휘나 표현을 점검하여 내용을 명확하게 전달한다.

➡ 프레이밍 효과는 인간의 인지 과정에서 중요한 역할을 하며, 정보가 제시되는 방식에 따라 의사결정을 하는 경

향을 나타낸다. 관련 자료 'Differences in Simulated Doctor and Patient Medical Decision Making'을 읽고, 의료 상황에서 프레이밍 이펙트가 의사와 환자의 의사결정에 어떤 영향을 미치는지 분석해 보자.

관련 학과 의약계열 전체

《우리편 편향—신념은 어떻게 편향이 되는가》, 키스 E. 스타노비치, 김홍옥 역, 바다출판사 (2022)

[10공영1-02-07] ● ● ●

적절한 전략과 다양한 매체를 활용하여 상황과 목적에 맞게 말하거나 쓴다.

➡ 미세 플라스틱이 인체 건강에 미치는 영향에 관한 연구는 꾸준히 진행되고 있으며 동물을 대상으로 한 연구에서 미세 플라스틱 노출이 장내 미생물 군집 파괴, 염증 증가, 테스토스테론 수치 감소, 학습과 기억 능력 저하 등의 영향을 미칠 수 있음이 밝혀졌다. 관련 기사 'Microplastics are in our bodies. Here's why we don't know the health risks'를 읽은 뒤 미세 플라스틱이 특히 호흡기와 내분비계에 어떤 영향을 미지는지 알아보고, 플라스틱 제조 성분인 BPA와 프탈레이트가 우리 몸의 호르몬 시스템에 어떤 영향을 미치는지도 분석해 보자.

관련 학과 의약계열 전체

《오늘도 플라스틱을 먹었습니다》, 롤프 할든, 조용빈 역, 한문화 (2022)

[10공영1-02-08] ● ● ●

상대방의 생각이나 관점을 존중하고 언어 예절을 갖추어 표현한다.

➡ AI가 의료 실무에 혁명을 일으키고 환자 경험과 의사의 일상을 변화시키는 광범위한 파급 효과를 가져올 거라고 한다. 하지만 한편으로 의료 분야에서 AI의 사용은 환자의 개인정보 보호 및 비밀 유지에 관한 위험성을 수반하고 있으며, 수술 중 인공지능 로봇의 사용 시 책임 문제, 의학 인공지능 기계의 의료 과실 및 법적 문제와 같이 해결해야 할 딜레마가 아직 많다는 주장도 있다. 이에 대해 자신의 의견을 정리하여 토론해 보자.

관련 학과 의약계열 전체

《의료 인공지능》, 최윤섭, 클라우드나인 (2018)

국어 교과군

영어 교과군

수학 교과군

독서 교과군

사회 교과군

과학 교과군

공통 과목	수능	공통영어2	절대평가	상대평가
	X		5단계	5등급

단원명 | 이해

| 🔍 | 세부 정보, 배경지식, 주제, 요지, 분위기, 심정, 의도, 논리적 관계, 함축적 의미, 전개 방식, 구조, 적절한 전략, 관점, 의견, 포용적 태도, 이해, 비언어적 자료, 요약, 어휘, 표현, 소통 |

[10공영2-01-01] ●●●

말이나 글에 포함된 세부 정보를 파악한다.

➡️ 현대사회에서 반려동물은 사람들에게 정서적·심리적 안정감을 제공하며 삶에 의미를 더해준다. 많은 사람들이 반려동물과 깊은 유대감을 형성하고 있으며, 이는 단순히 동물과의 관계를 넘어선다. 반려동물 산업도 급성장하고 있지만, 유기동물 문제나 반려동물을 잃었을 때의 상실감인 펫로스 증후군 등 해결해야 할 과제도 있다. 영국방송공사(BBC, https://www.bbc.com/)나 USA투데이(https://www.usatoday.com/) 같은 영어 매체의 자료를 읽고, 반려동물을 대상으로 한 수의학 연구, 반려동물이 유발할 수 있는 인체 질환 등과 관련한 자료를 조사하여 발표해 보자.

관련 학과 수의예과, 보건관리학과, 임상병리학과, 언어치료학과, 재활학과, 작업치료학과

**할퀴고 물려도
나는 수의사니까**
박근필, 씽크스마트(2023)

책 소개 ⟩⟩⟩⟩⟩⟩⟩⟩⟩⟩⟩⟩⟩⟩⟩⟩⟩⟩⟩⟩⟩⟩⟩

많은 반려동물 보호자들이 인터넷 검색을 통해 정보를 얻지만, 인터넷에서는 정확한 정보를 찾기 어렵고, 찾아낸 정보도 신뢰하기 힘든 경우가 많다. 이 책은 반려동물을 키우는 보호자들이 궁금해하는 점들과 반려동물을 키우며 겪는 애로사항에 대해 수의사인 저자가 그동안의 경험을 바탕으로 유용한 정보를 주제별로 나누어 정리한 책으로, 저자는 이 책이 반려동물 보호자들의 고민 해결에 도움이 되기를 바란다고 밝히고 있다.

세특 예시 ⟩⟩⟩⟩⟩⟩⟩⟩⟩⟩⟩⟩⟩⟩⟩⟩⟩⟩⟩⟩⟩⟩

반려동물에 관심이 많은 학생으로, 미국의 반려동물 산업과 관련된 영어 기사를 읽고 이를 요약함. 미국의 반려동물 산업은 2025년까지 1,100억 달러 규모에 달할 것으로 전망되고, 이러한 성장은 반려동물 양육의 증가, 반려동물 소유주들의 소득 증가, 반려동물 친화적인 제품과 서비스에 대한 수요 증가 등 여러 요인에 의해 촉진되고 있다는 내용을 적절한 어휘와 표현을 사용하여 영어로 정리함. 이후 주제탐구 독서활동으로 '할퀴고 물려도 나는 수의사니까(박근필)'를 읽고 정확한 어법과 문장 구조를 사용하여 영어로 서평을 작성함.

말이나 글의 주제나 요지를 파악한다.

➜ 유전자 계통 검사(Genetic Ancestry Testing)는 개인의 유전자를 분석하여 조상과 유전적 기원을 파악하는 검사로, 조상의 출신 지역, 인종, 민족, 특정 질병에 대한 위험을 파악할 수 있다. 유전자 계통 검사는 개인의 DNA를 분석하여 유전적 변이를 파악하는 방식으로 이루어진다. DNA에는 개인의 유전적 정보가 저장되어 있는데, 유전자 변이는 개인의 조상과 유전적 기원을 파악하는 데 중요한 단서가 된다. 유전자 계통 검사의 원리, 현황, 장점과 단점 등에 대해 조사하여 이를 영어로 발표해 보자.

관련 학과 의약계열 전체

《**생명과 약의 연결고리**》, 김성훈, 웅진지식하우스(2023)

말이나 글의 분위기나 등장인물의 심정 및 의도 등을 추론한다.

➜ 졸업식 축사(commencement address)는 학생들이 학업을 마치고 사회로 나가는 것을 축하하고 앞으로의 삶에 대한 조언과 격려를 전하는 말로, 졸업생들의 자긍심과 자신감을 고취하며 사회에 대한 희망과 기대를 갖게 한다. 의학과 관련된 유명한 졸업식 축사로는 2010년《타임》지 선정 '세계에서 가장 영향력 있는 100인'에 선정된 외과 의사 아툴 가완디(Atul Gawande)의 2019년 스탠퍼드 의과대학 졸업식 축사가 있다. 이 축사는 의사로서의 삶에 대한 진심 어린 조언과 격려를 담고 있다. 자신이 관심을 갖고 있는 인물의 연설문을 통해 말의 분위기와 의도를 추론하여 분석하고 발표해 보자.

관련 학과 의약계열 전체

《**어떻게 죽을 것인가**》, 아툴 가완디, 김희정 역, 부키(2022)

말이나 글에 나타난 일이나 사건의 논리적 관계를 파악한다.

➜ 더티워크(Dirty Work)는 사회에 꼭 필요하지만 육체적으로 힘들거나 비위생적이거나 사회적으로 낙인이 찍히는 등의 이유로 대다수의 사람들이 꺼리는 노동을 뜻한다. 더티 워크에는 청소, 하수 처리, 폐기물 처리 등 환경 관련 노동, 군인, 경찰, 교도관 등 치안 관련 노동, 장례지도사, 동물 사체 처리업 등 죽음 관련 노동이 있다. 더티 워크에 종사하는 사람들은 사회의 궂은 일을 감당하고 사회가 정상적으로 유지되도록 기여하지만 사회적 지위가 낮으며 많은 경우 열악한 근로 환경과 낮은 임금에 시달리고 있다. 관심 있는 더티 워크 직종이 인체에 미치는 영향을 조사하여 발표해 보자.

관련 학과 의약계열 전체

더티 워크

이얼 프레스, 오윤성 역,
한겨레출판(2023)

책 소개

이 책은 교도소 정신 병동, 대규모 도살장, 드론 전투 기지처럼 사회 뒤편에 숨겨진 노동 현장에서 바다 위 시추선과 실리콘밸리의 첨단 테크 기업에 이르기까지, 현대사회 곳곳의 비윤리적이고 불결한 필수 노동에 관해 다루고 있다. 저자는 낙인 찍힌 노동자 '더티 워커'의 모습과 이를 감추는 권력의 구조를 르포르타주 형식으로 밝히고 있다. 교도관, 드론 조종사 등 노동자들의 말에서 시작해 노동 환경에 대한 세밀한 묘사, 관련 전문가와의 인터뷰, 자료 조사와 문헌 연구를 촘촘히 덧붙임으로써 개인의 맥락을 사회적 의미로 확장시키며, '더티 워크'가 누구에게 어떤 방식으로 떠맡겨지는지 그 불평등한 구조를 드러낸다.

세특 예시

'더티 워크(이얼 프레스)'를 읽고 사회에서 필수적인 역할을 수행하지만 가려져 있는 노동 '더티 워크'의 개념을 이해하고, 이에 대한 윤리적 문제의식을 갖게 됨. 특히 의료 현장에서 발생하는 더티 워크에 주목하여, 의료 폐기물 처리, 감염병 환자 간호 등 사회적으로 기피되지만 필수적인 의료 활동에 대한 영어 에세이를 작성함. 이를 통해 의료 현장에서 발생하는 더티 워크의 중요성과 이를 수행하는 사람들의 노고를 조명하고, 이러한 노동에 대한 사회적 인식 개선의 필요성을 강조함. 또한 급우들과 함께 관련 영어권 국가의 더티 워크 관련 자료를 조사하고 토론하며 이에 대한 다양한 관점을 접하고 자신의 견해를 논리적으로 뒷받침하는 근거를 마련함.

[10공영2-01-05]   • • •

말이나 글에 포함된 표현의 함축적 의미를 추론한다.

→ 책의 제목은 내용을 함축적으로 표현하고 독자의 관심을 끌기 위한 중요한 요소이다. 《유전자의 내밀한 역사(THE GENE: An Intimate History)》는 싯다르타 무케르지(Siddhartha Mukherjee)가 2016년에 출간한 책으로, 유전학과 의학의 발전을 다루고 있다. 책의 제목은 유전자의 역사에 '친밀한, 사적인, 은밀한' 등의 의미인 'intimate'라는 형용사를 덧붙여 책의 내용에 대한 독자의 흥미를 유발하고 있다. 저자는 책에서 유전자가 질병의 원인으로 작용하는 다양한 방식을 설명한다. 자신이 관심 있는 의약 관련 서적의 영어 제목을 찾아 책의 제목과 내용을 비교하면서 제목이 가진 함축적 의미에 대해 발표해 보자.

관련 학과 의약계열 전체

《유전자의 내밀한 역사》, 싯다르타 무케르지, 이한음 역, 까치(2017)

[10공영2-01-06]   • • •

말이나 글의 전개 방식이나 구조를 파악한다.

→ 뉴스 채널인 CNN은 'Opinion' 란(https://edition.cnn.com/opinions)에 정치·경제·사회·문화 등 다양한 분야에 대한 의견을 싣고 있다. 예를 들어 의사이자 밴더빌트 대학교의 의학 및 중환자 치료 교수인 웨스 일리(Wes Ely)의 '환자가 '의사 선생님, 저 좀 죽게 해주세요'라고 말하면 어떻게 되나요?(What happens when a patient says, 'Doc, help me die')'라는 글은 연명 치료와 안락사 등에 대한 의견을 개진하고 있다. 이 글 또는 자신이 관심 있는 분야의 글을 읽고 필자가 사용한 서론, 본론, 결론 등의 구성 체계나 내용의 전개 방식을 파악하고 자신이 이해한 내용을 발표해 보자.

관련 학과 의약계열 전체

《뉴스 영어의 결정적 표현들》, 박종홍, 사람in(2021)

[10공영2-01-07] • • •

다양한 매체의 말이나 글을 비판적으로 이해한다.

➡ 의약계열 종사자들은 제약회사와 밀접한 관계를 맺고 있다. 이러한 관계는 종종 의약품과 바이오 제품 관련 기술의 개발, 생산 및 판매를 촉진하기 위해 형성된다. 또한 제약회사와 의약계열 종사자 간의 협력은 새로운 치료법과 의약품을 개발하는 데 매우 중요한 역할을 한다. 그러나 이러한 관계가 종종 윤리적인 문제를 일으키기도 한다. 한 가지 예로 이해 상충의 가능성(the potential for conflicts of interest)을 들 수 있다. 이 예시를 영어로 된 미디어에서 조사하여 발표해 보자.

관련 학과 약학과, 의예과, 치의예과, 한의예과

《생명과 약의 연결고리》, 김성훈, 웅진지식하우스(2023)

[10공영2-01-08] • • •

말이나 글의 이해를 위한 적절한 전략을 적용한다.

➡ 혐오 감정은 정신질환과 밀접한 연관이 있다. 혐오 감정은 특정 집단이나 개인에 대한 부정적인 인식을 형성하며, 이는 정신질환의 발병 요인이 되거나 기존의 정신 건강 문제를 악화시키는 역할을 할 수 있다. 예를 들어 혐오와 편견을 지속적으로 경험하는 사람들은 우울증, 불안 장애, PTSD(외상 후 스트레스 장애)와 같은 정신질환을 겪을 가능성이 높아진다. 또한 사회적으로 혐오가 만연할 경우, 정신질환을 가진 사람들은 고립감을 느끼고 스스로에게 낙인을 찍는 자아 낙인을 경험할 수 있다. 혐오 감정이 정신질환에 미치는 영향을 조사하고, 이를 영어 자료로 요약하여 발표해 보자.

관련 학과 의예과, 간호학과, 미술치료학과, 언어치료학과, 작업치료학과, 보건관리학과, 임상병리학과, 재활학과

《혐오》, 네이딘 스트로슨, 홍성수 외 1명 역, arte(아르테)(2023)

단원명 | **표현**

> | 🔍 | 배경지식, 맥락, 의미 파악, 지식, 정보 습득, 듣기 전략, 읽기 전략, 다양성 수용, 포용적 태도, 다양한 문화, 자료 탐색, 성찰적 태도, 목적, 맥락, 생각, 감정, 정보, 지식, 전달, 소통, 단어, 어구, 문장, 의사소통 기능, 어휘, 언어 형식, 이야기, 서사, 운문, 친교, 사회적 목적, 정보 전달, 의견 교환, 주장, 묘사, 설명, 요약

[10공영2-02-01] • • •

실물, 그림, 사진, 도표 등을 활용하여 내용을 설명한다.

➡ 체성분 분석기는 건강과 체중 감량의 중요한 지표인 체지방량, 근육량, 골격량, 체수분 등 인체의 체성분을 측

정하는 데 사용된다. 체성분 분석기는 크게 비침습형과 침습형으로 나눌 수 있는데, 비침습형 체성분 분석기는 피부를 절개하지 않고 주로 저주파 전류, 비접촉적 적외선, 이중 에너지 X선 기술을 사용하여 체성분을 측정한다. 침습형 체성분 분석기는 피부를 절개하여 체성분을 측정하는 장치로, 주로 인체 내부의 지방을 채취하여 측정한다. 관심 있는 체성분 분석기의 원리를 찾아 사진, 도표, 그림 등을 활용하여 영어로 설명해 보자.

관련 학과 의약계열 전체

《**근력 운동의 과학**》, 오스틴 커런트, 권기호 역, 사이언스북스(2021)

[10공영2-02-02] • • •

사실적 정보나 지식을 말이나 글로 전달한다.

➡ 신약 개발은 많은 연구와 자원이 투입되는 복잡한 과정이고 높은 실패율을 동반한다. 각 단계, 즉 초기 발견 단계, 전임상시험, 임상시험, 승인 과정에서 여러 번의 검증이 필요하며, 대다수의 신약 후보 물질은 효과성과 안전성 기준을 충족하지 못해 실패로 판명된다. 이는 과학적 난제일 뿐 아니라, 상당한 시간과 비용의 손실을 가져온다. 그러나 신약 개발 과정에서의 실패는 새로운 데이터를 제공하고 다음 연구에 귀중한 통찰을 제공해 더 나은 약물을 개발하는 데 기여하기도 한다. 신약 개발과 실패의 과정이 의약품 연구에 미치는 영향에 관한 영어 자료를 찾아 요약하여 발표해 보자.

관련 학과 의예과, 간호학과, 약학과, 임상병리학과

《**빠르게 실패하기**》, 존 크럼볼츠 외 1명, 도연 역, 스노우폭스북스(2022)

[10공영2-02-03] • • •

경험이나 계획 등을 말하거나 기술한다.

➡ 의료 인공지능 개발자는 의료 데이터를 분석하고 진단 및 치료에 도움을 줄 수 있는 인공지능 모델을 설계하고 구현하는 전문가이다. 의료 인공지능 개발자는 컴퓨터 과학, 데이터 과학, 생물학 및 의학 지식을 융합하여 혁신적인 솔루션을 창출하며, 의료 현장에서 보다 정밀한 진단과 치료 방안을 제공하는 데 기여한다. 이러한 기술은 의료진으로 하여금 환자에게 맞춤형 의료 서비스를 제공할 수 있게 하여 의료 서비스의 질을 크게 향상시킨다. 의료 인공지능 개발자 또는 관심 있는 의료 관련 직업을 선정하여, 그 역할과 중요성을 영어 자료를 통해 조사하고 요약하여 발표해 보자.

관련 학과 의약계열 전체

《**청소년이 꼭 알아야 할 다가온 미래 새로운 직업**》, 한국고용정보원 미래직업연구팀, 드림리치(2022)

[10공영2-02-04] • • •

자신의 생각이나 의견, 감정, 감상 등을 표현한다.

➡ 저탄고지 식단은 탄수화물 섭취를 줄이고 지방 섭취를 늘리는 식단이다. 탄수화물은 우리 몸의 에너지원으로 사용되는 영양소로 곡류·과일·채소·콩류 등에 많이 들어 있고, 지방은 우리 몸의 필수 영양소로 세포막을 구성하고 호르몬을 생성하고 체온을 유지하는 데 중요한 역할을 한다. 저탄고지 식단은 체중 감량과 당뇨병, 고혈압, 심장병, 뇌졸중, 암 등의 질환을 예방하는 효과가 있다고 알려져 있어 많은 사람들이 실행하고 있다. 다양한 미디어를 이용하여 이러한 식단법의 원리와 장단점 등을 조사하여 발표해 보자.

관련 학과 의약계열 전체

《**최강의 식물식**》, 윌 벌서위츠, 정미화 역, 청림Life(2021)

— 75

[10공영2-02-05]

듣거나 읽은 내용을 요약하여 말하거나 기술한다.

➡ 의료 분야에도 과시적 소비가 나타나고 있다. 과시적 소비는 자신의 사회적 지위를 과시하기 위해 고가의 제품이나 서비스를 소비하는 행동으로, 의료 분야에서는 고가의 의료 서비스, 고급 의료기기, 최신 미용 성형 시술 등을 통해 이러한 소비가 이루어진다. 예를 들어 비급여 항목의 고가 검사나 명품 브랜드의 의료 장비 선택, 혹은 특급 병실 이용을 과시적 소비의 사례로 볼 수 있다. 이러한 과시적 소비는 의료 자원의 불균형을 초래하거나 의료 서비스 본래의 건강 유지 목적을 넘어 사회적 지위를 과시하는 수단으로 변질되는 문제를 야기할 수 있다. 의료와 과시적 소비의 문제를 다룬 영어 자료를 찾아 요약하여 발표해 보자.

관련 학과 의약계열 전체

《베블런의 과시적 소비》, 소스타인 베블런, 소슬기 역, 유엑스리뷰(2019)

[10공영2-02-06]

다양한 소통의 목적에 맞게 말하거나 글로 표현한다.

➡ 면역 치료는 인체의 면역 체계를 강화하거나 조작하여 질병을 치료하는 방법이다. 특히 면역 치료는 암 치료 분야에서 종양을 공격하는 면역 세포를 활성화하는 방식으로 큰 성과를 내고 있다. CAR-T 세포 치료와 면역 체크포인트 억제와 같은 혁신적인 치료법이 개발되어 항암 치료의 새로운 가능성을 제시하고 있다. 면역 치료의 원리와 의학적 응용 사례를 조사하고, 그 효과와 도전 과제를 분석해 보자.

관련 학과 의약계열 전체

《면역항암치료의 이해》, 김찬 외 1명, 청년의사(2022)

[10공영2-02-07]

어휘나 표현을 점검하여 내용을 명확하게 전달한다.

➡ 학문 연구에서 연구 결과를 조작하는 행위는 역사적으로 꾸준히 발생해 왔다. 이는 과학적 발견과 발전을 저해하고 사회에 부정적인 영향을 미칠 수 있는 심각한 문제이다. 생물학에서의 유명한 연구 결과 조작 사례로는 황우석 줄기세포 논문 조작 사건이 있다. 세계 최초로 인간 배아줄기세포를 복제했다는 내용이 담긴 논문이었지만 연구 데이터를 조작했다는 사실이 밝혀졌다. 내용을 명확하게 전달하기 위해 단순하고 명확한 어휘를 사용하고, 필요 없는 표현은 제거하며, 중복되는 표현은 수정하고, 대상 독자를 고려해 적절한 어조로 동의어 및 유사한 표현 등을 사용하는 것을 염두에 두며 연구 조작 사례와 관련된 사건을 설명하는 글을 영어로 작성해 보자.

관련 학과 의약계열 전체

《연구윤리에 관한 100가지 질문 및 답변》, Emily E. Anderson 외 1명, 유수정 역, 학지사메디컬(2022)

[10공영2-02-08]

적절한 전략과 다양한 매체를 활용하여 상황과 목적에 맞게 말하거나 쓴다.

➡ SNS는 의료 분야에서 중요한 소통 및 정보 제공 도구로 자리 잡고 있다. 의료 기관, 전문가, 그리고 건강 관련 단체들이 SNS를 통해 건강 정보를 제공하고 질병 예방, 치료 방법, 최신 의료 기술 등을 알리고 있다. 이를 통

해 일반 대중은 신뢰할 만한 의료 정보를 쉽게 접할 수 있고, 특정 질환에 대한 인식이 높아지며, 더욱 적극적으로 개인 건강을 관리하게 된다. 그러나 SNS상의 의료 정보에는 때때로 검증되지 않은 과장된 정보가 포함될 수 있어서 정확한 정보 확인이 필요하다. SNS가 의료 정보 전달에 미치는 긍정적·부정적 영향을 조사하고, 이를 영어 자료로 요약하여 발표해 보자.

관련 학과 의약계열 전체

《소셜 미디어 프리즘》, 크리스 베일, 서미나 역, 상상스퀘어(2023)

[10공영2-02-09]

다른 사람과 의견을 조율하며 문제 해결을 위해 협력한다.

●●●

➡ 장기복제를 위한 LMO(유전자 조작 동물) 생산은 장기이식 대기의 해소, 장기이식 성공률 상승 및 환자의 삶의 질 향상 등의 장점이 있지만, 인체에 해를 끼칠 수 있는 위험성과 자연 생태계를 교란할 수 있다는 우려도 제기되고 있다. '장기복제를 위한 LMO 생산은 정당한가?'라는 주제로 자신의 의견을 제시하는 글을 영어로 작성하자. 이후 다른 친구들의 의견을 경청하고 자신의 의견을 논리적으로 제시하며 문제를 해결하는 과정을 통해 모둠원들과 합의하여 최종 결정문을 영어로 작성해 보자.

관련 학과 의약계열 전체

창조적 유전자
에드윈 게일, 노승영 역,
문학동네(2023)

책 소개

이 책은 인간의 발전과 진화, 특히 풍요로운 환경에서의 경제적·사회적 발전이 인간의 유전자와 행동 그리고 문화에 어떤 영향을 미쳤는지 탐구한다. 'The Species That Changed Itself: How Prosperity Reshaped Humanity'를 번역한 책으로, 풍요로운 환경이 인간의 건강, 교육, 사회 구조에 어떤 영향을 미쳤는지, 그리고 이러한 변화가 인간의 진화와 어떻게 연결되어 있는지를 깊이 있게 다룬다. 또한 인간이 지난 수천 년 동안 어떻게 자신의 환경과 유전자를 변화시키며 지속적으로 진화해 왔는지에 대한 통찰을 제공하고 있다.

세특 예시

'창조적 유전자(에드윈 게일)'를 읽고 인간의 진화 과정과 유전자 변화의 상관관계에 대한 호기심을 갖게 됨. 특히 풍요로운 환경이 유전자 변화를 유발하여 새로운 질병을 발생시킬 수 있다는 내용에 주목하여 '현대사회의 환경 변화와 새로운 질병 발생 가능성'이라는 주제로 조별 탐구활동을 수행함. 탐구 과정에서 팀원들과 협력하여 관련 연구 자료를 조사하고 분석하며 챗GPT를 활용하여 정보의 신뢰성을 검증하고 추가 정보를 탐색함. 탐구 결과를 바탕으로 영어 프레젠테이션을 통해 새로운 질병 발생 가능성을 예측하고 이를 예방하기 위한 방안을 제시함. 이를 통해 생명과학 분야의 연구 윤리에 대한 이해를 높이고, 협력을 통한 문제 해결 능력을 함양함.

선택 과목	수능		절대평가	상대평가
일반 선택	○	**영어 I**	5단계	5등급

단원명 | 이해

🔍 모바일 헬스, 헬스케어 앱, 고령화 사회, 노인 건강, 알츠하이머병, 새로운 접근, 뇌파 분석, 우울증, 개선 방법 조사, 마이크로바이옴, 윤리적 문제 분석, 해결 방안 탐구, 서양 의료, 동방 의료, 장단점 분석

[12영I-01-01] • • •

말이나 글의 세부 정보를 파악한다.

➡ 건강 관련 앱의 사용이 증가하면서 모바일 헬스 분야의 중요성이 부각되고 있다. 관련 자료 'Research on the Impact of mHealth Apps on the Primary Healthcare Professionals in Patient Care'를 참고하여 모바일 헬스가 건강 관리에 어떤 변화를 가져오는지 그리고 이러한 변화가 환자의 건강에 어떤 영향을 미치는지 조사하고 정리하여 영어로 발표해 보자.

관련 학과 의약계열 전체

《**DNA 헬스케어 4.0**》, 김희태 외 1명, 모아북스(2022)

[12영I-01-02] • • •

말이나 글의 주제나 요지를 파악한다.

➡ 최근 전 세계적으로 고령화 사회가 되면서 건강한 노년 생활에 대한 관심이 높아졌다. 관련 자료 'The Role of Big Data in Aging and Older People's Health Research'를 참고하여 고령화 사회에서 건강한 노년 생활을 하기 위해 어떤 방법이 필요한지 주제와 요지를 파악하여 영어로 정리해 보자.

관련 학과 의약계열 전체

《**노화의 종말**》, 데이비드 A. 싱클레어 외 1명, 이한음 역, 부키(2020)

[12영I-01-03] • • •

화자나 필자의 심정이나 의도를 추론한다.

➡ 최근 알츠하이머병 치료에 대한 새로운 연구 결과가 발표되었다. 이 연구는 알츠하이머병의 발병 원인에 대한 새로운 이해를 제공하며, 이를 바탕으로 한 더 효과적인 치료법 개발 가능성을 제시한다. 관련 글 'New Approach to Alzheimer's Treatment'를 찾아 읽고, 작성자가 이 문제에 대해 어떤 시각을 가지고 있는지 분석하며 그 의도를 파악하여 발표해 보자.

관련 학과 간호학과, 수의예과, 약학과, 언어치료학과, 의예과, 임상병리학과, 한의예과

《**치매에서의 자유**》, 안드레아스 모리츠, 이원기 역, 에디터(2023)

[12영I-01-04] ●●●

말이나 글에서 일이나 사건의 논리적 관계를 파악한다.

➡ 최근 신경과학자들은 뇌파를 분석하여 우울증의 조기 진단에 활용하는 연구를 진행하고 있다. 이러한 연구는 우울증을 앓고 있는 환자들의 뇌파 패턴을 분석하고 이를 통해 초기 단계에서 우울증을 예측하거나 진단하는 데 도움이 될 거라는 가정하에 이루어지고 있다. 관련 기사 'Detecting Depression: A 1-Minute EEG Test Reveals Mood Shifts'를 찾아 읽고, 뇌파 분석이 어떻게 우울증의 조기 진단에 도움이 될 수 있는지, 그리고 이러한 방법론이 의료 현장에 어떤 변화와 개선을 가져올 수 있는지 알아보자.

관련 학과 의약계열 전체

**뇌는 행복을
기억하지 않는다**
미츠쿠라 야스에, 오시연 역,
알에이치코리아(2023)

책 소개

이 책은 세계 최초로 '감성 분석기'를 개발한 신경과 교수가 뇌파를 통해 인간의 감정을 분석하고 이해하는 내용을 담고 있다. 우리가 일상에서 겪는 사소한 감정의 변화에서 감정으로 인한 스트레스까지 다양한 감정의 복잡한 세계를 뇌파를 통해 조명한다. 감정이 우리의 행동과 생각에 어떤 영향을 미치는지, 그리고 이를 어떻게 통제하고 이해할 수 있는지 방법을 제시하며, 기분 나쁜 감정의 폭력으로부터 벗어나는 방법을 소개한다.

세특 예시

신경과학자들의 최근 연구 동향 중 하나인 '뇌파 분석을 통한 우울증 조기 진단'에 대해 탐구를 진행하기 위해, 관련 영문 기사 '우울증 감지: 1분 뇌파 검사가 기분 변화를 드러낸다'라는 기사를 찾아 읽고 뇌파 분석이 어떻게 우울증의 조기 진단에 도움이 될 수 있는지 자세히 탐구함. 이 기사를 통해 우울증 환자들의 뇌파 패턴 분석으로 초기 단계에서 우울증을 예측하거나 진단할 수 있음을 확인하였으며, 이러한 방법이 의료 현장에 어떤 변화와 개선을 가져올 수 있는지에 대해 분석함. 뇌파 분석을 통한 우울증 조기 진단 방법이 우울증 환자들에게 적절한 치료 시기를 제공함으로써 환자의 치료 결과를 개선하는데 기여할 수 있음을 파악함. 또한 연계 독서로 '뇌는 행복을 기억하지 않는다(미츠쿠라 야스에)'를 읽고, 뇌파를 통해 다양한 감정의 복잡한 세계를 이해할 수 있다고 설명하는 부분과 부정적인 감정을 대표하는 스트레스를 줄임으로써 기분 나쁜 감정의 폭력으로부터 벗어날 수 있다고 설명하는 부분을 소개하며, 이를 위한 구체적인 방법을 제시하는 부분이 가장 인상 깊었다고 밝힘. 책의 핵심 내용을 카드 뉴스로 제작한 후 공유하여 많은 친구들에게 유용하고 흥미로운 정보라는 평가를 받음.

[12영I-01-05] ●●●

말이나 글의 맥락을 바탕으로 어구나 문장의 함축적 의미를 추론한다.

➡ 최근 마이크로바이옴 연구가 활발하게 진행되고 있다. 우리 몸 안에 서식하는 수많은 미생물들, 즉 마이크로

바이옴은 우리의 건강 상태와 밀접한 관련이 있는 것으로 알려져 있다. 관련 자료 'The Human Microbiome and Its Impacts on Health'를 찾아 읽고, 마이크로바이옴 연구의 중요성과 그 연구 결과가 인체 건강에 미치는 영향 등을 탐구해 보자.

관련 학과 간호학과, 보건관리학과, 수의예과, 약학과, 의예과, 임상병리학과, 한의예과

《내 장은 왜 우울할까》, 윌리엄 데이비스, 김보은 역, 북트리거(2023)

[12영I-01-06] •••

말이나 글의 전개 방식이나 구조를 파악한다.

➡ 유전자 치료의 가능성이 점차 확대되고 있는 상황에서, CRISPR 기술이 주목받고 있다. 'After a decade, CRISPR gene editing is a revolution in progress. What does the future hold?'라는 기사를 찾아 읽고, CRISPR 기술의 원리와 그것이 유전자 치료에 어떤 변화를 가져올 수 있는지, 그리고 이에 대한 윤리적 고려사항은 무엇인지 탐구해 보자.

관련 학과 수의예과, 의예과

《유전자 임팩트》, 케빈 데이비스, 제효영 역, 브론스테인(2021)

[12영I-01-07] •••

적절한 전략을 활용하여 다양한 매체로 된 말이나 글의 의미를 파악한다.

➡ 인공지능은 질병 진단과 치료에서 중요한 역할을 할 수 있다. 하지만 이 기술의 활용은 데이터 보호와 동의, 불평등 등 다양한 문제를 일으킨다. 'Revolutionizing Healthcare: The Promises and Pitfalls of AI in Medicine with ChatGPT'라는 글을 찾아 읽고, AI가 의료 분야에서 어떻게 활용될 수 있는지 그리고 이로 인해 발생하는 문제점과 해결 방안은 무엇인지 탐구해 보자.

관련 학과 의약계열 전체

《의료 인공지능》, 최윤섭, 클라우드나인(2018)

[12영I-01-08] •••

우리 문화 및 타 문화의 다양한 관점에 대해 포용하고 공감하는 태도를 가진다.

➡ 서양 의료와 동방 의료는 문화적 배경에서 발생한 접근 방식의 차이를 보여준다. 관련 글 'Eastern vs. Western: How the Medical Practices Differ'를 참조해 두 접근법의 장단점과 치료에 미치는 영향을 발표해 보자.

관련 학과 간호학과, 물리치료학과, 수의예과, 약학과, 의예과, 임상병리학과, 작업치료학과, 한의예과

《위험한 서양의학 모호한 동양의학》, 김영수, 창해(2013)

단원명 | 표현

> 🔎 원격 의료, 사례 분석, 나노 기술, 약물 전달 혁신, 개인 맞춤 의학, 유전체 정보, 백신 접종, 봉사 활동 신청서, 인공지능 의료 서비스, 데이터 보호, 개인정보, 윤리적 해결, 한방 치료법, 디지털 스토리텔링, 도시화, 공공보건 서비스, 해결책 제안

국어 교과군

영어 교과군

수학 교과군

도덕 교과군

사회 교과군

과학 교과군

[12영I-02-01]

사실적 정보를 말이나 글로 설명한다.

➡ 원격 의료는 화상회의, 전자건강기록(EHR), 모바일 애플리케이션 등 원격 기술을 통해 의료 서비스를 제공하는 것을 말한다. 최근 몇 년 동안 원격 의료의 사용이 증가해 왔으며, 의료 분야에서 그 중요성이 점점 더 분명해지고 있다. 관련 자료 'Telemedicine And Its Growing Role In Healthcare'를 참고해 원격 의료의 사례와 향후 전망을 분석하여 발표해 보자.

관련 학과 수의예과, 약학과, 의료공학과, 의예과

《**디지털 헬스케어 전쟁**》, 노동훈, 청춘미디어(2021)

[12영I-02-02]

경험이나 계획 또는 일이나 사건을 말이나 글로 설명한다.

➡ 최근 나노 기술은 약물 전달 시스템 개선에 큰 가능성을 제시하고 있다. 관련 자료 'Engineering precision nanoparticles for drug delivery'를 참고하여 나노 기술이 약물 전달 방식을 어떻게 혁신하고 있는지 탐구하고 발표해 보자.

관련 학과 간호학과, 수의예과, 약학과, 의예과

《**나노기술의 미래로 가는 길**》, 아만 그룬발트, 박진희 역, 아카넷(2022)

[12영I-02-03]

상대방을 배려하고 존중하는 태도로 자신의 의견이나 감정을 표현한다.

➡ 개인 맞춤형 의료(Personalized Medicine)의 가능성과 한계'라는 주제로, 최근의 과학기술 발전으로 가능해진 개인의 유전체 정보를 활용한 개인 맞춤 치료 방법에 대해 조사해 보자. 이러한 접근법이 현재의 의료 서비스를 어떻게 변화시키고 있는지 그리고 이러한 변화가 미래의 의료 서비스에 어떤 영향을 미칠 것인지 알아보고, 개인 맞춤형 의료가 가진 잠재적 문제와 한계점에 대한 의견을 발표해 보자.

관련 학과 의약계열 전체

《**유전체, 다가온 미래 의학**》, 김경철, 메디게이트뉴스(2020)

[12영I-02-04]

듣거나 읽은 내용을 말이나 글로 요약한다.

➡ 예방접종은 백신으로 예방할 수 있는 심각한 질병과 그 합병증으로부터 개인을 보호하는 가장 효과적인 접근 방식 중 하나이다. 하지만 사회적 배경, 백신에 대한 개인적 신념 등 때문에 백신을 거부하는 사람들도 있다. 관련 자료 'Personality and individual attitudes toward vaccination: a nationally representative survey in the United States'를 읽고 개인의 성격이 백신 접종에 대한 태도에 미치는 영향에 대해 조사하고 요약해 보자.

관련 학과 간호학과, 수의예과, 약학과, 의예과

《**우리가 몰랐던 백신의 놀라운 비밀**》, 후나세 슌스케, 김경원 역, 중앙생활사(2021)

[12영I-02-05]

서신, 신청서, 지원서 등의 서식을 목적에 맞게 작성한다.

➡️ 전 세계적으로 보건 서비스에 대한 접근성과 질은 매우 다르다. 특히 개발 도상국의 경우 일부 지역에서는 기본적인 보건 서비스에 대한 접근성조차 부족하다. 이런 건강 격차를 줄이기 위해서는 국제적인 노력과 개인들의 참여가 필요하다. '전 세계적 건강 격차 줄이기'라는 비전을 가진 글로벌 단체에 봉사 활동을 신청한다고 가정하고, 이 목표가 본인과 어떻게 연관되어 있는지 기술하는 봉사 활동 신청서를 아래 항목을 모두 포함하여 영어로 작성해 보자. (Introduction/Connection to the Cause/Skills and Experiences/Plan of Action/Conclusion)

관련 학과 의약계열 전체

《개발도상국 보건위생(화장실)》, 손주형, 한국학술정보(2021)

[12영I-02-06]

글의 구조나 내용 및 표현을 점검하고 쓰기 윤리를 준수하여 고쳐 쓴다.

➡️ 인공지능이 의료 서비스에 점점 더 통합되면서, 환자 데이터 보호와 개인정보 침해에 대한 우려가 증가하고 있다. 관련 자료 'You Can't Have AI Both Ways: Balancing Health Data Privacy and Access Fairly'를 읽고 데이터 보호와 개인정보 침해 방지를 위한 윤리적 해결책에 대해 생각하고 글로 써 보자.

관련 학과 의약계열 전체

《인공지능의 윤리학》, 이중원 외 8명, 한울아카데미(2019)

[12영I-02-07]

다양한 매체와 적절한 전략을 활용하여 정보를 창의적으로 전달한다.

➡️ 한방 치료법에 대한 인식을 높이는 방안을 고민하고, 이것을 디지털 미디어(이미지, 오디오, 비디오, 텍스트 등)를 사용하여 창의적인 디지털 스토리텔링으로 구상해 보자. 특히 디지털 스토리텔링을 위해 아래 요소를 모두 포함하여 영어로 결과물을 만들어 보자. (스토리 개발/디지털 요소 추가/홍보 및 공유 방법)

관련 학과 한의예과

《동양의학 치료 교과서》, 센토 세이시로, 장은정 역, 보누스(2023)

[12영I-02-08]

협력적이고 능동적으로 말하기나 쓰기 과업을 수행한다.

➡️ 도시화가 진행됨에 따라 인구 밀집도가 높아지고, 이에 따라 공공보건에 대한 수요도 변화한다. 도시에 사는 사람들은 더욱 다양한 건강 위험 요소에 노출될 수 있으므로, 그에 따른 공공보건 서비스의 수요가 증가할 수 있다. 도시화와 부동산 가격 상승이 공공보건 서비스의 질이나 공공보건 시설의 상태에 어떠한 영향을 끼치는지 탐구하고, 발생할 수 있는 문제를 예측하여 이에 대한 해결책을 제안해 보자.

관련 학과 간호학과, 보건관리학과, 약학과, 의예과, 치의예과, 한의예과

《건강의 공공성과 공공보건의료》, 김창엽, 한울아카데미(2019)

국어 교과군

영어 교과군

수학 교과군

도덕 교과군

수회 교과군

부록 교과군

선택 과목	수능	영어 II	절대평가	상대평가
일반 선택	○		5단계	5등급

단원명 | 이해

| 🔍 | 글의 목적, 맥락, 의미 파악, 지식 습득, 정보 습득, 비판적 수용, 이해 전략, 지식 정보 활용, 문화의 다양성, 포용적 태도, 공감적 이해, 문화적 감수성

[12영II-01-01] ● ● ● ●

다양한 주제에 대한 말이나 글의 세부 정보를 파악한다.

➡ 그린워싱(Greenwashing)은 기업이 대외 이미지를 제고하고 환경을 중시하는 소비자나 투자자의 관심을 끌기 위해 환경 지속 가능성에 대한 약속이나 책임 있는 관행을 과장하거나 허위로 주장하는 행위를 말한다. 제약회사나 의료기기 업체도 그린워싱 행위에 대한 비판을 받고 있다. 기업들은 오해의 소지가 있는 라벨, 마케팅 슬로건 또는 이미지를 사용하여 의약품 생산 과정이나 의료기기 운영이 실제보다 더 환경친화적이라는 인상을 의도적으로 줄 수 있는데, 이는 회사의 관행을 크게 바꾸지 않은 채 지속 가능하고 친환경적인 의료 제품과 서비스에 대한 수요 증가를 활용하려는 행위이다. 의약품 생산과 의료기기 사용에서의 그린워싱과 관련된 영어 자료를 읽고 세부 정보를 파악하여 발표해 보자.

[관련 학과] 의약계열 전체

《**그린워싱 주의보**》, 이옥수, 스리체어스(2022)

[12영II-01-02] ● ● ● ●

말이나 글의 주제나 요지를 파악한다.

➡ TED는 Technology, Entertainment, Design의 앞글자를 따서 만든, 전 세계 다양한 분야에서 활동하는 사람들이 모여 아이디어를 공유하는 글로벌 커뮤니티이다. 과학과 비즈니스, 글로벌 이슈, 예술 등 다양한 주제에 대한 18분 이내의 짧고 강력한 강연인 TED 토크로 잘 알려져 있다. 대표적인 강연으로 데이비드 블레인(David Blaine)의 '어떻게 17분 동안 숨을 참았는가(How I held my breath for 17 minutes)'가 있다. 이 강연에서 블레인은 먼저 숨 참기의 기본 원리를 설명하며 인간의 몸과 마음이 얼마나 놀라운지 보여 준다. 해당 영상 또는 자신이 관심 있는 영상을 시청하고 요지를 정리하여 영어로 발표해 보자.

[관련 학과] 의약계열 전체

《**TED 프레젠테이션**》, 제레미 도노반, 김지향 역, 인사이트앤뷰(2020)

[12영II-01-03] ● ● ● ●

말이나 글에 나타난 화자, 필자, 인물 등의 심정이나 의도를 추론한다.

➔ 인터뷰(interveiw)는 두 사람 또는 그 이상의 사람이 서로 질문과 답변을 주고받는 대화 형식으로 목적 지향적, 상호작용적, 구조적이라는 특징이 있다. 의약계열과 관련된 인터뷰의 예시로는 노벨상 수상자인 피터 도허티(Peter Doherty)의 2022년 1월 18일 자 인터뷰가 있다. 도허티는 이 인터뷰에서 과학자로서의 통찰과 글로벌 건강 문제에 대한 대응을 이야기했다. 과학과 공중보건의 교차점에서의 경험을 공유하며 과학적 소통과 대중의 건강 문제 이해의 중요성을 강조했다. 해당 인터뷰 또는 자신이 관심 있는 분야와 관련된 인터뷰를 선택해, 전반적인 상황과 맥락을 이해하면서 말이나 글에 명시적으로 드러나지 않은 화자의 심정이나 어조, 의도나 목적을 추론하여 발표해 보자.

관련 학과 의약계열 전체

《지승호, 더 인터뷰》, 지승호, 비아북(2015)

[12영II-01-04]

말이나 글에서 일이나 사건의 논리적 관계를 추론한다.

➔ 《아내를 모자로 착각한 남자(The man who mistook his wife for a hat)》는 미국의 신경학자 올리버 색스가 1985년에 출간한 책으로, 심한 안면인식 장애를 앓던 음악 교사가 자기 아내의 머리카락을 모자로 착각하고 쓰려고 했다는 첫 에피소드에서 제목을 따왔다. 책은 총 24편의 이야기로 구성되어 있고 뇌기능의 결핍과 과잉, 지적장애를 지닌 환자들에게서 발견되는 발작적 회상, 변형된 지각, 비범한 정신적 자각 등의 이야기를 들려주고 있다. 이 책은 원문의 저작권이 만료되어 원문을 자유롭게 읽을 수 있다. 관심 있는 이야기 한 편을 읽고 이야기의 상황이나 맥락을 전반적으로 이해하면서 사건의 인과 관계, 인물 간의 관계, 사건이 전개되는 순서 등을 정리해 보자.

관련 학과 의약계열 전체

《아내를 모자로 착각한 남자》, 올리버 색스, 조석현 역, 알마(2016)

[12영II-01-05]

말이나 글의 맥락을 바탕으로 함축된 의미를 추론한다.

➔ 의학 기사에서 비유적인 영어 표현을 사용하면 독자의 관심을 끌고 글의 내용을 함축적으로 전달하며 주제의 핵심을 강조하는 효과를 얻을 수 있다. 예를 들어 'The Cancer Moonshot'이라는 표현은 암 치료 연구에서 급진적이고 혁신적인 목표를 향한 도전적 접근을 의미하며, 미국에서 암 연구와 치료를 획기적으로 발전시키기 위한 프로젝트를 상징적으로 표현한 것이다. 이처럼 'Moonshot'이라는 비유적 표현은 높은 목표를 지향하는 의미를 내포하면서 독자에게 강렬한 인상을 주고 더 큰 기대감을 불러일으킨다. 자신이 관심 있는 의학 분야의 영어 기사에서 함축적이고 비유적인 표현을 찾아 그 의미와 효과에 대해 발표해 보자.

관련 학과 의약계열 전체

《문예 비창작—디지털 환경에서 언어 다루기》, 케네스 골드스미스, 길예경 외 1명 역, 워크룸프레스(2023)

[12영II-01-06]

다양한 유형의 말이나 글의 전개 방식이나 구조를 파악한다.

➔ 초파리는 2mm정도로 크기가 작고 관리가 용이하며 빠르게 번식하기 때문에, 실험에 필요한 개체를 쉽게 확보할 수 있다. 또한 유전체가 해독되어 있으며, 유전적 변이를 유도하는 방법이 잘 알려져 있고, 인간과 유사한 생물학적 특징을 가지고 있어서, 암·신경질환·노화 등 다양한 생물학적 현상을 연구하는 데 실험체로 널리 이용되고 있다. 그러나 초파리가 실험 과정에서 고통을 겪을 수 있다는 등의 이유로 생명윤리 위반 논란도 있는

상황이다. 초파리 실험과 관련된 글을 읽고 글의 전개 방식과 구조를 파악하여 발표해 보자.

관련 학과 의약계열 전체

《초파리—생물학과 유전학의 역사를 바꾼 숨은 주인공》, 마틴 브룩스, 이충호 역, 갈매나무(2022)

[12영II-01-07]　　　　　　　　　　　　　　　　　　　　　　　●●●

적절한 전략을 적용하여 다양한 매체 자료의 말이나 글을 이해한다.

➡ 카페인은 중추신경계를 자극하는 물질로, 잠을 깨우고 집중력을 높이는 효과가 있어 학생을 비롯한 많은 사람들이 카페인 음료를 마시고 있다. 그러나 카페인 과다 섭취는 불안감, 불면증, 두통, 심장 두근거림, 위장 장애등을 유발하고, 칼슘의 흡수를 방해하여 골다공증의 위험을 증가시키는 것으로 알려졌다. 성인의 경우 하루에 카페인 섭취량이 400mg을 넘지 않도록 하는 것이 권장되고 있다. 카페인이 인체에 미치는 영향을 조사하고 글의 전개 방식과 구조를 파악하자.

관련 학과 의약계열 전체

《카페인 권하는 사회》, 머리 카펜터, 김정은 역, 중앙북스(2015)

[12영II-01-08]　　　　　　　　　　　　　　　　　　　　　　　●●●

다양한 문화와 관점에 대해 포용하고 공감하는 태도를 가진다.

➡ 각 문화마다 고유한 역사와 전통이 있기 때문에, 의학에 대한 인식은 문화마다 다를 수 있다. 예를 들어 중국의 전통 의학은 서양의 의학과는 다른 개념과 치료법을 가지고 있다. 또한 각 문화마다 고유한 가치관과 신념이 있기 때문에 의학에 대한 인식이 달라지기도 한다. 서양 문화에서는 개인의 자유와 자율성을 중시하기 때문에, 환자의 선택권을 존중하는 경향이 있다. 이 밖에도 경제적 요인 등에 의해 각국의 의료제도와 인식에 차이가 생긴다. 관심 있는 국가의 의료제도를 조사하고, 그 특징을 한국과 비교하여 영어로 작성해 보자.

관련 학과 의약계열 전체

《오싹한 의학의 세계사》, 데이비드 하빌랜드, 이현정역, 베가북스(2022)

단원명 | 표현

🔍 의사소통, 목적, 맥락, 적절한 언어 사용, 표현, 효과적 정보 전달, 의견 교환, 표현 전략, 종합적 사고, 지식과 경험 융합, 상호 협력, 소통, 문제 해결 능력, 적극적 태도

[12영II-02-01]　　　　　　　　　　　　　　　　　　　　　　　●●●

다양한 주제에 대한 사실적 정보를 말이나 글로 설명한다.

➡ 문신은 바늘로 피부 깊숙이 색소를 주입하여 그림이나 무늬를 새기는 행위로, 고대부터 존재해 왔으며 다양한 문화권에서 다양한 의미를 가지고 있다. 문신은 개인의 개성과 가치관을 표현하는 방법이고, 기억의 상징, 예술적 표현이지만 위생 및 부작용 문제, 통증과 비용, 그리고 제거가 어렵거나 불가능하다는 점이 단점으로 지적된다. 유교 문화의 영향을 받고 있는 한국에서는 그동안 금기시되어 오다가 최근에 유행하고 있다. 문신에 적용되는 의료법을 조사하여 이에 대한 정보를 글로 설명해 보자.

국어 교과군

영어 교과군

수학 교과군

도덕 교과군

사회 교과군

과학 교과군

관련 학과 의약계열 전체

《**의료법 강의**》, 이상돈 외 1명, 법문사(2023)

[12영II-02-02] ● ● ●

지식과 경험을 활용하여 자신의 감상이나 느낌을 표현한다.

➡ 치과 임플란트는 치아가 손실된 환자에게 고정식 대체물을 제공하는 치료 방법으로, 잇몸뼈에 금속 임플란트를 식립하여 인공 치아를 고정한다. 임플란트 치료는 치아의 기능과 심미성을 동시에 회복할 수 있어서 널리 사용되고 있다. 임플란트의 재료와 성공률, 그리고 최신 기술인 디지털 임플란트와 3D 프린팅 임플란트의 발전에 대해 영어 매체를 통해 조사하고, 이에 대한 자신의 의견을 발표해 보자.

관련 학과 치의예과, 의예과, 간호학과, 재활학과

《**자연치아**》, 박창진, 은행나무(2024)

[12영II-02-03] ● ● ●

상대방을 배려하고 존중하는 태도로 자신의 의견이나 주장을 제시한다.

➡ 흉부 X선 촬영은 X선을 흉곽 부위에 투과해 촬영하는 폐와 심장 계통 질환에 대한 검사로, 폐렴, 폐결핵, 폐암, 폐쇄성 폐질환이나 확산성 간질성 폐질환 등을 선별하고 진단할 수 있다. 진단 과정에서 방대한 데이터를 학습하여 보다 정확하게 질병을 진단할 수 있는 AI(인공지능)가 쓰이기 시작하면서 AI 진단의 정확성과 신뢰성에 대한 우려가 제기되고 있으며, 편향성과 윤리적 문제에 대한 논의도 진행중이다. AI가 의료에 적용되는 상황에 대한 토론을 진행하고, 자신의 주장을 반대측 의견을 존중하는 태도로 발표해 보자.

관련 학과 의약계열 전체

《**청진기가 사라진다**》, 에릭 토폴, 박재영 외 2명 역, 청년의사(2012)

[12영II-02-04] ● ● ●

다양한 주제에 대해 듣거나 읽은 내용을 재구성하여 요약한다.

➡ 의료 서비스의 대도시 편중 현상이 심각하다. 의료 시설과 의료 인력의 집중으로 인해 지방에서는 의료 서비스에 접근하기가 어려운 상황이다. 수도권의 인구가 국가 전체 인구의 약 50%를 차지하는 인구 분포의 불균형과 이로 인해 대도시에 종합병원, 대학병원 등 고급 의료 시설이 집중되어 있고 지방에는 의료 시설과 의료 인력이 부족해 의료 서비스의 질이 떨어지는 것이 큰 문제점으로 부각되고 있다. 의료 서비스 불균형에 대한 영어 뉴스를 찾아서 요약하고 발표해 보자.

관련 학과 의약계열 전체

《**인구소멸과 로컬리즘**》, 전영수, 라의눈(2023)

[12영II-02-05] ● ● ●

적절한 전략을 활용하여 논리적으로 대상을 설득한다.

➡ 의약계열 연구에서 메타분석은 기존의 연구 결과들을 통합하여 치료의 효과나 약물의 안전성을 종합적으로 평가하는 데 중요한 역할을 한다. 메타분석은 여러 연구의 데이터를 결합하여 단일 연구보다 더 신뢰성 있는

결론을 도출하게 해주며, 특히 의약품의 효능 검증, 부작용 평가, 치료법의 비교 연구 등에 활용된다. 예를 들어 특정 약물의 효과에 대한 여러 임상시험 결과를 메타분석하여 보다 정확한 평균 효과를 산출함으로써, 의사와 연구자들이 의사결정을 하는 데 도움이 된다. 의약계열 연구에서 메타분석이 어떻게 활용되며 그 장점은 무엇인지 영어 자료를 통해 조사하여 발표해 보자.

관련 학과 의약계열 전체

《**쉽고 편하게 메타분석**》, 김지형, 북앤에듀(2019)

[12영II-02-06] ● ● ●

자기소개서, 이력서, 보고서 등의 서식을 목적에 맞게 작성한다.

➡ 번아웃 증후군은 과도한 업무나 스트레스로 인해 일의 의미와 목적을 상실하고 육체적·정신적·정서적으로 피로감을 느끼는 상태를 말한다. 번아웃 증후군의 증상으로는 업무에 대한 의욕과 동기 상실, 육체적·정신적·정서적 피로감, 집중력 저하, 의사결정력 저하, 우울감, 불안감, 수면 장애, 소화 장애 등이 있다. 학생들이 겪는 번아웃 증후군에 대해 조사하여 영문 보고서를 작성해 보자. 일반적인 영문 보고서 서식은 제목 페이지(Title Page), 요약(Abstract)과 목차(Table of Contents) 및 주요 내용을 설명하는 본문(Body)과 주요 내용을 요약하고 결론을 도출하는 결론(Conclusion) 그리고 참고문헌(References)으로 이루어진다.

관련 학과 의약계열 전체

《**번아웃의 종말**》, 조나단 말레식, 송섬별 역, 메디치미디어(2023)

[12영II-02-07] ● ● ●

글을 쓰는 과정에서 글의 내용과 형식을 점검하고 쓰기 윤리를 준수하여 고쳐 쓴다.

➡ 일본의 오염수 방류는 의약계열에서 심각하게 바라볼 수 있는 환경 및 건강 문제를 제기한다. 오염수에 포함된 방사성 물질은 해양 생태계를 오염시키고, 이를 섭취한 해산물 등을 통해 인간에게 유입될 가능성이 있다. 그리고 이는 내분비계와 면역계에 영향을 미칠 수 있으며, 장기적으로는 방사선 피폭으로 인한 암 발병 증가 등을 유발할 수 있다. 또한 방사성 물질이 몸에 축적될 경우 다양한 만성 질환과 건강 문제가 발생할 수 있어서, 오염수 방류가 대중의 건강에 미칠 잠재적 영향을 연구하고 경각심을 높일 필요가 있다. 일본의 오염수 방류가 건강과 환경에 미치는 영향을 의약적 관점에서 영어 자료를 통해 조사하고, 요약해서 발표해 보자.

관련 학과 의약계열 전체

《**2050 거주불능 지구**》, 데이비드 월러스 웰즈, 김재경 역, 추수밭(2020)

[12영II-02-08] ● ● ●

다양한 매체를 활용하여 정보를 창의적이고 효과적으로 전달한다.

➡ 피부미용 산업은 인체의 피부를 아름답게 관리하고 건강하게 유지하기 위해 제공되는 서비스와 서비스 제공에 사용되는 제품·기기·기술 등을 포함하는 산업으로, 크게 뷰티 서비스와 뷰티 제조로 구분할 수 있다. 뷰티 서비스는 헤어·피부·네일·메이크업 등의 서비스로 이루어지고, 뷰티 제조는 화장품·미용용품·미용기기 등을 제조하는 산업이다. 자신이 관심 있는 피부미용 산업 분야와 피부과, 성형외과 등을 다양한 매체를 활용하여 조사하고 이를 영어로 설명해 보자.

관련 학과 의약계열 전체

《**피부는 인생이다**》, 몬티 라이먼, 제효영 역, 브론스테인(2020)

원활한 의견 교환을 위해 협력적이고 능동적으로 의사소통 활동에 참여한다.

➡️ 사회 관계망 서비스(Social Network Services/Sites, SNS)는 정신건강에 긍정적·부정적 영향을 모두 미치는 강력한 도구로 작용하고 있다. 한편으로는 사람들에게 소통과 사회적 지지의 장을 제공하여 외로움을 줄여주고 심리적 안정감을 제공한다. 예를 들어 정신건강 관련 정보를 공유하는 커뮤니티는 사용자들이 서로의 경험을 나누고 지지하는 공간이 될 수 있다. 반면 과도한 SNS 사용은 비교와 경쟁을 촉진하여 우울증, 불안감, 자존감 저하를 유발할 수 있다. 특히 청소년과 젊은 층에서 이 같은 부정적 영향이 두드러진다. SNS가 정신건강에 미치는 다양한 영향을 조사하고, 다른 학생들과 영어로 토론한 뒤 결론을 영어로 발표해 보자.

관련 학과 의약계열 전체

책 소개

이 책은 《Stolen Focus: Why You Can't Pay Attention—And How to Think Deeply Again》을 한국어로 번역한 책이다. 저자는 현대사회에서 사람들의 집중력이 떨어지는 이유를 기술한다. 끊임없이 변화하고 다양한 정보가 넘쳐나는 환경으로 인해 사람들이 산만해지고 집중력이 떨어진다고 분석한다. 또한 스마트폰, 소셜 미디어, 알림 등 디지털 기술의 발달이 집중력 저하에 영향을 미친다고 지적하면서, 집중력을 회복하는 방법과 집중력을 지키는 삶의 중요성에 대해 역설하고 있다.

세특 예시

'도둑맞은 집중력(요한 하리)'을 읽고 현대사회의 집중력 저하 문제에 대해 심층적으로 이해함. 특히 디지털 기기 사용과 주의력 결핍 과잉행동 장애(ADHD)의 연관성에 대한 내용을 바탕으로, ADHD 환자의 집중력 향상을 위한 비약물 치료 방법을 영어로 조사하고 분석함. 이를 통해 ADHD의 증상과 원인, 치료 방법에 대한 이해를 높이고, 약물 치료 외에도 다양한 접근 방식이 존재함을 확인함. 또한 ADHD 환자의 집중력 향상을 위한 가상현실(VR) 프로그램 개발 아이디어를 제안하며 의학적 지식과 기술을 접목하여 사회에 기여하고자 하는 열정을 드러냄.

선택 과목	수능		절대평가	상대평가
일반 선택	X	영어 독해와 작문	5단계	5등급

단원명 ❘ 독해

🔍 배경지식, 목적, 맥락, 글의 의미 파악, 다양한 지식 습득, 다양한 정보 습득, 내용 파악, 추론, 비판적 수용, 읽기 전략, 지식 정보 활용, 문화의 다양성, 포용적 태도, 공감적 이해, 문화적 감수성

[12영독01-01] ● ● ●

글의 세부 정보를 파악한다.

➡ 2024년 이그노벨상(Ig Nobel Prize) 의학상은 포유류가 항문을 통해 호흡할 수 있다는 가능성을 밝혀낸 연구팀에 수여되었다. 일본과 미국의 학자들로 구성된 팀이 이 연구를 수행했으며, 생쥐와 돼지를 대상으로 한 실험을 통해 직장으로 유입된 산소가 혈류에 흡수될 수 있다는 사실을 발견하였다. 이 연구는 코로나19 팬데믹 동안 인공호흡기 부족 문제의 해결책으로 착안된 것으로, 자가 호흡이 어려운 환자들에게 새로운 가능성을 제시한다. 관심 있는 의약계열 이그노벨상의 사례를 조사하여 영어로 발표해 보자.

【관련 학과】 의약계열 전체

《이그노벨상 읽어드립니다》, 김경일 외 3명, 한빛비즈(2022)

[12영독01-02] ● ● ●

글의 주제나 요지를 파악한다.

➡ 외모에 대한 관심이 높아지면서 피부과를 이용하는 환자의 수도 계속 증가하고 있다. 일반 피부과는 피부질환의 진단과 치료를 주로 하는 피부과로 염증성 피부질환, 색소성 피부질환, 피부암, 모발 질환, 손톱 질환 등을 치료한다. 그리고 미용 피부과는 피부미용을 위한 치료와 시술을 주로 해 여드름, 주름, 색소 침착, 모공, 흉터 등의 문제를 개선하는 시술을 제공한다. 관심 있는 피부과에 대한 영어 자료를 조사하고, 이를 도표나 그래프 등의 통계자료로 설명해 보자.

【관련 학과】 의약계열 전체

《화상 치료의 반란》, 김효진, 에디터(2017)

[12영독01-04] ● ● ●

글의 구조를 고려하여 내용의 논리적 관계를 파악한다.

➡ '평균의 종말'은 개개인의 고유성과 다양성을 강조하며, 평균적인 기준이 실제로는 많은 사람의 필요와 특성을 반영하지 못할 수 있음을 지적한다. 이 개념을 의료에 적용하면, 모든 환자에게 일률적인 치료법을 제공하는 것보다 개인 맞춤형 치료가 더 효과적일 수 있다. 예를 들어 환자의 유전자, 생활 습관, 환경적 요인을 고려

한 맞춤형 의료는 '평균적인 환자'를 위한 접근보다 높은 치료 성과를 낼 가능성이 크다. 《평균의 종말》에 제시된 개념을 통해 의료에서 맞춤형 치료의 필요성과 가능성을 조사하고, 이를 영어로 요약하여 발표해 보자.

관련 학과 의약계열 전체

평균의 종말
토드 로즈, 정미나 역,
21세기북스(2021)

책 소개

《평균의 종말-평균이라는 허상은 어떻게 교육을 속여왔나》는 토드 로즈의 저서로 원제는 'The End Of Average'이다. 이 책은 '평균'이라는 개념이 우리 사회, 특히 교육 분야에서 어떻게 잘못된 기준으로 사용되어 왔는지를 중점적으로 다루며 평균을 기반으로 한 표준화된 교육 시스템이 개개인의 독특한 능력과 잠재력을 억제하고 있다고 주장한다. 저자는 교육, 경력, 그리고 일상생활에서의 '평균'에 대한 잘못된 인식을 바로잡고, 각 개인의 독특한 가치와 잠재력을 인정받고 발휘할 수 있는 새로운 접근 방식을 제시하고 있다.

세특 예시

주제탐구 독서활동에서 '평균의 종말(토드 로즈)'을 읽고, 의학 연구와 임상 진료에서 '평균' 개념의 한계점을 분석함. 책의 논리적 구조를 파악하여 저자의 주장이 의학 분야에 어떻게 적용될 수 있는지 영어로 정리하여 발표함. 특히 의학 연구에서 '평균적 결과'에 의존하는 현행 방식의 문제점을 조사하고, 개인 간 차이를 고려한 연구 방법론의 필요성을 영어로 설명함. 또한 임상 진료에서 '평균적 치료법'의 한계를 극복하기 위한 정밀 의료의 중요성을 탐구하여 보고서를 작성함. 이 과정에서 의학 교육, 연구, 임상 진료의 각 영역에서 개인 맞춤형 접근법을 도입하는 방안을 제시하는 논리적 구조의 영어 에세이를 작성하고 발표함. 더불어 의료 AI와 빅데이터를 활용한 개인 맞춤형 의료의 미래를 탐구하고, 이에 따른 윤리적 고려사항을 분석하는 영어 토론을 주도함. 이러한 활동을 통해 미래 의학의 방향성을 이해하고, 비판적 사고력과 창의적 문제 해결 능력을 함양함.

[12영독01-05] • • •

글의 맥락과 배경지식을 활용하여 함축적 의미를 추론한다.

명언은 짧은 문장에 깊은 의미를 담고 있는 말로, 비유적 표현을 통해 삶의 지혜를 제공하고 동기부여와 위로를 선사하기도 한다. 그 사례로 "병원 침대는 미터가 작동 중인 주차된 택시이다(A hospital bed is a parked taxi with the meter running)"가 있다. 그라우초 마르크가 한 이 말은 병원비가 비싸다는 것을 비꼬는 말이다. 병원 침대는 환자를 치료하기 위한 도구이지만 병원비는 미터가 작동 중인 택시처럼 계속해서 올라간다는 뜻으로, 병원비가 비싸다는 비판과 사업으로서의 의학을 비판하고 있다. 이러한 명언을 찾아 맥락과 배경지식을 활용하여 설명해 보자.

관련 학과 의약계열 전체

《인생 영어 명언 100》, 필미필미TV, 넥서스(2022)

국어 교과군

영어 교과군

수학 교과군

도덕 교과군

사회 교과군

과학 교과군

[12영독01-06]

• • •

글의 전개 방식이나 구조를 파악한다.

➔ 디지털 치료제(Digital Therapeutics)는 소프트웨어를 기반으로 질병을 예방, 관리, 치료하는 의료 솔루션을 제공하는 새로운 형태의 치료법이다. 이는 전통적인 약물이나 물리적 치료와 달리 앱, 게임, 온라인 프로그램 등의 디지털 플랫폼을 통해 제공되며 주로 정신건강, 만성질환, 중독 치료에 효과적으로 활용된다. 예를 들어 우울증이나 불안 장애를 앓는 환자에게 인지 행동 치료(CBT)를 제공하는 앱이 디지털 치료제로 사용될 수 있다. 디지털 치료제는 환자가 일상에서 쉽게 접근할 수 있다는 장점이 있으며, 지속적인 모니터링과 맞춤형 치료가 가능해 의료 효율성을 높일 수 있다. 디지털 치료제가 의료에 미치는 영향과 가능성을 영어 자료를 통해 조사하고 요약하여 발표해 보자.

관련 학과 의약계열 전체

《**바이오사이언스의 이해**》, 김성민 외 1명, 바이오스펙테이터(2023)

[12영독01-07]

• • •

다양한 매체로 표현된 정보를 파악한다.

➔ 정보통신 기술의 발달로 온라인 매체가 급부상하면서 소셜 미디어를 활용한 광고나 디지털 광고가 확산되고 개인화 광고가 주류를 이루고 있다. 이것들이 광고의 주요 매체로 부상하고 있다. 특히 온라인 광고는 타기팅(Targeting)이 용이하고, 측정이 쉬우며, 효율성이 높다는 장점이 있다. 관심 있는 분야에서 온라인 광고가 어떻게 활용되는지 조사한 뒤, 영어로 제공되는 온라인 광고를 제시하고 그 효과와 타깃 등을 발표해 보자.

관련 학과 의약계열 전체

《**무기가 되는 스토리**》, 도널드 밀러, 이지연 역, 윌북(2018)

[12영독01-08]

• • •

다양한 의견과 문화에 대한 공감적 이해와 포용적 태도를 가진다.

➔ 사회의 급속한 고령화로 노인들의 경제적·사회적 양극화와 고립 및 가족의 위기를 맞게 되었다. 최근 우리나라에서는 노인 돌봄 분야에 다양한 로봇이 이용되고 있다. 보건소에서 '로봇 선생님'이 노인들에게 치매 예방을 위한 인지훈련 수업을 진행하는가 하면, 병원에서는 간병인을 보조하는 로봇이 돌아다닌다. 혼자 사는 노인의 집에서 함께 생활하는 로봇도 있다. 이렇듯 소위 '효도 로봇'이 등장하면서 초고령 사회로 접어드는 사회에서 노인의 삶의 질을 높이고 노인 돌봄의 부담을 완화할 수 있을 것으로 기대된다. '효도 로봇' 기술에 관해 영어로 알아보고 해외 사례를 소개해 보자.

관련 학과 의약계열 전체

《**미래출현**》, 황준원, 파지트(2022)

[12영독01-09]

• • •

적절한 읽기 전략을 적용하여 자기 주도적으로 읽기 활동에 참여한다.

➔ 올더스 헉슬리(Aldous Huxley)의 소설 《멋진 신세계(Brave New World)》는 유토피아일 줄 알았던 미래 사회가 실제로는 디스토피아일 수 있다는 경고를 담은 작품으로 평가받고 있다. 이 작품은 유전자 조작과 세뇌를 통해 인

간이 통제되는 사회를 그려낸다. 유토피아의 허구성을 보여 줌으로써 유토피아에 대한 환상을 버리고 진지한 고민을 하도록 하며, 과학기술의 남용에 대한 경각심을 일깨움으로써 과학기술의 발전을 윤리적으로 바라보도록 유도한다. 이 작품은 저작권이 만료되어 원문을 손쉽게 접할 수 있다. '한 학기 한 권 읽기' 프로젝트로 해당 도서 또는 자신이 관심 있는 학과와 관련된 원서를 매일 조금씩 읽고 서평을 써 보자.

관련 학과 의약계열 전체

《**멋진 신세계**》, 올더스 헉슬리, 안정효 역, 소담출판사(2015)

단원명 | 작문

> 🔍 다양한 정보, 효과적 표현, 글의 목적, 맥락, 글의 의미 구성, 효과적 정보 전달, 의견 교환, 쓰기 전략, 자기 주도적 태도, 작문, 문화의 다양성, 이해, 포용적 태도, 협력적 문제 해결

[12영독02-01] •••

다양한 주제에 대한 사실적 정보를 글로 설명한다.

➡ 이종이식은 인간에게 다른 동물의 장기나 조직을 이식하는 것을 말한다. 이종이식을 통해 장기 부족 문제를 해결하고 환자의 생존율을 높이는 데 도움이 될 것으로 기대하고 있다. 그러나 이종이식에 대해서는 윤리적 문제가 제기되어 왔다. 또한 인간과 동물의 면역체계가 다르기 때문에 이식된 장기를 거부하는 반응이 일어날 수 있고, 이종이식 과정에서 사용하는 면역억제제의 부작용이 심각할 수 있으며, 환자의 생명을 위협할 수도 있다. 해당 주제를 조사하여 영어로 발표해 보자.

관련 학과 의약계열 전체

《**동물생명공학: 기초와 응용**》, 중앙대학교 동물생명공학과 BK21 사업단, 한국학술정보(2023)

[12영독02-02] •••

자신의 경험이나 계획, 사건을 글로 설명한다.

➡ 메타의료(Meta Health)는 첨단 디지털 기술을 활용하여 의료 시스템을 보다 스마트하고 효율적으로 혁신하려는 개념이다. 메타의료는 인공지능(AI), 사물인터넷(IoT), 가상현실(VR), 증강현실(AR), 빅데이터 등의 기술을 통합해 환자 맞춤형 진료, 원격 진료, 데이터 기반 예측 및 예방의학을 가능하게 한다. 예를 들어 스마트 병원에서는 환자의 생체 데이터를 실시간으로 모니터링하여 이상 징후를 조기에 발견하거나 AI를 활용해 최적의 치료 방법을 제안하는 시스템을 적용할 수 있다. 메타의료는 의료 접근성을 높이고 의료 서비스의 질과 효율성을 향상시켜 초고령화 사회와 의료 대란 등의 문제를 해결할 잠재력을 가지고 있다. 메타의료와 관련된 영어 자료를 조사하여 이를 설명해 보자.

관련 학과 의약계열 전체

《**메타의료가 온다**》, 권순용 외 1명, 쌤앤파커스(2024)

[12영독02-03] •••

포용적 태도로 자신의 의견이나 감정을 제시한다.

국어 교과군

영어 교과군

수학 교과군

도덕 교과군

사회 교과군

과학 교과군

● 간헐적 단식은 특정 시간 동안 금식을 하고 이후 일정 시간 동안 음식을 섭취하는 식이 방법으로, 의학적으로 다양한 긍정적 효과가 보고되고 있다. 간헐적 단식의 주요 효과로는 체중 감소, 인슐린 감수성 향상, 심혈관 건강 증진, 염증 감소 등이 있으며, 세포가 스스로 노폐물을 처리하는 자가포식(autophagy) 과정이 촉진된다는 연구도 있다. 이는 특히 당뇨, 비만, 고혈압 같은 만성 질환을 예방하고 관리하는 데 도움이 될 수 있다. 그러나 개인의 건강 상태에 따라 효과가 달라질 수 있어, 간헐적 단식을 시도하기 전 전문가와의 상담이 필요하다. 간헐적 단식의 의학적 효과와 안전성에 대한 연구 결과를 영어 자료를 통해 조사하고 자신의 의견을 발표해 보자.

관련 학과 의약계열 전체

《저속노화 식사법》, 정희원, 테이스트북스(2024)

[12영독02-04] ● ● ●

읽은 내용을 재구성하여 요약한다.

● 인간은 혀에 있는 미뢰를 통해 맛을 느낀다. 미뢰는 혀 표면에 약 1만 개가 있으며, 각각의 미뢰에는 50개~150개의 미각세포가 있고, 미각세포에는 음식의 맛을 감지하는 수용체가 있다. 맛은 단맛, 짠맛, 신맛, 쓴맛, 감칠맛의 다섯 가지 종류로 구분되며, 음식이 입안에 들어오면 미각세포의 수용체가 음식의 맛을 감지한 후, 감지한 맛을 미각세포가 신경 신호로 변환하여 뇌로 전달하고, 뇌는 신경 신호를 해석해 맛을 인식한다. 맛에 대한 글을 읽고 이를 재구성하여 발표해 보자.

관련 학과 의약계열 전체

《미각의 비밀—미각은 어떻게 인간 진화를 이끌어왔나》, 존 매퀘이드, 이충호 역, 문학동네(2017)

[12영독02-05] ● ● ●

자기소개서, 이력서, 이메일 등의 서식을 목적과 형식에 맞게 작성한다.

● 미국의 의료계열 직종에 지원하는 자기소개서는 지원자의 전문성, 열정, 그리고 환자를 위한 헌신을 강조하는 중요한 문서이다. 의료계에서는 지원자가 의료 지식과 더불어 윤리적 기준, 대인관계 능력, 문제 해결 능력 등을 갖추었는지를 중시한다. 의료 분야에 관심을 갖게 된 계기와 관련 경험, 습득한 기술을 자기소개서에 설명하고 환자에 대한 공감과 환자 중심의 접근 방식을 강조하는 것이 효과적이다. 자신이 의료계열 취업준비생이라고 가정하고 영문 자기소개서를 작성해 보자.

관련 학과 의약계열 전체

《영문자기소개서 ENGLISH SELF-INTRODUCTION》, 김종훈, 양서원(2018)

[12영독02-06] ● ● ●

내용이나 형식에 맞게 점검하고 쓰기 윤리를 준수하여 고쳐 쓴다.

● 롱테일 법칙은 소수의 인기 있는 상품이나 서비스에 집중하는 대신 다수의 틈새 시장을 공략함으로써 더 많은 수익을 창출할 수 있다는 법칙이다. 의학 분야에도 롱테일 법칙이 적용될 수 있다. 그 대표적인 예는 희귀질환이다. 희귀질환은 환자 수가 적어 기존의 의료 시스템에서는 충분한 치료를 받지 못하는 경우가 많다. 또한 롱테일 법칙은 개인 맞춤형 의료에도 적용될 수 있다. 개인 맞춤형 의료는 환자의 유전적 특성과 생활습관 등을 고려해 최적의 치료를 제공하는 의료이다. 의료 분야에서 롱테일 법칙과 관련한 사례를 조사하여 출처를 명시하면서 글을 작성해 보자.

《개념의료—왜 병원에만 가면 화가 날까》, 박재영, 청년의사(2013)

[12영독02-07] ● ● ●

다양한 매체를 활용하여 형식 및 목적에 맞게 정보를 전달한다.

● Data.gov는 미국 정부의 오픈 데이터 포털로 다양한 분야의 공공 데이터를 제공하며, 의료 연구에서도 중요한 자료원으로 활용된다. 의료 연구자들은 Data.gov에서 제공하는 건강, 약물 사용, 질병 통계, 의료 서비스 접근성 등에 관한 데이터를 분석해 좀 더 근거 기반의 연구를 수행할 수 있다. 예를 들어 질병 발생률과 사회적 요인 간의 연관성을 연구하거나 의료 서비스 격차를 줄이기 위한 정책 개발에 유용한 통계 자료를 얻을 수 있다. Data.gov의 데이터를 활용한 의료 연구가 어떻게 건강 정책과 의학 발전에 기여하는지 조사하고, 이를 영어 사료로 요약하여 발표해 보자.

《빅데이터 시대, 올바른 인사이트를 위한 통계 101×데이터 분석》, 아베 마사토, 안동현 역, 프리렉(2022)

[12영독02-08] ● ● ●

적절한 쓰기 전략을 적용하여 자기 주도적으로 쓰기 활동에 참여한다.

● 학교 건물에서는 공중보건적 요소가 학생과 교직원의 건강과 안전을 보호하는 데 중요한 역할을 한다. 우선 환기와 공기 질 관리는 밀폐된 교실에서의 감염 예방과 집중력 유지를 위해 필수적이다. 또한 청결 유지와 위생 관리는 바이러스와 세균의 확산을 방지하는 데 중요한 역할을 하며, 손 씻기 시설과 정기적인 소독이 필수적이다. 음용수와 급식 위생도 학생들의 건강에 직접적인 영향을 미치므로 안전하게 관리되어야 한다. 마지막으로 학교 건물 내에 응급 처치 시설과 의료 인력이 확보되어 있어야 하고, 화재나 자연재해를 대비한 안전 장치도 마련되어 있어야 한다. 학교 건물에서의 공중보건적 요소와 그 중요성을 영어 자료를 통해 조사하고 요약하여 발표해 보자.

《미래학교》, EBS 미래학교 제작진, 그린하우스(2019)

선택 과목	수능	직무 영어	절대평가	상대평가
진로 선택	X		5단계	5등급

🔍	직무 의사소통, 목적, 맥락, 의미 구성, 의미 전달, 의사소통 전략, 배경지식, 진로, 문화의 다양성, 포용적 태도, 항생제 내성 문제, 노령화, 수명 연장, 개인정보 보호

[12직영01-01] •••

진로 및 직무 관련 주제에 관하여 주요 내용을 파악한다.

➜ O*NET OnLine(https://www.onetonline.org/)은 미국 노동부에서 제공하는 직업 정보 포털로, 의료 분야를 포함해 다양한 직업에 대한 세부 정보를 제공한다. O*NET OnLine에서는 의료 관련 직업의 각 직무에 필요한 기술과 지식, 업무 환경, 직무 수행 능력 등을 상세히 설명하며, 직업 전망과 평균 급여 데이터도 제공한다. 예를 들어 간호사, 방사선사, 응급구조사와 같은 의료 직종의 업무 내용과 요구되는 자격 요건을 확인할 수 있으며, 이를 통해 의료계 진로를 탐색하는 사람들이 각 직업의 역할과 필요 역량을 이해하는 데 도움을 준다. O*NET OnLine을 활용해 관심 있는 의료 직종의 정보를 조사하고, 이를 요약하여 발표해 보자.

관련 학과 의약계열 전체

《**나에게 꼭 맞는 직업을 찾는 책**》, 폴 D. 티저 외 2명, 이민철 외 1명 역, 민음인(2021)

[12직영01-02] •••

직무 수행과 관련된 말이나 대화를 듣고 상황 및 화자 간의 관계를 파악한다.

➜ Coursera(https://www.coursera.org/)는 다양한 교육 기관과 협력하는 온라인 학습 플랫폼으로, 의료 분야에 관해서도 폭넓은 학습 기회를 제공한다. 의학 기초부터 최신 의료 기술, 공중보건, 간호, 임상 연구, 의료 데이터 분석 등 다양한 과정을 Coursera에서 수강할 수 있으며, 유명 대학과 기관에서 제공하는 강의를 통해 실질적인 최신 의료 지식을 습득할 수 있다. 예를 들어 'Introduction to Public Health'와 같은 과정은 공중보건의 기초를 배우는 데 유용하며, 'Data Science in Healthcare'는 의료 데이터를 활용하는 분석 방법을 익히는 데 도움을 준다. Coursera를 활용해 관심 있는 의료 관련 과정을 탐색하고, 학습 내용을 요약하여 발표해 보자.

관련 학과 의약계열 전체

《**코세라 ─ 무크와 미래교육의 거인**》, 박병기, 거꾸로미디어(2021)

[12직영01-03] •••

진로 탐색 및 직무 수행과 관련된 일이나 사건의 절차나 순서를 파악한다.

➜ CareerOneStop(https://www.careeronestop.org/)은 미국 노동부에서 제공하는 직업 정보 포털로, 의료 분야를 포함한 다양한 직업에 대한 상세 정보를 제공한다. 이 사이트에서는 의료 직종의 업무 내용, 필요한 기술과 지식, 교육 요건, 직업 전망, 평균 급여 등을 확인할 수 있다. 예를 들어 간호사, 방사선사, 응급구조사 등의 직업에 대한

상세한 설명과 함께, 해당 직업에 필요한 자격 요건과 교육 경로를 안내한다. 또한 CareerOneStop은 의료 분야의 취업 기회와 관련된 최신 정보를 제공해, 의료계 진로를 탐색하는 이들에게 유용한 도움을 준다. 해당 사이트를 통해 희망하는 직업을 미국에서 얻기 위해 할 수 있는 일을 조사하여 발표해 보자.

관련 학과 **의약계열 전체**

《**일자리 혁명 2030**》, 박영숙 외 1명, 비즈니스북스(2017)

[12직영01-04] • • •

직무 수행과 관련된 정보에 대해 적절한 의사소통 전략을 적용하여 묻고 답한다.

➡ 의사소통의 효율성 향상, 정보의 전달력 향상, 전문성의 표현으로 두문자어(acronym)의 사용이 증가하고 있다. 어떤 분야를 공부하거나 관심이 있는 경우, 이러한 두문자어를 이해하는 것은 복잡한 개념이나 정보를 간결하게 표현하는 데 유용하며, 이를 통해 보다 효율적으로 의사소통을 할 수 있다. 의학과 관련된 대표적인 두문자어는 RNA(리보핵산, Ribonucleic Acid), MRI(자기 공명 영상 촬영, Magnetic Resonance Imaging), CT(컴퓨터 단층 촬영, Computed Tomography), AIDS(후천면역결핍증, Acquired Immunodeficiency Syndrome), HIV(인간면역결핍바이러스, Human Immunodeficiency Virus), EKG 또는 ECG(심전도, Electrocardiogram), CPR(심폐소생술, Cardiopulmonary Resuscitation), ICU(중환자실, Intensive Care Unit) 등이 있다. 자신이 관심 있는 분야의 두문자어를 조사하고 이를 발표해 보자.

관련 학과 **의약계열 전체**

《**그림과 함께 걸어 다니는 어원 사전**》(일러스트 특별판), 마크 포사이스, 홍한결 역, 윌북(2023)

[12직영01-05] • • •

직무 수행과 관련된 사실적 정보를 다양한 매체를 활용해 재구성하여 전달한다.

➡ 리튬이 청정 에너지 전환의 핵심 자원으로 부상하고 있다. 관련 글 'The Environmental Impact of Lithium Batteries'를 읽고 리튬 개발이 환경과 공공 건강에 어떤 영향을 미치는지 연구하고, 이를 관리하고 완화하는 방법에 관해서도 탐구해 보자.

관련 학과 **간호학과, 보건관리학과, 약학과, 의예과, 치의예과, 한의예과**

《**배터리 전쟁**》, 루카스 베드나르스키, 안혜림 역, 위즈덤하우스(2023)

[12직영01-06] • • •

진로 탐색 및 직무 수행 상황이나 목적에 맞는 서식의 글을 작성한다.

➡ 최근의 연구에 따르면, 박테리오파지 치료법이 항생제 내성 문제에 대한 해결책으로 주목받고 있다. 관련 글 'Researchers review bacteriophage treatment'를 읽고 박테리오파지 치료법의 임상적 적용 가능성과 한계를 탐구한 뒤, 이를 바탕으로 항생제 내성 문제에 대한 해결책을 제시하는 제안서를 작성해 보자.

관련 학과 **간호학과, 보건관리학과, 수의예과, 약학과, 의예과, 한의예과**

《**박테리오파지—혁신적-혁신 신약의 길**》, ㈜인트론바이오, 크레파스북(2023)

[12직영01-07] • • •

직무와 관련된 문화의 다양성에 대해 공감하며 협력적으로 소통하는 태도를 가진다.

➡ 평균 수명이 늘어나면서 건강에 대한 이해와 삶의 질에 관한 관심이 늘어나고 있다. 관련 글 'Want to live to 116? The secret to longevity is less complicated than you think'를 읽고 인간의 수명 연장에 영향을 미치는 생물학적·환경적 요소가 어떻게 변화하는지 탐구하고, 노령화와 관련된 기술적 도전에는 어떤 것이 있는지도 탐구해 보자.

관련 학과 의약계열 전체

《내 몸에 잠든 낫는 힘을 깨워라》, 김용욱 외 1명, 하임(2022)

[12직영01-08] ● ● ●

직무 의사소통과 관련하여 개인의 권리와 정보 보안에 대한 책무성을 인식한다.

➡ 디지털 의료기기의 보급이 확산되면서, 이들 기기를 통해 수집되는 개인의 건강정보 보호가 중요한 이슈가 되었다. 관련 글 'The New Rules of Data Privacy'를 읽은 뒤 디지털 의료기기의 사이버 보안 상태를 살펴보고, 이를 통해 발생할 수 있는 개인정보 보호 이슈에 관해 탐구해 보자. 또한 디지털 의료기기의 사이버 보안을 강화하기 위한 최적의 전략을 찾아보고 이를 발표해 보자.

관련 학과 물리치료학과, 의료공학과, 작업치료학과, 재활학과

《디지털 전환 시대 리더가 꼭 알아야 할 의료데이터》, 김재선 외 4명, 지식플랫폼(2023)

국어 교과군
영어 교과군
수학 교과군
도덕 교과군
사회 교과군
과학 교과군

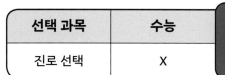

선택 과목	수능	영어 발표와 토론	절대평가	상대평가
진로 선택	X		5단계	5등급

단원명 | 발표

> | 🔍 | 발표 목적, 적절한 표현의 사용, 다양한 매체 활용, 명확한 전달, 의사소통 능력, 발표 전략, 배경지식, 논리적 구성, 비판적 사고력, 청중의 언어, 문화적 다양성, 상호 협력적 소통

[12영발01-01]   ● ● ●

발표의 목적과 맥락에 맞게 정보를 수집하고 발표 개요를 준비한다.

➲ 유산균 음료는 장내 유익균을 증가시켜 소화기 건강을 돕고 면역 체계를 강화하는 데 기여하며, 이는 의약 분야에서도 주목받고 있다. 특히 유산균은 소화 불량, 장염, 과민성 대장 증후군 등 장 질환 관리에 도움이 되는 것으로 알려져 있고, 최근에는 항생제 사용 후 장내 미생물의 균형을 회복하는 데도 긍정적인 효과가 있다고 밝혀졌다. 의약계에서는 유산균을 활용한 프로바이오틱스를 보충제로 사용하며, 면역력 강화와 항염 효과 등 유산균의 다양한 건강 증진 효과에 관해서도 연구 중이다. 유산균 음료와 의약의 연관성 및 그 효과에 대해 조사하고 영어 자료로 요약하여 발표해 보자.

　　관련 학과 의약계열 전체

《**재미있는 식품공학의 세계**》, 박양균, 수학사(2023)

[12영발01-02]   ● ● ●

자신이 경험한 일화나 듣거나 읽은 이야기를 이야기 구조에 맞게 소개한다.

➲ 심장 이식 수술은 회복 가능성이 희박한 말기 심장질환 환자의 병든 심장을 제거하고 공여자의 건강한 심장으로 완전히 치환하는 수술이다. 1967년 12월 3일 남아프리카 공화국 출신의 흉부외과 의사 크리스천 버나드(Christiaan Barnard)가 세계 최초로 인간의 심장 이식 수술을 성공적으로 시행한 이후로 매년 증가해 2022년 기준 4,111건이 시행되었다. 심장 이식 수술과 관련된 일화 또는 자신이 관심 있는 분야의 일화를 조사하여 이야기 구조에 맞게 영어로 소개해 보자.

　　관련 학과 의약계열 전체

《**의학의 대가들**》, 앤드루 램, 서종민 역, 상상스퀘어(2023)

[12영발01-03]   ● ● ●

사물, 개념, 방법, 절차, 통계자료 등에 대한 사실적 정보를 설명한다.

➲ 전염병은 미래에 인류에게 큰 위협이 될 수 있다. 기후변화, 인구 증가, 글로벌화로 인한 이동성 증가 등 다양한 요인들이 새로운 전염병의 발생 가능성을 높이고 있다. 특히 기후변화는 병원체와 숙주의 생태계를 변화시켜

국어 교과군

영어 교과군

수학 교과군

도덕 교과군

사회 교과군

과학 교과군

전염병이 새로운 지역으로 확산되거나 이전에 없던 질병이 출현할 가능성을 높인다. 또한 항생제 내성 세균의 확산은 기존 치료법의 효과를 낮춰 전염병 관리의 어려움을 가중시킨다. 전염병의 위협에 대비하기 위해서는 예방 백신 연구, 효과적인 치료법 개발, 국제적 감시 시스템의 강화가 필요하다. 미래 전염병이 인류에 가할 위협과 대비 방안에 관해 조사하고, 영어 자료로 요약하여 발표해 보자.

관련 학과 의약계열 전체

《**80억 인류, 가보지 않은 미래**》, 제니퍼 D. 스쿠바, 김병순 역, 흐름출판(2023)

[12영발01-04] ● ● ●

사실, 가치, 정책 등에 대한 자신의 관점을 설득력 있게 전달한다.

➡️ 우생학은 유전적으로 우수한 인간의 번식을 장려하고 열등한 인간의 번식을 억제함으로써 인류의 질을 향상하고자 하는 학문이다. 우생학은 혈우병, 낭포성 섬유증, 다운증후군 등 유전병의 원인을 밝히는 데 기여한 측면도 있지만 인권을 침해하는 심각한 행위에 이용되었다. 나치 독일은 우생학을 근거로 유대인, 장애인, 동성애자 등 소수자를 학살했고, 일부 국가에서는 우생학을 근거로 정신질환자, 약물 중독자 등 소수자들에게 강제로 불임 시술을 하는 정책을 시행하기도 했다. 우생학의 불합리성을 밝히고 이를 설득하는 글을 작성해 보자.

관련 학과 의약계열 전체

장애와 유전자 정치

앤 커 외 1명, 김도현 역,
그린비(2021)

책 소개

《장애와 유전자 정치—우생학에서 인간게놈 프로젝트까지》의 원제는 'Genetic Politics: From Eugenics to Genome'이며 우생학의 역사와 그것이 어떻게 현대의 유전자 연구와 인간게놈 프로젝트에 영향을 미쳤는지를 탐구하고 있다. 저자들은 유전자와 장애에 관한 다양한 사회적·정치적·윤리적 문제들을 집중적으로 조명하며, 이러한 문제들이 현대사회에서 어떻게 다루어져 왔는지 그리고 앞으로 어떻게 다뤄져야 하는지에 대한 생각을 밝히고 있다.

세특 예시

영자 신문 기사 쓰기 활동에서 우생학에 대한 글을 작성함. '장애와 유전자 정치—우생학에서 인간게놈 프로젝트까지(앤 커 외 1명)'를 읽고 책의 내용을 요약하여 우생학의 역사 그리고 유전자와 장애에 관한 다양한 사회적·정치적·윤리적 문제들에 대한 설명을 한 뒤, 현대사회에 우생학이 어떤 식으로 영향을 미치고 있는지 설명하는 글을 영어로 작성함.

[12영발01-05] ● ● ●

다양한 매체를 활용하여 정보 윤리를 준수하며 발표한다.

➡️ 피임과 관련된 정책이 사회적·윤리적 이슈로 다양한 논의를 불러일으키고 있다. 피임의 접근성 확대는 건강한 성생활과 계획 출산을 위해 중요한 문제지만, 일부 사람들은 윤리적·종교적 관점에서 피임에 반대하는 입장을 취하기도 한다. 특히 청소년과 미성년자 대상의 피임 교육 및 접근성 확대는 논란의 중심이며, 성교육과 피임 교육을 둘러싸고 사회적 갈등이 발생한다. 또한 남성 피임법의 제한적 개발 및 피임의 부담이 여성에게 집중되는 문제, 그리고 피임약의 안전성과 부작용에 대한 논의도 지속되고 있다. 피임을 둘러싼 논란의 다양한 쟁점

을 조사하고, 이를 영어로 요약하여 발표해 보자.

[관련 학과] 의약계열 전체

《호르몬은 어떻게 나를 움직이는가》, 막스 니우도르프, 배명자 역, 어크로스(2024)

[12영발01-07]   ● ● ●

적절한 발표 기법 및 의사소통 전략을 적용한다.

➡️ 생성형 인공지능(Generative AI)은 의료 분야에서 진단 보조, 신약 개발, 환자 상담 등 다양한 방식으로 활용 가능성을 보여주고 있다. 예를 들어 생성형 AI는 의료 이미지를 분석하고 환자 데이터를 기반으로 치료 옵션을 제안하거나 신약 후보 물질을 예측하여 신약 개발 시간을 단축할 수 있다. 또한 환자와의 대화를 통해 건강 상담을 제공하거나 개인 맞춤형 치료 계획을 수립하는 데 도움을 줄 수 있다. 이렇듯 생성형 인공지능은 의료진의 업무 부담을 줄이고 환자 맞춤형 의료 서비스를 제공하는 데 기여하지만, 데이터의 정확성, 윤리적 문제, 개인정보 보호 등 해결해야 할 과제도 존재한다. 생성형 인공지능이 의료에 미치는 영향과 그 활용 가능성을 영어 자료를 통해 조사하고 발표해 보자.

[관련 학과] 의약계열 전체

《AI 지도책: 세계의 부와 권력을 재편하는 인공지능의 실체》, 케이트 크로퍼드, 노승영 역, 소소의책(2022)

[12영발01-08]   ● ● ●

발표 과정 및 결과에 대해서 평가하고 비판적으로 성찰한다.

➡️ 미니멀리즘은 불필요한 요소를 제거하고 핵심에 집중하는 철학으로, 의료 분야에서도 중요한 의미를 가진다. 의료 분야에서 미니멀리즘은 과잉 진료나 불필요한 검사를 줄이고 환자에게 필요한 핵심 치료와 예방 중심의 의료 서비스를 제공하는 것을 목표로 한다. 예를 들어 의료 미니멀리즘은 불필요한 약의 처방을 줄여 환자의 부작용을 감소시키고, 필수적인 검사와 치료에 집중해 의료 자원을 효율적으로 사용할 것을 제안한다. 이로써 환자는 과도한 의료 절차로 인한 불편을 줄이고 진정한 건강 증진과 삶의 질 향상을 추구할 수 있다. 미니멀리즘이 의료 분야에 어떻게 적용될 수 있는지 그리고 그 효과는 무엇인지 영어 자료를 통해 조사하고 요약하여 발표해 보자.

[관련 학과] 의약계열 전체

《단순한 열망》, 카일 차이카, 박성혜 역, 필로우(2023)

단원명 | 토론

🔍 인공지능, 윤리적 가이드라인, 슈링크플레이션, 개인 맞춤형 의료, 의료 비용, 노동 환경, 노동자 건강, 알츠하이머병, 미토콘드리아 대사 활동, 정보 보호 방안, 문화적 다양성, 의료 서비스, 디지털 의료 데이터, 의사소통 전략, 럭셔리 소비

[12영발02-01]   ● ● ●

토론의 목적과 맥락에 맞게 정보를 수집하고 토론 개요를 준비한다.

➡️ 인공지능이 생명과 죽음에 관한 결정을 내리는 데는 복잡한 도덕성 문제가 존재한다. 관련 글 'The messy morality of letting AI make life-and-death decisions'를 참고하여 인공지능이 죽음에 관한 판단을 내릴 때 어떤 도덕적·윤리적 이슈가 발생하는지 분석해 보자. 이를 위해 인공지능의 결정 과정에 어떤 가치관이 반영되는지, 이 가치관이 결정에 어떻게 영향을 미치는지 알아보고, 이를 바탕으로 어떤 윤리적 가이드라인이 필요한지 발표해 보자.

관련 학과 의약계열 전체

《인공지능: 보건의료전문가를 위한 길라잡이》, 박성호 외 1명, 군자출판사(2020)

[12영발02-02] ● ● ●

학술 자료, 통계, 사례 등 주장에 대한 근거를 설명한다.

➡️ 슈링크플레이션은 줄어든다는 뜻의 '슈링크(shrink)'와 물가상승을 의미하는 '인플레이션(inflation)'을 합친 용어다. 제품의 가격은 그대로 두면서 크기나 수량을 줄이거나 품질을 낮춰 간접적인 가격 인상 효과를 내는 것을 의미한다. 관련 기사 'Smaller packs, same price: curse of 'shrinkflation' hits shoppers' baskets'를 읽고 슈링크플레이션 현상이 의약품 가격과 품질에 미칠 수 있는 영향에 대해 깊이 분석한 뒤, 이로 인한 환자의 건강과 경제적 영향을 함께 탐구해 보자. 특히 슈링크플레이션으로 인해 약물 투여에 문제가 생긴다면, 그 문제를 해결하기 위한 방안도 함께 모색하여 발표해 보자.

관련 학과 간호학과, 수의예과, 약학과, 의예과, 치의예과, 한의예과

《보이지 않는 가격의 경제학》, 노정동, 책들의정원(2018)

[12영발02-03] ● ● ●

토론 논제에 대한 자신의 관점을 설득력 있게 전달한다.

➡️ 개인 맞춤형 의료가 주목받고 있다. 최근 진행되는 연구들은 개개인의 유전 정보나 생활 패턴 등을 분석하여 맞춤형 치료법을 제공하는 방향으로 나아가고 있다. 관련 기사 'Personalized medicine: the future of Modern Medicine'을 찾아 읽으며 개인 맞춤형 의료의 가능성과 그로 인해 생길 수 있는 문제 등을 탐구해 보자. 또한 개인 맞춤형 의료의 도입이 의료 서비스 제공, 환자의 건강 관리, 의료 비용 등에 어떤 영향을 미칠 것인지 예측하고 이에 대한 해결책을 제시하는 보고서를 작성해 보자.

관련 학과 의약계열 전체

《DNA 헬스케어 4.0》, 김희태 외 1명, 모아북스(2022)

[12영발02-04] ● ● ●

상대방 주장의 논리를 분석하여 반대 심문하며 토론한다.

➡️ 2022년 카타르 월드컵 준비 과정에서 노동자들의 건강 문제가 논란이 되었다. 열악한 노동 조건에서 일하던 노동자들의 사망 사례가 보고되었고, 이는 국제적으로 비난을 샀다. 이러한 문제는 노동 환경과 노동자의 건강 사이의 관계를 보여 주는 중요한 사례로 여겨진다. 관련 기사 'World Cup 2022: How has Qatar treated foreign workers?'를 찾아 읽고 '카타르 월드컵 준비 과정에서의 노동자 건강 문제'를 주제로 월드컵 준비 과정에서 노동 환경이 노동자들의 건강에 어떤 영향을 미쳤는지 조사해 보자. 스포츠 행사 준비 과정에서의 노동 환경의 중요성에 관해 토론하고 자신의 견해를 표현해 보자.

관련 학과 간호학과, 보건관리학과, 약학과, 응급구조학과, 의료공학과, 임상병리학과, 한의예과
《올림픽 인사이드》, 마이클 패인, 차형석 역, 베리타스북스(2006)

[12영발02-05]   ● ● ●

다양한 매체를 활용하여 정보 윤리를 준수하며 토론한다.

◉ 알츠하이머병 초기 단계에서 미토콘드리아 대사 활동이 증가한다는 사실이 최근 스웨덴 카롤린스카 연구소의 연구에서 밝혀졌다. 이는 알츠하이머병의 초기 지표를 찾고 이를 통해 더 빠르게 개입하고 치료 방법을 개발하는 데 큰 도움이 될 것이다. 관련 기사 'Karolinska Institute Study Unveils Potential Early Indicators of Alzheimer's'를 읽고 알츠하이머병 초기 단계에서의 미토콘드리아 대사 활동 증가가 질병의 발병 및 진행에 어떤 영향을 미치는지 알아보고, 이를 치료하는 데 어떤 약물이 효과적일지 연구하면서 기존의 약물과 새로운 치료 전략을 비교해 보자. 또한 알츠하이머병 환자의 뇌 스캔 영상이나 생체정보 등 민감한 정보를 다루는 과정에서 개인의 권리와 정보 보호에 대한 책임을 인식하고 이를 준수하는 방법을 발표해 보자.

관련 학과 간호학과, 보건관리학과, 수의예과, 약학과, 의예과
《치매에서의 자유》, 안드레아스 모리츠, 이원기 역, 에디터(2023)

[12영발02-06]   ● ● ●

문화 간 다양한 언어적·비언어적 의사소통 방식을 이해하고 적용한다.

◉ 병원에서 문화적 다양성은 큰 도전 과제로 작용한다. 의료진은 언어 장벽과 질병, 건강, 치료에 대한 다양한 개념에 직면하게 된다. 이런 상황은 외국어 능력뿐만 아니라 자기 인식, 의사소통, 공감과 같은 인간적 기술을 필요로 한다. 관련 자료 'Don't let me be misunderstood: communication with patients from a different cultural background'를 참고하여 '다문화적 의료 환경에서 인간적 기술의 역할은 어떻게 변화하는가?'에 대해 논의해 보자. 다양한 문화적 배경을 가진 환자들과의 의사소통에 필요한 능력을 개발하고 이를 바탕으로 보다 효과적인 의료 서비스를 제공하는 방법을 탐구하여 발표해 보자.

관련 학과 간호학과, 물리치료학과, 미술치료학과, 보건관리학과, 수의예과, 약학과, 언어치료학과, 응급구조학과, 의료공학과, 의예과, 임상병리학과, 작업치료학과, 재활학과, 치의예과, 한의예과
《문화적 다양성과 소통하기》, 패멀라 A. 헤이스, 방기연 역, 한울아카데미(2018)

[12영발02-07]   ● ● ●

적절한 토론 기법 및 의사소통 전략을 적용한다.

◉ 디지털 환경이 확산되면서 개인의 건강 데이터가 효율적인 의료 서비스 제공을 위해 활용되고 있다. '디지털 의료 데이터를 활용하는 과정에서 개인정보 보호를 위한 효과적인 의사소통 전략은 무엇인가?'를 주제로 탐구 활동을 해 보자. 의료 데이터의 수집, 저장, 활용 방법을 분석하고 이 과정에서 개인정보 보호를 위한 방안을 제안해 보자. 이를 통해 디지털 의료 데이터의 활용과 개인정보 보호 사이에서 균형을 찾는 방법에 대해 토론해 볼 수 있다. 아울러 효과적인 의사소통 전략을 찾아 공유해 보자.

관련 학과 간호학과, 물리치료학과, 미술치료학과, 보건관리학과, 수의예과, 약학과, 언어치료학과, 응급구조학과, 의료공학과, 의예과, 임상병리학과, 작업치료학과, 재활학과, 치의예과, 한의예과
《디지털 전환 시대 리더가 꼭 알아야 할 의료데이터》, 김재선 외 4명, 지식플랫폼(2023)

국어 교과군

영어 교과군

수학 교과군

도덕 교과군

사회 교과군

과학 교과군

[12영발02-08]

토론 과정 및 결과에 대해서 평가하고 비판적으로 성찰한다.

➡ 럭셔리 상품의 소비는 소비자의 심리와 깊은 연관이 있으며 자아 인식, 사회적 지위 인식, 자기 만족감 등 다양한 심리적 요인을 포함하고 있다. 이러한 심리적 요인이 럭셔리 상품 소비에 어떻게 작용하는지, 그리고 개인의 정신건강에 어떤 영향을 미치는지 탐구해 보자. 관련 자료 'Research on the Influence of Consumer Psychological Motivation on Luxury Consumption Behavior'를 참고하여 럭셔리 상품 소비가 소비자의 정신건강에 미치는 영향은 어떠하며 이를 관리하고 개선하는 방법에는 무엇이 있는지 탐구하여 보고서를 작성해 보자.

관련 학과 의약계열 전체

《**수퍼컨슈머**》, EY한영산업연구원, 알에이치코리아(2020)

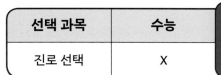

선택 과목	수능	심화 영어	절대평가	상대평가
진로 선택	X		5단계	5등급

단원명 | 이해

> | 🔍 | 인공 배아, 인간의 존엄성, 이주민 가족, 건강 문제 관리 전략, 디지털 헬스케어, 미래 전망, 밀레니얼 세대, 지속 가능한 소비, 의약품 소비 트렌드, 돼지 심장 이식, 윤리적 문제, 횡재세, 에너지 시장, 문화적 다양성, 포용적 태도, 항생제 저항성, 해결 방안 제안

[12심영01-01] ●●●

다양한 주제나 기초 학문 분야 주제의 말이나 글의 주요 내용을 파악한다.

➡ 인공 배아 연구는 생명의 시작과 발달에 대한 새로운 이해를 제공하며, 인체의 이해와 병의 치료에 중요한 역할을 할 수 있다. 영문 자료 'Structure Matters: Dynamic Models of Complete, Day 14 Human Embryos Grown from Stem Cells in a Weizmann Lab'에 따르면, 최근 이스라엘과 영국에서 공개된 '인공 배아' 연구는 난자, 정자, 자궁 없이 만들어진 합성 배아 모델로 불임, 약물 테스트, 이식을 위한 조직 성장에 관한 새로운 연구의 길을 열어줄 뿐만 아니라, 과학자들이 배아 발달의 극적인 첫 주를 들여다보는 데 도움이 된다고 한다. 하지만 인공 배아의 생명권과 존엄성 문제, 그리고 이를 통해 인간의 가치와 존엄성이 침해될 가능성에 대한 우려도 함께 제기되고 있다. 인공 배아를 이용한 임상 연구에서 유의해야 하는 윤리적·생물학적 문제는 무엇이며 그러한 문제를 예방하거나 해결하기 위한 방안은 무엇인지 탐구하여 발표해 보자.

관련 학과 간호학과, 수의예과, 의예과

《인간 배아는 누구인가》, 후안 데 디오스 비알 코레아 외 1명, 가톨릭생명윤리연구소 역, 가톨릭대학교출판부(2018)

[12심영01-02] ●●●

다양한 장르의 말이나 글에서 화자, 필자, 등장인물 등의 심정이나 의도를 추론한다.

➡ 건강과 의료는 모든 사람에게 중요한 이슈이며, 이주민 가족들에게는 더욱 중요한 주제일 수 있다. 영화 〈미나리〉는 가족 중 한 명이 심장 질환을 가지고 있는 상황을 보여 주며, 이는 이주민 가족들의 건강 관리에 대한 중요한 문제를 제기한다. 관련 기사 'Minari Depicts Asian Culture and the American Dream'을 읽고 영화 〈미나리〉에서 이주민 가족이 건강 문제를 어떻게 관리하는지 분석하고, 이를 바탕으로 이주민 가족들을 위한 건강 관리 전략을 탐구해 보자.

관련 학과 간호학과, 응급구조학과, 의예과, 한의예과

《이민자와 난민을 위한 사회복지》, Fernando Chang-Muy 외 1명, 김욱 역, 학지사(2015)

[12심영01-03] ●●●

다양한 장르의 말이나 글을 듣거나 읽고 이어질 내용을 예측한다.

국어 교과군

영어 교과군

수학 교과군

도덕 교과군

사회 교과군

과학 교과군

➔ 영문 기사 'The present and future of AI'에 따르면, AI의 발전에 따라 약물 발견에 통찰력을 제공하거나 환자를 위한 치료 옵션을 식별하고 결정을 돕거나 기본적인 보조 기능을 제공하는 등 사람의 역할을 돕고 보완하는 AI에 대한 기대가 커지고 있다고 한다. 의료 분야에서 많은 AI가 비즈니스 목적으로 청구 최적화, 수술 예약 등의 작업에 사용되었고, 환자 치료를 위한 AI의 경우 이를 수행할 법적·규제적·재정적 인센티브가 거의 없고 저해 요인이 존재하지만 꾸준히 통합되어 왔다고 한다. 이 기사의 내용을 토대로 의약계열 직업의 미래 전망을 예측하고 이에 대한 보고서를 작성해 보자.

관련 학과 의약계열 전체

디지털 헬스케어 전쟁

노동훈, 청춘미디어(2021)

책 소개

이 책은 디지털 헬스케어의 개념과 필요성, 그리고 시장의 발전에 대해 다룬다. 전문 의료지식을 다양한 사례와 함께 비교적 쉽게 서술하고 있으며, 디지털 헬스케어가 현재 의료계에 어떤 영향을 미치는지 그리고 미래에 어떻게 발전해 나갈 것인지에 대해 깊이 있는 분석을 제공한다. 또한 디지털 헬스케어의 중요성을 설명하면서, 이를 이해하고 적용하는 데 필요한 기본적인 지식과 실용적인 방법을 제시하고 있다.

세특 예시

'인공지능의 현재와 미래'라는 영문 기사에서 환자 치료를 위한 인공지능 도입은 법적, 규제적, 재정적 장벽으로 인해 느리게 진행되고 있다는 내용을 흥미롭게 읽고 '인공지능과 의약계열 직업의 미래 전망'을 주제로 탐구활동을 진행함. 연계 독서로 '디지털 헬스케어 전쟁(노동훈)'을 읽고 디지털 헬스케어와 인공지능의 가능성에 대해 탐구함. 인공지능은 의료 데이터 분석, 약물 발견, 치료 방안 제시 등에서 의료 전문가들의 결정을 돕는 역할을 하고 있으며 앞으로 법적 규제와 장애물이 점차 해소되면서 환자 치료에 인공지능의 활용은 더 늘어날 것으로 예측함. 특히 의료 전문가들의 역할이 인공지능과 함께 환자에게 최적의 치료를 제공하는 방향으로 바뀌고 있으며 인공지능이 데이터를 분석하고 예측할 수 있지만 그 결과를 해석하고 환자에게 적절한 치료를 제공하는 것은 의료 전문가들의 역할이므로 이것이 인공지능으로 대체될 수는 없다는 것을 강조하는 내용의 보고서를 작성함. 더 나아가 인공지능과 디지털 헬스케어의 진전을 저해하는 주요 요인 중 하나인 법적, 규제적 장벽에 대해 심도 있게 조사하고, 이를 해결하는 방안에 대해 탐구하고 싶다는 포부를 밝힘.

[12심영01-04] • • •

말이나 글의 구성 방식을 파악하여 내용의 논리적 관계를 추론한다.

➔ 최근 건강에 대한 인식이 높아지는 가운데, 유기농 제품 또는 친환경 제품을 선호하고 지속 가능한 소비를 중시하는 등, 밀레니얼 세대의 건강에 대한 인식 변화와 가치 기반 소비 행동이 주목받고 있다. 건강에 대한 밀레니얼 세대의 인식 변화를 분석하고, 이들이 개인의 건강과 지구를 위해 더 좋은 제품을 구매하는 경향이 어떤 식으로 나타나는지 탐구해 보자. 관련 기사 'Meeting US Millennials Halfway on Healthcare'를 찾아 읽고, 이

러한 인식 변화가 의약품 소비 트렌드(특히 제품 선택, 구매 패턴, 소비 성향 등)에 어떤 영향을 미치는지 논리적으로 설명해 보자.

관련 학과 간호학과, 보건관리학과, 수의예과, 약학과, 의료공학과, 의예과, 임상병리학과, 치의예과, 한의예과

《**수퍼컨슈머**》, EY한영산업연구원, 알에이치코리아(2020)

[12심영01-05]

말이나 글로 표현된 어휘, 어구, 문장의 함축적 의미를 맥락에 맞게 추론한다.

➡ 최근 돼지의 심장을 인간에게 이식하는 연구가 진행되고 있다. 이를 통해 장기 기증의 한계를 극복하고, 많은 환자의 생명을 구할 가능성이 제시되고 있다. 관련 기사 'Man gets genetically-modified pig heart in world-first transplant'를 참고하여 돼지 심장 이식의 가능성과 문제점에 대해 분석하자. 돼지 심장 이식의 기능성과 윤리적 문제, 그리고 전망에 대해 탐구해 보자.

관련 학과 간호학과, 수의예과, 의예과

《**DNA 혁명 크리스퍼 유전자가위**》, 전방욱, 이상북스(2017)

[12심영01-06]

다양한 매체의 말이나 글에 표현된 의견이나 주장을 비판적으로 평가한다.

➡ 횡재세가 에너지 시장에서 큰 이슈로 다뤄지고 있다. 횡재세가 에너지 공급과 수요에 미치는 영향, 그리고 그에 따른 환경적 영향에 대해 탐구해 보자. 에너지 가격 변동이 어떻게 횡재세를 촉발했는지, 그리고 이것 이 에너지 시장에 어떤 영향을 미치는지 분석해 보자. 관련 글 'What European Countries Are Doing about Windfall Profit Taxes'를 찾아 읽은 뒤 에너지 가격 변동이 횡재세를 촉발하는 과정을 분석하고, 이것이 에너지 시장 및 환경에 미치는 영향에 대해 탐구해 보자. 여러 매체에서 횡재세와 에너지 가격 변동에 대한 정보를 수집하고, 그 결과를 토대로 횡재세가 각국의 에너지 시장 및 환경에 미치는 영향에 대한 자신의 평가를 공유해 보자.

관련 학과 의약계열 전체

《**환경은 걱정되지만 뭘 해야 할지 모르는 사람들을 위한 과학과 기술**》, 한치환, 플루토(2022)

[12심영01-07]

우리 문화 및 타 문화의 생활 양식, 사고방식, 의사소통 방식에 관한 말이나 글을 듣거나 읽고 문화의 다양성에 대한 포용적인 태도를 기른다.

➡ 영문 기사 'What is Mondiacult? 6 take-aways from the world's biggest cultural policy gathering'은 문화가 지속 가능한 발전의 중요한 목표가 될 거라는 유네스코 문화정책 및 지속 가능한 발전에 관한 세계 문화장관 회의(Mondiacult)의 추천에 대해 다루고 있다. 이 기사에 따르면 문화적 목표는 "사람과 공동체 사이의 더 많은 조화"를 달성하는 것이다. 여기에는 문화 다양성 증진, 문화재 반환, 창작 활동 및 기타 정책을 위한 예산 증가 가 포함될 수 있다. 우리 문화와 타 문화의 생활 양식, 사고방식, 의사소통 방식이 건강 프로그램의 촉진에 어떻게 기여하는지 탐구하고, 다양한 문화 배경에서 비롯된 건강 관련 전통 지식이나 생활 양식이 건강 증진에 어떤 역할을 하는지, 그리고 그것이 실제로 어떻게 적용될 수 있는지 분석해 보자. 이를 통해 문화의 다양성에 대한 포용적인 태도를 기르고, 이를 바탕으로 다양한 문화를 존중하고 이해하는 사회를 만드는 방안에 대해 발표해 보자.

국어 교과군

영어 교과군

수학 교과군

도덕 교과군

사회 교과군

과학 교과군

관련 학과 의약계열 전체

《**다문화의 이해와 건강**》, 박혜숙 외, 양성원(2021)

[12심영01-08] • • •

적절한 전략을 적용하여 다양한 매체로 표현된 말이나 글을 이해한다.

➡ 과학 커뮤니케이터 리브 보레(Liv Boeree)는 TED 강연 영상 'The deadly trap that could create an AI cata-strophe'에서 경쟁에 의해 점점 더 빨리 가야 한다는 압박이 커질수록 안전 테스트와 같은 다른 중요한 것들을 놓치게 된다고 말한다. '몰록(Moloch)의 함정'이 의약 분야, 특히 항생제의 과다 사용과 그로 인한 항생제 저항성 문제에 어떤 영향을 미치는지 분석해 보자. 이 분석을 바탕으로 문제를 해결하고 더 나은 의료 서비스를 제공하기 위한 방안을 제안해 보자.

관련 학과 의약계열 전체

《**우리는 얼마나 깨끗한가**》, 한네 튀겔, 배명자 역, 반니(2020)

단원명 | 표현

🔍 토론, 적절한 어휘와 표현, 의견 전달, 의사소통 능력, 토론 전략, 논리적 사고, 비판적 사고력, 언어와 문화적 다양성, 존중, 상호 협력적 소통

[12심영02-01] • • •

사실적 정보를 기술하거나 설명한다.

➡ 미국의 의료 관련 학과에는 의학(Pre-Medicine 및 MD 프로그램), 간호학(Nursing), 약학(Pharmacy), 물리치료학(Physical Therapy), 방사선학(Radiologic Technology), 보건관리학(Healthcare Administration), 공중보건학(Public Health), 작업치료학(Occupational Therapy), 임상병리학(Clinical Laboratory Science) 등이 있으며, 각 학과는 의료 기술과 지식을 전문적으로 교육한다. 생물의학 공학(Biomedical Engineering)이나 보건 정보학(Health Informatics) 같은 학과는 의료 기술과 데이터 관리에 특화되어 의료 발전에 기여한다. 미국의 주요 의료 관련 학과와 그 특성을 조사하고, 이를 영어로 요약하여 발표해 보자.

관련 학과 의약계열 전체

《**미국의사 다이어리**》, 김하림, 군자출판사(2024)

[12심영02-02] • • •

다양한 장르의 글을 읽고 자신의 감상이나 느낌을 표현한다.

➡ 영화 〈존 윅(John Wick)〉 시리즈에서 복수심에 불타는 주인공 존 윅은 의학 지식을 활용해 치명적인 부상을 여러 차례 스스로 치료하며 복수의 여정을 이어간다. 영화 속에서 그는 의약품 사용법과 응급처치 기술을 익혀, 끊임없이 가해지는 신체적 손상에도 불구하고 계속 회복하며 임무를 완수한다. 이런 장면들은 현실적인 의학 지식을 바탕으로 캐릭터의 강인함과 결단력을 강조하며 관객에게 강력한 몰입감을 제공한다. 현대 영화에서 의학 지식이 복수의 테마와 결합해서 표현된 콘텐츠를 조사하여 발표해 보자.

《복수의 쓸모》, 스티븐 파인먼, 이재경 역, 반니(2023)

[12심영02-03]   ● ● ●

상대방의 의사소통 방식을 고려하여 의견을 조정하며 토의한다.

➲ 국경없는의사회(Médecins Sans Frontières, MSF)는 1971년 프랑스에서 설립된 국제 인도주의 의료 구호 단체다. 이 단체는 의료 지원이 부족한 지역이나 무력 분쟁, 전염병, 자연재해로 고통받는 사람들을 위해 긴급 의료 지원을 제공하며 인종, 종교, 성별, 정치적 성향에 관계없이 필요한 사람들에게 도움을 준다. 그러나 일부 직원들이 의약품을 미끼로 성범죄를 저지른다는 내부 고발과 사건이 보도되었다. 해당 주제와 관련해서 영어 자료를 조사하고 토론해 보자.

《지구의 절망을 치료하는 사람들―국경없는 의사회 이야기》, 댄 보르토로티, 고은영 역, 한스컨텐츠(2007)

[12심영02-04]   ● ● ●

듣거나 읽은 내용을 자신의 말이나 글로 요약한다.

➲ TED(www.ted.com)는 다양한 강연 영상을 제공한다. 의료와 관련된 영상으로는 '병원에 더 많은 개가 필요한 이유(Why we need more dogs in hospitals)'가 있다. 미국의 동물 치료사 제시카 리버스(Jessica Rivers)는 이 강연에서 병원에 개를 데려오는 것이 환자와 의료진에게 다양한 이점을 제공할 수 있다고 주장한다. 그녀는 개가 환자의 스트레스와 불안을 줄이고, 정서적 지원을 제공하고, 면역력을 높이는 데 도움이 된다고 말한다. 또한 개는 의료진의 스트레스와 피로를 줄이고 환자와의 관계를 형성하는 데 도움이 될 수 있다고 말한다. 해당 강연 영상이나 자신이 관심 있는 의료 관련 영상을 보고 자신의 말로 요약하여 영어로 발표해 보자.

《세상을 바꾸는 창의성, TED 강연 100》, 톰 메이, 정윤미 역, 동아엠앤비(2024)

[12심영02-05]   ● ● ●

말이나 글의 내용을 비교·대조한다.

➲ 환자의 자기결정권은 환자가 자신의 치료에 대한 결정을 내릴 수 있는 권리이다. 그리고 의사의 진료권은 의사가 환자의 건강을 위해 적절한 치료를 제공할 수 있는 권리이다. 이 두 가지 권리가 상충하는 경우가 생길 수 있다. 예를 들어 환자가 치료를 거부하는 경우, 의사가 환자의 자기결정권을 존중해야 하는지 아니면 환자의 건강을 위해 치료를 강행해야 하는지에 대한 윤리적 논란이 발생할 수 있다. 이와 같이 의학 분야에서 대립되는 주장에 대한 글을 읽고 비교하여 발표해 보자.

《노년기, 자기결정권》, 제철웅 외 6명, 나남(2023)

[12심영02-06]   ● ● ●

다양한 매체의 정보를 재구성하여 발표한다.

→ 백신 음모론은 백신의 안전성과 효과를 부정하거나 백신 접종이 정부나 제약회사의 이익을 위한 조작이라는 잘못된 믿음에서 비롯된 주장들을 뜻한다. 이러한 음모론은 SNS와 비공식 웹사이트를 통해 빠르게 확산되며 백신에 대한 불신을 키우고 예방 접종률을 떨어뜨린다. 그 결과, 전염병의 재확산과 공중보건 위기 발생 위험이 커진다. 특히 코로나19 팬데믹 동안 백신 음모론이 널리 퍼지면서 많은 사람들이 백신 접종을 꺼리게 되었고, 이는 집단 면역 형성에 부정적인 영향을 미쳤다. 관심 분야의 음모론을 조사하여, 주장의 잘못된 점을 제시하고 영어로 발표해 보자.

관련 학과 의약계열 전체

《음모론》, 얀-빌헬름 반 프로이엔, 신영경 역, 돌배나무 (2020)

[12심영02-07] • • •

글의 내용과 형식을 점검하여 정보 윤리에 맞게 고쳐 쓴다.

→ 원격 의료(telemedicine 또는 telehealth)는 의사와 환자가 물리적으로 같은 장소에 있지 않아도 의료 서비스를 제공받을 수 있는 기술이다. 원격 의료는 특히 병원과의 지리적 거리, 교통 불편, 긴 진료 대기 시간 등의 문제를 해결하는 데 큰 도움이 되지만, 의료의 질에 대한 우려, 원격 의료 서비스를 제공하는 플랫폼의 보안 문제나 데이터 누출 위험, 의료 라이선스 문제 및 규제와 원격 의료에 대한 보험 적용과 급여 등 다양한 논란이 있다. 원격 의료에 관해 영어로 글을 작성해 보자.

관련 학과 의약계열 전체

《초고령사회 일본, 재택의료를 실험하다》, 시바하라 케이이치, 장학 역, 청년의사 (2021)

[12심영02-08] • • •

적절한 전략을 적용하여 다양한 언어·문화적 배경을 가진 영어 사용자와 공감하며 소통하는 태도를 가진다.

→ Biography Chart는 특정 인물의 생애를 연대순으로 정리한 표를 말한다. 인물의 출생, 사망, 주요 활동, 업적 등을 기록하여 인물의 삶과 영향을 한눈에 파악하게 하는 장점이 있다. Biography Chart를 작성할 때는 인물에 대해 충분히 이해한 후 핵심 내용을 표 형식으로 연대순에 따라 정리해, 보는 이로 하여금 쉽게 알아보도록 해야 한다. 희망하는 전공분야에서 관심 있는 인물의 Biography Chart를 영어로 작성해 보자.

관련 학과 의약계열 전체

《챗GPT 활용해 한 달 만에 자서전 쓰기》, 김연욱, 마이스터연구소 (2023)

선택 과목	수능	영미 문학 읽기	절대평가	상대평가
진로 선택	X		5단계	5등급

| 🔍 | 다양한 장르, 다양한 주제, 문학 작품, 이해, 표현, 감상, 비평, 비판적 사고력, 창의적 사고력, 예술성, 심미적 가치, 독자와 소통 |

[12영문01-01] • • •

다양한 장르와 주제의 문학 작품을 읽고 주요 내용을 요약한다.

➡ 의학과 관련된 문학 작품 감상은 의학에 대한 이해와 새로운 시각을 얻을 수 있는 좋은 기회이다. 특히 작품이 의학 지식을 얼마나 정확하게 반영하고 있는지 평가하고, 의학에 대한 어떤 메시지를 전달하고 있는지 생각하면서 감상하도록 한다. 예를 들면 《하우스 오브 갓(The House of God)》(사무엘 셈)이 있는데, 이것은 1970년대 의학 교육의 현실을 솔직하게 묘사한 소설로, 의학을 꿈꾸는 학생들에게 흥미로운 읽을거리를 제공한다. 자신이 관심 있는 문학 작품을 읽고 주요 내용을 요약해 보자.

관련 학과 의약계열 전체

《**하우스 오브 갓**》, 사무엘 셈, 정회성 역, 세종서적)(2019)

[12영문01-02] • • •

문학 작품을 읽고 필자나 인물의 의도나 목적을 파악한다.

➡ 스토리 안에 사용된 의학 지식은 작품의 현실감과 깊이를 더하며, 의학적 상황에 대한 독자의 이해를 높이는 역할을 한다. 예를 들어 〈셜록 홈스〉 시리즈에서는 의학 지식이 범죄 수사에 활용되며 홈스의 신속한 판단과 정확한 추론에 중요한 배경 역할을 한다. 또한 〈코마〉 같은 현대 소설에서는 의학 용어나 심리학적 요소가 캐릭터의 복잡한 감정을 설명하는 데 사용되기도 한다. 의학 지식은 이런 식으로 스토리의 신뢰성을 높이고 독자로 하여금 캐릭터와 상황을 보다 깊이 이해하게 한다. 의학 지식이 사용된 영어 문학 작품을 찾아 발표해 보자.

관련 학과 의약계열 전체

《**스토리의 유혹**》, 피터 브룩스, 백준걸 역, 앨피(2022)

[12영문01-06] • • •

다양한 매체를 활용하여 문학 작품의 내용을 다양한 관점으로 분석·비평한다.

➡ SF 문학 작품에서는 의학이 미래 기술과 상상력을 결합해 다양한 가능성을 탐구하는 중요한 소재로 다뤄진다. 예를 들어 아이작 아시모프의 《파운데이션》 시리즈는 첨단 의학 기술을 통해 질병을 극복하고 수명을 연장하는 미래 사회를 묘사하며 의학이 사회 구조와 인간 경험에 미치는 영향을 보여 준다. 또한 마이클 크라이튼의 《쥬라기 공원》에서는 유전자 조작 기술을 통한 생명 복원이 주요 플롯으로, 유전공학과 생명윤리에 대한 의학적 논의를 불러일으킨다. 이처럼 SF 문학 작품은 독자들로 하여금 의학 기술이 발전했을 때 발생할 수 있는 윤

리적·사회적 문제를 생각하게 하며 의학의 미래에 대한 비전을 제시한다. SF 문학 작품을 한 편 선정해서 읽고 영어 서평을 작성해 보자.

관련 학과 의약계열 전체

《SF와 함께라면 어디든》, 심완선, (주)학교도서관저널(2023)

[12영문01-07]

문학 작품을 읽고 우리 문화와 타 문화의 생활 양식, 사고방식, 의사소통 방식의 차이와 다양성에 대해 비교·분석한다.

→ 디스토피아를 다룬 문학 작품에서는 의료가 통제와 억압의 수단으로 사용되며 의료 서비스와 기술의 부작용이 인간의 자유와 존엄성에 어떤 영향을 미치는지 탐구한다. 예를 들어 조지 오웰의 《1984》에서는 정부가 정신적·육체적 통제를 위해 의료와 약물을 이용해 개인의 사고를 억압하고, 올더스 헉슬리의 《멋진 신세계》에서는 '소마'라는 약물을 통해 사회 구성원들의 감정을 무디게 하고 안정을 유지한다. 이처럼 디스토피아적 의료 시스템은 개인의 건강을 넘어 사회 통제의 수단이 되어 윤리적·도덕적 문제를 제기한다. 디스토피아 콘텐츠에 나타나는 문화적 차이를 비교, 분석하여 영어로 발표해 보자.

관련 학과 의약계열 전체

《나는 왜 SF를 쓰는가─디스토피아와 유토피아 사이에서》, 마거릿 애트우드, 양미래 역, 민음사(2021)

국어 교과군

영어 교과군

수학 교과군

도덕 교과군

사회 교과군

과학 교과군

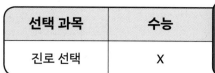

선택 과목	수능	심화 영어 독해와 작문	절대평가	상대평가
진로 선택	X		5단계	5등급

$A\alpha$

단원명 | 독해

🔍 스마트폰 센서, 의학적 접근법, 의료 서비스 개선 방안, 펨테크, 삶의 질 개선, 기술적 발전 탐구, 인스타그램 효과, 호르몬 시스템, 동물농장, 스트레스 관리, 설득적 대화, 의료 서비스 질 향상, 마이데이터 시스템, 개인 정보 보호, 드론 기반 응급 의료 서비스

[12심독01-01]　　　　　　　　　　　　　　　　　　　　　　　● ● ●

다양한 분야의 기초 학문 주제에 관한 글을 읽고 주요 내용을 파악한다.

➡ 음주가 인간의 몸에 미치는 영향은 매우 다양하며 이것은 스마트폰 센서를 활용한 음주 상태 판단 기술에 활용될 수 있다. 관련 영문 기사 'Smartphone sensor is able to detect alcohol intoxication with high accuracy'를 참고하여 음주 시 목소리 주파수와 피치가 어떻게 형성되는지, 알코올이 인체, 특히 목과 성대에 어떤 영향을 미치는지, 또 이러한 스마트폰 센서 기술이 알코올 중독 치료에 어떻게 활용될 수 있는지 조사하고 발표해 보자.

　관련 학과　의약계열 전체

《디지털 전환 시대 리더가 꼭 알아야 할 의료데이터》, 김재선 외 4명, 지식플랫폼(2023)

[12심독01-02]　　　　　　　　　　　　　　　　　　　　　　　● ● ●

이야기나 서사 및 운문을 읽고 필자나 등장인물의 심정이나 의도를 추론한다.

➡ R. J. 팔라시오의 소설 《원더》의 주인공 어거스트는 얼굴 기형으로 여러 번 수술을 받았고, 그것은 그의 건강 상태에도 영향을 미쳤다. 그가 받은 수술들과 그의 건강 상태에 대해 자세히 알아보고, 그의 건강 문제를 관리하는 데 어떤 의학적 접근법이 사용되었는지, 그리고 그것이 그의 건강과 일상생활에 어떤 영향을 미쳤는지 분석해 보자. 또한 어거스트와 같은 특별한 상황에 있는 사람들을 위한 의료 서비스 개선 방안은 무엇인지, 그들의 삶의 질을 향상시키는 데 어떤 의학적 전략이 효과적일지 탐구해 보자.

　관련 학과　의약계열 전체

《딥 메디슨》, 에릭 토폴, 이상열 역, 소우주(2020)

[12심독01-03]　　　　　　　　　　　　　　　　　　　　　　　● ● ●

글의 구성 방식을 고려하여 논리적 관계를 추론한다.

➡ 펨테크(FemTech)는 여성의 건강을 증진하는 방법을 제공하며, 이는 여성의 삶의 질을 크게 향상시킬 수 있다. 관련 영문 기사 'The dawn of the FemTech revolution'을 참고하여 펨테크가 여성의 특정 건강 문제, 특히 생

리 주기와 관련된 문제를 어떻게 진단하고 치료하는지 탐구해 보자. 여기에는 생리 불편, 생리통, PMDD(월경 전 유동성 장애) 등 다양한 문제가 포함될 수 있다. 펨테크가 이러한 문제들을 어떤 방식으로 진단하고 치료하는 지, 그리고 이를 통해 여성의 생활의 질을 어떻게 개선하는지 분석해 보자. 특히 펨테크 제품이나 서비스가 이러한 문제들을 해결하는 과정에서 어떤 기술을 사용하며 이 기술들이 어떻게 개선되고 있는지 탐구해 보자.

관련 학과 간호학과, 수의예과, 약학과, 의예과, 한의예과

《국내외 펨테크(Femtech) 산업분석보고서》, 비피기술거래 외 1명, 비티타임즈(2022)

[12심독01-04] • • •

글의 맥락과 배경지식을 활용하여 함축적 의미를 추론한다.

➡️ 디지털 미디어의 발달은 우리의 일상생활을 크게 변화시켰다. 특히 SNS는 사람들이 자신의 일상을 완벽하게 보이도록 하는 플랫폼으로 기능하고 있다. 이를 '인스타그램 효과'라고 부르며, 이로 인해 많은 사람들이 스트레스를 받는 것으로 알려져 있다. 관련 영문기사 'How can we minimize Instagram's harmful effects?'를 찾아 읽은 뒤 이러한 현상이 사람들의 정신건강에 미치는 영향을 분석하고, 이를 해결하기 위한 다양한 의학적 대응 방안을 모색해 보자. 또한 '인스타그램 효과'가 인간의 신경계와 호르몬 체계에 미치는 영향에 대해 탐구해 보자.

관련 학과 간호학과, 미술치료학과, 약학과, 의예과, 한의예과

《착한 소셜미디어는 없다》, 조현수, 리마인드(2023)

[12심독01-05] • • •

다양한 문학 작품을 읽고 문학적 표현과 의미를 파악한다.

➡️ 조지 오웰의 《동물농장》은 동물들이 권력 변화에 따른 스트레스를 겪는 모습을 보여 준다. 이를 최근 사회적 이슈로 부각된 스트레스와 그에 따른 건강 문제와 관련지어 생각해 볼 수 있다. 스트레스의 원인과 그로 인한 심리적·생리적 영향을 탐구하고, 현대사회에서 스트레스를 어떻게 관리해야 하는지 고민해 볼 수 있다. 《동물농장》 속 동물들이 겪는 스트레스와 그로 인한 행동 변화를 분석하고 현대인들이 겪는 스트레스와 비교해 보자.

관련 학과 간호학과, 미술치료학과, 수의예과, 약학과, 언어치료학과, 재활학과

《하루 한 권, 스트레스》, 노구치 데쓰노리, 이선희 역, 드루(2023)

[12심독01-06] • • •

다양한 유형의 글의 구조와 형식을 비교·분석한다.

➡️ 설득 및 정보 제공이 환자의 치료 결정에 어떤 영향을 미치는지 탐구해 보자. 영문 자료 'Persuasive vs. Informative: Meaning And Differences'를 참고하여 의사와 환자 사이의 커뮤니케이션에서 설득적인 대화와 정보 제공이 어떤 역할을 하는지 분석하고, 이를 통해 의료 서비스의 질을 향상하는 방법에 대해 고찰해 보자.

관련 학과 의약계열 전체

《DNA 헬스케어 4.0》, 김희태 외 1명, 모아북스(2022)

[12심독01-07] • • •

다양한 매체의 글의 내용 타당성을 평가하며 비판적으로 읽는다.

◉ 디지털 헬스케어의 발전에 따라 개인의 건강정보를 통합하고 관리하는 의료 분야 마이데이터 '마이 헬스웨이(My HealthWay)' 시스템의 필요성이 대두하고 있다. 관련 글 'South Korea's My HealthWay: A 'digital highway' of personal health records, but to where?'를 읽고 마이데이터가 의료 서비스에 어떤 영향을 미치는지, 특히 데이터 기반의 건강 관리가 의료 서비스의 질에 어떤 영향을 미치는지 탐구해 보자. 또한 마이데이터의 활용이 개인의 건강 관리 향상에 어떻게 기여하는지, 그리고 이에 따른 개인정보 보호와 관련된 이슈는 어떻게 해결할 수 있는지 심화 탐구를 진행해 보자.

관련 학과 의약계열 전체

《**마이데이터 레볼루션**》, 이재원, 클라우드나인(2022)

[12심독01-08] • • •

우리 문화 및 타 문화의 생활 양식, 사고방식, 의사소통 방식에 관한 글을 읽고 문화 간 차이에 대해 포용적인 태도를 갖춘다.

◉ 디지털 시대에 들어서면서 사회 운동은 새로운 얼굴을 맞이하였다. 특히 블랙라이브스매터(Black Lives Matter, BLM) 운동은 디지털 기술을 통해 세계 각지로 빠르게 확산했고, 이는 사회 운동의 전략과 방식에 변화를 가져왔다. 관련 자료 'Technology's Role In Driving Progress In Black Lives Matter'를 읽고 디지털 기술이 블랙라이브스매터 운동에 어떤 역할을 했는지, 디지털 기술이 사회 운동의 확산과 사회 변화를 이끌어내는 방법은 무엇인지 탐구해 보자.

《**편견**》, 제니퍼 에버하트, 공민희 역, 스노우폭스북스(2021)

[12심독01-09] • • •

적절한 읽기 전략을 적용하여 스스로 읽기 과정을 점검하며 읽는다.

◉ 드론을 활용한 응급 의료 서비스는 생명을 구하는 데 중요한 역할을 할 수 있다. 그러나 이를 실현하기 위해서는 드론의 기술적 한계, 의료 서비스에 적합한 드론 운영 시스템, 그리고 이를 지원하는 법제도와 정책 등 다양한 요인들이 고려되어야 한다. 따라서 이 주제를 탐구하려면 드론 기반 응급 의료 서비스의 효과와 효율성 분석뿐만 아니라, 이를 위한 시스템 개선 방안과 정책 제안을 함께 고민할 필요가 있다. 드론 기반 응급 의료 서비스 시스템의 개선 방안과 이를 위한 정책에 대해 의견을 발표해 보자.

관련 학과 응급구조학과, 의료공학과, 의예과

《**딥 메디슨**》, 에릭 토폴, 이상열 역, 소우주(2020)

단원명 | 작문

| 🔍 | 로봇 도입 사례, 노동자 건강 개선 방안, 심리적 회복력, 개인적 감상, 자율주행 택시, 설득력 있는 글 작성, 우주 재배 식물, 우주 방사선 보호, 프록세믹스, 의료 서비스 제공, 유전자 편집 기술, 잠재력 평가, 강제 노동, 의학적 접근법, 아스파탐, 생화학적 영향 연구

[12심독02-01] • • •

다양한 분야의 기초 학문 주제에 관하여 사실적 정보를 기술하거나 설명하는 글을 쓴다.

➡ 건설 현장의 로봇 도입은 노동자들의 건강에 큰 영향을 미칠 수 있다. 건설 현장의 로봇 도입이 노동자들의 건강에 어떤 영향을 미칠지 탐구해 보자. 관련 영문 기사 'Is the Construction Industry Ready to Embrace Robots?'를 참고하여 로봇 도입이 건설 노동자들의 신체 부상 감소에 어떻게 기여하는지, 장기적으로 건설 노동자들의 건강 상태에 어떤 변화를 가져오는지에 대한 탐구를 진행해 보자. 더 안전하고 건강에 유리한 작업 환경을 구현하는 방안을 찾아보고, 이러한 개선 사항이 질병 발생률 감소, 생활 습관 개선, 신체 건강 유지 등에 어떤 긍정적인 효과를 가져올 수 있는지도 탐구해 보자.

[관련 학과] 의약계열 전체

《**로봇의 부상**》, 마틴 포드, 이창희 역, 세종서적(2016)

[12심독02-02]   • • •

이야기나 서사 및 운문에 대해 자신의 감상이나 느낌을 표현하는 글을 쓴다.

➡ 마야 앤젤루의 시 〈Still I Rise〉는 심리적 회복력과 건강에 대한 중요한 메시지를 전달한다. 이 시는 억압과 차별, 심지어는 개인적 실패에도 불구하고 계속해서 일어나는 능력, 즉 '회복력'을 매우 강렬하게 묘사하고 있다. 〈Still I Rise〉의 메시지를 심리 치료와 상담의 맥락에서 분석하고, 이것이 심리 치료와 상담에 어떻게 적용될 수 있는지 탐구해 보자. 또한 관련 영문 자료 'Still I Rise Summary & Analysis'를 참고하여, 이 시를 의학적 관점에서 분석하는 것을 넘어 개인적인 감상과 느낌을 바탕으로 의미를 더 깊이 이해하고 그것이 자신의 생각과 감정에 어떤 영향을 미쳤는지 글로 작성해 보자.

[관련 학과] 미술치료학과, 의예과

《**회복하는 마음**》, 박상희, 상상출판(2023)

[12심독02-03]   • • •

다양한 주제에 관하여 상대방을 설득하는 글을 쓴다.

➡ 자율주행 택시의 도입은 의료 서비스에도 영향을 미칠 수 있다. 자율주행 택시를 활용한 새로운 의료 서비스 모델을 제안하고, 이를 통해 자율주행 택시가 의료 서비스 개선에 어떻게 기여할 수 있는지 탐구해 보자. 자율주행 택시 기술이 의료 분야에서 기존의 어떤 문제점을 해결할 수 있으며 이러한 변화를 통해 어떤 새로운 문제점이 발생할 수 있는지 분석하여 자율주행 택시 기술의 도입과 의료 서비스 개선에 관한 의견을 제시하는 글을 써 보자.

[관련 학과] 의약계열 전체

《**인공지능의 윤리학**》, 이중원 외 8명, 한울아카데미(2019)

[12심독02-04]   • • •

다양한 기초 학문 분야의 주제에 관하여 듣거나 읽고 주요 정보를 요약한다.

➡ 우주 재배 식물은 우주인의 건강 유지에 필수적이다. 관련 영문자료 'Growing Plants in Space'를 참고하여 우주에서 재배한 식물이 우주비행사의 건강에 어떤 영향을 미치는지 탐구해 보자. 우주에서 재배한 식물의 영양소 구성을 분석하고, 이것이 우주인의 건강 유지에 어떻게 기여하는지 알아보자. 이 과정에서 식품과학, 생화학, 의학 등 다양한 학문 분야의 지식을 통합적으로 활용하여, 특히 식물이 제공하는 영양소가 우주인의 건강 유지에 어떻게 기여하는지, 그리고 항산화제가 우주 방사선으로부터 우주인을 보호하는 역할을 하는지 깊이 있게 탐구해 보자.

관련 학과 간호학과, 방사선학과, 보건관리학과, 수의예과, 약학과, 응급구조학과, 의료공학과, 의예과, 임상병리학과, 재활학과, 치의예과, 한의예과

《인체 영양학 교과서》, 가와시마 유키코, 장은정 역, 보누스(2022)

[12심독02-05] •••

우리 문화 및 타 문화의 생활 양식, 사고방식, 의사소통 방식에 관한 글을 읽고 문화 간 차이에 대해 비교·대조하는 글을 쓴다.

➡ 프록세믹스(Proxemics)는 우리가 공간을 어떻게 사용하는지에 관한 연구다. 관련 영문 자료 'Proxemics 101: Understanding Personal Space Across Cultures'를 참고하여 프록세믹스와 의료 서비스의 관계를 탐구해 보자. 의료 서비스 제공 시 환자와 의료진 간의 적절한 개인 공간이 중요한 이유를 연구하고, 이를 통해 환자의 편안함과 만족도를 높이는 방법을 탐구해 보자. 특히 특정 문화의 개인 공간 인식이 의료 서비스 제공 방식에 어떤 영향을 미치는지도 탐구해 보자.

관련 학과 의약계열 전체

《연결된 개인의 탄생》, 김은미, 커뮤니케이션북스(2018)

[12심독02-06] •••

다양한 매체 정보를 분석·종합·비평하여 재구성한다.

➡ 관련 영문자료 'Precision Medicine: Gene Editing, Advanced Therapies, Personalized Medicine'에 따르면, 정밀 의학은 개인의 유전 정보를 기반으로 한 맞춤형 치료법을 제공한다. 유전자 편집 기술, 예를 들어 CRISPR-Cas9는 이러한 접근 방식을 더욱 강화할 수 있는 기술이다. 유전자 편집 기술의 원리와 그것이 정밀 의학에 미치는 영향을 분석해 보자. 이를 위해 해당 기술의 연구 논문, 보고서, 뉴스 기사 등을 분석하고 그 기술이 의학에 미치는 잠재력을 평가해 보자. 또한 특정 질병(암, 유전성 질환 등)에 대한 유전자 편집 기반의 정밀 의학 치료 전략을 분석하고, 이를 통해 새로운 치료 방안을 제안해 보자.

관련 학과 의약계열 전체

《DNA 혁명 크리스퍼 유전자가위》, 전방욱, 이상북스(2017)

[12심독02-07] •••

사회적으로 이슈가 되는 주제에 관하여 정보 윤리를 준수하며 비판적이고 독창적인 글을 쓴다.

➡ 전쟁과 강제 노동은 개인의 심리적·신체적 건강에 영향을 끼치는 중요한 스트레스 요인이다. 또한 이런 요인이 건강에 어떤 영향을 끼치는지 이해하는 것은 의약 분야의 중요한 과제 중 하나다. 일본 강제 징용 피해자들이 겪은 스트레스와 트라우마가 그들의 신체적·정신적 건강에 어떤 영향을 미쳤는지 탐구해 보자. 이러한 스트레스 상황에서 발생할 수 있는 건강 문제를 완화하거나 치료하는 현재의 의학적 접근법에 대해 연구하고, 그 효과와 한계를 비판적으로 분석해 보자. 특히 이런 접근법이 강제 징용 피해자들의 건강 회복에 어떤 도움을 줄 수 있는지, 그리고 어떤 부분에서 개선이 필요한지에 대해서도 발표해 보자.

관련 학과 간호학과, 미술치료학과, 약학과, 언어치료학과, 의예과, 작업치료학과, 한의예과

《전쟁범죄·일본군 '위안부' 피해실태 자료집》, 동북아역사재단, 동북아역사재단(2020)

국어 교과군

영어 교과군

수학 교과군

도덕 교과군

사회 교과군

과학 교과군

[12심독02-08]

● ● ●

다양한 분야의 주제에 관하여 적절한 쓰기 전략을 적용하여 글을 점검하고 고쳐 쓴다.

➔ 최근 세계보건기구가 인공 감미료인 아스파탐을 '암 유발 가능성이 있는 물질'로 분류했다. 아스파탐이 일상
생활에서 널리 사용되는 감미료임을 감안할 때, 이는 약학 및 의학 분야에서 매우 중요한 이슈이다. 아스파탐
이 인체에 미치는 생리적·생화학적 영향을 연구하고, 안전한 섭취량에 대한 최신 연구 결과를 분석해 보자. 또
한 아스파탐의 장기적인 섭취가 인체에 미치는 영향에 대해 조사하고, 암 발생과의 연관성을 더욱 깊게 탐구
해 보자.

관련 학과 수의예과, 의예과

《**우리 주변의 화학물질**》, 우에노 게이헤이, 이용근 역, 전파과학사(2019)

선택 과목	수능	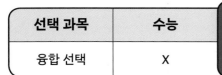	절대평가	상대평가
융합 선택	X	실생활 영어 회화	5단계	5등급

🔍	헬스케어 앱, 장단점 평가, 개선 제안, 유전자 편집 기술, 줄기세포 개발, 디지털 기술, 건강 관리 변화, 환자 권리, 의료진 책임, 알츠하이머병, 시각 자료 작성, 자폐 스펙트럼, 사회적 인식, 응급의료, 의사소통 전략, 알코올 중독, 사회적 지원

[12실영01-01] •••

실생활에 관한 말이나 대화를 듣고 핵심 정보를 파악한다.

➡ 헬스케어 앱은 사람들의 건강 관리 방식을 크게 변화시키고 있다. 헬스케어 앱의 기능과 그로 인한 건강 관리 방식의 변화에 대해 탐구하고, 특정 헬스케어 앱의 기능을 분석하여 그 앱이 어떤 장점과 단점을 가지고 있는지, 그리고 단점을 어떻게 개선할 수 있는지 제안해 보자.

관련 학과 의약계열 전체

《DNA 헬스케어 4.0》, 김희태 외 1명, 모아북스(2022)

[12실영01-02] •••

실생활에 관한 말이나 대화를 듣고 화자의 의도나 목적을 추론한다.

➡ 최근 유전자 편집 기술인 CRISPR을 활용하여 멸종위기종을 복원하려는 시도가 주목받고 있다. 2024년 3월, 미국의 한 생명공학 기업은 털매머드 복원을 목표로 아시아코끼리의 줄기세포를 개발하는 데 성공했다고 발표했다. 이 줄기세포에 털매머드의 유전자를 결합하여 2028년까지 털매머드와 유사한 코끼리를 탄생시키는 것을 목표로 하고 있다. 이 기술이 멸종 방지를 위한 효과적인 대안으로 자리 잡을 수 있는 가능성에 대해 탐구하고, 이를 통해 생태계 복원에 어떤 기여를 할 수 있을지 발표해 보자.

관련 학과 의약계열 전체

《DNA 혁명 크리스퍼 유전자가위》, 전방욱, 이상북스(2017)

[12실영01-03] •••

자신이나 주변 사람 또는 사물을 자신감 있게 소개한다.

➡ 디지털 기술 혁신은 사람들의 건강 관리 방식에 큰 변화를 불러왔다. 이 변화가 사람들의 건강 관리에 어떤 영향을 미치는지 탐구하고, 혁신적인 의료 기술을 활용한 건강 관리 사례를 소개해 보자. 특히 주변 사람들을 대상으로 인터뷰를 진행하고 그들이 사용하는 디지털 기술 기반 의료 서비스를 조사하여, 이를 통해 건강 관리의 변화를 직접 체험하고 이해하는 과정을 거쳐 디지털 기술 혁신이 현대의 건강 문화에 끼친 영향을 분석해 보자.

관련 학과 의약계열 전체

《DNA 헬스케어 4.0》, 김희태 외 1명, 모아북스(2022)

국어 교과군

영어 교과군

수학 교과군

도덕 교과군

사회 교과군

과학 교과군

[12실영01-04]

존중과 배려의 자세로 상대방의 말을 경청하고 자신의 의견이나 감정을 표현한다.

➡ 환자의 권리와 의료진의 책임은 의료 서비스의 핵심 요소다. 그러나 때때로 의사소통의 부재나 오해로 인해 이러한 권리와 책임이 제대로 이행되지 못하는 경우가 있다. 이러한 문제에 대해 탐구하고, 환자와 의료진 간의 의사소통을 증진하는 전략을 개발해 보자. 환자와 의료진이 각자의 의견을 어떻게 표현하고 상대방의 말을 어떻게 경청하는지에 대한 사례를 분석하고, 이러한 의사소통이 환자의 권리 존중과 의료진의 책임 이행에 어떤 영향을 미치는지도 분석해 보자. 또한 '의료 윤리와 의사소통 교육 프로그램 개발'을 주제로 한 프로젝트를 진행해 보자.

관련 학과 간호학과, 보건관리학과, 수의예과, 약학과, 응급구조학과, 의료공학과, 의예과, 임상병리학과, 치의예과, 한의예과
《**의료에서의 의사소통기술 교육과 학습**》, Suzanne Kurtz 외 2명, 박현수 역, 아우름(2022)

[12실영01-05]

실생활에 관한 경험이나 사건 또는 간단한 시각 자료를 묘사한다.

➡ 알츠하이머병은 현대사회의 주요 질병 중 하나로, 치료법에 대한 연구가 활발히 진행되고 있다. 알츠하이머병에 대한 최신 치료법과 연구 동향을 조사하고, 특정 치료법의 효과를 중심으로 그것을 묘사하는 보고서를 작성해 보자.

관련 학과 간호학과, 의예과, 한의예과
《**잠든 당신의 뇌를 깨워라—기적의 치매 예방, 치료법**》, 황성혁 외 1명, 북앤에듀(2020)

[12실영01-06]

실생활에 필요한 일의 방법이나 절차를 설명한다.

➡ 자폐 스펙트럼은 발달 장애의 한 형태로, 사회적 소통과 상호작용에 어려움을 겪는 것이 특징이다. 영어 자료를 통해 이 장애에 대해 탐구하고, 자폐 스펙트럼의 특성과 치료 방법을 상세하게 설명하는 발표를 준비해 보자. 또한 '자폐 스펙트럼에 대한 사회적 인식과 대처는 어떻게 변화해 왔는가?'를 주제로 심화 탐구활동을 해 보자.

관련 학과 미술치료학과, 언어치료학과, 의예과, 재활학과, 한의예과
《**우리 아이 독특한 행동 특별한 뇌**》, 장원웅, 전나무숲(2016)

[12실영01-07]

실생활에서 상황이나 목적에 맞게 대화를 이어 간다.

➡ 응급의료는 급성 질환 또는 긴급한 상황에서 환자에게 즉시 의료 서비스를 제공하는 것을 말한다. 최근 응급의료 시스템의 효율성과 효과에 대한 연구가 활발히 진행되고 있다. 응급의료 시스템의 효율성과 효과가 환자의 생존율과 병원에서의 치료 결과에 어떤 영향을 미치는지 상세히 분석하는 탐구를 진행해 보자. 또한 '응급의료 시스템의 효율성과 효과가 환자의 치료 결과에 어떤 영향을 미치는가?'를 주제로 심화 탐구활동을 해 보자.

관련 학과 간호학과, 응급구조학과, 의예과
《**응급의료 서비스체계와 기본 심폐소생술 교육**》, 엄태환, 대학서림(2021)

[12실영01-08]   • • •

의사소통 상황이나 목적에 맞게 언어적·비언어적 표현을 사용하여 반응한다.

➡️ 4차 산업혁명 시대를 맞아, 여러 분야의 지식과 기술을 결합하여 문제를 창의적으로 해결하는 능력을 갖춘 융합인재가 필요하다는 인식이 높아지고 있다. 이에 따라 융합인재 교육을 중요시하며 다양한 분야의 지식과 기술을 결합하여 문제를 해결하는 능력을 갖춘 인재를 양성하려는 노력이 행해지고 있다. 이에 대해 탐구하고, 융합인재 교육이 학생들의 문제 해결 능력과 창의력에 어떤 영향을 미치는지 상세히 분석해 보자. 또한 '융합인재 교육이 학생들의 학습 성과와 창의력에 어떤 영향을 미치는가?'를 주제로 심화 탐구활동을 해 보자.

관련학과 의약계열 전체

《인공지능시대, 대체 불가한 전략 디자이너가 되라!》, 변상민, 지식과감성#(2020)

[12실영01-09]   • • •

의사소통 상황이나 목적에 맞게 적절한 전략을 적용하여 대화에 참여한다.

➡️ 알코올 중독은 개인의 건강뿐만 아니라 사회적으로도 문제를 일으키므로, 이에 대한 치료와 예방이 중요하다. 이에 대해 탐구하고, 알코올 중독자의 치료와 예방에 대한 최신 연구를 상세히 분석하자. 또한 '알코올 중독 치료와 예방에 가장 효과적인 방법은 무엇인가? 그리고 이를 위한 의학적 연구와 사회적 지원의 방향은 어떻게 되어야 하는가?'를 주제로 심화 탐구를 진행해 보자.

관련학과 간호학과, 보건관리학과, 약학과, 응급구조학과, 의예과, 재활학과, 치의예과, 한의예과

《알코올중독자, 내 안의 또 다른 나》, 문봉규 외 2명, 학지사(2019)

선택 과목	수능	**미디어 영어**	절대평가	상대평가
융합 선택	X		5단계	5등급

국어 교과군
영어 교과군
수학 교과군
사회 교과군
과학 교과군
교양 교과군

| 🔍 | 미디어 콘텐츠, 감상, 활용, 미디어의 특성, 비판적 사고력, 융합적 활용, 창의적 전달, 효과적 전달, 디지털 상호작용, 디지털 리터러시 |

[12미영01-01] •••

영어 검색 엔진을 활용하여 필요한 정보를 찾아낸다.

➡ 이종이식은 인간에게 다른 동물의 장기나 조직을 이식하는 것으로, 장기 부족 문제를 해결하고 환자의 생존율을 높이는 데 도움이 될 것으로 기대된다. 그러나 인체에 거부반응을 일으킬 수 있고 윤리적 문제도 제기되어 왔다. 필요한 정보를 찾기에 적절한 검색어를 생각해 내 영어 기반 검색 엔진을 활용하여 이종이식과 관련된 정보를 검색하자. 검색 결과들을 조사하여, 원하는 결과를 찾기에 가장 효율적인 검색어를 정리하여 발표해 보자.

관련 학과 의약계열 전체

《검색의 즐거움》, 대니얼 M. 러셀, 황덕창 역, 세종서적(2020)

[12미영01-02] •••

다양한 주제에 대한 창의적 문제 해결을 위해 미디어를 활용하여 협업한다.

➡ 의료 기술의 발전, 생활 환경의 개선 등으로 수명 연장 현상이 급속히 확산되고 있다. 세계보건기구에 따르면, 2022년 기준 세계 평균 수명은 73.6세로 1990년 64.6세에 비해 9.0세 증가했다. 전 세계 평균 수명은 2020년 부터 2050년까지 19.2세 증가할 것으로 전망되고 있다. 온라인 협업 도구를 활용하여 다른 학생들과 네트워크로 연결된 컴퓨터, 태블릿, 또는 스마트폰에서 다양한 미디어를 사용해 수명 연장 현상이 자신이 관심 있는 의료 분야에 미칠 영향을 영어를 사용해 조사하고 함께 작업한 결과물을 정리하여 발표해 보자.

관련 학과 의약계열 전체

책 소개

저자는 챗GPT와 열두 번의 대화를 나누며 챗GPT의 작동 원리에서 사랑, 정의, 죽음, 신과 같은 형이상학적 주제들까지 탐구했다. 엄격한 윤리적 제약 속에서 모호한 답변을 하도록 설계된 챗GPT를 상대로 끊임없이 질문하고 부족한 부분을 지적하며 의미 있는 대화를 이끌어냈고, 이를 통해 챗GPT를 "인류의 생각과 문장을 반사하는 존재적 메아리이자 거울"이라고 정의했다. 3,000억 개가 넘는 문장 토큰과 확률적 관계를 학습한 대화형 인공지능인 챗GPT는 진정한 의미의 언어 이해가 아닌 확률에 기반한 문장 생성을 하는 시스템이지만, 이는 오히려 인류가 인터넷상에 축적해온 방대한 지식의 보물창고

챗GPT에게 묻는 인류의 미래

김대식·챗GPT,
김민정 외 4명 역, 동아시아(2023)

에 쉽게 접근할 수 있게 하는 기회가 되었으며, 이러한 정보들을 체계적으로 파악하고 필요한 내용을 제공하는 기계 비서의 역할을 하게 되어, 결국 인공지능이 발전한 미래에는 '질문하는 능력'이 인간의 가장 중요한 역량이 될 수 있다는 통찰을 제공한다.

세특 예시 ·····

'챗GPT에게 묻는 인류의 미래(김대식·챗GPT)'를 읽고 인공지능 기술 발전이 의료 분야에 미칠 영향에 대한 탐구를 진행함. 특히 챗GPT를 활용하여 '인공지능과 미래 의료: 혁신과 윤리'라는 주제로 조별 토론을 진행하며 인공지능 기반 진단 시스템, 로봇 수술, 개인 맞춤형 치료 등 다양한 쟁점에 대한 의견을 교환함. 토론 내용을 바탕으로 영어 프레젠테이션을 준비하며 챗GPT를 활용하여 관련 연구 자료를 수집하고 분석하여 프레젠테이션의 완성도를 높임. 또한 챗GPT를 통해 생성한 가상 환자 시뮬레이션을 활용하여 인공지능 기반 진단 시스템의 효과와 한계에 대해 토의하며 미래 의료 기술 발전에 대한 비판적 시각과 윤리적 책임 의식을 함양함.

[12미영01-03] • • •

미디어 정보에서 핵심어를 추출하여 내용을 요약하거나 재구성한다.

➔ 미디어는 의료 정보를 대중에게 전달하고 건강 인식을 높이는 중요한 역할을 한다. 텔레비전, 인터넷, SNS 등을 통해 질병 예방, 건강 관리, 최신 의료 기술과 같은 정보를 널리 알리며 대중이 의료 지식을 쉽게 접하도록 돕는다. 예를 들어 팬데믹 기간 동안 미디어는 바이러스 확산과 예방 수칙을 알리는 데 중요한 역할을 했다. 그러나 미디어는 잘못된 정보나 과장된 내용을 전해 혼란을 일으킬 위험도 있다. 의료 정보 전달에서 미디어의 역할과 영향, 그리고 정확한 정보 제공의 중요성을 영어 자료를 통해 조사하고 요약하여 발표해 보자.

관련 학과 의약계열 전체

《**작문 문단쓰기로 익히기**》, 캐슬린 E. 설리번, 최현섭 외 1명 역, 삼영사(2000)

[12미영01-04] • • •

미디어 정보를 비판적 태도로 검색, 선정, 비교 및 분석한다.

➔ 비만은 건강에 해로우며 심장병, 당뇨병, 고혈압, 일부 유형의 암과 같은 다양한 질병의 위험을 증가시킬 수 있기에, 체중 감량을 돕기 위해 사용하는 비만 치료제가 큰 관심을 받아 왔다. 비만 치료제는 식욕 억제, 지방 흡수 감소, 지방 분해 촉진 등의 기능을 가지고 있다. 최근 당뇨병 치료제가 부작용이 거의 없이 비만 치료제로 쓰이면서 논란이 되고 있다. 영어로 된 다양한 미디어에서 비만 치료제에 관한 정보를 검색하고 핵심 정보를 선정하여 비만 치료제의 특징, 장점과 단점, 향후 전망 등에 대한 내용을 비교하거나 비판적으로 분석하여 발표해 보자.

관련 학과 의약계열 전체

《**내장 지방**》, 구리하라 다케시, 김선숙 역, 성안당(2023)

[12미영01-05]

목적이나 대상에 적합한 미디어를 활용하여 의견이나 정보를 공유한다.

→ LinkedIn(https://www.linkedin.com/)은 의료 분야의 직업 탐색, 네트워킹, 전문성 개발에 중요한 도구로 활용된다. 의료 관련 직종에 관심이 있는 사람들은 LinkedIn을 통해 간호사, 의사, 방사선사, 의료 연구원, 의료기기 전문가 등 다양한 의료 관련 직종에 대한 정보를 탐색할 수 있다. 또한 업계 전문가들과 연결하고 최신 의료 트렌드를 팔로우하며 관련 그룹에 가입해 정보를 교환할 수 있다. LinkedIn에서는 개별 프로필을 통해 자신의 경력, 기술, 자격증을 명확히 제시할 수 있어서, 채용 담당자들이 적합한 인재를 찾는 데도 유용하다. LinkedIn을 활용하여 관심 있는 의료 직종 정보를 찾고 네트워킹과 직무 탐색을 위한 방안을 조사하여 영어로 요약하고 발표해 보자.

`관련 학과` 의약계열 전체

《**링크드인 취업 혁명**》, 김민경, 라온북(2022)

[12미영01-06]

미디어 정보를 융합하고 적절한 도구를 활용하여 콘텐츠를 제작한다.

→ 청소년들이 종종 학업 성취나 집중력을 높이려는 목적으로 각성제를 사용하는데, 이는 건강에 심각한 위험을 초래하고 윤리적 문제를 야기한다. 각성제는 ADHD 등 특정 질환을 치료하기 위해 처방되지만, 성적 향상이나 학습 능력 강화를 목적으로 오용할 경우 불안, 불면, 심박수 증가, 중독 등의 부작용을 일으킬 수 있다. 특히 청소년은 아직 뇌의 발달이 완성되지 않았기 때문에, 약물에 더욱 민감하게 반응할 수 있다. 청소년의 각성제 오용 문제와 위험성에 대해 조사하고, 이를 예방하기 위한 교육과 정책 방안을 영어를 사용하여 동영상으로 제작해 보자.

`관련 학과` 의약계열 전체

《**청소년 생활습관의학 안내서**》, 베스 프레이츠 외 5명, 이승현 외 5명 역, 대한생활습관의학교육원(2021)

[12미영01-07]

미디어에서 접하는 다양한 시청각 단서를 이해하거나 적절하게 표현한다.

→ 당뇨병의 진단과 치료에 사용되는 당화 혈색소(HbA1c) 검사는 적혈구에 포도당이 얼마나 많이 결합해 있는지 측정하는 검사이다. 적혈구의 수명은 약 120일이기 때문에, 당화 혈색소는 지난 2~3개월 동안의 평균 혈당 조절 상태를 나타내는데, 5.7~6.4%는 당뇨병 전 단계, 6.5% 이상은 당뇨병으로 진단된다. 당화 혈색소 검사는 간단한 혈액 검사로 시행할 수 있고 검사 전 특별한 준비가 필요하지 않다는 장점이 있다. 당화 혈색소 검사와 관련 있는 영어 동영상을 찾아 해당 매체가 텍스트 외의 다양한 표현 방식(이미지, 색, 소리, 디자인, 하이퍼텍스트, 애니메이션, 이모티콘, 움직임 등)을 포함한 시청각 요소로 시청자들의 이해를 용이하게 하는 요인을 찾아 분석하고 발표해 보자.

`관련 학과` 의약계열 전체

《**당뇨병의 정석**》, 대한당뇨병학회, 비타북스(2023)

[12미영01-09]

미디어 정보를 창의적·비판적으로 처리하기 위해 정보의 출처를 확인하고 정보 보안을 준수한다.

➡ 의학 분야의 가짜 뉴스는 잘못된 건강 정보와 치료법을 퍼뜨려 공중보건에 심각한 영향을 미칠 수 있다. 예를 들어 백신에 대한 잘못된 정보는 예방 접종을 주저하게 만들어 질병 확산을 유발할 수 있으며, 확인되지 않은 치료법이나 건강 보조 식품에 대한 허위 정보는 환자의 건강을 악화시킬 수 있다. 가짜 뉴스는 주로 SNS나 비전문적 웹사이트를 통해 빠르게 퍼져 나가며 의료 전문가와 공신력 있는 기관이 제공하는 정보와 혼동을 일으킨다. 영어로 된 의학 관련 가짜 뉴스를 찾아 분석하고 발표해 보자.

관련 학과 의약계열 전체

《CIA 분석가가 알려 주는 가짜 뉴스의 모든 것》, 신디 L. 오티스, 박중서 역, 원더박스(2023)

[12미영01-10] ● ● ●

오류 수정을 위해 디지털 도구를 적절히 활용한다.

➡ 의학에서는 때때로 특정 약물의 부작용이 그 효능보다 더 유명해지는 경우가 있다. 대표적인 예로 이부프로펜은 진통과 해열에 사용되는 약물이지만, 부작용으로 항염증 효과가 나타나는 것으로 알려져 있다. 이부프로펜의 항염증 효과는 관절염, 통풍, 근육통 등의 치료에 유용하게 사용될 수 있다. 고혈압 치료제로 사용되는 미노키실이 탈모 치료제로 활용되기도 한다. 약물의 부작용과 관련된 사례를 조사하여 영어로 보고서를 작성하고, 근거로 사용된 자료를 인터넷 등 디지털 도구를 활용하여 다시 한번 검증해 보자.

관련 학과 의약계열 전체

《의약에서 독약으로》, 미켈 보쉬 야콥슨, 전혜영 역, 율리시즈(2016)

선택 과목	수능	세계 문화와 영어	절대평가	상대평가
융합 선택	X		5단계	5등급

부 오 한 교 교
영 오 한 교 교
수학 한 교 교
국어 한 교 교
사회 한 교 교
과학 한 교 교

> | 🔍 | 문화 교류, 다양성, 도시 공간 사용 패턴, 소비문화, 포용 활동, 다문화 가정, 다양성 인정과 포용, 문화 상대주의, 하위 문화, 신념과 전통, 문화적 충돌, 문화 유산 체험, 보편적인 경험, 특수성, 보편적인 추세, 독특한 특성, 공통점과 차이점, 문화적 맥락, 글로벌 의료 협력, 의료 커뮤니케이션, 문화적 적응, 상호 문화적 이해

[12세영01-02]   • • •

문화 관련 주요 개념을 적용하여 문화 현상을 분석하고 새로운 관점으로 설명한다.

➡ 아시아와 서양의 전통적인 식습관을 비교하고, 각각의 식품 및 식습관이 건강에 미치는 영향을 알아보자. 관련 글 'What are Traditional Foods and Why are They Important to Our Health?'를 읽고 이를 통해 각 문화에서 보이는 건강 관련 패턴 및 경향성(질병 발생률, 평균 수명 등)을 파악한 뒤, 그 원인 및 결과를 분석하여 발표해 보자.

관련 학과 간호학과, 수의예과, 약학과, 의예과, 임상병리학과, 한의예과

《식습관의 인문학》, 비 윌슨, 이충호 역, 문학동네(2017)

[12세영01-03]   • • •

타 문화 및 언어에 대한 존중을 바탕으로 문화 정보를 수용하고 자신의 의견을 표현한다.

➡ 체내의 에너지 균형을 회복하려는 노력에 중점을 두는 한방 의료와 과학적 연구에 기반한 치료 방법을 사용하는 서양 의료는 분명한 차이가 있지만, 이 둘의 융합은 가능하며 실제로 많은 연구에서 이미 시도되고 있다. 관련 기사 'Western vs. Eastern medicine: What to know'를 읽고 한방 의료와 서양 의료 사이에서 발생하는 문화적 갈등에 대해 알아본 뒤, 이들 사이에서 어떤 융합점을 찾아낼 수 있는지 의견을 발표해 보자.

관련 학과 의약계열 전체

《하이브리드 의학》, 오카베 테츠로, 권승원 역, 청홍(2021)

[12세영01-04]   • • •

문화 현상이나 문화적 산물을 비교·대조하여 문화의 보편성과 특수성을 파악한다.

➡ 각 나라의 전통 치료법은 그 나라의 문화적·사회적·역사적·철학적 배경에 따라 크게 달라진다. 이러한 요소들은 보완 재료의 선택, 치료 전략, 그리고 환자의 건강에 영향을 미친다. 관련 글 'Traditional Healing Practices From Around The World'를 읽고 세계 각국의 전통 치료법에 나타나는 공통점과 차이점을 분석해 보자.

관련 학과 의약계열 전체

《동양의학 치료 교과서》, 센토 세이시로, 장은정 역, 보누스(2023)

[12세영01-05]

문화적 산물이나 문화 현상에 내재된 문화적 전제, 관점 또는 가치관을 추론한다.

➔ 사이버 범죄는 개인의 정신건강에 깊은 영향을 미칠 수 있으며 불안, 우울증, 심지어 외상 후 스트레스 장애와 같은 심각한 문제를 초래할 수 있다고 알려져 있다. 관련 기사 'The Psychological Impact on the Lives of Cyber-attack victims'를 참고하여 사이버 범죄로 인한 정신건강 문제에 대한 종합적인 치료 및 예방 전략에 관해 탐구하고 적절한 지원 방법을 함께 모색해 보자.

관련 학과 간호학과, 미술치료학과, 수의예과, 약학과, 언어치료학과, 의예과, 재활학과, 한의예과

《사이버 범죄론》, Jonathan Clough, 송영진 외 2명 역, ㈜박영사(2021)

[12세영01-06]

다른 문화권의 관습, 규범, 가치, 사고방식, 행동 양식 또는 의사소통 방식을 이해하고, 자신의 문화 인식 및 관점을 비판적으로 성찰한다.

➔ 최근에는 서양 의학과 동양 의학의 통합적 활용이 강조되고 있다. 그러나 이들 각각의 치료법의 효과와 안전성에 대한 비교 연구는 아직 미흡한 상황이다. 영문 자료 'Western Medicine: Explained & Examples'를 참고하여 특정 질병(암, 당뇨병 등)에 대한 서양 의학과 동양 의학의 치료법의 효과와 안전성을 비교하고 평가해 보자. 또한 이러한 차이가 왜 발생하는지 원인을 탐색하고, 이를 통해 더 효과적이고 안전한 통합 의료 서비스 제공 방안을 모색해 보자.

관련 학과 의약계열 전체

《위험한 서양의학 모호한 동양의학》, 김영수, 창해(2013)

[12세영01-07]

자발적·지속적 관심과 흥미를 가지고 다양한 문화적 산물을 감상하고 표현한다.

➔ 텔레메디신은 의학과 ICT 기술을 결합한 문화 산물로, 건강 관리 방식에 큰 변화를 가져왔다. 관련 기사 'Telemedicine seeks alternative revenue sources amid regulatory challenges'를 참고하여 텔레메디신이 담고 있는 문화적 가치와 그것이 의료 서비스 제공 방식과 환자의 건강 관리 방식에 어떤 변화를 가져왔는지 분석해 보자. 또한 텔레메디신의 미래 발전 가능성과 그것이 의료 서비스에 미칠 수 있는 잠재적 영향에 대해 탐구하고 발표해 보자.

관련 학과 의약계열 전체

《원격의료의 기초》, Shashi Gogia, 권준수 역, 범문에듀케이션(2021)

[12세영01-08]

세계 영어에 대한 이해를 바탕으로 적절한 전략과 태도를 갖추어 의사소통에 참여한다.

➔ 글로벌 의료 환경에서는 다양한 국가와 문화권의 의료 전문가들과 협력할 일이 많다. 이러한 환경에서는 세계 각국에서 사용되는 영어의 다양한 형태와 그 문화적 배경을 이해하는 것이 필수적이다. 의료 및 약학 분야에서 세계 영어의 다양한 형태를 분석하고, 이를 바탕으로 효과적인 의사소통 전략을 탐구해 보자. 또한 다문화적 환경에서 영어 사용 시 유의할 점을 논의하고, 국제 의료 협력에서 성공적인 커뮤니케이션을 하기 위한 방법을 모색해 보자.

국어 교과군

영어 교과군

수학 교과군

도덕 교과군

사회 교과군

과학 교과군

관련 학과 의약계열 전체

《문화 간 의사소통과 언어》, 김은일, 한국학술정보(2018)

[12세영01-09]   ● ● ●

다양한 장르와 매체에서 검색·수집한 문화 정보를 요약하거나 목적에 맞게 재구성한다.

➡ Netflix는 'Freedom and Responsibility'라는 독특한 기업 문화로 잘 알려져 있다. 이 문화는 직원들에게 큰 자유를 주면서 동시에 그 자유를 책임 있게 사용하도록 요구한다. 영문 기사 'Inside Netflix company culture: Amazing and unusual'을 참고하여 이 문화가 직원들의 건강과 복지에 어떤 영향을 미치는지 탐구해 보자. 특히 이런 문화가 직원들의 스트레스 수준, 직장 만족도, 그리고 일과 생활의 균형에 어떤 영향을 미치는지 분석하여 발표해 보자.

관련 학과 간호학과, 의예과, 한의예과

《규칙 없음》, 리드 헤이스팅스 외 1명, 이경남 역, 알에이치코리아(2020)

[12세영01-10]   ● ● ●

정보 윤리를 준수하여 다양한 목적의 문화 콘텐츠를 제작하여 공유한다.

➡ 세계적으로 전통 의학의 중요성과 그 영향력이 재조명되고 있다. 특히 각 나라의 전통 의학은 그 나라의 문화와 철학을 반영하고 있어서, 이를 통해 그 나라의 문화를 이해하는 데 큰 도움이 된다. 또한 전통 의학은 현대 의학에도 큰 영향을 미치며, 이를 통해 전통과 현대가 어떻게 융합되는지 볼 수 있다. 세계의 대표적인 전통 의학을 선택하여 정보를 탐구하고, 이를 효과적으로 알리는 콘텐츠를 제작해 보자.

관련 학과 물리치료학과, 미술치료학과, 보건관리학과, 수의예과, 약학과, 언어치료학과, 응급구조학과, 의예과, 작업치료학과, 재활학과, 치의예과, 한의예과

《아유르베다 입문》, 박종운, 지영사(2008)

수학 교과군

구분	교과(군)	공통 과목	선택 과목		
			일반 선택	진로 선택	융합 선택
보통 교과	수학	공통수학1 공통수학2 기본수학1 기본수학2	대수 미적분I 확률과 통계	미적분II 기하 경제 수학 인공지능 수학 직무 수학	수학과 문화 실용 통계 수학과제 탐구

공통 과목	수능	공통수학1	절대평가	상대평가
	X		5단계	5등급

단원명 | 다항식

> 🔍 오름차순, 내림차순, 다항식의 덧셈, 다항식의 뺄셈, 다항식의 곱셈, 다항식의 나눗셈, 조립제법, 교환법칙, 결합법칙, 분배법칙, 항등식, 미정계수법, 계수비교법, 수치대입법, 나머지정리, 인수정리, 다항식의 전개, 다항식의 인수분해

[10공수1-01-01] ●●●

다항식의 사칙연산의 원리를 설명하고, 그 계산을 할 수 있다.

➡ 다항식은 우리 생활의 여러 가지 문제를 해결하는 데 도움을 주는 유용한 도구이다. 의학 분야에서도 암 진단 검사 중 하나인 PCR(다중 연쇄 반응)의 DNA 분자를 복제하는 과정에서 다항식이 사용된다. 또한 혈액 내에 존재하는 단백질 농도를 측정하는 ELISA(효소 결합 면역 흡착 검사)에도 다항식이 사용된다. 의료 분야에서 다항식이 활용되는 사례를 찾아보고, 이때 사용된 다항식의 수학적 의미를 탐구해 보자.

관련 학과 간호학과, 물리치료학과, 방사선학과, 보건관리학과, 수의예과, 약학과, 의료공학과, 의예과, 임상병리학과, 작업치료학과, 재활학과, 치의예과

《**과학 한 입 베어물기**》, 황선혁 외 12명, 북랩(2023)

[10공수1-01-02] ●●●

항등식의 성질과 나머지정리를 이해하고, 이를 활용하여 문제를 해결할 수 있다.

➡ 히포크라테스는 철학과 마술에서 의술을 분리해 의학이라는 학문을 만든 선구자로, '의학의 아버지'라고도 불린다. 히포크라테스 선서는 히포크라테스가 말한 의료의 윤리 지침으로, 오늘날에는 히포크라테스 선서를 수정한 '제네바 선언'을 일반적으로 낭독하고 있다. 당시에는 병이 신의 뜻이나 죄, 미신 때문에 생긴다고 믿었지만, 히포크라테스는 생활 습관이나 음식 섭취 등에 의해 생긴다고 생각했다. 그는 수학을 활용해 평생 여러 가지 병의 발병률, 재발률, 통증 정도 등을 연구했다. 히포크라테스가 살았던 고대 그리스 시대의 수학 발전 상황을 대수(방정식, 다항식, 함수 등)와 관련하여 조사해 보자.

관련 학과 간호학과, 보건관리학과, 의료공학과, 의예과, 임상병리학과

《**히포크라테스가 들려주는 작도 이야기**》, 정수진, 자음과모음(2008)

[10공수1-01-03] ●●●

다항식의 인수분해를 할 수 있다.

➡ 의학 분야에서 활용하는 수면 뇌파 검사는 뇌신경 사이의 신호가 전달되면서 발생하는 뇌파를 규명하는데, 이

때 삼각함수가 많이 활용된다. 또한 초음파 검사에서는 진동수가 높은 초음파를 인체에 발사하는데, 역시 삼각함수가 많이 활용된다. 삼각함수는 다항함수로 이루어진 대수함수가 아닌 초월함수에 해당한다. 뇌파나 초음파 등에 활용되는 함수로 다항함수와 성격이 다른 삼각함수에 대해 탐구해 보자.

관련학과 간호학과, 물리치료학과, 방사선학과, 보건관리학과, 수의예과, 응급구조학과, 의료공학과, 의예과

《푸리에가 들려주는 삼각함수 이야기》, 송륜진, 자음과모음(2008)

단원명 | 방정식과 부등식

| 🔍 | 복소수, 허수, 실수 부분, 허수 부분, 복소수의 사칙연산, 판별식, 이차방정식의 근과 수의 관계, 두 근의 합, 두 수의 곱, 두 수를 근으로 하는 이차방정식, 이차방정식과 이차함수, 이차방정식의 해, 이차함수의 그래프, 직선의 위치 관계, 이차함수의 최대와 최소, 최댓값과 최솟값, 삼차방정식, 사차방정식, 연립이차방정식, 연립일차부등식, 절댓값을 포함한 일차부등식, 이차부등식, 연립이차부등식

[10공수1-02-01]   •••

복소수의 뜻과 성질을 설명하고, 사칙연산을 수행할 수 있다.

➡ 양자역학은 입자 및 입자 집단을 다루는 현대 물리학의 기초 이론으로, 입자가 가지는 파동과 입자의 이중성을 다룬다. 양자 세계를 설명하는 과정에 사용되는 슈뢰딩거 방정식에는 복소수 개념이 활용되며 이 방정식을 통해 원자나 전자의 움직임을 예측할 수 있다. 양자역학은 레이저나 MRI(자기공명영상) 등에 활용되는데, 이를 표현하기 위해 사용되는 복소평면에 대해 탐구해 보자.

관련학과 방사선학과, 수의예과, 의료공학과, 의예과, 치의예과

《냉장고를 여니 양자역학이 나왔다》, 박재용, MiD(2021)

[10공수1-02-02]   •••

이차방정식의 실근과 허근을 이해하고, 판별식을 이용하여 이차방정식의 근을 판별할 수 있다.

➡ 안경 렌즈는 포물선의 기하학적 특징을 이용해 빛의 경로를 조절함으로써 시력을 보정한다. 근시나 원시를 보정할 때 주로 오목렌즈를 활용하는데, 이 렌즈의 형태가 포물선의 일부 형태이다. 오목렌즈는 빛을 굴절시켜 눈의 수렴점을 망막 뒤나 앞으로 이동시킨다. 오목렌즈의 원리를 조사하고, 안경 렌즈를 이차곡선과 관련지어 탐구해 보자.

관련학과 안경광학과, 의료공학과, 의예과

《거울아, 거울아》, 강선남, 스푼북(2021)

[10공수1-02-03]   •••

이차방정식의 근과 계수의 관계를 설명할 수 있다.

➡ 바이오마커는 단백질이나 DNA, RNA(리보핵산), 대사물질 등을 이용해 몸 안의 변화를 알아내게 해주는 지표이다. 바이오마커를 활용하면 생명체의 정상적인 또는 병리적인 상태, 약물에 대한 반응 정도 등을 객관적으로 측정할 수 있어서 암을 비롯해 뇌졸중, 치매 등 각종 난치병을 진단하는 효과적인 방식으로 각광받고 있다. 이

때 이차함수를 통해 변수 간의 관계를 모델링하고 의료 진단을 내릴 수 있다. 몸 안의 변화를 그래프 등으로 나타내고 변수 간의 관계를 함수식으로 모델링하는 바이오마커에 대해 탐구해 보자.

관련 학과 간호학과, 물리치료학과, 보건관리학과, 수의예과, 약학과, 의료공학과, 의예과, 임상병리학과, 치의예과, 한의예과

디지털 치료제 혁명

하성욱 외 1명,
클라우드나인(2022)

책 소개

이 책은 의료 기술과 정보통신 기술의 융합을 통해 디지털 치료제라는 신분야를 소개하고 있다. 디지털 치료제는 디지털 기술 혁신을 통해 기존 의료 체계에 존재하는 여러 장벽을 허물고 더 많은 환자들이 의료 혜택을 받을 수 있게 만들 것으로 기대된다. 1부에서는 디지털 치료제의 정의, 분류, 사례와 분야, 제조 방법과 전제조건을 다루고, 2부에서는 바이오 산업 내에서 디지털 치료제의 위치와 기회를 정리하고 있다.

세특 예시

이차함수 이론을 학습한 뒤 수학적 모델링의 사례로 이차함수를 통한 변수 간의 관계 모델링과 의료 진단에 대해 소개함. 교과연계 독서활동으로 '디지털 치료제 혁명(하성욱 외 1명)'을 읽고 디지털 치료제의 정의와 특징, 구체적인 사례 등을 정리하여 인포그래픽으로 표현함. 또한 몸 안의 변화를 알아낼 수 있는 지표인 바이오마커가 디지털 치료의 핵심 기술로 사용될 미래의 모습을 소개함. 또한 인공지능과 최첨단 정보통신 기술을 활용한 건강 관리가 보편화되면 디지털 치료제가 바이오 산업에서 각광받을 거라고 예측함.

[10공수1-02-04] •••

이차방정식과 이차함수를 연결하여 그 관계를 설명할 수 있다.

➡ 체외 충격파 쇄석술은 몸의 외부에서 고에너지의 충격파를 발생시켜 인체 내의 요로 결석에 집중적으로 쏘아 결석을 2mm 이하의 작은 가루로 부순 뒤 소변과 함께 자연 배출시키는 방법이다. 몸 안에 결석이 생길 경우 체외 충격파 쇄석기를 이용해 결석을 제거하는데, 이때 포물선이나 타원의 광학적 성질을 활용한다. 강한 인펄스 전류를 가하여 발생한 충격파 에너지를 포물선이나 타원 형태의 반사판을 통해 초점에 모아주는 방식이다. 이차곡선을 활용한 체외 충격파 쇄석술에 대해 탐구해 보자.

관련 학과 간호학과, 물리치료학과, 방사선학과, 수의예과, 의료공학과, 의예과, 치위생학과, 치의예과
《**고교수학 수학의 계절: 기하, 이차곡선/공간**》, 최남수, 사계절출판사(2021)

[10공수1-02-05] •••

이차함수의 그래프와 직선의 위치 관계를 판단할 수 있다.

➡ 손전등이나 헤드라이트뿐만 아니라 치과, 수술실에서 사용되는 조명과 무영등에서 포물선을 확인할 수 있다. 치과나 수술실의 조명을 통해 잇몸, 치아 등 신체의 작은 부위를 세밀하게 확인할 수 있어야 하며, 이를 위해 작은 크기의 빛을 세밀하게 조정해야 한다. 이때 광원이 포물선의 초점에 위치하면 빛이 포물선에 반사되어 앞으로 똑바로 나아가는 원리를 활용한다. 포물선에서 빛의 성질을 설명하고 포물선 모양의 조명이 활용되는 사

례도 찾아보자.

관련 학과 간호학과, 방사선학과, 수의예과, 안경광학과, 약학과, 의료공학과, 의예과, 치위생학과, 치의예과
《어서 오세요, 이야기 수학 클럽에》, 김민형, 인플루엔셜(2022)

[10공수1-02-06] •••

이차함수의 최대, 최소를 탐구하고, 이를 실생활과 연결하여 유용성을 인식할 수 있다.

➡ 약동학은 약물의 효능이나 부작용이 시간에 따라 어떻게 변하는지 연구하는 학문이다. 약물이 인체 내에서 어떻게 반응하며 몸에서 제거되는 속도는 어떤지 등을 파악하여 적절한 복용 용량과 시간을 결정하는 데 필수적인 정보를 제공한다. 이차함수는 일반적인 약동학 곡선에 대한 모델로, 약이 체내에서 반응하고 제거되는 과정에서 농도가 어떻게 변하는지를 나타낸다. 그래프를 통해 약의 최적 복용량과 복용 주기 등을 결정하는 약동학을 이차함수와 관련지어 탐구해 보자.

관련 학과 간호학과, 보건관리학과, 수의예과, 약학과, 의료공학과, 의예과, 임상병리학과, 치위생학과, 치의예과, 한의예과
《신약개발을 위한 실전 약동학 Ⅰ》, 가톨릭대학교 계량약리학연구소, 부크크(2021)

[10공수1-02-07] •••

간단한 삼차방정식과 사차방정식을 풀 수 있다.

➡ 의학 분야에서 다루는 함수에는 이차함수와 삼차함수 같은 다항함수도 있지만 삼각함수, 지수함수, 로그함수 등의 초월함수도 존재한다. 초월함수는 다항함수에 비해 해를 찾는 과정이나 그래프의 분석 등이 쉽지 않다. 이에 활용할 수 있는 방법이 바이어슈트라스의 다항식 근사 정리(Weierstras's approximation theorem)이다. 바이어슈트라스의 다항식 근사 정리는 임의의 폐구간 [a, b]에서 연속인 함수는 다항식으로 근사할 수 있다는 내용이다. 바이어슈트라스의 다항식 근사 정리가 가지는 수학적 의미를 탐구해 보자.

관련 학과 수의예과, 약학과, 의예과, 치의예과, 한의예과
《바이어슈트라스가 들려주는 수열의 극한 이야기》, 나소연, 자음과모음(2009)

[10공수1-02-08] •••

미지수가 2개인 연립이차방정식을 풀 수 있다.

➡ 컴퓨터 단층 촬영(Computed Tomography, CT)은 체내에 X선을 통과시킨 후 X선이 신체의 각 부분에 얼마만큼 흡수됐는지 측정하는 방식이다. 한 방향에서 X선을 투과할 때마다 신체의 각 부분을 미지수로 하는 방정식을 얻을 수 있고, 여러 방향에서 X선을 투과하면 연립방정식을 얻게 된다. 컴퓨터 단층 촬영의 구성과 작동 원리를 연립방정식과 관련하여 탐구해 보자.

관련 학과 간호학과, 방사선학과, 보건관리학과, 수의예과, 의료공학과, 의예과, 임상병리학과, 치위생학과, 치의예과

하리하라의 청소년을 위한 의학 이야기

이은희, 살림Friends(2014)

이 책은 노벨 생리학상과 관련한 의학 상식을 전해주는 과학 교양서이며 베스트셀러로 손꼽힌다. 미래에 의학계에서 일하고자 하는 청소년들을 위해 어려운 의학 분야에 친근하게 다가갈 수 있도록 구성하였다. 교양으로 꼭 알아야 할 현대 과학의 성과들을 쉽게 풀이해서 설명하고 그 이면에 드리워진 어두운 그림자를 낱낱이 파헤침으로써, 대중에게 과학을 보는 눈을 제공하고 있다.

세특 예시

수업 시간에 연립이차방정식과 관련한 문제를 인수분해를 통해 올바르게 해결하고 멘토링 활동을 통해 멘티 친구의 문제 해결을 도와줌. 수학 연계 융합활동으로 연립이차방정식의 사례로서 컴퓨터 단층 촬영을 소개함. '하리하라의 청소년을 위한 의학 이야기(이은희)'를 통해 의학 상식을 요약하고 다양한 의료기기의 배경지식을 안내함. 또한 컴퓨터 단층 촬영의 구성과 작동 원리를 소개하고 컴퓨터 단층 촬영의 의학적 업적을 설명함. 또한 X선을 투과하면 연립방정식을 얻게 되어 이를 활용해 문제를 진단할 수 있다고 설명함.

[10공수1-02-09] •••

미지수가 1개인 연립일차부등식을 풀 수 있다.

➡ 미지수를 1개에서 2개로 늘리면 해의 집합이 수직선이 아닌 좌표평면에 나타나게 된다. 미지수를 2개로 늘렸을 때 활용되는 부등식의 영역은 주어진 부등식의 조건을 만족하는 점의 집합으로, 방정식과 달리 영역으로 표현된다. 좌표평면에서 부등식 $y > x+1$과 $y < x+1$, $y \geq x+1$, $y \leq x+1$이 나타내는 영역을 표현하고, 방정식 $y = x+1$과의 수학적 의미의 차이를 비교하여 설명해 보자.

[관련 학과] 간호학과, 수의예과, 의료공학과, 의예과, 치의예과

《눈으로 보며 이해하는 아름다운 수학 2: 부등식편》, 클라우디 알시나 외 1명, 권창욱 역, 청문각(2019)

[10공수1-02-10] •••

절댓값을 포함한 일차부등식을 풀 수 있다.

➡ 약물의 반감기는 혈류에서 약물이 사라지는 비율로, 약물의 체내 농도 또는 양이 정확하게 절반으로 감소하는 데 걸리는 시간의 추정치이다. 약물의 반감기는 환자나 환경 등의 요소에 따라 다르며, 특정 약물이 사람의 신체에 얼마나 잘 분포하는지(분포 부피)와 사람이 약물을 얼마나 빨리 배설하는지(약물 제거)에 영향을 미친다. 보통 약물은 4~5번의 반감기를 거쳐 무시할 수 있을 정도로 줄어든다고 한다. 부등식과 관련한 약물의 반감기에 대해 탐구해 보자.

[관련 학과] 간호학과, 물리치료학과, 방사선학과, 보건관리학과, 수의예과, 약학과, 의료공학과, 의예과, 임상병리학과, 작업치료학과, 재활학과, 치위생학과, 치의예과, 한의예과

《프셉마음: 약물편》, 남소희 외 1명, 드림널스(2021)

[10공수1-02-11] ● ● ● ●

이차부등식과 이차함수를 연결하여 그 관계를 설명하고, 이차부등식과 연립이차부등식을 풀 수 있다.

➡️ 체질량지수(Body Mass Index, BMI)는 체중을 키의 제곱으로 나눈 체중의 객관적인 지수로, 체지방량과 상관관계가 크다고 알려져 있다. 일반적으로 BMI가 30 이상이면 비만, 25~29는 과체중, 18.5~24.9는 정상, 18.5 미만은 저체중으로 분류한다. 체질량지수와 사망률의 관계를 그래프로 표현하면 포물선 형태로, 연구결과에 따르면 18~25 구간에서는 사망률이 낮지만 25 이상부터는 사망률이 기하급수적으로 증가한다고 한다. 체질량지수와 사망률의 관계에 대한 그래프를 찾아 분석해 보자.

관련 학과 간호학과, 물리치료학과, 보건관리학과, 약학과, 의료공학과, 의예과, 임상병리학과, 작업치료학과, 재활학과, 한의예과

《나는 수학으로 세상을 읽는다》, 롭 이스터웨이, 고유경 역, 반니(2020)

단원명 | 경우의 수

| 🔍 | 합의 법칙, 곱의 법칙, 경우의 수, 순열, 순열의 수, 조합, 조합의 수

[10공수1-03-01] ● ● ● ●

합의 법칙과 곱의 법칙을 이해하고, 적절한 전략을 사용하여 경우의 수와 관련된 문제를 해결할 수 있다.

➡️ 법적으로 입원 환자 20명 이상을 수용할 수 있는 시설을 갖춘 곳을 병원이라 하고, 이에 미치지 못할 경우 의원으로 구분하고 있다. 병원에는 내과, 외과 외에도 산부인과, 가정의학과, 마취통증의학과 등 다양한 과가 있다. 또한 내과는 세부적으로 호흡기내과, 순환기내과, 소화기내과 등으로 나뉘며 외과에는 외상외과, 성형외과, 신경외과, 정형외과, 흉부외과 등이 있다. 병원의 다양한 진료과과에 대해 조사하고 세부적인 분야로 나누어 설명해 보자.

관련 학과 간호학과, 물리치료학과, 방사선학과, 보건관리학과, 약학과, 응급구조학과, 의료공학과, 의예과, 임상병리학과, 작업치료학과, 재활학과

《의대에 가고 싶어졌습니다》, 서울대학교 의과대학 재학·졸업생 32명, 메가스터디북스(2022)

[10공수1-03-02] ● ● ● ●

순열의 개념을 이해하고, 순열의 수를 구하는 방법을 설명할 수 있다.

➡️ 바코드는 굵은 선과 가는 선으로 표시한 숫자나 문자 코드로, 상품의 바코드를 광학적으로 판독하는 POS 시스템 등을 통해 매장에서 사용된다. QR코드는 이런 바코드의 장점을 살려 활용성이나 정보를 한층 발전시킨 코드 체계이다. 스마트폰으로 QR코드를 스캔하여 텍스트, URL, 연락처 정보, 이미지, 동영상 등 다양한 정보를 제공받을 수 있다. 기존 바코드보다 더 많은 데이터를 저장할 수 있어서 병원에서도 QR코드를 활용하는 경우가 많다. 바코드와 QR코드가 담을 수 있는 정보량을 경우의 수를 활용하여 비교하고 QR코드를 활용할 수 있는 사례를 제시해 보자.

관련 학과 간호학과, 물리치료학과, 방사선학과, 보건관리학과, 수의예과, 약학과, 의료공학과, 의예과, 임상병리학과, 치의예과, 한의예과

《한눈에 보이는 인공지능 수학 그림책》, 한선관 외 1명, 성안당(2023)

조합의 개념을 이해하고, 조합의 수를 구하는 방법을 설명할 수 있다.

➡️ 3염기 조합(triplet code)은 아미노산의 정보를 결정하는 DNA와 RNA에 존재하는 염기 세 개가 모인 것을 말하며 트리플렛 코드, 트리플렛 암호라고도 한다. DNA와 RNA에는 아데닌, 구아닌, 티민, 우라실, 사이토신이라는 5개의 염기 여러 개가 배열되어 있는데, 인접한 3개의 염기는 아미노산의 암호를 가지고 있어서 아미노산을 결정하게 된다. 이런 아미노산이 중요한 이유는 아미노산이 일정한 순서로 결합된 화합물이 3대 영양소 중 하나인 단백질이기 때문이다. 대표적인 단백질인 사포신과 스와포신은 아미노산의 순서가 순환적으로 같기 때문에 비슷한 기능을 한다. 순열과 조합과 관련지어 그 이유를 설명해 보자.

관련 학과 간호학과, 보건관리학과, 수의예과, 약학과, 의료공학과, 의예과, 임상병리학과
《생명을 만드는 물질》, 기시모토 야스시, 백태홍 역, 전파과학사(2023)

단원명 | 행렬

🔍 행렬, 행, 열, 성분, $m \times n$ 행렬, 정사각행렬, 영행렬, 단위행렬, 행렬의 연산, 행렬의 덧셈, 행렬의 뺄셈, 행렬의 곱셈, 행렬의 실수배, 레벤슈타인 거리(Levenshtein Distance)

행렬의 뜻을 알고, 실생활 상황을 행렬로 표현할 수 있다.

➡️ 인공지능 수술 로봇은 수술의 일부 또는 전 과정에서 의사를 대신하여 수술을 진행하는 로봇이다. 현재 대학병원에서는 스마트 수술실 구축과 함께 최소침습 수술(복강경 수술), 뇌 수술, 척추 수술, 인공관절 수술 등 고도의 정밀도와 정확도가 요구되는 특수 수술 영역에서 로봇 수술의 사용을 확대하고 있다. 인공지능 수술 로봇이 이미지를 인식할 때 활용하는 수학 개념이 행렬이다. 인공지능이 이미지를 이미지 데이터로 인식하는 과정을 탐구해 보자.

관련 학과 간호학과, 물리치료학과, 방사선학과, 수의예과, 의료공학과, 의예과, 치의예과
《10대에 의료계가 궁금한 나, 어떻게 할까?》, 오쿠 신야, 김정환 역, 오유아이(2022)

행렬의 연산을 수행하고, 관련된 문제를 해결할 수 있다.

➡️ 레벤슈타인 거리 알고리즘(Levenshtein Distance Algorithm)은 두 문자열 간의 차이를 측정하기 위해 개발되었다. 이 알고리즘은 두 문자열 사이의 최소 편집 거리를 구하기 위해 문자 삽입, 삭제, 교체와 같은 3가지 기본 연산을 사용하며, 자연어 처리, 정보 검색, 바이오인포매틱스 등 다양한 분야에서 활용되고 있다. DNA 서열 비교, 유전자 변이 및 진화 분석에 사용되는 레벤슈타인 거리에 대해 탐구해 보자.

관련 학과 수의예과, 약학과, 의료공학과, 의예과
《쏙쏙 들어오는 인공지능 알고리즘》, 리샬 허반스, 구정회 역, 제이펍(2021)

국어 교과군

영어 교과군

수학 교과군

도덕 교과군

사회 교과군

과학 교과군

공통 과목	수능	공통수학2	절대평가	상대평가
	X		5단계	5등급

단원명 | 도형의 방정식

> | 🔍 | 두 점 사이의 거리, 내분점, 외분점, 중점, 직선의 방정식, 두 직선의 평행 조건과 수직 조건, 점과 직선 사이의 거리, 원의 방정식, 반지름, 원의 중심, 원과 직선의 위치 관계, 접선, 접점, 접한다, 두 점에서 만난다, 만나지 않는다, 접선의 방정식, 평행이동, 원점, x축, y축, 직선 $y = x$에 대한 대칭이동

[10공수2-01-01] ● ● ●

선분의 내분을 이해하고, 내분점의 좌표를 계산할 수 있다.

➔ 지렛대는 작은 힘으로 무거운 물체를 들어 올릴 때 사용하는 도구로, 힘점과 작용점에 작용한 힘과 각 점과 받침점 사이의 거리의 곱은 서로 같다는 원리를 활용한다. 이때 지레의 막대를 받치거나 고정된 점을 받침점, 외부의 힘이 가해지는 점을 힘점, 지레가 물체에 힘을 가하는 점을 작용점이라고 한다. 우리의 몸은 다양한 지렛대의 원리에 의해 움직인다. 예를 들어 관절은 지레의 축, 뼈는 지레의 막대로 이해할 수 있다. 지레에는 받침점과 힘점, 작용점이 있는데, 그 위치에 따라 1종 지레, 2종 지레, 3종 지레로 나뉜다. 1종 지레, 2종 지레, 3종 지레의 특징과 차이를 비교하고 우리 신체에서 활용되는 사례를 탐구해 보자.

관련 학과 의약계열 전체

《**구름의 무게를 재는 과학자**》, 다비드 카예, 유 아가다 역, 북스힐(2022)

[10공수2-01-02] ● ● ●

두 직선의 평행 조건과 수직 조건을 탐구하고 이해한다.

➔ 대학병원은 대부분 서울과 수도권에 위치해 있으며, 지방은 인구 1,000명당 의사 수가 수도권의 절반 수준이다. 그 결과 지방의 응급 환자들이 제대로 치료받지 못하고 골든타임을 놓치는 일에 관한 기사를 자주 볼 수 있다. 실제로 수도권에 비해 지방의 입원 환자 사망률은 1.2배, 중증 응급 환자 전원율은 2배 높다고 한다. 보로노이 다이어그램을 평면에 가까운 점을 기준으로 분할하면 두 점의 수직이등분선을 경계로 각 점의 권역을 설정할 수 있다. 지도에 전국 대학병원의 위치를 표시한 뒤 보로노이 다이어그램을 활용해 예상 관할구역을 분할하여 지방 의료 부족 현상의 근거로 제시해 보자.

관련 학과 간호학과, 보건관리학과, 응급구조학과, 의예과

공공의료 새롭게

백재중,
건강미디어협동조합(2022)

이 책은 공공병원이 지금처럼 왜소해진 역사적 배경과 수익성 위주의 민간병원 경영전략이 의료 공공성에 미치는 폐해를 살펴본다. 또한 새롭게 등장한 공공병원 확대 강화 운동의 흐름과 공공의료 정책의 성공을 위해 필요한 공공병원 혁신 및 구체적인 전략을 설명하고 있다. 의료 체계 전체의 공공성이 강화되려면 공공병원만으로는 부족하고 공익적 민간병원과의 연대가 필요함을 역설하고 있다.

세특 예시

진로연계 탐구활동으로 두 직선의 수직 조건과 연계하여 보로노이 다이어그램의 정의와 작도법을 조사함. 주어진 영역을 생성점에서 가장 가까운 영역으로 분할하는 과정을 두 점의 수직이등분선과 관련해서 설명하고 10개의 점에 대한 보로노이 다이어그램을 작도함. 또한 보로노이 다각형이 가진 특징과 성질을 분석하고 이를 활용하는 방안으로 전국 대학병원들의 위치를 기준으로 병원의 영역을 분할 설정함. 이를 근거로 지방 의료 시설 부족 현상의 문제점을 제기하고 '공공의료 새롭게(백재중)'의 내용을 근거로 공공의료를 통한 지방 의료 시설 문제의 해결 방안을 제시함.

[10공수2-01-03] ● ● ●

점과 직선 사이의 거리를 구하고, 관련된 문제를 해결할 수 있다.

➡ 의료용 나노 로봇(Medical Nano Robot)은 10억분의 1미터(1nm) 크기의 나노 기술을 기반으로 만들어져 여러 의료 기능을 수행하도록 제작된 로봇이다. 인체의 혈관에 주입하여 혈관 속을 청소하고 인체에 침입한 바이러스를 제거하거나 암세포를 찾아 약물을 전달하여 제거하는 역할을 한다. 아직 실용화되지는 않았으나 현재 가시적인 개발이 이루어지고 있어서 미래의 핵심 기술 중 하나로 평가된다. 로봇의 위치를 파악할 때 좌표를 활용할 수 있으며 나노 로봇의 이동 경로를 설정할 때도 수학이 활용된다. 의료용 나노 로봇에 활용할 수 있는 수학 개념을 탐구해 보자.

관련 학과 간호학과, 방사선학과, 보건관리학과, 수의예과, 약학과, 의료공학과, 의예과, 임상병리학과, 치의예과
《파이브 포스》, 스티븐 S. 호프먼, 이희령 역, 까치(2022)

[10공수2-01-04] ● ● ●

원의 방정식을 구하고, 그래프를 그릴 수 있다.

➡ 나선형은 매끄러운 곡선의 일종으로, 원처럼 보이지만 빙빙 비틀린 형태이다. 나선형의 대표적인 예인 로그 나선의 경우 기하학적 진행에서 나선의 선회 사이의 거리가 증가하는 반면, 아르키메데스 나선에서는 그 거리가 일정하다. 나선형 구조의 대표적인 예로는 단백질의 α - 헬릭스, DNA의 이중 나선, 녹말의 아밀로오스 나선 구조, 폴리머 결정이 있다. 원과 비슷하게 생겼지만 조금 다른 구조인 나선형 구조의 특징과 나선형 구조가 의약 분야에 나타나는 사례를 조사해 보자.

관련 학과 간호학과, 방사선학과, 보건관리학과, 수의예과, 의료공학과, 의예과, 임상병리학과
《자연이 만든 가장 완벽한 도형, 나선》, 외위빈 함메르, 박유진 역, 컬처룩(2018)

국어 교과군

영어 교과군

수학 교과군

도덕 교과군

사회 교과군

과학 교과군

[10공수2-01-05] ● ● ●

좌표평면에서 원과 직선의 위치 관계를 판단하고, 이를 활용하여 문제를 해결할 수 있다.

➡️ 원심 분리기는 원심력을 이용하여, 혼합돼 있는 액체와 고체, 비중이 서로 다른 액체를 분리하는 장치로, 여과·농축·탈수·정제 등에 활용된다. 원심 분리기 안에 시험관을 비스듬히 끼워 빠르게 돌리면, 원심력에 의해 밀도가 높은 액체가 빠르게 분리된다. 의약계열에서는 혈액의 성분 분리, 발치, 임플란트 등에 원심 분리기를 활용한다. 원심 분리기의 원리와 구조, 올바른 사용법, 활용 사례 등을 조사해 보자.

관련 학과 간호학과, 물리치료학과, 방사선학과, 보건관리학과, 수의예과, 의료공학과, 의예과, 임상병리학과, 치위생학과, 치의예과

《**프셉마음: 혈액검사 해석 및 간호편**》, 이재왕 외 1명, 드림널스(2022)

[10공수2-01-06] ● ● ●

평행이동을 탐구하고, 실생활과 연결하여 문제를 해결할 수 있다.

➡️ 초음파 진단법은 초음파(주파수 20kHz 이상)의 반사와 흡수에 의해 생기는 영상으로, 인체 내부를 영상화하고 진료하는 의료 기술이다. 초음파 진단법에는 펄스법과 도플러법이 있으며, 주로 펄스법이 이용된다. 펄스법에서는 초음파가 여러 조직이나 장기에 닿아 반사하는 에코를 파형으로 하여 반사의 시간적 차이에 의해 내부 기관이나 조직의 병적인 변화를 알아낸다. 초음파 진단법의 원리와 활용 사례를 탐구해 보자.

관련 학과 간호학과, 물리치료학과, 방사선학과, 수의예과, 의료공학과, 의예과, 작업치료학과

《**은밀하고 거대한 감각의 세계**》, 마틴 스티븐스, 김정은 역, 반니(2022)

[10공수2-01-07] ● ● ●

원점, x축, y축, 직선 $y=x$에 대한 대칭이동을 탐구하고, 실생활과 연결하여 문제를 해결할 수 있다.

➡️ 역사상 최악의 의약품 사고로 불리는 탈리도마이드 사건은 입덧 완화를 위해 산모들이 탈리도마이드를 복용해 1만 명 이상의 기형아가 태어난 사건이다. 많은 생체분자들이 쌍둥이처럼 닮은 거울 대칭 구조를 가지고 있는데, 한쪽은 약리 효과가 있지만 다른 쪽은 오히려 독이 되는 경우가 있다. 이처럼 분자식은 같지만 구조가 다른 화합물을 거울상 이성질체라고 부르며, 크게 구조 이성질체와 입체 이성질체가 있다. 탈리도마이드와 같은 카이랄 의약품에서 나타나는 거울상 이성질체의 의미를 탐구해 보자.

관련 학과 간호학과, 수의예과, 약학과, 의료공학과, 의예과, 치의예과

《**한 권으로 이해하는 독과 약의 과학**》, 사이토 가쓰히로, 정한뉘 역, 시그마북스(2023)

단원명 | 집합과 명제

🔍 합, 원소, 공집합, 집합의 포함관계, 부분집합, 진부분집합, 서로 같은 집합, 교집합, 합집합, 차집합, 여집합, 명제, 조건, 진리집합, 조건, 결론, 부정, 모든, 어떤, 역, 대우, 참과 거짓, 충분조건, 필요조건, 포함관계, 정의, 증명, 정리, 반례, 절대부등식

집합의 개념을 이해하고, 집합을 표현할 수 있다.

➡️ 법정 감염병은 '감염병 예방 및 관리에 관한 법률'로 지정한 감염병 종류를 말한다. 질병관리청에서는 전염병인 감염병을 심각도, 전파력, 격리 수준 등을 고려해 1급, 2급, 3급, 4급 등으로 분류하여 관리하고 있다. 감염병의 종류는 신변종 감염병의 유행으로 변경될 수 있으며, 질병관리청 홈페이지에서 구체적인 내용을 확인할 수 있다. 대표적인 1급 감염병으로는 중증급성호흡기증후군(SARS), 중동호흡기증후군(MERS) 등이 있다. 1급, 2급, 3급, 4급 감염병의 분류 기준을 찾아보고 이에 해당하는 감염병을 정리해 보자.

관련 학과 간호학과, 보건관리학과, 수의예과, 약학과, 응급구조학과, 의예과, 임상병리학과

《흑사병부터 코로나까지 그림과 사진으로 보는 감염병의 역사》, 리처드 건더맨, 조정연 역, 참돌(2023)

두 집합 사이의 포함관계를 판단할 수 있다.

➡️ 한약은 한의학의 기본 이론을 바탕으로 질병의 예방이나 치료를 위해 천연물 또는 가공된 약제를 혼합하여 조제한 약물이다. 약 4,000년 전부터 중국에서 사용된 것으로 전해지며, 우리나라에는 신라 초기에 수입된 것으로 기록되어 있다. 동물·식물·광물 등 자연계의 여러 물질을 사용하고 있으나 대부분은 식물성이며, 한방 이론에 입각하여 생약 그대로 처방, 제제(製劑)하여 사용한다. 한약에 사용되는 한약재의 대표적인 종류를 찾아보고 그 효능을 정리해 보자.

관련 학과 의예과, 한의예과

《한약재와 한방약 도감 사전》, 다나카 고이치로, 한국티소믈리에연구원(2023)

집합의 연산을 수행하고, 벤다이어그램을 이용하여 나타낼 수 있다.

➡️ 다이어그램은 데이터나 정보를 2차원 기하학 심벌을 이용해 간결하게 시각화한 것이다. 그중 벤다이어그램은 집합을 원, 타원 등의 그림으로 나타낸 것으로, 집합 사이의 관계를 설명하는데 활용된다. 크림전쟁에 참여하여 '백의의 천사'로 유명해진 나이팅게일은 사망자 수와 사망 원인을 한눈에 보기 쉽게 다이어그램으로 표현했다. 나이팅게일이 원형의 파이차트를 기본으로 하여 고안한 폴라에어리어차트에 대해 탐구해 보자.

관련 학과 간호학과, 물리치료학과, 보건관리학과, 수의예과, 응급구조학과, 의료공학과, 의예과, 임상병리학과, 치위생학과, 치의예과, 한의예과

《플로렌스 나이팅게일이 우리 간호사들에게》, 플로렌스 나이팅게일, 널스랩(2021)

명제와 조건의 뜻을 알고, '모든', '어떤'을 포함한 명제를 이해하고 설명할 수 있다.

➡️ 연역법은 알려진 명제를 전제로 논리적 형식에 의해 새로운 명제를 결론으로 이끌어내는 방법을 의미한다. 대표적인 연역법은 삼단논법(대전제-소전제-결론)으로, 여기에는 정언적 삼단논법, 가언적 삼단논법, 선언적 삼단논법, 전건긍정식, 후건부정식, 딜레마 등이 있다. 반면 귀납법은 특수한 사례로부터 일반적인 진리를 설정하는 추리의 과정으로, 많은 경험에서 보편적 원리를 발견하는 것을 의미한다. 귀납법은 새로운 발견을 하게 하는

원동력이지만, 때로는 옳지 않거나 편견을 만들기도 한다. 의약에서 연역법과 귀납법이 사용되는 사례를 탐구해 보자.

관련 학과 간호학과, 방사선학과, 보건관리학과, 수의예과, 의예과, 임상병리학과, 작업치료학과, 재활학과

《표상의 언어에서 추론의 언어로》, 이병덕, 성균관대학교출판부(2017)

[10공수2-02-05] ● ● ●

명제의 역과 대우를 이해하고 설명할 수 있다.

➡ 하인리히의 법칙(Heinrich's law)은 대형 사고가 발생하기 전에는 같은 원인으로 수십 차례의 경미한 사고와 수백 번의 징후가 반드시 나타난다는 통계적 법칙이다. 1:29:300의 법칙이라고도 불리는데, 산업재해가 발생해 사망자 1명이 나오면 그 전에 같은 원인으로 발생한 경상자 29명, 같은 원인으로 부상을 당할 뻔한 잠재적 부상자가 300명 있다는 것이다. 하인리히의 법칙을 활용한 명제를 만들고 이 법칙이 적용되는 사례에 대해 탐구해 보자.

관련 학과 간호학과, 보건관리학과, 수의예과, 응급구조학과, 의료공학과, 의예과, 작업치료학과, 재활학과

《300 : 29 : 1 하인리히 법칙》, 김민주, 미래의창(2014)

[10공수2-02-06] ● ● ●

충분조건과 필요조건을 이해하고 판단할 수 있다.

➡ 텔로미어(telomere)는 진핵생물 염색체의 양팔 말단부에 존재하는 특수한 입자이다. 말단부의 DNA는 일정한 염기서열이 여러 번 반복되는 특수한 반복서열을 가진다. 세포분열이 반복될수록 텔로미어는 점점 짧아져서 결국 소실되는데, 이는 세포노화 등을 유발하는 원인의 하나로 추측된다. 한편 세포는 텔로미어 손실에 대비해 텔로미어의 길이를 늘려주는 텔로머라제라는 역전사효소를 가지고 있다. 세포의 노화와 관련한 텔로미어에 대해 탐구하고 노화를 늦출 수 있는 조건을 제시해 보자.

관련 학과 간호학과, 물리치료학과, 보건관리학과, 수의예과, 약학과, 의료공학과, 의예과, 임상병리학과, 치의예과, 한의예과

《죽음의 죽음—'신'의 영역에서 '과학'의 영역으로 간 생명의 비밀》, 호세 코르데이로 외 1명, 박영숙 역, 교보문고(2023)

[10공수2-02-07] ● ● ●

대우를 이용한 증명법과 귀류법을 이해하고 관련된 명제를 증명할 수 있다.

➡ 수학에서 정의는 어떤 용어의 뜻을 명확하게 정한 문장으로 오직 한 가지만 존재한다. 증명은 이미 알고 있는 사실(정의, 정리, 기본 성질)을 이용하여 어떤 명제가 참임을 밝히는 과정이다. 정리는 증명된 명제 중에서 기본이 되거나 앞으로 여러 가지 성질을 증명할 때 활용되는 것을 의미한다. 도형의 명제를 증명하려면 주어진 명제를 가정과 결론으로 나누고 가정과 그와 관련된 정의, 정리, 성질을 이용해 결론을 이끌어내면 된다. 정의, 정리, 증명의 차이를 예시를 통해 정리해 보자.

관련 학과 수의예과, 약학과, 의예과, 치의예과, 한의예과

《누구나 읽을 수 있는 유클리드 기하학 원론》, 정완상, 지오북스(2023)

[10공수2-02-08] ● ● ●

절대부등식의 뜻을 알고, 간단한 절대부등식을 증명할 수 있다.

➜ 기초감염재생산지수(R0)는 감염자가 없는 인구집단에 처음으로 감염자가 발생했을 때 첫 감염자가 평균적으로 감염시킬 수 있는 2차 감염자의 수를 뜻한다. R0가 1 이상이면 유행이 확산하고 있다는 의미이고, 1보다 작으면 질병이 점차 사라지게 된다. 2003년 SARS의 R0는 국가에 따라 2~5였으며, 코로나19의 R0는 시기와 국가에 따라 2.2~3.3이었다. 기초감염재생산지수와 관련해 역대 감염병의 수치를 찾아보고 기초감염재생산지수에 대해 탐구해 보자.

<mark>관련 학과</mark> 간호학과, 보건관리학과, 수의예과, 약학과, 응급구조학과, 의료공학과, 의예과, 임상병리학과, 한의예과

《감염병과의 위험한 동거》, 김영호, 지성사(2021)

단원명 | 함수와 그래프

| 🔍 | 함수, 함수의 뜻, 그래프, 정의역, 공역, 치역, 일대일함수, 일대일대응, 합성함수, 합성함수의 성질, 역함수, 역함수의 성질, 유리식의 덧셈과 뺄셈, 유리함수, 무리식의 덧셈과 뺄셈, 무리함수

[10공수2-03-01]   • • •

함수의 개념을 설명하고, 그 그래프를 이해한다.

➜ 용량반응곡선은 생리활성물질, 약물에 대한 생물반응을 함수로 표현한 것으로, 일반적으로 생리활성물질, 약물의 용량(농도)이 증가함에 따라 반응량도 증가한다. 가로축을 용량의 상용대수로, 세로축을 반응률로 설정해 실측치를 측정하면 완만한 S자 곡선이 나타난다. 이런 용량반응곡선은 약물의 특성, 작용기구를 파악하기 위한 유용한 정보를 제공한다. 약물 사용과 관련한 용량반응곡선에 대해 탐구해 보자.

<mark>관련 학과</mark> 의약계열 전체

《프셉마음: 약물계산편》, 신영미, 드림널스(2023)

[10공수2-03-02]   • • •

함수의 합성을 설명하고, 합성함수를 구할 수 있다.

➜ 최근 의료계에서는 딥페이크 기술을 이용한 연구 사례로 GAN 인공지능 알고리즘을 통해 딥페이크 의료 영상을 제작했다. 인공지능은 원본 영상과 진위를 구별할 수 없을 정도로 정확하게 만들어진 딥페이크 영상으로 질병을 학습하고 진단하도록 딥러닝을 하게 된다. 또한 딥페이크 의료 영상은 인공지능이 영상 의학 자료를 분석해 암이나 질병 진단용 기술을 개발하는 데 활용되고 있다. 인공지능 기술을 의료 분야에 활용한 딥페이크 기술에 대해 탐구해 보자.

<mark>관련 학과</mark> 간호학과, 방사선학과, 보건관리학과, 수의예과, 의료공학과, 의예과

AI 2041

리카이푸 외 1명, 이현 역,
한빛비즈(2023)

책 소개

이 책은 의료와 교육, 엔터테인먼트, 고용, 금융 등의 분야에서 인공지능이 어떻게 인류를 변화시킬 수 있는지 보여 준다. 인공지능의 원리와 발전 방향을 바탕으로 앞으로 5년, 10년, 20년 후 어떤 일이 발생할지 예측하고 있다. 앞으로 인공지능의 역할이 커지는 상황에서 우리의 역할과 인공지능의 활용 방향, 인공지능과의 공존 방향을 제시하고 있다.

세특 예시

다양한 여러 가지 함수를 학습한 뒤 함수가 활용되는 사례로 인공지능을 제시함. 'AI 2041(리카이푸 외 1명)'을 참고하여 인공지능이 의료 분야에 미치는 영향을 소개하고, 그중 딥페이크가 의료 분야에 긍정적으로 활용될 수 있는 예를 제시함. GAN 인공지능 알고리즘을 통해 딥페이크 의료 영상을 제작하여 질병을 학습하고 진단하는 딥러닝에 활용한다는 신문 기사를 인용함. 또한 영상 의학 자료를 빅데이터화하여 암이나 질병 진단용 기술을 개발할 수 있음을 제시함. 또한 10년 후 의료 분야에서 예상되는 변화를 설명하며 활동을 마무리함.

[10공수2-03-03]

역함수의 개념을 설명하고, 역함수를 구할 수 있다.

거울은 반사 현상을 이용하여 빛의 진행 방향을 바꾸며, 거울에 비친 모습은 좌우가 다르게 보인다. 구급차의 앞면에는 ƎƆИАⅬUBMА라고 쓰여 있는데, 앞 차량의 운전자는 이것을 백미러를 통해 AMBULANCE(앰뷸런스)로 인식하게 된다. 우리가 눈으로 물체나 글자를 인식하는 것도 일종의 함수로 생각할 수 있다. 거울에 비친 모습을 역함수와 관련지어 설명해 보자.

관련 학과 간호학과, 안경광학과, 응급구조학과, 의료공학과
《빛의 물리학》, EBS 다큐프라임 〈빛의 물리학〉 제작팀, 해나무(2014)

[10공수2-03-04]

유리함수 $y = \dfrac{ax+b}{cx+d}$ 의 그래프를 그릴 수 있고, 그 그래프의 성질을 탐구할 수 있다.

혈당량은 혈액 속에 포함된 포도당의 농도이다. 인슐린과 글루카곤이 관여해 혈당량을 일정하게 유지한다. 식사 후 혈당량이 증가하면 혈중 인슐린 농도가 증가하지만 혈중 글루카곤의 농도는 감소하게 된다. 그 결과 정상적인 사람들은 식사 후 인슐린의 작용으로 혈당량이 차츰 감소하게 되며 시간이 흐름에 따라 혈당량이 반비례하는 그래프가 나타난다. 한편 당뇨병은 혈당량이 비정상적으로 높은 상태가 지속되는 병으로, 크게 제1형 당뇨병과 제2형 당뇨병이 있다. 일반적으로 식사 후 인슐린의 작용으로 혈당량이 변화하는 그래프를 그려 분석하고, 제1형 당뇨병과 제2형 당뇨병은 어떻게 다른지 탐구해 보자.

관련 학과 간호학과, 물리치료학과, 보건관리학과, 수의예과, 약학과, 응급구조학과, 의료공학과, 의예과, 임상병리학과, 한의예과
《현대인의 5대 질병》, 아이뉴턴 편집부, 아이뉴턴(2018)

●●●

무리함수 $y = \sqrt{ax+b}+c$의 그래프를 그릴 수 있고, 그 그래프의 성질을 탐구할 수 있다.

➡ 코로나19는 2019년 12월 중국 후베이성 우한시에서 처음 발견되어 이후 몇 년간 전 세계에 큰 영향을 미쳤다. 질병관리청은 매일 확진자 수와 누적 확진자 수를 그래프로 표현하여 발표했고, 감염 확산 정도에 따라 그래프 개형이 달라졌다. 확산 속도가 빠른 시기에는 누적 확진자 수의 그래프가 기하급수적으로 증가한 반면, 확산 속도가 완화되는 시기에는 누적 확진자 수의 그래프가 무리함수와 비슷한 형태가 되었다. 팬데믹에서 엔데믹으로 전환하는 시기의 확진자 수와 누적 확진자 수 그래프를 분석해 보자.

관련 학과 간호학과, 보건관리학과, 수의예과, 약학과, 의료공학과, 의예과, 임상병리학과, 한의예과

《바이러스 행성》, 칼 짐머, 이한음 역, 위즈덤하우스(2021)

선택 과목	수능	대수	절대평가	상대평가
일반 선택	○		5단계	5등급

단원명 | 지수함수와 로그함수

| 🔍 | 거듭제곱근, 지수, 로그, (로그의) 밑, 진수, 상용로그, 지수함수, 로그함수, $\sqrt[n]{a}$, $\log_a N$, $\log N$

[12대수01-03] ● ● ●

지수법칙을 이해하고, 이를 이용하여 식을 간단히 나타낼 수 있다.

➡ 우리 몸은 다양한 세포로 구성되어 있다. 우리 몸을 구성하는 여러 세포들의 개체수 변화에서 수학적인 관찰을 할 수 있다. 태아가 발달, 성장하는 과정에서 나타나는 세포들의 변화, 암세포의 증식 과정 등 우리 몸속의 다양한 세포들의 변화 과정을 탐구하고 그 내용을 발표해 보자.

`관련 학과` 의약계열 전체

《**인체 기행**》, 권오길, 지성사(2021)

[12대수01-05] ● ● ●

상용로그를 이해하고, 이를 실생활과 연결하여 문제를 해결할 수 있다.

➡ 우리 몸속의 산성도를 나타내는 수치로 pH를 사용한다. 우리 몸속의 여러 활동은 pH에 많은 영향을 받으며, 그에 따라 몸에 여러 증상이 나타나기도 한다. 우리 몸의 다양한 부위에서 나타나는 pH를 살펴보고, pH에 따라 나타나는 변화, 그에 대응하는 방안 등을 조사한 후 보고서를 작성하여 발표해 보자.

`관련 학과` 의약계열 전체

《**하리하라의 청소년을 위한 의학 이야기**》, 이은희, 살림Friends(2014)

[12대수01-06] ● ● ●

지수함수와 로그함수의 뜻을 알고, 이를 설명할 수 있다.

➡ 현대사회의 산업 발전으로 발생하는 여러 환경 문제 중 하나가 소음공해이다. 다양한 환경에서 생활하며 듣게 되는 여러 가지 소음은 청력 저하 등의 신체기능 저하뿐 아니라 스트레스로 인한 심리적·정서적 피해도 가져온다. 소음의 크기에 따라 나타날 수 있는 신체의 변화를 살펴보고, 이를 개선하는 방안에 관해 탐구해 보자.

`관련 학과` 간호학과, 보건관리학과, 의료공학과, 의예과, 작업치료학과, 재활학과

《**소리의 마음들**》, 니나 크라우스, 장호연 역, 위즈덤하우스(2023)

단원명 | 삼각함수

[12대수02-02] • • •

삼각함수의 개념을 이해하여 사인함수, 코사인함수, 탄젠트함수의 그래프를 그리고, 그 성질을 설명할 수 있다.

➡ 인체의 다양한 생리적 과정들은 주기적인 특성을 보이는데, 이것을 삼각함수로 모델링해볼 수 있다. 이러한 생체리듬을 분석하면 의약품 투여 시간 결정, 수면장애 치료 등에 활용할 수 있다. 삼각함수를 이용해 생체신호를 처리하는 다양한 의료기기 개발에도 응용할 수 있다. 우리 몸의 다양한 생체신호를 삼각함수로 모델링하는 과정과 그 내용에 관해 탐구하는 보고서를 작성하여 발표해 보자.

관련 학과 간호학과, 물리치료학과, 방사선학과, 약학과, 의료공학과, 의예과, 작업치료학과, 재활학과, 한의예과

《바디—우리 몸 안내서》, 빌 브라이슨, 이한음 역, 까치(2020)

[12대수02-03] • • •

사인법칙과 코사인법칙을 이해하고, 실생활 문제를 해결할 수 있다.

➡ 의료 분야에서 심전도, 뇌파 등 다양한 신호를 측정하거나 영상을 통한 진단을 할 때 삼각함수를 이용해 변환된 결과를 활용한다. 환자의 현재 상태를 파악하기 위해 활용하는 여러 가지 의료 장비 속의 수학적 원리에 관해 탐구하여 발표해 보자.

관련 학과 간호학과, 물리치료학과, 방사선학과, 수의예과, 의료공학과, 의예과, 임상병리학과, 치의예과

《사소해서 물어보지 못했지만 궁금했던 이야기 2》, 사물궁이 잡학지식, arte(아르테)(2022)

단원명 | 수열

[12대수03-02] • • •

등차수열의 뜻을 알고, 일반항, 첫째 항부터 제n항까지의 합을 구할 수 있다.

➡ 스마트폰과 스마트 워치가 우리의 일상생활에 자리 잡으면서 건강 관리를 위한 다양한 애플리케이션이 개발, 보급되고 있다. '만보기' 같은 단순한 기능도 일정 걸음수 이상을 걸으면 현금처럼 사용할 수 있는 포인트를 지급하여 사용자가 더 적극적으로 걷도록 유도한다. 다양한 '만보기'의 기능을 비교하며 이러한 건강 관리 앱이 가져올 수 있는 효과에 관해 탐구해 보자.

관련 학과 보건관리학과, 약학과, 의료공학과, 의예과, 재활학과, 치의예과, 한의예과

《디지털 헬스케어 전쟁》, 노동훈, 청춘미디어(2021)

국어 교과군

영어 교과군

수학 교과군

도덕 교과군

사회 교과군

과학 교과군

[12대수03-05]

●●●

여러 가지 수열의 첫째 항부터 제n항까지의 합을 구하는 방법을 설명할 수 있다.

➜ 약물 치료에서 투여하는 약물의 양은 치료 시간과 효과를 결정한다. 약물 투여 후 시간에 따른 혈중 농도 변화를 수열로 모델링하고, 합 공식을 이용해 약물의 농도 변화를 예측할 수 있다. 이를 통해 약물 동역학의 원리를 이해하고, 수학이 의약 분야의 문제 해결에 활용될 수 있음을 살펴보자. 또한 수학과 약학의 연계성을 탐구하는 보고서를 작성해 보자.

`관련 학과` 간호학과, 수의예과, 의예과, 약학과, 한의예과

《**세계사를 바꾼 10가지 약**》, 사토 겐타로, 서수지 역, 사람과나무사이(2018)

[12대수03-06]

●●●

수열의 귀납적 정의를 설명할 수 있다.

➜ 질병의 확산 패턴에서 특정한 성질을 파악하여 질병 예방 및 관리를 위한 효과적인 대응 방안을 수립할 수 있다. 귀납적인 추론을 바탕으로 수학적 분석을 통해 새로운 질병 예방 및 관리 방법을 모색하고, 수학의 실용성과 활용성을 탐구해 보자. 또한 이를 바탕으로 수학적 귀납법을 활용한 질병 대응 전략 수립 과정을 보고서로 작성해 보자.

`관련 학과` 간호학과, 보건관리학과, 수의예과, 약학과, 의예과

《**과학으로 생각하기―생각의 그릇을 키우는 42가지 과학 이야기**》, 임두원, 포레스트북스(2022)

선택 과목	수능	미적분 I	절대평가	상대평가
일반 선택	○		5단계	5등급

단원명 | 함수의 극한과 연속

🔍 함수의 극한, 수렴, 발산, 극한값, 좌극한, 우극한, 함수의 극한 성질, 함수의 극한 대소 비교, 함수의 연속, 구간, 연속함수의 성질, 최대와 최소 정리, 사잇값 정리

[12미적I-01-01] ●●●

함수의 극한의 뜻을 알고, 이를 설명할 수 있다.

➡ 독감 바이러스에는 여러 종류가 있고 매년 유행하는 독감 바이러스가 다르다. 이에 세계보건기구는 다음 절기에 유행할 독감 바이러스를 예측하고 매년 새로운 독감 백신을 개발한다. 예방접종은 전염병에 대한 면역을 목적으로 백신을 통해 인공적으로 항원을 투여하는 것을 뜻하며, 이를 통해 체내에 항체를 만들게 된다. 독감 백신의 효과는 접종일로부터 6개월 유지되며, 매년 독감 예방접종을 받지 않으면 독감을 예방할 수 없다. 독감 예방접종의 원리를 탐구하고 매년 독감 예방접종을 하는 이유를 항원, 항체와 관련하여 설명해 보자.

관련 학과 간호학과, 보건관리학과, 수의예과, 약학과, 의예과, 임상병리학과

《면역에 관하여》, 율라 비스, 김명남 역, 열린책들(2022)

[12미적I-01-02] ●●●

함수의 극한에 대한 성질을 이해하고, 함수의 극한값을 구할 수 있다.

➡ 시그모이드 곡선은 두 개의 수평 점근선 사이에서 단조증가하면서 동시에 변곡점을 갖는 곡선으로, S자 형태를 가진다. 시그모이드 함수의 정의역은 실수 전체이고, 치역은 0에서 1이다. 공간과 영양분이 충분할 경우 미생물의 개체수는 무한히 증가한다. 하지만 실제 미생물 배양의 생장곡선을 그려 보면 시그모이드 곡선을 그리게 되며, 이런 성질이 미생물 집단의 개체수 분석에 이용된다. 미생물 배양의 생장곡선과 관련한 시그모이드 곡선을 탐구하고 시그모이드 곡선에서의 극한을 구해 보자.

관련 학과 간호학과, 보건관리학과, 수의예과, 약학과, 의료공학과, 의예과, 임상병리학과, 치위생학과, 치의예과, 한의예과

《머릿속에 쏙쏙! 미생물 노트》, 사마키 다케오, 김정환 역, 시그마북스(2020)

[12미적I-01-03] ●●●

함수의 연속을 극한으로 탐구하고 이해한다.

➡ 아날로그는 자연이나 물질의 연속적인 정보나 신호를 그대로 다루는 방식이며 디지털은 한 자리씩 끊어 불연속적인 정보로 나타내는 방식이다. 예를 들어 알코올 온도계에서 알코올의 높이로 온도를 나타내는 것은 아날로그 방식이며, 측정된 온도를 0.1℃ 단위의 숫자로 나타내는 것은 디지털 방식이다. 의료기기에서 측정한 결

과를 저장하고 전송하는 방식에도 아날로그 방식과 디지털 방식이 있는데, 최근에는 저장과 전달이 쉽고 데이터의 변형이 거의 없는 디지털 방식이 많이 사용된다. 의료기기에 활용되는 아날로그 방식과 디지털 방식의 차이를 연속함수와 관련하여 설명해 보자.

관련 학과 간호학과, 물리치료학과, 방사선학과, 보건관리학과, 수의예과, 약학과, 응급구조학과, 의료공학과, 의예과, 임상병리학과, 작업치료학과, 재활학과, 치기공학과, 치위생학과, 치의예과, 한의예과

《발명 콘서트》, 스티브 파커, 공민희 역, 베이직북스(2017)

[12미적I-01-04]   ● ● ●

연속함수의 성질을 이해하고, 이를 활용하여 문제를 해결할 수 있다.

→ 사람의 키는 유전뿐만 아니라 영양, 건강 관리 등의 요인에 따라 달라질 수 있다. 한 통계조사에 따르면 우리나라 청소년의 평균 신장이 30년 전보다 2.5cm 정도 커졌다고 한다. 실제로 아버지보다 키가 큰 청소년들을 많이 볼 수 있다. 아들이 어렸을 때는 아버지보다 키가 작았으나 스무 살이 되면서 아버지보다 키가 더 커졌다. 이 경우 아들과 아버지의 키가 같은 순간이 있었다는 사실을 사잇값정리를 이용하여 설명해 보자.

관련 학과 간호학과, 보건관리학과, 의예과, 임상병리학과

《더 이상한 수학책》, 벤 올린, 이경민 역, 북라이프(2021)

단원명 │ 미분

🔍 평균변화율, 순간변화율, 미분계수, 접선의 방정식, 함수의 미분 가능성과 연속성의 관계, 도함수, 함수의 실수배·합·차·곱의 미분법, 다항함수의 도함수, 상수함수의 도함수, 미분계수, 접선의 기울기, 접선의 방정식, 평균값 정리, 롤의 정리, 함수의 증가와 감소, 극대와 극소, 함수의 그래프, 그래프의 개형, 증감표, 최댓값과 최솟값, 방정식과 부등식, 실근의 개수, 속도와 가속도, 거리

[12미적I-02-01]   ● ● ●

미분계수를 이해하고, 이를 구할 수 있다.

→ 로지스틱 방정식은 인구 증가를 설명하는 모델로 고안되어 감염병이나 세균, 바이러스의 확산 속도와 개체성장곡선 등에 활용되고 있다. 로지스틱 방정식은 처음에는 점점 빠른 비율로 증가하다가 변곡점을 기준으로 점점 느린 비율로 증가하고, 결국 일정한 값으로 수렴하는 형태를 나타낸다. 감염병의 확산과 관련한 로지스틱 방정식에 대해 탐구하고 이를 2019년 12월 발생한 코로나19에 적용해 보자.

관련 학과 간호학과, 보건관리학과, 수의예과, 약학과, 의료공학과, 의예과, 임상병리학과, 한의예과

《세계를 뒤집어버린 전염병과 바이러스》, 이와타 겐타로, 김소영 역, 리듬문고(2020)

[12미적I-02-02]   ● ● ●

함수의 미분가능성과 연속성의 관계를 설명하고, 이를 활용할 수 있다.

→ 실험 심리학이나 인공지능 신경망에 활용되는 활성화 함수는 입력된 데이터의 가중 합을 출력 신호로 변환하는 함수이다. 뉴런의 행동을 결정하는 주요 요소는 뉴런이 신호를 보내고 받는 가중치 연결 패턴과 활성화 함

수이다. 활성화 함수의 대표적인 예로는 계단 함수, 시그모이드 함수, 렐루 함수, 쌍곡탄젠트 함수 등이 있다. 그중 렐루(Rectified Linear Unit, ReLU) 함수의 특징을 연속성 및 미분 가능성과 관련지어 탐구해 보자.

관련 학과 방사선학과, 수의예과, 언어치료학과, 의료공학과, 의예과

청소년을 위한
교실 밖 인공지능 수업

김현정, 궁리(2022)

책 소개

이 책은 인공지능의 정의, 최초의 인공지능 테스트를 소개하고, 인공지능의 역사 속에서 인간과 인공지능이 대결한 기록을 들려준다. 기계학습과 인공신경망, 머신러닝과 딥러닝 등 인공지능 분야에서 자주 접할 수 있는 개념을 정리하여 설명하고 있다. 인공지능으로 달라지는 번역 서비스, 텍스트를 음성으로 바꿔주는 TTS 기술, 대상을 인식하는 객체 인식, 글자 인식 등 인공지능의 다양한 활용 분야를 소개하고 있다.

세특 예시

함수의 연속성과 미분 가능성의 차이를 비교하고 두 개념 사이의 관계를 사례 중심으로 설명함. '청소년을 위한 교실 밖 인공지능 수업(김현정)'을 읽고 인공지능의 역사와 기본 개념을 설명하고 앞으로 활용될 수 있는 분야로 번역 서비스, TTS 기술, 객체와 이미지 인식, 문자 인식 등을 소개함. 또한 신경망에 활용되는 활성화 함수로 계단 함수, 시그모이드 함수, 렐루 함수, 쌍곡탄젠트 함수의 그래프 개형과 특징을 설명하고, 각 함수들의 연속성과 미분 가능성을 분석하여 보고서로 제출함. 특히 렐루 함수의 정의와 수학적 특징을 논리적으로 설명하면서 인공지능에 대한 관심을 드러냄.

[12미적I-02-03] ● ● ●

함수 $y = x^n$(n은 양의 정수)의 도함수를 구할 수 있다.

➡ 혈액은 혈관을 통해 온몸에 산소와 영양소 등을 공급하고 이산화탄소와 각종 노폐물을 운반하여 신장을 통해 배설한다. 혈관을 반지름의 길이가 R이고 길이가 l인 원기둥으로 생각하면 혈관의 중심축으로부터의 거리 r와 그 지점을 흐르는 혈류 속도 v 사이에는 $v = \dfrac{P}{4\eta l}(R^2 - r^2)$가 성립한다($P$는 혈관 양 끝에서의 압력 차, η는 혈액의 점성). 혈류 속도의 순간변화율 $\dfrac{dv}{dr}$을 구하고 혈류 속도에 대해 탐구해 보자.

관련 학과 간호학과, 보건관리학과, 수의예과, 의예과, 임상병리학과

《하루 한 권, 미적분》, 곤노 노리오, 일본콘텐츠전문번역팀 역, 드루(2023)

[12미적I-02-04] ● ● ●

함수의 실수배·합·차·곱의 미분법을 알고, 다항함수의 도함수를 구할 수 있다.

➡ 임상에서 약물의 치료 효과는 투여량도 중요하지만 혈중 농도가 중요하게 작용한다. 약물의 투여량은 환자의 나이를 지표로 해서 결정하고, 복용 간격은 식사 시간을 중심으로 정해져 왔다. 그러나 유효량과 중독량의 폭이 좁은 항간질약이나 개인차가 큰 강심배당체 등은 보다 과학적인 투여 계획이 필요하다. 이에 약물의 혈중 농도 측정이 중요한 역할을 하는데, 이를 위해 약물 농도의 변화 추이를 측정하게 된다. 미분을 이용해 약물의

혈중 농도 그래프 개형을 분석하고, 약물의 혈중 농도를 측정하는 방법에 대해 탐구해 보자.

`관련 학과` 간호학과, 물리치료학과, 보건관리학과, 수의예과, 약학과, 의예과, 임상병리학과, 치의예과, 한의예과

《**비밀노트: 약리학편**》, 박승준, 드림널스(2023)

[12미적I-02-05]

미분계수와 접선의 기울기의 관계를 이해하고, 접선의 방정식을 구할 수 있다.

●●●

➡ 커피의 쓴맛을 담당하는 물질은 카페인으로, 독일의 유기화학자 룽게인에 의해 처음 발견되었다. 카페인은 주로 위벽에서 흡수되기에 효과가 비교적 빠르며 45분 이내에 99%가 흡수되어 이후 간에서 대사되면서 점차 감소한다. 카페인의 반감기는 개인, 나이, 다른 약물 복용 여부 등에 따라 다른데, 보통 성인은 3~7시간이 소요되며 흡연자의 경우 30%~50% 정도로 분해가 빨라서 반감기가 줄어든다. 카페인의 흡수와 분해에 대한 그래프를 미분과 관련하여 분석해 보자.

`관련 학과` 간호학과, 보건관리학과, 수의예과, 약학과, 의료공학과, 의예과, 임상병리학과, 치의예과

《**공학이 일상으로 오기까지**》, 마이클 맥레이 외 1명, 김수환 역, 하이픈(2022)

[12미적I-02-06]

함수에 대한 평균값정리를 설명하고, 이를 활용할 수 있다.

●●●

➡ 페르미 추정(Fermi estimation)은 제한된 지식과 추론 능력을 사용하여 단시간에 결과값에 근사한 추정치를 도출하는 기법을 말한다. 어떤 프로젝트를 계획하거나 결과를 예측할 때 대략적인 추정치를 빠르고 간단하게 도출할 목적으로 널리 사용된다. 평균 개념을 활용한 페르미 추정을 통해 다양한 문제 상황을 해결할 수 있다. 자신의 진로 분야에서 페르미 추정을 활용할 수 있는 사례를 찾고 이를 적용해 보자.

`관련 학과` 의약계열 전체

《**도쿄대학 수재들이 가르쳐주는 페르미 추정 두뇌 활용법**》, 도쿄대학 케이스스터디 연구회, 강혜정 역, 에이지21(2011)

[12미적I-02-07]

함수의 증가와 감소, 극대와 극소를 판정하고 설명할 수 있다.

●●●

➡ 혈관은 혈액을 온몸으로 순환시키는 통로로, 심장에서 나온 혈액은 동맥과 모세혈관, 정맥을 거쳐 다시 심장으로 돌아온다. 최고 혈압은 좌심실이 수축했을 때의 혈압으로 수축시 혈압이라고도 불리며 최저 혈압은 좌심실이 이완했을 때의 혈압으로 이완기 혈압이라고 불린다. 혈관의 특징에 따라 혈관 압력, 총 단면적, 혈류 속도, 혈관 지름, 혈관 두께 등이 다른데, 이를 그래프로 표현할 수 있다. 혈관의 특징에 따른 차이를 그래프로 표현하고 이를 분석해 보자.

`관련 학과` 간호학과, 물리치료학과, 방사선학과, 보건관리학과, 수의예과, 약학과, 응급구조학과, 의료공학과, 의예과, 임상병리학과, 작업치료학과, 재활학과, 치의예과

《**혈관·내장 구조 교과서**》, 노가미 하루오 외 2명, 장은정 역, 보누스(2020)

[12미적I-02-08]

함수의 그래프의 개형을 그릴 수 있다.

●●●

➡ 면역과 관련한 주사는 목적에 따라 예방주사와 치료주사로 나뉘며, 여기에는 항원을 주입하느냐, 항체를 주입하느냐 하는 차이가 있다. 백신은 무독화, 약독화된 병원체(또는 병원체의 특징을 가진 항원)를 주입함으로써 2차 감염에 대비하는 목적이 있다. 실제로 병원체가 몸 안에 침입하면 백신 주사를 통해 만들어진 기억세포가 빠른 시간에 방어물질을 대량 생산하여 이를 무력화하게 된다. 결합항체와 중화항체를 이용해 백신의 개념을 설명하고, 백신으로 인한 항원-항체 그래프를 분석해 보자.

관련 학과 간호학과, 물리치료학과, 보건관리학과, 수의예과, 약학과, 의료공학과, 의예과, 임상병리학과, 치의예과, 한의예과
《**진료실에 숨은 의학의 역사**》, 박지욱, 휴머니스트(2022)

[12미적I-02-09] • • •

방정식과 부등식에 대한 문제를 해결할 수 있다.

➡ 누진렌즈는 근거리에서 원거리까지 선명하게 볼 수 있도록 근시·원시·난시를 교정하는 렌즈로, 거리 간의 전환이 자유롭다. 이를 위해서는 하나의 렌즈에 두 개 이상의 다른 구면을 합하게 되는데, 정교한 기술이기에 첨단 광학 기술의 결정체로 불린다. 서로 다른 배율 사이를 자연스럽게 이동하기 위해서는 왜곡 현상을 최소화해야 하고, 곡률 반경에 대한 미분방정식을 통해 렌즈의 최적 형태를 결정하게 된다. 누진렌즈 제작에 미분이 활용되는 과정을 설명하고 누진렌즈에 대해 탐구해 보자.

관련 학과 간호학과, 보건관리학과, 안경광학과, 의료공학과, 의예과
《**거의 모든 안경의 역사**》, 트래비스 엘버러, 장상미 역, 유유(2022)

[12미적I-02-10] • • •

미분을 속도와 가속도에 대한 문제에 활용하고, 그 유용성을 인식할 수 있다.

➡ 혈류는 생명체의 각 조직을 순환하는 혈액의 일정한 흐름이며, 혈류 속도는 몸 안에서 혈액이 흐르는 속도를 의미한다. 혈류 속도는 혈관의 굵기와 혈액의 점성, 혈관이 지나는 신체 부위 및 심장박동에 따라 다르며 이런 이유로 동맥, 정맥, 모세혈관의 혈류 속도에는 차이가 있다. 동맥, 정맥, 모세혈관의 혈류 속도에 대한 그래프를 찾아 각각의 속도와 가속도를 설명해 보자.

관련 학과 의약계열 전체

매력적인 심장 여행

요하네스 폰 보르스텔,
배명자 역, 와이즈베리(2016)

책 소개

이 책의 저자는 응급상황에 투입되어 긴급 치료를 돕는 응급구조사로 활동하며 얻은 심장에 관한 흥미롭고 중요한 지식을 들려준다. 심장의 모양과 기능부터 최신 연구를 바탕으로 우리가 몰랐던 심장과 혈관에 대한 과학적 지식을 제공하고 궁금증을 해결해주고 있다. 또한 심근경색, 심실세동, 심정지와 같은 응급상황에 당면했을 때 대처할 수 있는 방법을 소개하고 있다.

세특 예시

수업에서 진로 읽기 활동으로 미분을 이용해 속도와 가속도의 관계를 설명하고 자신의 분야에서 속도가 활용되는 사례로 혈류 속도를 제시. '매력적인 심장 여행(요하네스 폰 보르스텔)'을 인용하여 동맥, 정맥, 모세혈관의 혈류 속도에는 차이가 있으며 혈류 속도는 혈관의 굵기와 혈액의 점성, 혈관이 지나는 신체 부위 및 심장박동에 따라 다르다고 설명함. 이를 그래

국어 교과군

영어 교과군

수학 교과군

도덕 교과군

사회 교과군

과학 교과군

프로 표현한 뒤 과학적인 근거를 바탕으로 그래프를 분석하고 동맥, 정맥, 모세혈관에서 나타나는 특징과 차이점을 비교하여 설명함.

단원명 | 적분

🔍 부정적분, 적분상수, 함수의 실수배·합·차의 부정적분, 다항함수 부정적분, 정적분, 미분과 적분의 관계, 정적분의 성질, 부정적분과 정적분의 관계, 다항함수 정적분, 도형의 넓이, x축으로 둘러싸인 도형의 넓이, 두 곡선 사이의 넓이, 속도, 속력, 이동거리, 위치의 변화량, 가속도

[12미적I-03-01] ●●●

부정적분의 뜻을 알고, 이를 설명할 수 있다.

➡️ 병원에서 사용하는 컴퓨터 단층 촬영(CT)은 자기공명영상(MRI), 양전자 방출 단층 촬영(PET)과 함께 인체를 해부하지 않고 내부를 촬영할 수 있는 의료 진단 장비이다. CT는 단순 X선 촬영에 비해 구조물이 겹치는 부분이 적어 구조물 및 질병 부위를 좀 더 명확히 볼 수 있는 장점이 있다. 여러 방향의 평면으로 자른 단면의 넓이에 대한 정보로부터 입체의 모양을 복원하는 방식에는 적분의 원리가 적용된다. 병원에서 활용하는 컴퓨터 단층 촬영의 원리를 탐구해 보자.

`관련 학과` 간호학과, 물리치료학과, 방사선학과, 수의예과, 약학과, 응급구조학과, 의료공학과, 의예과, 임상병리학과, 작업치료학과, 재활학과, 치의예과

《의약품·의료기기 관련 산업과 법》, 김재선 외 5명, 세창출판사(2020)

[12미적I-03-02] ●●●

함수의 실수배·합·차의 부정적분을 알고, 다항함수의 부정적분을 구할 수 있다.

➡️ 신체의 단면을 4×4의 격자로 나누고 사방에서 X-레이를 찍어 얻은 영상을 사이노그램이라고 한다. 사이노그램은 X선이 통과하는 영역의 길이를 구해 얻을 수 있으며, 수학적으로 X선 흡수량은 적분값을 구하는 문제로 이해할 수 있다. X선 CT 진단법을 개발한 하운스필드와 코맥이 중요하게 사용한 수학 이론이 라돈 변환이다. 사이노그램을 적분과 관련하여 탐구해 보자.

`관련 학과` 간호학과, 방사선학과, 수의예과, 의료공학과, 의예과, 작업치료학과, 치의예과

《프셉마음: 외과편》, 이해성 외 3명, 드림널스(2021)

[12미적I-03-03] ●●●

정적분의 개념을 탐구하고, 그 성질을 이해한다.

➡️ 심장의 건강 상태를 알아보는 방법으로 단위 시간당 심장 밖으로 내보내는 혈액의 양인 심박출량을 측정하는 방법이 있다. 심박출량의 측정에 많이 이용되는 염료 희석법은 염료로 사용되는 '인도시아닌 그린'이라는 추적 물질을 희석하는 방법이다. 염료를 우심방에 주입한 다음 심장을 거쳐 대동맥으로 들어간 염료의 농도를 일정

시간 간격으로 측정하여 심박출량을 계산한다. 이때 주입되는 염료의 양을 A, 염료가 희석되어 없어지기까지 걸리는 시간을 T, 대동맥에서 감지되는 시각 t에서의 염료의 농도를 $c(t)$라 하면 심박출량 $F = \dfrac{A}{\displaystyle\int_0^T c(t)dt}$ 가 성립한다. 심박출량의 측정에 많이 이용되는 염료 희석법을 적분과 관련하여 탐구해 보자.

> 관련 학과   간호학과, 수의예과, 약학과, 의료공학과, 의예과, 임상병리학과, 치의예과, 한의예과
>
> 《비밀노트: 약리학편》, 박승준, 드림널스(2023)

[12미적I-03-04]   ●●●

부정적분과 정적분의 관계를 이해하고, 다항함수의 정적분을 구할 수 있다.

➡ 인공치아(임플란트)나 인공관절 같은 보형물을 심으려면 뼈에 공간을 마련하고 그에 맞는 보형물을 제작해야 하는데, 정확한 보형물을 만들기가 쉽지 않다. 하지만 3D 프린터를 이용해 3차원으로 뼈 모형을 인쇄하고 뼈 사이에 있는 공간을 거푸집으로 삼으면 효율적인 보형물을 만들 수 있다. 최근 3D 프린터를 이용해 인공신장과 인공췌장, 인공뼈, 인공 손가락, 인공 신경조직, 인공 피부조직 등을 제작하고 있다. 3D 프린팅은 3차원의 물체를 스캐닝한 뒤 한 층 한 층 쌓아 제작한다는 점에서 적분의 원리와 비슷하다. 3D 프린터의 원리를 정리하고 의료 분야에서 활용하는 사례를 탐구해 보자.

> 관련 학과   간호학과, 보건관리학과, 의료공학과, 의예과, 작업치료학과, 재활학과, 치기공학과, 치위생학과, 치의예과
>
> 《내 책상 위의 3D 프린팅》, 남궁윤, 큰부리북스(2019)

[12미적I-03-05]   ●●●

곡선으로 둘러싸인 도형의 넓이에 대한 문제를 해결할 수 있다.

➡ 개체군의 생장곡선은 생물체의 생장 현상을 그래프로 표시한 곡선으로, 시간의 경과에 따른 생물체의 양적 변화를 나타낸 것이다. 개체군의 생장 곡선은 대체로 S자형인 시그모이드형으로, 개체수가 일정 수준 이상 증가하게 되면 먹이와 생활 공간이 부족해지고 노폐물 등의 증가로 환경이 악화되어 출생률 감소와 사망률 증가로 이어진다. 실제 증가곡선과 기대되는 증가곡선(지수함수 형태) 사이에 차이가 생기는 이유를 탐구해 보자.

> 관련 학과   보건관리학과, 수의예과
>
> 《코끼리의 시간, 쥐의 시간》, 모토카와 다쓰오, 이상대 역, 김영사(2018)

[12미적I-03-06]   ●●●

적분을 속도와 거리에 대한 문제에 활용하고, 그 유용성을 인식할 수 있다.

➡ 맥박은 심장의 박동으로, 심장에서 나오는 피가 얇은 피부에 분포된 동맥의 벽에 닿아 생기는 주기적인 파동이며 맥박의 빠르기와 강약을 통해 심장의 상태를 알 수 있다. 정상적인 맥박은 분당 60~100회이며 분당 60회 미만을 서맥, 분당 100회 이상을 빈맥이라고 한다. 맥박이 너무 높거나 낮으면 빈맥성 부정맥을 의심할 수 있으며 가슴 두근거림이나 흉통, 호흡 곤란, 메스꺼움, 어지럼증 등을 느끼게 된다. 심장이 뛰는 속도와 관련하여 맥박에 대해 탐구해 보자.

> 관련 학과   의약계열 전체
>
> 《인체 생리학 교과서》, 이시카와 다카시, 장은정 역, 보누스(2022)

국어 교과군

영어 교과군

수학 교과군

도덕 교과군

사회 교과군

과학 교과군

선택 과목	수능	확률과 통계	절대평가	상대평가
일반 선택	○		5단계	5등급

단원명 | 경우의 수

🔍 중복순열, 중복조합, 이항정리, 이항계수, 파스칼의 삼각형, $_n\Pi_r$, $_nH_r$

[12확통01-03] •••

이항정리를 이해하고, 이를 활용하여 문제를 해결할 수 있다.

➔ 겨울이 다가오면 많은 사람들이 독감을 예방하기 위해 독감 예방주사를 맞는다. 독감 예방접종 비율이 높을수록 독감의 유행이 줄어들 거라고 기대하게 된다. 특정 질병의 예방접종 비율에 따라 질병의 유행 정도를 예측하는 방법을 조사하고, 질병의 확산을 방지하기 위한 여러 가지 대책에 관해 탐구해 보자.

관련 학과 간호학과, 보건관리학과, 약학과, 의예과, 임상병리학과, 치의예과, 한의예과

《질병 정복의 꿈, 바이오 사이언스》, 이성규, MiD(2023)

단원명 | 확률

🔍 시행, 통계적 확률, 수학적 확률, 여사건, 배반사건, 조건부확률, 종속, 독립, 독립시행, $P(A)$, $P(B|A)$

[12확통02-02] •••

확률의 덧셈정리를 이해하고, 이를 활용하여 문제를 해결할 수 있다.

➔ 종합건강검진을 받으면 결과지를 통해 여러 항목에서 결과의 정상 범위와 이상 발생 확률이 분석된 것을 볼 수 있다. 이를 통해 특정 질병의 발병 가능성을 예측하고 예방 및 관리 방안을 모색할 수 있다. 여러 가지 건강 검진 항목에서 표현하고 있는 확률을 탐구하고, 그 의미와 여러 질병의 예방 및 관리 방안에 관해 살펴보는 보고서를 작성해 보자.

관련 학과 간호학과, 보건관리학과, 약학과, 의료공학과, 의예과, 임상병리학과

《숫자는 어떻게 생각을 바꾸는가》, 폴 굿윈, 신솔잎 역, 한국경제신문(2023)

[12확통02-04] •••

조건부확률을 이해하고, 이를 실생활과 연결하여 문제를 해결할 수 있다.

➔ '담배를 피우는 사람이 그렇지 않은 사람보다 특정 질병에 걸릴 확률이 몇 배 더 높다'는 식의 연구 결과를 뉴

스에서 종종 볼 수 있다. 이처럼 여러 질병이 특정 상황에서 더 높은 발생 확률을 나타내는 사례를 찾아 수학적으로 분석하고, 그 내용을 바탕으로 다양한 질병을 예방하는 방법에 관해 탐구하여 발표해 보자.

관련 학과 간호학과, 보건관리학과, 수의예과, 약학과, 의예과, 임상병리학과, 치의예과, 한의예과

질병은 없다

제프리 블랜드, 이재석 역,
정말중요한(2024)

책 소개

우울증과 만성질환의 진정한 원인을 규명하고, 기존의 약물 중심 치료 방식의 한계를 지적하는 책이다. 다양한 환경적 요인과 생활 습관이 신체의 7개 핵심 생리 과정에 불균형을 초래하여 질병을 일으킨다고 설명한다. 저자는 기능의학적 접근을 통해 개인 맞춤형 건강 관리와 예방을 강조하며, 증상이 아닌 근본 원인을 치료하는 방법을 제시한다. 현대 의학의 한계를 극복하고, 건강한 삶을 위한 로드맵을 제안한다.

세특 예시

의약계열 진학을 꿈꾸는 학생으로, 동아리 활동으로 진행한 탐구활동을 통해 알게 된 '생활 습관에 따른 질병 발생률'에 관심을 가지고 '질병은 없다(제프리 블랜드)'를 읽음. 현대 사회의 질병의 원인을 알아보며 질병의 원인을 정확하게 파악하고 예방하는 것이 중요하다는 것을 이야기함. 건강 관리를 위한 생활 습관과 질병 예방법, 치료법을 탐구하여 발표함.

[12확통02-06] ● ● ●

확률의 곱셈정리를 이해하고, 이를 활용하여 문제를 해결할 수 있다.

➡ 독감 등 환자의 질병을 진단할 때, 검체를 활용한 진단키트를 이용하기도 한다. 각 질병에 대한 진단키트는 민감도와 특이도가 있는데, 이에 따라 결과의 정확도를 추측할 수 있다. 다양한 질병에 대한 진단키트의 민감도와 특이도를 조사하여 정확도를 구하고, 정확도를 높이는 방안을 탐구해 보자.

관련 학과 간호학과, 수의예과, 의예과, 임상병리학과, 치의예과, 한의예과

《**진단이라는 신약**》, 김성민, 바이오스펙테이터(2020)

단원명 | **통계**

🔍 확률변수, 이산확률변수, 확률분포, 연속확률변수, 기댓값, 이항분포, 큰 수의 법칙, 정규분포, 표준정규분포, 모집단, 표본, 전수조사, 표본조사, 임의추출, 모평균, 모분산, 모표준편차, 표본평균, 표본분산, 표본표준편차, 모비율, 표본비율, 추정, 신뢰도, 신뢰구간, $P(X=x)$, $E(X)$, $V(X)$, $\sigma(X)$, $B(n, p)$, $N(m, \sigma^2)$, $N(0, 1)$, $\overline{X}$, S^2, S, $\hat{p}$

[12확통03-01] ● ● ●

확률변수와 확률분포의 뜻을 설명할 수 있다.

➡ 질병을 치료하기 위해 복용하거나 투여하는 약물은 흡수율에 따라 그 효과가 다르게 나타날 수 있다. 흡수율은 여러 가지 요인에 따라 달라지는데, 복용약을 처방받을 때 자주 보는 '식후 30분 후' 복용 지침 같은 복용 시간에 따라 달라지기도 한다. 약의 종류마다 복용 시간에 따른 흡수율의 차이를 조사하고, 약의 올바른 복용 방법에 관해 탐구하여 발표해 보자.

관련 학과 간호학과, 보건관리학과, 약학과, 의예과, 임상병리학과, 치의예과, 한의예과

《약의 과학》, 크리스티네 기터, 유영미 역, 초사흘달(2021)

[12확통03-02] ● ● ●

이산확률변수의 기댓값(평균)과 표준편차를 구할 수 있다.

➡ 우리의 생활에서 병원은 평온한 삶을 위해 꼭 필요한 시설이다. 전국의 각 지역에서 병원을 포함해 여러 의료 시설의 의사, 간호사 등 많은 의료 인력이 일하고 있으나, 여러 지역에서 그 수가 부족하다. 전국에 분포된 여러 의료 기관과 의료 인력의 수를 조사하고, 각 지역의 크기와 인구를 고려할 때 필요한 의료 기관과 의료 인력의 수를 탐구해 보자.

관련 학과 의약계열 전체

《의료 비즈니스의 시대》, 김현아, 돌베개(2023)

[12확통03-03] ● ● ●

이항분포의 뜻과 성질을 이해하고, 평균과 표준편차를 구할 수 있다.

➡ 의학에서는 진단검사의 정확도 또는 신뢰도를 평가하기 위해 베이즈 정리를 적용하거나 약물의 효과 또는 부작용을 비교하기 위해 이항분포나 푸아송 분포를 사용하기도 한다. 또한 생존분석을 통해 환자의 생존율이나 사망위험을 추정하고, 로지스틱 회귀모형을 통해 질병의 발생 여부나 위험 요인을 분석하기도 한다. 이와 같은 사례들의 실제 데이터를 가지고 계산, 검증하며 내용을 정리하고, 결과를 해석, 탐구하는 보고서를 작성해 보자.

관련 학과 의약계열 전체

《수학의 쓸모》, 닉 폴슨·제임스 스콧, 노태복 역, 더퀘스트(2020)

[12확통03-04] ● ● ●

정규분포의 뜻과 성질을 이해하고, 이항분포와의 관계를 설명할 수 있다.

➡ 성인병으로 분류되던 고혈압, 당뇨, 비만 등의 10대 발생비율이 최근 높아지고 있다. 고혈압, 당뇨, 비만 등을 진단할 때 활용되는 혈압, 혈당, BMI 등에 관해 조사하고, 각 수치의 정상 범위와 질병으로 판단되는 범위, 해당 범위의 인구분포 등을 살펴보자. 또한 각 질병을 예방하고 관리하기 위한 생활 습관에 관해 탐구해 보자.

관련 학과 간호학과, 물리치료학과, 보건관리학과, 약학과, 의예과, 재활학과, 한의예과

《닥터딩요의 백년건강》, 김태균, 21세기북스(2021)

[12확통03-06] ● ● ●

표본평균과 모평균, 표본비율과 모비율의 관계를 이해하고 설명할 수 있다.

➡ 디지털 기기의 발전은 개인의 건강을 관리하고 보조하는 데에도 큰 역할을 하고 있다. 지속적인 관리가 필요한 고혈압이나 당뇨 위험이 있는 환자는 물론, 다양한 질병과 관련하여 기존 데이터를 바탕으로 이상 징후를 조기에 발견해 조치할 수 있도록 하고 있다. 이처럼 우리의 일상을 돕는 다양한 디지털 의료기기에 관해 알아보고 그 원리를 탐구해 보자.

관련 학과 보건관리학과, 약학과, 의료공학과, 의예과, 임상병리학과, 재활학과, 치의예과, 한의예과

《디지털 헬스케어》, 최윤섭, 클라우드나인(2020)

[12확통03-07] ● ● ●

공학 도구를 이용하여 모평균 및 모비율을 추정하고 그 결과를 해석할 수 있다.

➡ 세계적으로 팬데믹 상황을 겪으면서 새롭게 발생한 감염병에 대응하려는 많은 노력이 있었다. 특히 감염병에 신속히 대응하기 위해, 감염 여부를 빠르게 진단할 수 있는 진단키트의 보급은 매우 중요했다. 양성 반응에 대한 진단키트의 높은 진단 확률도 중요했다. 다양한 질병에 대한 진단키트의 진단 확률을 조사하고, 진단키트의 원리와 그 결과를 바르게 활용하는 방안 등을 탐구해 보자.

관련 학과 간호학과, 보건관리학과, 약학과, 의료공학과, 의예과, 임상병리학과, 치의예과, 한의예과

《코로나 미스터리》, 김상수, 에디터(2020)

선택 과목	수능	미적분 II	절대평가	상대평가
진로 선택	X		5단계	5등급

단원명 | 수열의 극한

🔍 급수, 부분합, 급수의 합, 등비급수, $\lim\limits_{n \to \infty} a_n$, $\sum\limits_{n=1}^{\infty} a_n$

[12미적II-01-02] • • •

수열의 극한에 대한 성질을 이해하고, 이를 활용하여 극한값을 구하는 방법을 설명할 수 있다.

➡ 어린이들이 자라는 과정에서 유전, 환경 등 다양한 요인에 따라 성장할 수 있는 키를 예측하게 된다. 다양한 자료를 통해 키 성장 모델을 찾아볼 수도 있다. 키의 성장에 영향을 미치는 여러 가지 요인을 찾아 각 나이에 예측되는 키를 구하고, 성장에 도움을 주는 활동은 무엇인지 탐구해 보자.

관련 학과 간호학과, 보건관리학과, 약학과, 의료공학과, 의예과

《**우리 아이 키 성장 비책**》, 하동림·문지영, 트로이목마(2020)

[12미적II-01-03] • • •

등비수열의 수렴, 발산을 판정하고, 수렴하는 경우 그 극한값을 구할 수 있다.

➡ 감염재생산지수는 전염병이 전파된 어떤 집단의 전염병 감염자 1명당 추가 감염자 수를 뜻한다. 이것은 전염병의 확산 정도를 예측하고 관리할 수 있게 해준다. 감염재생산지수가 1보다 크면 전염병이 확산하고 1보다 작으면 감소하게 된다. 감염재생산지수를 조사하고, 감염재생산지수를 낮추는 방안 등에 관해 탐구해 보자.

관련 학과 간호학과, 보건관리학과, 수의예과, 약학과, 의예과, 한의예과

책 소개

코로나19가 유행하면서 사람들의 가장 큰 관심사는 코로나19가 '언제 종식되는가'였다. 이처럼 우리는 미래를 예측하며 살아간다. 이 책은 각종 사회현상을 이해하기 위해 수학적 방법을 적용하고, 나아가 예측과 대처에 관해서까지 이야기한다. 서로 관련 없어 보이는 팬데믹, 금융위기, 총기 폭력, 가짜 뉴스, 인터넷 유행 뒤에 숨어 있는 공통 패턴을 찾아낸다. R값, 아웃브레이크, 슈퍼 전파 등으로 복잡하게 연결된 사건들을 이해하고 예측할 수 있다.

세특 예시

코로나19를 겪으며 전염병에 관심을 갖게 되었음을 이야기하면서, 그에

<table>
<tr>
<td>

수학자가 알려주는 전염의 원리

애덤 쿠차르스키, 고호관 역,
세종서적(2021)

</td>
<td>

대한 예측과 대처 방안을 수학적으로 풀어낸 '수학자가 알려주는 전염의 원리(애덤 쿠차르스키)'를 독서활동 도서로 선정함. 감염재생산지수를 활용하여 전염병 확산의 예측과 대처 방안을 설명하고, 감염병 예측에 다른 사회현상들과 공통된 패턴이 있음을 보고서로 작성하여 그 내용을 발표함.

</td>
</tr>
</table>

[12미적II-01-05] • • • •

등비급수의 합을 구하고, 이를 활용할 수 있다.

➡ 프랙털은 자기 유사성을 갖는 기하학적 구조로 코흐 곡선, 시에르핀스키 삼각형 등이 대표적인 예이다. 정삼각형을 기초로 하여 코흐 곡선으로 만들어지는 도형의 넓이와 도형의 둘레의 특징에 관해 살펴보자. 또한 폐와 같이 우리 몸에서 발견되는 프랙털 구조와 해당 조직이 프랙털 구조를 보이는 이유와 기능에 관해 탐구해 보자.

관련 학과 간호학과, 수의예과, 의예과, 임상병리학과, 치의예과, 한의예과

《프랙탈전》, 수학사랑 기업부설연구소, 수학사랑(2017)

단원명 | 미분법

🔍 자연로그, 덧셈정리, 매개변수, 음함수, 이계도함수, 변곡점, e, e^x, $\ln x$, $\sec x$, $\csc x$, $\cot x$, $f''(x)$, y'', $\frac{d^2y}{dx^2}$, $\frac{d^2}{dx^2}f(x)$

[12미적II-02-01] • • • •

지수함수와 로그함수의 극한을 구하고 미분할 수 있다.

➡ 몸이 아프면 약을 복용한 후 효능이 빠르게 나타나기를 바란다. 약의 효능이 얼마나 빨리 나타나는지, 또는 효능이 얼마나 오래 지속되는지 알아보기 위해 약물의 반감기와 혈중 약물 농도 등을 살펴볼 수 있다. 약물의 반감기에 영향을 미치는 요소와 약물의 반응 속도를 활용하여 그 내용을 탐구하고, 시간에 따른 혈중 약물 농도의 변화를 조사하여 발표해 보자.

관련 학과 간호학과, 보건관리학과, 수의예과, 약학과, 의예과, 임상병리학과, 치의예과, 한의예과

《생명과 약의 연결고리》, 김성훈, 웅진지식하우스(2023)

[12미적II-02-03] • • • •

삼각함수의 극한을 구하고, 사인함수와 코사인함수를 미분할 수 있다.

➡ 심전도나 뇌파와 같이 우리 몸에서 측정할 수 있는 생체 신호를 활용하여 건강 상태를 알아볼 수 있다. 생체 신호의 비정상적인 활동을 감지하고 분석하는 과정에서 미분법을 활용하게 된다. 여러 가지 생체 신호가 뜻하는 건강 상태에 관해 조사하고, 생체 신호를 분석하는 과정에서 이용되는 수학적 개념을 탐구하는 보고서를 작성해 보자.

국어 교과군

영어 교과군

수학 교과군

도덕 교과군

사회 교과군

과학 교과군

관련 학과 간호학과, 약학과, 의료공학과, 의예과, 임상병리학과, 치의예과, 한의예과

《**파이썬을 이용한 공학 프로그래밍**》, 손재범 외 4명, 성안당(2021)

[12미적II-02-06] ● ● ●

매개변수로 나타낸 함수를 미분할 수 있다.

➡ 건강 상태를 확인하기 위해 심장박동이나 혈압의 변화를 주기적으로 검사하기도 한다. 심장박동의 주기나 혈압의 변화는 매개변수를 통한 함수로 나타낼 수 있으며, 이를 이용하여 심장박동의 주기나 혈압의 변화율을 구할 수 있다. 일상적인 건강진단을 위해 필요한 다양한 검사에 대해 조사하고, 주기적인 검사로 확인할 수 있는 질병 등을 탐구해 보자.

관련 학과 간호학과, 보건관리학과, 의예과, 임상병리학과, 한의예과

《**바디—우리 몸 안내서**》, 빌 브라이슨, 이한음 역, 까치(2020)

[12미적II-02-09] ● ● ●

함수의 그래프의 개형을 그릴 수 있다.

➡ 전염병 확산을 연구하는 데 활용되는 대표적인 수학 모델은 SIR 모델이다. 전염병이 확산하는 동안 세 그룹(S: 취약자, I:감염자, R:회복자)으로 나누어 각 그룹의 변화율을 구할 수 있으며, 이를 통해 전염병의 확산 정도를 예측하게 된다. 코로나19에 활용된 다양한 수학 모델을 조사하고, SIR 모델과 이를 응용한 여러 가지 예측 모델에 관해 탐구해 보자.

관련 학과 간호학과, 보건관리학과, 수의예과, 약학과, 의예과, 한의예과

《**세상을 이해하는 아름다운 수학 공식**》, 크리스 워링, 고현석 역, 21세기북스(2021)

[12미적II-02-10] ● ● ●

방정식과 부등식에 대한 문제를 해결할 수 있다.

➡ 같은 질병도 환자 개인의 여러 상황을 고려하여 약을 처방하게 된다. 또한 같은 약이라도 환자의 체격, 건강 상태 등에 따라 농도나 투여량이 달라진다. 환자의 다양한 상황에 따른 최적의 치료를 하기 위해 약물의 농도나 투여량을 계산하는 방안에 관해 탐구하여 발표해 보자.

관련 학과 간호학과, 약학과, 의예과, 임상병리학과, 치의예과, 한의예과

《**프셉마음: 약물계산편**》, 신영미, 드림널스(2023)

[12미적II-02-11] ● ● ●

미분을 속도와 가속도에 대한 문제에 활용하고, 그 유용성을 인식할 수 있다.

➡ 의료 기술의 발달은 영상을 통해 우리의 몸속을 확인하도록 도와준다. 초음파 검사도 그중 하나로, 복부·심장·간 등 다양한 신체기관을 영상을 통해 살펴보도록 도와주고 있다. 초음파 검사의 원리를 살펴보고, 초음파를 통해 발견할 수 있는 질병과 그 한계에 관해 탐구해 보자.

관련 학과 의약계열 전체

《**미적분으로 바라본 하루**》, 오스카 E. 페르난데스, 김수환 역, 프리렉(2015)

단원명 | **적분법**

🔍 | 치환적분법, 부분적분법

[12미적II-03-02] • • •

치환적분법을 이해하고, 이를 활용할 수 있다.

➡ 심장이 1분 동안 박출하는 혈액량을 심박출량이라고 한다. 보통 성인의 경우 안정적인 상태에서 심박출량은 60~80ml이다. 심박출량은 염료 희석법을 이용하여 구한다. 투입한 염료의 농도를 측정하는 시간과 염료의 농도를 활용하게 된다. 심박출량을 구하는 방법을 조사하고, 심박출량에 영향을 주는 요인을 탐구해 보자.

관련 학과 간호학과, 수의예과, 약학과, 의료공학과, 의예과, 한의예과

《프셉마음: 심혈관계편》, 안정언, 드림널스(2021)

[12미적II-03-03] • • •

부분적분법을 이해하고, 이를 활용할 수 있다.

➡ 환자의 정확한 진단을 위해 컴퓨터 단층 촬영(CT)을 활용한다. CT는 여러 위치에서 X선을 투과해 촬영한 영상을 수학적으로 변환하는 과정을 통해 신체의 단면을 영상으로 재생하여 여러 질병을 진단하도록 도와준다. CT의 원리와 그 과정에서 활용되는 적분 등 다양한 수학적 원리를 탐구해 보자.

관련 학과 간호학과, 방사선학과, 수의예과, 의료공학과, 의예과, 임상병리학과, 치기공학과, 치의예과, 한의예과

《미적분의 쓸모》, 한화택, 더퀘스트(2022)

[12미적II-03-07] • • •

적분을 속도와 거리에 대한 문제에 활용하고, 그 유용성을 인식할 수 있다.

➡ 자동차 사고 중 졸음운전 사고는 사고가 발생했을 때 다른 교통사고 유형에 비해 사망률이 매우 높다. 운전 중 졸음운전은 전방을 보지 않고 일정 거리를 움직이는 것과 같기 때문에 매우 위험하다. 자동차의 속도에 따라 1초간 움직이는 거리를 계산하며 졸음운전의 위험성을 조사하고, 졸음운전이 발생하는 원인과 예방 방법을 탐구해 보자.

관련 학과 간호학과, 응급구조학과, 의예과, 재활학과, 한의예과

《머릿속에 쏙쏙! 미분·적분 노트》, 사가와 하루카, 오정화 역, 시그마북스(2022)

선택 과목	수능		절대평가	상대평가
진로 선택	X	**기하**	5단계	5등급

단원명 | 이차곡선

> | 🔍 | 이차곡선, 포물선(축, 꼭짓점, 초점, 준선), 타원(초점, 꼭짓점, 중심, 장축, 단축), 쌍곡선(초점, 꼭짓점, 중심, 주축, 점근선)

[12기하01-01] • • •

포물선의 뜻을 알고, 포물선을 방정식으로 표현할 수 있다.

➡ '신장 결석'은 신장 안에 형성된 돌을 말하는데, 이것이 생기면 그 크기와 위치 등에 따라 여러 가지 치료법을 시행하게 된다. 신장 결석의 치료법 중에는 포물선의 성질을 활용한 '체외 충격파 쇄석술'이 있다. 체외 충격파 쇄석술의 수학적 내용을 탐구하고, 수학적 성질을 활용한 또 다른 의료기기도 탐구해 보자.

관련 학과 간호학과, 물리치료학과, 방사선학과, 약학과, 응급구조학과, 의료공학과, 의예과, 임상병리학과

《이토록 재밌는 의학 이야기》, 김은중, 반니(2022)

[12기하01-02] • • •

타원의 뜻을 알고, 타원을 방정식으로 표현할 수 있다.

➡ 의료 현장에서 활용하는 여러 의료기기에는 다양한 수학적 원리가 적용된다. 그중 타원은 초음파 탐촉자, 의료 영상 기기, 생체 신호 센서, 의료용 로봇 등 다양한 의료기기에서 중요한 역할을 하고 있다. 다양한 의료기기에 적용되는 수학적 원리를 탐구하고, 의료기기 설계 및 개발에서 수학이 중요하게 다루어지는 이유에 관한 보고서를 작성해 보자.

관련 학과 간호학과, 물리치료학과, 방사선학과, 수의예과, 안경광학과, 응급구조학과, 의료공학과, 의예과, 임상병리학과, 작업치료학과, 재활학과, 치기공학과, 치의예과

《기하학 세상을 설명하다》, 조던 엘렌버그, 장영재 역, 브론스테인(2022)

단원명 | 공간도형과 공간좌표

> | 🔍 | 교선, 삼수선 정리, 이면각(변, 면, 크기), 정사영, 좌표공간, 공간좌표, $P(x, y, z)$

[12기하02-02] • • •

삼수선 정리를 이해하고, 이를 활용하여 문제를 해결할 수 있다.

➡ 의료 산업에서도 로봇의 활용도가 높아지고 있다. 로봇의 정밀하고 자연스러운 움직임은 중요한 기술이다. 로봇의 팔다리가 움직일 때, 그 움직임의 방향과 힘을 계산하여 로봇의 움직임을 정밀하게 제어하게 된다. 로봇의 움직임을 제어하는 과정에서 활용되는 삼수선 정리 등 여러 수학 개념과 공학 기술에 관해 탐구해 보자.

[관련 학과] 물리치료학과, 수의예과, 안경광학과, 응급구조학과, 의료공학과, 의예과, 작업치료학과, 재활학과, 치기공학과, 치의예과

《**모던 로보틱스**》, 케빈 M. 린치 외 1명, 이병호 외 9명 역, 에이콘출판(2023)

[12기하02-04] ● ● ●

좌표공간에서 두 점 사이의 거리와 선분의 내분점의 좌표를 구할 수 있다.

➡ 증강현실(AR)의 시각화 기술은 의료 진단, 수술 시뮬레이션, 환자 교육 등 의료 분야에서 유이하게 활용될 수 있나. 또한 증강현실을 통해 의사와 환자는 실제 조직이나 내부 구조를 시각화하고 진단과 치료 과정을 더욱 정확하게 이해할 수 있다. 증강현실 기술에 나타나는 수학적 개념을 조사하고, 증강현실 기술을 활용한 미래의 의료 환경 변화에 관해 탐구해 보자.

[관련 학과] 간호학과, 물리치료학과, 방사선학과, 수의예과, 응급구조학과, 의료공학과, 의예과, 치기공학과, 치의예과

《**의사를 꿈꾸는 10대가 알아야 할 미래 직업의 이동**》, 신지나 외 2명, 한스미디어(2018)

단원명 | 벡터

| 🔍 | 벡터, 시점, 종점, 벡터의 크기, 단위벡터, 영벡터, 실수배, 평면벡터, 공간벡터, 위치벡터, 벡터의 성분, 내적, 방향벡터, 법선벡터, $\overrightarrow{AB}$, $\vec{a}$, $|\vec{a}|$, $\vec{a} \cdot \vec{b}$

[12기하03-02] ● ● ●

위치벡터의 뜻을 알고, 벡터와 좌표를 대응시켜 표현할 수 있다.

➡ X-레이, MRI, CT 등 여러 영상 정보를 활용하여 환자의 질병을 진단하고 치료에 활용한다. 이때 MRI나 CT 같은 영상 진단 기술에서 벡터를 이용해 인체의 내부 구조를 시각화한다. 영상의학에서 활용되는 벡터의 수학적 개념을 탐구하여 보고서로 작성해 보자.

[관련 학과] 간호학과, 방사선학과, 수의예과, 의료공학과, 의예과, 치기공학과, 치의예과, 한의예과

《**세상 모든 비밀을 푸는 수학**》, 이창옥 외 2명, 사이언스북스(2016)

[12기하03-04] ● ● ●

벡터를 이용하여 직선의 방정식을 구할 수 있다.

➡ 일반적인 방사선 치료는 평면적인 상황에서 이루어져 종양뿐만 아니라 정상 조직에도 영향을 준다. 반면 3차원 방사선 치료는 환자로부터 얻은 영상을 분석하여 종양 부위를 입체적으로 구성해 치료를 하게 된다. 치료 과정에서 방사선량을 극소화해 부작용을 줄이며, 정상 조직은 보호하고 종양에만 방사선이 작용하도록 하여 치료 효과를 높인다. 3차원 방사선 치료 과정에 대해 조사하고 장단점을 탐구해 보자.

[관련 학과] 간호학과, 방사선학과, 수의예과, 의료공학과, 의예과, 치기공학과, 치의예과, 한의예과

《**방사선으로 치료할 수 있는 7가지 암**》, 임채홍, 중앙생활사(2019)

[12기하03-05]

좌표공간에서 벡터를 이용하여 평면의 방정식과 구의 방정식을 구할 수 있다.

● 의료 영상은 의료진이 환자의 상태를 진단하고 치료 계획을 수립하는 데 도움을 준다. 특히 의료 영상에서 발견되는 조직이나 종양의 위치와 크기를 추정하는 것은 환자를 치료하는 데 중요한 과정이다. 의료 영상에서 조직이나 종양의 위치, 크기를 추정하는 수학적 원리를 조사하고, 종양의 다양한 위치와 크기에 따른 치료법에 관해 탐구해 보자.

관련 학과 간호학과, 방사선학과, 보건관리학과, 수의예과, 의료공학과, 의예과, 임상병리학과, 치기공학과, 치의예과, 한의예과

《**종양 치료와 간호**》, 대한종양간호학회, 포널스(2019)

선택 과목	수능	경제 수학	절대평가	상대평가
진로 선택	X		5단계	5등급

단원명 | 수와 경제

🔍	경제지표, 퍼센트포인트, 환율, 물가지수, 주식지수. 취업률, 실업률, 고용률, 경제 성장률, 금융지표, 무역수지지표, 노동관계지표, 주식지표, 세금, 소득, 세금부과율, 소비세, 부가가치세, 누진세, 근로소득 연말정산, 종합소득세, 단리, 복리, 이자율, 연이율, 분기이율, 월이율, 할인율, 원리합계, 현재가치, 미래 가치, 연속복리, 연금, 기말급 연금, 기시급 연금, 영구 연금, 미래 가격, 현재 가격

[12경수01-01] ● ● ●

통계 자료를 활용하여 경제 지표의 의미를 이해하고, 경제 지표의 변화를 설명할 수 있다.

➡ 보건지표는 한 국가와 사회의 건강 상태 및 보건 수준을 측정하고 추후 보건 정책을 결정하기 위한 지표로 활용된다. 대표적인 보건지표로는 조출생률, 일반 출산율, 연령별 출산율, 합계 출산율, 모아비(가임 여성 인구 대비 0세~4세 인구의 비율) 등을 나타내는 출산지표와 조사망률, 영아 사망률, 신생아 사망률, 사산율, 주산기 사망률, 모성 사망률, 비례사망지수 등을 나타내는 사망지표가 있고, 발생률, 발병률, 유병률, 이환률, 치명률 등을 나타내는 상병지표도 있다. 대표적인 보건지표 3가지 이상을 찾아 지표의 의미를 비교 분석하고(수식 포함), 통계 자료에 근거하여 자신이 제안하는 보건정책을 발표해 보자.

관련 학과 의약계열 전체
《흑사병부터 코로나까지 그림과 사진으로 보는 감염병의 역사》, 리처드 건더맨, 조정연 역, 참돌(2023)

[12경수01-02] ● ● ●

환율과 관련된 실생활 문제를 해결할 수 있다.

➡ 환율은 자국 화폐와 외국 화폐의 교환 비율로, 외국환 시세에 의해 결정된다. 보통 외환의 수요가 증가하면 환율이 상승하고 상대적으로 원화의 가치는 하락하는 반면, 외환의 공급이 증가하면 환율이 하락하고 상대적으로 원화의 가치는 상승한다. 환율은 수출과 수입에 상당히 큰 영향을 미친다. 환율에 영향을 주는 국내외 요인을 찾아 탐구해 보자. 또한 우리나라에서 주로 수출(또는 수입)하는 바이오 의약품과 의료기기, 실버 산업 등을 찾아 그 규모를 분석해 보자.

관련 학과 의약계열 전체
《2022 대한민국이 열광할 시니어 트렌드》, 고려대학교 고령사회연구센터, 비즈니스북스(2021)

[12경수01-03] ● ● ●

세금과 관련된 실생활 문제를 해결할 수 있다.

➡ 건강보험제도는 국민들이 평소에 보험료를 내고 보험자인 국민건강보험공단이 이를 관리·운영하다가 필요시 보험급여를 제공함으로써 국민 상호 간에 위험을 분담하고 필요한 의료 서비스를 받도록 하는 제도이다. 우리나라 건강보험제도의 역사와 특징을 정리하고 다른 나라의 건강보험제도와 비교, 분석해 보자. 또한 우리나라의 건강보험제도가 국민건강에 미치는 영향에 대해 알아보고, 앞으로 건강보험제도가 나아가야 할 방향을 제시해 보자.

관련 학과 의약계열 전체

《대한민국의 의료보험, 이렇게 만들어졌다》, 최수일, 대한민국CEO연구소(2018)

[12경수01-04] ● ● ●

단리와 복리를 이용하여 이자와 원리합계를 구하고, 미래에 받을 금액의 현재 가치를 구할 수 있다.

➡ 고가의 의료기기를 무이자 할부 방식으로 판매하면서, 일시불로 구매하는 경우 일정 금액을 할인해 주는 경우가 많다. 198만원의 제품을 6개월간 33만원씩 무이자 할부 방식으로 구입하는 경우와 일시불 190만원에 구입하는 경우 중에서 어떤 경우가 더 이익이 되는지 설명해 보자.(월복리 0.4%를 적용하고 계산기를 활용하여 계산한다.)

관련 학과 간호학과, 물리치료학과, 방사선학과, 수의예과, 의예과, 임상병리학과, 작업치료학과, 재활학과, 치의예과, 한의예과 등

《할부거래에 관한 법률》, 법제처 국가법령정보센터, 해광(2022)

[12경수01-05] ● ● ●

연금의 뜻을 알고, 연금의 현재 가치를 구할 수 있다.

➡ 우리나라는 소득 및 재산 등에 따라 매달 일정 금액의 보험료를 납부하는 건강보험제도를 실시하고 있다. 건강보험에 가입하면 아프거나 출산할 때 저렴한 비용으로 의료기관을 이용할 수 있고 정기적으로 건강검진도 받을 수 있다. 건강보험제도는 연금제도와 비슷한 목적으로 실시하고 있다. 우리나라 건강보험제도의 역사와 변화 과정을 정리하고, 국가법령정보센터를 활용하여 국민건강보험법을 찾아 탐구해 보자.

관련 학과 간호학과, 물리치료학과, 방사선학과, 보건관리학과, 수의예과, 약학과, 의예과, 임상병리학과, 작업치료학과, 재활학과, 치기공학과, 치위생학과, 치의예과, 한의예과

《국민건강보험의 발전과 과제》, 이규식, 계축문화사(2022)

단원명ㅣ 함수와 경제

🔍 함수, 정의역, 공역, 치역, 비례함수, 반비례함수, 비용, 비용함수, 이윤, 생산함수, 수요, 공급, 수요량, 공급량, 수요함수, 공급함수, 수요곡선, 공급곡선, 효용함수, 한계효용, 총효용곡선, 한계효용곡선, 한계효용 체감의 법칙, 한계효용 균등의 법칙, 기대효용, 균형가격, 가격, 세금, 소득, 부등식의 영역, 제약조건, 최대와 최소, 이차함수, 효용

[12경수02-01] ● ● ●

여러 가지 경제 현상을 함수로 나타낼 수 있다.

➡ 감염병의 확산은 사회, 경제, 정치, 교육 등 다양한 분야에 큰 영향을 미친다. 코로나19가 확산되었을 때, 일별

— 167

확진자 수를 발표하여 감염병의 심각성을 알리는 동시에 앞으로 예상되는 감염 정도를 예측하였다. 또한 전년도 자료를 바탕으로 사전에 독감 백신이나 치료제를 미리 개발하여 예방접종을 실시한다. 자신의 진로 분야에서 관심 주제를 선정하여 최근의 변화를 함수(또는 표나 그래프)로 표현하고, 이를 분석하여 앞으로 예상되는 변화를 예측해 보자.

관련 학과 의약계열 전체

《**나는 감염되었다**》, 서창록, 문학동네(2021)

[12경수02-02] ● ● ●

함수와 그래프를 활용하여 수요곡선과 공급곡선의 의미를 탐구하고 이해한다.

➜ 코로나19 바이러스가 확산되어 확진자가 증가할 때, 각국에서는 코로나19 백신을 확보하느라 현안이었다. 하지만 코로나19 백신이 다양해지고 공급이 많아지면서, 오히려 백신을 개발한 기업들이 남은 백신을 처리해야 하는 상황이 되었다. 이런 상황을 수요와 공급의 개념과 연계하여 설명해 보자. 또한 백신 수요와 공급의 불균형 문제를 해결하기 위해 백신을 공공재로 활용해야 한다는 입장에 대한 자신의 의견을 논리적인 근거와 함께 제시해 보자.

관련 학과 의약계열 전체

《**백신, 10대는 무엇을 알아야 할까?**》, 태라 하엘, 김아림 역, 오유아이(2021)

[12경수02-03] ● ● ●

효용의 의미를 이해하고, 효용을 함수와 그래프로 나타낼 수 있다.

➜ 노인 인구의 84%가 만성질환을 앓고 있지만, 건강보험을 통해 비교적 저렴한 가격으로 의사의 처방약을 받을 수 있어서 경제적 부담은 크지 않은 편이다. 그런데 적절한 약물 복용은 건강에 도움이 되지만 약물 대사 능력이 낮은 노인들의 경우 지나친 약물 복용이 오히려 독이 될 수도 있다고 한다. 예를 들어 수면제나 안정제, 마약성 진통제, 감기약 등이 인지 기능을 저하하고 배뇨 장애 등의 문제를 일으킬 수 있다. 약물의 과잉 복용을 한계효용 체감의 법칙과 연관하여 설명해 보자.

관련 학과 의약계열 전체

《**약에 의존하지 않고 콜레스테롤·중성지방을 낮추는 방법**》, 나가시마 히사에, 이주관·이진원 역, 청홍(2019)

[12경수02-04] ● ● ●

수요와 공급의 상호작용에 의해 균형가격이 결정되는 경제 현상을 설명할 수 있다.

➜ 인구 고령화와 저출산 속에서 수도권의 인구 쏠림이 심화하면서 지방 소멸에 대한 위기감이 높아지고 있다. 지방 중소도시에서 의료 시설 인프라가 축소되고 의료 수준이 낮아지고 있으며 환자가 대도시의 의사를 찾아가는 원정 진료가 많아지고 있다. 또한 전공의들마저 수도권의 병원을 선호하면서 지역별 격차는 더욱 벌어지는 추세이다. 지역별 전문의 수를 비교하는 통계자료를 찾아 이런 현상을 분석하고, 지방의 의료 수준을 높일 수 있는 공공의료 정책 방안을 제시해 보자.

관련 학과 의약계열 전체

《**공공의료 새롭게**》, 백재중, 건강미디어협동조합(2022)

[12경수02-05]

세금과 소득의 변화가 균형가격에 미치는 영향을 탐구하고 이해한다.

➡️ 시장에서 수요자와 공급자는 각각 수요 계획과 공급 계획을 가지고 있으며, 시장가격은 수요자와 공급자의 상호작용을 통해 만들어진다. 덤핑이란 채산(수입과 지출을 맞추어 계산하는 것)을 무시하고 상품을 저렴한 가격에 대량으로 파는 행위로, 무역시장에 교란을 일으킬 수 있다. 어느 나라가 상품의 가격을 대폭 낮추어 수출함으로써 수입국의 산업이 타격을 받을 경우, 수입국은 국가 경제를 보호하기 위해 덤핑 차액만큼 덤핑 방지 관세를 부과하기도 한다. 최근 해외의 값싼 의약품 유입으로 정부의 덤핑 방지 관세가 필요하다는 주장이 제기되고 있다. 정부의 덤핑 방지 관세가 상품의 균형가격에 미치는 영향에 대해 탐구해 보자.

관련 학과 의약계열 전체

만화로 보는 맨큐의 경제학 (1~7)
그레고리 맨큐, 김용석·김기영 편,
이러닝코리아(2024)

책 소개

총 일곱 권인 이 책은 독자의 경제적 의사결정에 도움이 되도록 구성되어 있다. 경제학의 10대 기본 원리에서 시작하여 시장의 작동 원리와 기업의 행동 원리를 소개하고 있다. 이어서 소득분배의 기본 원리와 국민경제의 기본 원리를 안내하고, 경제학의 관심 분야를 소개하고 있다. 또한 화폐와 환율의 작동 원리부터 심화된 내용인 경기변동과 경제정책의 작동 원리까지 다루고 있다.

세특 예시

세금의 변화로 균형가격이 변화하는 것을 수학적으로 올바르게 모델링한 뒤 정확하게 계산하여 논리적으로 설명함. 중국의 값싼 의약품이 덤핑으로 국내에 유입되면서 국내 제약회사들이 겪는 어려움을 소개하고, 의약품 덤핑으로 인해 국민의 건강과 관련한 의약품의 품질이 떨어지는 문제를 지적함. 해외 의약품 유입이 균형가격을 낮추고 있음을 그래프를 이용하여 수학적으로 설명함. '만화로 보는 맨큐의 경제학(1~7)(그레고리 맨큐)'을 인용해 중국의 무역전략인 덤핑에 대해 정부가 덤핑 방지 관세를 부과함으로써 국내 기업을 보호할 필요가 있음을 주장함.

[12경수02-06]

부등식의 영역의 개념을 이해하고, 이를 활용하여 경제 현상의 문제를 해결할 수 있다.

➡️ 전자기파 스펙트럼은 전자기파를 파장에 따라 분해하여 배열한 것으로, 파장이 길고 짧은 다양한 전자기파가 존재한다. 파장 범위가 400~750nm인 가시광선이 대표적이다. 가시광선은 파장에 따른 성질의 변화가 색깔로 나타나며, 빨간색에서 보라색으로 갈수록 파장이 짧아진다. 가시광선 내의 빨간색에서 보라색까지의 파장과 다양한 전자기파(라디오파, 극초단파, 적외선, 가시광선, 자외선, 엑스선, 감마선 등)의 파장을 부등식으로 표현해 보자

관련 학과 방사선학과, 안경광학과, 의료공학과

《빛의 핵심》, 고재현, 사이언스북스 (2020)

단원명 | 행렬과 경제

[12경수03-01] ● ● ●

여러 가지 경제 현상을 행렬로 나타내고, 연산할 수 있다.

➡ 1972년 스코틀랜드 수학자 윌리엄 컬맥과 역학자 앤더슨 매켄드릭 박사는 감염병 유행 초기 조건과 확산 정도를 추적하고 예측할 수 있는 SIR 모델을 만들었다. 지금도 널리 쓰이고 있는 SIR 모델은 사회적 상호작용을 보여 주는 그래프 이론과 행렬을 이용해 감염 가능자와 감염자, 회복자 사이에서 전염병이 어떻게 확산하는지를 보여 준다. 감염병 발생 초기 조건과 역학적 조사는 전염병 확산을 정확히 예측하고 효과적인 방역 대책을 마련하는 데 필수적이다. 행렬을 이용해 감염병 발생 초기 조건과 확산 정도를 예측하는 SIR 모델에 대해 탐구해 보자.

관련 학과 간호학과, 보건관리학과, 수의예과, 약학과, 의료공학과, 의예과, 임상병리학과, 한의예과
《**과학이슈 하이라이트 Vol 5: 감염병 X, 바이러스와 인류》,** 오혜진, 동아엠앤비(2023)

[12경수03-02] ● ● ●

역행렬의 뜻을 알고, 2×2행렬의 역행렬을 구할 수 있다.

➡ 안드레이 마르코프에 의해 알려진 마르코프 체인은 현재의 상태로부터 미래의 상태를 확률론적으로 설명한 것이다. 행렬을 이용해 현재의 상태로부터 미래의 상태를 추측하게 되는데, 이때 사용되는 행렬을 마르코프 행렬이라고 한다. 마르코프 행렬은 구조 과학에서 의료 진단, 인사 관리에 이르기까지 미래를 예측하고 분석하는 많은 분야에 활용되고 있다. 마르코프 행렬의 의미를 조사하고, 미래 의료 분야에서 마르코프 행렬을 활용할 수 있는 사례를 찾아 탐구해 보자.

관련 학과 의약계열 전체

**매트랩 코드와 함께 하는
마르코프 체인 몬테카를로**
이효남, 자유아카데미(2023)

책 소개

몬테카를로 시뮬레이션과 마르코프 체인에 대해 다룬 책으로, 다양한 문제 상황의 결과물을 프로그램을 활용해 보여 주면서 개념을 설명하고 있다. 조건부 확률과 베이즈 법칙을 바탕으로 마르코프 체인을 소개하고, 균형조건에서 심화이론까지 다양한 개념을 소개하고 있다. 복잡한 현실 문제의 결과를 수학적 모델을 활용하여 예측하는 과정을 확인할 수 있다.

세특 예시

'행렬로 세상 읽기' 활동으로 서로 관련성이 적어 보이는 확률과 행렬을 연계한 마르코프 체인에 대해 소개함. '매트랩 코드와 함께 하는 마르코프 체인 몬테카를로(이효남)'를 참고하여 마르코프체인이 기상이나 경제성장률, 마케팅을 넘어 의료 진단과 감염병 예측 등에도 사용된다는 사실을 예시 상황을 통해 알기 쉽게 설명함. 앞으로 의료 분야에 AI와 챗봇이 활

용될 것이며 미래를 예측하는 시스템에 활용될 마르코프 체인에 관심을 가지게 되었다고 말하면서 발표를 마무리함.

[12경수03-03] ●●●

행렬의 연산과 역행렬을 활용하여 경제 현상의 문제를 해결할 수 있다.

⊙ 혼동행렬은 개인이나 모델, 검사도구, 알고리즘의 진단·분류·판별·예측 능력을 평가하기 위해 고안된 표로, 오류행렬이라고도 한다. 감염병과 관련해 검사 결과가 양성인데 실제로는 감염되지 않은 경우와 검사 결과는 음성인데 실제로는 감염된 경우는 잘못된 진단이 된다. 감염병과 검사 결과를 혼동행렬로 표현하고, 혼동행렬을 이용해 감염병 검사의 정확도와 정밀도를 탐구해 보자.(혼동행렬에서 정확도는 예측이 현실 상황과 동일한 확률을 의미하며 정밀도는 예측 결과가 긍정적일 때 현실도 실제로 긍정적일 확률을 의미한다.)

　관련 학과　 보건관리학과, 약학과, 의료공학과, 의예과, 임상병리학과
《**일상의 무기가 되는 수학 초능력: 확률편**》, 노구치 데쓰노리, 이선주 역, 북라이프(2019)

단원명 Ⅰ 미분과 경제

| 🔍 | 평균변화율, 극한, 순간변화율, 미분계수, 접선의 기울기, 도함수, 합과 차의 미분법, 생산비용, 효용함수, 한계효용, 한계수입, 한계비용, 한계이윤, 평균효용, 평균수입, 평균비용, 평균이윤, 증가, 감소, 극대, 극소, 극댓값, 극솟값, 최대, 최소, 그래프 개형, 평균생산량(AP), 한계생산량(MP), 최적생산량, 총 수입, 총 생산, 이윤, 탄력성 |

[12경수04-01] ●●●

미분의 개념을 이해하고 경제 현상을 나타내는 함수를 미분할 수 있다.

⊙ 미분은 변화하는 움직임이나 변화 양상을 잘게 쪼개 순간의 변화량을 측정하는 분야이다. 코로나19가 확산될 때 감염병 확산 정도를 예측하는 과정에서 미분 개념이 활용되었다. 대표적으로 취약자 수의 변화(dS/dt)와 감염자 수의 변화(dI/dt), 회복자 수의 변화(dR/dt)를 활용한 SIR 모델이 있다. 감염병의 확산 정도를 예측하는 SIR 모델에 대해 탐구해 보자.

　관련 학과　 간호학과, 방사선학과, 보건관리학과, 약학과, 의료공학과, 의예과, 임상병리학과
《**더 이상한 수학책**》, 벤 올린, 이경민 역, 북라이프(2021)

[12경수04-02] ●●●

미분을 이용하여 그래프의 개형을 탐구하고 해석할 수 있다.

⊙ 코로나19 확진자가 발생했을 때, 질병관리청에서는 매일 신규 확진자 수와 누적 확진자 수를 발표했다. 당일의 신규 확진자 수가 급증하면 누적 확진자 수 역시 급증하고, 신규 확진자 수가 줄어들면 누적 확진자 수의 증가폭도 상대적으로 줄어들었다. 코로나19가 확산되던 당시의 신규 확진자 수 그래프와 누적 확진자 수 그래프

를 각각 찾아 두 그래프(동일한 날짜 기준)를 비교하고, 신규 확진자 수 그래프와 누적 확진자 수 그래프 간의 관련성을 미분의 관점에서 분석해 보자.

관련 학과 간호학과, 방사선학과, 보건관리학과, 약학과, 의료공학과, 의예과, 임상병리학과

《**미적분에 빠진 하루**》, 오스카 E. 페르난데스, 강신원 역, 프리렉(2020)

[12경수04-03] ● ● ●

미분을 활용하여 탄력성의 의미를 탐구하고 이해한다.

➡ 가격 변화에 대하여 수요량이 얼마나 변하는지 파악하기 위해 가격탄력성의 개념을 활용한다. 일반적으로 대체재가 없는 생활 필수품은 탄력성이 낮은 반면, 생활 필수품이 아니면서 대체제가 있는 상품들은 탄력성이 높다. 의료 분야에 사용되는 다양한 종류의 약품들과 의료기기, 마스크 등에서 가격탄력성이 높은 물품과 낮은 물품을 찾아보고, 그 이유를 근거 자료(통계, 신문 기사 등)와 함께 설명해 보자.

관련 학과 의약계열 전체

《**보건의료 가격탄력성 추정과 건강보험 재정**》, 김우현 외 1명, 한국조세재정연구원(2021)

[12경수04-04] ● ● ●

미분을 활용하여 경제 현상의 최적화 문제를 해결할 수 있다.

➡ 미분은 경제 현상의 최적화뿐만 아니라 의약 분야에도 활용될 수 있다. 수학적 모델링을 통해 인류를 괴롭힌 감염병을 분석하여 감염병의 확산 경로를 예측할 수 있다. 또한 동맥이나 정맥 등의 혈관을 지나는 혈액의 혈류 속도와 혈류량을 구하는 데도 활용된다. 의료 보건 분야에서 미분이 활용되는 사례를 조사하고 이를 탐구해 보자.

관련 학과 의약계열 전체

《**미적분의 쓸모**》, 한화택, 더퀘스트(2022)

국어 교과군

영어 교과군

수학 교과군

도덕 교과군

사회 교과군

과학 교과군

선택 과목	수능	**인공지능 수학**	절대평가	상대평가
진로 선택	X		5단계	5등급

단원명 | 인공지능과 빅데이터

| 🔍 인공지능, 기계학습, 지도학습, 강화학습, 딥러닝, 사물 인터넷, 빅데이터, 데이터베이스, 논리합(OR), 논리곱(AND), 배타적 논리합(XOR), 논리 연산, 진리표, 알고리즘, 순서도, 다층퍼셉트론, 전문가 시스템, 추론, 데이터 활용, 편향성, 공정성, 추론, 퍼셉트론, 가중치, 활성화 함수

[12인수01-01] • • •

인공지능의 개념을 이해하고 학습 방식을 수학적으로 해석할 수 있다.

➡ 인공지능 기술의 발전이 가속화하면서 영상의학 분야의 유방조영술에서 인공지능 로봇의 암 진단 정확도가 인간 의사 이상으로 높다고 한다. 스탠퍼드 대학교와 인터마운틴헬스케어가 개발한 체스퍼트(CheXpert)는 18만 8,000개의 이미지를 딥러닝하여 폐렴을 판별하고 평균 20분 소요되던 X-레이 판독을 10초 만에 완료하였다. 이때 딥러닝이란 컴퓨터가 스스로 외부 데이터를 조합, 분석하여 학습하는 기술을 의미하며 인공지능이 지금처럼 획기적으로 도약하는 데 크게 기여했다. 암 진단 과정에서 활용되는 인공지능의 학습 방식인 딥러닝을 수학과 연계하여 탐구해 보자

관련 학과 간호학과, 물리치료학과, 방사선학과, 약학과, 의료공학과, 의예과, 임상병리학과

《**면역의 첫 걸음, 인공지능으로 분석하는 기능의학**》, 김진욱·챗GPT, 열린인공지능(2023)

[12인수01-02] • • •

인공지능에서 수학을 활용한 역사적 사례를 탐구하고 설명할 수 있다.

➡ 미국 존스홉킨스 대학교 기계공학과 교수팀은 스마트 조직 자율로봇(STAR)을 개발하여 돼지의 장을 봉합하는 복강경 장 문합술에 성공했다. 문합술은 실과 바늘로 장기의 두 부분을 연결하는 수술로, 손이 떨리거나 바늘로 잘못 찔러 장 누출이 발생하면 치명적인 합병증을 일으키게 된다. 이후 특수 봉합 도구와 영상 시스템이 추가 장착되어 STAR는 한층 고도화되고 정밀해졌으며, 3차원 내시경과 AI 추적 알고리즘을 활용해 매시간 바뀌는 장 조직을 촬영하게 되었다. 3차원 AI 시각 시스템으로 인간보다 정교한 손놀림을 선보였다고 한다. 이 과정에서 활용되는 수학적 원리를 탐구하여 발표해 보자.

관련 학과 간호학과, 방사선학과, 수의예과, 약학과, 응급구조학과, 의료공학과, 의예과, 임상병리학과, 치의예과

《**미래의료 4.0**》, 김영호, 전파과학사(2019)

[12인수01-03] • • •

빅데이터의 개념과 특성을 알고 인공지능에서 빅데이터를 활용한 사례를 찾을 수 있다.

➡️ 관절 사이의 충격을 흡수하는 연골이 손상되어 통증과 기능 장애가 발생하는 퇴행성 관절염은 주로 고령 환자에게 많이 발생한다. 이때 인공관절 치환술을 활용하는데, 사전에 환부를 정확히 계측한 뒤 삽입할 인공관절의 크기에 맞도록 환부를 절삭하는 과정이 반드시 필요하다. 이때 절삭 부위의 오류, 크기 조절 실패, 정상 조직 손상, 인대와 근육, 신경의 손상, 출혈이 발생할 수 있다. 최근 수술 로봇은 인공지능 기계학습과 증강현실, 해부학, 영상 융합 등을 활용하고 사전 시뮬레이션 결과와 비교함으로써 정확성이 높아지고 있다. 또한 이미지 프리 플랫폼과 자외선 카메라 센서의 상호작용을 통해 환부와 미세한 움직임을 면밀하게 분석하고 실시간 정보를 증강현실로 제공한다. 빅데이터의 개념과 특성을 설명하고, 로봇 수술에서 빅데이터 개념이 어떻게 활용되고 있는지 탐구해 보자.

관련 학과 간호학과, 방사선학과, 수의예과, 약학과, 응급구조학과, 의료공학과, 의예과, 임상병리학과, 치의예과

《**10대에 의료계가 궁금한 나, 어떻게 할까?**》, 오쿠 신야, 김정환 역, 오유아이(2022)

단원명 ┃ 텍스트 데이터 처리

> 🔍 텍스트 데이터, 텍스트 마이닝, 불용어, 집합, 벡터, 빈도수, 용어빈도(TF), 문서빈도(DF), 역문서빈도(IDF), 감성 정보 분석, 텍스트의 유사도 분석, 바이오인포매틱스(Bioinformatics), 해밍 거리(Hamming Distance)

[12인수02-01] ● ● ●

집합과 벡터를 이용하여 텍스트 데이터를 목적에 맞게 표현할 수 있다.

➡️ 한국정보화진흥원은 스마트 헬스케어의 기술 분야로 빅데이터(45.9%), AI(35.3%), IoT(14.8%), 가상·증강현실(2.5%), 로보틱스(1.6%)를 꼽았다. 미래의 의료 패러다임인 정밀, 예측, 예방, 개인 맞춤형 의료를 위해서는 대규모의 개인 데이터가 필요하며 많은 나라에서 국가 주도로 의료 빅데이터 프로젝트를 진행하고 있다. 미국은 정밀 의료 계획의 일환으로 100만 명의 유전자 분석 프로젝트를 추진하고 있고, 영국은 게놈 서열 데이터와 의료 기록, 질병 원인, 치료법 등을 밝혀내는 지노믹스 잉글랜드 프로젝트를 진행중이다. 질병 치료와 관련한 빅데이터 분야에서 집합과 벡터를 활용하는 사례를 탐구해 보자.

관련 학과 의약계열 전체

헬스케어 인공지능

용왕식 외 5명, 북스타(2020)

책 소개
이 책은 인공지능의 기본 개념과 주요 기술, 디바이스, 진단 및 치료 등 활용 분야에 대해 사례를 중심으로 다루고 있다. 헬스케어 인공지능의 국내외 정책 및 기술 개발, 동향, 표준화 실태를 다루면서 빅데이터 개념과 처리 기술, 인공지능 의료기기 개발, 적용 상황을 서술하고 있다. 또한 자연어 처리와 음성 인식, 영상 및 감성 인식을 소개하고 사물 인터넷, 건강 관리, 건강 예측, 디지털 트윈, 로봇 의사, 로봇 간호사, 로봇 약사에 대해 다루면서 개인정보 보호와 인공지능 보안까지 설명하고 있다.

세특 예시
인공지능과 빅데이터의 개념을 학습한 뒤 인공지능이 이해할 수 있도록 텍스트 데이터를 처리하는 방법을 학습함. 평소 관심을 가지고 있는 헬스

 케어 분야에 인공지능의 활용도가 높아지고 있음을 이해하고 '헬스케어 인공지능(용왕식 외 5명)'을 참고해 관련 주제와 내용을 정리함. 교과서와 책을 통해 빅데이터를 활용하는 기술과 인공지능의 자연어 처리와 음성인식 과정을 요약하여 수학 소식지를 제작함. 의료 분야에서 빅데이터에 활용되는 벡터와 행렬의 사례를 제시하면서 융합적 사고 능력을 확인함.

[12인수02-02] • • •

빈도수 벡터를 이용하여 텍스트 데이터를 요약하고 유용한 정보를 추출할 수 있다.

→ 바이오인포매틱스(Bioinformatics)는 컴퓨터를 이용해 각종 생명 정보를 처리하는 학문으로, 방대한 생물의 유전자 정보를 분석하는 데 활용된다. 유전자 예측 프로그램의 개발과 생명 정보 데이터베이스 구축 등 정보 기술의 개발과 바이오 칩으로 불리는 첨단 반도체의 개발 등이 이에 해당한다. 이 과정에서 레벤슈타인 거리가 행렬의 개념을 이용해 염색체 간의 차이를 측정하는 데 활용된다. 바이오인포매틱스에 대해 조사하고, 바이오인포매틱스에 활용되는 레벤슈타인 거리에 대해 탐구해 보자.

관련 학과 간호학과, 물리치료학과, 방사선학과, 수의예과, 약학과, 의료공학과, 의예과, 임상병리학과, 치의예과
《인류의 미래를 묻다》, 데이비드 싱클레어, 인플루엔셜(2022)

[12인수02-03] • • •

인공지능이 텍스트를 특성에 따라 분석하는 수학적 방법을 설명할 수 있다.

→ 해밍 거리(Hamming distance)는 문자열 사이의 거리를 정의하는 방법으로, 문자열에 포함된 문자를 앞에서부터 하나씩 비교하여 다른 개수를 출력하는 거리함수이다. 예를 들어 love와 live는 다른 문자가 1개이므로 둘의 해밍 거리는 1이고 12345와 54321은 다른 숫자가 4개이므로 둘의 해밍 거리는 4이다. 주어진 텍스트를 벡터로 표현한 뒤 둘의 해밍 거리를 이용해 유사한 정도를 판별하고 유사한 단어를 추천하기도 한다. 또한 DNA 서열 분석에서는 DNA 염기서열을 바꾸고 문자열 알고리즘을 활용하기도 한다. 유사도나 DNA 서열 분석에 활용하는 해밍 거리에 대해 탐구해 보자.

관련 학과 간호학과, 물리치료학과, 방사선학과, 수의예과, 약학과, 의료공학과, 의예과, 치의예과
《딥러닝을 위한 수학》, 아카이시 마사노리, 신상재 역, 위키북스(2020)

단원명 | 이미지 데이터 처리

| 🔎 | 이미지 데이터, 행렬, 전치행렬, 이미지 구도, 행렬의 연산, 행렬의 덧셈과 뺄셈, 변환, 분류와 예측, 사진 구별, 감정 분석, 행렬의 유사도

[12인수03-01] • • •

행렬을 이용하여 이미지 데이터를 목적에 맞게 표현할 수 있다.

◉ 다빈치 로봇은 환자의 몸속에 넣은 카메라를 통해 전송된 영상을 확인하며, 직접 수술에 참여해 의사의 손 떨림을 대신하기도 한다. 그리고 조작 부위와 수술 부위가 분리되어, 인터넷 연결을 통해 언제든 원격 수술도 가능하다. 특히 복강경 수술의 일종인 싱글포트(단일공) 수술 기법은 구멍을 여러 개 뚫지 않고 배꼽 근처에 하나만 뚫기 때문에 흉터가 거의 남지 않아 인기가 많다. 또한 알약 같은 캡슐로 삼키면 위나 내장 속을 돌아다니며 환부를 치료하는 마이크로 로봇은 몸속을 천천히 살펴보는 검사장비로 활용된다. 의료 분야에서 인공지능 로봇이 행렬을 이용해 이미지를 데이터로 인식하는 과정에 대해 탐구해 보자.

관련 학과 간호학과, 물리치료학과, 방사선학과, 수의예과, 의료공학과, 의예과, 치의예과

《포스트휴먼이 몰려온다》, 신상규 외 7명, 아카넷(2020)

[12인수03-02] • • •

행렬의 연산을 이용하여 이미지 데이터를 다양하게 변환할 수 있다.

◉ 인공지능의 딥러닝 기법을 바탕으로 텍스트나 이미지 등에 나타나는 감정을 분석하는 기술이 다양한 분야에서 활용되고 있다. 의약계열에서도 인간의 특정한 감정 상태에 따른 심장박동이나 호르몬 농도 등의 생체 반응을 분석하는 감정 분석 기술이 활용되고 있다. 생체 신호 분석에서는 개인의 심박수, 눈의 움직임, 표정, 피부 수분, 보행 추적, 목소리 톤이나 기타 신체적 특징을 스캔한 생체 데이터를 해석해 정신 상태를 추론하게 된다. 인공지능을 활용해 이미지에 바탕한 감정 인식과 감정 분석 기술을 탐구해 보자.

관련 학과 간호학과, 물리치료학과, 방사선학과, 수의예과, 의료공학과, 의예과, 치의예과

《인공지능 시대의 보건의료와 표준》, 안선주, 청년의사(2019)

[12인수03-03] • • •

인공지능이 이미지를 자동으로 분류하는 수학적 방법을 설명할 수 있다.

◉ 최근 인공지능을 활용해 텍스트뿐만 아니라 이미지와 생체 신호에 바탕한 감정 분석까지 이루어지고 있다. 감정 분석은 사람의 기분과 감정을 추출하는 것으로, 그중 이미지 처리는 얼굴 표정의 특징을 파악해 사람의 감정을 유추하는 기술이다. 인공지능은 인공 신경망으로 이미지를 분류하고 환자의 상태를 확인할 수 있다. 미래에는 고령화와 간호사 부족으로 노인들의 상태를 파악하는 간호 로봇의 활용도가 높아질 것으로 예상된다. 간호 로봇에는 내장 카메라가 있어 실시간으로 환자의 상태를 파악할 수 있다. 간호 로봇이 환자의 이미지를 자동으로 분류하는 감정 분석 방법을 탐구해 보자.

관련 학과 간호학과, 물리치료학과, 방사선학과, 수의예과, 의료공학과, 의예과, 치의예과

《인공지능, 마음을 묻다》, 김선희, 한겨레출판(2021)

단원명 | 예측과 최적화

| 🔎 확률의 계산, 상대도수, 자료의 경향성, 추세선, 예측, 손실함수, 경사하강법, 함수의 극한, 이차함수의 미분계수, 페르미 추정

[12인수04-01] • • •

데이터를 분석하여 사건이 일어날 확률을 구하고 이를 예측에 이용할 수 있다.

◐ 오차행렬은 학습된 모형의 예측이 얼마나 정확한지 측정하는 지표로 활용되며 오류행렬이라고도 한다. 예측 데이터를 통해 감염되었다고 판정하는 경우를 T, 감염되지 않았다고 판정하는 경우를 F라 한다. 이때 실제로 데이터가 감염된 경우를 P, 그렇지 않은 경우를 N이라 한다. 예를 들어 FP는 감염되지 않았다고 판정하였으나 실제로는 감염된 경우이다. 이때 정확도는 실제 데이터에서 예측 데이터가 얼마나 옳은지 판단하는 지표로 TP+FN/(TP+TN+FP+FN)이고, 정밀도는 실제로 감염된 경우 중 옳게 예측한 확률로 TP/(TP+FP)가 된다. 조건부 확률을 활용하여 오차행렬의 정확도와 정밀도를 계산하는 방법을 탐구해 보자.

`관련 학과` 간호학과, 보건관리학과, 수의예과, 약학과, 의료공학과, 의예과, 임상병리학과

《생물학의 쓸모》, 김응빈, 더퀘스트(2023)

[12인수04-02] • • •

공학 도구를 사용하여 데이터의 경향성을 추세선으로 나타내고 이를 예측에 이용할 수 있다.

◐ 한국인의 사망 원인 1위는 암으로 사망률이 역대 최대이며 폐암, 간암, 대장암 순이라고 한다. 특히 폐암의 5년 생존율은 병기와 상관없이 다른 암에 비해 저조하여 1~2기에 발견해도 5년 생존율이 70% 정도에 불과하다. 심장질환과 폐렴이 사망 원인 2위와 3위이며 뇌혈관 질환과 자살(고의적 자해), 당뇨병, 치매(알츠하이머병), 간질환, 고혈압성 질환, 폐혈증이 그 뒤를 잇는다. 암과 심장질환, 폐렴으로 인한 사망이 꾸준히 늘고 있는데, 이와 관련한 통계자료를 찾아 데이터의 경향성을 추세선으로 나타내 보자. 또한 앞으로의 경향을 예측하고, 암과 심장질환, 폐렴으로 인한 사망자가 늘고 있는 이유를 탐색해 보자.

`관련 학과` 의약계열 전체

《암 완치 로드맵》, 국제통합암연구소 외 2명, 래디시(2023)

[12인수04-03] • • •

손실함수를 이해하고 최적화된 추세선을 찾을 수 있다.

◐ 우리나라는 의료 시설과 건강보험제도가 잘 갖춰져 있어서, 일반의약품은 물론이고 의사의 처방이 필요한 전문의약품까지 편의점이나 약국에서 쉽게 구할 수 있다. 그래서인지 항생제나 감기약, 다이어트약, 두통약, 수면제, 신경안정제 등에 대한 의존도가 높아 약물과 항생제가 남용된다는 비판도 있다. 약물 남용은 간 수치 상승이나 콩팥 기능 장애, 위염, 식도염, 심혈관계 질환을 일으킬 수 있고, 뇌 영상 MRI 결과 뇌 기능을 저하시키고 뇌 세포에 좋지 않은 영향을 미친다고 한다. 또한 예민해지고 불안장애나 수면장애, 불면증으로 이어지기도 한다. 우리나라의 의약품 복용과 관련한 통계자료를 조사해 그래프로 표현하여 데이터의 경향성을 추세선으로 나타내자. 또한 손실함수를 통해 최적화된 추세선을 탐구하고 앞으로의 변화를 예측해 보자.

`관련 학과` 의약계열 전체

약, 먹으면 안 된다

후나세 슌스케, 강봉수 역,
중앙생활사(2022)

이 책은 감기, 우울증, 두통, 수면장애, 아토피, 당뇨병, 암, 비만, 변비, 고혈압 등 각종 약의 성분 및 부작용, 약을 대체할 수 있는 방법 등을 자세히 알려준다. 가정에서 상비하는 약들의 올바른 사용과 잘못된 사용에 대해 일반인들에게 소개하고 있다. 의사와 약사의 말을 인용해 약 남용이 야기하는 문제점을 이야기하면서 약 대신 스스로 몸을 치유할 수 있는 방법을 알려준다.

세특 예시

교과서에 제시된 상품의 판매량에 대한 데이터의 경향성을 바탕으로 손실함수를 이용해 최적화된 추세선을 올바르게 찾아 해결함. 최적의 추세선을 찾는 탐구활동으로 우리나라의 의약품 복용과 관련한 통계를 찾아 최적화된 추세선을 설정함. 또한 지금의 경향을 바탕으로 앞으로의 추세를 예측하면서 우리나라의 의약품 의존도가 높다고 밝힘. '약, 먹으면 안 된다(후나세 슌스케)'를 활용해 의약품 복용과 관련한 유의사항을 제시하고 지나친 의약품 의존이 가져오는 문제점을 리스트 형식으로 정리하여 발표함.

[12인수04-04] ● ● ●

경사하강법을 이해하고 최적화된 예측을 위한 인공지능의 학습 방법을 설명할 수 있다.

➡ 페르미 추정은 제한된 지식과 추론 능력만을 사용하여 단시간에 실제 결과에 근사한 추정치를 도출하는 기법을 말한다. 페르미 추정은 복잡한 하나의 문제를 간단한 부분으로 쪼개어 추론하며 수학적 지식을 이용해 오차를 보정하고 결과가 실제값에 근접하도록 한다. 이러한 기법은 단번에 파악하기 어려운 영역에서 결과를 신속하게 추정할 수 있으며 정확한 계산을 시행하기 전 가설에 대한 추정치를 어림하여 결과를 미리 예측할 수 있다는 장점이 있다. 최적화된 예측을 위한 방법인 페르미 추정에 대해 탐구해 보자.

관련 학과 의약계열 전체

《**도쿄대학 수재들이 가르쳐주는 페르미 추정 두뇌 활용법**》, 도쿄대학 케이스스터디 연구회, 강혜정 역, 에이지21(2011)

단원명 | 인공지능과 수학 탐구

🔍 데이터의 경향성, 최적화, 합리적 의사결정, 비합리적 의사결정, 의사결정의 윤리성, 인공지능, 수학적 아이디어, 탐구 학습, 프로젝트 학습

[12인수05-01] ● ● ●

수학적 원리를 이용하여 인공지능이 실생활 문제를 합리적으로 해결하는 사례를 찾을 수 있다.

➡ 최근 의료 분야에서는 인공지능 기술을 활용한 로봇 수술이 이루어지고 있다. 수술 로봇은 수술의 모든 과정 또는 일부 과정에서 의사를 대신하거나 의사와 함께 작업을 하고 각종 기능적·정보적 보조 기능을 수행한다.

특히 최소침습 수술(복강경 수술), 뇌 수술, 척추 수술, 인공관절 수술 등 정밀도와 정확성이 요구되는 특수 수술 영역에서 활용이 확대되는 추세이다. 수술실에서 인공지능 로봇이 활용되는 구체적인 사례를 조사하고 앞으로 수술실 모습의 변화에 대해 예측, 탐구해 보자.

관련 학과 의약계열 전체

《**인공지능: 보건의료전문가를 위한 길라잡이**》, 박성호 외 1명, 군자출판사(2020)

[12인수05-02] • • •

인공지능과 관련된 수학 주제를 선정하여 탐구할 수 있다.

→ 인공지능을 활용한 로봇 수술이 확대되는 상황에서, 인공지능에 의한 의료사고가 발생할 시 책임과 처벌 대상이 인공지능 로봇인지, 인공지능 로봇 제작업자인지, 이를 활용한 의사 또는 병원인지 책임소재가 명확하지 않은 상황이다. 인공지능 의료기기에 적용할 수 있는 법령으로 지능형 로봇 개발 및 보급 촉진법이 있지만 주로 산업진흥 차원의 개발과 보급에 초점을 두고 있다. 인공지능은 인간의 사고 과정과 유사한 자율적 판단을 하지만, 현재로서는 사람을 대상으로 하는 법적 책임의 주체가 될 수 없다. 로봇 수술 시 발생하는 의료사고에 대한 책임이 누구에게 있다고 판단해야 하는지 그리고 향후 의료사고에 대한 법률의 개정 방향에 대해 자신의 생각을 객관적 근거를 바탕으로 발표해 보자.

관련 학과 의약계열 전체

《**의료사고와 의료분쟁**》, 김나경, 커뮤니케이션북스(2016)

국어 교과군

영어 교과군

수학 교과군

도덕 교과군

사회 교과군

과학 교과군

선택 과목	수능	직무 수학	절대평가	상대평가
진로 선택	X		5단계	5등급

단원명 | 수와 연산

| 🔍 | 직무 상황, 수 개념, 사칙연산, 실생활 활용, 유용성, 어림값, 재무 관리, 올림, 버림, 반올림, 표준 단위, 시간, 길이, 무게, 들이, 인치(in), 피트(ft), 파운드(lb), 온스(oz)

[12직수01-01]   ●●●

직무 상황에서 수 개념과 사칙연산의 문제를 해결하고 그 유용성을 인식할 수 있다.

➡ 국민건강보험은 뜻하지 않은 질병이나 부상으로 인해 발생하는 고액의 진료비 부담을 덜기 위해 시작되었다. 평소 우리나라 국민들은 소득에 근거해 보험료를 내고 보험자인 국민건강보험공단이 이를 관리·운영하다가 필요시 보험급여를 제공한다. 건강보험을 통해 질 좋은 의료 서비스를 받을 수 있다는 점에서 대표적인 사회보장제도라 할 수 있다. 국민건강보험료를 산정하는 방법에 대해 탐구해 보자.

관련 학과 의약계열 전체
《**보험명의 정닥터의 보험 사용설명서**》, 정성욱, 대경북스(2023)

[12직수01-02]   ●●●

큰 수를 어림하여 문제를 해결하고, 어림값을 이용하여 수의 크기를 비교할 수 있다.

➡ 기대수명이란 0세 출생자가 앞으로 생존할 것으로 기대되는 평균 생존 연수이다. 2021년 통계청의 자료에 따르면 우리나라의 평균 기대수명은 83.6세로 남자(80.6세)보다 여자(86.6세)가 더 많으며 이는 2012년의 80.9세보다 2.7세 많아진 수치이다. 또한 세계보건기구에 따르면 2030년에 태어나는 한국 여성의 기대수명은 90.8세로 세계 최고 수준이라고 한다. 우리나라의 기대수명에 대한 통계자료를 찾아 연도별 변화를 정리해 보자. 또한 고령화로 인한 미래 사회의 변화를 예측하고 이로 인한 문제를 해결하기 위한 방안을 탐구해 보자.

관련 학과 의약계열 전체

미래출현

황준원, 파지트(2022)

책 소개

이 책은 미래 사회에 가장 큰 영향을 미칠 요인으로 인구 변화와 고령화, 뉴노멀 인간관계, 기후위기와 환경위기, 첨단 기술을 꼽고 있다. 앞으로 출생아 수의 감소로 인한 인구 문제와 노인의 증가가 사회 전반에 미칠 영향을 영역별로 나누어 설명하고 있다. 변화하는 환경에 좌절할 것이 아니라 그 변화 속에서 긍정적인 방향을 찾아 준비하는 자세가 필요함을 강조하고 있다.

세특 예시

'수학으로 세상 읽기' 활동으로 '미래출현(황준원)'을 참고하여 고령화가 미래 사회에 미칠 영향과 방향에 대한 주제 탐구 활동을 진행함. 세계보건기구에서 발표한 기대수명에 대한 통계자료를 근거로 2060년에는 65세 이상 인구의 비율이 40%가 넘을 것이라고 설명함. 이에 따라 실버 산업과 디지털 헬스케어가 관심 분야로 떠오르고 있음을 연도별 증가 추세에 대한 객관적인 통계자료를 통해 제시함. 또한 결혼과 자녀 출산에 부정적인 사회 분위기가 고령화에 큰 몫을 하고 있다는 의견을 논리정연하게 발표함.

[12직수01-03] •••

시간·길이·무게·들이의 표준 단위를 알고, 단위를 환산할 수 있다.

➡ 약을 제조할 때는 단위의 사용이 매우 중요하다. 비타민 D의 단위 IU는 특정 물질이 어느 정도의 생물학적 효과를 가지는지 측정하는 국제적 기준으로, 다른 비타민이나 영양소에도 사용된다. 비타민 D의 단위는 1ug=1mcg=0.001mg이며 1ug=40IU, 1000IU=25ug이다. 비타민 D의 단위 IU 외에 의약계열에 사용되는 단위를 알아보고 각각의 단위의 의미를 조사하여 발표해 보자.

관련 학과 의약계열 전체

《단위로 읽는 세상》, 김일선, 김영사(2017)

단원명 | 변화와 관계

🔍 비, 비례, 비례식, 환율, 비율, 백분율, 퍼센트, 퍼센트포인트, 기준량, 비교하는 양, 손익률, 인상률, 할인율, 두 양 사이의 대응 관계, 규칙, 수수료, 보험료, 위약금, 운임, 증가와 감소, 주기적 변화, 관계, 그래프, 연립방정식

[12직수02-01] •••

비의 개념을 직무 상황에 연결하여 적용할 수 있다.

➡ 체지방률은 신체에서 체지방이 차지하는 비율로, 평균적으로 남성의 체지방률은 15~20%이며 여성의 경우 20~25%이다. 체지방률이 이보다 높을 경우 비만, 고혈압, 당뇨, 고지혈증 등 다양한 질환에 노출될 수 있어 평소 적절한 관리가 필요하다. 체지방 비율에 따라 비만도를 측정할 수도 있다. 체지방률을 측정하는 방법을 알

아보고 자신의 체지방률을 직접 구해 보자. 또한 건강을 유지하기 위해 체지방을 줄이는 방법을 탐구해 보자.

관련 학과 의약계열 전체

《체지방》, 츠치다 타카시, 김정아 역, 성안당(2021)

[12직수02-02]   ● ● ●

비율을 백분율로 표현할 수 있고 직무 상황에 연결하여 적용할 수 있다.

➡ 통계청에서는 해마다 다양한 통계자료를 정리하여 발표하고 있는데, 그중에는 한 해의 사망자 수와 사망 원인이 있다. 우리나라 전체 사망 원인 1위는 암이며, 연령대별로 보면 10세~40세에서는 고의적 자해(자살)가 1위를 차지하고 있다. 연령대별 사망 원인과 관련한 통계자료를 찾아 사망의 주된 원인과 비율을 정리하고, 사망률을 낮추기 위한 방안을 개인적 측면과 사회적 측면으로 나누어 제시해 보자.

관련 학과 의약계열 전체

《한국어 질병 표현 어휘 사전》, 김양진, 모시는사람들(2023)

[12직수02-03]   ● ● ●

두 양 사이의 대응 관계를 나타낸 표에서 규칙을 찾아 설명할 수 있다.

➡ 혈압은 혈액이 몸을 통과할 때 동맥 벽에 가하는 힘으로, 수축기 압력과 확장기 압력, 두 가지 수치를 측정한다. 수축기 압력은 심장이 뛸 때 동맥에 가해지는 압력이며 확장기 압력은 심장이 박동 사이에 휴식을 취할 때의 압력이다. 대한고혈압회는 연령별/성별로 표준혈압을 발표하여 건강검진에서 측정한 혈압수치를 바탕으로 고혈압과 저혈압 환자를 가려내고 미리 위험성을 경고한다. 연령별/성별 표준혈압을 정리한 표를 찾아 연령과 성별에 따른 수치를 분석해 보자.

관련 학과 의약계열 전체

《건강검진 사용 설명서》, KMI한국의학연구소 외 1명, 싸이프레스(2016)

[12직수02-04]   ● ● ●

증가와 감소, 주기적 변화 등의 관계를 나타내는 그래프를 설명할 수 있다.

➡ 생체시계(Bio-Clock)는 동식물의 생체에 내재된 생물학적 시계로, 다양한 생리·대사·발생·행동·노화 등 생체의 주기적 리듬을 담당한다. 수면은 일종의 습관으로, 수면 습관이 잘못되면 수면 건강을 넘어 신체 건강에 영향을 미친다. 수면은 크게 생리적 상태인 렘수면(REM)과 비렘수면(NREM)으로 나뉘며, 수면이 시작되면 비렘수면 1단계, 2단계, 3단계, 4단계를 거쳐 90분쯤 뒤에 렘수면이 진행된다. 정상적인 수면과 그렇지 않은 수면을 렘수면과 비렘수면으로 나누어 설명하고 수면과 관련한 탐구활동을 해 보자.

관련 학과 의약계열 전체

수면의 과학

헤더 다윌-스미스, 김은지 역,
시그마북스(2022)

국어 교과군

영어 교과군

수학 교과군

도덕 교과군

사회 교과군

과학 교과군

책 소개

이 책은 수면의 과학적 원리와 제대로 잠을 자기 위해 필요한 지식을 이해하기
쉬운 그림으로 제시한다. 잠이 무엇보다 소중한 사람들을 위해 수면 루틴과
수면 위생법, 수면 일기 같은 자잘한 팁도 챙겨준다. 수면의 기초에서 수면의
필요성, 수면 과학의 역사와 최신 연구 동향, 신체의 수면 메커니즘까지 알려
준다. 이어 '슬기로운 수면 생활'에서는 각각의 연령대가 처한 수면 관련 고민
과 그 해결책을 제시한다.

세특 예시

주기적 변화 등의 관계를 나타내는 그래프를 학습한 뒤 대표적인 주기적
변화의 예로 생체시계를 제시함. 생체시계는 생체에 내재된 생물학적 시
계로 생명의 항상성을 유지하고 건강, 노화에 중요한 역할을 한다고 설명
함. 수면을 크게 렘수면과 비렘수면으로 나누어 수면에 대한 지식을 정리
하고 카드 뉴스로 제작함. 또한 '수면의 과학(헤더 다윌-스미스)'을 활용하여
수면 연구 동향과 수면 메커니즘을 소개하고 수면 고민에 대한 해결책을
제시함.

[12직수02-05]   • • •

일차방정식 또는 일차부등식을 활용하여 직무 상황의 문제를 해결할 수 있다.

➡ 컴퓨터 단층 촬영은 여러 방향에서 찍은 X선 영상들로 단면의 영상을 복원하는 방식의 단층 촬영 기술로, 의료
현장에서 많이 사용되고 있다. 신체의 각 부분에 여러 각도에서 일정량의 X선을 투과한 뒤 어느 부위에 얼마만
큼 흡수되었는지 종합하여 2차원 영상으로부터 3차원 영상을 재구성하는 방식이다. 신체 각 부위에 일정한 양
의 X선을 투과한 후 나온 X선의 양을 측정한 결과를 통해 각 부위가 흡수한 양을 계산하는데, 이때 활용되는
수학적 원리가 연립방정식이다. 컴퓨터 단층 촬영을 연립방정식과 관련하여 탐구해 보자.

관련 학과 간호학과, 물리치료학과, 방사선학과, 수의예과, 의료공학과, 의예과, 임상병리학과, 치의예과

《메이드 인 간호사》, 송영애, 포널스(2023)

단원명 ┃ 도형과 측정

🔍 입체도형, 겨냥도, 전개도, 원근법, 투시도법, 소실점, 입체도형의 모양, 정면도, 평면도, 측면도, 우측
면도, 좌측면도, 도형의 이동, 도형의 합동, 도형의 닮음, 평면도형의 둘레, 평면도형의 넓이, 입체도형의
겉넓이, 입체도형의 부피

[12직수03-01]   • • •

입체도형의 겨냥도와 전개도를 그릴 수 있고, 겨냥도와 전개도를 이용하여 입체도형의 모양을 만들 수 있다.

➡ 가상현실(VR)은 실제와 같은 체험을 할 수 있도록 컴퓨터로 만들어 놓은 가상의 환경을 의미한다. 반면 증강현

실(AR)은 현실에 가상의 이미지를 첨가하여 현실과 상호작용할 수 있게 만들어 놓은 환경이다. 증강현실 글래스는 시야가 막힌 가상현실 기기와 달리 이용하는 도중에도 앞을 볼 수 있다. 또한 일반 안경처럼 착용한 상태에서 눈앞에 100인치 와이드 스크린 수준의 디스플레이를 띄우거나 다양한 AR 콘텐츠를 이용할 수 있다. 최근 개발되고 있는 증강현실 글래스의 기능과 특징 등을 탐구해 보자.

관련 학과 안경광학과, 작업치료학과, 재활학과

《증강 현실·가상 현실과 공간 컴퓨팅》, 에린 팡길리넌 외 2명, 김서경 외 1명 역, 에이콘출판(2020)

[12직수03-02] ●●●

입체도형의 위, 앞, 옆에서 본 모양을 표현할 수 있고, 이러한 표현을 보고 입체도형의 모양을 판별할 수 있다.

➡ 컴퓨터 단층 촬영은 여러 방향에서 찍은 X선 영상들로 단면 영상을 복원하는 방식의 단층 촬영 기술이다. 이 기술로 촬영하면 아주 작은 인체조직의 밀도 차이도 구별할 수 있어 인체의 어느 부위에도 적용이 가능하다. 주로 암의 조기 진단 및 진행성·염증성 질환의 진단, 혈관성 질환의 진단, 영상 재구성에 의한 3차원 영상 진단에 쓰인다. 사람의 신체 내부를 여러 방향에서 여러 차례 촬영하는 컴퓨터 단층 촬영의 특징과 원리를 탐구해 보자.

관련 학과 의약계열 전체

《머릿속에 쏙쏙! 방사선 노트》, 고다마 가즈야, 김정환 역, 시그마북스(2021)

[12직수03-03] ●●●

도형의 이동, 합동과 닮음을 직무 상황에 연결하여 문제를 해결할 수 있다.

➡ 불규칙한 치열, 덧니 등 부정교합은 심미성뿐만 아니라 음식 섭취나 발음에도 영향을 미친다. 그래서 구강 건강과 심미적 만족도를 높이기 위해 치아교정이 이루어지고 있다. 치아교정에는 다양한 방법이 있으며, 치아교정 이후에도 예전 상태로 돌아가는 것을 막기 위해 유지장치를 착용하게 된다. 치아교정 방법 중 심미성을 높인 인비절라인 교정(투명교정)을 다른 방법과 비교하고 특징과 장점을 탐구해 보자.

관련 학과 치기공학과, 치위생학과, 치의예과

《쉽디쉬운 치과 이야기》, 문석준 외 3명, 좋은땅(2022)

[12직수03-04] ●●●

직무 상황에서 나타나는 평면도형의 둘레와 넓이를 구할 수 있다.

➡ 사람 몸 안에 있는 소장은 지름 4㎝, 길이가 6~7m에 달한다. 단순히 계산하면 장의 표면적은 약 0.3㎡이지만, 상피세포에 미세 융모가 있어서 실제 표면적은 그 600배가 넘는 200㎡에 달한다. 소장은 부피에 비해 흡수 면적이 매우 넓기 때문에 수동 확산에 의한 흡수에 최적화되어 있다. 또한 십이지장이 흡수 면적이 제일 넓기 때문에 약물 흡수 또한 십이지장에서 제일 많이 일어난다. 사람의 소장이 표면적이 넓은 구조로 이루어진 과학적 이유를 탐구해 보자.

관련 학과 간호학과, 방사선학과, 보건관리학과, 수의예과, 약학과, 의료공학과, 의예과, 임상병리학과, 치의예과, 한의예과

《먹고 사는 것의 생물학》, 김홍표, 궁리(2016)

[12직수03-05] ●●●

직무 상황에서 나타나는 입체도형의 겉넓이와 부피를 구할 수 있다.

➲ 사람의 소화기관은 음식을 분해하고 에너지, 성장, 회복을 위해 영양분을 추출하는 역할을 한다. 소화 시스템은 입, 식도, 위, 소장, 대장, 간, 담낭, 그리고 췌장을 포함한 여러 가지 장기로 구성되어 있다. 각각의 장기별로 수행하는 역할이 다르며 크기와 형태도 제각각이다. 사람의 소화기관을 크기와 형태, 역할 등으로 나누어 탐구해 보자.

관련 학과 의약계열 전체

《**인체: 소화의 과정**》, 아이뉴턴 편집부, 아이뉴턴(2017)

단원명 | 자료와 가능성

> |🔍 경우의 수, 순열, 중복순열, 조합, 확률, 경우의 수, 수학적 확률, 통계적 확률, 확률의 덧셈정리, 여사건의 확률, 자료 수집, 표, 도수분포표, 히스토그램, 그래프, 비율그래프, 막대그래프, 원그래프, 자료 해석

[12직수04-01] ● ● ●

직무 상황에서 경우의 수를 구할 수 있다.

➲ DNA는 생명체의 유전 정보를 담고 있는 화학물질의 일종으로, 세포 내에 가느다란 실과 같은 형태로 존재한다. DNA는 네 가지 종류의 염기를 갖는 이중 나선 구조의 물질로, A(아데닌), C(사이토신), G(구아닌), T(타이민)로 구성된다. 이때 염기 3개가 모여서 1개의 아미노산을 만들게 되며 이는 UUC, CUA, AUG, CGU 등 다양한 형태로 나타난다. 3개의 염기 조합이 특정 아미노산을 결정하고, 이에 따라 만들어지는 단백질의 종류로 유전 정보가 결정된다. 이를 중복순열과 관련하여 설명하고, 약 30억 개의 염기 배열 정보를 파악하여 유전자 질환의 치료에 활용되는 인간 게놈 프로젝트에 대해 탐구해 보자.

관련 학과 간호학과, 보건관리학과, 수의예과, 의료공학과, 의예과

《**생명 설계도, 게놈: 23장에 담긴 인간의 자서전**》, 매트 리들리, 전성수 외 2명 역, 반니(2020)

[12직수04-02] ● ● ●

어떤 현상이 나타날 가능성을 수치화하여 설명할 수 있다.

➲ 감염병을 진단하는 진단키트에 활용되는 민감도는 감염자가 검사를 통해 양성(확진) 판정을 받는 비율을 의미한다. 반면 특이도는 비감염자가 검사를 통해 음성(비확진) 판정을 받는 비율을 의미한다. 이와 비슷한 개념으로 양성 예측도는 검사를 통해 양성(확진) 판정을 받은 사람이 실제로 감염되었을 확률이며 음성 예측도는 음성(비확진) 판정을 받은 사람이 실제로 감염되지 않을 확률이다. 민감도와 양성 예측도의 의미를 비교하고 두 개념간의 관련성을 탐구해 보자.

관련 학과 간호학과, 보건관리학과, 수의예과, 약학과, 의료공학과, 의예과, 임상병리학과

《**과학이슈 하이라이트 Vol 5: 감염병 X, 바이러스와 인류**》, 오혜진, 동아엠앤비(2023))

[12직수04-03] ● ● ●

직무 상황의 자료를 목적에 맞게 표와 그래프로 정리할 수 있다.

➲ 체질량지수는 신장과 체중의 비율을 수치화한 체중의 객관적인 지수로 체지방 축적을 잘 반영하기 때문에 비

만도 판정에 많이 사용한다. 체질량지수는 체중을 신장의 제곱으로 나눈 값으로 수치에 따라 저체중, 정상체중, 과체중, 비만 등으로 분류된다. 체질량지수와 관련해 세계보건기구와 대한비만학회 등에서 발표한 통계자료를 표나 그래프로 표현하고, 신체의 체지방률을 줄일 수 있는 방안을 정리하여 발표해 보자.

관련 학과 간호학과, 물리치료학과, 보건관리학과, 약학과, 의료공학과, 의예과, 임상병리학과, 한의예과체

비만의 종말
가쓰 데이비스, 김진영 외 1명 역,
사이몬북스(2021)

책 소개

이 책은 비만을 다양한 관점에서 바라보며 누구나 쉽게 이해할 수 있는 용어와 재미있는 이야기로 구성하였다. 비만을 막기 위해 채식으로 몸을 날씬하게 만들어야 하고 동물성 단백질이 현대인들이 겪고 있는 건강 문제들의 핵심 원인이며 인간에게 얼마나 유해한지를 설명한다. 또한 꾸준한 운동을 통해 질병을 모두 치유하게 되는 과정을 설명한다.

세특 예시

표와 그래프의 활용 방법을 학습한 뒤 최근 비만과 다이어트에 관심이 많은 친구들을 위해 체질량지수를 주제로 선정하게 됨. 세계보건기구와 대한비만학회 등에서 발표한 통계자료를 표와 그래프로 나타내고 체질량지수를 구하는 방법을 소개함. 또한 '비만의 종말(가쓰 데이비스)'을 인용하여 현대인의 비만 원인이 동물성 단백질이라고 설명하면서 신체의 체지방률을 낮추기 위해 채식과 운동이 필요함을 피력함.

[12직수04-04] • • •

직무 상황의 다양한 표와 그래프를 해석할 수 있다.

➡ 수도권의 인구 집중 현상과 맞물려 지방의 의료 시설 및 의료진 부족 문제가 대두하고 있다. 보건복지부에 따르면, 거주 지역에 따라 응급·중증 질환으로 인한 사망률 격차가 발생하고 있다. 이와 관련한 지표인 입원 환자 사망비(HSMR)의 경우 충북이 서울보다 1.4배 높고, 뇌혈관 질환 환자 사망비는 충북이 부산보다 1.5배, 응급 환자 사망비는 대구가 서울보다 1.2배 높다고 한다. 지역별 의료 격차 현황을 통계와 그래프를 중심으로 살펴보고, 의료 시설과 의료진이 부족한 지역의 문제점을 해결할 수 있는 방안을 탐구해 보자.

관련 학과 의약계열 전체

책 소개

이 책은 전 세계의 재난 및 의료 부족 현장에 나타나 보편적 의료를 실천하는 쿠바 의사들의 이야기를 담고 있다. 또한 자국의 의료 불평등을 해결하기 위한 베네수엘라의 공공 의료 혁명 '바리오 아덴트로'에 대해 자세히 설명하고 있다. 의료 불평등은 세계적으로 중요한 문제로, 어떻게 의료 인력을 충원하고 의료 시설을 지원해야 하는지 중요한 실마리를 제공하고 있다.

세특 예시

진로 연계 활동으로 수도권과 비수도권 간의 인구 격차, 문화 격차 외에도

국어 교과군

영어 교과군

수학 교과군

도덕 교과군

사회 교과군

과학 교과군

세상을 뒤집는 의사들
스티브 브루워, 추선영 역,
검둥소(2013)

의료 시설과 의료진 격차 문제를 주제로 선정함. 보건복지부와 통계청 자료를 활용하여 수도권과 비수도권의 의료 시설 현황을 확인하고 대학병원의 위치를 통해 격차를 설명함. 의료 시설과 의료진 부족 문제를 해결하기 위해서는 경제적 지원뿐만 아니라 지역 출신 의사 배출, 대학병원 건립, 중소병원 연계 등을 해야 한다는 현실적인 대안을 구체적으로 제시함.

[12직수04-05]

다양한 자료의 특성을 파악하여 직무 목적에 적합한 표나 그래프로 나타내고 합리적인 의사결정을 할 수 있다.

건강보조식품은 건강기능성식품, 건강보조제, 건강식품 등으로 다양하게 불린다. 의약품은 아니지만 질병 예방과 치료에 도움을 받기 위해 섭취하는 식품을 의미한다. 건강보조식품 안에는 건강식품, 영양식품, 자연식품, 천연식품 등 다양한 의미가 내포되어 있다. 건강보조식품의 정보는 제품 뒷면에 있는 영양기능정보란을 통해 확인할 수 있으며, 식품의약품안전청 홈페이지에 접속하여 [건강기능식품]을 클릭하면 [소비자정보] 메뉴에 알기 쉽게 설명되어 있다. 주변에서 섭취하고 있는 건강보조식품을 선정하여 함유 성분을 비율 그래프(원그래프, 띠그래프)로 나타내고 주된 성분의 효능 및 기능성에 대해 탐구해 보자.

관련 학과 간호학과, 보건관리학과, 약학과, 의료공학과, 의예과, 한의예과
《건강기능식품 약일까? 독일까?》, 김승환 외 13명, 지식과감성#(2022)

선택 과목	수능	수학과 문화	절대평가	상대평가
융합 선택	X		5단계	5등급

단원명 | 예술과 수학

🔍 음악과 수학, 미술과 수학, 문학과 수학, 영화와 수학

[12수문01-04] ● ● ● ●

영화와 관련된 수학적 내용을 조사하고, 관련 활동을 수행할 수 있다.

➡ 다양한 질병을 소재로 한 영화 안에서 여러 질병의 특징을 살펴볼 수 있다. 특히 질병의 특징을 나타내는 요소로 다양한 수치 자료가 제시되곤 한다. 질병을 소재로 한 영화를 찾아보고, 그 영화에 나오는 질병의 특징을 여러 가지 수학적 개념을 활용하여 설명하는 탐구활동을 해 보자. 더불어 영화 속 질병에 관한 내용 중 오류 사항도 찾아 그 이유를 보고서로 작성해 보자.

관련 학과 의약계열 전체

《세계를 뒤집어버린 전염병과 바이러스》, 이와타 겐타로, 김소영 역, 리듬문고(2020)

단원명 | 생활과 수학

🔍 스포츠와 수학, 게임과 수학, 디지털 기술과 수학, 합리적 의사 결정

[12수문02-01] ● ● ● ●

스포츠와 관련된 수학적 내용을 조사하여 그 유용성을 인식할 수 있다.

➡ 체력 관리를 할 때 다양한 데이터를 활용하면 효과적인 관리 방법을 찾을 수 있다. 신체 상태를 고려한 적절한 운동량, 목표 체중 등을 계산하고 다양한 신체 데이터를 활용하여 건강 수치를 알아볼 수 있다. 체력 관리에 활용되는 수학적 원리를 조사하고 건강한 삶과 연계하여 이를 실천하는 방법을 탐구하는 보고서를 작성해 보자.

관련 학과 간호학과, 물리치료학과, 보건관리학과, 의료공학과, 의예과, 작업치료학과, 재활학과

《근력운동의 과학》, 오스틴 커런트, 권기호 역, 사이언스북스(2021)

[12수문02-03] ● ● ● ●

디지털 기술에 활용된 수학적 내용을 조사하여 설명할 수 있다.

➡ 첨단 기술의 발달과 함께 의료 분야도 빠르게 변화하고 있다. 특히 디지털 기술은 의료 서비스의 혁신을 이끌

고 있다. 의료 영상 처리, 인공지능 기반 진단 시스템, 원격 진료 등 다양한 사례에서 디지털 기술이 어떻게 활용되는지 살펴보고, 그 기술 속의 수학적 원리를 탐구해 보자. 또한 미래 의료 기술의 발전 방향을 예측하는 보고서를 작성해 보자.

`관련 학과` 의약계열 전체

《딥 메디슨》, 에릭 토폴, 이상열 역, 소우주(2020)

단원명 | 사회와 수학

| 🔍 | 민속 수학, 건축과 수학, 점자표와 수학, 대중매체 속 데이터, 가치소비

[12수문03-03] ● ● ●

대중매체로부터 얻은 데이터를 정리, 분석하여 그 의미와 가치를 해석할 수 있다.

➡ 신문, 방송 등 다양한 대중매체에서 의료 관련 데이터를 접할 수 있다. 전염병 확진자 수 추이, 백신 접종률과 중증 환자 수의 상관관계, 연령별 치명률 등 다양한 주제로 데이터를 수집하고 분석하며 의료 분야에서 데이터 분석이 어떻게 활용되는지 탐구해 보자. 또한 대중매체에 나오는 여러 데이터 자료를 통해 의료 서비스 개선을 위한 아이디어를 도출하는 보고서를 작성해 보자.

`관련 학과` 의약계열 전체

《데이터 분석의 힘》, 이토 고이치로, 전선영 역, 인플루엔셜(2018)

[12수문03-04] ● ● ●

가치소비를 위한 의사 결정 방법을 탐구하고 실천 방법을 제시할 수 있다.

➡ 우리는 의료 서비스를 받을 때 여러 환경 요인을 고려하여 소비를 결정하게 된다. 의료 서비스를 선택할 때는 환자의 건강과 안녕이 최우선이며 경제적 상황, 치료 효과, 부작용 등을 종합적으로 고려해야 한다. 또한 의료 자원의 공정하고 형평성 있는 배분이 필요하다. 의료 분야에서 이루어져야 하는 가치소비에 관해 살펴보고 윤리, 형평성, 지속 가능성 등 의료 분야의 다양한 가치에 관해 탐구한 뒤, 미래 의료 발전을 위해 고려해야 하는 것들에 관해 보고서를 작성해 보자.

`관련 학과` 의약계열 전체

《가치소비와 소비자 의사결정》, 박명희 외 5명, 교문사(2022)

단원명 | 환경과 수학

| 🔍 | 식생활과 수학, 대기 오염과 수학, 사막화 현상과 수학, 생물 다양성과 수학

[12수문04-01] ● ● ●

식생활과 관련된 문제를 수학적으로 분석하고 이를 개선하기 위한 방법을 제안할 수 있다.

➡ 소비자의 기호에 맞는 다양한 식품의 등장은 우리의 식탁에 변화를 가져왔다. 이는 긍정적인 면과 함께 다양한 식품 첨가제 사용, 식단 불균형 등 부정적인 면도 유발하고 있다. 여러 식품 첨가제의 현황과 식단 불균형 실태를 조사하고 이로 인해 나타날 수 있는 건강 상태의 변화에 대해 살펴본 뒤, 이를 개선하기 위한 방법을 제안하는 보고서를 작성해 보자.

관련 학과 간호학과, 보건관리학과, 약학과, 의예과, 임상병리학과, 재활학과, 치의예과, 한의예과

《인간이 만든 위대한 속임수 식품첨가물 2》, 아베 쓰카사, 정만철 역, 국일미디어(2016)

[12수문04-02] • • •

대기 오염과 관련된 문제를 수학적으로 분석하고 이를 개선하기 위한 방법을 제안할 수 있다.

➡ 미세먼지, 초미세먼지, 이산화탄소 등 다양한 오염물질로 인해 대기 오염의 피해는 점점 거지고 있다. 기후변화, 산성비, 온실효과 등 환경 문제는 물론 인체 건강에도 악영향을 미치고 있다. 대기 오염과 인체 건강 사이의 인과관계를 회귀 분석, 상관 분석, 인과 추론 등의 통계학적 방법을 활용하여 탐구하고, 대기 오염을 줄이는 방안을 제시하는 보고서를 작성해 보자.

관련 학과 의약계열 전체

《최종 경고: 6도의 멸종》, 마크 라이너스, 김아림 역, 세종서적(2022)

[12수문04-04] • • •

생물 다양성과 생명권 관련 자료를 수학적으로 분석하고 이를 통해 생태 감수성을 함양할 수 있다.

➡ 반려동물에 대한 관심이 높아짐에 따라 인간과 함께 생활하는 동물이 늘어났지만, 더불어 동물 학대 문제와 그에 따른 생명권 문제도 함께 커지고 있다. 동물 학대와 관련된 통계자료와 사례를 통해 동물 학대의 종류, 빈도, 시기, 지역 등 다양한 요소를 파악하고 이를 바탕으로 동물 학대 문제를 해결하기 위한 개선 방안을 제안하는 보고서를 작성해 보자.

관련 학과 수의예과

《반려동물과 함께하다》, 이학범, 크레파스북(2022)

국어 교과군

영어 교과군

수학 교과군

도덕 교과군

사회 교과군

과학 교과군

선택 과목	수능	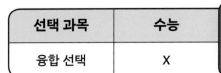 실용 통계	절대평가	상대평가
융합 선택	X		5단계	5등급

단원명 | 통계와 통계적 문제

|🔍| 변이성, 전수조사, 표본조사, 단순임의추출, 층화임의추출, 계통추출

[12실통01-01]　●●●

통계와 통계적 방법의 유용성과 필요성을 인식할 수 있다.

➔ 이례적인 폭염과 폭우, 강력해지는 태풍, 산불 등 자연재해의 횟수와 규모가 커지고 있다. 기후변화는 인간의 건강에도 많은 변화를 불러온다. 다양한 데이터를 통해 우리나라의 기온과 수온의 변화 등 기후변화와 그에 따른 자연재해에 관해 살펴보고, 기후에 따라 나타날 수 있는 질병들의 발생률 변화 등을 조사하여 보고서를 작성해 보자.

관련 학과 간호학과, 보건관리학과, 약학과, 의예과, 임상병리학과, 치의예과, 한의예과

2050 거주불능 지구

데이비드 월러스 웰즈,
김재경 역, 추수밭(2020)

책 소개

시장 중심적이고 소비적인 태도로만 일관했던 환경 운동을 비판하며 화석연료로 뒷받침됐던 자본주의 시스템의 근본적인 변화를 이야기한다. 아울러 자본과 기술력만으로 문제를 해결하려는 흐름의 문제점을 지적하며 모든 이가 함께하는 기후변화 문제에 대한 민주적이고 협력적인 대응 방안을 모색하고 있다. 또한 사고의 전환을 도모하는 방편으로 '인류 원리'를 제안하며 인류와 지구를 '한 사람'처럼 생각할 수 있는 관점으로 안내한다.

세특 예시

기후변화로 인해 자연재해의 횟수가 많아지고 규모도 커지고 있음을 이야기하며 그로 인해 다양한 질병이 발생하고 있음에 관심을 가지고 진로 연계 독서활동으로 '2050 거주불능 지구(데이비드 월러스 웰즈)'를 읽음. 미래의 기후 문제가 인류와 지구에 끼치는 영향을 살펴보며 특히 관심 있는 주제인 인류의 건강, 질병에 미치는 영향을 탐구하고 관련 내용을 발표함.

[12실통01-03]　●●●

모집단과 표본의 뜻을 알고, 표본추출의 방법을 이해하여 문제 상황에 맞는 방법을 선택할 수 있다.

➔ 여러 질병에 대한 진단 키트나 백신의 개발은 질병을 치료하고 확산을 막는 데 매우 중요하다. 백신 개발 과정

에서 효과를 검증하기 위해 인구의 표본을 추출하여 검사를 실시하기도 하는데, 이때 다양한 추출 방법이 활용된다. 백신의 효과를 검증하기 위해 테스트 과정에서 활용되는 인구의 표본 추출 방법에 대해 알아보고, 각 추출 방법의 특징과 그 결과에 대한 해석의 차이를 탐구해 보자.

관련 학과 간호학과, 보건관리학과, 약학과, 의료공학과, 의예과, 임상병리학과, 치의예과, 한의예과

《mRNA 혁명, 세계를 구한 백신》, 전방욱, 이상북스(2021)

단원명 ┃ 자료의 수집과 정리

|🔍| 범주형 자료, 수치형 자료, 명목척도, 순서척도, 구간척도, 비율척도, 설문지법, 문헌연구법

[12실통02-01]   ● ● ●

자료의 종류를 알고 설명할 수 있다.

➲ 우리나라의 경제규모가 커지면서 다양한 일자리가 만들어지고, 그에 따라 여러 직업군에서 많은 외국인 노동자가 채용되고 있다. 외국인 노동자들은 고용 형태, 신분에 따라 의료 지원이 달라 어려움을 겪기도 한다. 통계자료를 활용하여 직업군별, 고용 형태별 외국인 노동자의 증가 추이를 살펴보고, 외국인 노동자에 대한 의료 정책과 지원 방안에 관해 탐구해 보자.

관련 학과 보건관리학과, 약학과, 응급구조학과, 의료공학과, 의예과, 치의예과, 한의예과

《이주노동자를 묻는 십대에게》, 이란주, 서해문집(2021)

[12실통02-03]   ● ● ●

그래프의 종류를 알고 자료의 특성을 나타내는 적절한 그래프를 그릴 수 있다.

➲ 최근 우리가 겪은 코로나19처럼 과거에도 스페인 독감, 신종플루, 메르스 등 여러 감염병이 전 세계를 긴장시켰다. 코로나19와 과거 여러 감염병의 기간별 확진자 수, 사망자 수의 변화를 그래프로 비교하여 그 차이점과 이유를 조사하고, 감염병의 대응 방안 등을 탐구하여 발표해 보자.

관련 학과 간호학과, 보건관리학과, 수의예과, 약학과, 의예과, 임상병리학과, 치의예과, 한의예과

《살인 미생물과의 전쟁》, 마이클 오스터홈·마크 올셰이커, 김정아 역, 글항아리(2020)

단원명 ┃ 자료의 분석

|🔍| 정규분포, t분포, 모평균, 표본평균, 모비율, 표본비율, 신뢰구간, 가설검정, 귀무가설, 대립가설, 기각역, 유의수준, p값

[12실통03-01]   ● ● ●

정규분포와 t분포를 공학 도구를 이용하여 탐구할 수 있다.

➲ 희소 질환을 앓는 환자들에게 신약 개발은 무엇보다 중요하다. 그런데 희소 질환을 위한 신약 개발 과정 중 그

효과를 검증해 보는 과정에서 환자 수가 적다 보니 검증에도 어려움이 있다. 이때 t분포를 활용하면 신뢰성 있는 결과를 얻을 수 있다. 신약 개발 과정에서 활용되는 통계를 살펴보고, 신약 개발 과정에 관해 탐구해 보자.

관련 학과 간호학과, 약학과, 의예과, 치의예과, 한의예과
《바이오사이언스의 이해》, 김성민 외 1명, 바이오스펙테이터(2023)

[12실통03-02] • • •

실생활에서 공학 도구를 이용하여 모평균을 추정할 수 있다.

➡ 코로나19의 빠른 확산은 백신의 중요성을 일깨우는 큰 계기가 되었다. 질병에 대한 백신을 개발할 때, 백신의 효과를 평가하기 위해 임상시험을 진행하며 백신을 접종한 집단과 비교군의 평균 감염율을 비교하게 된다. 백신의 개발 과정을 살펴보고, 백신의 효과에 관한 통계적인 검증 과정을 탐구하여 발표해 보자.

관련 학과 간호학과, 수의예과, 약학과, 의예과, 치의예과, 한의예과
《과학하는 의사들》, 강민용, 위즈덤하우스(2023)

[12실통03-03] • • •

실생활에서 공학 도구를 이용하여 모비율을 추정할 수 있다.

➡ 의사는 전문 진료 분야에 따라 시험을 통해 전문의 자격을 받게 되는데, 그 비율이 사회에서 필요로 하는 인력의 비율과는 차이가 있어 문제로 지적되곤 한다. 사회에서 필요로 하는 인력과 전문의 인력 비율 사이에 차이가 발생하는 이유를 살펴보고, 이를 극복하기 위한 여러 가지 방안을 탐구해 보자.

관련 학과 의약계열 전체
《다른 의료는 가능하다》, 백영경 외 5명, 창비(2020)

[12실통03-04] • • •

가설검정을 이해하고, 실생활에서 공학 도구를 이용하여 가설을 검정할 수 있다.

➡ 전 세계적인 팬데믹 상황에서 인류는 백신과 치료제가 개발되기를 오랫동안 기다려야 했다. 또한 아직 치료제의 개발을 기다리는 많은 환자를 위해 신약 개발이 지속적으로 이루어지고 있다. 신약이 개발되는 과정에서 가설검정이 어떻게 쓰이는지 조사하고, 그 과정을 통해 신약 개발 과정의 어려움과 지원의 필요성을 탐구해 보자.

관련 학과 약학과, 의예과, 임상병리학과, 치의예과, 한의예과
《임상 바로 읽기》, 윤나리, 한국경제신문(2023)

단원명 | **통계적 탐구**

🔍 합리적 의사결정, 연구 윤리

[12실통04-01] • • •

실생활에서 통계적 탐구 과정에 따라 문제를 해결하고 합리적인 의사결정을 할 수 있다.

➡ 운동선수들은 신체 상태를 바르게 알고 관리하기 위해 다양한 통계자료를 활용한다. 자기 신체 상태를 규칙적으로 파악하며 체질량 지수나 혈압, 심박수 등 다양한 건강 수치를 측정하고 자료들을 수집, 분석한다. 운동선수들에게 필요한 다양한 통계자료의 종류를 살펴보고, 해당 자료를 활용하여 선수들에게 의학적 지원이 어떻게 이루어지고 있는지에 관한 보고서를 작성하여 발표해 보자.

[관련 학과] 간호학과, 물리치료학과, 보건관리학과, 약학과, 언어치료학과, 응급구조학과, 의료공학과, 의예과, 재활학과, 한의예과

《캔 유 고?》, 댄 존, 차의과학대학교 스포츠의학 연구소 외 1명 역, 대성의학사(2018)

국어 교과군

영어 교과군

수학 교과군

도덕 교과군

사회 교과군

과학 교과군

선택 과목	수능		절대평가	상대평가
융합 선택	X	**수학과제 탐구**	5단계	5등급

단원명 | 과제 탐구의 이해

🔍 수학과제 탐구, 연구 윤리

[12수과01-01] • • •

수학과제 탐구의 의미와 필요성을 설명할 수 있다.

➡ 현대사회의 여러 가지 환경 오염은 인간에게 다양한 질병을 발생시키고 있다. 대기 오염, 수질 오염, 소음공해 등 다양한 환경 오염으로 인해 발생하는 질병의 종류를 찾아 그 비율을 살펴보며 내용을 수학적으로 분석해 보자. 또한 각 질병을 예방하는 방안에 대해 탐구해 보자.

`관련 학과` 간호학과, 보건관리학과, 수의예과, 약학과, 의료공학과, 의예과, 한의예과

《너의 삶에 담긴 지구》, 홍욱희, 사이드웨이(2023)

[12수과01-02] • • •

올바른 연구 윤리를 이해하고, 탐구의 전 과정에서 이를 준수한다.

➡ 어떤 질병의 치료법에 대한 비교, 특정 유전자와 질병의 관계를 확인하는 과정 등은 올바른 연구 윤리에 대한 이해를 바탕으로 이루어져야 한다. 의학적인 현상에 관해 실험할 때 가설을 세우고 검정, 적용하는 과정에서 필요한 연구 윤리에 대해 살펴보고, 가설 검정 과정에서 필요한 수학적 개념을 탐구하는 보고서를 작성하여 발표해 보자.

`관련 학과` 의약계열 전체

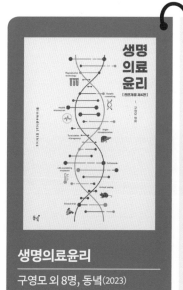

생명의료윤리

구영모 외 8명, 동녘(2023)

책 소개 ···

연구자뿐만 아니라 의사, 수의사, 유전상담사, 변호사 등 각 분야 최고의 전문가인 저자들이 생명의료 윤리학의 광범위한 주제들을 다룬다. 임신중절, 안락사, 장기이식, 동물실험 등 전통적인 이슈에서 지금까지 축적된 논의들을 효과적으로 정리해 전달함과 동시에 새로운 접근 방식과 주제의식을 보여 준다. 더불어 유전상담, 건강정보 빅데이터 등의 최신 이슈와 그 윤리적 쟁점들을 소개하며 다가올 변화에 대한 윤리적 숙고를 제시한다.

세특 예시 ···

동아리 활동으로 진행한 독서활동에서 자신의 관심 분야인 의료 윤리를 다룬 '생명의료윤리(구영모 외 8명)'를 읽고 의료 분야에서 발생할 수 있는 다양한 상황에 대한 윤리적 문제를 살펴봄. 안락사, 동물실험 등의 문제뿐

만 아니라 유전자, 건강정보 빅데이터 문제 등에 관해서도 조사하며 여러 자료를 통해 자신의 의견을 담은 보고서를 작성하여 발표함.

단원명 | 과제 탐구의 방법과 절차

| 🔍 | 문헌 조사, 사례 조사, 수학 실험, 개발 연구

[12수과02-02]　　　　　　　　　　　　　　　● ● ●

사례 조사를 통해 탐구하는 방법과 절차를 이해하고 설명할 수 있다.

➡ 생체역학 분석을 통해 인체 구조와 기능에 대한 깊이 있는 이해를 얻을 수 있다. 관절, 근육, 뼈 등의 움직임을 역학적으로 분석하고, 질병이나 부상의 예방 및 치료에 활용하는 방법을 모색할 수 있다. 또한 생체신호 측정 기술을 활용하여 인체 내부의 생리학적 변화를 관찰하고 분석하는 과정을 살펴볼 수 있다. 생체역학에서 활용된 수학적 사례를 조사하며 의학 분야의 발달에서 수학의 역할에 관해 탐구해 보자.

`관련 학과` 의약계열 전체

《**생체리듬의 과학**》, 사친 판다, 김수진 역, 세종서적(2020)

[12수과02-04]　　　　　　　　　　　　　　　● ● ●

개발 연구를 통해 탐구하는 방법과 절차를 이해하고 설명할 수 있다.

➡ 전 세계가 짧지 않은 기간에 전염병으로 인한 팬데믹 상황 속에 있었다. 이 기간 동안 우리나라도 전염병 감염자를 관리하기 위한 여러 노력이 있었는데, 이때 많이 활용된 자료 중 하나가 감염자 수 예측 자료이다. 바이러스의 확산 속도와 감염자 수 예측에 활용되는 수학적 원리를 살펴보고, 감염자 수 예측을 활용하여 각 상황에 따라 의료 분야에서 대응할 수 있는 방안 등을 탐구해 보자.

`관련 학과` 의약계열 전체

《**수학으로 생각하는 힘**》, 키트 예이츠, 이충호 역, 웅진지식하우스(2020)

단원명 | 과제 탐구의 실행 및 평가

| 🔍 | 탐구 계획 수립, 수학 소논문, STEAM형 산출물, 포스터, 보고서, 수학 잡지, 수학 소설, 수학 만화, 수학 신문, 동료 평가, 자기 평가

[12수과03-02]　　　　　　　　　　　　　　　● ● ●

적절한 탐구 방법과 절차에 따라 탐구를 수행할 수 있다.

➔ 외국의 식문화가 확산되면서 우리나라에도 비만 인구가 증가하고 있다. 그에 따라 식생활 개선에 대한 관심 또한 높아지고 있다. 식생활 변화와 영양소 섭취량 등에 관한 통계자료를 통해 그 변화가 비만의 원인으로 작용할 수 있는지 설명하고, 비만의 영향으로 인한 다양한 질병 발생률을 BMI나 WHR 등과의 상관관계를 통해 분석해 보자. 또한 비만을 예방하거나 개선하기 위한 식단과 건강의 중요성에 관해 자료를 조사해 탐구 보고서를 작성해 보자.

관련 학과 간호학과, 물리치료학과, 보건관리학과, 약학과, 의료공학과, 의예과, 재활학과, 한의예과
《과학잡학사전 통조림: 인체편》, 키즈나출판 편집부 편, 서수지 역, 사람과나무사이(2023)

[12수과03-03]   ● ● ●

탐구 결과를 정리하여 산출물을 만들고 발표할 수 있다.

➔ 생물체의 유전정보를 저장하고 전달하는 분자인 DNA를 살펴보는 과정에는 여러 수학적 개념이 필요하다. DNA 염기 서열의 유사도 측정이나 패턴 찾기, 복제, 유전자 분석 등 DNA를 다루는 과정에 다양하게 나타나는 수학적 개념을 조사하고 DNA 연구와 수학의 관계에 관한 탐구활동을 한 뒤, 보고서를 작성하여 발표해 보자.

관련 학과 간호학과, 보건관리학과, 수의예과, 약학과, 의료공학과, 의예과, 임상병리학과, 치의예과
《역사가 묻고 생명과학이 답하다》, 전주홍, 지상의책(2023)

도덕 교과군

구분	교과(군)	선택 과목		
		일반 선택	진로 선택	융합 선택
보통 교과	도덕	현대사회와 윤리	윤리와 사상 인문학과 윤리	윤리문제 탐구

단원명 | 현대 생활과 윤리

|🔍| 히포크라테스 선서, 도덕 과학적 접근, 신경윤리학

[12현윤01-01] ●●●

윤리학의 성격과 특징을 바탕으로 윤리적 존재로서의 인간 본성을 이해하고, 현대사회의 다양한 윤리문제를 탐구 및 토론할 수 있다.

➡ 히포크라테스 선서는 BC 5세기경 히포크라테스 학파에 의해 만들어진 의사 윤리 선언이다. 이것이 의사들이 지켜야 할 의료 윤리의 기초가 되었다. 현대적 의미의 히포크라테스 선서는 1948년 스위스 제네바에서 열린 세계의사협회 회의에서 개정된 제네바 선언이다. 제네바 선언을 바탕으로 최근 이슈화되는 안락사, 장기기증, 임신중절 등 생명윤리 문제 중 하나를 선택하여 의료 윤리 강령을 제시해 보자.

관련 학과 간호학과, 수의예과, 약학과, 의료공학과, 의예과, 치의예과, 한의예과
《모두를 위한 의료윤리》, 김준혁, 휴머니스트(2021)

[12현윤01-02] ●●●

동양 및 서양의 윤리사상, 사회사상의 접근들을 비교 분석하고, 이를 현대사회의 다양한 윤리문제와 쟁점에 적용하여 윤리적 해결 방안을 도출할 수 있다.

➡ 도덕 과학적 접근은 도덕과 관련된 다양한 현상을 과학적 방법으로 설명하고자 하는 것으로, 도덕성의 형성 요인과 도덕 판단의 근거 및 원리 등을 분석하여 인간의 행동을 과학적 측정방법을 통해 입증한다. 도덕 과학적 접근에는 신경윤리학, 진화윤리학, 행동과학 등이 있으며, 특히 신경윤리학에서는 윤리적 판단이나 행동이 뇌의 특정 부위와 연관이 있다고 주장한다. 신경윤리학의 정의와 연구 분야 및 사례를 탐색하고, 도덕 과학적 접근에서 발생할 수 있는 윤리적 문제에 대해 논해 보자.

관련 학과 간호학과, 수의예과, 의예과, 치의예과, 한의예과
《신경윤리학이란 무엇인가》, 닐 레비, 신경인문학 연구회 역, 바다출판사(2011)

단원명 | 생명윤리와 생태윤리

|🔍| 생명윤리, 뇌사의 윤리적 쟁점, 간호·간병 통합 서비스, 의료 폐기물

국어 교과군

영어 교과군

수학 교과군

도덕 교과군

사회 교과군

과학 교과군

[12현윤02-01] ●●●

삶과 죽음을 동서양 윤리의 입장에서 성찰하고, 현대사회에서 발생하는 생명윤리 문제를 다양한 윤리적 관점에서 설명할 수 있다.

➡️ 전통적으로 죽음은 심장과 폐의 기능이 완전히 정지하는 심폐사를 기준으로 한다. 그러나 현대 의학의 발전과 함께 죽음의 기준을 뇌사로 해야 한다는 주장이 대립하고 있다. 뇌사는 뇌의 기능이 돌이킬 수 없을 정도로 완전히 정지한 상태를 의미하며 심장, 간, 폐 등 중요한 장기를 이식할 수 있는 단계이기도 하다. 뇌사의 기준에 대해 심도 있게 조사하고, 뇌사의 윤리적 쟁점에 대해 토론해 보자.

관련 학과 간호학과, 응급구조학과, 의예과, 치의예과, 한의예과

《생명윤리와 법의 이해》, 박수헌, 유원북스(2020)

[12현윤02-02] ●●●

사랑과 성에 관한 다양한 입장과 성차별의 윤리적 문제를 이해하고, 현대사회의 결혼 및 가족 문제를 윤리적 관점에서 탐구할 수 있다.

➡️ 간호·간병 통합 서비스는 입원 환자가 보호자나 고용 간병인 없이 24시간 전문적인 간호 및 간병 서비스를 받을 수 있도록 하는 제도이다. 보건복지부는 국민 간병 부담을 줄이기 위해 간호·간병 통합 서비스 개선 방안을 발표하였다(2023년 12월). 고령화로 인한 노인 환자 급증, 핵가족화에 따른 노인 부양 인구 감소, 1인 가구 증가 등을 대비한 간호·간병 통합 서비스 활성화 방안을 카드 뉴스로 제작해 보자.

관련 학과 간호학과, 물리치료학과, 보건관리학과, 작업치료학과, 재활학과

《우리가 겨울을 지나온 방식》, 문미순, 나무옆의자(2023)

[12현윤02-03] ●●●

자연을 바라보는 동서양의 관점을 비교·설명할 수 있으며 오늘날 환경 문제의 사례와 심각성을 조사하고, 이에 대한 윤리적 해결 방안을 제시할 수 있다.

➡️ 의료 폐기물은 보건·의료기관, 의료 분야와 관련된 연구소 등에서 배출하는 폐기물이다. 의료 폐기물은 중금속, 병원균, 혈액 등 유해 물질의 위험성이 크기 때문에 매립·소각·멸균 등의 방법으로 폐기하지만, 토양 및 수질 오염과 대기 오염의 위험 그리고 관련업에 종사하는 사람들에게 2차 감염될 위험이 있다. 의료 폐기물 처리 과정에서 발생하는 환경 오염의 실태와 극복 방안에 대해 토론해 보자.

관련 학과 간호학과, 물리치료학과, 방사선학과, 보건관리학과, 수의예과, 약학과, 의료공학과, 의예과, 임상병리학과, 작업치료학과, 재활학과, 치위생학과, 치의예과, 한의예과

《우린 일회용이 아니니까》, 고금숙, 슬로비(2019)

단원명 | 과학과 디지털 학습 환경 윤리

🔍 게놈 프로젝트, 의학 유전학, 인공지능 윤리기준

과학기술 연구에 대한 다양한 관점을 조사하여 비교·설명할 수 있으며 이를 과학기술의 사회적 책임 문제에 적용하여 비판 또는 정당화할 수 있다.

➡ '게놈 프로젝트'는 인체의 유전정보가 담긴 게놈을 해독해 유전자 지도를 작성하고 유전자 배열을 분석하는 연구이다. 2003년 인간 게놈 프로젝트가 완성됨에 따라 인간의 유전체가 모두 밝혀졌고, 이에 따라 의학 유전학도 발전하였다. 유전학의 연구 성과를 바탕으로 유전성 질환의 치료 방법을 연구하는 의학 유전학의 발전과 예상되는 윤리문제에 대해 발표해 보자.

　관련 학과 간호학과, 약학과, 의료공학과, 의예과, 치의예과, 한의예과

《**장애와 유전자 정치**》, 앤 커 외 1명, 김도현 역, 그린비(2021)

윤리적인 인공지능을 위하여 인간과 인공지능의 관계를 설명하고, 인공지능으로 인해 발생하는 윤리문제의 해결 방안을 인공지능 윤리의 관점에서 제시할 수 있다.

➡ 인공지능 윤리의 중요성이 강조됨에 따라, 2020년 12월 과학기술정보통신부는 '인공지능 윤리기준'을 정립하였다. '인간성'을 최고가치로 하는 윤리기준의 10대 핵심 요건은 ①인권 보장 ②프라이버시 보호 ③다양성 존중 ④침해 금지 ⑤공공성 ⑥연대성 ⑦데이터 관리 ⑧책임성 ⑨안전성 ⑩투명성이다. 인공지능 윤리기준은 모든 분야에서 중요하지만, 생명을 다루는 의료 분야에서는 더욱 엄격하고 투명한 윤리가 적용된다. 의료 인공지능의 활용 사례를 탐색하여 의료 인공지능의 장점과 문제점 및 발전 방향에 대해 발표해 보자.

　관련 학과 간호학과, 물리치료학과, 미술치료학과, 방사선학과, 보건관리학과, 약학과, 언어치료학과, 응급구조학과, 의예과, 임상병리학과, 작업치료학과, 재활학과, 치위생학과, 치의예과, 한의예과

《**인공지능 기반 의료**》, 앤서니 C. 창, 고석범 역, 에이콘출판(2023)

단원명 | 민주시민과 윤리

| ⌕ | 직업윤리, 개인선과 공공선, 분배정의

직업의 의의와 다양한 직업군에 따른 직업 윤리를 제시할 수 있으며 공동체 발전을 위한 청렴한 삶과 노동의 가치에 대한 사회적 존중의 필요성을 설명할 수 있다.

➡ 의료는 생명과 관련해 치료가 필요한 환자를 다루는 분야이다. 의료 현장에서 의사의 의사결정에 의무론, 공리주의, 원칙주의, 덕 윤리 등의 행동 지침 기준을 제시할 수 있으나, 의료 현장에서 실제로 적용하기에는 각각의 장단점이 있다. 따라서 대한의사협회에서는 의사 윤리 강령과 행동지침을 통해 의료 윤리의 가이드라인을 제공하고 있다. 의사 윤리 강령과 행동지침을 바탕으로 전문 직업인으로서 의료인에게 요구되는 직업 윤리 덕목을 정리하여 발표해 보자.

　관련 학과 의약계열 전체

《**의학의 대가들**》, 앤드루 램, 서종민 역, 상상스퀘어(2023)

국어 교과군

영어 교과군

수학 교과군

도덕 교과군

사회 교과군

부록 교과군

[12현윤04-02] • • •

개인선과 공동선의 조화가 필요한 이유를 설명할 수 있으며, 시민의 정치참여 필요성과 시민불복종의 조건 및 정당성을 제시할 수 있다.

➡ 개인선은 개인이 추구하는 가치를 우선시하고 개인의 자유와 권리를 강조하는 입장이다. 이에 반해 공동선은 개인의 삶에서 공동체의 가치를 우선시하고 개인의 사회적 책임과 공동체의 연대를 강조한다. 정부가 전국 17개 국립대 병원을 규제 대상인 '기타 공공기관'에서 해제할 것을 검토하고 있다. 주요 거점 의료기관인 국립대 병원 의사들의 이탈이 가속화함에 따라, 인건비를 현실화하여 지역 거점 병원으로서의 진료 역량을 강화하기 위해서이다. 국립대 병원의 공공기관 해제와 관련해 개인선과 공동선의 입장을 선택하여 찬반 토론을 해 보자.

관련 학과 간호학과, 의료공학과, 의예과, 치의예과, 한의예과
《**나는 미래의 병원으로 간다**》, 김영훈, 범문에듀케이션(2023)

[12현윤04-03] • • •

공정한 분배를 이루기 위한 정책을 분배 정의 이론을 통해 비판 또는 정당화할 수 있으며, 사형 제도와 형벌을 교정적 정의의 관점에서 비판 또는 정당화할 수 있다.

➡ 신종 코로나 바이러스 감염증은 2019년 12월 중국에서 첫 사례가 발견된 후 전 세계로 퍼져 나갔고, 세계보건기구는 팬데믹을 선언하였다. 세계 각국은 급증하는 코로나 환자들로 병상과 의료진, 장비 등이 부족해 혼란에 빠졌다. 특히 중환자실 부족으로 의료진은 '어느 생명이 더 가치 있는가?'에 대한 고민으로 극심한 압박을 받았다. 나이, 성별, 중증도 등에 따라 환자를 선택해서 진료할 수 밖에 없는 위기 상황에서 의료인으로서 어떤 선택을 해야 할지를 공리주의, 의무론 등 다양한 윤리사상을 적용하여 토의해 보자.

관련 학과 의약계열 전체
《**의사는 윤리적이어야 하는가**》, 장동익, 씨아이알(2024)

단원명ㅣ **문화와 경제생활의 윤리**

🔍ㅣ 외모지상주의, 음식윤리, 다문화 사회

[12현윤05-01] • • •

미적 가치와 윤리적 가치를 예술과 도덕의 관계 차원에서 설명할 수 있으며 현대의 대중문화의 순기능과 역기능을 윤리적 관점에서 이해하고 성찰할 수 있다.

➡ 대중매체의 발달은 외모를 중시하는 풍조와 밀접한 관련이 있다. 연예인들의 성형 정보 노출과 성형 전후 사진이 나오는 의료 광고 등이 대중매체와 결합하면서 외모 개선에 대한 욕구와 성형수술 건수는 더욱 증가하고 있다. 대중매체를 통한 성형 정보 노출이 증가하면서 청소년들이 획일적이고 정형화된 미의식을 가질 수 있다. 대중매체의 무분별한 미용성형 정보 노출이 청소년들의 정서에 미치는 영향에 관해 탐구해 보자.

관련 학과 간호학과, 의료공학과, 의예과, 치의예과, 한의예과
《**셰임 머신**》, 캐시 오닐, 김선영 역, 흐름출판(2023)

의식주 생활과 관련된 윤리문제와 경제생활에서 발생하는 도덕적 선과 이윤 추구 사이의 갈등 및 소비문화의 문제점을 윤리적 관점에서 비판할 수 있다.

➡ 음식 윤리는 음식과 관련된 문제들을 윤리적 관점에서 규명하는 실천 윤리의 한 부분이다. 사람들은 음식을 먹으며 일상생활에 필요한 에너지를 얻는다. 또한 음식은 건강과 직결되어 종류와 먹는 양에 따라 건강에 영향을 미치기도 한다. 음식 문화로 인한 현대인의 건강 문제는 주로 과잉섭취가 원인이며, 에너지는 충분하지만 영양소가 결핍되는 등의 문제로 다양한 질병의 원인이 되고 있다. 현대사회의 음식 문화의 특징과 잘못된 식습관으로 인해 발생하는 질병들을 조사하고, 올바른 음식 문화 확립을 위한 윤리적 실천 방안을 제시해 보자.

관련 학과 간호학과, 보건관리학과, 약학과, 의예과, 임상병리학과, 치의예과, 한의예과

《음식 윤리》, 김명식 외 9명, 어문학사(2022)

다문화 이론을 통해 문화의 다양성을 존중해야 할 필요성을 인식하고 종교 갈등, 이주민 차별 등과 같은 다문화 관련 문제의 해결 방안을 제시할 수 있다.

➡ 다문화 가정의 의약품 정보 부족, 의료 지원 정책 부족, 건강 실태 파악의 어려움 등으로 다문화 사회에서는 의료계에도 많은 변화가 필요하다. 무엇보다 환자를 직접 대하는 의료인의 경우 다양한 문화를 배경으로 하는 환자들과의 소통을 위해 전문 의료인으로서의 다문화 역량이 요구된다. 다문화 환자에게 전문적인 보건의료 서비스를 제공하기 위한 의료 지원 프로그램을 제안하고, 다문화 시대에 의료인이 갖추어야 할 직업 윤리를 발표해 보자.

관련 학과 의약계열 전체

《다문화 상담의 실제》, 손은정 외 1명, 학지사(2021)

단원명 | 평화와 공존의 윤리

🔍 선험화용론, 고려의학, 원조의 딜레마

다양한 사회적 갈등의 양상을 제시하고 동서양의 윤리 이론을 바탕으로 사회통합을 위한 방안을 제안할 수 있으며, 바람직한 소통과 담론을 실천할 수 있다.

➡ 보건의료기본법 제3조에 의하면, 보건의료인은 보건의료 관계 법령에서 정하는 바에 따라 자격·면허 등을 취득하거나 보건의료 서비스에 종사하는 것이 허용된 자를 말한다. 보건의료인은 의료인, 의료기사, 약사 등 많은 직군을 포함한다. 이 중 의료인에는 보건복지부장관의 면허를 받은 의사·치과의사·한의사·조산사 및 간호사가 포함되며 이들은 국민 보건 향상과 국민의 건강한 생활 확보에 사명이 있지만, 직역 간 갈등이 의료개혁의 걸림돌이 되고 있다. 독일의 철학자 아펠은 '선험화용론', 즉 각각의 의사소통 공동체는 선험(경험 이전)적으로 획득한 인식을 바탕으로 이상적 담론을 통해 상호주관적으로 합의할 수 있음을 제시하였다. 구성원들이 공정한 기회를 통해 합의를 도출하는 윤리적 실천 규범은 보편 타당성의 기준과 요구를 충족해야 한다는 아펠의 담론 윤리학을 바탕으로, 간호법 제정 등 의료인들의 직역 간 갈등 사례에 대한 의사소통 시나리오를 작성하여 역할극을 해 보자.

관련 학과 의약계열 전체

《유럽학문의 위기와 선험적 현상학》, 에드문트 후설, 이종훈 역, 한길사(2016)

[12현윤06-02] ● ● ●

한반도의 통일과 평화에 관한 쟁점을 객관적으로 이해하고, 보편적인 윤리적 가치를 바탕으로 남북한의 화해를 위한 개인적·국가적 노력을 구체적으로 제시할 수 있다.

➡ 한의학은 중국에서 전래되었으나 우리나라에서 독자적으로 발달한 민족 고유의 전통 의학이다. 북한은 한의학을 '고려의학'이라고 명명하여 집중적으로 육성하고 있다. 북한은 우리 땅에서 자생하는 약재(향약)의 효능과 치료법을 망라한 조선 시대 3대 의서인《향약집성방》을 데이터베이스로 구축하고 영상의료를 지원하는 등 전통 의학에 대한 관심에서 우리를 앞서가고 있다. 통일 후 북한의 고려의학과 남한의 기술력을 결합한 의료 정책과 연구 분야를 구상해 보자.

[관련 학과] 의약계열 전체

《역사 속의 전염병과 한의학》, 송지청, 은행나무(2022)

[12현윤06-03] ● ● ●

국제 사회의 윤리문제를 국제 정의의 관점에서 비판적으로 설명하고, 국제 사회에 대한 책임과 기여를 윤리적 관점에서 정당화하고 실천 방안을 제시할 수 있다.

➡ 해외 원조는 인도주의적 차원에서 인간의 존엄성을 실현하고, 아프리카 같은 자원이 풍부한 국가로부터 자원을 확보하며, 자국의 이미지 제고에도 기여한다. 그러나 원조의 딜레마 역시 간과할 수 없다. 원조의 딜레마란 무분별한 원조로 원조 수혜국의 자립 능력이 약화하여 해외 원조에 계속 의존하게 되는 것을 의미한다. 코로나19와 에볼라 바이러스 사태 등에서 원조 수혜국이었던 국가들이 의료 위기 상황에 대처하지 못했으며, 팬데믹으로 인해 많은 원조를 받았지만 현재에도 생명과 직결되는 의료 위기 상황에 대한 대처 능력이 부족한 것으로 나타났다. 원조의 딜레마에서 벗어나기 위한 방안을 직접적인 원조와 간접적인 원조로 구분하여 제안해 보자.

[관련 학과] 간호학과, 물리치료학과, 보건간호학과, 응급구조학과, 의예과, 재활학과, 치의예과

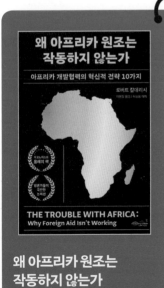

왜 아프리카 원조는 작동하지 않는가
로버트 칼데리시, 이현정 역,
초록비책공방(2023)

[책 소개]

아프리카는 꾸준히 대외 원조를 받았지만 여전히 기아와 빈곤, 독재, 불평등에서 벗어나지 못하고 있다. 저자는 원조의 규모를 키우는 것만으로는 아프리카를 구할 수 없다고 말한다. 원조를 줄여야 국가 간 경쟁이 치열해져 엄격한 기준을 충족하는 국가들의 발전 인프라가 늘어날 거라고 말하며 아프리카에 내재한 강인한 미덕과 미래 발전 가능성에 대한 메시지를 전한다.

[세특 예시]

철학 동아리 활동에 적극 참여하는 학생으로, 철학적 사상에 대한 이론적 고찰을 넘어 실천적인 모습을 보여 줌. '왜 아프리카 원조는 작동하지 않는가(로버트 칼데리시)'를 읽고 해외 원조를 통해 추구해야 할 가치에 대해 고민함. 특히 의료 지원에 대해, 민주 정치를 지향하는 국가를 대상으로 치료적 지원과 교육 지원 및 시스템을 구축할 것을 강조하며 선별적 원조로 구조적 인프라 형성에 기여하고 미래의 우방국으로서 협력 관계를 구축해야 한다고 제안함.

선택 과목	수능	절대평가	상대평가
진로 선택	X	5단계	5등급

윤리와 사상

단원명 | 동양 윤리사상

|🔍| 정명 사상, 《동의보감》, 성인병, 사찰 음식

[12윤사01-01]   ● ● ●

공자 사상에 바탕하여 맹자와 순자, 주희와 왕수인의 인성론을 비교하고, 인간 본성의 입장에 따른 윤리적 삶의 목표 및 방법론의 차이와 그 의의를 파악할 수 있다.

➡ 공자는 "임금은 임금답고, 신하는 신하답고, 부모는 부모답고, 자식은 자식다워야 한다"는 정명(正名) 사상을 주장하였다. 이는 자신의 신분과 직책에 맞는 덕을 갖추고 행동해야 함을 의미한다. 의약계열은 생명의 존엄성에 바탕을 둔 직업인으로서 소명 의식이 중요한 분야이다. 정명 사상을 바탕으로 희망 학과 또는 희망 직업에 맞는 덕과 의료인으로서의 행동 강령을 제시해 보자.

관련 학과 의약계열 전체

《일 잘하는 사람은 논어에서 배운다》, 김은애, 알에이치코리아(2024)

[12윤사01-02]   ● ● ●

노자의 유무상생·무위자연 사상과 장자의 소요유·제물론의 의의를 이해하고, 서로 다른 것들 간의 어울림을 통한 진정한 평화에 대해 성찰할 수 있다.

➡ 도교는 도가 사상과 유교와 불교 및 그 외 여러 종교와 결합하여 발전된 종교이다. 도교는 불로장생하여 신선이 되는 것을 목표로 하므로 생명 현상을 중요시한다. 조선 시대에는 유교의 영향으로 도교가 쇠퇴했지만 생명을 유지하고 건강을 지키기 위한 양생술이 유행하였고, 이는 《동의보감》에도 영향을 주었다. 《동의보감》이 도교의 양생 사상에 영향을 받았다고 할 수 있는 이유를 책의 내용과 관련지어 제시해 보자.

관련 학과 물리치료학과, 보건관리학과, 의예과, 한의예과

《허준 평전》, 김호, 민음사(2024)

[12윤사01-03]   ● ● ●

불교의 사성제와 자비를 이해하고, 괴로움을 극복하는 방법을 실천할 수 있다.

➡ 육식 위주의 서구식 식생활은 고지방·고칼로리로 비만, 당뇨, 고혈압 등 성인병의 원인이 된다. 건강하고 안전한 먹거리에 대한 관심으로 치료식으로서의 슬로우푸드와 자연식 등 채식 위주의 식단이 주목받고 있다. 사찰 음식은 "육식은 자비의 종자를 끊는 것"이라 하여 모든 생명체에 대한 자비심으로 유제품을 제외한 육식을 금지한다. 사찰 음식의 특징과 성인병 예방을 위한 치료식으로서의 사찰 음식의 가능성을 발표해 보자.

국어 교과군

영어 교과군

수학 교과군

도덕 교과군

사회 교과군

과학 교과군

관련학과 간호학과, 보건관리학과, 의예과, 임상병리학과, 작업치료학과, 재활학과
《사찰음식은 없다》, 김연식, 인문공간(2023)

단원명 | 한국 윤리사상

| 🔍 | 이황, 《활인심방》, 정약용, 《마과회통》

[12윤사02-02]
도덕 감정의 발현 과정에 대한 퇴계와 율곡의 주장을 그 이유와 함께 비교·고찰하고, 일상의 감정을 도덕적으로 조절하는 방법을 제시할 수 있다.

➡ 학문과 후학 양성에 정진했던 이황은 사람을 살리는 건강법이라는 의미의 《활인심방(活人心方)》이라는, 심신을 관리하는 건강 관리법에 대한 책을 남겼다. 중화탕, 화기환, 양생지법, 치심, 도인법, 거병연수육자결, 양오장법, 보양정신, 보양음식으로 구성된 《활인심방》의 내용을 살펴보고, 관심 분야의 건강 관리법에 대해 조사해 보자.

관련 학과 간호학과, 보건관리학과, 한의예과
《활인심방―퇴계선생 건강법》, 퇴계 이황, 이동한 역, 교육과학사(2011)

[12윤사02-03]
남명과 하곡, 다산의 사상을 통해 앎과 함의 관계에 대하여 성찰하고, 윤리적 실천 방안을 제안하여 실행할 수 있다.

➡ 《마과회통(麻科會通)》은 정약용이 지은 홍역에 관한 의학서이다. 그는 어린 시절 홍역을 앓았는데 이헌길의 《마진기방》 덕분에 회복하였으며, 《마진기방》과 중국의 의서를 바탕으로 《마과회통》을 저술하였다. 《마과회통》은 홍역과 천연두에 대한 의학 자료를 총 망라하여 기존의 잘못된 치료법을 비판하고 새로운 지식과 치료 방법을 소개하고 있다. 《마과회통》(홍역 계통의 병과 치료법을 모아 정리한 책)에 소개된 치료 방법을 탐색하고 의학적 의의를 도출해 보자.

관련 학과 간호학과, 보건관리학과, 약학과, 의예과, 임상병리학과, 한의예과
《다산 정약용 평전》, 김삼웅, 두레(2023)

단원명 | 서양 윤리사상

| 🔍 | 히포크라테스, 프로테스탄티즘, 소명의식, 의료 윤리

[12윤사03-01]
서양 윤리사상의 출발점에서 나타난 보편윤리, 영혼의 조화, 성품의 탁월성의 특징을 파악하고, 덕과 행복의 관계에 대하여 성찰할 수 있다.

➡ 고대 그리스의 의학자인 히포크라테스는 '의학의 아버지' 또는 '의성(醫聖)'으로 불리며, 히포크라테스 선서는 의료인의 윤리적 지침이 되었다. 당시 사람들은 질병이 초자연적 현상에서 비롯한다는 믿음을 가지고 있었다.

그러나 히포크라테스는 질병이 체액의 불균형에서 발생한다고 보았으며, 식이요법과 외과적 수술법 등 과학적 사고로 질병 치료에 접근하였다. 히포크라테스가 의학의 아버지라고 불리는 이유를 그의 치료법과 연결하여 정리해 보자.

`관련 학과` 간호학과, 보건관리학과, 의예과

《**히포크라시**》, 레이첼 부크바인더·이언 해리스, 임선희 역, 책세상(2023)

[12윤사03-03] • • •

그리스도교의 사랑의 윤리로서의 특징을 파악하고, 자연법 윤리 및 프로테스탄티즘 윤리에 나타난 신앙과 윤리의 관계를 성찰할 수 있다.

➡ 프로테스탄티즘은 16세기에 루터와 칼뱅 등의 종교개혁으로 가톨릭에서 분리하여 성립된 그리스도교의 분파이다. 칼뱅은 인간의 구원은 신의 선택에 의해 결정되며, 직업 소명설을 바탕으로 소명에 대한 믿음을 갖고 자신의 직업에 성실히 종사해야 한다고 했다. 이러한 프로테스탄티즘 윤리는 종교와의 상호작용 속에서 직업에 대한 책임과 성실의 의무로 이어졌다. 칼뱅의 직업 소명설을 의료인의 소명의식과 연계하여, 의료인의 소명의식이 직업생활에 미치는 영향에 대해 고찰해 보자.

`관련 학과` 의약계열 전체

《**직업과 소명에 대한 기독교적 관점**》, 리 하디, 박승민 역, 부흥과개혁사(2023)

[12윤사03-04] • • •

옳고 그름의 기준에 대한 의무론과 결과론을 비교·분석하고, 옳고 그름에 대한 윤리적 관점을 정당화할 수 있다.

➡ 의료계의 윤리적 쟁점을 논할 때 흔히 의무론과 결과론의 입장에서 논하지만, 다양한 가치가 공존하는 현대 다원주의 사회에서 하나의 윤리 원칙을 고수해서 적용하기는 매우 어렵다. 의료 윤리는 환자, 보호자, 의료인이 서로의 입장을 고려하고 의료적 쟁점의 다양한 맥락을 검토한 뒤 내리는 최선의 선택이다. 이는 의료 행위가 의사 개인의 선택이 아닌 간호사, 약사, 환자, 보호자 등 다양한 직군의 사람들과 관련이 있음을 뜻한다. 의료 윤리가 의무론이나 결과론 등 하나의 기준을 적용할 수 없는 문제임을 규명하고, 현대사회에 필요한 의료 윤리에 대해 논해 보자.

`관련 학과` 의약계열 전체

《**골든아워**》(1, 2), 이국종, 흐름출판(2024)

단원명 | 사회사상

| 🔍 | 비스마르크, 사회보장제도, 자유주의, 공동체주의, 공공 보건의료, 대리모 산업

[12윤사04-01] • • •

동서양의 다양한 국가관을 비교·고찰하고, 오늘날의 관점에서 국가의 역할과 정당성에 대한 체계적인 시각을 형성할 수 있다.

➡ 독일의 철혈재상 비스마르크는 독일을 통일해 제국을 건설했다. 그는 근로자들을 위한 세계 최초의 사회보장제도를 시행하였다. 비스마르크가 사회보장제도를 만든 이유는 근로자 계층의 지지를 얻기 위해서였다. 당시

의 사회보장제도는 건강보험, 산업재해보험, 노령연금, 장애인 연금보험이었다. 비스마르크가 만든 사회보장제도의 의의에 대해 알아보고 국민의 건강한 삶 보장을 위한 국가의 역할을 정리해 보자.

`관련 학과` 간호학과, 보건관리학과, 응급구조학과, 의예과, 작업치료학과

《복지사각지대 예방과 발굴》, 이용교, 인간과복지(2024)

[12윤사04-02] • • •

시민의 자유와 권리, 공적 삶과 정치참여에 대한 자유주의와 공화주의의 관점을 비교·고찰하고, 시민과 공동체의 바람직한 관계를 모색할 수 있다.

➡ 코로나 바이러스로 인한 팬데믹 상황에서 한국의 코로나 바이러스 방역 시스템은 전 세계의 찬사를 받았다. 그러나 개인 신상정보의 노출, 종교와 집회의 자유 침해 등 개인의 기본권 침해에 대한 의견이 대두하며 개인의 자유를 보호받지 못하는 시스템이라는 비판을 받기도 했다. 특히 방역패스에 대한 찬반 논쟁으로 개인의 기본권 보호와 공동체 보호가 대립했다. 감염병 예방 등 국가의 질병 관리 방법에 대해 자유주의 또는 공동체주의의 입장을 선택하여 토론해 보자.

`관련 학과` 간호학과, 보건관리학과, 약학과, 의예과, 치의예과, 한의예과

《질병이 바꾼 세계의 역사》, 로날트 D. 게르슈테, 강희진 역, 미래의창(2020)

[12윤사04-03] • • •

근대 대의 민주주의의 대안으로 등장한 참여 민주주의와 심의 민주주의의 장단점을 분석하고, 민주주의의 이상을 구현하기 위한 실천 방법을 제시할 수 있다.

➡ 공공성은 개인이나 단체가 아닌 사회 구성원 전체에 관련되는 것을 의미한다. 공동의 가치를 위해서는 시민들의 참여와 함께 공론의 장에서 문제를 해결해야 한다. 민간병원 주도의 의료 서비스가 정착된 우리나라의 경우 국립병원과 지역 거점 공공병원 등 공공보건 의료기관이 재정 악화 등으로 공공의료를 수행하는 데 어려움을 겪고 있다. 모의 시민 공청회를 열어 우리나라 공공보건 의료의 문제점과 해결 방안에 대해 논의해 보자.

`관련 학과` 의약계열 전체

《공공의료 새롭게》, 백재중, 건강미디어협동조합(2022)

[12윤사04-04] • • •

자본주의의 현실적 기여와 한계에 대해 조사·분석하고, 동서양의 사회사상적 측면에서 자본주의의 개선 방향에 관해 탐구할 수 있다.

➡ 대리모 산업은 인간의 존엄성 저해로 심각한 윤리문제를 야기한다. 대리모 산업이 합법인 대표적인 국가는 미국이지만(주마다 상이함) 대리모가 되려는 여성들의 국적은 방글라데시, 인도, 캄보디아, 베트남 등의 개발 도상국이다. 대리모 산업은 빈부격차, 임신과 출산으로 인한 육체적·심리적 고통, 인신매매 등 자본이 바탕이 된 심각한 사회문제로 변질될 수 있다. 이런 상황에서 대리모가 불임 부부의 희망이 될 것인지를 인권침해의 측면에서 고찰하고 대리모 문제에 관해 토론해 보자.

`관련 학과` 간호학과, 의예과

《베이비 팜》, 조앤 라모스, 김희용 역, 창비(2020)

선택 과목	수능	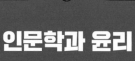	절대평가	상대평가
진로 선택	X		5단계	5등급

단원명 | 성찰 대상으로서 나

| 🔎 | 구용, 구사, 쾌락

[12인윤01-01]

내 몸과 마음의 관계를 탐구하고, 심신의 통합성을 자각하여 도덕적 주체로서 자신을 이해하고 존중할 수 있다.

➡ 《격몽요결》〈지신〉장은 몸과 마음을 가다듬고 수습하는 데 필요한 구용(九容)과 학문을 진보시키고 지혜를 더하게 하는 구사(九思)를 강조한다. 잘못된 오랜 습관들을 찾아 성찰하고, 실천해야 하는 덕목들을 구용(일상생활에서 취해야 할 아홉 가지 태도)과 구사(배우는 사람이 유념해야 할 아홉 가지 생각)로 제시한 것이다. 생명을 다루는 의약계열을 희망하는 학생으로서, 구용과 구사를 바탕으로 실천 덕목과 마음가짐을 제시해 보자.

[관련 학과] 의약계열 전체

《의료 윤리》, 마이클 던·토니 호프, 김준혁 역, 교유서가(2020)

[12인윤01-02]

삶의 주체인 나에 대한 성찰을 바탕으로 고통과 쾌락의 근원 및 양상을 탐구하여, 고통과 쾌락에 지혜롭게 대처하는 자세를 갖출 수 있다.

➡ 감각적 쾌락은 현대인의 정신건강을 위협하며, 다양한 중독의 형태로 나타난다. 유해 물질에 대한 신체적 중독과 알코올, 마약 같은 약물 남용에 의한 의존적인 중독뿐만 아니라, 쇼핑 중독, 스마트폰 중독 등 행위 중독도 있다. 쾌락의 과잉 시대에 중독이 질병으로 발현했을 때, 치료와 재활 및 지식 공유의 관점에서 의약계가 어떤 대안을 제시할 수 있을지 고찰해 보자.

[관련 학과] 간호학과, 미술치료학과, 보건관리학과, 언어치료학과, 의예과, 작업치료학과, 재활학과

《쾌락이 질병이 되는 순간》, 전형진, 프리즘(2023)

단원명 | 타인과 관계 맺기

| 🔎 | 롤스, 정의의 원칙

[12인윤02-01]

관계 속에서 살아가는 나에 대한 성찰을 통해 상호성을 만끽하는 삶을 모색하고 실천할 수 있다.

➔ 존 롤스의 정의의 원칙 중 제2원칙 차등의 원칙은 최소 수혜자에게 가장 큰 이익과 혜택을 제공해야 하고 공정한 기회균등의 원칙 안에서 모든 사람에게 직책과 직위가 개방되어야 한다는 것이다. 의료 제도와 관련하여, 롤스의 제2원칙의 두 가지 조건을 고려하여 사회 불평등을 최소화할 수 있는 의료제도의 방향과 이로 인해 발생할 수 있는 문제점 및 보완책을 정리해 보자.

관련 학과 의약계열 전체

《존 롤스 정의론》, 황경식, 쌤앤파커스(2018)

국어 교과군

영어 교과군

수학 교과군

도덕 교과군

사회 교과군

과학 교과군

단원명 | 자유와 평등

| 🔎 | 다니엘스, 의료 정의론

[12인윤03-02]   ● ● ●

불평등이 발생하는 원인 및 실질적 기회균등을 구현하기 위한 조건을 탐구하여, 자유롭고 평등한 삶을 위한 정의의 원칙을 도출할 수 있다.

➔ 의료자원은 개인의 생존과 직결되는 건강 문제를 다룰 때 사용하는 중요한 자원이기 때문에 사용 기준과 분배 방식을 정할 때 매우 신중해야 한다. 미국의 정치철학자 다니엘스는 의료자원 분배 문제에 보다 근본적으로 접근하고 의료 정의론에 롤스의 정의론을 적용해 확장하였다. 다니엘스의 의료 정의론에 대해 조사하고, 의료자원을 분배하는 다양한 기준에 대해 토론해 보자.

관련 학과 의약계열 전체

《아픔이 길이 되려면》, 김승섭, 동아시아(2017)

단원명 | 다양성과 포용성

| 🔎 | 밀, 백신, 메타버스

[12인윤04-01]   ● ● ●

서로 다른 의견들이 발생하고 충돌하는 양상과 이유를 파악하고, 민주적인 방식으로 다양한 의견을 포용하는 방법과 절차를 모색하여 실천할 수 있다.

➔ 백신은 병원체에 감염되기 전 인체에 약독화된 병원체 등을 인위적으로 주입하여 인체가 병원체에 감염되는 일을 예방하는 것으로, 영국의 의사 에드워드 제너가 천연두 치료를 위해 처음 개발하였다. 당시 백신을 맞으면 소의 모습으로 변한다는 소문이 퍼져 사람들이 백신을 기피했으나, 제너의 우두법은 천연두로부터 인류를 구하였다. 코로나 바이러스로 인한 팬데믹 상황에서도 근거 없는 가짜 뉴스와 부작용에 대한 두려움 등으로 백신을 기피하는 사람들이 있었다. 밀은 정치 선동이나 대중의 여론 등으로 개인의 의사가 통제되거나 제한이 강화될 수 있다는 점을 우려하였다. 팬데믹과 같은 위기상황에서 백신을 의무화해 질병을 예방해야 한다는 입장과 개인의 자유에 맡겨야 한다는 입장으로 나누어 토론해 보자.

관련 학과 의약계열 전체

《전염병 치료제를 내가 만든다면》, 예병일, 다른(2020)

> **[12인윤04-02]** • • •
>
> 가상세계와 현실세계의 같고 다른 점이 무엇인지 탐구하고, 가상세계에서도 자신과 타인을 존중하는 자세를 갖출 수 있다.

➔ 소설 《스노크래시》에서 처음 소개된 메타버스가 의료 분야에도 적용되고 있다. 메타버스의 유형은 가상세계, 거울세계, 증강현실, 라이프 로깅으로 세분화되어 있으며, 인공지능과 빅데이터 등 다양한 디지털 기술들과 융합하여 현실세계와의 상호작용을 가능하게 한다. 메타버스로 인한 의료 서비스의 변화 양상과 의료 기술 및 진단, 교육 등 다양한 분야의 적용 사례를 발표해 보자.

  관련학과 의약계열 전체

《**나는 미래의 병원으로 간다**》, 김영훈, 범문에듀케이션(2023)

단원명 | 공존과 지속 가능성

| 🔍 | 정신건강, 산업재해, 중대재해처벌법

> **[12인윤05-01]** • • •
>
> 자아실현과 직업생활의 상호성을 이해하고, 삶의 방식으로서 소유와 존재의 의미를 탐구하여 나와 타인의 이익을 조화롭게 추구하는 삶의 태도를 함양할 수 있다.

➔ 정약용은 《목민심서》에서 백성들이 처한 상황을 날카롭게 지적하며 목민관이 부임지에 도착해서 임기를 마치고 떠날 때까지 백성을 위해 해야 할 일들을 세세히 제시하고 있다. 현대사회는 자본주의의 지나친 경쟁과 개인주의로 인해 발생하는 고립감 및 무력감 등으로 우울감, 강박, 중독 등 다양한 정신적 증상이 문제가 되고 있다. 자신이 미래의 전문 의료인이라고 가정하고 현대인의 정신건강 위기와 원인에 대해 분석하고, 정신건강을 위해 필요한 인간관계의 요소를 정리해 보자.

  관련학과 간호학과, 미술치료학과, 보건관리학과, 수의예과, 약학과, 언어치료학과, 의료공학과, 의예과, 작업치료학과, 재활학과

《**마음이 답답할 때 꺼내보는 책**》, 김민경, SISO(2021)

> **[12인윤05-02]** • • •
>
> 기후위기 문제를 비판적으로 인식하고, 지속 가능한 삶을 위해 인간과 자연에 대한 이분법적 관점을 넘어선 상생의 원칙들을 수립하여 일상에서 실천할 수 있다.

➔ 환경 오염으로 인한 생태계 파괴에는 인류도 포함된다. 기후위기로 동물의 서식지가 감소하면서 인수공통 감염병이 발생하였고, 인간이 만들어 낸 발암물질은 인체의 방어벽을 뚫고 암, 백혈병 등의 악성질환을 유발했다. 발암물질로 인한 직업성 질환에 대해 조사하고, 중대재해처벌법 및 산업안전보건법과 연계하여 해결 방안을 제시해 보자.

  관련학과 의약계열 전체

《**서울의 심연**》, 탁장한, 필요한책(2024)

단원명 | 삶의 의미에 대한 물음

국어 교과군

영어 교과군

수학 교과군

도덕 교과군

사회 교과군

과학 교과군

| 🔍 | 종교, 엘리아데

[12인윤06-01]

인간의 불완전성에 대한 성찰을 바탕으로 불안한 현대사회를 살아가는 데 있어 종교의 역할과 가치를 탐구하여, 종교에 대한 바람직한 관점을 정립할 수 있다.

➜ 종교학자 엘리아데는 《성과 속》에서 유한하고 불완전한 존재인 인간은 종교를 통해 마음의 평화와 행복을 추구하는 존재라고 규정하며 이는 인간의 근본적인 성향이라고 하였다. 종교가 담당하던 사회적 규율들은 근대 이후 법과 도덕 그리고 과학으로 분화했지만, 여전히 종교는 많은 사람들에게 영향을 주고 있다. 다양한 종교에 대한 폭넓은 이해는 특정 문화권에 속한 사람들과의 소통뿐만 아니라 죽음에 대한 접근과 가치관의 이해 등 인간과 질병에 대한 포괄적 관점을 갖게 해준다. 질병 치료에 있어 의료 분야와 종교계의 서로에 대한 관용적 자세와 협력의 필요성에 대해 토론해 보자.

[관련 학과] 의약계열 전체

《**우울한 마음을 안아드립니다**》, 마음여행, 두란노(2021)

단원명 | 시민의 삶과 윤리적 탐구

| 🔍 | 신경윤리학, 사생활 존중과 공익

[12윤탐02-01] ● ● ●

행복의 의미와 행복에 대한 뇌과학의 연구 성과를 조사하고, 윤리적 삶과 행복의 관계를 탐구할 수 있다.

➡ 신경윤리학은 뇌의 작동 방식을 활용해 인간의 본질을 이해한다. 보편윤리에서 강조하는 도덕적 삶과 당위의 문제를 연구하는 것이 아니라, 신경과학을 통해 밝혀진 뇌의 메커니즘을 바탕으로 인간의 자아, 본성, 믿음, 도덕성 등에 대해 신경세포가 어떻게 반응하는지 탐구해 인간의 본질을 과학적으로 이해한다. 신경윤리학의 관점에서 인간의 윤리적 본성에 대해 조사하고, 윤리적 행동을 행복과 연결 지을 수 있는 이유를 탐구해 보자.
관련 학과 간호학과, 보건관리학과, 의예과, 임상병리학과, 작업치료학과, 재활학과
《뇌는 윤리적인가》, 마이클 S. 가자니가, 김효은 역, 바다출판사(2023)

[12윤탐02-02] ● ● ●

사생활 존중과 공익 사이의 갈등 사례를 조사하고, 이를 해결할 수 있는 방안을 제시할 수 있다.

➡ 우리나라는 코로나 바이러스에 대응하기 위해 IT 인프라를 활용하여 세계 수준의 감시와 정보 공개로 K-방역에 성공하였다. K-방역은 공익을 위한 감염병 예방과 개인의 사생활 침해라는 상반된 입장에 대한 논란을 불러일으켰다. 또한 공인의 의료 정보가 공공연하게 공개되어 가십거리로 전락하는 경우도 있었다. 공익과 환자의 사생활 존중 사이의 갈등 사례와 이를 해결할 수 있는 개인적·사회적 측면의 방안을 탐구해 보자.
관련 학과 의약계열 전체
《보건의료정보관리사는 이렇게 일한다》, 양지현, 청년의사(2023)

단원명 | 인공지능 시대의 삶과 윤리적 탐구

| 🔍 | 인지, 메타버스 윤리, 인공지능 윤리

[12윤탐03-01] ● ● ●

메타버스의 특징을 윤리적 관점에서 탐색하고, 메타버스에서 발생할 수 있는 윤리문제의 해결 방안을 제시할 수 있다.

국어 교과군

영어 교과군

수학 교과군

도덕 교과군

사회 교과군

과학 교과군

➲ 인지란 정보를 얻어 저장하고 변형하는 사고, 지각, 기억 등의 모든 정신적 과정을 뜻한다. 인지신경과학은 인간이 현실세계의 감각 정보를 어떻게 받아들이고 사고하여 처리하고 행동하는지를, 즉 인간의 인지와 뇌의 활동 사이의 관계를 탐구하는 학문이다. 현실세계와 메타버스의 가상세계를 인지하는 뇌의 인지 구조를 비교하고, 메타버스 윤리의 필요성에 대해 탐구해 보자.

관련 학과 간호학과, 미술치료학과, 언어치료학과, 의예과, 재활학과

《챗GPT 메타버스와 미디어》, 김광호 외 8명, 북스타(2023)

[12윤탐03-03] ● ● ●

인공지능 활용 시 발생할 수 있는 윤리적 딜레마에 대해 토의하고, 인공지능의 바람직한 활용 방안을 제시할 수 있다.

➲ 인공지능 알고리즘을 개발하기 위해서는 학습용 데이터가 필요하다. 특히 의료 분야는 생명 및 건강한 삶의 영위와 직결되기 때문에, 인공지능을 활용할 때 정확한 판단과 책임감, 안전성이 요구된다. 또한 건강과 관련된 민감한 정보가 많이 필요하고, 이에 따른 개인의 프라이버시 문제가 발생할 수 있다. 의료 분야의 인공지능 데이터 수집 과정에서 발생하는 문제점과 해결 방안을 고찰하고, 인공지능 정보 활용의 효율성과 신뢰성에 대해 논의해 보자.

관련 학과 의약계열 전체

《10대에 의료계가 궁금한 나, 어떻게 할까?》, 오쿠 신야, 김정환 역, 오유아이(2022)

단원명 | 생태적 삶과 윤리적 탐구

| 🔍 | 동물실험, 기후위기, 동물 복지 정책

[12윤탐04-01] ● ● ●

반려동물과 관련한 윤리문제, 동물 복지를 둘러싼 논쟁 등을 윤리적 관점에서 탐구하여 생명에 대한 감수성을 길러 책임 있게 행동할 수 있다.

➲ 동물실험은 과학적 목적을 위해 동물을 대상으로 행하는 실험을 의미하며, 주로 의약품 등을 인간에게 적용하기 전에 안전성과 효과를 확인하기 위해 실시한다. 대학, 병원, 제약 회사, 각종 산업체 등에서 광범위하게 실시되는 만큼 윤리적 논의도 꾸준히 이루어지고 있다. 특히 의약품의 경우 동물실험이 필요하긴 하지만 동물실험을 대체하려는 노력도 행해지고 있다. 생체조직 칩과 같은 동물실험의 대안에 대해 조사해 보자.

관련 학과 간호학과, 수의예과, 의료공학과, 의예과

《동물실험, 무엇이 문제일까》, 전채은·한진수, 동아엠앤비(2022)

[12윤탐04-02] ● ● ●

기후위기를 인류의 책임이라는 측면에서 분석하고, 에너지 전환과 탄소 중립을 둘러싼 다양한 입장에 대해 토론하여 기후위기 극복 방안을 제시할 수 있다.

➲ 기후위기는 동물들의 생존에도 위협을 가하고 있다. 멸종 위기에 내몰린 동물들은 생태계 전반에 위기를 초래하였으며, 공장식 축산에 길들여진 가축들은 기온 상승으로 인한 열사병과 호흡곤란에 시달리고 집단폐사와

같은 떼죽음을 당하고 있다. 동물복지 정책 및 저탄소 축산 인증제 등 농장 가축들의 삶의 질을 향상시키는 방안과 기후위기에 대한 대응책을 조사해 보자.

관련 학과 수의예과, 의예과

《기후 책》, 그레타 툰베리, 이순희 역, 김영사(2023)

단원명 | 윤리문제 탐구의 적용

| 🔍 | 윤리적 딜레마, 간호 윤리

[12윤탐05-01]   ● ● ●

자신이 희망하는 진로에서 발생할 수 있는 윤리문제를 선정하고 탐구 계획을 수립할 수 있다.

➡ 윤리적 딜레마는 윤리적 원칙과 개인의 가치 사이에서 갈등이 발생하는 상황을 의미한다. 예를 들어 간호사의 윤리적 딜레마는 간호사가 간호 현장에서 두 가지 이상의 서로 갈등하는 윤리적 가치 중 하나를 선택해야 하는 상황에서 발생하는 딜레마이다. 간호 현장에서 4가지 의료 윤리(자율성 존중의 원칙, 악행 금지의 원칙, 선행의 원칙, 정의의 원칙)로 인해 발생할 수 있는 윤리적 딜레마 상황을 분석하여 탐구 계획을 수립하고, 딜레마 상황에서의 도덕적 판단에 대해 토론해 보자.

관련 학과 간호학과, 미술치료학과, 언어치료학과

《누구 먼저 살려야 할까?》, 제이콥 M, 애펠, 김정아 역, 한빛비즈(2021)

[12윤탐05-02]   ● ● ●

수립한 탐구 계획에 따라 윤리문제를 탐구하고 그 결과를 정리하여 발표할 수 있다.

➡ 4가지 의료 윤리(자율성 존중의 원칙, 악행 금지의 원칙, 선행의 원칙, 정의의 원칙)를 선서식으로 낭독하며 재연하고 급우들이 발표에 집중할 수 있도록 동기부여를 하자. 또한 간호 현장에서 발생할 수 있는 윤리적 딜레마 상황과 양립되는 사실과 가치의 문제들에 대해 고민해 보자. 가치 원리가 사실과 가치를 연계해 줄 수 있음을 명심하고, 딜레마 상황에서의 도덕적 판단에 대해 각각의 입장을 발표해 보자.

관련 학과 간호학과, 미술치료학과, 언어치료학과

책 소개

저자는 우리가 일상생활 속에서 논증을 마주할 수 있음을 제시한다. 일상 속 대화에서, 어떤 옷을 입을지 고민하면서, 또는 누군가의 주장을 받아들일지에 대한 고민 등에서 논증을 경험한다. 또한 비판적 사고와 논증, 글쓰기에 이르기까지 독자의 시선에서 구체적인 논증의 방법을 일깨워 준다.

세특 예시

윤리문제 탐구를 위해 주제 선정에 앞서 선행되어야 할 것은 비판적 사고에 대한 논증이라는 것을 깨달은 후, '논증의 탄생(조셉 윌리엄스·그레고리 콜

국어 교과군

영어 교과군

수학 교과군

도덕 교과군

사회 교과군

과학 교과군

논증의 탄생

조셉 윌리엄스·그레고리 콜롬,
윤영삼 역, 크레센도(2021)

롬)'을 읽고 논증이 일상생활과 밀접하다는 것을 알고 자신감 있게 도전할 수 있었다고 소감을 밝힘. 나아가 비판적 사고와 논증을 통해 간결하고 가치 있는 글쓰기 방법을 탐색하고 모둠원들과 공유하는 등 계획적이고 능동적인 태도와 자기주도적으로 탐구하는 모습이 돋보이는 학생임.

사회 교과군

구분	교과(군)	공통 과목	선택 과목		
			일반 선택	진로 선택	융합 선택
보통 교과	사회	한국사1 한국사2 통합사회1 통합사회2	세계시민과 지리 세계사 사회와 문화	한국지리 탐구 도시의 미래 탐구 동아시아 역사 기행 정치 법과 사회 경제 국제 관계의 이해	여행지리 역사로 탐구하는 현대 세계 사회문제 탐구 금융과 경제생활 기후변화와 지속 가능한 세계

공통 과목	수능	한국사1	절대평가	상대평가
	○		5단계	5등급

단원명 | 근대 이전 한국사의 이해

| 🔍 | 고조선, 고대 국가, 한반도, 선사문화, 유적, 유물, 통치 체제, 고대사회, 종교와 사상, 고려, 성리학, 유교, 흥선대원군, 중앙집권 체제

[10한사1-01-01] ● ● ●

고대 국가의 형성과 성장 과정을 파악한다.

➡ 한국 의학의 기원과 발달 과정은 고대 사회로 거슬러 올라가며, 고조선 시대부터 침술을 포함한 의학이 발원하고 발달했을 것이라 추정하고 있다. 국내 한의학의 기원을 찾을 수 있는 직접적인 의서와 의료기구 같은 증거가 충분하지는 않지만, 고조선 시대부터 중국과 의학적 지식의 교류가 있었을 것으로 본다. 그러다 삼국 시대 중기 이후에 이르러 중국의 한의방서가 보급되기 시작하였다. 《삼국사기》, 《일본서기》 등의 역사서에 나와 있는 의료 행위와 관련한 사료를 살펴보고, 고구려·백제·신라의 의료 활동은 어떻게 이루어졌고 현대의 의료 행위와 어떤 차이가 있는지 비교하여 발표해 보자.

관련 학과) 의예과, 치의예과, 한의예과, 약학과, 한약학과, 보건관리학과, 의료복지공학과, 재활학과, 응급구조학과, 건강관리학과

《**한의학 입문**》, 저우춘차이, 정창현 외 2명 역, 청홍(2007)

[10한사1-01-02] ● ● ●

고려의 통치 체제와 지배 세력의 변화를 이해한다.

➡ 불교 의학은 고대 인도 의학에 불교적인 질병 이해와 치료법이 더해진 것이다. 불교가 전래된 이래 한반도에서 불교 의학은 의학 발달에 중요한 위치를 차지했다. 승려는 군인처럼 집단 생활을 하기 때문에 질병에 대한 예방과 치료책을 준비해야만 했다. 그렇기에 일찍부터 질병의 예방과 치료를 염두에 둔 계율이 불교에서 발달하였다. 고려 승려들이 갖고 있던 일반적인 질병 예방법과 치료법에 대해 조사하여 발표해 보자.

관련 학과) 의예과, 의학과, 치의예과, 한의예과, 약학과, 한약학과, 보건관리학과, 의료복지공학과, 재활학과, 응급구조학과, 건강관리학과

《**불교의 마음챙김과 사상의학**》, 불교와 사상의학 연구회 편, 운주사(2011)

[10한사1-01-03] ● ● ●

조선의 성립과 정치 운영의 변화를 파악한다.

➡ 조선 시대 의학 교과서의 하나인 《의학정전》은 의관의 기본 교과서로 널리 유통되었다. 교과서는 교육 과정에 따라 주된 교재로 사용하기 위한 책으로, 국가에서 공식적으로 편찬하는 서적이다. 특히 의술과 관련된 서적은

인간의 생명을 다루기 때문에 정확한 정보와 방대한 지식이 담겨 있어야 하므로 주로 국가에서 편찬했다. 《의학정전》의 유래와 유통, 책의 체제 및 내용에 대해 조사하여 발표해 보자.

관련 학과 한의예과, 한약학과, 의예과, 치의예과, 약학과, 보건관리학과, 의료복지공학과, 재활학과, 응급구조학과, 건강관리학과

《역사 속의 전염병과 한의학》, 송지청, 은행나무(2022)

[10한사1-01-04] • • •

조선 후기에 등장한 새로운 변화 양상을 이해한다.

➡️ 이제마는 조선 말기의 의학자로, 사람의 체질과 성질에 따라 치료를 달리해야 한다는 사상의학론을 제창하였다. 사상의학이란 인간의 체질을 태양인, 태음인, 소양인, 소음인의 네 가지로 나누어 설명하는 것인데, 네 가지 다른 체질에 따라 동일한 병에도 다른 약을 써야 병을 고칠 수 있다고 말한다. 이제마는 주역의 원리에 따라 인간을 하나의 우주로 파악하여 감정과 장기의 성질을 연동하여 설명함으로써 독창적인 의학을 개척했다. 그가 저술한 《동의수세보원》을 분석해 그가 추구한 의학의 특징에 대해 조사하여 발표해 보자.

관련 학과 한의예과, 한의학과, 한약학과, 한약자원학과, 의학과, 약학과, 제약학과, 보건관리학과, 의료복지공학과, 재활학과, 건강관리학과

《동의수세보원》, 이제마, 정용재 역, 글항아리(2018)

단원명 | 근대 이전 한국사의 탐구

| 🔍 | 수취 체제, 농업 중심 경제, 골품제, 양천제, 신분제, 불교, 유교, 성리학, 임진왜란, 병자호란, 문화 교류, 역사 갈등

[10한사1-02-01] • • •

근대 이전 국제 관계와 대외 교류의 시대적 특징을 비교한다.

➡️ 조선이 건국되면서 한계에 다다랐던 고려의 의료를 재편하는 작업이 시작되었다. 신진 의료 인력의 양성과 선발을 비롯하여 의료관서의 구축, 향약으로 상징되는 의술의 심화, 새로운 의학 이론의 수용 등이 시도된 것이다. 이러한 변화는 조선의 현실적 여건을 고려하는 동시에 고려 시대 의료의 성취를 계승하면서 진행되었다. '조선 전기의 의료 제도와 의술'이라는 주제로 의료기구의 운영을 담당하는 의관층의 형성 과정, 조선 전기 질병의 구체적인 양상, 대표적인 치료 수단이었던 약재 개발 과정 등에 대해 조사하여 발표해 보자.

관련 학과 의약계열 전체

《조선전기의 의료제도와 의술》, 이경록, 역사공간(2020)

[10한사1-02-02] • • •

근대 이전의 수취 체제 변화를 농업 중심의 경제생활과 관련하여 탐구한다.

➡️ 조선 시대에는 질병의 위협에 대응하기 위해 국가 차원에서 서민들이 무료로 이용할 수 있는 찜질 치료소인 한증소와 행려병자 구제를 위한 활인서 등 여러 의료 기관을 운영했다. 또 전의감과 혜민서를 위시해 의관과 의녀를 체계적으로 양성했다. 덕분에 허준, 대장금 등 시대를 풍미한 명의들이 탄생할 수 있었다. 민간에서 가

장 인기 있었던 의서《구급간이방》과 동양 의학을 대표하는 걸작《동의보감》같은 의서를 편찬해 전국에 반포하여 모든 백성이 이용할 수 있도록 했다. 열악한 환경에서도 백성을 구제해온 조선 시대 의료 체계의 특징을 조사하여 발표해 보자.

관련 학과 의약계열 전체

《메디컬 조선》, 박영규, 김영사(2021)

[10한사1-02-04] ● ● ●

근대 이전의 사상과 문화를 국제 교류와 관련하여 탐구한다.

➡ 지금까지는 고려 시대의 의료사를 중국 의학 중심인 한의학사의 관점에서 설명해 왔다. 중국을 중심부로 인식하고 한국을 그 주변부에 배치하였다. 중심-주변부론의 시각으로 중국에서 발원한 한의학이 항시적으로 고려에 영향을 미쳤으며 그 영향력의 범위와 방향 또한 전면적이고 일방적이었다고 주장하는 것이다. 하지만 이에 대한 반론이 만만치 않다. 중국 대륙에는 요나라, 송나라, 금나라, 원나라 등 여러 나라가 시대와 공간을 달리하며 존재하였고 서로가 서로에게 쌍방향으로 영향을 주었기 때문이다. 교류사의 측면에서 고려 의학의 발전 과정을 조사하여 발표해 보자.

관련 학과 의약계열 전체

《고려시대 의료의 형성과 발전》, 이경록, 혜안(2010)

[10한사1-02-05] ● ● ●

근대 이전 한국사 주제를 설정하여 탐구하고, 그 결과를 다양한 방법으로 표현한다.

➡ 《동의보감》은 허준이 선조의 명을 받아 중국과 한국의 의학 서적(한의학)을 하나로 모은 백과사전으로, 당시의 의학을 집대성했다는 평가를 받고 있다. 《동의보감》은 2009년 유네스코 세계기록유산으로 등재되었고, 동양 최고의 의서 중 하나로 국외에도 명저로 소개되어 수차례 번역된 바 있다. 실사구시의 학구적 자세와 명민한 관찰력 그리고 고전에 대한 해박한 학식을 토대로 풍부한 임상경험을 살려 보다 체계적이고 실용적인 의술을 구체화하는 책을 편찬할 수 있었다. 《동의보감》의 편찬 배경, 특징, 영향, 역사적 의의에 대해 조사하여 보고서를 작성해 보자.

관련 학과 한의예과, 한약학과, 의예과, 치의예과, 약학과, 제약학과, 제약공학과, 임상병리학과, 의료정보학과, 응급구조학과, 운동처방학과, 간호학과, 보건관리학과, 의료복지공학과, 재활학과

《동의보감, 몸과 우주 그리고 삶의 비전을 찾아서》, 고미숙, 북드라망(2012)

단원명ㅣ 근대 국가 수립의 노력

🔍 개항, 조약, 국제 질서, 근대 국가, 서구 문물, 국권 피탈, 국권 수호, 갑신정변, 갑오개혁, 독립협회

[10한사1-03-01] ● ● ●

조선의 개항을 국제 질서의 변동과 연관하여 분석한다.

➡ 대한제국 시기는 개항과 더불어 외세와 대면하게 된 조선이 한편으로는 그들의 영향 아래에서 많은 이권을 빼

앗기면서도 다른 한편으로는 자주적인 근대국가 형성을 위해 많은 노력을 기울였으며 이를 위해 여러 시도를 한 시기이기도 하다. 대한제국 시기의 여러 방면의 자주적인 근대화 노력 가운데는 근대의학의 수용도 있었다. 특히 근대적 의료 인력을 양성하려는 노력이 행해졌지만 결국 일본의 국권 침탈로 좌절되어 식민지적 의료 인력 양성으로 변질된다. 대한제국 시기 의학 교육의 역사에 대해 조사하여 발표해 보자.

관련 학과 ▸ 의약계열 전체

《**근대 의료의 풍경**》, 황상익, 푸른역사(2013)

[10한사1-03-02]   ● ● ●

여러 세력이 추진한 근대 국가 수립의 다양한 노력을 이해한다.

➡️ 전통적인 봉건사회에서 근대 자본주의로 전환되던 시기인 19세기 말, 우리나라도 개항과 더불어 비로소 근대화에 들어서게 되었다. 개화기에는 개명된 지식인들뿐만 아니라 여성 단체에서도 여성의 사회경제 활동 참여를 적극적으로 주장하였다. 이 시기에 교육계와 의료계에서 활동한 여성들은 우리나라 최초의 전문직 여성들이었다. 의료 분야와 관련해, 전통 시대의 의료와 의녀 제도, 서양 의학의 도입과 여성 의사의 등장 과정, 일제 강점기 의학 교육과 여성 의사의 활동에 대해 조사하여 발표해 보자.

관련 학과 ▸ 의약계열 전체

《**한국의 과학기술과 여성**》, 김영희 외 4명, 들녘(2020)

[10한사1-03-03]   ● ● ●

개항 이후 사회·경제 변화를 파악하고, 서구 문물의 도입이 문화에 미친 영향을 탐구한다.

➡️ 개항 이후 서양 선교사들이 들어오면서 서양 의료 시설이 본격적으로 수용되었다. 정부는 갑신정변 당시 중상을 입은 민영익을 치료한 알렌의 건의를 받아들여 1885년에 광혜원(제중원)을 설립하고 그 운영을 알렌에게 맡겼다. 1899년 관립 의학교를 설립하고 같은 해에 일반 백성들의 진료를 위해 내부병원을 설립하였고, 다음 해 광제원으로 개칭하였다. 근대식 병원의 등장 배경, 병원의 유형, 구조와 기능, 역사적 의의에 대해 조사하여 발표해 보자.

관련 학과 ▸ 의예과, 치의예과, 약학과, 제약학과, 제약공학과, 임상병리학과, 의료정보학과, 응급구조학과, 운동처방학과, 간호학과, 보건관리학과, 의료복지공학과, 재활학과

《**제중원**》, 박형우, 21세기북스(2010)

국어 교과군

영어 교과군

수학 교과군

도덕 교과군

사회 교과군

과학 교과군

공통 과목	수능	한국사2	절대평가	상대평가
	○		5단계	5등급

단원명 | 일제 식민통치와 민족운동

> 🔍 제국주의, 일제의 식민지배, 세계대전, 대공황, 일제의 침략 전쟁, 일본 자본, 3·1운동, 대한민국 임시
> 정부, 항일 무장 독립 투쟁, 실력 양성 운동, 대중 운동, 문예 활동, 민족 문화 수호, 전시 동원 체제, 광복을
> 위한 노력

[10한사2-01-01] ● ● ●

일제의 식민통치 정책을 제국주의 질서의 변동과 연관하여 이해한다.

➡ 일제는 위생학, 전염병 관리, 체력 관리 등을 포괄하는 서양 의학을 국가 관리술의 일부로 인식하고 서양 의학
과 보건의료를 적극적으로 채택하였다. 이는 대한제국 시대에 취했던 정책과 별반 다르지 않았다. 차이가 있다
면 대한제국이 오랜 전통으로 민간 의료의 주축을 이루고 있던 한의학을 용인한 반면, 일제는 이를 철저하게
무시했다는 것이다. 총독부는 당장의 의료 공백을 막고 기존 한의사들의 기득권을 보장해 주기 위해 한시적으
로 한의사의 개업을 인정했지만, 한의사 교육이나 신규 면허 발급은 철저히 억제해 장기적으로 한의학을 도태
시키는 정책을 취했다. 일제강점기 일제의 의료 정책의 특징에 대해 조사하여 발표해 보자.

관련 학과 의약계열 전체

《사진과 함께 보는 한국 근현대 의료문화사》, 서울대학교병원 병원역사문화센터, 웅진지식하우스(2009)

[10한사2-01-02] ● ● ●

일제의 식민통치가 초래한 경제 구조의 변화와 그것이 경제생활에 미친 영향을 분석한다.

➡ 일제강점기였던 1915년에 급성 전염병 예방을 위해 콜레라·이질·장티푸스·파라티푸스·두창·발진티푸스·성
홍열·디프테리아·페스트 등 9종의 질병을 법정 전염병으로 지정하는 전염병 예방법이 공포되었다. 그 밖에 폐
디스토마·나병과 같은 지방병(地方病), 마진·폐결핵 등의 만성 전염병에 대한 예방 규정과 학교 전염병 예방 및
소독에 관한 규칙, 바다와 항만 검역에 관한 규칙 등 공중 위생과 질병 예방에 관한 많은 법이 생겨났다. 일제
강점기의 전염병 예방 및 보건의료의 실태를 조사하여 발표해 보자.

관련 학과 의약계열 전체

《일제 강점기 조선, '사회의학 위생학'을 만나다》, 신영전, 민속원(2020)

[10한사2-01-03] ● ● ●

국내외에서 전개된 민족 운동의 흐름을 이해한다.

➡ 일제강점기의 병원과 의원은 조선 총독부에서 직접 운영하는 관립병원, 도와 지방 기관에서 운영하는 공립병

원, 민간인이 운영하는 사립의원이 있었다. 관립과 공립 병원의 경우 일본인 의사가 절대 다수였고, 사립의원에는 조선인과 서양인 의사가 다수를 차지했다. 의학 교육의 측면에서는 일제강점기를 통틀어 의사 양성 기관으로 의과대학 1곳, 의학전문학교 7곳이 있었다. 일제강점기 조선인 의사를 양성하기 위한 의학교육의 실태에 대해 조사하여 발표해 보자.

관련 학과 의약계열 전체

《근대의학과 의사 독립운동 탐방기》, 연세대학교 의과대학 의사학과 편, 역사공간(2019)

[10한사2-01-04] ● ● ●

일제의 식민통치로 인한 사회 및 문화의 변화와 대중운동의 양상을 파악한다.

➡ 한국에서 가장 일찍이 발전하고 정착한 근대 학문은 단연 의학이었다. 그 시기는 일제강점기로, 근대 의학의 성장은 다른 분야에 비해 예외적으로 놀라웠다. 비록 진학이 제한되었지만 다수의 전문학교와 대학을 통해 의학 분야의 조선인 전문 인력이 대규모로 양성되었다. 게다가 이들의 상당수는 차별적이고 위계적인 구조에서도 학술연구와 임상실습 등을 적극적으로 경험하며 학문적 수준을 높였다. 일제강점기에 활약한 조선인 의사 한 명을 선정해 그의 생애와 그가 우리나라 의학 발전에 기여한 바를 조사하여 발표해 보자.

관련 학과 의약계열 전체

《해관 오긍선》, 해관 오긍선 선생 기념사업회, 역사공간(2020)

단원명 | 대한민국의 발전

🔍 광복, 식민지 잔재, 농지 개혁, 냉전, 대한민국, 6·25전쟁, 분단, 4·19혁명, 5·16 군사정변, 박정희 정부, 유신체제, 5·18 민주화 운동, 전두환 정부, 6월 민주항쟁, 산업화, 한강의 기적, 도시화, 노동 문제, 대중문화

[10한사2-02-01] ● ● ●

냉전 체제가 한반도 정세에 미친 영향을 파악하고, 자유민주주의에 기초한 대한민국 정부 수립 과정을 탐색한다.

➡ 최근 보건의료 문제는 의료인 집단의 범위를 넘어 전 국민적 차원의 문제로 확산되고 있다. 이는 국민들의 건강권에 대한 새로운 자각과 적극적 요구 때문이라 할 수 있다. 현재의 보건의료 체계에서 나타나는 여러 문제들의 해결을 모색하는 과정에서 보건사에 관한 연구와 검토는 최우선의 과제라 해도 과언이 아니다. 광복 이후 한국 보건의료의 흐름에 대해 조사하여 발표해 보자.

관련 학과 의약계열 전체

《한국현대의료사》, 박윤재, 들녘(2021)

[10한사2-02-02] ● ● ●

6·25 전쟁과 분단의 고착화 과정을 국내외의 정세 변화와 연관하여 이해한다.

➡ 6·25전쟁의 비극은 한국의 의학 수준을 획기적으로 높였다. 1950년 한국전쟁이 발발할 때만 해도 한국의 의료 수준은 아시아에서도 바닥권에 머물러 있었다. 나라를 되찾은 지 얼마 되지 않은 탓도 있었지만, 의사 수가

많지 않고 번듯한 의료 시설도 드물었다. 또 국민 대다수가 양방 병원보다는 한의학에 의존하는 경향이 높았다. 전쟁은 온 국민에게 절대 잊을 수 없는 상처를 줬지만 전쟁이 벌어진 3년 동안 한국은 의학적으로 '거대한 임상 실습장'이었다. 6·25전쟁으로 인한 외과의학의 발전 동향에 대해 조사하여 발표해 보자.

관련 학과 의약계열 전체

《현대의학, 그 위대한 도전의 역사》, 예병일, 사이언스북스(2004)

[10한사2-02-05]   • • •

사회·경제의 변화에 따른 문화 변동과 일상생활의 변화 사례를 조사한다.

➡ 의료 민영화에 찬성하는 사람들은 의료 민영화가 의료 체계를 더 효율적으로 운영하는 방안이라고 주장한다. 그들은 의료 체계에서 민간 부문이 차지하는 영역을 확대하고 기업의 참여를 증가시키는 것이 의료 체계의 운영 능력을 향상시키는 중요한 방법이라고 본다. 기업들 사이에서 경쟁이 일어나 의료 서비스의 질이 높아지고 의료비가 절감되는 효과가 발생한다는 것이다. 의료 민영화에 대한 찬성과 반대의 입장을 조사하여 발표해 보자.

관련 학과 의약계열 전체

《다른 의료는 가능하다》, 백영경 외 5명, 창비(2020)

단원명 | 오늘날의 대한민국

🔍 민주화, 인권, 자유, 세계화, 외환위기, 금모으기 운동, 경제적 불평등, 사회 양극화, 다문화 사회, 남북 화해, 평화 통일, 동아시아 영토 갈등, 동아시아 역사 갈등, 동아시아 평화

[10한사2-03-02]   • • •

외환위기의 극복 과정을 이해하고, 사회와 문화의 변동을 파악한다.

➡ 1997년 말에 발생한 외환위기는 대한민국을 경제적 위기에 빠뜨렸다. 그 사회적 파급 효과는 보건의료에도 영향을 미쳤다. 국민건강 수준의 차이, 의료 서비스 이용의 계층간 격차, 공공의료 부문의 축소, 취약계층의 건강 악화 등 많은 문제를 양산하였다. 외환위기가 보건의료에 미친 영향과 보건의료 정책의 변화를 조사하여 발표해 보자.

관련 학과 의약계열 전체

《보건의료정책》, 이규식, 계축문화사(2024)

국어 교과군

영어 교과군

수학 교과군

도덕 교과군

사회 교과군

과학 교과군

공통 과목	수능	통합사회1	절대평가	상대평가
	○		5단계	5등급

단원명 | 통합적 관점

> | 🔍 | 시간적 관점, 공간적 관점, 사회적 관점, 윤리적 관점, 통합적 관점의 필요성, 실제 사례에 적용하는 방안 탐구

[10통사1-01-01] • • •

인간, 사회, 환경을 바라보는 시간적·공간적·사회적·윤리적 관점의 의미와 특징을 사례를 통해 파악한다.

➜ '건강'이나 '의료 행위'와 같은 의료 관련 개념을 다양한 관점에서 살펴볼 수 있다. 예를 들어 과거에는 지배층에 집중되었던 의료 행위가 시간이 흐르면서 일반 대중에게로 확대되는 과정을 사회 구조 및 제도의 변화와 연관 지어 탐구할 수 있다. 또는 과거에는 실체가 없다고 여겨지거나 병으로 인정받지 못했던 정신과적 문제들이 의학의 영역으로 넘어오게 된 계기를 시간적·사회적 관점을 통해 파악할 수 있다. 이와 유사한 사례들을 찾아보자.

`관련 학과` 의약계열 전체

《정신의학의 역사》, 에드워드 쇼터, 최보문 역, 바다출판사(2020)

[10통사1-01-02] • • •

인간, 사회, 환경의 탐구에 통합적인 관점이 요청되는 이유를 도출하고 이를 탐구에 적용한다.

➜ 의료 시설 유치에 관련된 논쟁 해결에 통합적 관점을 적용할 수 있다. 예를 들어 화장장이나 납골묘와 같은 기피 시설의 설치는 반대하고 대학병원, 의학 연구소 등의 선호 시설을 유치하기 위해 지자체들 사이에 분쟁이 일어나는 상황이 빈번해졌다. 이처럼 의료 관련 인프라의 입지를 선정하고 구축하는 과정을 공간적 관점, 경제적 관점, 정치적 관점, 윤리적 관점 등이 통합된 관점으로 분석한 뒤 가장 합리적인 대안을 모색할 수 있다.

`관련 학과` 의약계열 전체

《논란의료》, 박창범, 군자출판사(2021)

단원명 | 인간, 사회, 환경과 행복

> | 🔍 | 행복의 기준, 동양과 서양의 행복론, 인간의 존엄성, 삶의 의미와 가치, 행복의 조건, 행복 지수, 정주 환경, 경제 안정, 민주주의, 도덕적 성찰과 실천

시대와 지역에 따라 다르게 나타나는 행복의 기준을 사례를 통해 비교하여 평가하고, 삶의 목적으로서 행복의 의미를 성찰한다.

➡️ 행복의 기준은 지역과 시대에 따라 차이가 있으나, 육체와 정신의 건강은 동서고금을 막론하고 행복의 전제조건이다. 건강한 삶에 필요한 조건에 대해 토의하는 활동을 진행할 수 있다. 특히 현대사회는 물질적으로 풍요로워졌으나, 과도한 경쟁이 가져온 스트레스로 인해 정신적 행복을 위협하는 우울증과 같은 질병이 꾸준히 증가하는 추세이다. 정신적 행복을 찾기 위한 개인적·사회적 노력에 대해 탐구하는 활동을 진행할 수 있다.

관련 학과 의약계열 전체

《행복과 정신건강》, 이태연, 어가(2023)

[10통사1-02-02] ●●●

행복한 삶을 실현하기 위한 조건으로 질 높은 정주 환경의 조성, 경제적 안정, 민주주의의 발전 및 도덕적 실천의 필요성에 관해 탐구한다.

➡️ 양질의 의료 서비스는 건강을 지켜 줌으로써 삶의 질을 높이고 사람들을 행복하게 한다. 의료 서비스의 수준을 높이고 보건의료 자원을 효율적으로 배분하기 위한 방안을 모색할 수 있다. 예를 들어 행복 지수가 높은 국가들에서 제공하는 의료 서비스와 국민의 만족도를 분석하고, 경제 수준이 높은데 행복 지수는 낮은 국가의 의료 시스템과 비교함으로써 효과적인 의료 시스템 구축에 대한 아이디어를 얻을 수 있다.

관련 학과 의약계열 전체

《의료보장과 의료체계》, 이규식, 계축문화사(2013)

단원명 | 자연환경과 인간

🔎 기후와 지형에 따른 생활 양식의 차이, 자연재해, 안전하고 쾌적한 환경에서 생활할 권리, 인간중심주의, 생태중심주의, 도구적 자연관, 상호 의존성, 생태 교육, 기후변화 협약, 탄소 배출권, 생물 다양성 협약, ESG경영, 지속 가능한 개발

[10통사1-03-01] ●●●

자연환경이 인간의 생활에 미치는 영향에 대한 과거와 현재의 사례를 조사하여 분석하고, 안전하고 쾌적한 환경에서 살아가는 것이 시민의 권리임을 주장한다.

➡️ 전염병은 자연환경에 따라 다른 양상으로 나타난다. 예를 들어 전염병의 감염원이 서식하기 좋은 환경인 열대 지역은 의학이 발달한 현대에도 말라리아, 지카바이러스, 뎅기열 등의 질병으로 고통받는 반면, 냉대와 한대 기후 지역은 전염병의 위협이 상대적으로 적다. 이 사실에 착안하여 기후와 전염병 사이의 상관관계를 분석하는 탐구활동을 수행할 수 있다. 또한 전염병으로부터 안전한 사회를 만들기 위해서는 깨끗한 환경을 조성하려는 정부의 노력이 중요하다. 세계 여러 나라의 공중위생 관련 정책을 알아보고 장단점을 비교해 보자.

관련 학과 의약계열 전체

《전염병의 지리학》, 박선미, 갈라파고스(2022)

국어 교과군

영어 교과군

수학 교과군

도덕 교과군

사회 교과군

과학 교과군

[10통사1-03-02] • • •

자연에 대한 인간의 다양한 관점을 사례를 통해 비교하고, 인간과 자연의 바람직한 관계를 제안한다.

➡ 자연을 바라보는 관점의 차이가 동양과 서양의 의학 발전사에 끼친 영향에 대해 탐구할 수 있다. 자연을 순응
과 공존의 대상으로 보는가, 정복과 이용의 대상으로 보는가의 차이가 인체를 대하는 관점의 차이를 가져왔다
는 사실에 초점을 두고 탐구를 진행해 보자. 또한 자연과 인간의 공존이 강조되면서 생태의학, 환경의학, 예방
의학 분야에 대한 수요가 증가하고 있으므로 이에 대한 조사와 연구를 진행할 수도 있다.

관련 학과 의약계열 전체

《강길렘의 의학론》, 조르주 강길렘, 여인석 역, 그린비(2022)

[10통사1-03-03] • • •

환경 문제 해결을 위한 정부, 시민사회, 기업 등의 다양한 노력을 조사하고, 생태 시민으로서 실천 방안을 모색
한다.

➡ 환경 오염은 여러 가지 건강 문제의 원인이 된다. 예를 들어 고농도의 미세먼지는 호흡기 질환과 피부 질환의
원인이 되고 나아가서는 암을 유발하는 요인이 되기도 한다. 환경 파괴가 건강에 끼치는 악영향을 개인의 경험
에서 찾아 발표하고 이에 대한 정부 및 기업, 국제 사회의 대책을 알아볼 수 있다. 또한 가까운 거리는 걷거나
자전거 이용하기, 대중교통 타기, 육류 소비 줄이기 등의 친환경적 삶을 실천할 경우 나타나는 몸의 변화를 직
접 기록하고 분석하여 발표하는 프로젝트를 수행할 수도 있다.

관련 학과 의약계열 전체

《의사들이 들려주는 미세먼지와 건강 이야기》, 대한직업환경의학회, 이화여자대학교출판문화원(2019)

단원명 | 문화와 다양성

> 🔍 문화, 문화권, 자연환경, 인문환경, 농경 문화권, 유목 문화권, 종교 문화권, 점이 지대, 내재적 요인,
> 발명, 발견, 문화 전파, 직접 전파, 간접 전파, 자극 전파, 문화 접변, 문화 동화, 문화 병존, 문화 융합,
> 전통문화의 역할과 창조적 발전, 보편성, 다양성, 특수성, 문화 절대주의, 자문화 중심주의, 문화 사대
> 주의, 문화 상대주의, 문화 다원주의, 윤리 상대주의, 보편 윤리, 다문화 사회, 다문화 공간, 문화적
> 다양성, 다문화주의, 다문화가족지원법

[10통사1-04-01] • • •

자연환경과 인문환경의 영향을 받아 형성된 다양한 문화권의 특징과 삶의 방식을 탐구한다.

➡ 문화권마다 의료의 실천 방식, 질병의 해석과 치료 방법, 건강에 대한 관념이 다르게 나타난다. 여기에 영향을
미치는 자연환경, 종교, 역사와 같은 문화적 요소들의 차이점을 분석하는 활동을 수행할 수 있다. 더 나아가 분
석 결과를 토대로 다양한 문화권에서 더 나은 의료 서비스를 제공하는 방안에 대해 토의하거나 의료 체계의
장단점을 체계적으로 정리한 뒤 장점은 살리고 단점은 개선하는 방법을 논의할 수도 있다.

관련 학과 의약계열 전체

《건강질병의료의 문화분석》, 마사 O. 루스토노 외 1명, 김정선 역, 한울아카데미(2019)

[10통사1-04-02]

문화 변동의 다양한 양상을 이해하고, 현대사회에서 전통문화가 지니는 의의를 탐색한다.

➡ 어떤 사회에 서양의 새로운 의료 기술이 전파되면 기존의 전통 의학은 서양 의학에 동화되어 사라지는 경우가 많으나, 두 가지 의학이 공존하는 경우도 있다. 한의학과 서양 의학의 공존은 대표적인 문화 병존의 사례이다. 의학의 각 분야에서 나타나는 이러한 사례에 대해 조사해 보자. 또한 한의학과 서양 의학은 교류하는 과정에서 서로 영향을 주고받는데, 여기에 해당하는 구체적인 사례에 대해 탐구하는 활동을 진행할 수 있다.

관련 학과 의약계열 전체

《**한의학 서양의학을 만나다**》, 구결성, 남민호 역, 군자출판사(2010)

[10통사1-04-03]

문화적 차이에 대한 상대주의적 태도의 필요성을 이해하고, 보편 윤리의 차원에서 자문화와 타문화를 평가한다.

➡ 문화권별로 전통의학이 등장한 맥락을 알아보되, '의술'이라는 미명하에 행해지는 잘못된 전통 치유법도 문화로 존중받아야 하는가에 관한 토론을 보편윤리적 관점에서 진행해 본다. 생명 존중과 인간의 존엄성은 인류의 보편적 가치이나, 죽음이라는 현상에 대한 사회적 인식과 정의는 문화권에 따라 다르게 나타난다. 이를 조사하는 과정을 통해 문화를 다양한 관점으로 해석하고 문화 상대주의적 태도를 기를 수 있다.

관련 학과 의약계열 전체

인간의 모든 죽음
최현석, 서해문집(2020)

책 소개

이 책은 '죽음'에 대한 방대한 지식과 정보를 117개의 키워드로 일목요연하게 정리했다. 임종과 사별의 과정을 가까이에서 겪고 있는(또는 겪게 될) 사람들뿐 아니라, 언젠가 다가올 자신의 죽음을 떠올려 본 적이 있는 사람이라면 한번쯤 펼쳐 보길 권한다. 또한 117개 키워드별로 정리한 30쪽에 달하는 방대한 참고문헌 목록도 '죽음'을 공부하고자 하는 사람에게는 아주 귀중한 팁이다.

세특 예시

'책을 통해 나를 찾기' 시간에 '인간의 모든 죽음(최현석)'을 읽고 단순히 생물학적인 현상에 국한된 줄 알았던 '죽음'이 가지는 사회적 의미를 성찰했다는 소감을 밝힘. 특히 문화권별로 죽음과 시신에 대한 인식이 다르다는 점에 주목하여 세계 각국의 장례 의식과 장례 절차에 대해 조사하는 추가 탐구활동을 진행하였고, 이를 통해 문화의 다양성을 돌이켜 보게 되었다는 내용의 후기를 작성함.

[10통사1-04-04]

다문화 사회의 현황을 조사하고, 문화적 다양성을 존중하는 태도를 바탕으로 갈등 해결 방안을 모색한다.

➡ 다문화 가정은 의사소통의 어려움으로 인해 의료 혜택의 사각지대에 놓이기 쉽다. 이를 보완하기 위한 보건행

정적 접근 방안을 찾아볼 수 있다. 또한 최근 들어 해외에 살면서 오직 의료 혜택만 누리러 오는 재외 교포들과 한국에 거주하며 장기간 일하고 있어도 외국 국적이라는 이유로 건강보험 혜택을 받지 못하는 외국인 사이의 의료 서비스 형평성 논쟁이 벌어지고 있다. 이를 바탕으로 현행 건강보험제도의 문제점과 개선 방안에 대한 탐구활동을 진행할 수 있다.

관련 학과 보건관리학과 보건행정과, 보건환경과, 의료정보공학과, 의료정보시스템과, 환경보건학과

《다문화사회와 건강》, 안옥희 외 4명, 학지사메디컬(2021)

국어 교과군

영어 교과군

수학 교과군

도덕 교과군

사회 교과군

부록 교과군

단원명 | 생활 공간과 사회

| 🔍 | 산업화, 도시화, 정보화, 대도시권, 생활 양식의 변화, 지역사회의 변화, 교통과 통신의 발달, 시공간의 수렴화, 고속 철도, 가상 공간, 빅데이터, 공간 변화와 생활 양식, 지역 조사의 절차, 통계 지도 작성, 커뮤니티 매핑

[10통사1-05-01] ● ● ●

산업화, 도시화로 인해 나타난 생활 공간과 생활 양식의 변화 양상을 조사하고, 이에 따른 문제점의 해결 방안을 제안한다.

➡️ 대도시와 위성도시의 관계, 도시와 도시 사이에 존재하는 촌락 공간의 구조를 파악한 뒤 각 지역에서 제공되는 의료 서비스의 수준 차이를 조사하여 지역에 따라 의료 불평등이 나타나는 원인을 분석하여 발표할 수 있다. 또한 도시적 생활 양식이 현대인의 육체 및 정신건강에 미치는 영향을 파악하고, 공동체적 삶이 해체된 상태에서 살아가고 있는 도시인들이 정서적·심리적 안정을 찾을 수 있는 방안을 모색해 볼 수 있다.

관련 학과 의약계열 전체

《건강 도시》, 박봉희, 한울아카데미(2014)

[10통사1-05-02] ● ● ●

교통, 통신 및 과학기술의 발달과 함께 나타난 생활 공간과 생활 양식의 변화 양상을 조사하고, 이에 따른 문제점의 해결 방안을 제안한다.

➡️ 교통과 통신의 발달이 전염병의 확산에 끼치는 영향을 분석할 수 있다. 예를 들어 중세의 흑사병, 20세기 초의 스페인 독감, 21세기의 코로나 확산 속도를 비교하고 교통의 발달로 인한 국제 교류의 확대가 전염병의 빠른 전파의 원인임을 파악할 수 있다. 그리고 전염병의 치료 및 예방을 위한 공중보건 시스템을 분석하고 효율성에 대해 토의하거나 팬데믹 현상에 대처하는 지역별, 국가별 사례를 비교하여 발표할 수 있다.

관련 학과 의약계열 전체

《신종 바이러스의 습격》, 김우주, 반니(2020)

[10통사1-05-03] ● ● ●

자신이 거주하는 지역을 사례로 공간 변화가 초래한 양상 및 문제점을 탐구하고, 공동체의 구성원으로서 지역 사회의 변화를 위한 방안을 모색하고 이를 실천한다.

➡️ 지역의 공간 구조와 환경의 변화는 해당 지역 주민들의 건강에도 영향을 끼친다. 도시의 산업화 이전과 이후에

나타나는 건강 문제의 차이점에 주목하여 과거에 문제가 되었던 질병과 현대에 문제가 되고 있는 질병을 비교 분석하는 활동을 진행해 보자. 또한 지역 사회에 제공되는 공공 및 민간 의료 서비스 현황에 대해 조사하고 부족한 부분을 파악한 뒤 해결책을 제안하고 토론하는 프로젝트를 수행할 수 있다.

관련 학과 의약계열 전체

《**건강도시를 향하여**》, 제이슨 코번, 강은정 역, 한울아카데미(2013)

공통 과목	수능	**통합사회2**	절대평가	상대평가
	○		5단계	5등급

단원명 | 인권 보장과 헌법

| 🔍 | 인권, 천부 인권, 시민 혁명, 주거권, 안전권, 환경권, 문화권, 인권 보장, 시민불복종, 저항권, 인간의 존엄성, 시민 참여, 사회적 소수자, 청소년 노동권, 인권지수, 인권 문제

[10통사2-01-01]   •••

근대 시민 혁명 등을 통해 확립되어 온 인권의 의미와 변화 양상을 이해하고, 현대사회에서 주거·안전·환경·문화 등 다양한 영역으로 인권이 확장되고 있는 사례를 조사한다.

➡️ 국가로부터 인간다운 삶을 보장받을 권리가 강조되면서 국가가 지원하는 의료 서비스 역시 인권과 관련된 중요한 탐구주제가 될 수 있다. 예를 들어 우리나라와 미국의 건강보험 시스템을 비교하여 각각의 장단점을 알아보는 탐구활동을 진행할 수 있다. 의료보험 외에도 저소득층, 장애인, 어린이, 노인 등 사회적 약자에게 보장되는 의료 서비스에 대해 조사하고 이를 보장하는 것이 어느 분야의 인권에 해당하는지, 이를 보장하는 이유가 무엇인지에 관해 탐구할 수 있다.

`관련 학과` 의약계열 전체

《**국민건강보험의 발전과 과제**》, 이규식, 계축문화사(2022)

[10통사2-01-02]   •••

인간 존엄성 실현과 인권 보장을 위한 헌법의 역할을 파악하고, 시민의 권익을 보호하기 위한 다양한 시민 참여의 방안을 탐구하고 이를 실천한다.

➡️ 세계보건기구 헌장과 세계인권선언은 건강할 권리를 보장하고 있다. 이에 따라 건강한 삶을 누릴 권리와 관련된 법률에 대해 탐구하는 활동을 할 수 있다. 또한 헌법의 제정 목적인 인간의 존엄성 실현에 의학이 어떻게 기여하는가를 알아볼 수 있다. 그리고 공공보건과 의료 서비스 개선을 위해 시민 단체들이 제안하는 다양한 아이디어를 찾아보고 의학에 관련된 법률 제정과 정책 수립에 대한 시민 참여를 활성화하는 방안을 모색할 수 있다.

`관련 학과` 의약계열 전체

《**의료, 인권을 만나다**》, 이화영 외 10명, 건강미디어협동조합(2017)

[10통사2-01-03]   •••

사회적 소수자 차별, 청소년의 노동권 등 국내 인권 문제와 인권지수를 통해 확인할 수 있는 세계 인권 문제의 양상을 조사하고, 이에 대한 해결 방안을 모색한다.

➡️ 신체적·정신적 장애를 지닌 사람은 차별의 대상이 되는 경우가 많다. 사회적으로 장애인들이 겪는 편견과 차

별에 대해 조사하고 장애인 인권을 보장하기 위한 방안을 모색할 수 있다. 또한 국가별로 의학 기술의 발달 수준이 천차만별이기 때문에 의료 시스템이 미비한 국가에서는 가벼운 질병으로도 생명권을 위협받는 경우가 많다. 이런 사례를 조사하고 국민의 생명권을 보장하기 위해 해당 국가와 국제 사회가 어떤 노력을 기울여야 할지 탐구해 보자.

관련 학과 의약계열 전체

《정신건강의학에서의 인권》, 이화영 외 2명, 대한신경정신의학회 출판부(2020)

단원명 | 사회 정의와 불평등

| 🔍 | 분배적 정의, 교정적 정의, 업적, 능력, 정의의 기준, 자유주의적 정의관, 공동체주의적 정의관, 절차적 정의, 다원적 평등, 공동선, 권리와 의무, 소득 불평등, 공간 불평등, 계층 양극화, 지역 격차, 보편적 복지, 선별적 복지, 적극적 우대 조치, 역차별

[10통사2-02-01]   • • •

정의의 의미와 정의가 요구되는 이유를 파악하고, 다양한 사례를 통해 정의의 실질적 기준을 탐구한다.

➡ 노인, 어린이, 장애인과 같은 사회적 약자들을 배려하기 위한 인프라 구축은 결과의 평등과 관련되어 있기 때문에 정의로운 사회를 만들기 위한 필수적인 노력이다. 이에 따라 최근 강조되는 '배리어 프리'의 개념과 적용 사례에 대해 알아보자. 그리고 노인과 어린이를 대상으로 한 무료 예방접종 정책 등 사회적 약자를 위한 정책들에 대해 탐구해 보자. 또한 제한된 의료 자원을 공정하게 분배하기 위한 방안에 대해 토의를 진행할 수도 있다.

관련 학과 의약계열 전체

《의료과학과 생명윤리》, 금교영, 한국학술정보(2019)

[10통사2-02-02]   • • •

개인과 공동체의 관계를 기준으로 다양한 정의관을 비교하고, 이를 구체적인 사례에 적용하여 설명한다.

➡ 개인과 공동체를 바라보는 관점의 차이는 의료에 관련된 자원을 '어떻게' 분배할 것인가에 관한 질문에 각기 다른 해답을 제시한다. 예를 들어 '치명적인 질병에 대한 백신의 수량이 부족한 상황에서 누구에게 먼저 백신을 공급해야 할 것인가?'나 '환자는 많은데 병상이 부족한 경우 누구를 우선 순위로 삼을 것인가?'와 같은 문제에 대한 답을 자유주의적 정의관의 입장과 공동체주의적 정의관의 입장에서 도출하는 활동을 진행할 수 있다. 한정된 의료 서비스를 공정하게 배분하는 과정에서 절차적 정의가 중요한 이유도 탐구해 보자.

관련 학과 의약계열 전체

국어 교과군
영어 교과군
수학 교과군
도덕 교과군
사회 교과군
과학 교과군

우리 다시 건강해지려면

김준혁, 반비(2022)

책 소개

이 책은 K-방역, 건강 불평등, 환자의 우선순위, 백신과 인권, 돌봄에서 장애와 노화, 가족 이데올로기, 혐오와 차별, 인간 중심주의의 한계, 휴먼 챌린지 등의 논쟁적 사안에 이르기까지, 첨예하고 근본적인 주제들을 의료 윤리의 관점에서 아우른다. 그리고 이 과정에서 '상태가 아닌 동사로서의 건강이란 무엇일까?', '사회, 경제, 환경을 건강 자체의 구성 요소로 본다는 것은 어떤 의미일까?', '국가가 국민의 건강을 시혜적으로 지켜야 한다는 개념에서 벗어날 수 있을까?'와 같은 흥미로운 질문을 던진다.

세특 예시

'책을 통해 세상 읽기' 시간에 '우리 다시 건강해지려면(김준혁)'을 읽고 의료 윤리학적으로 정의가 갖는 의미에 대해 고찰하게 되었다는 소감을 밝힘. 특히 환자는 많은데 치료에 필요한 자원은 한정된 상황에서 '누구를 먼저' 치료할 것인가에 관한 질문을 정의에 대한 관점과 연결해, 공동체의 이익과 개인의 권리가 조화를 이루는 방향을 목표로 의료 서비스를 공정하게 분배해야 한다는 주장을 펼침.

[10통사2-02-03] • • •

사회 및 공간 불평등 현상의 사례를 조사하고, 정의로운 사회를 만들기 위한 다양한 제도와 시민으로서의 실천 방안을 제안한다.

➡ 주거 공간에 따라 제공되는 의료 서비스의 양과 질에 차이가 나는 의료 불평등 현상이 점차 심화하고 있다. 예를 들어 대도시에서는 병원과 약국을 쉽게 찾을 수 있지만 촌락에서는 찾아보기 어려우며 촌락에 거주하는 주민들은 대학병원과 같은 상급 의료기관의 진료를 받을 기회 자체가 적다. 도시와 촌락 그리고 도시 내부의 공간 사이에도 의료 불평등 현상이 나타나는 원인을 분석하고, 국가적·기업적 차원의 해결 방안을 모색해 보자.

관련 학과 의약계열 전체

《차별 없는 평등의료를 지향하며》, 전일본민주의료기관연합회, 박찬호 역, 건강미디어협동조합(2014)

단원명 | 시장경제와 지속 가능 발전

🔍 자본주의, 산업혁명, 시장경제, 계획경제, 자유방임주의, 수정자본주의, 경제 주체, 합리적 선택, 시장 실패, 불완전 경쟁, 외부 효과, 외부경제, 외부불경제, 비합리적 소비, 지속 가능 발전, 기업가 정신, 기업의 사회적 책임, 노동자의 권익, 윤리적 소비, 자산 관리, 예금, 채권, 주식, 유동성, 수익성, 안전성, 신용 관리, 생애 주기, 생산 요소, 자원, 노동, 자본, 절대 우위, 비교 우위, 특화, 국제 분업, 지역 경제 협력체, 무역 장벽, 자유 무역 협정, 공정무역

[10통사2-03-01]

자본주의의 역사적 전개 과정과 그 특징을 조사하고, 시장과 정부의 관계를 중심으로 다양한 삶의 방식을 비교 평가한다.

➡ 자본주의 체제의 특징이 의료 기술의 연구와 투자에 미치는 영향 그리고 의료 체계의 장단점에 대해 탐구할 수 있다. 자본주의 체제에서는 개인의 이익을 자유롭게 추구할 수 있기 때문에 의료 분야의 혁신이 빠르게 일어나 기술이 진보한다는 장점이 있으나, 비용이 높게 책정되기 때문에 의료 시스템에 대한 접근성 문제가 자주 발생한다. 이를 개선하기 위한 제도적 해결책들을 찾아보고, 계획경제 체제하의 의료 체계의 장점과 단점에 대해서도 탐구해 보자.

관련 학과 의약계열 전체
《칼날 아래 놓인 의료》, 하워드 웨이츠킨, 이미라 역, 한울아카데미(2023)

[10통사2-03-02]

합리적 선택의 의미와 그 한계를 파악하고, 지속 가능 발전을 위해 요청되는 정부·기업가·노동자·소비자의 바람직한 역할과 책임에 관해 탐구한다.

➡ 합리적 선택을 중시하여 이윤 극대화를 추구하는 경우 의료계에서 발생할 수 있는 문제점을 탐구할 수 있다. 예를 들어 병원 운영에서 영리적 목적을 우선시하는 경우 벌어질 것으로 예상되는 문제점들을 상상하여 토의해 보자. 또한 농어촌 같은 소외 지역 및 저소득 계층은 상대적으로 열악한 의료 환경에 놓여 있다. 의료 서비스의 불공정한 배분을 조정하기 위한 정부의 시책에 대해 조사하여 발표해 보자.

관련 학과 의약계열 전체
《공공의료 새롭게》, 백재중, 건강미디어협동조합(2022)

[10통사2-03-03]

금융 자산의 특징과 자산 관리의 원칙을 토대로 금융 생활을 설계하고, 경제적·사회적 환경의 변화가 금융과 관련한 의사결정에 미치는 영향을 탐구한다.

➡ 의학의 발달로 평균 수명이 증가하면서 사람들의 생애 주기에 큰 변화가 일어났다. 이전 세대에 비해 길어진 노년기에 대비하기 위해 자산을 적절히 운용해야 할 필요성이 커지면서 금융 상품에 대한 관심이 그 어느 때보다 높아졌다. 이러한 시대적 배경을 바탕으로 예금과 채권, 펀드, 연금저축과 같은 다양한 금융 상품의 특징을 이해하고 노년기에 안정적인 수익을 얻기 위한 자산 관리 포트폴리오를 작성하면서 자산 관리의 개념을 알고 미래를 설계하는 탐구활동을 진행해 보자.

관련 학과 노인 관련 학과, 보건 계열
《여유로운 퇴직을 위한 생애설계》, 양재우 외 1명, 청년정신(2023)

[10통사2-03-04]

자원·노동·자본의 지역 분포에 따른 국제 분업과 무역의 필요성을 이해하고, 지속 가능 발전에 기여하는 국제 무역의 방안을 탐색한다.

➡ 의학 기술의 발전 정도와 의료 관련 인프라는 국가별로 상당한 수준 차이를 보인다. 이로 인해 국경을 넘어 의료 서비스를 제공하거나 제공받는 의료 서비스의 국제 거래는 매년 활발해지고 있다. 예를 들어 상대적으로 낮

은 가격에 질 높은 의료 서비스를 제공하는 우리나라에서 치료를 받으려는 외국인 환자들이 매년 증가하면서 의료 관광 산업이 발전하고 있다. 이 밖에도 의학 분야에서 이루어지는 다양한 국제 교류의 양상을 조사하고 장단점을 탐구하는 활동을 해 보자.

관련 학과 의약계열 전체

《**보건의료 관광행정**》, 나승권, 상학당(2016)

단원명 | 세계화와 평화

| 🔍 | 세계화, 지역화, 세계도시, 다국적 기업, 문화 획일화, 보편 윤리, 특수 윤리, 세계 평화, 국제 사회의
갈등과 협력, 국가, 국제 기구, 비정부 기구, 세계시민, 평화의 개념, 남북 분단, 평화통일, 동아시아의
역사 갈등

[10통사2-04-01]

세계화의 다양한 양상을 살펴보고, 세계화 시대의 문제점과 그에 대한 해결 방안을 제안한다.

➡ 세계화로 의료 기술과 정보의 국제적 공유가 용이해지면서 환자 데이터와 의료 정보를 신속히 공유할 수 있게 되었다. 이에 해당하는 구체적 사례들을 탐구하고 환자 데이터 같은 민감한 정보가 국제적으로 공유될 때 발생할 수 있는 문제점에 대해 생각해 보자. 또한 지구촌의 불균형 문제가 심해지면서 저개발 국가는 의료 시스템 구축 및 의료 인력 수급에 난항을 겪고 있다. 이를 해결하기 위한 국제적 협력 방안을 찾아보는 탐구활동을 진행할 수 있다.

관련 학과 의약계열 전체

《**개발도상국 보건위생**》, 손주형, 한국학술정보(2021)

[10통사2-04-02]

평화의 관점에서 국제 사회의 갈등과 협력의 사례를 조사하고, 세계 평화를 위한 행위 주체의 바람직한 역할을 탐색한다.

➡ 의학과 관련된 대표적인 단체인 세계보건기구, 국경없는의사회 등의 활동 영역과 내용을 조사하여 비교하는 탐구활동을 수행할 수 있다. 또한 건강과 관련된 국제적인 문제들은 무엇인지 알아보고 이를 해결하기 위한 국제 기구의 노력을 찾아볼 수 있다. 예를 들어 전 세계 인구 7명 중 1명이 영양 부족에 시달리고 있다는 연구 결과가 나올 정도로 기아 문제가 심각한 상황이다. 기아 문제와 관련된 국제 기구들과 그들이 하는 일, 개인적 차원에서 도울 수 있는 방안 등을 조사해 보자.

관련 학과 의약계열 전체

왜 세계의 절반은 굶주리는가?

장 지글러, 유영미 역,
갈라파고스(2016)

책 소개

이 책은 '120억의 인구가 먹고도 남을 만큼의 식량이 생산되는데 왜 하루에 10만 명이, 5초에 한 명의 어린이가 굶주림으로 죽어가는가?'라는 현실에 대한 문제의식을 갖고 기아의 참상을 널리 알림으로써 세계시민 의식을 일깨우고자 하는 목적으로 저술되었다. 저자는 기아를 극복하기 위해 불평등한 구조를 뛰어넘어 인류가 연대하고 서로 돕는 구조를 만들기를 희망하고 있다.

세특 예시

'책을 통해 세상 읽기' 시간에 '왜 세계의 절반은 굶주리는가?(장 지글러)'를 읽은 후, 기아 문제는 생산이 아닌 분배의 문제라는 점에 주목하게 되었다는 소감을 밝힘. 특히 심각한 영양실조 상태의 산모들이 건강하지 못한 아기들을 출산하는 '기아의 대물림' 현상이 저개발국 국민들의 건강을 위협하고 있다는 점을 깨닫고, 이를 해결하기 위해서는 국제 기구의 원조뿐만 아니라 세계시민들의 연대 의식이 필수적이라고 주장하여 친구들의 호응을 얻음.

[10통사2-04-03] ● ● ●

남북분단과 동아시아의 역사 갈등 상황을 분석하고, 이를 토대로 우리나라가 세계 평화에 기여할 수 있는 방안을 제안한다.

➡ 북한의 열악한 의료 환경 현황을 알아보고 정부 및 민간 차원에서 의료 원조를 할 수 있는 방법을 조사해 보자. 또한 한국이 발달된 의학 기술로 국제 사회에 기여할 수 있는 방안을 알아볼 수 있다. 예를 들어 대한민국은 인도적 차원에서 자연재해나 전쟁 등으로 고통받는 나라에 의료지원단을 파견하거나 의약품을 원조하고 있다. 이와 비슷한 사례들을 찾아보고 경제적 원조 이외의 다른 지원 수단을 찾아보는 탐구활동을 진행해 보자.

관련 학과 의약계열 전체

《우리 모두는 형제다—앙리 뒤낭이 묻고 적십자가 답하다》, 박경서·오영옥, 동아시아(2019)

단원명 | 미래와 지속 가능한 삶

🔍 세계의 인구 분포, 인구 피라미드, 저출생, 고령화, 인구 과잉, 인구 문제의 해결 방안, 에너지 자원의 분포, 에너지 자원의 소비, 기후변화, 지속 가능한 발전, 미래 사회 예측, 세계시민주의, 생태환경의 변화, 국가 간 협력

[10통사2-05-01] ● ● ●

세계의 인구 분포와 구조 등에 대한 이해를 토대로 현재와 미래의 인구 문제 양상을 파악하고, 그 해결 방안을 제안한다.

➡ 인구 문제에 따라 다르게 발생하는 다양한 의료 문제에 관해 조사할 수 있다. 저개발 국가의 경우 공중 보건 시스템이 미흡하고 의료 인력이 부족하여 국민들의 건강이 위협받을 수 있으나, 선진국의 경우는 고령화 현상으

로 인한 만성 질환의 증가로 국가가 부담하는 의료 비용이 늘어나는 문제가 있다. 이를 해결하기 위한 방안을 모색해 보자. 또한 인구가 불균등하게 분포함에 따라 발생하는 의료 인프라의 격차를 줄이는 방안에 대해서도 토의할 수 있다.

관련 학과 의약계열 전체

《**회색 쇼크**》, 테드 피시먼, 안세민 역, 반비(2011)

[10통사2-05-02] ●●●

지구적 차원에서 에너지 자원의 분포와 소비 실태를 파악하고, 기후변화에 대한 대응과 지속 가능한 발전을 위한 제도적 방안과 개인적 노력을 탐구한다.

➡ 기후변화가 인간에게 미치는 영향 중 의학에 관련된 영향에 중점을 두고 탐구를 진행할 수 있다. 예를 들어 여름철 평균기온의 상승으로 인한 온열질환의 증가와 해충의 과도한 번식으로 높아지고 있는 말라리아, 뇌염 등 감염병의 위험, 태풍이나 집중호우와 같은 자연재해가 증가하면서 생기는 수인성 질병 피해 등의 사례를 조사할 수 있다. 이에 대비하기 위한 새로운 의료 시스템 구축 방안을 알아보고, 개인적 차원의 대응책 또한 조사해 보자.

관련 학과 의약계열 전체

《**자연의 역습, 감염병**》, 김양중, 미래아이(2020)

[10통사2-05-03] ●●●

미래 사회의 모습을 다양한 측면에서 예측하고, 이를 바탕으로 세계시민으로서 자신의 미래 삶의 방향을 설정한다.

➡ 3D 프린팅을 이용한 인공관절 개발, 줄기세포를 이용한 조직재생 수술, 유전자 분석을 통한 만성질환 예방 등 첨단 의학 기술이 현장에 적용되는 사례들에 대해 조사하고, 이러한 의학 기술이 미래 인류의 수명과 건강에 끼칠 영향에 관해 토의할 수 있다. 또는 기후변화, 미세 플라스틱, 미세먼지와 같은 환경 문제가 심각해지면서 인류가 새롭게 겪게 될 의학적 문제들에 관해 예측한 후 대응 방안을 모색하는 탐구활동을 수행할 수 있다.

관련 학과 의약계열 전체

《**세상을 바꿀 미래 의학 설명서**》, 사라 라타, 김시내 역, 매직사이언스(2020)

단원명 | 세계시민, 세계화와 지역 이해

| 🔍 | 세계화, 지역화, 세계시민, 지역 통합, 지역 분리, 지역 변화, 지리정보 기술, 경제 블록, 지리적 사고, 지구 공동체

[12세지01-01] ●●●

세계화의 의미를 지리적 스케일에 따라 이해하고, 세계화와 지역화의 관계 속에서 세계시민의 역할을 탐색한다.

➡ 근대 의료지리학은 유럽이 열대 식민지를 통치하면서 필연적으로 직면한 열대 질병을 통제하는 과정에서 의료지형학이라는 이름으로 형성되었다. 영국에서는 환경 위생 개혁의 명분으로, 프랑스에서는 문명화 사명의 구호 아래, 독일에서는 지리의학의 개념으로 각각 발달해 온 의료지리학은 20세기에 들어와 크게 질병 생태학과 의료 체계의 두 가지 흐름으로 발달했다. 의료지리학의 역사와 미래 전망을 조사하여 발표해 보자.

`관련 학과` 의약계열 전체

《왜 지금 지리학인가》, 하름 데 블레이, 유나영 역, 사회평론(2015)

[12세지01-02] ●●●

지역 통합과 분리 현상의 사례와 주요 원인을 탐구하고, 이를 바탕으로 지역 변화의 역동성을 파악한다.

➡ 1968년 젊은 프랑스 의사들 한 팀이 수십만 명의 아이들이 영양실조로 죽어가는 끔찍한 장면을 목격하고 인종 학살의 고발자가 될 것을 결심한다. 이들은 프랑스에 귀국하자마자 인종 학살을 알리기 위한 단체를 결성하고 즉시 응급 의료단을 조직했다. 이것이 '국경없는의사회'의 시작이었다. 국경없는의사회는 현재 '세상에서 가장 중요한 인도주의 NGO'라고 불릴 만큼 인도주의의 상징이 되었다. 국경없는의사회의 회원은 더 이상 의사에 국한되지 않는다. 이들 중 4분의 3은 의사가 아니며 의료봉사 활동 외에도 다양한 지원 활동을 펼치고 있다. 국경없는의사회의 비전과 역할을 조사하여 발표해 보자.

`관련 학과` 의약계열 전체

《지구의 절망을 치료하는 사람들—국경없는 의사회 이야기》, 댄 보르토로티, 고은영 역, 한스컨텐츠(2007)

단원명 | 모자이크 세계, 세계의 다양한 자연환경과 문화

| 🔍 | 기후, 지형, 생태계, 문화 다양성, 종교 경관, 관광 자원, 상호 교류, 세계의 축제, 지속 가능 발전, 환경 보전, 혼합 문화

[12세지02-02] ● ● ●

세계 주요 지형과 인간 생활의 상관성을 파악하고, 지형의 개발과 보존을 둘러싼 갈등 사례를 통해 지속 가능한 이용 방안을 토론한다.

➡ 고산병은 순화 과정 없이 고도가 낮은 곳에서 해발 3,000m 이상 되는 고산, 고원 등 고지대로 갑자기 올라갔을 때 몸에 산소가 부족해져서 나타나는 질환이다. 고산병은 급성 고산병, 고소 뇌부종, 고소 폐부종의 3가지로 나뉜다. 우리나라에는 세계적 기준에서 고산병이 발생할 만큼 높은 산이 거의 없기 때문에 고산증을 본격적으로 경험하기 힘들다. 약 20%의 사람들이 해발 2,500m까지 급속히 등반할 때 고산증을 경험하고, 40%는 3,000m까지 급속히 등반하면 고산증을 경험한다. 세계의 고산병 지역들, 고산병의 원인, 치료와 예방법 등에 대해 조사하여 발표해 보자.

관련 학과 의약계열 전체

《10살짜리 아들을 히말라야에 데려가도 될까요?》, 조석필, 산악문화(2005)

[12세지02-03] ● ● ●

세계 주요 종교의 특징 및 종교 경관의 의미를 이해하고, 각 종교가 인간 생활에 미치는 영향을 탐구한다.

➡ 종교와 의학의 역사는 수세기에 걸쳐 뒤얽혀 있다. 다양한 신앙을 기반으로 한 공동체나 기관들이 병원을 부속 기관으로 가지고 있다. 대표적으로 우리나라에는 성모병원, 삼육병원 같은 병원들이 있다. 그러나 현대사회에 들어오면서 종교와 의학은 점점 분리되고 있다. 19세기 이후 의학은 좀 더 과학 중심적인 모델, 우리가 흔히 알고 있는 생의학적 모델로 발전하고 있다. 종교와 의학의 관계를 역사적 관점에서 조사하여 발표해 보자.

관련 학과 의약계열 전체

《인간과 종교를 말하다》, 이호영, 청년의사(2023)

단원명 | 네트워크 세계, 세계의 인구와 경제 공간

| 🔎 | 인구분포 및 구조, 인구 문제, 인구 이동, 식량 자원, 식량 문제, 초국적 기업, 글로벌 경제, 경제 공간의 불균등, 윤리적 소비

[12세지03-01] ● ● ●

세계 인구분포 및 구조를 통해 세계 인구 문제를 이해하고, 국제적 이주가 인구 유출 지역과 유입 지역에 미치는 영향을 탐구한다.

➡ 2025년에 우리나라는 세계 어느 나라에서도 유례를 찾을 수 없을 정도로 빠르게 초고령화 사회로 진입한다. 오랜 기간 만성질환을 앓으며 살아야 하는 노인 환자나 아파도 혼자 병원에 갈 수 없는 장애인에게 의료진이 찾아가는 재택 진료와 복수 직종이 연계하는 재택 환자 케어는 먼 나라 이야기가 아니다. 만성질환 환자들의 적절한 투약 방법과 그에 따르는 결과들을 파악하여 의사, 간호사, 재활치료사 등에게 적절히 공유하는 약사의 역할은 매우 중요하다. 초고령화 사회에 대비해 약국과 약사가 어떻게 변해야 할지 탐구하여 발표해 보자.

관련 학과 의약계열 전체

《약국이 바뀌면 지역 의료가 변한다》, 하자마 겐지, 윤수정 역, 생각비행(2019)

[12세지03-02]

주요 식량 자원의 생산과 소비 양상을 통해 세계 식량 문제가 발생하는 구조적 원인을 파악하고, 식량의 안정적인 생산과 공급을 위한 각국의 대응 전략을 비교·분석한다.

➡️ 전쟁이나 기후위기로 인한 전 세계 식량 위기 발생 시 가장 배고픈 사람들이 전염병에 더 취약해서 수백만 명이 목숨을 잃을 것이고 전 세계적으로 보건 대재앙이 일어날 수도 있다. 세계 각국 정부는 가장 취약한 빈곤 지역에 최우선적으로 의료 서비스를 제공해 식량 위기 영향을 최소화해야 한다며 "마을과 지역사회에 제공하는 1차 보건의료에 초점을 맞춰야 한다"고 강조했다. 전 세계 식량 위기 발생 시 나타나는 보건의료 문제와 이를 해결하기 위한 방안을 조사하여 발표해 보자.

관련 학과 의약계열 전체

《다중위기시대 국가식량디자인》, 백혜숙, 잉걸미디어(2023)

[12세지03-03]

초국적 기업을 중심으로 한 글로벌 경제 체제의 형성 과정을 탐색하고, 글로벌 경제에서의 공간적 불균등을 해소하기 위한 국제적 협력과 개인적 실천 방안에 대해 조사한다.

➡️ 과거에는 재무적 지표를 기준으로 기업을 평가했으나, 기후변화와 같이 기업이 사회에 미치는 영향력이 커지면서 최근에는 비재무적 가치의 중요성이 높아지고 있다. 특히 환경(Environmental)·사회(Social)·지배구조(Governance), 즉 ESG가 기업 경영의 지속 가능성을 달성하기 위한 핵심 요소로 떠오르면서 제약 바이오 업계에서도 이를 도입하거나 강화하기 위한 움직임이 시작되고 있다. 다국적 제약회사의 ESG 경영 노력을 조사하여 발표해 보자.

관련 학과 의약계열 전체

《ESG 2.0》, 김용섭, 퍼블리온(2022)

단원명ㅣ 지속 가능한 세계, 세계의 환경 문제와 평화

| 🔍 | 에너지 자원의 생산과 소비, 친환경 에너지, 지속 가능 에너지, 환경 문제, 생태전환, 지정학, 분쟁

[12세지04-01]

세계 주요 에너지 자원의 생산과 소비 현황을 조사하고, 다양한 친환경 에너지원의 특징에 대한 이해를 바탕으로 지속 가능한 에너지 생산 방안을 제시한다.

➡️ 날로 심각해지는 기후위기 대응을 위해서는 공공 분야의 노력만으로는 한계가 있고 기업, 학교, 병원 등 여러 사회 주체들의 적극적인 참여가 절실한 상황이다. 화석연료 고갈이라는 상황에서 대체 에너지를 찾는 노력이 이어지면서 등장한 것이 신재생 에너지이다. 신재생 에너지는 자연상태에서 만들어진 에너지로, 태양 에너지를 비롯해 풍력, 수력, 생물 자원, 지열, 조력, 파도 에너지 등이 이에 해당한다. 신재생 에너지를 활용한 친환경 병원의 우수 사례를 조사하여 발표해 보자.

관련 학과 의약계열 전체

《Net Zero—친환경 제로에너지 주택 디자인 프로세스》, 스페이스타임 편집부, 스페이스타임(2011)

[12세지04-02]　● ● ●

세계 주요 환경 문제의 유형과 실태를 설명하고, 생태전환적 삶에 비추어 현재의 생활방식을 비판적으로 점검한다.

➡ "200개 이상의 방사성 원소가 있고 각각 고유의 반감기, 생태적 특성, 먹이사슬과 인체 침입 경로가 있다. 놀랍게도 그 생태적 경로는 거의 규명되지 않았다. 게다가 눈에 보이지 않고 맛이나 냄새도 없다." 헬렌 캘디콧의 말이다. 원전이 폭발했다. 체르노빌에서, 후쿠시마에서. 얼마나 많은 암 환자를 만들어내고 나서야, 얼마나 많은 지역이 황폐해지고 나서야, 그리고 얼마나 많은 돈을 쏟아붓고 나서야 원전을 폐쇄할 것인가? 언제쯤에야 원자력 에너지를 지속 가능하고 재생 가능한 에너지, 효율적인 에너지로 전환할 것인가? 후쿠시마 원전 사고가 가져온 의학적·생태학적 결과와 이를 막기 위한 방안을 조사하여 발표해 보자.

　관련 학과　의약계열 전체

《끝이 없는 위기》, 헬렌 캘디콧, 우상규 역, 글항아리(2016)

[12세지04-03]　● ● ●

다양한 지정학적 분쟁을 국제 정세의 변화와 관련지어 조사하고, 세계 평화와 정의에 기여할 수 있는 방안을 찾아 실천한다.

➡ 폭격을 당하고 길에 방치된 채 죽어가던 남수단의 시민들, 모든 희망을 잃고 일부러 총을 맞으러 가는 가자 지구의 청년들, 국경 경비대가 문을 열지 않아 국경 바로 앞에서 숨을 거둔 시리아 소녀의 이야기처럼, 세계 곳곳에서는 가슴 아픈 실상이 끊임 없이 이어진다. 세상에서 정말 중요한 일을 하는 사람들은 소수의 비범한 인물이 아니라, 인간에 대한 연민과 희망을 잃지 않는 이들일 것이다. 뜻있는 의사와 간호사들이 분쟁 지역 의료구호 활동에 나서는 이유, 분쟁 지역 의료구호 활동의 중요성을 조사하여 발표해 보자.

　관련 학과　의약계열 전체

《전쟁터로 가는 간호사》, 시라카와 유코, 전경아 역, 끌레마(2021)

선택 과목	수능	세계사	절대평가	상대평가
일반 선택	X		5단계	5등급

단원명 ┃ 지역 세계의 형성

> | 🔍 | 현생 인류, 문명, 생태환경, 상호작용, 유교, 불교, 한자, 율령, 힌두교, 크리스트교, 이슬람교, 고대 정치, 농경, 목축

[12세사01-01] • • •

현생 인류의 삶과 문명의 형성을 생태환경과의 관계 속에서 파악한다.

➡ 18세기 들어 유럽에서는 계몽주의와 자연주의의 영향으로 과학적 방법에 의한 의학 연구가 활발히 진행되기 시작했다. 각 대학에 해부학 실험실이 마련되었고, 인체에 대한 이해는 당시의 지식인들에게 필수적인 교양이 되었다. 한편 현미경의 발명으로 미생물을 직접 관찰하고 병원균을 확인하게 되면서 백신 같은 전염병 예방 기술이 발전하였다. 19세기 이전까지 '생물학의 기술'로 취급되던 의학이 이러한 성과들을 바탕으로 독립된 학문으로 자리잡아 근대 의학이 성립되었다. 이러한 근대 서양 의학의 발전 과정, 근대 서양 의학의 한계, 이에 대한 대안을 탐구하여 보고서를 작성해 보자.

관련 학과 의약계열 전체

《의학의 역사》, 재컬린 더핀, 신좌섭 역, 사이언스북스(2006)

[12세사01-02] • • •

동아시아, 인도 세계의 형성을 문화의 상호작용과 관련지어 이해한다.

➡ 근대에 서양 의학이 본격적으로 들어와 보급되면서 중국 의학은 서양 의학과 구분하기 위해 '중의학(中醫學)'이라고 불렸다. 중국에서는 오늘날에도 중의학이 의료와 의약 분야에서 중요한 구실을 하며 현대 의학의 중추적 역할을 하고 있다. 중국 의학의 기원을 객관적인 사료를 통해 탐구하고, 중국 의학의 발전 과정, 서양 근대 의학의 영향을 받은 중국 의학의 변용과 발전, 중국 의학의 현재 상황을 조사하여 발표해 보자.

관련 학과 의약계열 전체

《중국의학의 기원》, 야마다 케이지, 윤석희 외 1명 역, 수퍼노바(2016)

[12세사01-03] • • •

서아시아, 지중해, 유럽 세계의 형성과 문화적 특징을 종교의 확산과 관련지어 분석한다.

➡ 서양 의학은 현장에서 다져지고 진보한 현재의 역사다. 고대 그리스의 히포크라테스 이후 인류의 지속과 번영을 가능하게 한 서양 의학은 다양한 현장에서 의학의 진보를 일구어 왔다. 그리스의 자연철학자 중에는 의학에 관심을 보인 이가 적지 않았으며, 이들은 의학의 합리적 연구에 힘썼다. 히포크라테스는 이러한 때에 나타난

명의이며, 서양 의학의 시조라고 일컬어지고 있다. 고대 서양 의학의 뿌리인 히포크라테스의 의학, 알렉산드리아 의학, 고대 로마 시대의 그리스 의학, 중세의 수도원 의학, 아랍 의학, 스콜라 의학, 르네상스의 해부학 등을 탐구하여 보고서를 작성해 보자.

관련 학과 의약계열 전체

《서양의학사》, 윌리엄 바이넘, 박승만 역, 교유서가(2017)

단원명 | 교역망의 확대

| ρ | 이슬람교, 이슬람 문화, 이슬람 상인, 오스만 제국, 몽골, 신항로 개척, 상품 교역, 식민지, 중상주의, 교류, 노예 무역, 아메리카 문명, 은 유통, 가격 혁명, 상업 혁명, 절대왕정, 중상주의

[12세사02-01]   ● ● ●

이슬람 세계와 몽골 제국의 팽창에 따른 교류 양상을 파악한다.

➡ 이슬람 의학은 서양 근대 의학의 발전에 큰 영향을 미쳤다. 그들의 이론 연구와 임상시험 결과는 아랍의 의학 개설서나 전서에 빠짐없이 수록되었고, 그것이 번역되어 유럽 의과대학의 교과서로 채택되고 임상치료에 활용되었다. 이슬람 의학자들은 페르시아 및 그리스-로마의 의학서적을 번역하고 의술을 받아들여 임상에 도입하였으며, 단순히 그리스 의학을 계승하는 데 그치지 않고 더욱 발전시켜 중세 및 근대 서양 의학의 발전에 크게 이바지했다. 이슬람 의학의 특징, 이슬람 의학의 발전 과정, 이슬람의 의료행정 체계, 대표적인 이슬람 의학서를 조사하여 발표해 보자.

관련 학과 의약계열 전체

《아랍 과학의 황금시대》, 아메드 제바르, 김성희 역, 알마(2016)

[12세사02-02]   ● ● ●

유럽의 신항로 개척과 재정·군사 국가의 성립이 가져온 변화를 분석한다.

➡ 이제껏 인류는 전염병의 대유행으로 상상을 초월하는 사상자가 발생한 사건들을 수없이 만나 왔다. 일례로 유럽의 팽창이 진행된 아메리카 지역에는 약 6,000만 명(당시 세계 인구의 10%)이 살고 있었다. 하지만 식민지화로 인구가 500만~600만 명으로 줄어들었다. 식민지 개척자들과 함께 들어온 질병이 당시의 가장 큰 사망 원인으로 꼽힌다. 가장 잔혹한 질병은 천연두였다. 유럽의 흑사병부터 20세기 초의 전염병까지 질병의 역사를 조사하고, 전염병 유행으로 인한 사회적 변화, 전염병 치료를 위한 의학의 발전 과정을 조사하여 발표해 보자.

관련 학과 의약계열 전체

《전염병과 역사—제국은 어떻게 전염병을 유행시켰는가》, 셸던 와츠, 태경섭 외 1명 역, 모티브북(2009)

[12세사02-03]   ● ● ●

세계적 상품 교역이 가져온 사회적·경제적 변화를 이해한다.

➡ 대항해 시대에 대서양의 범선은 의학적으로 최악의 공간이었다. 식품을 신선하게 저장할 수 없었고, 좁은 배 안에서 수 개월을 머물러야 했다. 새로운 환경에서 새로운 질병이 나타났다. 그중에서도 선원들을 끈질기게 괴

국어 교과군
영어 교과군
수학 교과군
도덕 교과군
사회 교과군
과학 교과군

롭힌 병이 있었다. 괴혈병(Scurvy)이다. 이 질병의 정체가 밝혀지기까지는 무려 400년에 가까운 세월이 흘렀다. 허무하게도 비타민C가 풍부한 라임 주스 한 잔이면 괴혈병 치료가 가능했다. 괴혈병처럼 새로운 환경에서 생겨난 질병 혹은 감염병을 하나 선정해 발병 원인, 증상, 진단, 예방법 및 치료 방법 등을 조사하여 발표해 보자.

관련학과 의약계열 전체

《질병의 역사》, 마이클 비디스 외 1명, 김훈 역, 가람기획(2004)

단원명 | 국민 국가의 형성

| | 청, 무굴 제국, 오스만 제국, 미국 혁명, 프랑스 혁명, 산업혁명, 국민 국가, 계몽사상, 산업 자본주의, 제국주의, 빈 체제, 자유주의, 민족주의, 7월 혁명, 2월 혁명, 동력 혁명, 교통·통신 혁명, 노동 운동, 사회주의, 개항, 민족 운동, 근대화 운동

[12세사03-01]

청, 무굴 제국, 오스만 제국의 통치 정책과 사회, 문화의 변화를 이해한다.

➡ 한의학은 한국의 전통 의학으로, 중의학 등 한자 문화권을 중심으로 동아시아 일대에서 활용되던 전통 의학들과 교류하면서 연구, 전승되어 온 학문을 일컫는다. 현대 한의학의 개념, 한의학의 현대화와 과학화, 철학적 기초, 현대 한의학의 질병 이해와 진단, 동아시아 국가들의 전통 의학 발전과 현황 등을 조사하여 보고서를 작성해 보자.

관련학과 의약계열 전체

《현대한의학개론》, 이충열 외 4명, 군자출판사(2023)

[12세사03-02]

미국 혁명, 프랑스 혁명을 시민 사회 형성과 관련지어 파악한다.

➡ 18세기 후반~19세기 초반에 의학은 자본주의의 성장과 민주주의, 국가주의의 발달로 인해 발전을 거듭하게 되었다. 무엇보다 부검을 많이 시행하였으며 임상 관찰을 중요하게 여겼다. 외래 진료를 주로 하던 클리닉과 달리 많은 환자를 종합적으로 진료할 수 있는 병원이 설립되면서 임상에서 환자를 관찰할 수 있는 기회가 많아졌다. 그 결과 임상 증상을 부검을 통해 관찰한 국소 병변과 관련지어 설명할 수 있게 되었다. 따라서 이 시대를 '도서관 의학', '병상 의학'에 이은 '병원 의학'의 시대라고 부른다. 이 시기 진단법의 특징, 해부병리학의 발전 과정, 분과별 전문화 과정에 대해 조사하여 발표해 보자.

관련학과 의약계열 전체

《인물로 보는 해부학의 역사》, 송창호, 정석출판(2015)

[12세사03-03]

제1·2차 산업혁명이 가져온 사회, 경제, 생태환경의 변화를 분석한다.

➡ 1853년 시작된 크리미아 전쟁에서 많은 영국군이 부상이나 병으로 사망하고 있다는 보고서가 간행되어 국민들 사이에 거센 비판이 일었다. 1854년 10월, 나이팅게일은 영국의 육군 대신인 하버트 경의 간청으로 38명의

간호사를 선발하여 터키의 스쿠타리 야전병원 등 4개 병원에서 전쟁 부상병 간호를 시작하였다. '나이팅게일과 간호 흐름의 혁신'이라는 주제로 간호 활동의 변화, 임상간호, 간호 교육의 전환에 대해 조사하여 발표해 보자.

관련 학과 의약계열 전체

《나이팅게일의 모두의 등불》, 플로렌스 나이팅게일, 키와 블란츠 역, 이다북스(2022)

단원명 | 현대 세계의 과제

| 🔍 | 제1·2차 세계대전, 러시아 혁명, 대량 살상, 총력전, 전체주의, 세계 대공황, 민족 운동, 냉전, 탈냉전, 유럽연합, 제3세계, 세계화, 과학기술 혁명, 민주주의, 평화, 경제적 불평등, 생태환경, 지구 온난화, 남북문제, 반세계화 운동, 지속 가능한 개발

[12세사04-01] ● ● ●

제1·2차 세계대전을 인권, 과학기술 문제와 관련지어 파악한다.

➡️ 제2차 세계대전은 인류가 치른 전쟁 중 가장 큰 규모의 전쟁이다. 전쟁이 일어나면 사람들은 죽고 다치며, 이들을 치료하고 생명을 보존하는 의학과 간호 분야가 중요해진다. 이런 이유로 제2차 세계대전은 많은 사람이 죽은 전쟁인 동시에 의학의 비약적인 발전을 불러온 전쟁이기도 하다. 특히 응급의학, 외과 수술, 화상 치료, 페니실린의 대량 생산과 보급, 수혈, 정신 의학 등의 발전이 두드러졌다. 제2차 세계대전 시기 의학 발전의 특징, 발전의 사례를 조사하여 발표해 보자.

관련 학과 의약계열 전체

《전쟁과 의학》, 서울대학교병원 의학역사문화원 편, 허원미디어(2013)

[12세사04-02] ● ● ●

냉전의 전개 양상에 따라 나타난 사회, 문화의 변화를 분석한다.

➡️ 제1·2차 세계대전 시기에 의술이 고도로 정교해지면서 현대 의학의 기반이 마련되었다. 강대국의 세력 다툼으로 발발한 한국전쟁은 말 그대로 민족의 비극이었지만, 역설적으로 최신의 의학 기술을 처음으로 선보이는 장(場)이 되기도 했다. 현대전에서는 화학무기가 도입되고 병균이 진화하면서 전쟁의 피해가 어느 때보다 막심하지만, 피해를 조금이라도 줄여보고자 의학은 지금도 총성 없는 전쟁을 치르고 있다. 현대전에서 의학기술의 발전 사례를 조사하고, 의학기술 발전의 의의에 대해 발표해 보자.

관련 학과 의약계열 전체

《인류의 전쟁이 뒤바꾼 의학 세계사》, 황건, 살림Friends(2019)

[12세사04-03] ● ● ●

현대 세계의 과제를 해결하기 위해 인류가 기울여온 노력을 탐구한다.

➡️ 앨빈 토플러는 "우주 사업 1달러 투자가 7~12달러의 수익을 창출할 수 있는 시대가 온다"며 우주가 부의 원천이 될 거라고 예견했다. 일부에서는 수백억~수천억 원이 드는 우주 개발 프로젝트가 일상생활이나 경제에 무슨 도움이 되냐고 비판하기도 하지만, 우주 기술은 이미 정수기, 전자레인지, 무선 전동공구, 경량 골프채, ABS,

태양전지 및 연료전지, 카메라 등에 광범위하게 사용되고 있다. 우리는 우주 기술 속에 살고 있다고 해도 과언이 아니다. 의료 분야에서도 우주 기술의 혜택을 받고 있다. 의학계에 영향을 미친 대표적인 우주 기술 사례를 조사하여 발표해 보자.

관련 학과 의약계열 전체

《20세기 기술의 문화사》, 김명진, 궁리(2018)

선택 과목	수능		절대평가	상대평가
일반 선택	X	사회와 문화	5단계	5등급

단원명 | 사회현상의 이해와 탐구

| 🔍 | 사회현상의 특징, 사회학적 상상력, 사회현상을 이해하는 관점, 기능론, 갈등론, 상징적 상호작용론, 양적 연구, 질적연구, 연구 절차, 가설, 연역법, 귀납법, 과학적 절차, 탐구 수행, 탐구 과정, 질문지법, 실험법, 면접법, 참여관찰법, 문헌연구법, 자료의 타당성, 신뢰성, 가치 개입, 가치중립, 연구 윤리, 지식 재산권, 조사 대상자의 인권, 탐구의 효능감

[12사문01-01] ● ● ●

사회현상의 탐구를 위해 사회현상의 특징에 대한 이해와 사회학적 상상력이 필요함을 인식하고, 사회현상에 대한 다양한 관점을 비교한다.

➡️ 기능론을 활용하여 소득, 교육, 자원 접근 등과 같은 사회적 불평등이 건강 격차에 어떤 영향을 끼치는지 연구할 수 있다. 건강 관리 시스템과 정책이 이러한 격차를 어떻게 유지하거나 완화하는 기능을 수행하는지 분석해 본다. 또한 소득과 교육의 격차, 자원 접근성의 차이와 같은 사회적 불평등이 집단 간 건강 불평등에 끼치는 영향을 갈등론적 관점에서 탐구할할 수 있다.

관련 학과 의약계열 전체

《유전자 임팩트》, 케빈 데이비스, 제효영 역, 브론스테인(2021)

[12사문01-02] ● ● ●

사회현상에 대한 양적 연구 방법과 질적 연구 방법의 특징 및 연구 절차를 비교하고, 각 연구 방법을 활용한 연구 사례를 분석한다.

➡️ 환경 오염과 생물 독성 사이의 관계를 조사할 수 있다. 이를 위해 환경 오염 물질의 노출 수준과 생물의 건강 및 생존력을 측정하고 분석한다. 예를 들어 특정 환경 오염 물질의 생물 독성 작용과 생물종 다양성 감소 사이의 관련성을 탐구하고 자료를 제시한다. 이를 통해 환경 오염에 대한 이해와 개선을 위한 조치를 모색할 수 있고, 관련된 정책이나 대안을 제시할 수 있다. 또한 약물 개발과 약물 효능 평가에 관련된 주제를 조사할 수 있다. 약물의 화학적 성질, 생물학적 활성, 약물 동력학 등을 측정하고 분석한다.

관련 학과 의약계열 전체

《노화의 종말》, 데이비드 A. 싱클레어 외 1명, 이한음 역, 부키(2020)

[12사문01-03] ● ● ●

사회현상에 대한 다양한 자료 수집 방법의 특징을 비교하고, 각 자료 수집 방법을 활용한 연구 사례를 분석한다.

➡️ 역학 연구는 질병이 발생하고 퍼지는 과정을 이해하고 예방 또는 통제하는 방법을 개발하기 위해 사용된다. 이

러한 연구는 실험법으로 진행하거나 코호트 연구, 증례-대조 연구, 교차 설문조사 등을 통해 하기 때문에, 최근 유행한 전염병의 역학 조사나 난치병 등의 연구에 어떠한 자료수집 방법이 쓰이는지 조사할 수 있다. 또한 최근 빅데이터를 이용하여 메타텍스트적인 자료 수집으로 질병의 원인을 찾고 새로운 약물을 합성하는 방법도 등장하고 있으므로 이에 관한 자료를 찾아 정리해 보자.

관련 학과 의약계열 전체

《분자 조각가들》, 백승만, 해나무(2023)

[12사문01-04] ● ● ●

사회현상의 탐구에서 발생하는 연구자의 가치 개입 및 연구 윤리 관련 쟁점을 토론하고, 연구 윤리를 준수하며 사회현상에 대한 탐구를 수행한다.

➡ 인간의 생명과 관련된 연구에 관한 주제를 탐구할 수 있다. 많은 연구자들이 동물과 인간의 유전자를 조작하거나 클론을 생성하는 연구를 수행하고 있다. 이러한 연구는 유전학 연구와 유전 질환 치료에 다양한 사례를 제공하지만 많은 윤리적 문제를 포함하고 있다. 터스키기 매독 연구나 헨리에타 랙스 합의와 같은 사례를 통해 의료 활동이 윤리적 문제를 침범한 경우를 분석하고 자신의 생각을 정리할 수 있다. 또한 최근의 의료 사건 사례 중 윤리적 문제를 어긴 경우가 있는지 조사하여 발표하거나 자신의 생각을 제시할 수 있다.

관련 학과 의약계열 전체

《사례로 보는 의료 윤리와 법》, 박창범, 군자출판사(2020)

단원명 | 사회 구조와 사회 변동

🔍 사회 구조, 개인, 사회화, 사회화 과정, 사회화 기관, 사회화를 보는 관점, 사회 집단, 사회 조직, 조직의 변화, 개인과 사회의 관계, 현대사회 집단의 특징, 일탈 이론, 사회통제 유형, 아노미, 차별 교제, 낙인, 비판 범죄학, 내적 통제, 외적 통제, 공식적 통제, 비공식적 통제, 사회 변동, 현대사회의 변화, 인구구조의 변화, 사회 운동, 정보사회, 세계화, 저출산 및 고령화

[12사문02-01] ● ● ●

사회 구조와 개인의 관계에 대한 이해를 바탕으로 개인의 사회화 과정, 사회화 기관 및 유형을 설명하고, 사회화에 대한 서로 다른 이론적 관점을 비교한다.

➡ 환자와 의사 간의 효과적인 의사소통이 환자의 만족도와 치료 결과에 어떠한 영향을 미치는지 연구할 수 있다. 의사-간호사-환자 관계에서 감정적 상호작용이 질병에 미치는 영향을 찾아보고, 질병 치료에 효과가 있다면 커뮤니케이션 기술을 개선하는 방법을 탐구할 수 있다. 이를 위해 환자와 의사, 간호사 사이의 효과적인 의사소통이 어떻게 환자의 만족도와 치료 결과에 영향을 미치는지 문헌을 통해 확인해 볼 수도 있다. 또한 의료 윤리와 사회화 간의 관련성을 연구하고, 사회화와 교육이 의료 윤리 결정에 어떤 영향을 미치는지 탐구한다. 대학의 MMI 면접과 비교하여 탐구해 볼 수도 있다.

관련 학과 의약계열 전체

《의료인문학과 의학 교육》, 엘런 블리클리, 김준혁 역, 학이시습(2018)

[12사문02-02] ● ● ●

사회 집단 및 사회 조직의 유형과 변화 양상에 대한 이해를 바탕으로 사회 집단 및 사회 조직이 개인의 사회생활과 사회적 관계에 미치는 영향을 설명한다.

➡ 의약품 및 건강 정보의 소셜 미디어를 통한 전파를 집단과 연관 지어 탐구할 수 있다. 건강 정보와 의약품 정보가 소셜 미디어에서 어떻게 전파되며 준거집단이나 인플루언서들이 정보 확산에 어떤 영향을 미치는지 연구하여 발표한다. 또한 의료 서비스 리뷰와 피드백이 이러한 네트워크를 통해 의료 기관의 품질 향상에 어떻게 도움이 되는지를 비교하여 분석한다. 코로나 바이러스와 준거집단과의 관계도 탐구할 수 있다. 전염병 관리와 예방을 위한 준거집단의 역할 및 정보 전파를 분석하고, 사회적·지역적 요인이 건강 위험 요소와의 상호작용에 미치는 영향도 분석하여 발표한다.

관련 학과 의약계열 전체

《과학이라는 헛소리》, 박재용, MiD(2018)

[12사문02-03] ● ● ●

일탈 행동의 발생 요인이나 특성을 설명하는 다양한 일탈 이론을 비교하고, 일탈 행동에 대한 사회 통제의 유형과 사회 통제의 필요성 및 문제점을 분석한다.

➡ 정신질환자가 교정 시스템에서 어떻게 다루어지는지와 이에 따른 건강 문제를 연구할 수 있다. 교정 시스템 내에서의 정신건강 서비스 제공, 감옥 안에서의 정신건강 문제 등을 분석하고 개선 방안을 제안해 본다. 또한 범죄와 감염병 간의 관련성을 연구해 볼 수 있다. 특히 폐쇄적인 범죄 집단 내에서 감염병의 전파, 감염병 예방 및 치료 접근성에 대한 탐구를 진행하며 감염병 관련 범죄와 건강 문제 간의 복잡한 관계를 분석해 볼 수 있다.

관련 학과 의약계열 전체

《위험한 제약회사》, 피터 괴체, 윤소하 역, 공존(2017)

[12사문02-04] ● ● ●

사회 변동이 다양한 요인의 복합적인 상호작용의 산물이라는 점을 설명하고, 현대사회의 변동 과정에서 나타나는 다양한 사회 운동의 유형과 특징을 탐구한다.

➡ 사회 변화로 인해 건강 불평등이 심해지는 현상과 사회적 영향을 탐구할 수 있다. 건강 불평등이 사회 구조와 사회적 계층에 미치는 영향도 탐구한다. 경제적 격차, 교육 수준, 인종 및 성별과 건강 상태 간의 관계를 탐구하고 건강 불평등을 해소하기 위한 정책이나 의약 기술을 제안할 수 있다. 또한 최근 전염병의 증가로 인한 건강 불평등과 그 사회적 영향을 연구한다. 코로나19가 사회 변동과 사회적 거리두기, 건강 관련 정책, 경제에 미친 영향을 연구한다. 그 악영향을 최소화하기 위한 정책이나 의약 지침을 발표한다.

관련 학과 의약계열 전체

《아픔이 길이 되려면》, 김승섭, 동아시아(2017)

단원명 | 일상 문화와 문화 변동

> 🔍 대중문화, 문화산업론, 리비스주의, 문화주의, 취향 문화론, 대중문화에 대한 관점, 미디어, 매스미디어, 소셜 미디어, 침묵의 나선이론, 문화 배양이론, 프레이밍 이론, 의제 설정 이론, 하위 문화, 주류 문화, 다문화, 이주민 문화, 문화 다양성, 대항 문화, 지역 문화, 세대 문화, 문화 변동, 내재적 변동, 외재적 변동, 문화 접변, 문화 동화, 문화 공존, 문화 융합

[12사문03-01] ● ● ●

대중문화에 대한 다양한 관점을 비교하고, 일상적으로 접하는 사례를 중심으로 대중문화가 개인과 사회에 미치는 영향을 토의한다.

➡ 건강 정보의 대중화와 미디어를 통한 의학 정보의 확산을 주제로 탐구를 진행할 수 있다. 건강, 의약 관련 정보의 대중화와 미디어 플랫폼의 역할을 주제로 탐구를 진행할 수 있다. 건강 블로거, 유튜버, 소셜 미디어의 영향력을 분석해 보자. 광범위한 의학 정보의 확산으로 전문가의 충고나 과학적 사실을 무시하는 유사과학과 유사의학도 함께 퍼지고 있다. 이러한 상황에서 어떻게 대응해야 하는지에 대한 탐구도 진행할 수 있다. 건강, 의약 정보의 부정확한 전파와 이로 인한 건강 문제에 대한 자료도 함께 수집해 볼 수 있다.

  관련 학과 의약계열 전체

《의학에 관한 위험한 헛소문》, 시마 야스민, 김보은 역, 모티브북(2022)

[12사문03-02] ● ● ●

미디어의 효과에 대한 이해를 바탕으로 미디어가 생산하는 메시지를 비판적으로 분석하고 대안적 메시지 생산에 능동적으로 참여한다.

➡ 건강 관련 정보가 미디어에서 어떻게 표현되는지 탐구할 수 있다. 건강 뉴스, 건강 관련 광고, 의학 서적의 텍스트 및 시각적 표현을 분석하고, 미디어가 보건 정보 이해도에 어떤 영향을 미치는지 조사한다. 다양한 의학 정보에 관한 매체들의 정확성을 분석하고, 이러한 정보를 담고 있는 미디어의 신뢰성을 조사하여 발표해 보자. 예를 들어 단순 정보일 경우 신뢰성 있는 매체와 보건 정보와 같은 전문지식 정보일 경우 신뢰성 있는 매체를 비교해서 분석할 수 있다.

  관련 학과 의약계열 전체

《청진기가 사라진다》, 에릭 토폴, 박재영 외 2명 역, 청년의사(2012)

[12사문03-03] ● ● ●

하위 문화와 주류 문화의 관계에 대한 이해를 바탕으로 다문화 사회의 이주민 문화에 대한 서로 다른 관점을 비교하고, 이주민 문화가 갖는 의의에 기초하여 문화 다양성을 증진하기 위한 방안을 제시한다.

➡ 다양한 문화적 배경에서의 건강 관행 및 의료 처치 방법을 조사해 볼 수 있다. 특정 문화의 전통적인 치료법, 식사 관습, 스트레스 관리 방법 등을 탐구하고, 이러한 관행이 건강에 미치는 영향을 탐구해 본다. 또한 다양한 문화 및 이민 그룹의 정신건강 문제와 관련된 내용을 주제로 탐구를 수행한다. 문화적 스트레스, 정신건강 서비스 이용 패턴, 문화 간 정신질환의 비교 및 치료에 대한 탐구를 진행하고, 문제를 개선할 수 있는 의학적 방법이나 간호학적 방법을 함께 조사하여 발표할 수 있다.

  관련 학과 의약계열 전체

《**다문화의 이해와 건강**》, 김성혁, 학지사메디컬(2021)

[12사문03-04] ● ● ●

문화 변동의 다양한 요인과 양상, 문화 변동 과정에서 발생하는 문제점을 이해하고, 문화의 세계화로 인해 나타나는 쟁점에 대해 탐구한다.

➡ 문화가 전파되는 과정에서 다양한 질병들이 어떻게 전파되고 사회에 어떠한 영향을 주었는지 분석할 수 있다. 유럽의 흑사병 전파 과정이나 에볼라 바이러스의 전파 과정, 코로나 바이러스의 전파 과정을 비교하면서 다양한 탐구를 할 수 있다. 또한 전염병이나 보건 관련 정보와 의료 체계의 확산 과정에서 발생하는 문화적 영향을 연구해 볼 수 있다. 예를 들어 전염병 예방 및 대응을 위한 메시지가 특정 문화의 맥락에서 어떻게 수용되고 전파되는지 조사하여 발표해 보자.

관련 학과 의약계열 전체

《**세계사를 바꾼 전염병 13가지**》, 제니퍼 라이트, 이규원 역, 산처럼(2020)

단원명 | 사회 불평등과 사회 복지

|🔍| 불평등, 빈곤, 성, 사회적 소수자, 차별, 복지, 사회 보험, 공공 부조, 사회 서비스, 불평등 양상, 빈곤, 성 불평등, 사회적 소수자, 차별, 불평등의 해결, 복지 제도, 복지 국가, 사회 보험, 공공 부조, 사회 서비스, 생산적 복지, 보편적 복지, 선별적 복지

[12사문04-01] ● ● ●

사회 불평등 현상을 이해하는 서로 다른 관점을 비교하고, 사회 이동과 사회 계층 구조의 유형 및 특징을 분석한다.

➡ 사회적, 경제적, 인종적, 지역적으로 어려운 환경에서 살아가는 사람들은 건강 정보에 대한 접근성이 제한되거나 부족할 가능성이 높아지며, 이로 인해 건강 상태가 나빠지는 경우가 많다. 가난과 사회적 차별은 단순히 신체적 건강뿐만 아니라 정신건강 문제를 야기할 수 있다. 또한 정신건강 문제가 있는 사람들은 일자리, 교육, 건강에 대한 접근성 등에서 제한을 받을 수 있다. 이를 극복할 수 있는 방안이나 사례에 대해 조사해 보자.

관련 학과 의약계열 전체

《**의료 인류학**》, 메릴 싱어 외 3명, 문우종 외 2명 역, 메디컬에듀케이션(2023)

[12사문04-02] ● ● ●

현대사회에서 나타나는 다양한 사회 불평등 양상을 분석하고, 차별받는 사람들의 입장에 대한 공감을 바탕으로 다양한 불평등 현상에 대한 해결 방안을 모색한다.

➡ 사회적 계층의 차이에 따라 의료 서비스에 대한 접근성이 다를 수 있다. 특히 경제적으로 취약한 사람들이 이러한 의료 서비스를 받기 어려울 수 있다. 고용보험이나 사회 복지 프로그램에 가입하지 못한 경우 의료 비용을 지불하기 어려울 수 있으며, 이로 인해 예방적인 의료 서비스를 받지 못하고 질병에 노출되는 경우가 있다. 최근 소득 불평등에 따라 기대수명이 어떻게 달라지는지 찾아보고, 이러한 결과가 나오는 이유에 대한 자신의 생각을 덧붙여 발표해 보자

《행복한 나라의 불행한 사람들》, 박지우, 추수밭(2022)

[12사문04-03]   ● ● ●

복지 국가의 발전 과정에 대한 이해를 바탕으로 사회 복지 제도의 유형과 특징을 비교하고, 현대사회에서 나타
나고 있는 사회 복지를 둘러싼 쟁점을 토론한다.

➤ 노인이나 장애인 등 사회적 약자를 위한 건강 개선 방안 및 복지 제도를 제안할 수 있다. 고령자 인구의 증가와
관련하여 노인 건강과 복지에 관한 연구를 수행할 수 있다. 노화와 관련된 질환의 예방, 치료, 재활 및 노인을
위한 건강 관리 방법을 연구하고 이를 복지 정책과 연결해 발표할 수 있다. 또한 신체적 장애뿐 아니라 정서적
장애를 앓고 있는 사람들에 대한 분석도 진행하고 이들을 위한 복지 정책에 무엇이 있는지 알아본 뒤, 개선 방
안 제안을 통해 의학적으로 도움이 되는 복지 정책을 발표할 수도 있다.

《사회가 가둔 병》, 정신건강사회복지혁신연대, 스리체어스(2022)

선택 과목	수능		절대평가	상대평가
진로 선택	X	**한국지리 탐구**	5단계	5등급

단원명 | 공간 정보와 지리 탐구

| 🔎 | 지리정보, 공간정보, 속성정보, 관계정보, 지리정보 체계, 지역조사, 인터넷 지도, 가상현실

[12한탐01-01] • • •

다양한 현상에 대해 지리적 관점으로 질문을 던지고, 질문에 답을 하기 위한 탐구 계획을 수립한다.

➡ 읍면동 및 시군구별로 인구·가구·주거·복지·교통 등 각종 지역 통계지표를 한눈에 볼 수 있는 서비스가 제공된다. 통계청은 2023년 10월부터 통계지리정보서비스(SGIS)를 통해 'SGIS 지역변화 분석지도' 서비스를 개시했다. 상황판(대시보드) 형태로 각 지역의 25개 주요 통계지표를 일정 시간(1초) 간격으로 전환해 실시간으로 보여 주는 서비스로, '살기 좋은 지방 시대'를 뒷받침하기 위해 지역생활권 중심의 통계정보를 구축하자는 취지이다. 통계지리정보서비스(SGIS)를 활용한 의료보건 정보 활용 방법을 조사하여 발표해 보자.

관련 학과 의약계열 전체

《**보건의료통계**》, 보건통계학 연구회, 에듀팩토리(2020)

[12한탐01-02] • • •

야외조사 및 지리정보 기술을 활용한 데이터 수집방법을 연습하고, 탐구 질문에 맞춰 데이터를 수집, 분석, 시각화한다.

➡ 보건의료 분야에서 생성되는 빅데이터는 지리정보시스템(GIS) 및 공간정보와의 융합을 통하여 새로운 시각과 활용 가능성을 제시하고 있다. 보건의료 분야에서도 청구 데이터와 같은 속성 자료와 더불어 이용 가능한 의료기관 및 환자 주소 등과 같은 공간정보의 종류가 확대되고 있다. 의료 서비스 시장의 특징은 환자의 의료 서비스 이용이 많은 부분 일정 지역 안에서 발생한다는 것이며, 지역에 따른 의료 이용, 건강 수준의 차이가 발생하고 있다. GIS와 융합된 보건의료 빅데이터의 활용 사례를 조사하여 발표해 보자.

관련 학과 의약계열 전체

《**보건의료 빅데이터 및 가명·익명정보 기술현황**》, 하연 편집부 편, 하연(2021)

단원명 | 생활 속 지리 탐구

| 🔎 | 식품의 생산·유통·소비 과정, 상품 사슬, 핫 플레이스, 지역 자원, 모빌리티, 모바일, 빅데이터, 플랫폼

식품의 생산·유통·소비 과정을 조사함으로써 음식을 통한 생산자와 소비자, 상품, 장소의 연결성을 이해하고, 상품 사슬을 조직하는 윤리적인 방식의 가능성과 한계를 파악한다.

➡ 세계보건기구의 정의에 따르면, "식품위생이란 식품 원료의 재배·생산·제조로부터 유통 과정을 거쳐 최종적으로 사람이 섭취하기까지의 모든 단계에 걸친 식품의 안전성(safety), 건전성(soundness), 완전성(wholesomeness)을 확보하기 위한 수단"을 말한다. 식품의 안전성을 고려해야 하는 구체적인 단계는 원료의 재배·채취·수확 단계, 식품의 제조·가공 단계, 식품의 기구·용기 포장 단계, 수송·저장·판매 단계, 그리고 섭취 단계이다. 우리나라에서 식품의 안전과 위생을 지키기 위해 인공지능과 빅데이터를 활용한 기술 동향을 조사하여 발표해 보자.

관련 학과 의약계열 전체

《식품위생학》, 김지응 외 2명, 백산출판사(2023)

[12한탐02-02] ●●●

핫 플레이스의 특징, 생성 과정, 정체성 이슈를 조사하고, 지역 자원을 활용한 관광 활성화 방안을 제안한다.

➡ 최근 의료 해외 진출 및 외국인 환자 유치 지원에 관한 법률이 통과되는 등 급격히 성장해 온 우리나라 의료 관광의 재도약을 위한 움직임이 있으나, 타 의료 관광 선진국과 달리 다양한 산업과 이해 관계자가 참여하는 융복합 산업으로 확대되지 못하고 외국인 환자 중심의 구조로 고착화하는 경향이 존재한다. 우리나라 의료 관광의 현황과 의료 관광 트렌드의 변화를 조사하여 발표해 보자.

관련 학과 의약계열 전체

《세계 병원에서 전략을 배운다》, 제원우 외 6명, 클라우드나인(2015)

[12한탐02-03] ●●●

모빌리티와 모바일, 빅데이터, 플랫폼의 결합이 시·공간 활용에 미치는 영향을 설명하고, 모빌리티 공유 서비스가 일상생활에 미친 영향과 문제점을 조사해 대안을 제시한다.

➡ "택시처럼 의료 서비스도 호출한다, 의료 모빌리티!" 누구나 지독한 감기 혹은 몸살로 병원 진료를 받기 위해 아픈 몸을 이끌고 집을 나선 경험이 있을 것이다. 특히 코로나19와 같은 감염병으로 병원에 가는 것 자체가 조심스러운데 증상까지 비슷하다면 집을 나서면서 걱정이 될 것이다. 임산부나 심장질환 등이 있는 중증 환자라면 움직이는 것만도 어려울 것이다. 중증 응급환자 이송 체계에 발생한 구멍을 메우기 위한 보건복지부의 응급 의료 체계 개선 계획을 조사하여 발표해 보자.

관련 학과 의약계열 전체

《응급구조사는 이렇게 일한다》, 이태양, 청년의사(2022)

단원명ㅣ 국토의 변화와 균형 발전 탐구

🔍 인구 구조의 변화, 저출생, 고령화, 다문화, 식생활의 변화, 지속 가능한 농업, 산업 구조 전환, 수도권 집중, 지방 소멸, 국토 균형 발전

국어 교과군

영어 교과군

수학 교과군

도덕 교과군

사회 교과군

과학 교과군

[12한탐03-01]

통계자료를 활용해 우리나라 인구 및 가구 구조의 변화를 시각화 및 분석하고, 저출생, 고령화, 다문화 가구의 증가에 대응하기 위한 방안을 모색한다.

➡ 우리나라의 고령화 속도는 세계 1위이다. 하지만 노인들의 경제소득은 OECD 국가 중 82위, 노인 행복지수는 최하위로, 아직 노인에 대한 정책적 제도가 미비하기만 하다. 그렇기에 노인 보건복지 분야의 정책적 개선이 필요하다. 최근 우리나라도 2018년의 치매 국가 책임제 시행을 시작으로 고령화에 따른 노인 정책이 실시되었고 사회 전반적으로 관심도 높아지고 있다. 초고령 사회에 대비한 선진국의 보건의료 대응 사례를 조사하여 발표해 보자.

관련 학과 의약계열 전체

《노인보건학》, 유승흠·이윤환, 계축문화사(2018)

[12한탐03-02]

식생활 변화 및 세계화에 따른 우리나라 농업의 변화를 이해하고, 지속 가능한 농업과 농촌을 위한 정책을 제안한다.

➡ 코로나19 사태 이후 3년간 식생활 트렌드는 유례없이 큰 변화를 겪었다. 코로나19 사태 이전의 모습으로 돌아가려는 움직임도 있지만, 기존의 움직임이 더욱 가속화하거나 완전히 새로운 변화가 나타나기도 했다. 한국인의 보편적인 식습관이 어떻게 변화했는지 인식할 필요가 있다. 우리의 식생활 변화를 통해 음식뿐만 아니라 문화 트렌드도 살펴볼 수 있을 것이다. 코로나19 팬데믹 이후 크게 바뀐 식생활 트렌드의 변화를 조사하여 발표해 보자.

관련 학과 의약계열 전체

《코로나 탐구 생활》, 폴 드 리브롱·최재천, 곽노경 역, 북멘토(2021)

[12한탐03-03]

산업 구조의 전환이 지역 경제에 미치는 영향을 이해하고, 이를 바탕으로 최근 급속하게 성장한 지역과 위기의 징후가 나타나는 지역의 성격과 특징을 비교한다.

➡ 2023년 현재 읍·면 지역의 47.4%가 기본적인 보건의료 서비스 유지가 불가능한 것으로 나타났다. '지방 소멸'이 가시화하면서 이런 서비스 유지에 필요한 최소 인구조차 유지하지 못하는 지역이 늘었기 때문이다. 인구가 감소한 면 지역의 약 60%는 의원급 의료기관이나 약국이 단 한 곳도 없었다. 농산어촌 인구 감소에 따른 의료 서비스 강화 방안을 제안해 보자.

관련 학과 의약계열 전체

《인구소멸과 로컬리즘》, 전영수, 라의눈(2023)

[12한탐03-04]

수도권 집중에 따른 지방 소멸과 국토 불균등 발전 문제에 대한 인식을 바탕으로 국가 및 지역 수준의 국토 균형 발전 방안을 제안하고 실현 가능성을 평가한다.

➡ 저출산·고령화에 따른 인구 구조의 변화는 생산가능 인구의 감소로 인한 경제의 잠재 성장력 악화뿐 아니라 복지·교육·국방·금융·주거 등 사회 각 분야에 많은 변화를 가져올 것으로 예측된다. 특히 노인 의료비 등 사회

보장 지출이 증가하면서 정부의 재정 부담이 늘어날 것이며, 보건의료 체계의 조직과 구조의 변화에 대한 요구가 예상된다. 정부의 저출산 극복을 위한 의료 대책을 제안해 보자.

관련학과 의약계열 전체

《저출산 극복을 위한 의료계의 제언》, 대한민국의학한림원, 대한민국의학한림원(2016)

단원명 | 환경과 지속 가능성 탐구

🔍 세계자연유산, 자연 경관, 도시화, 관광지 개발, 지속 가능한 활용, 자연재해, 탄소중립, 생태환경

[12한탐04-03]   • • •

우리나라 및 우리 지역에서 주로 발생하는 자연재해의 유형과 특징을 분석하고, 이를 토대로 자연재해의 경감 대책을 조사하고 평가한다.

➡️ 기후가 변하면 새로운 전염병이 발생한다. 의료 현장은 지금껏 보지 못한 질병으로 병원을 찾는 환자를 맞이하고 있다. 근거를 기반으로 결정하고 환자와 협력해 새로운 질병을 치료하며 다음 의료 재난에 대비하는 강력한 의료 전달 체계가 필요하다. 또한 기후 문제가 불러오는 수많은 위험에 전 세계 의료가 얼마나 준비됐는지 돌아봐야 한다. 자연재해와 전염병으로 '새로운 환자'가 대량 발생할 경우, 이런 상황에 슬기롭게 대처하기 위한 '의료 시스템' 구축 방안을 제안해 보자.

관련학과 의약계열 전체

《완벽한 보건의료제도를 찾아서》, 마크 브릿넬, 류정 역, 청년의사(2016)

[12한탐04-04]   • • •

우리나라의 에너지원별 발전에 관한 주요 쟁점을 조사하고, 탄소중립 달성을 위한 에너지 정책을 제안한다.

➡️ 폐기물 발생량을 줄이기 위해 '유통기한'이 '소비기한'으로 바뀌고, 교육·관광·유통·통신 등 모든 분야에서 탄소중립이 요구되고 있다. 보건의료계도 예외가 될 수 없다. 병원은 면역력이 떨어진 환자들이 치료받는 곳이라서 다른 업종에 비해 에너지 소비가 많다. 화장실 사용이 잦아 수돗물 사용량도 많다. 감염성이 높은 의료 폐기물이 해마다 늘어나는 추세이고 병원 내 감염도 우려를 낳는 형국이다. 수많은 병원 건물도 에너지 소비를 고려해 설계가 이뤄져야 한다. 선진국의 사례를 조사해, 신재생 에너지를 활용한 병원 건축 설계 방안을 제안해 보자.

관련학과 의약계열 전체

《넷 제로 에너지 디자인》, Tom Hootman, (주)썬앤라이트 역, 스페이스타임(2013)

단원명 | 동아시아 갈등과 공존 탐구

🔍 남북 협력, 접경 지역, 지정학, 북한의 지리적 특징, 동아시아의 갈등과 협력, 평화와 공존

[12한탐05-01] ● ● ●

북한의 지리적 특징과 당면과제에 대한 이해를 바탕으로 남북 협력의 가능성을 모색한다.

➡ 주민들의 건강 상태가 매우 열악하며 보건의료 체계가 과거에 비해 제대로 기능하지 못하는 현실에서, 북한의 보건의료 문제를 개선하기 위해서는 경제 위기 이후 북한 보건의료의 변화와 현황, 북한 보건의료의 대외 의존도, 북한 이탈 주민의 건강 상태 파악 등이 선행돼야 한다. 북한의 보건의료 현황과 효율적인 의료 지원 방안을 조사하여 발표해 보자.

관련 학과 의약계열 전체

《북한 보건의료 연구와 교류협력》, 김경진 외 27명, 고려대학교출판문화원(2023)

[12한탐05-02] ● ● ●

한반도를 둘러싼 국가 간 경계와 접경 지역을 분석하고, 동아시아 지역의 발전과 평화·공존을 위한 지정학적 전략을 토론한다.

➡ 지난 수십 년간 동아시아 국가들은 전염병 문제에 대해 개별 국가 수준의 대응을 하였고, 협력의 틀을 마련하지 못하고 있는 실정이었다. 하지만 코로나 19 팬데믹을 겪으며 한·중·일 3국은 공중보건 위기에 공동 대응할 필요성을 느끼게 되었다. 한·중·일 3국의 보건의료 협력 관련 동향과 미래의 한·중·일 방역보건 협력체 활성화 방안을 조사하여 발표해 보자.

관련 학과 의약계열 전체

《전염병 팬데믹 어떻게 해결할까?》, 김우주·강규태, 동아엠앤비(2021)

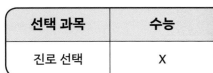

선택 과목	수능	도시의 미래 탐구	절대평가	상대평가
진로 선택	X		5단계	5등급

단원명 | 삶의 공간, 도시

| 🔍 | 도시적 생활 양식, 도시 유형, 도시성, 거주 적합성, 세계화, 기술 발달, 이동 수단, 빅데이터, 데이터 마이닝

[12도탐01-01]   • • •

도시의 의미를 이해하고, 도시의 특성이 도시적 생활 양식에 미치는 영향을 일상 공간을 사례로 탐구한다.

➡ 아직 이유가 충분히 밝혀지지는 않았지만, 불안과 관련된 정신장애는 시골에 비해 도시에서 더 많이 발생한다. 불안장애, 임상 우울증, 조현병 진단율도 도시가 시골보다 더 높게 나타난다. 도시에서 정신장애 발병률이 더 높은 이유로는 상대적으로 높은 사회경제적 지위, 독성이나 병원균에 노출될 가능성이 더 큰 것, 도시 고유의 환경적 위협 및 오염 등이 제기되고 있다. 도시라는 공간이 인간을 병들게 하는 원인과 이를 해결하기 위한 의학적 해법을 제안해 보자.

관련 학과 의약계열 전체

《도시 심리학》, 하지현, 해냄(2009)

[12도탐01-03]   • • •

살기 좋은 도시에 대한 다양한 관점을 비교하고, 살기 좋은 도시의 사례와 특징을 조사한다.

➡ iVantage Health Analytics의 최근 보고서에 따르면, 미국에서 10개 도시가 최고의 의료 서비스를 제공하는 것으로 나타났다. iVantage는 의료의 질, 성과, 환자 평가, 재무적 안정성, 시장 규모, 경쟁 강도 및 지역 주민의 위험도 등 10가지 성과지표를 기준으로 병원을 평가하였다. 10대 의료도시로는 보스턴, 포틀랜드(오리건 주), 필라델피아, 세인트루이스, 샬럿(노스캐롤라이나 주), 뉴욕, 워싱턴, 미니애폴리스, 시카고, 애틀랜타가 선정되었다. 미국 10대 의료도시 중 한 곳을 선정해 도시의 특징을 조사하여 발표해 보자.

관련 학과 의약계열 전체

《건강도시》, 박봉희, 한울아카데미(2014)

단원명 | 변화하는 도시

| 🔍 | 도시 체계, 도시 공간 구조, 문화 자산, 도시 브랜딩과 건축, 도시 경관, 서비스업, 소비주의, 첨단산업, 모빌리티, 정보통신 기술, 스마트 도시, 미래도시

[12도탐02-01] ●●●

도시 간의 상호작용과 교류에 의해 형성되는 도시 체계를 이해하고, 도시 공간 구조는 고정되지 않고 지속해서 재구성됨을 인식한다.

➡️ 건강도시란 도시의 물리적·사회적·환경적 여건을 창의적이고 지속적으로 개발하는 가운데 개인이 잠재능력을 최대한 발휘하고 지역사회의 참여 주체들이 상호 협력하며 시민의 건강과 삶의 질을 향상하기 위하여 지속적으로 노력하는 도시를 말한다(2004년 세계보건기구). 건강도시는 건강과 환경을 개선하여 주민의 건강을 향상하는 도시이다. 우리나라의 건강도시 우수사례를 조사하여 발표해 보자.

관련 학과 의약계열 전체

《건강도시의 이론과 실제》, 강은정 외 9명, 홍릉과학출판사(2018)

[12도탐02-02] ●●●

문화 자산을 활용한 도시 브랜딩과 건축이 도시의 경관과 도시에 대한 인식 변화에 미친 영향을 탐구한다.

➡️ 감염성 질환이 아닌 정신질환, 생활 습관성 질환이 우리의 건강을 위협하고 있다. 이러한 병의 이유는 자연과 동떨어진 환경에서 살아가는 '자연 결핍' 때문이라고 보는 주장이 있다. 도시 지역의 다양한 재미와 볼거리, 쾌적하게 조성된 공간, 교통의 접근성은 현대인의 삶을 편리하게 만들어준다. 그러나 자연이 없는 도시환경은 현대인에게 잠재적인 정신질환을 유발하는 요인으로 작용한다. 도시에 공원과 녹지가 필요한 이유, 우리 건강과의 상관관계를 조사하여 발표해 보자.

관련 학과 의약계열 전체

《5차 건강혁명시대 자연치료》, 한광일 외 4명, 매일경제신문사(2017)

[12도탐02-03] ●●●

서비스업의 성장과 소비주의 심화가 도시 경제와 도시의 경관, 생활 양식 변화에 미친 영향을 분석한다.

➡️ 식품과학, 브랜딩, 마케팅의 발달이 현대인의 식단을 어떻게 바꿔 놓았는지, 식품 제조업자들이 어떤 방식으로 심리학을 이용해 점점 더 많이 먹어야 한다고 사람들을 속이는지, 식품산업과 제약산업이 어떤 수법으로 소비자의 욕망을 제조하고 각종 규제에 저항하는지 알 필요가 있다. 과식은 단순히 개인만의 문제가 아니라, 소비주의와 물질주의가 만들어 낸 더 넓은 문제의 일부이며, '욕망'을 제조하고 판매하는 식품산업과 제약산업의 전략을 임상 심리학과 실존주의 심리학의 눈으로 날카롭게 분석할 필요가 있다. 현대인의 과식의 원인, 과식 문제를 소비주의 문화의 관점에서 분석하여 발표해 보자.

관련 학과 의약계열 전체

《과식의 심리학》, 키마 카길, 강경이 역, 루아크(2020)

[12도탐02-04] ●●●

첨단 산업과 모빌리티의 발달이 도시의 성장과 쇠퇴에 미치는 영향을 조사하고, 정보통신 기술의 발달로 출현하고 있는 스마트 도시를 사례로 살고 싶은 도시의 미래 모습을 예측한다.

➡️ 차세대 기술혁명은 BT, IT, NT, CT 등 신기술 간 융복합이 주도할 것으로 예상되는 가운데, 의학에서는 융복합 과학기술 및 산업의 특성으로 인해 인체와 생명현상의 특징인 다계층, 다차원적 복잡성과 역동성 탐구를 위한 융복합 연구가 필수적이다. 미래 의학은 인체 구조와 기능의 다계층적 정보통합을 통한 맞춤-예측 의학 혁

명으로 정의된다. 10년 뒤 의료 기술의 변화를 전망하여 발표해 보자.

관련 학과 의약계열 전체

《의료, 미래를 만나다》, 김치원, 클라우드나인(2015)

단원명 | 도시 문제와 공간 정의

| 🔍 | 환경 문제와 재난, 공간 정의, 공간 부정의, 공간 불평등, 아파트, 주거 문제, 도시 재생, 젠트리피케이션, 빗장 도시, 다문화, 기후변화

[12도탐03-03]   • • •

국제 이주에 따라 도시의 인구 구성과 공간 구조가 변화하여 발생하는 문제를 조사하고, 도시 구성원들의 다양성과 차이를 존중하고 공존하는 방안을 모색한다.

➡ 다문화 가정의 건강에 대한 사회적 투자는 향후 다문화 사회에서 인구집단 간의 건강 격차 해소는 물론 우리 사회 전체의 건강 수준과 장기적으로 전체 인구의 자질 및 질병 부담에도 영향을 미치게 되는 중요한 과제이다. 향후 다문화 가족에 대한 건강 정책은 다문화 가족의 건강 상황과 변화 추이를 지속적으로 모니터링하고, 다문화 가족의 건강 요구에 부응하는 서비스를 효과적으로 제공해 이들의 건강권을 보호하고, 장기적으로 한국 사회의 인구 자질을 향상하고 건강 형평성을 높이는 방향으로 전개되어야 할 것이다. 다문화 가정의 건강과 보건의료 실태를 조사하고 이들을 지원하는 방안을 제안해 보자.

관련 학과 의약계열 전체

《다문화사회와 건강》, 안옥희, 학지사메디컬(2021)

선택 과목	수능		절대평가	상대평가
진로 선택	X		5단계	5등급

동아시아 역사 기행

단원명 | 동아시아로 떠나는 역사 기행

> | 🔍 | 지정학, 동북아시아, 동남아시아, 생태환경, 유목 세계, 농경 세계, 해양 세계, 한자, 불교, 유교, 율령, 계절풍

[12동역01-01] ● ● ●

역사 기행을 통한 탐구의 방법을 이해하고, 동아시아의 범위와 특징을 파악한다.

➡ 동아시아 의학은 동아시아 사회 내에서만 형성되어 왔다고 보는 폐쇄적인 해석과 한의학만이 위대한 문화유산이라고 보는 견해, 그리고 동아시아 의학과 서양 의학 사이의 차이점만을 강조하면서 이분법적 관점으로 바라보는 시각은 분명히 문제가 있다. 동아시아 의학을 형성해 온 무수히 많은 개념, 이론, 방법들은 그것들이 탄생한 시간과 공간의 역사적 성격에 영향을 받아왔다. 동아시아 전통 의학의 특징을 조사하여 발표해 보자.

관련 학과 의약계열 전체

《**동아시아 의학의 전통과 근대**》, 이종찬, 문학과지성사(2004)

[12동역01-02] ● ● ●

생태환경을 바탕으로 형성된 유목 세계, 농경 세계, 해양 세계의 삶을 이해한다.

➡ 《황제내경》은 한나라 때 성립된 한의학의 원전이다. 〈소문(素問)〉 81편, 〈영추(靈樞)〉 81편으로 나뉘어 있으며 한의학 이론의 기초가 되는 내용들이 담겨 있다. 〈소문〉에는 인체의 생리와 병리, 진단, 치료 원칙, 약물, 예방, 의학 사상 등 기본적인 의학 이론과 임상이 총괄되어 있고, 〈영추〉는 경락과 침구 위주의 내용을 다루고 있다. 《황제내경》의 특징과 의학사적 의미를 조사하여 발표해 보자.

관련 학과 의약계열 전체

《**황제내경과 생명과학**》, 남회근, 신원봉 역, 부키(2015)

단원명 | 교류와 갈등의 현장에서 만난 역사

> | 🔍 | 청동기, 비단길, 인구이동, 조공·책봉, 다원적 외교, 몽골 제국, 동서 교역, 유학, 불교, 율령, 성리학, 양명학, 임진 전쟁, 병자 전쟁, 조공 무역, 은 유통

국어 교과군

영어 교과군

수학 교과군

도덕 교과군

사회 교과군

과학 교과군

몽골의 팽창 및 17세기 전후 동아시아 전쟁이 초래한 변화를 이해한다.

➡️ 임진왜란이 발발한 다음 해인 1593년 3월 남해안 일대에 전염병이 번졌다. 이순신 장군 역시 12일간 고통을 겪어야 했다. 좁은 배 안에서 함께 생활하던 조선 수군에는 전염병으로 인한 사망자가 전투 중 전사자보다 몇 배 더 많았다. 이렇듯 전쟁의 공포보다 더한 전염병에 대한 두려움과 공포심을 역사 속에서 쉽게 찾을 수 있다. 우리 역사 중 가장 극적인 전염병 창궐은 임진왜란 때 일어났다. 임진왜란 당시의 전염병 확산 상황과 이에 대한 조선 정부의 대응책을 조사하여 발표해 보자.

관련 학과 의약계열 전체

《우리 역사 속 전염병》, 신병주, 매일경제신문사(2022)

[12동역02-04] • • •

이슬람과 유럽 세력의 참여를 통해 확대된 동아시아 교류의 모습을 탐구한다.

➡️ 중국에 서양 학문이 전래된 것은 마테오 리치 신부 때부터이다. 리치 신부는 중국 교회의 초석이었으며 서양 학문을 중국에 최초로 전한 인물이었다. 리치 신부는 천문, 역법(曆法), 지리학, 기하학에 정통했으며 학술과 사상면에서 중국에 상당히 큰 영향을 주었다. 명말청초에 중국에 온 서양 선교사들은 대부분 과학 지식이 풍부하였다. 서양 선교사들은 서양 문화를 중국에 전하고 중국 문화를 서양에 전하는 교량 역할을 했다. 명말청초 시기 서양 선교사들에 의해 중국에 소개된 서양 의학에 대해 조사하여 발표해 보자.

관련 학과 의약계열 전체

《명말청초 시대의 예수회 중국선교》, 김지인 외 2명, 연세대학교 대학출판문화원(2021)

단원명 │ 침략과 저항의 현장에서 만난 역사

🔍 제국주의, 근대화 운동, 반제국주의 민족운동, 개항, 불평등 조약, 근대 국민국가, 자유 민권 운동, 제1차 세계대전, 민족자결주의, 워싱턴 체제, 만주사변, 중·일전쟁, 세계 대공황, 제2차 세계대전, 태평양 전쟁, 반제·반전을 위한 국제 연대, 만국공법, 사회 진화론, 근대적 시간관념, 근대 도시

[12동역03-02] • • •

아시아·태평양 전쟁과 이에 대한 저항과 연대의 움직임을 파악한다.

➡️ 731부대는 제2차 세계대전 당시 인간을 대상으로 한 인체실험을 하고 각종 생화학 무기를 개발하는 등의 업무를 하던 일본제국 육군 소속 부대였다. 731부대에 배속된 의학자와 의사들에 의해 민간인을 대상으로 한 비인도적인 행위가 자행되었다. 이들은 독립투사, 전쟁포로, 민간인 등을 대상으로 인체실험을 자행하는 한편, 생물 병기와 화학 병기를 개발, 살포했다. 731부대의 사례를 통해 의사가 갖춰야 할 생명윤리에 대한 의견을 작성해 보자.

관련 학과 의약계열 전체

《731부대와 의사들》, 전쟁과의료윤리검증추진회, 스즈키 아키라 역, 건강미디어협동조합(2014)

단원명 | 평화와 공존의 현장에서 만난 역사

🔍 연합국의 전후 처리, 냉전, 자본주의, 사회주의, 국·공내전, 중국의 공산화, 6·25전쟁, 베트남 전쟁, 한·일 국교 정상화, 데탕트, 일본의 55년 체제, 한국 경제발전과 민주화, 타이완의 경제성장과 민주화, 대약진 운동, 문화대혁명, 중국의 개혁·개방, 북한의 체제 고착화, 베트남의 개혁·개방, 동아시아 지역 갈등, 동아시아 역사 갈등

[12동역04-01]   ● ● ●

냉전 시기 동아시아 지역에서 전개된 전쟁을 탐구하고, 각국의 정치·사회적 변화를 파악한다.

➡️ 19세기 초 나폴레옹 전쟁에서 야전병원, 부상자 분류 체계, 앰뷸런스 등의 개념이 도입됐으며, 제1차 세계대전의 경험을 바탕으로 '성형외과학'이 태동했고, 제2차 세계대전 이후에는 피부이식을 통한 화상의 재활과 치료가 시도되었다. 다시 말해 전쟁을 통해 무기의 발달과 함께 의학도 급격하게 발전한 것이다. 아이러니하게도 동서고금을 막론하고 의학은 전쟁과 함께 발전하였으며, 평화 시에는 대중을 위해 사용되며 진보하였다. 6·25 전쟁이 한국 의료에 미친 영향을 조사하여 발표해 보자.

【관련 학과】 의약계열 전체

《**현대인의 탄생**》, 전우용, 이순(2011)

[12동역04-02]   ● ● ●

경제 및 대중문화 교류가 확대되는 모습을 이해하고, 다문화 사회의 현실을 파악하여 공존을 위한 노력을 모색한다.

➡️ 2010년 이후 중국 의학은 전통적인 방법과 현대적인 연구를 통합하면서 발전하고 있다. 또한 근거 기반 접근법에 대한 강조가 증가하고 있다. 한약의 분자적 메커니즘, 침술의 신경학적 효과, 전통과 서양 의학의 통합에 초점을 맞춘 연구가 진행되고 있다. 중국 전통 진단법을 접목한 개인 맞춤 의학과 정밀 치료법이 등장하고 있다. 동서양 의료 시스템의 협력으로 좀 더 포괄적인 의료 접근법이 발전하고 있다. 2010년 이후 중국 의학의 발전 수준과 최신 의학의 연구 동향을 조사하여 발표해 보자.

【관련 학과】 의약계열 전체

《**중의학 임상치료연구**》, 김용수, 학고방(2016)

[12동역04-03]   ● ● ●

동아시아의 역사 및 영토 갈등과 새롭게 대두되는 문제를 파악하고 해결하려는 자세를 갖는다.

➡️ 서구 문물을 받아들여 부국강병을 이루고자 했던 것은 동아시아 삼국이 공통이었다. 의료 분야도 마찬가지다. 서양 근대 의학은 실증적이고 과학적이며 분석적인 의학이다. 서양 의학의 우수성을 깨닫게 되면서 동아시아 삼국은 합리적이고 자연과학적인 의술과 이론으로 무장한 근대 서양 의학을 적극적으로 받아들이게 된다. 동아시아 각국이 시행했던 서양 근대 의학의 수용과 보급, 발전 과정, 역사적 의미를 조사하여 발표해 보자.

【관련 학과】 의예과, 치의예과, 약학과, 보건관리학과, 의료복지공학과, 건강관리학과, 한의예과, 한약학과

《**동아시아 서양 의학을 만나다**》, 병원역사문화센터 편, 태학사(2008)

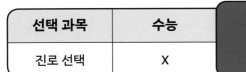

선택 과목	수능	정치	절대평가	상대평가
진로 선택	X		5단계	5등급

단원명 | 시민 생활과 정치

| 🔍 | 좁은 의미의 정치, 넓은 의미의 정치, 의사결정, 갈등 해결, 이익 조정, 정치의 필요성, 인간의 존엄성, 자유, 평등, 직접 민주주의, 대의 민주주의, 고대 민주주의, 근대 민주주의, 시민혁명, 현대 민주주의, 사회계약설, 공동체주의, 자유주의, 다수결, 소수 의견 존중, 대화와 타협, 숙의와 심의, 토론

[12정치01-01]　　　　　　　　　　　　　●●●

정치의 의미와 공동체 유지 발전에 정치가 필요한 이유를 이해하고, 일상생활에서 나타나는 정치의 사례를 찾아 분석한다.

➡ 정부는 국가보건서비스 시스템을 관리하고 보건 정책을 수립한다. 보건보험 제도, 의료 기술 규제, 의료 시설의 위치 및 자원 배분과 같은 정책 결정은 정치적 토론과 협상의 결과이다. 최근 간호사, 의사 등의 보건 인력 정원과 관련된 논쟁도 정치의 결과이다. 이러한 정치적 결정이 보건, 의료 분야에 미친 영향을 탐구할 수 있다. 예방접종 프로그램, 감염병 예방, 건강 캠페인 등의 공중보건 정책 또한 정치적 결정에 영향을 받는다. 정부는 보건 예산을 배정하고 예방 정책을 실행함으로써 국민 건강을 증진하고 있다. 최근 지원이 증가한 분야에 대한 탐구를 진행하고, 그 근거를 조사하여 발표를 진행할 수 있다.

`관련 학과` 의약계열 전체

《제국과 건강》, 하워드 웨이츠킨, 정웅기 외 1명 역, 나름북스(2019)

[12정치01-02]　　　　　　　　　　　　　●●●

민주주의 이념을 이해하고, 이를 구현하기 위한 다양한 민주주의의 모델을 탐색한다.

➡ 민주주의 모델이 다양한 보건 상황에 어떻게 작용하는지 탐구해 보자. 전염병 대유행이나 긴급 의료 상황에서 직접·간접 민주주의의 역할을 주제로 탐구를 진행할 수 있다. 비상 사태에 대한 대응 및 응급 의료 서비스에 민주적 의사결정 과정이나 원칙을 적용할 수 있는지 조사하여 발표해 보자. 또한 환자들이 이러한 의사결정에 어떻게 참여하는지 환자들이 의료 결정에 직접 참여하는 방법과 결과를 탐구할 수 있다. 환자의 의사결정, 치료 거부, 연명 지원 등과 관련된 윤리적 문제를 다루고, 이러한 문제가 민주주의 이념과 어떻게 충돌하고 조화될 수 있는지 탐구해 보자.

`관련 학과` 의약계열 전체

《보건과 빈곤》, 기스 월레이븐, 김판석 외 2명 역, 조명문화사(2013)

[12정치01-03]　　　　　　　　　　　　　●●●

민주 정치의 역사적 발전 과정을 이해하고, 현대 민주 정치의 다양한 사상적 배경을 비교·분석한다.

➡️ 코로나19 팬데믹 때 일부 국가에서는 코로나 대응을 위해 비상 상태를 선포하고, 개인의 자유와 권리를 일시적으로 제한했다. 이는 개인의 자유 및 권리와 공공의 안전 및 보건 사이의 균형을 다시 고민하게 했으며, 정부의 권한을 어떻게 사용해야 하는지에 대한 논의를 불러일으켰다. 이렇듯 질병이 민주주의에 영향을 준 사례를 분석하고 이러한 상황에서 할 수 있는 시민들의 행동 방안에 대해 발표해 보자. 또한 정부의 민주주의 제한의 근거가 타당한지 분석하고, 이러한 제한에 대한 해결 방안이나 대안을 조사해 보자.

`관련 학과` 의약계열 전체

《**질병 관리의 사회문화사**》, 최해별 외 8명, 이화여자대학교출판문화원(2021)

[12정치01-04]   ● ● ●

민주주의를 실현하기 위한 원리를 탐색하고, 이러한 원리를 일상생활에 적용한다.

➡️ 민주주의 시스템에서 보건 정책이 어떻게 결정되는지를 주제로 탐구를 진행할 수 있다. 의료 및 보건 관련 이슈의 다수결 및 숙의 과정에 대한 탐구가 가능하며, 이러한 결정이 소수의 의견을 어떻게 반영하고 있는지 살펴볼 수 있다. 특히 의료나 보건 분야는 소수의 의견이라도 생명권과 관련되어 있어 신중한 토론이 필요하다. 건강보험제도가 이런 소수의 생명권을 보장하고 있는지 조사해서 발표할 수 있다. 또한 약품이나 치료의 지원 같은 정부 시스템이 민주주의와 어떻게 연관되어 있는지 알아보고, 민주주의 시스템이 공공보건에 어떤 영향을 미치는지 탐구해 보자.

`관련 학과` 의약계열 전체

《**노후를 위한 병원은 없다**》, 박한슬, 북트리거(2022)

단원명 | 정치 과정과 참여

| 🔍 | 정치 과정, 투입, 산출, 환류, 요구, 지지, 정책, 결정, 참여, 정당의 의미, 정치 참여의 방법, 이익 집단, 시민 단체, 언론, 시민 참여, 선거, 선거의 중요성, 다수대표제, 소수대표제, 비례대표제, 선거구제, 미디어 리터러시, 미디어 교육, 미디어와 정치, 선전, 프로파간다, 가짜 뉴스의 구별, 보도의 사실성

[12정치02-01]   ● ● ●

민주 국가의 정치 과정을 분석하고, 시민이 정치 과정에 참여해야 하는 이유를 탐색한다.

➡️ 보건과 관련된 많은 정책에 대한 시민들의 참여가 증가하고 있다. 보건 정책에 대한 시민 참여와 의견 수렴을 촉진하는 방법을 연구해 보자. 또한 정부 및 보건기관이 어떻게 정책 결정과 프로그램 개선에 시민 참여를 유도하는가를 주제로도 탐구를 진행할 수 있다. 하지만 이런 전문적인 주제와 관련해서는 많은 논란이 있다. 최근의 백신 저항 운동과 백신 프로그램에 대한 내용을 바탕으로 탐구를 진행할 수도 있다. 비과학적인 단체들이 의사결정하는 과정을 탐구해 보자. 보건 연구, 백신 관련 정책에 대한 시민들의 참여가 백신 접종률에 어떤 영향을 미치는지를 주제로 탐구를 진행할 수도 있다.

`관련 학과` 의약계열 전체

《**다른 의료는 가능하다**》, 백영경 외 5명, 창비(2020)

국어 교과군

영어 교과군

수학 교과군

도덕 교과군

사회 교과군

과학 교과군

[12정치02-02]

민주 정치에서 정당의 의미와 역할을 탐구하고, 다양한 정치 참여의 방법을 비교, 분석한다.

의료 공학과 의약품 산업은 의료 기술, 의약품 개발 및 의료 장비와 관련되어 있다. 의료 이익집단 및 의약품 개발 회사는 의약품 승인, 의료 장비 표준 제정 및 의료 기술 개발에 영향을 미치며, 의료 기술 혁신 및 의료 시스템에도 영향을 줄 수 있다. 이러한 이익집단이 다양한 정책에 영향을 행사하는 사례를 조사해서 발표해 보자. 의약품의 가격 결정이나 의료인 수급 문제 등에 영향을 행사하는 다양한 이익집단들을 조사해 보자. 또한 이들의 활동이 정당한지를 주제로 자신의 생각을 밝히고, 이에 대한 대안을 조사하여 탐구를 진행할 수도 있다.

관련 학과 의약계열 전체

《의학, 정치, 돈》, 폴 스타, 이별빛달빛 역, 한울아카데미(2023)

[12정치02-03]

대의제에서 선거의 중요성과 선거 제도의 다양한 유형을 이해하고, 우리나라 선거 제도의 특징과 문제점을 분석한다.

유권자 건강과 선거 참여 간의 관련성을 연구할 수 있다. 건강한 유권자는 투표에 쉽게 참여할 가능성이 높으며, 이는 선거 참여율에 영향을 미칠 수 있다. 연령별로 건강에 따라 투표 참여율에 차이가 있는지 조사하는 탐구를 진행해 보자. 선거와 관련된 보건 정책이 있는지 알아보고 이러한 정책이 나온 이유에 대해 탐구를 진행할 수도 있다. 코로나19와 같은 대규모 전염병이 발생했을 때 선거 참여를 위해 필요한 의료적 지원 방안에 대해 탐구할 수도 있다. 이런 경우 개인과 사회의 건강을 위해 투표 방법을 어떻게 바꿔야 하는지 자신의 생각을 덧붙여 발표해 보자.

관련 학과 의약계열 전체

《노동자 건강의 정치경제학》, 찰스 레벤스타인 외 1명, 김명희 외 1명 역, 한울아카데미(2017)

[12정치02-04]

미디어를 통한 정치 참여 방법의 특징과 문제점을 분석하고, 유권자이자 피선거권자로서 미디어를 비판적으로 활용하는 태도를 지닌다.

의료 분야와 관련된 뉴스 및 매스미디어는 환자들의 의료 결정에 큰 영향을 미칠 수 있다. 미디어 리터러시는 환자들이 의료 뉴스 및 의료 정보를 이해하고 그에 따른 의사결정을 내릴 때 도움이 될 수 있다. 이러한 정보의 출처를 확인하는 다양한 방안들을 조사할 필요가 있다. 사람의 생명과 관련된 잘못된 의학 지식들이 무분별하게 퍼지거나 광고와 맞물려 과잉 공급되는 경우가 있다. 사람들이 정확한 의학 지식을 얻고 가짜 뉴스를 구분할 수 있게 하는 방안에 대하여 조사해 보자.

관련 학과 의약계열 전체

《의학에 관한 위험한 헛소문》, 시마 야스민, 김보은 역, 모티브북(2022)

단원명 | 민주 국가의 정부 형태

[12정치03-01] ●●●

정치권력의 의미와 특징을 이해하고, 근대 이후 국가 권력이 형성되는 원리를 이해한다.

➡ 근대 국가의 형성과 함께 정부는 보건 시스템을 구축하고 공공보건 정책을 시행하여 질병 예방, 치료 및 공중 보건 개선을 실현하고 있다. 이로써 국민의 건강과 생존율이 향상되었고, 평균수명이 연장되었다. 이러한 조치들은 인구의 증가와 집중을 이루어 냈고, 이를 효율적으로 관리할 수 있는 다양한 정치적 방안들도 마련되었다. 인구가 증가하면 권력의 크기와 집중도 변할 수 밖에 없다. 이러한 권력 형성에 영향을 준 다양한 의학적 사건들을 조사하여 발표해 보자. 예를 들어 흑사병이나 스페인 독감이 근대 국가 출현에 어떤 영향을 주었는지 탐구해 볼 수 있다. 또한 아프리카의 다양한 질병들이 국가권력에 어떤 영향을 주고 있는지도 탐구해 보자.

관련 학과 의약계열 전체

《**질병이 바꾼 세계의 역사**》, 로날트 D. 게르슈테, 강희진 역, 미래의창(2020)

[12정치03-02] ●●●

민주 국가의 정부 형태인 대통령제와 의원 내각제의 특징을 비교하여 이해하고, 우리나라 정부 형태의 특징을 헌법을 통해 분석한다.

➡ 대통령제와 의원 내각제의 정책 결정 속도를 비교해 보자. 특히 자연재해나 전염병과 같은 긴급상황에는 정부의 권한이 신속하게 요구된다. 각 정부 형태의 의사결정 과정을 분석하고 어느 쪽이 신속한 결정을 내릴 수 있고 큰 책임을 부담하고 있는지 조사할 수 있다. 이러한 상황에서 의사결정 과정을 개선하는 방안을 찾아보고 더 나은 정부 형태가 있다면 제안해 볼 수도 있다. 현재 우리나라의 전염병 상황에 대한 의사결정 과정을 분석하고, 정부 형태가 의원 내각제인 다른 나라와 비교하여 자신의 생각을 덧붙여 발표해 보자.

관련 학과 의약계열 전체

《**우생학: 유전자 정치의 역사**》, 김호연, 아침이슬(2009)

[12정치03-03] ●●●

입법부, 행정부, 사법부의 역할을 이해하고, 이들 간의 상호 관계를 권력 분립의 원리에 기초하여 분석한다.

➡ 전염병 발생 시 각 권력 부서가 어떤 결정을 하는지 분석할 수 있다. 부서들은 각자 맡은 일이 있고 이러한 일이 때로는 협력을, 때로는 갈등을 불러오기도 한다. 예를 들어 전염병 발생 시 입법부는 긴급한 조치나 예산 배정을 검토하여 이에 대한 합의를 도출해야 한다. 입법부와 행정부 간의 협력이 중요하며, 예산 배정과 긴급 법안에 대한 협의가 이루어질 수 있다. 이러한 협의들이 어떻게 이루어지고 있는지 조사하고 더 나은 방향에 대하여 탐구를 진행해 보자. 과거 우리나라의 사례와 다른 나라의 사례를 분석하고 비교해서 발표해도 좋다.

관련 학과 의약계열 전체

《**신경생물학과 인간의 자유**》, 존 로저스 설, 강신욱 역, 궁리(2010)

중앙정부와의 관계 속에서 지방자치의 의의를 이해하고, 우리나라 지방자치의 현실과 과제를 탐구한다.

➡ 지방자치 시스템은 특정 지역의 의료 인프라 운영과 관리에 중요한 역할을 한다. 일부 지역은 다른 지역에 비해 의료 시설과 의료 인력의 부족으로 의료 서비스 이용에 어려움을 겪을 수 있다. 이로 인해 의료 불평등이 발생할 수 있으며, 이를 해결하는 것은 각 지역의 중요한 과제가 된다. 각 지역의 의료 인프라를 비교해 보자. 의료 인프라는 사회적 불평등과 직접적으로 연관되어 있다. 이를 해결하는 방안을 발표해 보자. 최근 많은 지역에 의료원이 생기거나 폐쇄되고 있다. 이러한 현상이 일어나는 원인을 분석하고 해결책을 제시해 보자.

관련 학과 의약계열 전체

《**의료 인류학**》, 메릴 싱어 외 3명, 문우종 외 2명 역, 메디컬에듀케이션(2023)

단원명 | 국제 사회와 정치

|🔍| 국제 사회의 특징, 국제 사회의 변화 과정, 국제 정치, 현실주의, 자유주의, 국제 문제의 원인, 분쟁, 내전, 국제연합, 국제사법재판소, 국제 기구, 비정부기구, 국제 질서, 국제 분쟁, 이어도, 독도, 영유권 분쟁, 자원 분쟁, 외교, 갈등의 원인, 세계시민, 평화적 해결 방안

국제 사회의 특징과 변화 과정을 이해하고 국제 정치를 바라보는 관점을 비교하여 분석한다

➡ 보건 문제는 국제 관계에 큰 영향을 미치고 있다. 전염병의 확산, 보건 위기로 인한 경제 분야의 국제적 영향, 이민과 난민의 이동, 보건 문제로 인한 정치적 논쟁 등이 대표적인 사례이다. 이러한 사례들 중 하나를 골라 원인과 해결책을 제안해 보자. 특히 최근에 다양한 전염병의 확산과 관련해 국가들이 취한 정책들을 비교, 분석해 보자. 이러한 정책이 보건 분야에 어떠한 영향을 주었는지 분석하고, 앞으로 전염병이나 비상 상황이 발생했을 때 국가들이 어떻게 협력해야 하는지 자신의 생각을 발표해 보자.

관련 학과 의약계열 전체

《**슈퍼버그—보이지 않는 적과의 전쟁**》, 맷 매카시, 김미정 역, 흐름출판(2020)

다양한 국제 문제의 원인을 분석하고, 이를 해결하기 위해 국가를 비롯한 여러 주체가 수행하는 활동을 분석한다

➡ 국제 기구와 정치는 세계적인 공중보건 문제에 대한 대응과 대처에 중요한 역할을 한다. 국제 보건 기구인 세계보건기구는 국제적인 감염병의 예방과 치료, 백신 개발, 의료 인프라 구축 및 보건 정책 개발과 같은 다양한 분야에서 국제 협력을 지원하고 있다. 세계보건기구가 전염병과 유전적 질병에 대응한 사례들을 찾아 분석해 보자. 또한 세계보건기구가 국제 정치에 어떤 영향을 주는지 분석할 수도 있다 예를 들어 대기 오염 관련 기준을 선진국 중심으로 해서 개발 도상국에서 불만이 나오는 상황 등을 분석하면서 국제 기구의 역할에 대한 자신의 생각을 정리하여 발표해 보자.

관련 학과 의약계열 전체

《**세계사를 바꾼 10가지 감염병**》, 조 지무쇼, 서수지 역, 사람과나무사이(2021)

국어 교과군

영어 교과군

수학 교과군

도덕 교과군

사회 교과군

과학 교과군

[12정치04-03] ● ● ●

우리나라를 둘러싼 국제 관계를 이해하고, 외교적 관점에서 한반도를 둘러싼 국제 질서를 분석한다.

➡ 한·중·일 사이에는 지리적 여건상 전염병의 확산이 빠르게 일어나고 있다. 과거부터 현재까지 어떤 전염병이 세 나라에 공통으로 발생했는지 알아보자. 이때 각국이 대응한 방안과 사태의 경과를 조사하여 미래를 대비하는 방안을 제시할 수 있다. 조류인플루엔자나 ASF와 같은 사례들을 시작으로 인수 공통 전염병, 코로나와 같은 인간 위주 전염병에 이르기 까지 다양한 사례들을 조사하여 발표해 보자. 전염병의 원인과 전파 경로까지 함께 탐구할 수 있다.

관련 학과 의약계열 전체

《호환 마마 천연두》, 신동원, 돌베개(2013)

[12정치04-04] ● ● ●

국제 사회에서 발생하는 다양한 갈등의 원인을 분석하고 세계시민으로서 갈등을 해결하는 자세를 갖는다.

➡ 대규모 감염병(에볼라, 코로나 바이러스 등)의 확산은 국가 간 국경 통제와 관련된 갈등을 일으킬 수 있다. 어떤 국가들은 국경을 통과하는 사람들을 제한하거나 검역 조치를 강화하며, 이로 인해 다른 국가들과 갈등이 발생하기도 한다. 이러한 사례들을 조사하고 해결책을 제안할 수 있다. 또한 질병 관련 데이터와 접촉자 추적은 질병 확산 방지에 중요하게 활용된다. 그러나 데이터 공유 및 접촉자 추적에 대한 국가 간 협력이 부족할 경우 국제적 갈등이 발생할 수 있다. 최근 발생한 사례들을 조사해 보자.

관련 학과 의약계열 전체

《전염병의 지리학》, 박선미, 갈라파고스(2022)

선택 과목	수능	법과 사회	절대평가	상대평가
진로 선택	X		5단계	5등급

단원명 | 개인 생활과 법

> 🔍 가족관계, 혼인, 출생, 상속, 친자, 친권, 부부 관계, 채권, 계약, 불법 행위, 사적 자치, 민법, 위법 행위, 손해배상, 물권, 부동산, 동산, 권리, 의무, 법률관계, 법적 문제 해결

[12법사01-01]   ● ● ●

가족관계와 관련된 기본적인 내용인 혼인, 출생, 상속 등을 이해하고, 이를 일상생활의 사례에 적용한다

➡ 가족 구성원 간의 의료 관리와 의사결정에 관한 연구를 통해 가족의 법적 권리와 의무를 이해할 수 있다. 의료 대리 결정자, 의료 유언서, 의료 정보 공유 및 가족 구성원 간의 의료 결정에 대한 법적 측면을 조사할 수 있다. 또한 부모가 자식의 백신 접종이나 의료 거부 등을 법적으로 행사할 수 있는지에 대한 내용을 주제로 탐구를 진행할 수도 있다. 법정대리인이 가지는 의료적 권리에 대해 조사하고 자신의 생각을 덧붙여 발표해 보자.

관련 학과 의약계열 전체

《**나쁜 과학 대처법》,** 스티븐 노벨라 외 4명, 이한음 역, 문학수첩(2022)

[12법사01-02]   ● ● ●

채권 관계와 관련된 기본적인 내용인 계약, 불법 행위 등과 사적 자치를 이해하고, 이를 일상생활의 사례에 적용한다.

➡ 의료 계약은 의료 서비스를 제공받는 환자와 의료 기관 또는 의료 전문가 간의 상호작용을 규제한다 이때 계약은 환자의 권리와 의무를 명확히 정의해야 한다. 예를 들어 환자의 의료 정보 접근 권리, 동의서 작성 및 서명, 의료 절차 수행 전의 설명, 개인정보 보호 등이 이에 해당한다. 의료 계약이 어떤 방식으로 진행되는지, 법과 도덕이 어떻게 포함되어 있는지 탐구해 보자. 예를 들어 법적 요구 사항과 윤리적 원칙이 충돌할 때 어떻게 대응해야 하는지에 대해 탐구를 진행할 수 있다.

관련 학과 의약계열 전체

《**의료사고와 의료분쟁》,** 김나경, 커뮤니케이션북스(2016)

[12법사01-03]   ● ● ●

물권 관계와 관련된 기본적인 내용인 부동산·동산에 관한 권리의 기능과 특징, 권리와 의무로 구성되는 법(률) 관계를 이해하고, 이를 일상생활의 사례에 적용하여 법적 문제를 해결한다.

➡ 주택 및 생활 환경과 건강을 주제로 탐구를 진행할 수 있다. 부동산과 주택 및 생활 환경은 개인 및 공공 보건에 영향을 미친다. 건강 및 안전성, 공공보건 시설의 접근성, 주택의 위치(도시 vs. 시골), 주택 소유 형태 등이 건강에 영향을 줄 수 있다. 다양한 지역을 비교하고 탐구해 보자. 이에 관한 탐구는 지역과 부동산의 종류에 따른

건강 정보를 제공하고 건강 정책 및 개선을 지원하는 데 도움이 될 수 있다.

관련 학과 의약계열 전체

《집은 어떻게 우리를 인간으로 만들었나》, 존 S. 앨런, 이계순 역, 반비(2019)

단원명 | 국가 생활과 법

| 🔍 | 민주주의, 법치주의, 권력 분립, 입법부, 사법부, 행정부, 기본권, 인간의 존엄과 가치 및 행복 추구권, 자유권, 평등권, 사회권, 참정권, 청구권, 기본권 제한, 형법, 죄형 법정주의, 범죄의 성립 요건, 위법성 조각 사유, 형벌의 종류, 형사소송, 법원, 헌법재판소, 판결, 항소, 항고, 입법론적 해결

[12법사02-01] • • •

민주주의와 법치주의의 발전 과정을 이해하고, 우리나라 권력 분립의 원리를 탐구한다

➡ 법치주의와 보건 사이에는 강제적 예방 조치와 개인의 자유 사이의 균형을 찾아야 하는 과제가 있다. 보건 정책이 개인의 자유와 개인정보 보호를 어떻게 고려해야 하는지에 대한 논의를 바탕으로 자신의 생각을 정리해서 발표해 보자. 또한 법과 정의와 관련된 윤리적 결정을 내릴 때 뇌의 작동 방식과 뉴로사이언스의 측면을 고려할 수 있다. 법치주의 원칙이 뇌 활동과 어떤 관련이 있는지 뇌과학 연구를 통해 탐구해 보자.

관련 학과 의약계열 전체

《두 얼굴의 백신》, 스튜어트 블룸, 추선영 역, 박하(2018)

[12법사02-02] • • •

우리나라 헌법의 기본 원리와 기본권 내용을 이해하고, 기본권 제한의 요건과 한계를 탐구한다.

➡ 의학은 현대사회에서 기본권을 확대하는 데 핵심적인 역할을 하고 있다. 질병 예방, 조기 진단 및 효과적인 치료를 통해 건강을 증진함으로써 생존권을 보장하고 있다. 예방접종, 스크리닝 검사, 정기적인 건강검진 등은 질병을 예방하거나 초기에 발견해 적절한 치료를 받게 함으로써 생존권을 강화한다. 이런 사례가 법적으로 어떻게 보장되고 있는지, 부족한 점이나 개선해야 할 점은 어떤 것이 있는지 찾아보자. 또한 정부는 사회적 취약 계층 및 의료 접근성이 낮은 개인들을 위한 복지 및 사회적 지원 시스템을 통해 이들을 보호하고 있다. 이런 제도를 분석하고 대안을 발표할 수도 있다.

관련 학과 의약계열 전체

《게놈 오디세이》, 유안 A. 애슐리, 최가영 역, 브론스테인(2022)

[12법사02-03] • • •

형법의 의의와 기능을 죄형 법정주의를 중심으로 이해하고, 범죄의 성립 요건과 형벌의 종류, 형사 절차를 탐구한다.

➡ 의료, 보건과 관련된 다양한 사고와 범죄가 발생하고 있다. 다양한 의료 사건사고, 범죄 사례들을 분석하면서 이러한 사례가 발생하는 이유를 조사해 보자. 이를 막기 위해 다양한 장치들이 고안되고 있다. 수술실 CCTV 설치나 의대 정원 확대, 간호법 제정 등과 같은 다양한 방안의 효과를 분석하고 자신의 생각을 덧붙여 발표해

국어 교과군

영어 교과군

수학 교과군

도덕 교과군

사회 교과군

과학 교과군

보자. 이러한 상황이 발생하는 이유가 있다면, 이유를 제거하거나 줄이는 방법을 모색할 수도 있다. 다양한 대안과 정책을 탐구하여 발표해 보자. 또한 범죄 피해자들에 대한 치료 방법을 주제로 탐구할 수도 있다.

관련 학과 의약계열 전체

《**범죄 피해자 상담**》, Laurence Miller, 김태경 역, 학지사(2015)

[12법사02-04] •••

법원과 헌법재판소의 법적 문제 해결 과정을 탐구하고, 사법의 의미와 한계를 인식하여 입법론적 해결이 필요한 경우를 탐구한다.

➡ 보건법과 관련된 사안에서 헌법재판소의 역할은 중요하다. 예를 들어 보건법에 따른 정부의 정책 또는 규제가 헌법적 권리와 어떻게 상충하는지, 특히 헌법에 명시된 개인의 기본권적 권리에 어떤 영향을 미치는지에 대한 분쟁이 발생할 수 있다. 헌법재판소가 이러한 분쟁을 판단할 수 있으며 헌법상 권리와 보건 정책 간의 균형을 유지하는 데 중요한 역할을 한다. 최근의 판례들을 분석하고 판결 이유를 발표해 보자. 예를 들어 헌법에 명시된 생명권, 통합적 보건권, 환경권, 그리고 약물 및 의료 서비스에 대한 권리와 관련된 내용을 주제로 판례를 분석할 수 있다.

관련 학과 의약계열 전체

《**우리 사회를 바꾼 결정과 판결**》, 박동석, 하마(2021)

단원명 | **사회생활과 법**

> |🔍| 근로자의 권리, 노동 3법, 근로기준법, 노동조합법, 노동쟁의 조정법, 노동 3권, 단결권, 단체행동권, 단체교섭권, 사회보장제도, 독과점, 소비자의 권리, 소비자 보호법, 독과점 방지법, 지적 재산권, 인터넷 제공자, 플랫폼 노동, 지적재산 보호와 한계

[12법사03-01] •••

법으로 보장되는 근로자의 권리를 이해하고, 이를 일상생활의 사례에 적용한다.

➡ 노동자의 직업 관련 질병과 건강 문제를 조사하고 질병 발생률을 분석해 볼 수 있다. 역학, 생물학, 화학 및 의학을 활용하여 질병 예방 전략을 개발해 보자. 직업 및 직종과 관련된 질병들을 비교, 분석하고 이를 치료할 방법이나 예방할 수 있는 다양한 조언들을 함께 알아볼 수 있다. 이러한 질병들을 치료하거나 예방할 수 있다면 노동자들의 권리 신장에 큰 도움이 될 것이다. 또한 앞으로 노동시장에서 발생할 수 있는 미래 직업 관련 질병을 예상하고 이를 해결할 다양한 방안들에 대한 탐구와 의학적 탐구를 함께 진행할 수도 있다.

관련 학과 의약계열 전체

《**가짜 노동**》, 데니스 뇌르마르크 외 1명, 이수영 역, 자음과모음(2022)

[12법사03-02] •••

인간다운 생활을 보장하려는 사회보장과 경쟁 및 소비자를 보호하기 위한 법적 근거를 탐구하고, 구체적인 사례에서 공공 쟁점을 찾아 토론한다.

➡ 의약품 독과점과 약물 가격을 주제로 탐구를 진행해 보자. 의약품 독과점 기업이 약물 가격에 미치는 영향을

연구할 수 있다. 특히 고가의 의약품이 필요한 환자들을 위한 가격 접근성과 약물 가격의 상승에 대한 조사를 진행할 수 있다. 이러한 약품 가격이 자본주의 시장논리에 맞춰 형성된 것인지, 국가가 어떤 법적 근거를 가지고 이것을 막을 수 있는지 탐구할 수 있다. 또한 소비자의 권리와 관련하여 의료 서비스 정보의 투명성에 관해 탐구할 수 있다. 의료 서비스의 가격, 품질, 안전성, 환자 만족도 및 결과에 대한 정보를 보다 쉽게 이해하고 접근할 수 있는 방법을 조사하고 발표해 보자.

관련 학과 의약계열 전체

《**의료 비즈니스의 시대**》, 김현아, 돌베개(2023)

[12법사03-03] ● ● ●

현대적 법(律)관계의 특징과 지적 재산권의 의미를 이해하고, 이와 관련된 일상생활에서의 사례를 찾아보고 관련 쟁점을 토론한다.

➔ 의약품 개발과 특허 전략 간의 상호작용을 주제로 탐구를 진행해 보자. 신약 및 의약품 개발에서의 특허 포트폴리오 관리, 특허 침해 소송, 기술 라이선싱과 관련된 탐구를 진행할 수 있다. 다양한 신약 개발에 들어가는 비용을 분석해 보고, 이러한 비용에 해당하는 특허가 얼마나 유지되어야 하는지 살펴볼 수 있다. 다양한 카피 약품이 시중에 풀려 있다. 이러한 카피 약에 지적 재산권 침해의 소지가 있는지에 대해 탐구해 볼 수도 있다. 의료 기술 개발과 사용의 윤리적 측면을 함께 조사해 보자. 의료 윤리와 지식 재산권 간의 상호작용도 탐구할 수 있다.

관련 학과 의약계열 전체

《**세계사를 바꾼 10가지 약**》, 사토 겐타로, 서수지 역, 사람과나무사이(2018)

단원명 | 학교생활과 법

🔍 청소년, 촉법소년, 청소년 기본법, 청소년 보호법, 청소년의 권리, 청소년의 의무, 학교 폭력, 위법소년, 소년 범죄, 사이버 불링, 법, 조약, 판례, 입법 자료, 법적 문제 해결, 사회적 논의

[12법사04-01] ● ● ●

학생과 청소년이 누릴 수 있는 권리와 의무를 이해하고, 이를 학교와 일상생활의 사례에 적용한다.

➔ 청소년들이 가지고 있는 다양한 자기 결정권이 보건과 어떻게 연결되어 있는지를 주제로 탐구할 수 있다. 청소년들의 의료 결정에 대한 법적 측면과 의료 협의, 동의, 거부와 관련된 사례를 분석하고 발표할 수 있다. 최근에 청소년 우울증이 많이 증가하고 있다. 청소년이 받는 정신건강 서비스와 관련된 법적 권리에 대해 탐구해 보자. 정신건강법, 심리 치료, 치료 거부 및 정신질환 예방과 관련된 법적 측면을 조사해 보자. 이 밖에도 성적 권리, 개인정보 보호 등의 주제를 탐구할 수도 있다.

관련 학과 의약계열 전체

《**그냥 살아만 있어 아무것도 안 해도 돼**》, 이유미 외 1명 역, 매일경제신문사(2022)

[12법사04-02]

● ● ●

학교 폭력의 해결 과정을 살펴보며, 학교생활에서 발생하였거나 발생할 수 있는 법적 문제를 발견하고 그 해결 방안을 탐구한다.

➡️ 학교 폭력이 사람들의 정신적·신체적 건강에 어떤 영향을 미치는지 조사할 수 있다. 구타 등의 신체적 폭력 형태로 발생하는 학교 폭력은 신체적 건강을 위협할 수 있으며, 이로 인해 상처·골절·출혈 등의 신체적 문제가 발생할 수 있다. 또한 학교 폭력은 피해자의 정서적 건강에 부정적인 영향을 미칠 수 있다. 학교 폭력 피해자에게 사회적 고립, 우울증, 불안, 자살 구상 및 자살 시도와 같은 정신건강 문제가 증가할 수 있다. 다양한 사례들을 분석하고 이를 해결할 수 있는 보건적 방법들을 제안해 보자.

관련 학과 의약계열 전체

괴롭힘은 어떻게 뇌를 망가뜨리는가

제니퍼 프레이저, 정지호 역,
심심(2023)

책 소개

괴롭힘 피해 당사자이자 학대 피해자의 부모, 교육자로서 자신의 경험을 솔직하고 용기 있게 드러내며 괴롭힘과 학대가 뇌에 미치는 영향을 과학적·사회적·개인적 측면에서 생생하게 전달한다. 신경가소성 연구의 대가이자 신경과학계의 최고 권위자인 마이클 메르체니치의 감수를 받은 이 책은 최신 신경과학, 심리학, 신경생물학, 의학 연구를 토대로 상처받은 뇌를 치유하기 위한 실질적인 방법들을 제안한다.

세특 예시

진로심화 독서시간에 '괴롭힘은 어떻게 뇌를 망가뜨리는가(제니퍼 프레이저)'를 읽고 가해자와 피해자 모두 결국 피해자로 귀결될 뿐이라는 의견을 밝힘. 괴롭힘이 학생들 사이에 자연스럽게 나타나는 성장의 일부분이라는 믿음은 완전히 잘못된 믿음이라고 강조함. 성인이 아이에게 가하는 괴롭힘이 위대한 목표 달성을 위한 필요악이라는 믿음도 당연히 잘못된 믿음이라고 말함. 학대로 트라우마를 겪으면 뇌는 다음 번 타격을 대기하느라 고도의 각성 상태를 유지한다는 것을 알게 되었다고 말하고, 그렇게 되면 생존과 안전에 관여하는 뇌 영역이 뇌의 에너지와 집중력을 대부분 써버리기 때문에 다른 기능은 뒤로 밀려 사회에서의 역할도 점점 밀려난다는 점을 역설했음. 이를 해결하기 위해서는 단순히 피해자를 위한 치료뿐 아니라 가해자에 대한 신경정신학적 치료가 필요할 수 있으며 다양한 분야의 전문가들이 학교 폭력 해결을 위한 대안을 제시할 필요가 있다는 점을 강조함.

[12법사04-03]

● ● ●

법적 문제를 해결하는 데 필요한 법, 조약, 판례, 입법 자료 등을 찾아보고, 민주시민으로서 나와 사회가 당면한 사회적 논의에 참여하는 태도를 가진다.

➡️ 의료 분야에서 발생하는 의료 소송은 판례를 통해 처리된다. 환자, 의사, 병원 및 의료 기관 간의 분쟁과 관련된 사건은 판례를 통해 해결되며 판례가 의료 전문가와 환자의 이익을 보호한다. 의료인의 권리를 향상한 다양한

판례를 찾아보고, 이러한 판결이 내려진 이유에 대해 조사해 보자. 의료인의 권리를 위한 다양한 법안을 제시하거나 수정할 만한 내용이 있다면 찾아서 발표할 수 있다. 또는 환자에게 필요한 권리를 위한 법률을 함께 제안할 수도 있다.

관련 학과 의약계열 전체

《모두가 늙었지만 아무도 죽지 않는다》, 오쿠 신야, 이소담 역, 알에이치코리아(2023)

국어 교과군

영어 교과군

수학 교과군

도덕 교과군

사회 교과군

과학 교과군

선택 과목	수능	경제	절대평가	상대평가
진로 선택	X		5단계	5등급

단원명 | 경제학과 경제 문제

| 🔍 | 희소성, 선택, 경제 문제, 경제학, 합리적 선택, 전통경제, 시장경제, 계획경제, 가격기구, 경제 문제의 해결, 경제적 유인, 편익, 비용, 합리적 선택, 한계 분석, 의사결정 능력

[12경제01-01] ● ● ●

인간 생활에서 자원의 희소성으로 인해 발생하는 경제 문제의 중요성을 인식하고, 경제학의 분석 대상과 성격을 이해한다.

➡️ 의료 자원과 의료 서비스 부족을 주제로 보건의 희소성을 탐구할 수 있다. 의사, 간호사, 의료 시설 등 의료 자원의 부족이 의료 서비스의 질을 어떻게 변화시키는지 조사하여 발표해 보자. 또한 우리나라의 인구 변화를 예측하여 의료 서비스의 공급과 수요 간의 균형을 조사하고, 의료 자원 부족을 완화하는 방법을 연구할 수 있다. 그리고 사회경제적 요인, 지역적 요인, 인종 및 성별에 따른 보건 불평등을 분석하고 보건 서비스 평등성을 증진하기 위한 정책을 탐구할 수 있다. 이러한 평등성을 증진하기 위한 대안을 찾아 발표해 보자.

관련 학과 의약계열 전체

《생각의 해부》, 대니얼 카너먼, 강주헌 역, 와이즈베리(2015)

[12경제01-02] ● ● ●

경제 문제를 해결하는 다양한 방식의 장단점을 비교하고, 시장경제의 기본 원리와 이를 뒷받침하는 제도를 파악한다.

➡️ 다양한 경제체제에서 의료 서비스의 비용과 접근성은 중요한 주제이다. 이 주제를 탐구하면 의료 서비스의 가격 결정 및 환자들의 의료 서비스 이용의 경제적 영향을 조사할 수 있다. 또한 저소득층과 고소득층 간의 의료 서비스 접근성의 차이 및 이를 해결하기 위한 정책을 고려할 수 있다. 다양한 체제를 가진 국가들이 의료 서비스를 어떻게 제공하고 있는지 조사하고 발표해 보자. 또한 같은 시장경제 체제를 선택한 나라들 사이에서도 다른 의료 서비스를 제공하는 경우가 있다. 이러한 서비스가 다른 이유를 분석하고 어떤 방향이 더 효율적이고 정의로운 방향인지 조사하여 자신의 생각을 덧붙여 발표해 보자.

관련 학과 의약계열 전체

《칼날 아래 놓인 의료》, 하워드 웨이츠킨, 이미라 역, 한울아카데미(2023)

[12경제01-03] ● ● ●

인간은 경제적 유인에 반응함을 인식하고, 편익과 비용을 고려하여 합리적으로 선택하는 능력과 한계 분석을 이용한 의사결정 능력을 계발한다.

➔ 의료 부문에서의 자원 할당과 의료 서비스 제공의 기회비용을 연구해 볼 수 있다. 최근 코로나19로 인해 의료 자원이 특정 분야에 쏠린 적이 있다. 이때 어떤 부분에 문제가 있었는지 파악하고 해결 방안을 탐구할 수 있다. 또한 장애 치료에서도 신체적 장애와 정서적 장애 중 어떤 부분에 치료가 집중되어 있는지 분석하고, 왜 이러한 쏠림 현상이 발생하는지 자신의 생각을 덧붙여 발표해 보자.

관련 학과 의약계열 전체

《사운드 파워》, 미테일러 치호, 이정미 역, 더숲(2020)

단원명 | 미시 경제

|🔍| 수요, 공급, 시장 균형, 가격, 거래량, 상품시장, 노동시장, 금융시장, 정부, 공공부문, 조세, 공공재, 배제성, 공유성, 정부의 개입, 자원 배분, 효율성, 시장 기능, 공공부분 기능, 시장 실패, 정부 실패, 외부 효과

[12경제02-01] • • •

수요와 공급에 의한 시장 균형의 결정과 변동 원리를 파악하고, 이를 다양한 시장에 적용한다.

➔ 의료 서비스의 수요와 공급을 관리하고 최적화하는 방법을 연구할 수 있다. 인구 통계학적 변화, 의료 기술 혁신, 의료 인프라 구축 등을 고려해 의료 서비스의 효율성을 향상하는 방법을 탐구해 보자. 또한 의약품 공급과 접근성에 대해서도 탐구를 진행할 수 있다. 의약품의 수요와 공급을 연구하여 접근성과 가용성을 개선하는 방법을 탐구할 수 있다. 의약품 생산 및 유통 체계, 의약품 가격 결정, 의약품 개발 및 혁신에 관한 주제로 탐구를 진행해 보자. 예를 들어 신약 개발에 들어가는 개발 비용과 가격 측정에 대해 탐구하고, 소비자에게 적절한 가격은 얼마인지 자신의 생각을 덧붙여 발표해 보자.

관련 학과 의약계열 전체

《의료 비즈니스의 시대》, 김현아, 돌베개(2023)

[12경제02-02] • • •

정부를 비롯한 공공 부문의 경제적 역할을 이해하고, 조세, 공공재 등과 같이 시장의 자원 배분에 개입하는 사례를 탐구한다.

➔ 전염병(독감 등) 대응을 위한 자원(백신, 의료용품, 의료 인력) 관리와 준비에 관한 연구를 수행할 수 있다. 전염병 예방 및 대응을 위한 자원에 공공재의 효과가 있는지 알아보고 이를 효율적으로 배분하는 전략을 탐구할 수 있다. 이러한 공공재 배급의 우선순위를 어떻게 정해야 하는지 자신의 생각을 덧붙여 발표해 보자. 이를 확대하여 보건 서비스의 지역 배치, 의료 시설의 접근성 개선, 예방 프로그램의 효과를 주제로 탐구를 진행할 수도 있다. 덧붙여 세금과 관련한 탐구도 가능하다. 건강에 미치는 영향을 고려한 세금 정책의 효과를 분석할 수도 있다. 담배, 음주, 고지방 식품 및 당류 소비와 관련된 세금 및 가격 정책이 건강 행동에 미치는 영향을 조사해 보자.

관련 학과 의약계열 전체

《의료, 인권을 만나다》, 이화영 외 10명, 건강미디어조합(2017)

국어 교과군

영어 교과군

수학 교과군

도덕 교과군

사회 교과군

부록 교과군

단원명 | 거시 경제

| 🔍 | 거시 경제, 국내 총생산, 물가 상승률, 실업률, 국가 경제 수준, 총수요, 총공급, 경제 성장, 경제 성장의 요인, 한국 경제의 변화, 통화 정책, 재정 정책, 경기 안정화 방안

[12경제03-01] •••

여러 가지 거시 경제 변수를 탐색하고, 국가 경제 전반의 활동 수준을 파악한다.

➡ 실업은 정서적 스트레스를 유발하며, 자존감·우울·불안 등 정신건강 문제를 초래할 수 있다. 실업과 정서적 건강 간의 관계와 정서적 대처 방법에 대해 탐구해 보자. 실업은 스트레스, 불안, 우울증 및 신체적 건강 문제를 일으킬 수 있다. 실업이 건강 상태, 특히 정신건강에 미치는 영향을 조사하고, 이에 대한 예방 및 지원 방법을 탐구하자. 또한 실업은 약물 남용 문제와 연관될 수 있다. 실업자들이 무기력감과 스트레스로 인해 약물 남용에 빠질 수 있다. 실업자들의 약물 남용 패턴과 그 심각성을 조사하고, 치료 및 예방 프로그램을 조사하여 발표해 보자.

관련 학과 의약계열 전체

《**실업과 건강**》, 홍정림, 한국노동연구원(2021)

[12경제03-02] •••

경제 성장의 의미와 요인을 이해하고, 한국 경제의 변화와 경제적 성과를 균형 있는 시각에서 평가한다.

➡ 경제 성장은 국가나 지역의 건강 지수와 관련이 있다. 일반적으로 경제가 성장하면 국민의 평균 수입이 증가하고, 이로 인해 보건 서비스의 질과 접근성이 향상될 수 있다. 이는 기대수명 증가 및 전염병 감소와 같은 긍정적인 결과로 이어진다. 우리나라의 1인당 국민소득의 증가와 같은 경제성장 과정과 기대수명, 영아사망률의 관계를 주제로 탐구를 진행해 보자. 기대수명에 영향을 준 다양한 보건적 요소를 주제로 탐구를 진행한다면 경제 성장과 보건의 상관관계를 파악할 수 있을 것이다. 또한 앞으로 경제가 지속적으로 성장하려면 건강한 생산자가 필요하다. 이를 위한 다양한 보건적 방안에 관해서도 발표할 수 있다.

관련 학과 의약계열 전체

《**제국과 건강**》, 하워드 웨이츠킨, 정웅기 외 1명 역, 나름북스(2019)

[12경제03-03] •••

경기 변동의 의미와 요인을 이해하고, 경기 안정화 방안으로 재정 정책과 통화 정책을 분석한다.

➡ 경기 침체 기간 동안 실업률이 상승할 때 건강 문제가 어떤 영향을 받는지에 관해 탐구할 수 있다. 실업과 건강 상태 간의 관련성을 분석하고 의료 접근성에 대한 영향을 탐구해 보자. 경기 변동에 특히 민감하게 반응하는 의료 분야가 있다. 경기 침체 시기에 어떤 분야의 의료 서비스 이용이 감소하는지 알아보자. 예를 들어 성형외과, 피부과, 정신과 서비스 이용 비율을 조사해서 경기 변동이 의료 서비스의 수요, 의료 지출 및 의료 진단에 어떤 영향을 미치는지 탐구하고, 의료 시설의 지역적 분포를 조사하여 발표할 수 있다.

관련 학과 의약계열 전체

《**아무에게도 말할 수 없었던 진심**》, 삼성사회정신건강연구소 외 5명, 한국경제신문(2017)

단원명 | 국제 경제

보오 타타타

양오 타타타

수학 타타타

도모 타타타

사회 타타타

고학 타타타

| 🔍 | 국제 거래, 국가 간 상호의존, 재화, 서비스, 생산요소의 교류, 비교 우위, 절대 우위, 특화, 무역원리, 자유 무역, 보호 무역, 외환 시장, 환율, 외화의 수요, 외화의 공급, 환율의 변동, 국가 경제와 개인의 경제 생활 |

[12경제04-01]   ● ● ●

개방된 국제 사회에서 국제 거래를 파악하고, 국가 간 상호 의존성이 증대하고 있음을 이해한다.

➡ 국제 무역에서 위생 및 방역 규제와 관련된 사항은 중요한 주제이다. 식품 및 농산물의 국제 무역에서 위생 요구 사항을 준수해야 함은 물론, 개인의 위생 관리도 중요하다. 세계적으로 확산되고 있는 전염병이 국제 무역의 확산과 어떤 관계가 있는지 탐구할 수 있다. 예를 들어 메르스나 코로나19의 확산을 과거 스페인 독감이나 천연두의 확산과 비교하여 정리할 수 있다. 또한 인수 공통 전염병이나 돼지열병과 같은 가축 전염병이 어떻게 확산되는지 조사하여 발표해 보자.

〔관련 학과〕 의약계열 전체

《**힐 더 월드**》, 국제아동돕기연합UHIC, 문학동네(2008)

[12경제04-02]   ● ● ●

비교 우위에 따른 특화와 교역을 중심으로 무역 원리를 이해하고, 자유 무역과 보호 무역 정책의 경제적 효과를 설명한다.

➡ 전염병이 발생하면 국가 간 협력을 통해 의료 인프라 및 자원을 공유하고 의료 인력을 파견하는 것이 비교 우위를 활용하는 전략이다. 최근 코로나19의 대유행을 통해 보건 비상 상황에서의 국제적 협력의 중요성이 부각되었다. 하지만 충분하지 않은 백신, 의료 인력의 집중으로 사망자와 사망률이 편중되었다. 이러한 상황에서 피해를 많이 본 국가들을 조사하고 피해의 원인을 분석해 보자. 또한 국가 차원에서 단순히 비교 우위를 위해 자국의 의료를 포기해야 하는지에 대해서도 함께 분석하면서 국가와 국민이 할 수 있는 다양한 일들을 조사해 보자.

〔관련 학과〕 의약계열 전체

《**간호의 경제학**》, 츠노다 유카, 이승영 외 1명 역, 호밀밭(2023)

[12경제04-03]   ● ● ●

외환 시장에서 환율의 결정 원리를 이해하고, 환율 변동이 국가 경제와 개인의 경제생활에 미치는 영향을 탐구한다.

➡ 일부 국가는 의료 관광 및 의료 이주 산업을 육성하고 있다. 환율의 변동이 의료 관광 및 의료 이주에 영향을 미칠 수 있다. 특히 의료 관광을 통해 국내 의료 시설을 이용하는 외국 환자들에게 영향을 미칠 수 있다. 의료 관광 사례에 대해 분석하고, 국내 보건 분야에서 하고 있는 일들과 대안을 찾아 발표해 보자. 이러한 상황이 외화 획득 같은 긍정적인 측면으로 작용한다고 생각하는지, 아니면 한정적인 의료 서비스가 외국인에게 유출되어 부정적이라고 보는지 자신의 생각을 덧붙여 내용을 정리해도 좋다.

〔관련 학과〕 의약계열 전체

《**펜타닐―기적의 진통제는 어쩌다 죽음의 마약이 되었나**》, 벤 웨스트호프, 장정문 역, 소우주(2023)

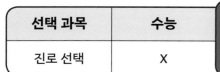

단원명 | 국제 관계의 특징

| 🔍 | 근대 국민 국가의 형성, 제1차 세계대전, 제2차 세계대전, 국제 관계의 형성 배경, 국제 관계 이해의 관점, 현실주의, 자유주의, 구성주의, 국제 사회의 행위 주체, 영향력 있는 개인, 다국적 기업, 국가, 국제기구, 가치 갈등

[12국관01-01] ● ● ●

근대 이후 국제 관계의 형성과 변화 과정을 파악한다.

➡ 근대 이후로 의학 분야에서 이루어진 국제 협력 사례의 변화 양상을 조사할 수 있다. 예를 들어 전 세계에 스페인 독감이 창궐했던 1919년에는 대규모 전염병에 맞서는 국제 협력이라는 개념이 없었으나, 20세기 중반 이후 세계보건기구와 같은 의학 관련 국제 기구 및 유럽연합(EU), 동남아시아국가연합(ASEAN) 등 지역 공동체들이 생겨나면서 20세기 후반부터는 의학 관련 문제를 국가 간 협력으로 해결하려 하는 것이 일반적이다. 전염병 외에 성인병, 비만, 흡연 같은 건강 관련 이슈들에 관해 국제 협력이 이루어지는 사례를 조사하고 앞으로의 발전 방향을 예측해 보자.

관련 학과 의약계열 전체

《팬데믹 1918》, 캐서린 아놀드, 서경의 역, 황금시간(2020)

[12국관01-02] ● ● ●

국제 사회를 이해하는 주요 관점인 현실주의와 자유주의를 중심으로 구체적인 국제 관계의 사례를 분석하고, 대안적 관점들을 탐색한다.

➡ 의학 분야와 관련된 국제 협력이나 분쟁을 자유주의적 관점, 현실주의적 관점, 구성주의적 관점으로 나누어 분석할 수 있다. 예를 들어 지진이나 태풍 피해로 사상자가 발생했을 때 국제 보건 기구 중심으로 의료 지원단을 보내는 경우나 초국가적인 팬데믹 상황에서 자국의 국경을 봉쇄하고 외국인들의 입국을 막은 사례 등을 각각 자유주의적 관점과 현실주의적 관점으로 파악해 보자. 또한 의학적 발견이나 대규모 전염병 발생이 사람들의 사상, 제도의 변화 등에 영향을 미치고 나아가 국제 관계에 변화를 가져오는 사례가 있는지 구성주의적 관점에서 조사할 수 있다.

관련 학과 의약계열 전체

질병이 바꾼 세계의 역사

로날트 D. 게르슈테,
강희진 역, 미래의창(2020)

국어 교과군

영어 교과군

수학 교과군

도덕 교과군

사회 교과군

부록 교과군

책 소개

페스트, 콜레라, 유행성 독감(인플루엔자) 같은 범유행성 질병은 최초 발병자가 있고 이후 교통수단을 통해 점점 더 넓은 지역으로 퍼져 나간다. 역사의 발전과 더불어 교통수단이 발전하면서 전염병의 전파 속도도 기하급수적으로 빨라졌다. 과거에나 지금이나 치명적인 범유행병이 퍼지면 각국은 국경을 봉쇄하여 유행병의 감염을 막으려 노력하지만 질병은 어떻게든 바리케이드를 뚫고 들어와 1차 감염자를 만들고, 백신과 치료약이 만들어질 때까지 인류를 괴롭히며 역사를 바꾸어 나간다.

세특 예시

'책의 시선으로 보는 세상' 시간에 '질병이 바꾼 세계의 역사(로날트 D. 게르슈테)'를 읽고 흑사병이나 천연두, 인플루엔자 등 치명적인 질병들이 해당 국가의 체제를 바꾸었으며 국가 간의 관계에도 영향을 준다는 사실을 알게 되었다는 감상을 밝힘. 특히 코로나19 이후 국제 관계의 변화에 주목하여, 대규모 전염병으로 국제 교류가 줄어들면 국가와 집단이 폐쇄적으로 변하면서 외교 관계에 부정적 영향을 끼칠 수 있다는 내용의 보고서를 작성함.

[12국관01-03]

● ● ●

국제 문제를 해결하기 위한 다양한 행위 주체의 활동을 탐색하고, 그 성과와 문제점에 대하여 토론한다.

➡ 의학과 관련된 국제 비정부기구의 활동 사례를 조사할 수 있다. 예를 들어 주로 전쟁 지역에서 활동하는 국제적십자 기구, 의료 시설이 부족한 지역에 의료 서비스를 제공하는 국경없는의사회와 같은 국제 비정부기구의 설립 목적과 활동 내역을 파악해 보자. 또한 사스, 메르스, 코로나19와 같은 전 지구적 규모의 팬데믹 상황이 발생했을 때 국제 사회의 행위 주체들이 위기 극복을 위해 수행했던 역할을 알아보고, 협력했던 사례들 중 하나를 선정해 조사하면서 정부 간 국제 기구, 국제 비정부기구, 다국적 기업 등이 어떤 활동을 했는지, 그 장단점은 무엇이었는지 파악해 보자.

관련 학과 의약계열 전체

국경없는
병원으로
가다

책 소개

국제 인도주의 의료 구호 NGO인 '국경없는의사회'는 무력 분쟁 지역, 감염병 창궐 지역, 자연재해 지역, 난민 캠프 등 이주민이나 일정한 거처가 없는 사람들이 사는 의료 사각지대로 들어간다. 이 책은 국경없는의사회 소속의 저자가 요르단, 아이티, 팔레스타인, 부룬디 등 의료 혜택이 미비하거나 자연재해, 전쟁 등으로 의료 시스템이 파괴된 지역에서 의료 구호 활동을 하며 저술한 에세이이다.

세특 예시

'책으로 세상 읽기' 시간에 '국경없는 병원으로 가다(이재헌)'를 읽고 국경

국경없는 병원으로 가다

이재헌, 삼인(2019)

없는의사회와 같은 의료 구호 NGO의 활동과 이와 같은 단체가 필요한 이유를 깨달았다는 소감을 밝힘. 특히 총성이 빗발치는 분쟁 지역에서 생명의 위협을 무릅쓰고 구호 활동을 펼치는 의사들의 활약에 감명을 받아, 국제 문제 해결을 위해서는 국가와 정부 간 국제 기구뿐만 아니라 이러한 비정부기구들의 노력도 필요하다는 내용의 감상문을 작성하였음.

단원명 | 균형 발전과 상생

> 🔍 국가 간 불평등, 부의 편중, 빈부 격차로 인한 국가 간 갈등, 공정 무역, 공적 개발 원조, 정부 간 국제 기구, 국제 비정부기구, 국제 사회의 공동 번영, 대한민국의 위상, 대한민국의 경제 발전

[12국관02-01] ● ● ●

국가 간 불평등의 원인을 파악하고, 이러한 불평등이 야기하는 갈등 상황을 분석한다.

➡ 국가 간 불평등이 심해지면서 의료 시스템의 불평등 또한 심화하고 있다. 기아에 시달리는 저개발 국가들은 영유아 백신 접종 같은 기본적인 의료 서비스조차 누리지 못하며 깨끗한 물의 공급이나 하수 처리 시스템처럼 공공 위생과 밀접한 연관이 있는 사회 간접 자본 혜택에서도 배제되어 있는 경우가 많다. 이렇듯 의료와 관련된 분야에서 국가 간 불평등이 나타나는 사례를 조사하고 문제를 개선하는 방안에 대해 토의해 보자.

관련 학과 의약계열 전체

《**의료 인류학**》, 메릴 싱어 외 3명, 문우종 외 2명 역, 메디컬에듀케이션(2023)

[12국관02-02] ● ● ●

공정 무역과 공적 개발 원조 등 국제 사회의 상생을 위한 노력을 조사하고, 다양한 행위 주체의 협력 방안을 탐색한다.

➡ 의료 시스템이 미비한 국가에 대한 선진국들의 의료 지원 사례에 대해 조사해 보자. 예를 들어 코로나19가 기승을 부리던 시기 백신 품귀 현상이 일어났을 때 여유분 백신을 갖고 있던 국가들이 백신을 지원해 준 사례나 아프리카 지역의 기아 문제 해결을 위해 식량과 의약품을 지원하는 경우 등이 있다. 또한 세계보건기구 등의 국제 기구, 국경없는의사회와 같은 인도주의적인 의료 단체가 낙후된 지역에 의료 서비스를 제공하는 사례를 조사하면서 국제 사회의 행위 주체 간의 협력 관계를 파악할 수 있다.

관련 학과 의약계열 전체

《**인도주의 물류**》, 마틴 크리스토퍼 외 1명, 정성용 외 10명 역, 청람(2021)

[12국관02-03] ● ● ●

국제 사회에서 우리나라의 위상을 파악하고, 국제 사회의 불평등 문제를 해결하기 위한 우리나라의 역할을 토론한다.

➡ 세계보건기구와 같은 의료와 관련된 국제 기구들을 조사하여 평균 수명, 대학병원의 수, 의료 관련 논문의 수,

국민을 대상으로 한 건강보험 시스템의 내용 등 우리나라의 의료 수준을 가늠할 수 있는 통계자료들을 찾아보고 대한민국의 의료 현황에 대한 보고서를 작성하는 탐구활동을 수행할 수 있다. 또한 다른 나라에 전쟁이나 자연재해, 전염병 등으로 인한 피해가 발생했을 때 정부가 주도해 의약품이나 의료 지원단을 파견한 사례 등을 조사하면서 우리나라가 국제 사회의 일원으로 건강 관련 문제를 해결하기 위해 담당하는 역할을 파악할 수 있다.

관련 학과 의약계열 전체

《한국현대의료사》, 박윤재, 들녘(2021)

단원명 | 평화와 안전의 보장

| 🔍 | 전쟁, 테러, 팬데믹, 문화 갈등, 국제적 연대 방안, 개인과 국가, 국제 사회의 안전, 민주적 통제, 세계시민의 역할, 한반도의 안보 문제, 대북 전략, 현실주의, 자유주의, 한반도의 평화와 안전 보장을 위한 노력

[12국관03-01]

인류가 직면한 평화와 안전의 상황을 다각적으로 조사한다.

➡ 기후변화로 지구의 기온이 상승하면서 해충이 창궐하고 새로운 바이러스들이 출현하자, 전염병은 인류의 건강과 안전을 위협하는 심각한 문제로 다시 떠올랐다. 20세기 초에 수천만 명의 사망자를 낸 스페인독감부터 2003년 사스, 2009년 신종플루, 2014년 에볼라 바이러스, 2015년 지카 바이러스, 2016년 메르스, 2020년 코로나19 등 최근 100여 년간 전 지구적으로 발생한 팬데믹 상황들 중 인류의 평화와 안전에 특히 위협을 가져왔다고 여겨지는 사례를 골라 원인과 경과, 결과와 대책까지 심층 분석하는 탐구활동을 진행해 보자.

관련 학과 의약계열 전체

《우리가 몰랐던 바이러스 이야기》, 대한바이러스학회, 범문에듀케이션(2020)

[12국관03-02]

개인, 국가, 국제 사회의 평화와 안전을 위협하는 요인을 정치, 경제, 사회, 문화의 다양한 영역에 걸쳐 파악하고, 이를 해결하기 위한 실천 방안을 탐색한다.

➡ 전염성 질환의 전 지구적 확산은 인류의 안전과 생명을 위협하고 있다. 특히 20세기 이후 새롭게 등장한 질병들인 AIDS(후천성 면역 결핍증), 에볼라 바이러스, 메르스, 코로나19 등은 세계적으로 확산되며 인류의 건강을 위협하고 있다. 또한 아프리카 일대의 개발 도상국에는 기아 문제가, 선진국의 경우 비만율의 증가로 인한 암, 당뇨, 고혈압, 심혈관 질환 등의 성인병 문제가 심화하면서 국가적 차원의 대책이 요구되는 실정이다. 이와 같이 인류의 건강을 위협하는 요소들을 선진국과 개발 도상국으로 나누어 분류하고, 각각의 해결 방안에 대해 토의해 보자.

관련 학과 의약계열 전체

《바이러스 쇼크》, 최강석, 매일경제신문사(2020)

[12국관03-03]

역동적인 국제 관계 속에서 우리나라가 당면한 평화와 안전의 문제를 파악하고, 평화와 안전을 도모할 수 있는 구체적인 방안에 대하여 토론한다.

➔ 전 지구적으로 환경 오염이 심해지고 환경 문제에 대한 인류의 위기 의식이 높아지는 가운데, 일본이 후쿠시마 원자력 발전소의 오염수 방류를 시작하면서 방사능으로 인한 수산물 피해에 대한 우려가 커지고 있다. 또한 매년 가을부터 봄 사이에 중국으로부터 날아오는 고농도의 미세먼지는 국민들의 호흡기 건강을 심각하게 위협하고 있다. 이처럼 주변 국가들의 환경 오염이 우리나라에 영향을 끼치면서 국민들이 받는 육체적, 정신적 피해 사례에 대해 조사하고, 문제 해결을 위해 어떠한 대응책을 마련해야 할지 토의하는 탐구활동을 수행해 보자.
  관련 학과 의약계열 전체

《방사능은 정말로 위험할까?》, 장마르크 카브동, 정은비 역, 민음인(2021)

단원명 | 국제 분쟁의 해결

🔍 국제 분쟁, 외교의 의미, 외교의 주체, 국제법의 기능과 필요성, 조약, 국제 관습법, 국제사법재판소의 역할, 국제법의 구속력과 한계, 지역 통합과 지역 기구의 결성, 유럽연합, 북미자유무역협정, 동남아시아 국가연합

[12국관04-01]   •••

국제 분쟁을 해결하기 위한 외교와 국제법의 필요성과 기능을 탐색한다.

➔ 의학 분야에서는 국제적으로 번지는 전염성 질병의 확산을 방지하고 예방 대책을 마련하는 과정에서 종종 국가 간 분쟁이 발생하기도 한다. 예를 들어 코로나19 사태가 벌어졌을 때 코로나 발생 국가의 국민에 대한 국경 봉쇄와 출입국 금지 문제, 당시 수량이 부족했던 백신의 확보 때문에 국제 분쟁이 발생했던 사례가 있다. 이러한 문제들을 해결하기 위해 당사국들이 벌인 외교적 노력 및 국제적으로 한정된 의료 자원의 배분에 관련된 국제사법재판소의 판례가 있는지 조사하는 탐구활동을 진행해 보자.
  관련 학과 의약계열 전체

《팬데믹 패닉》, 슬라보예 지젝, 강우성 역, 북하우스(2020)

[12국관04-02]   •••

국제법의 특징과 법원(法源)을 조사하고, 국제사법재판소의 역할과 한계를 파악한다.

➔ 의학 분야와 관련된 국제 협약에는 어떤 것이 있는지, 무슨 내용을 담고 있는지 조사하는 탐구활동을 진행해 보자. 예를 들어 세계인의 건강, 특히 개발 도상국 국민들의 건강과 안전을 위협할 우려가 있는 유해 폐기물과 병원성 폐기물의 경우 1989년 채택된 바젤 협약에 따라 국가 간 이동 및 교역이 금지되어 있다. 바젤 협약의 영향을 받아 제정된 국내법을 조사하고, 이와 같은 국제 협약이 제정된 배경과 의의, 한계에 대해 탐구해 보자. 또한 가전제품이나 의류, 플라스틱 등 일반적인 폐기물의 국제 거래 실태를 알아보고 폐기물 거래에 대한 찬반 토론을 진행할 수 있다.
  관련 학과 의약계열 전체

국어 교과군

영어 교과군

수학 교과군

도덕 교과군

사회 교과군

과학 교과군

**쓰레기책
—왜 지구의 절반은
쓰레기로 뒤덮이는가**

이동학, 오도스(2020)

책 소개

경제가 발전하면서 쓰레기 처리에 관련된 문제가 심각한 사회문제로 여겨지기 시작했다. 대한민국의 분리수거율은 87%에 달한다고 하지만 정작 분리된 쓰레기들은 모두 어디로 가는가? 그저 눈앞에서만 사라졌을 뿐 쓰레기는 결코 사라지지 않는다. 《쓰레기책—왜 지구의 절반은 쓰레기로 뒤덮이는가》는 눈앞에서 사라진 쓰레기가 어떻게 처리되는지, 다른 나라들은 쓰레기 문제를 어떻게 극복하고 있는지 실제 답사를 통해 알려주고 있다.

세특 예시

'책을 통해 세상 읽기' 시간에 '쓰레기책—왜 지구의 절반은 쓰레기로 뒤덮이는가(이동학)'를 읽고 재활용될 거라고 막연히 생각했던 분리 수거된 쓰레기들이 어디로 이동하는지 실상을 알게 되어 충격을 받았다는 소감을 밝힘. 특히 쓰레기를 수입하는 국가의 국민들, 그중에서도 아동들이 건강에 심각한 피해를 입고 있다는 점에 주목하여 쓰레기 수출에 반대하는 입장에서 여러 대안을 발표함. 그중에서도 매일 배출하는 플라스틱의 양을 기록하는 앱을 개발하여 생활 속 쓰레기를 줄이기 위해 노력하자는 의견이 친구들의 호응을 얻음.

[12국관04-03]   ● ● ●

국제 사회에서 다양한 지역 통합이 이루어지는 현상과 그 이유를 확인하고, 지역 기구의 구성원으로서 우리나라의 역할을 토론한다.

➡ 지역 기구 내의 의료 협력에 관한 구체적인 사례를 조사해 보자. 예를 들어 지역 공동체 소속 국가들이 특정 질병에 대한 치료 방법을 공유하거나 공동체 내부 국가에 의료 지원을 하는 사례, 의학 관련 심포지엄을 개최하는 사례 등이 있다. 또한 세계보건기구처럼 우리나라가 가입된 의학 관련 국제 기구를 조사하고 우리나라가 해당 국제 기구에서 맡은 역할은 무엇인지 알아보는 탐구활동을 진행할 수도 있다.

관련 학과 의약계열 전체

《다시, 가지 않은 길 위에 서다》, 신영수, 도서출판은빛(2021)

선택 과목	수능		절대평가	상대평가
융합 선택	X	**여행지리**	5단계	X

단원명 | 행복하고 안전한 여행

| 🔍 | 여행 경험, 여행의 의미, 지리정보 기술, 이동 수단, 교통수단, 가상여행, 간접 여행, 진로, 체험

[12여지01-01] ● ● ●

다양한 여행 사례와 자신의 여행 경험을 통해 여행의 의미를 파악하고 여행이 삶과 세계 인식에 미치는 영향을 토의한다.

➡ 해외여행을 할 때는 낯선 환경에 노출되기 때문에 갑작스러운 신체 변화로 고통받을 가능성이 높아진다. 그러므로 장기 여행이든 단기 여행이든 여행을 할 때는 꼭 챙겨야 할 약들이 있다. 국내 여행이라면 약을 쉽게 구할 수 있지만, 해외여행을 할 때는 약국에 가기도 어렵고, 약국에 가서도 언어소통 문제로 증상을 정확히 설명하기가 어렵다. 해외여행 시 필요한 예방접종과 비상 상비약, 응급상황 발생 시 현지에서의 대처법 등을 조사하여 발표해 보자.

〔관련 학과〕 의약계열 전체

《해외여행자를 위한 건강가이드》, 김항선, 문무사(2005)

[12여지01-02] ● ● ●

모빌리티의 변화와 발전에 따라 여행자의 이동, 위치, 장소가 어떻게 연결되고 관계를 맺는지 살펴보고, 다양한 지도 및 지리정보 기술을 활용하여 안전한 여행 계획을 수립한다.

➡ 우리나라는 리아스식 해안처럼 섬이 모여 있는 지형이 많아 섬에 환자가 발생했을 때 신속한 이송이 어려웠다. 환자를 육지 병원으로 이송하려면 이송 수단이 배 아니면 헬리콥터뿐이었고, 실제로 이를 위해 소방 헬기, 구조 헬기, 해경 헬기 등을 이용해 왔으나 신속한 의료 대응이 어려워 환자의 생존율을 높이는 데는 많은 한계가 있었다. '에어 앰뷸런스(응급의료 지원 헬리콥터)'에 관해 알아보고 도입의 배경과 필요성, 도입 과정, 도입에 대한 찬반 의견을 조사하여 발표해 보자.

〔관련 학과〕 의약계열 전체

《환자구조 및 이송》, 이재민 외 1명, 군자출판사(2022)

단원명 | 문화와 자연을 찾아가는 여행

| 🔍 | 도시, 문화 경관, 감정이입, 공감, 배려, 존중, 지리적 상상력, 기후 경관, 지형 경관, 지오사이트, 지오 투어리즘

국어 교과군

영어 교과군

수학 교과군

도덕 교과군

사회 교과군

과학 교과군

[12여지02-01] ● ● ●

인간의 정주공간으로서의 도시를 새로운 관점에서 낯설게 바라보고, 여행지로서의 향유 가능성을 탐색한다.

➡ 병원 하면 무엇이 떠오르는가? 대개 직사각형 건물에 밝은 흰색 조명, 어쩔 수 없이 방문해야 하는 불편한 느낌부터 떠오를 것이다. 하지만 요즘은 전 세계의 건축가들이 병원 건축을 재정의하면서 병원이 치유와 회복의 공간이 되고 병원 방문에서 오는 부정적인 느낌과 스트레스를 줄일 수 있도록 하는 환자 중심의 건축 디자인을 연구하고 있다. 의료 시설 경험을 바꾸고 있는 세계의 병원 건축 사례를 조사하여 발표해 보자.

관련 학과 의약계열 전체

《몸과 마음을 치유하는 공간—병원 전문 건축가가 들려주는 치유와 회복의 이야기》, Peter Yang, 따스한이야기(2022)

[12여지02-02] ● ● ●

다양한 문화 경관의 형성 배경과 의미를 이해하고, 감정이입과 공감의 자세로 여행지 주민을 배려하고 존중한다.

➡ 유네스코 세계유산은 유네스코에서 인류의 소중한 문화 및 자연 유산을 보호하기 위해 지정한 유산이다. 세계유산 목록은 세계유산위원회가 전담해서 관리하고 있다. 세계유산은 역사적으로 중요한 가치가 있는 문화유산과 지구의 역사를 잘 보여 주는 자연유산, 그리고 이들의 성격을 합한 복합유산으로 구분된다. 세계적인 자연유산을 조사하고 자연유산이 우리에게 감동과 치유가 되는 이유, 자연유산 각각의 특징이 포함된 가상의 기행문을 작성해 보자.

관련 학과 의약계열 전체

《세계에서 가장 경이로운 자연·문화 유산 100》, 앤 벤투스, 박웅희 역, 서강books(2007)

[12여지02-03] ● ● ●

여행지의 기후 및 기후변화가 여행자와 여행지 주민에게 미치는 영향과 그 차이를 비교하고, 지리적 상상력을 동원한 간접여행을 통해 기후경관을 체험한다.

➡ 아시아, 유럽, 아메리카 등 세계 각국의 병원 여행을 한다면 어떨까? 세계의 다양한 병원들의 수많은 의료진을 만나 그들의 고충, 보람 등에 대해 들을 수 있을 것이고, 그 안에서 환자의 생명을 살리는 직업에 대한 애정과 열정을 다시금 깨달을 수도 있을 것이다. 또한 다른 나라의 병원과 우리나라의 병원을 비교하면서 좋은 점을 배울 수도 있을 것이다. 세계의 병원에 대한 가상여행을 통해 각 병원의 특징, 의료 환경, 의료 종사자들의 삶을 조사하여 발표해 보자.

관련 학과 의약계열 전체

《청춘 간호사의 세계 병원 여행》, 김진수, 이담북스(2021)

단원명 | 성찰과 공존을 위한 여행

🔍 산업유산, 기념물, 인권, 정의, 인류의 공존, 로컬 큐레이터, 공정 여행, 생태 감수성, 다크 투어리즘, 평화 여행, 여행 콘텐츠, 스토리텔링, 개발과 보전

[12여지03-01] ● ● ●

인류의 물질적, 정신적 발전 과정을 성찰할 수 있는 산업유산 및 기념물을 조사하고 여행지의 가치를 평가한다.

➡ 의료는 연구와 개선을 주축으로 삼고 있으며, 수많은 현대 의료법이 고대 의료법에서 진화해 왔다. 오늘날 사람들은 고대부터 의료계가 확장되고 개선되어 왔다는 사실에 감사한다. 고대에는 치료의 효능을 입증할 정도의 기술이 없었기 때문에 대부분의 치료법이 실험적이었다. 의학 박물관에 가면 인류가 발전시켜 온 의학의 역사를 만날 수 있다. 세계의 유명한 의학 박물관 한 곳을 선정하여 박물관을 소개하는 팸플릿을 제작해 보자.
관련 학과 의약계열 전체

《역사 책에는 없는 20가지 의학 이야기》, 박지욱, 시공사(2015)

[12여지03-02] ● ● ●

평화, 전쟁, 재난의 상징이 새겨진 지역에 대한 직간접적인 여행을 체험하고 이를 바탕으로 인권, 정의, 인류의 공존을 둘러싼 구조적 문제를 비판적으로 탐구한다.

➡ 남수단의 슈바이처로 불리는 이태석 신부는 선교 체험을 위해 떠난 아프리카 케냐 여행에서 우연히 남수단의 톤즈를 방문하였다. 이때 톤즈의 안타까운 현실을 보고, 톤즈의 가난한 아이들을 위해 일생을 바치기로 결심한다. 오지 마을 톤즈에서 전쟁과 가난에 시달리던 주민들을 정성으로 보살피고, 소년들에게 총 대신 책을 들게 하고, 버림받은 한센병 환자들을 돌보며 그들과 하나가 되었다. 다른 사람의 삶을 변화시킨 이태석 신부의 봉사 여행의 여정을 조사하여 발표해 보자.
관련 학과 의약계열 전체

《우리는 이태석입니다》, 구수환, 북루덴스(2022)

[12여지03-03] ● ● ●

문화 창조, 첨단 기술과 같은 새로움을 지향하는 지역의 사례를 조사하고, 내가 살고 있는 지역의 로컬 큐레이터로서 다양한 여행 콘텐츠의 발굴과 모니터링을 통해 지역의 의미와 가치를 탐색한다.

➡ 의료관광 산업이란 첨단 의료 시설과 서비스, 기술을 바탕으로 환자를 유치하고 치료뿐 아니라 휴양, 레저, 문화 활동까지 연계하는 성장동력 산업을 말한다. 시장조사 기관 Fortune Business Insights의 보고서에 따르면, 전 세계의 의료관광 시장 규모는 2020년에 115억 6,000만 달러였으며 연평균 21.1% 증가하여 2028년에는 535억 1,000만 달러 규모로 성장할 전망이라고 한다. 다른 나라 의료관광 도시의 대표적 사례를 조사하여 발표해 보자.
관련 학과 의약계열 전체

《의료관광 구조와 실제》, 진기남·차선미, 범문에듀케이션(2023)

[12여지03-04] ● ● ●

공정 여행을 통해 여행지를 둘러싼 다양한 문제를 탐색하고, 여행자인 나와 여행지 주민인 그들이 연결된다는 점에서 공존의 의미와 생태 감수성에 대해 성찰한다.

➡ 공정 여행이란 여행지의 환경에 해를 끼치지 않고, 여행지의 현지 문화를 존중하며, 여행지의 주민들에게 적절한 비용을 지불함으로써 지역 경제에 혜택이 돌아가도록 노력하는 대안적인 여행을 말한다. 부탄 헌법 제9조는 "국가는 근대 의학과 전통 의학 모두에서 기본적인 공공 의료 서비스를 무상으로 제공해야 하고, 개인이 통

제할 수 없는 이유로 적절한 생활을 영위하기 어려운 질병이나 장애 혹은 부족이 발생한 경우 안전장치를 제공해야 한다."라고 규정하고 있다. 공정 여행을 계획할 때 여행 지역의 의료보건 정책을 조사하여 발표해 보자.

관련 학과 의약계열 전체

《북유럽의 공공가치》, 최희경, 한길사(2019)

단원명 | 미래 사회와 여행

국어 교과군

영어 교과군

수학 교과군

도덕 교과군

사회 교과군

과학 교과군

| 🔍 | 미디어, 정보통신 기술의 발달, 여행산업의 변화, 여행 트렌드, 가상여행, 우주 여행, 인공지능 여행, 여행 포트폴리오

[12여지04-01]　•••

미디어와 여행의 상호관계를 통해 여행의 변화 양상을 조사하고 미래 사회의 여행자와 여행의 모습을 예측한다.

➡ 세계 인구 고령화로 인한 글로벌 헬스케어 시장 규모의 급성장과 더불어 세계 의료관광 시장 규모의 급성장세가 지속됨에 따라, 가격 경쟁력, 관광친화적 환경 등이 강점인 아시아·태평양 지역(인도·태국·한국·싱가포르 등)의 성장이 두드러지고 있다. 특히 우리나라는 우수한 의료 인력, 기술, 의료 시스템을 기반으로 글로벌 헬스케어 시장에서 신뢰도와 위상이 새롭게 인식되고 있다. 우리나라 의료관광의 현주소와 개선점, 대안을 조사하여 발표해 보자.

관련 학과 의약계열 전체

《미래를 여는 헬스케어 솔루션》, 시마 사린 외 2명, 이승현 외 2명 역, 청아출판사(2024)

[12여지04-02]　•••

여행이 주는 가치의 재발견을 통해 자신만의 여행 포트폴리오를 구성하고 나의 삶을 변화시키는 일상 속의 다양한 여행을 실천한다.

➡ '블루존(Blue Zone)'이라는 말이 있다. 세계에서 평균 수명이 가장 높은 5개 지역을 통틀어 이르는 말이다. 미국의 저널리스트이자 오지 탐험가 댄 뷰트너 박사의 저서 《블루존》에서 처음 언급됐다. 댄 뷰트너는 《블루존》에서 세계에서 평균 수명이 가장 높은 5대 지역을 발표했다. 그에 따르면 장수하는 사람들은 9가지 생활 습관을 가지고 있었다. 자연스럽게 움직이기, 목적의식, 단순한 생활, 80%만 먹기, 채식, 하루 와인 한두 잔 마시기, 신앙심, 가족 우선, 공동체 안에서 관계 맺기 등이다. 세계의 장수마을을 가상여행하고, 그 마을이 장수마을이 될 수 있었던 이유와 마을의 특징을 조사하여 발표해 보자.

관련 학과 의약계열 전체

《블루존》, 댄 뷰트너, 신승미 역, 살림Life(2009)

선택 과목	수능		절대평가	상대평가
융합 선택	X	역사로 탐구하는 현대 세계	5단계	X

단원명 | 현대 세계와 역사 탐구

🔍 지역 세계, 연결망, 문화권, 제1차 세계대전, 제2차 세계대전, 전후 체제, 복잡성, 연관성

[12역현01-01] ● ● ●

현대 세계를 전후 체제 형성의 역사를 중심으로 파악한다.

➡ 미국 군정신의학의 발자취는 제2차 세계대전에서 '회복'하기 위해 고군분투한 흔적으로서 의미가 크다. 그리고 의도하지는 않았지만 이러한 노력을 통해 미국의 정신의학은 더 이상 내과 전문의의 영향 아래 있거나 주류 의학의 보조 분과 위치에서 탈피하게 되었다. 제2차 세계대전의 참상에서 회복하려는 의학의 성과는 정신의학이 명실상부 '과학적'인 의학으로 거듭나는 데 혹은 그런 인상을 굳히는 데 중요한 역할을 하였다. 제2차 세계대전 전후의 미국 정신의학의 발전사를 조사하여 발표해 보자.

관련 학과 의약계열 전체

《정신의학의 역사》, 에드워드 쇼터, 최보문 역, 바다출판사(2020)

[12역현01-02] ● ● ●

학습자가 생각하는 현대 세계의 과제를 선정·조사하고 그 특징을 분석한다.

➡ 19세기 동양의 맹주였던 청나라는 영국의 아편 유통으로 인해 맥없이 쓰러졌다. 약 200여 년 뒤인 현재, 중국이 생산한 마약이 미국을 뒤덮고 있다. 일각에서는 이를 제2의 냉전이라 부르기도 한다. 실제로 미국은 강력한 아편 유사 제제인 '펜타닐'과의 전쟁을 치르고 있다. 미국 펜타닐 문제의 심각성, 기적의 진통제라는 펜타닐이 어쩌다 죽음의 마약이 되었는지, 그 원인을 밝히고 미국 마약 문제의 근본적인 해결 방안을 제안해 보자.

관련 학과 의약계열 전체

《펜타닐—기적의 진통제는 어쩌다 죽음의 마약이 되었나》, 벤 웨스트호프, 장정문 역, 소우주(2023)

단원명 | 냉전과 열전

🔍 인권, 평화, 국제연합, 국·공내전, 6·25전쟁, 베트남 전쟁, 쿠바 미사일 위기, 미·소의 핵무기 경쟁, 제3세계

[12역현02-01] ● ● ●

제2차 세계대전 이후 인권·평화를 위한 국제 사회의 노력과 한계를 파악한다.

➡ 냉전 시대에 핵 기술은 원자력 발전 등 기술의 평화적 이용 외에 방사선 의학으로도 발전했다. 오늘날 방사선 의학은 질환에 대한 가장 직관적인 진단 기술이며 동시에 치료 기술로도 사용할 수 있어서 자체의 의학적 효과 외에 다른 진료과와 협업하기도 용이하여 새로운 의학 기술의 발전에 많은 도움이 되고 있다. 또한 방사선 의학은 의사 외에도 방사화학자, 방사약사, 전기·전자·기계공학 전문가, 핵공학 전문가, 물리학자, 방사선사 등 원자력·방사선 기술과 관련된 다양한 전공 인력과 융합하며 성장하고 있다. 방사선 의학의 특징과 최신의 연구 동향을 조사하여 발표해 보자.

`관련 학과` 의약계열 전체

《**방사선, 신비한 힘의 광선**》, 류성열, 북랩(2023)

[12역현02-03] • • •

세계 여러 지역의 전쟁 관련 기념 시설이 제시하는 기억 방식을 조사하여 분석한다.

➡ 의학과 의술은 인류를 살릴 수 있는 방향으로 진화해 왔다. 의료는 연구와 개선을 주축으로 삼고 있으며, 수많은 현대 의료법이 고대 의료법에서 진화해 왔다. 오늘날 사람들은 고대부터 의료계가 확장되고 개선되어 왔다는 사실에 감사한다. 고대에는 치료의 효능을 입증할 정도의 기술이 없었기 때문에 대부분의 치료법이 실험적이었다. 세계의 유명한 의학 박물관을 하나 선정해 박물관을 소개하는 팸플릿을 제작해 보자.

`관련 학과` 의약계열 전체

《**현대의학의 거의 모든 역사**》, 제임스 르 파누, 강병철 역, 알마(2016)

단원명 | 성장의 풍요와 생태환경

| 🔍 | 냉전의 완화, 닉슨 독트린, 소련의 변화와 해체, 독일 통일, 동유럽 공산권 붕괴, 중국의 개혁·개방, 세계화, 신자유주의, 자유무역, 정보통신 기술의 발달, 기후변화협약

[12역현03-01] • • •

세계 경제의 성장과 기술 혁신의 변화 양상을 조사한다.

➡ 크리스퍼(CRISPR) 시스템은 세균 등에서 발견되는 적응 면역 기작으로, 현재는 이를 응용한 유전체 편집 기술인 3세대 유전자 가위(RGENs)로 잘 알려져 있다. 초창기의 크리스퍼는 단순히 DNA를 절단하기 위해 사용되었다. 이후 크리스퍼는 사람의 유전체에 완전히 새로운 DNA 절편이나 유전자 전체를 삽입하여 기존의 유전정보를 다른 것으로 바꾸기 위한 기술로 개발 중이다. 이러한 기술이 상용화된다면 크리스퍼는 유전질환 외에 다른 건강 문제를 치료하는 데도 널리 사용될 수 있을 것이다. 유전자 가위 기술의 작동 원리, 발전 과정, 현재의 기술 수준과 현황, 윤리적 문제를 조사하여 발표해 보자.

`관련 학과` 의약계열 전체

《**김홍표의 크리스퍼 혁명**》, 김홍표, 동아시아(2017)

[12역현03-02] • • •

대중 소비 사회의 형성과 생태환경의 문제 및 극복 노력을 사례 중심으로 탐구한다.

➔ 현대 인류는 과거 인류가 처했던 척박한 환경과 다른 매우 윤택한 삶을 살고 있다. 그런데 현대사회를 살고 있는 우리 자신을 돌이켜 보면 개인들은 과거보다 더 불행하다고 느끼거나 과거에는 찾아볼 수 없던 정신적 문제를 겪고 있다. 이에 관해 먼저 과학기술 발전의 결과물이라고 볼 수 있는 대량생산·대량소비 체제의 현대 자본주의가 인간을 끝없는 욕망의 도가니 속으로 이끌고 있다는 점을 살펴볼 필요가 있다. 현대 소비 사회의 특성으로 인한 우울증에 관해 알아보고 그 치료 방안을 제안해 보자.

〔관련 학과〕 의약계열 전체

《소비사회―절망에서 행복하기》, 이종희, 좋은땅(2022)

[12역현03-03]   ● ● ●

기후변화와 관련된 협약 및 보고서를 조사하고, 그 의미를 추론한다.

➔ 기후 위기가 '진짜' 위기이고 이에 따라 인류의 삶이 당장 위험에 처해 있다는 것은 이제 상식이 되었지만, 이것을 의료 분야와 연결해서 생각하는 사람은 아직 많지 않은 것 같다. 기후 문제는 전 지구적 차원의 문제이고 의료는 다분히 개인적 수준의 문제라고 생각해서일 텐데, 사실 환경 문제가 우리에게 직접적으로 미칠 영향이 무엇인지 생각해 보면 이 둘은 생각보다 가까운 문제다. 기후 위기로 인해 생겨나는 의료 문제와 이를 해결하기 위한 방안을 제안해 보자.

〔관련 학과〕 의약계열 전체

《의료 인류학》, 메릴 싱어 외 3명, 문우종 외 2명 역, 메디컬에듀케이션(2023)

단원명 | 도전받는 현대 세계

|🔍| 유럽연합, 신자유주의, 정보통신 기술의 발전, 과학기술 혁명, 에너지 문제, 환경 문제, 지속 가능 개발, 경제 양극화, 반세계화 운동, 다원주의, 평화와 공존

[12역현05-01]   ● ● ●

경제의 세계화 이후 사회·경제적 변화를 국가, 지역, 세계적 차원에서 파악한다.

➔ 주요 산업에서 인공지능(AI)의 활용이 다양해지는 가운데, 의료계에서도 이를 접목하려는 움직임이 활발해지고 있다. 특히 구글과 마이크로소프트 등 글로벌 빅테크 기업이 의료용 AI의 성과를 보여 주면서 이제는 AI가 연구 차원이 아닌 실제 산업에 적용되는 단계로 발전하고 있다. 의료 분야에서 인공지능이 왜 중요할까? 다양한 이유가 있지만 크게 볼 때 첫째는 정확성, 둘째는 객관성 때문이다. 의료 분야의 AI 활용 사례를 조사하여 발표해 보자.

〔관련 학과〕 의약계열 전체

《의료 AI 입문》, 야마시타 야스유키, 양형규 역, 양병원출판사(2020)

[12역현05-02]   ● ● ●

다문화 사회의 갈등 문제를 역사적으로 파악하고, 이를 해결하기 위해 노력한 사례를 조사한다.

➔ 우리나라는 다문화 사회에 진입하고 있다. 통계청의 혼인통계를 봐도 국제결혼은 전체 혼인의 10%를 차지하

고 있다. 그동안 다문화 가족 지원법이 제정되고 외국인 정책 기본계획도 수립되어 다문화 가족에 대한 제도나 정책이 마련되고 있으며, '건강증진종합계획 2020'을 준비하면서 중점 과제 영역의 하나로 다문화 가족 건강 분야를 포함하여 우리사회의 새로운 건강 요구에 부응하려는 계획을 마련하고 있다. 우리나라 보건의료 관련 다문화 정책의 현황과 과제를 조사하여 발표해 보자.

관련 학과 의약계열 전체

《**치유의 시간**》, Kenneth M Ludmerer, 권복규 역, KMA의료정책연구소(2023)

국어 교과군

영어 교과군

수학 교과군

도덕 교과군

사회 교과군

과학 교과군

선택 과목	수능	사회문제 탐구	절대평가	상대평가
융합 선택	X		5단계	X

단원명 | 사회문제의 이해와 탐구

> | 🔍 | 사회문제의 의미와 특징, 사회문제를 이해하는 관점, 기능론, 갈등론, 상징적 상호작용론, 양적 연구, 질적 연구, 연구 절차, 과학적 탐구의 절차, 자료 분석, 추론, 결론 도출, 질적 자료의 해석, 자료의 시각화, 연구 윤리 준수, 객관적·개방적·상대주의적·성찰적·가치중립적 태도

[12사탐01-01] ● ● ●

사회문제의 의미와 특징을 이해하고, 사회문제를 바라보는 주요 관점을 비교한다.

➡️ 의학 분야에서 이슈가 되는 사회문제를 기능론과 갈등론, 상징적 상호작용론의 관점에서 살펴볼 수 있다. 예를 들어 사회·경제적 지위와 성별·지역 격차로 인한 건강 불평등 현상을 각각의 관점에서 해석하고 해결책을 제시하는 탐구활동을 할 수 있다. 또한 현대사회에서 정신건강과 관련된 사회문제가 발생하는 원인을 심리적 유대관계와 관련된 상징적 상호작용론의 관점에서 파악하고 사회와 개인의 유대관계를 강화하는 측면의 해결책을 모색할 수 있다.

[관련 학과] 의약계열 전체

《평등해야 건강하다》, 리처드 윌킨슨, 김홍수영 역, 후마니타스(2008)

[12사탐01-02] ● ● ●

사회문제에 대한 과학적 탐구의 필요성을 설명하고, 사회문제 탐구를 위한 연구 방법과 다양한 자료 수집 방법의 특징을 비교한다.

➡️ 의료와 보건 계열과 관련된 중요한 사회문제들의 조사에 양적 연구와 질적 연구를 병행해야 하는 이유를 탐구할 수 있다. 통계 수치와 객관적 관찰이 중요한 일반적인 의료 문제 연구에는 양적 연구 방법을 주로 적용하나, 정신의학적 연구 및 개별적 특이 사례 분석이 필요한 경우에는 심층 면접과 같은 질적 연구를 수행하는 경우가 많다. 이 분야에서 실제로 양적 연구와 질적 연구가 병행된 사례를 찾아본 뒤, 그 탐구 절차 및 자료 수집 방법(실험법, 질문지법, 면접법 등)을 파악하고 실효성을 분석해 보자.

[관련 학과] 의약계열 전체

《정신분석 강의》, 지그문트 프로이트, 임홍빈 외 1명 역, 열린책들(2020)

[12사탐01-03] ● ● ●

다양한 자료 수집 방법을 적용한 실제 사례를 활용하여 수집된 자료를 분석하고 해석하는 방법을 설명한다.

➡️ 의학과 관련된 주제로 양적 연구와 질적 연구를 병행해 보자. 예를 들어 평균 수명이 길어지면서 고령화 사회

에 접어든 후 노년층의 건강과 복지에 관련된 이슈들이 중요한 사회문제로 떠올랐다. 노인들의 평균 수명 증가 추세 및 매달 병원 진료를 위해 지출하는 비용 등 계량화된 통계자료를 양적으로 분석하고, 노인들을 직접 만나 자료를 수집, 해석하는 질적 연구 방법(면접법)을 통해 노년층의 생활 실태를 다각도로 조명하는 연구를 수행할 수 있다.

[관련 학과] 의약계열 전체

《행복한 노인은 누구인가》, 김영범 외 3명, 동인(2023)

[12사탐01-04] ● ● ●

사회문제의 탐구 과정에서 요구되는 연구 윤리를 설명하고, 연구 윤리를 준수하며 사회문제를 탐구하는 태도를 가진다.

➡ 생명을 다루는 학문인 의학과 약학 분야에서는 연구 윤리를 더욱 엄격하게 준수할 것이 요구된다. 의학 연구 과정에서 실험자가 피실험자에게 반드시 지켜야 하는 연구 윤리에 대해 알아보고, 인간을 대상으로 한 임상실험이나 동물실험의 윤리성에 대한 찬반 토론을 진행할 수 있다. 또한 의학 실험 과정에서 연구 윤리를 지키지 않아 논란이 된 사례들을 찾아 비윤리적인 부분을 파악하여 비판적으로 탐구하는 활동을 진행할 수 있다.

[관련 학과] 의약계열 전체

《생명의료윤리》, 구영모 외 8명, 동녘(2023)

단원명 | 일상생활과 사회문제

> 🔍 성 불평등 현상의 원인과 양상, 성 격차 지수, 성 불평등 지수, 성별 영향 분석 평가, 미디어의 기능, 미디어의 비판적 이해, 미디어를 통한 참여와 실천

[12사탐02-01] ● ● ●

일상생활에서 나타나는 성 불평등 문제의 실태를 조사하고, 원인과 해결 방안을 제시한다.

➡ 의학계에는 다양한 성 불평등 이슈들이 존재한다. 예를 들어 여성 의사의 수는 예전보다 증가했으나 남성 의사에 비해 적은 연봉을 받고 승진 기회에서 차별을 당하기도 한다. 또한 여성 의사와 간호사가 동료 또는 환자들의 성희롱에 더 많이 노출되는 등 근무 환경에서 불평등을 겪는 경우도 있다. 의사는 남성이 하고 간호사는 여성이 해야 한다는 성 역할에 대한 편견과 고정관념이 사회문제로 지적되고 있다. 이와 관련된 통계자료를 근거로 의료계의 성 불평등 사례들을 조사하고 해결 방안에 대해 토의해 보자.

[관련 학과] 의약계열 전체

《의사는 왜 여자의 말을 믿지 않는가》, 마야 뒤센베리, 김보은 외 1명 역, 한문화(2019)

[12사탐02-02] ● ● ●

청소년의 미디어 이용 과정에서 나타나는 문제를 조사하고, 원인과 해결 방안을 제시한다.

➡ 과다한 인터넷과 스마트폰 사용이 청소년 비만, ADHD, 거북목 증후군, 손목 터널 증후군 등 각종 질환의 원인임을 알려주는 사례를 찾아 미디어 중독이 건강에 끼치는 악영향에 대해 탐구해 보자. 조사 결과를 바탕으로

자신의 미디어 이용 실태를 성찰적으로 파악한 뒤 개선할 점을 찾을 수 있다. 또한 미디어를 통해 빠르게 전파되는 그릇된 의학 정보들이 대중의 건강에 미치는 영향에 대해 분석하고 정보를 비판적으로 수용하는 자세의 중요성에 대해 토의해 보자.

관련 학과 의약계열 전체

《**미디어와 건강**》, 클라이브 실, 유동주 역, 한울아카데미(2009)

단원명 | 변화하는 세계와 사회문제

| 🔎 | 저출산, 고령화, 지방 소멸, 지역 불평등, 복지 비용 증가, 양성 평등, 인공지능, 사회 양극화, 인공지능의 편향성, 자율성 침해, 인공지능과 윤리

[12사탐03-01]   • • •

저출산·고령화로 인해 발생하는 다양한 사회문제의 실태를 조사하고, 해결 방안을 제시한다.

➡ 의학의 발달로 평균 수명이 증가하고 고령화 사회로 접어들면서, 노인들의 건강과 관련된 다양한 문제들이 발생하고 있다. 치매와 관절염 같은 퇴행성 질환을 비롯해 정신적으로 우울증을 겪는 노인의 수가 매년 증가하고 노인 자살률이 급증하여 사회문제가 되고 있다. 또한 경제적 어려움으로 인해 의료 서비스의 사각지대에 놓인 노인들의 수도 늘고 있다. 이러한 노인 문제에 대한 개인적·사회적 측면의 대책을 모색하고, 노인들이 사회의 구성원으로 건강한 삶을 누릴 수 있는 의료 시스템 구축 방안에 대해 토론해 보자.

관련 학과 의약계열 전체

《**80세의 벽**》, 와다 히데키, 김동연 역, 한스미디어(2022)

[12사탐03-02]   • • •

인공지능 발전 과정에서 나타날 수 있는 다양한 사회문제를 탐색하고, 대응 방안을 제시한다.

➡ 인공지능이 도입되면서 의학계가 겪을 것으로 예상되는 변화와 그에 따른 문제점에 대해 탐구하고 토론을 진행할 수 있다. 예를 들어 인공지능이 환자의 질병 데이터를 수집하고 분석한 뒤 내리는 처방에 대한 책임은 누가 져야 하는지, 인공지능을 통한 의료 행위가 사람들의 건강에 악영향을 끼치지는 않을지, 인공지능으로 인해 의료계에 이미 일어나고 있는 기술적 실직의 사례는 무엇인지 등을 주제로 토의하고, 앞으로 일어날 변화에 대한 의견을 나눌 수 있다.

관련 학과 의약계열 전체

《**의료 인공지능**》, 최윤섭, 클라우드나인(2018)

국어 교과군

영어 교과군

수학 교과군

도덕 교과군

사회 교과군

과학 교과군

선택 과목	수능	**금융과 경제생활**	절대평가	상대평가
융합 선택	X		5단계	X

단원명 | 행복하고 안전한 금융 생활

| 🔍 | 자원의 희소성, 합리적 선택, 금융 의사결정, 재무적 특성, 비재무적 특성, 거시적 요인, 인터넷 뱅킹, 모바일 뱅킹, 간편 결제 서비스, 전자화폐, 디지털 금융, 계약, 약관, 금융 사기, 예방, 금융 소비자 보호 제도 |

[12금융01-01] ●●●

행복하고 안전한 금융 생활에 필요한 금융 정보를 탐색하고 평가하며, 단기와 장기의 관점을 고려하여 합리적인 금융 의사결정을 한다

➡ 뇌과학과 신경과학을 활용하여 금융 의사결정이 어떻게 이루어지는지 연구할 수 있다. 뇌 스캔 및 신경과학적 연구를 통해 금융 결정과 관련된 뇌 활동을 분석하고, 신경과학적 원리를 통해 금융 선택의 인과 관계를 파악할 수 있다. 특히 잘못된 선택을 하는 사람들의 사례를 통해 금융 의사결정에 도움이 되는 다양한 의학적 지식을 사람들에게 알려줄 수 있다. 의사결정에서 투기나 투자를 구분하지 못하거나 일확천금을 노리는 다양한 사람들의 사례를 의학적으로 분석한 내용을 조사해 보자.

관련 학과 의약계열 전체

《**비열한 시장과 도마뱀의 뇌**》, 테리 버넘, 이주영 역, 다산북스(2023)

[12금융01-02] ●●●

디지털 금융 환경에서 나타난 금융 서비스의 변화된 특징을 이해하고 디지털 금융 서비스를 효과적으로 이용한다.

➡ 디지털 금융은 의료 서비스 결제 및 의료 비용 관리를 간편하게 하도록 도와줄 수 있다. 환자들은 디지털 지불 수단을 통해 의료 서비스 비용을 결제할 수 있고 의료 비용의 추적 및 관리를 효율적으로 할 수 있다. 헬스테크 기업은 디지털 금융을 활용해 자금을 조달하고 성장을 지원하고 있다. 투자자들은 헬스테크 분야에 투자해 의료 기술의 혁신과 개발을 지원하며, 디지털 금융 기술을 통해 투자를 관리한다. 헬스테크 기업의 사례를 조사하고 분석해 보자.

관련 학과 의약계열 전체

《**의료기기 산업의 미래에 투자하라**》, 김충현, 클라우드나인(2020)

[12금융01-03] ●●●

안전한 금융 거래를 위한 계약(약관)의 중요성을 인식하고, 금융 사기 예방과 피해 구제를 위해 마련된 주요 금융 소비자 보호 제도를 탐구한다.

➡ 금융사기 피해자들의 회복을 위한 다양한 정책들 중 보건 관련 정책에 대해 탐구할 수 있다. 금융사기 피해자들은 극심한 우울증에 시달리거나 극단적인 선택을 하는 경우가 많다. 이러한 사태를 막기 위한 다양한 의학적

지원 방법에 대해 조사해 보자. 금융사기 피해로 인한 스트레스, 불안, 우울증, 수면 문제 및 기타 정신적·신체적 건강 문제에 대한 의학적 지원이 필요할 수 있다. 피해자들의 정신적·신체적 고통을 분석하고 적절한 대안을 제시해 보자.

관련 학과 의약계열 전체

《마음이 아니라 뇌가 불안한 겁니다》, 다니엘 G. 에이멘, 이은경 역, 위즈덤하우스(2023)

단원명 l 수입과 지출

🔍 근로 소득, 사업 소득, 재산 소득, 총소득, 가처분 소득, 소득에 영향을 미치는 요인, 기초 소득, 소비, 소비 지출, 비소비 지출, 대출 금리, 지불 수단(현금, 카드), 지불 방법(일시불, 할부), 예산, 버킷리스트, 예산 작성, 예산 수립, 평가, 예산 계획서, 기대 수입, 생애 주기

[12금융02-01] • • •

소득이 수입의 주요 원천임을 이해하고 소득에 영향을 미치는 다양한 요인을 탐구한다

➡️ 소득 수준이 대사 과정 및 신체 대사 활동에 미치는 영향을 연구할 수 있다. 소득과 비만, 당뇨병, 심혈관 질환 등의 관련성을 분석해 보자. 예를 들어 최근에 소득과 비만의 상관관계를 연구한 다양한 사례들이 있다. 소득 수준이 개인의 건강에 어떤 영향을 주는지 다양한 주제로 탐구해 보자. 건강에 신경 쓰는 정도, 건강검진 비율, 섭취하는 음식 등 여러 가지 요인이 건강에 영향을 미친다. 소득이 건강에 영향을 미치는 정도가 감소하도록 다양한 정책과 대안을 조사하여 발표할 수도 있다.

관련 학과 의약계열 전체

《위대한 탈출―건강, 부 그리고 불평등의 기원》, 앵거스 디턴, 최윤희 외 1명 역, 한국경제신문(2015)

[12금융02-02] • • •

소비 지출과 비소비 지출을 구분하고 지출에 영향을 미치는 요인을 파악하여 합리적인 소비를 실천한다.

➡️ 소비와 건강의 상관관계를 조사할 수 있다. 소비가 건강에 어떤 영향을 미치는지 연구하고, 소비의 종류, 양, 품질 등이 건강에 미치는 영향을 분석해 보자. 음식, 음료, 약물, 화장품 등의 소비와 건강의 관련성을 조사하여 발표를 진행할 수 있고, 건강에 좋은 소비 방향에 대해 발표할 수도 있다. 또한 소비가 감염병의 발생과 확산에 어떤 영향을 미치는지 연구하고 소비의 종류, 양, 방법 등이 감염병의 위험성과 예방에 미치는 영향을 분석해 보자. 다양한 질병들이 소비재와 연관되어 있다. 이러한 질병의 종류를 분석하고 예방과 해결책은 무엇인지 조사해 보자.

관련 학과 의약계열 전체

《인류에게 필요한 11가지 약 이야기》, 정승규, 반니(2020)

[12금융02-03] • • •

예산의 의미와 예산 관리 방법을 이해하고 자신의 금융 생활에서 예산을 수립·점검·평가한다.

➡️ 개인 예산 관리와 관련된 의학적 탐구주제는 금융 스트레스, 뇌 기능 및 의사결정과 관련된 신경과학적 연구를 포함한다. 또한 예산을 작성할 때는 생애 주기의 건강과 연관하여 탐구를 진행할 수 있다. 예를 들어 개인 예산

을 효과적으로 관리하면 건강 관리에 필요한 비용을 관리하고 절감할 수 있다. 예산을 효율적으로 관리하면 의료 서비스, 건강 보험, 건강 관리 비용 및 약물 관련 지출을 관리하는 데 도움이 된다. 생애에 걸친 건강 패턴을 분석하고 이러한 패턴에 대응하는 예산을 작성해 보자. 또한 이러한 의사결정에 영향을 미치는 다양한 신경학적 요인들을 조사할 수도 있다.

관련 학과 의약계열 전체

《**제국과 건강**》, 하워드 웨이츠킨, 정웅기 외 1명 역, 나름북스(2019)

단원명 | 저축과 투자

| 🔍 저축, 금리, 예금, 적금, 주택청약저축, 세금, 물가, 소비, 주식, 채권, 펀드, 금리, 인플레이션, 환율, 투자 정보, 신뢰할 수 있는 정보, 경제지표, 저축, 투자, 자기 책임, 예금자 보호 제도, 투자자 보호 제도, 구제 방안

[12금융03-01]   ● ● ●

저축의 경제적 의의와 다양한 저축 상품의 특징을 이해하고 저축에 영향을 미치는 요인을 탐구한다.

➡ 건강 관련 비용과 의료 관련 지출은 개인 및 가정의 예산에 큰 영향을 미치고 있다. 어떻게 하면 의료 비용을 줄이고 건강한 금전 관리 습관을 들일 수 있는지 탐구해 보자. 연령별로 많이 걸리는 질병들을 분석하고 그 병에 필요한 의료 비용을 계산할 수 있다면, 소비와 저축에 적절한 비용을 분배할 수 있을 것이다. 또한 노년층이 자주 걸리는 질병들은 노후에 필요한 자금 확보와 관련이 있다. 노환과 관련된 치료와 회복에 얼마나 많은 비용이 들어가는지 분석해 보자.

관련 학과 의약계열 전체

《**건강의 비용**》, 김재홍, 파지트(2022)

[12금융03-02]   ● ● ●

기본적인 금융 투자 상품의 종류와 특징을 이해하고 투자에 영향을 미치는 요인을 탐구한다.

➡ 의약품과 의학 기술에 투자하는 다양한 펀드와 프로그램이 있다. 의약품의 발전을 위해서는 많은 자금이 필요하며, 다양한 방법으로 자금을 모집하고 있다. 현재 존재하는 의학 관련 펀드를 알아보고 이를 통해 만들어진 다양한 약품들을 찾아보자. 최근 기업들이 의약품이나 의료기기와 관련된 다양한 개발을 하고 있다. 이런 기업들의 사례를 분석할 수도 있다. 건강 관리 및 의료 기술 기업에 대한 투자가 어느 분야에서 이루어지고 있는지 탐구할 수도 있다. 예를 들어 붙이는 혈당 패치 개발 같은 헬스케어 산업의 금융 성과, 혁신과 투자의 상호작용에 관해 탐구해 보자.

관련 학과 의약계열 전체

《**제로 함—환자와 직원 모두가 안전한 병원 만들기**》, 크레이그 클래퍼 외 2명, 강명신 역, 청년의사(2019)

[12금융03-03]   ● ● ●

저축과 투자의 장단점을 고려하여 자기 책임의 원칙에 따라 저축과 투자를 결정하며, 활용할 수 있는 예금자 보호 제도와 투자자 보호 제도를 탐색한다.

➡️ 투자자는 투자 전략을 수립하고 리스크를 관리해야 한다. 투자 실패는 투자 전략의 결함 또는 적절한 리스크 관리 부족과 연관되며, 이는 투자자의 책임과 관련 있을 수 있다. 투자 실패의 책임을 사회가 져야 하는지, 그리고 그 책임은 어디까지인지 탐구해 보자. 이런 상황에서 실패자들을 보건, 의료적으로 돕는 다양한 방안을 모색해 볼 수 있다. 최근 코인과 주택과 관련한 많은 투자 실패 사례들이 있다. 이 상황에서 받을 수 있는 보건 관련 도움 방안을 모색하고 발표해 보자.

  관련 학과 의약계열 전체

《**노후파산**》, NHK 스페셜 제작팀, 김정환 역, 다산북스(2016)

단원명 | 신용과 위험 관리

🔍 신용, 신용카드, 신용 관리, 이자, 할부 수수료, 카드 연회비, 신용 관리 습관, 신용회복위원회, 채무 조정, 개인 회생, 신용 회복 지원, 사회 보험, 민영 보험, 자동차 보험, 화재 보험, 실손 보험, 실비 보험, 은퇴, 기대수명, 공적 연금, 퇴직 연금, 개인 연금, 노후 대비

[12금융04-01]   ● ● ●

신용 사용의 결과를 고려한 책임감 있는 신용 관리 태도를 기르고, 신용에 영향을 미치는 요인을 파악하여 자신의 신용을 효과적으로 관리하는 방법을 탐구한다.

➡️ 금융적 어려움이나 부채로 인해 발생하는 스트레스가 건강에 미치는 영향을 알아볼 수 있다. 스트레스와 관련된 건강 문제, 예를 들어 우울증, 불안, 고혈압, 체중 관리 등을 주제로 탐구해 보자. 경제적 어려움은 스트레스의 가장 큰 원인이 될 수 있다. 이를 효과적으로 관리하는 방안을 알아보고, 지속적인 금융 생활을 위해 필요한 건강 관리 기법도 탐구할 수 있다. 이러한 정신적 건강 문제를 유발하는 원인을 어떻게 제거할 것인지, 그 방법과 치료 방법을 탐구해 보자.

  관련 학과 의약계열 전체

《**미세 스트레스**》, 롭 크로스·캐런 딜론, 구세희 역, 21세기북스(2024)

[12금융04-02]   ● ● ●

위험 관리의 필요성과 위험 관리 방법으로서 보험의 원리를 이해하고, 주요 보험 상품의 특징을 비교한다.

➡️ 의료 기술의 발전과 보험업계 간의 관계에 초점을 맞춰 탐구를 진행할 수 있다. 의료 기술의 발전이 보험 회사와 환자에게 어떤 이점을 제공하는지 알아보자. 예를 들어 고급 의료기기나 수술 방식의 개선이 의료 비용이나 보험 회사의 비용을 줄이는 데 어떤 역할을 하는지 탐구해 볼 수 있다. 보험 약관을 분석하여 질병과 의학의 관계를 조사해 보자. 또한 앞으로 발생할 수 있는 다양한 질병들에 대해 보험이 어떻게 대처하고 있는지를 주제로 탐구를 진행할 수도 있다.

  관련 학과 의약계열 전체

《**건강보험이 아프다**》, 이은혜, 북앤피플(2023)

국어 교과군

영어 교과군

수학 교과군

도덕 교과군

사회 교과군

과학 교과군

[12금융04-03]

● ● ●

고령 사회에서 노후 설계의 필요성을 이해하고, 연금의 종류와 특징을 파악하여 안정적인 노후 대비 계획을
설계한다.

➜ 의료 기술의 진보는 노후 의료 서비스의 질을 향상할 수 있으며, 이는 연금 수령자의 증가와 함께 의료 복지에
영향을 미칠 수 있다. 국민연금이나 다른 사적 연금이 의료 기술의 향상에 어떻게 대응하고 있는지 파악해 보
자. 또한 다양한 전염병의 발생은 연금에 영향을 줄 수 있다. 최근 기대수명에 영향을 준 전염병이나 질병을 조
사하고 발표를 진행해 보자. 앞으로 기대수명이 증가하면 연금의 수령 시기와 수령 금액에 차이가 생길 수 있
다. 앞으로의 변화를 예측하고 자신의 생각을 발표해 보자.

관련 학과 의약계열 전체

《**노화의 종말**》, 데이비드 A. 싱클레어 외 1명, 이한음 역, 부키(2020)

단원명 | 인간과 기후변화

| 🔍 | 지구 온난화, 해수면 상승, 해양 산성화, 기상이변, 온실 기체, 탄소중립, 탄소 배출, 티핑 포인트, 지속 가능 에너지, 파리 협정

[12기지01-01] • • •

지구적 차원에서 나타나는 기후변화의 심각성을 사례를 통해 파악하고, 기후변화를 바라보는 관점의 다양성을 이해한다.

➡ 기후위기는 취약 인구가 처한 기존의 인도적 위기를 더욱 악화시킨다. 예컨대 니제르에서는 강우 패턴이 바뀌어 식량 생산에 큰 영향을 미치고 있으며, 말라리아와 같은 감염병의 확산이 더욱 심각해지고 있다. 이는 인구압과 토지 사용과 밀접히 연관되어 폭력이나 실향을 초래하고, 전염병이나 식량 안보 위기의 반복적인 발생을 야기한다. 특히 말라리아와 영양실조의 동시 발생은 5세 미만 아동에게 치명적이다. 기후위기가 곧 의료보건의 위기인 이유, 소외 인구를 돕기 위한 인도적 노력에 대해 조사하여 발표해 보자.

관련 학과 의약계열 전체

《인류의 절망을 치료하는 사람들》, 댄 보르톨로티, 고은영 외 1명 역, 씨앗을뿌리는사람(2013)

[12기지01-02] • • •

기후변화는 자연적 요인뿐만 아니라 인간의 다양한 활동 및 산업과 관련되어 있다는 점을 이해하고, 탄소중립을 위한 사회 변화의 방향을 탐구한다.

➡ 탄소중립은 국제 사회는 물론 우리 사회를 급변시키는 촉매제가 될 것이다. 탄소중립을 행하지 않으면 도덕적으로 손가락질을 받게 될 것이며 탄소중립을 지향하지 않는 산업은 성장할 수 없는 시대가 오고 있다. 우리나라는 2030년의 온실가스 배출량을 2018년 대비 40% 감축한다고 이미 선언했다. 보건의료계도 예외가 될 수 없다. 병원은 면역력이 떨어진 환자들이 치료받는 곳이므로 다른 업종에 비해 에너지 소비가 높다. 탄소중립을 위한 보건의료계의 노력을 조사하여 발표해 보자.

관련 학과 의약계열 전체

《넷제로 카운트다운》, 이진원 외 1명, 초록비책공방(2023)

단원명 | 기후정의와 지역문제

> | 🔍 | 기후 재난, 불평등 문제, 기상 재해, 해수면 상승, 이상기후, 온실가스, 기후정의, 경제 양극화, 저탄소 녹색성장, 지구 생태계, 생물 다양성

[12기지02-01] ● ● ●

세계 여러 지역에서 발생하고 있는 기후 재난의 실제를 파악하고, 이를 둘러싼 쟁점을 다양한 자료를 통하여 분석한다.

➡️ 최근 50년간 신종 감염병이 급격히 증가한 것은 병원체의 자연적 진화도 원인이지만 가장 큰 원인은 지구 온난화 때문이라는 연구 결과가 보고되고 있다. 실제로 기후변화 대응을 위한 정부간 협의체(IPCC)는 기후변화로 인류생태계를 위협하는 5가지 요소 중 하나로 '감염병'을 뽑았다. 지속된 기후변화는 홍수, 폭염 등으로 물과 식품을 오염시키거나 강우 패턴을 변화시켜 질병 매개 동물의 분포에 변화를 일으키고 신종 감염병 발생률을 높인다. 기후변화로 발생하는 감염병 실태, 감염병 증가의 원인과 발생 과정, 감염병 증가를 막기 위한 전략과 방안을 조사하여 발표해 보자.

관련 학과 의예과, 의학과, 약학과, 간호학과, 임상병리학과, 제약학과, 제약공학과, 의료정보학과, 보건의료정보학과, 보건관리학과, 건강관리학과

《**에코데믹, 끝나지 않는 전염병**》, 마크 제롬 월터스, 이한음 역, 책세상(2020)

[12기지02-02] ● ● ●

기후변화의 영향은 지리적 조건 및 사회적·경제적 조건에 따라 차별적으로 나타나고 있음을 이해하고, 이와 관련한 쟁점과 사례를 조사한다.

➡️ 살인적인 폭염은 인류의 생명 자체를 위협하는 공포다. 2023년 7월은 기상관측 역사상 가장 더운 달이었고, 이란에서는 인체의 한계를 시험하는 66.7도라는 믿을 수 없는 열파지수(체감온도)를 기록하기도 했다. 지구가 펄펄 끓고 있다. 2023년이 다른 해보다 살인적인 폭염이었던 과학적 원인과 근거, 각 국가별 폭염 사례, 폭염 예방과 대비책을 조사하여 발표해 보자.

관련 학과 의약계열 전체

《**폭염 사회―폭염은 사회를 어떻게 바꿨나**》, 에릭 클라이넨버그, 홍경탁 역, 글항아리(2018)

[12기지02-03] ● ● ●

기후정의의 관점에서 기후변화에 따른 불평등 문제의 해결 방안을 모색하고, 기후변화에 대한 인간의 책임과 의무에 대해 성찰한다.

➡️ 기후위기로 인한 폭우나 폭염이 홍수를 일으키고 인명 사상으로 이어지는 것도 큰일이지만, 기후위기는 개인의 건강에도 큰 영향을 미친다. 그런데 이때 불균등하게 영향을 미치기 때문에, 이는 무엇보다 정의의 문제이기도 하다. 기후가 변화해도 대처할 수 있는 자원을 지닌 이들은 별 문제를 느끼지 못하고 살아갈 것이다. 기후 재난의 관점에서 의료 불평등 문제의 근본 원인과 이를 해결할 방안을 제안해 보자.

관련 학과 의약계열 전체

《**위대한 탈출―건강, 부 그리고 불평등의 기원**》, 앵거스 디턴, 최윤희 외 1명 역, 한국경제신문(2015)

단원명 | 지속 가능한 세계를 위한 생태전환

> **| 🔍 |** 적정 기술, 순환 경제, 지속 가능 사회, 지속 가능 생태계, 생물 다양성, 생태전환, 탄소중립, 녹색성장, 저탄소 에너지 경제, 생태도시, 환경 비정부기구(NGO)

[12기지03-03]   ● ● ●

지역 공동체의 생태전환을 위한 다양한 노력 사례를 조사하고 지역의 지속 가능한 사회·생태 체계를 탐색한다.

➡ 세계보건기구는 2021년 특별보고서에서 기후변화를 인류의 생명과 건강을 위협하는 가장 큰 문제로 규정했다. 이런 상황에서 충분한 지역 공공의료는 필수이며 지역 의료기관이 지역 활성화를 위해 중심기관 역할을 해야 한다. 한국은 인구 1,000명당 병상 수가 13.2개로 OECD 평균의 3배이지만, 공공의료 병상 수는 1,000명당 1.2개에 불과하다. 공공의료 확대의 필요성과 공공의료 활성화를 위한 방안을 제안해 보자.

　　관련 학과 의약계열 전체

《**건강의 공공성과 공공보건의료**》, 김창엽, 한울아카데미(2019)

[12기지03-04]   ● ● ●

기후변화에 대응하기 위한 적정 기술과 순환 경제의 역할의 중요성을 파악하고, 에너지 전환의 중요성에 대한 이해를 바탕으로 지속 가능한 세계의 모습을 제안한다.

➡ 디지털 시대인 오늘날에는 이전에 존재하지 않던 최신 혁신 기술이 출현하고 있지만, 비교적 높은 비용 때문에 적정 기술의 전제를 만족시키기 어렵다. 하지만 기술이 지속적으로 발전함에 따라 관련 비용이 지속적으로 하락하고, 경제적인 비용으로 많은 사람에게 보급할 수 있는 기술이 계속 등장하고 있다. 이를 적정 의료 기술이라 하며, 이것은 우리의 생활 양식과 주변 환경을 급격히 변화시키고 있다. 디지털 시대의 적정 의료 기술의 동향과 사례를 조사하여 발표해 보자.

　　관련 학과 의약계열 전체

《**10대를 위한 적정기술 콘서트**》, 장수영 외 8명, 7분의언덕(2021)

단원명 | 공존의 세계와 생태시민

> **| 🔍 |** 지속 가능 발전 목표(SDGs), 지속 가능한 세계, 지구 생태계, 기후변화, 지속 가능한 소비와 생산, 생태시민, 성장의 한계, 생태 발자국, 리우 선언, 생태 전환

[12기지04-01]   ● ● ●

지속 가능 발전 목표(SDGs)의 의미를 이해하고, 이의 실천과 관련한 지역 사례들을 조사하여 환경적·경제적·사회적 측면에서 통합적으로 분석한다.

➡ 우리나라뿐 아니라 전 세계가 3년 이상 코로나19라는 미증유의 감염병과 사투를 벌인 이후, 넥스트 코로나 시대를 잘 대비하는 보건의료 체제의 구축이 필요해졌다. 특히 고령화, 저출산 등 인구구조 변화로 건강보험 재정 부담이 커질 것으로 예측되며, 국민건강 보호라는 사회적 책임 완수를 위해서는 건강보험요율과 국고 보조

금이 선진국 수준으로 확대되어야 한다. 정부의 전폭적인 지원 정책과 강력한 의지가 함께 발현될 때 우리나라 보건의료 산업의 육성과 발전도 기대할 수 있다. 현재 우리나라의 지속 가능한 보건의료를 위해 변화해야 할 점과 필요한 정책을 조사하여 발표해 보자.

관련 학과 의약계열 전체

《의료경영학》, 이견직, 도서출판청람(2021)

[12기지04-03] ● ● ●

정의, 책임 그리고 배려 등과 같은 생태시민의 덕목을 사례 탐구를 통해 이해하고, 인간 및 비인간이 함께 평화롭게 살아가는 공존의 세계를 위한 다층적 스케일에서의 실천 방안을 찾아 적극적으로 참여한다.

➡ 현대 의료는 병리학적 접근법에 기반을 둔 치료와 예방에 초점을 맞추고 있다. 그러나 이러한 전통적인 접근법은 환자의 생태계를 고려하지 않고 종종 증상의 해결에만 초점을 두는 경향이 있다. 이에 반해 생태의학은 인간의 건강과 질병을 환경, 사회 및 생태학적 요소와의 상호작용으로 이해하고 이를 통한 혁신적인 접근법을 제시한다. 생태의학의 개념과 원리, 생태의학적 접근법과 혁신적인 질병 예방 방법 등을 조사하여 발표해 보자.

관련 학과 의약계열 전체

《생태의학》, 한면희 외 1명, 무명인(2019)

국어 교과군

영어 교과군

수학 교과군

도덕 교과군

사회 교과군

과학 교과군

과학 교과군

구분	교과 (군)	공통 과목	선택 과목		
			일반 선택	진로 선택	융합 선택
보통 교과	과학	통합과학1 통합과학2 과학탐구실험1 과학탐구실험2	물리학 화학 생명과학 지구과학	역학과 에너지 전자기와 양자 물질과 에너지 화학 반응의 세계 세포와 물질대사 생물의 유전 지구시스템과학 행성우주과학	과학의 역사와 문화 기후변화와 환경생태 융합과학 탐구

공통 과목	수능	**통합과학1**	절대평가	상대평가
	○		5단계	5등급

단원명 │ 과학의 기초

| 🔍 | 시간, 공간, 길이, 측정, 기본량, 단위, 어림, 분석, 정보, 디지털 변환, 정보통신 기술, 현대 문명

[10통과1-01-01] ● ● ●

자연을 시간과 공간에서 기술할 수 있음을 알고, 길이와 시간 측정의 현대적 방법과 다양한 규모의 측정 사례를 조사할 수 있다.

➡ 몸이 아파서 병원에 다녀오면 담당 의사가 진료 후 처방전을 발급해 준다. 약에 따라 복용 시간이 중요한데, 어떤 약은 식사 전에 먹어야 하고, 어떤 약은 식사 후에 복용해야 효과가 높아진다. 예를 들어 일부 약은 식사 전에 복용하면 위장장애를 일으킬 수 있고, 반대로 식사 후에 먹어야 효과가 좋은 약도 있다. 대부분의 약 봉지에는 "식후 30분에 복용하세요."와 같이 '식후 30분'이라는 시간이 명시되어 있다. 약 복용 시간이 중요한 이유와 복용 시 주의할 사항을 조사하여 발표해 보자.

(관련 학과) 간호학과, 건강관리학과, 보건관리학과, 수의예과, 약학과, 의예과, 치의예과, 한약학과, 한의예과
《약 제대로 알고 복용하기》, 로버트 S. 골드, 정현희 역, 조윤커뮤니케이션(2018)

[10통과1-01-02] ● ● ●

과학 탐구에서 중요한 기본량의 의미를 알고, 자연 현상을 기술하는 데 단위가 가지는 의미와 적용 사례를 설명할 수 있다.

➡ 나라마다 사용하는 단위가 서로 다른 상황에서 국가 간 재화와 정보의 교환이 활발해짐에 따라 국제적으로 단위를 통일하자는 논의가 일어났다. 1875년에 미터법을 국제 표준으로 채택하자는 미터 조약이 체결되었으며, 1960년 제11차 국제도량형총회에서는 국제단위계(SI 단위계)를 공식적인 국제표준으로 채택하였다. 이 표준에는 길이(m), 질량(kg), 시간(s), 전류(A), 온도(K), 물질량(mol), 광도(cd)의 7개 기본 단위가 포함된다. 의약 분야에서는 이러한 기본 단위 외에도 약물 용량, 농도, 투약 빈도 등을 나타내기 위해 특수한 단위들이 사용된다. 의약 분야에서 사용하는 주요 단위를 조사하고, 각 단위의 의미와 적용 사례를 탐구하여 발표해 보자. 발표 자료를 중심으로 국제 표준 단위의 중요성과 의약 분야에서 단위가 환자의 안전과 효과적인 치료에 미치는 영향에 대해 토의해 보자.

(관련 학과) 의약계열 전체
《과학과 공학의 기초를 쉽게 정리한 단위·기호 사전》, 사이토 가쓰히로, 조민정 역, 그린북(2019)

[10통과1-01-03] ● ● ●

과학 탐구에서 측정과 어림의 의미를 알고, 일상생활의 여러 가지 상황에서 측정 표준의 유용성과 필요성을 논증할 수 있다.

➡️ 측정은 정확한 결과를 얻기 위해 도구를 활용해 신중하게 수행하는 과정이며, 어림은 대략적인 값을 빠르게 얻어야 할 때 주로 사용된다. 두 방법 중 적합한 선택은 상황과 목적에 따라 달라질 수 있다. 의약 분야에서는 정확한 진단과 치료를 위해 다양한 상황에서 측정과 어림이 필요하다. 의약 분야에서 측정과 어림이 왜 중요한지 조사하고, '의료 현장에서 어림이 유용하게 활용되는 사례와 한계점'을 주제로 보고서를 작성해 보자.

관련 학과 의약계열 전체

《**측정의 과학**》, 크리스토퍼 조지프, 고현석 역, 21세기북스(2022)

단원명 | 물질과 규칙성

| 🔍 | 천체, 스펙트럼, 원소, 생명체, 우주 역사, 주기성, 규칙성, 결합, 성질, 지각, 단위체, 전기적 성질

[10통과1-02-03]   •••

세상을 구성하는 원소들의 성질이 주기성을 나타내는 현상을 통해 자연의 규칙성을 도출하고, 지구와 생명체를 구성하는 주요 원소들이 결합을 형성하는 이유를 해석할 수 있다.

➡️ 약은 질병이나 상처를 치료하는 데 쓰이는 모든 물질을 가리키는 의학 용어이다. 신약을 개발하는 의약 화학자들은 분자 구조를 설계하고 조정하는 과정을 통해 효과적인 약을 개발한다. 이들은 화합물에 탄소, 수소, 산소 같은 원자를 추가하거나 제거하고, 큰 분자를 연결하여 특정한 형태를 만든다. 이렇게 조각된 화합물은 질병을 일으키는 단백질에 결합해 기능을 방해함으로써 치료 효과를 발휘한다. 약을 개발하기 위해서는 원소의 주기성과 성질을 이해하는 것이 매우 중요하다. 주기율표를 조사하여 인포그래픽으로 작성하고, 이를 학급 게시판에 전시해 약 개발에 필요한 화학 지식을 공유해 보자.

관련 학과 간호학과, 물리치료학과, 보건관리학과, 수의예과, 약학과, 의료공학과, 의예과, 임상병리학과, 작업치료학과, 재활학과, 치기공학과, 치위생학과, 치의예과, 한의예과

《**분자 조각가들**》, 백승만, 해나무(2023)

[10통과1-02-05]   •••

지각과 생명체를 구성하는 물질들이 기본 단위체의 결합을 통해서 형성된다는 것을 규산염 광물, 단백질과 핵산의 예를 통해 설명할 수 있다.

➡️ 지각과 생명체를 구성하는 물질들은 기본 단위체의 결합을 통해 형성된다. 이 과정은 화학적·생물학적·물리적 과정을 포함하며, 의약 분야에서도 중요한 역할을 한다. 의약 분야에서 자주 다루는 원소로는 수소, 산소, 탄소, 질소 등이 있으며, 이들 원소는 생명체를 구성하는 단백질과 핵산 등의 주요 물질을 형성한다. 단백질과 핵산은 생명체 내에서 세포 구조를 이루며, 다양한 생리적 기능과 약물 작용에 관여한다. 단백질과 핵산이 기본 단위체의 결합을 통해 형성되는 과정을 조사하고, '의약 분야에서 단백질과 핵산의 구조와 약물 작용 원리 탐구'를 주제로 보고서를 작성해 보자.

관련 학과 의약계열 전체

《**세포학: 분자적 접근**》, Geoffrey M. Cooper, 문자영 외 16명 역, 월드사이언스(2021)

국어 교과군

영어 교과군

수학 교과군

도덕 교과군

사회 교과군

과학 교과군

지구를 구성하는 물질을 전기적 성질에 따라 구분할 수 있고, 물질의 전기적 성질을 응용하여 일상생활과 첨단 기술에서 다양한 소재로 활용됨을 인식한다.

➡ 물질의 전기적 성질을 연구하고 분석하면 첨단기술 분야에 활용할 수 있는 소재를 개발하여 기술 발전과 산업 혁신을 이룰 수 있다. 첨단 소재에는 나노 물질, 그래핀, 3D 프린팅 소재, 바이오 소재 등이 있으며, 이러한 소재들은 의료 분야에서도 큰 잠재력을 가진다. 특히 의료용 센서, 생체 이식 장치, 신경 전도체 등에서는 전기적 성질이 중요한 역할을 하고 질병 진단과 치료 기술의 혁신을 가능하게 한다. 이러한 첨단 소재를 개발하려면 지구를 구성하는 물질의 전기적 성질을 심도 있게 연구하는 것이 필요하다. 의료 분야와 관련된 특정 물질을 선정하고, 그 물질의 전기적 성질을 조사하여 이를 어떻게 의료 기기에 활용할 수 있는지 분석해 보자. PPT 자료로 정리하여 발표하면서 첨단 소재의 의약적 응용 가능성과 미래 의료 기술의 발전 방향을 논의해 보자.

관련 학과 의약계열 전체

《신소재 4차 산업혁명을 이끄는 힘》, 한상철 외 4명, 홍릉과학출판사(2019)

단원명 | 시스템과 상호작용

🔍 태양계, 물질 순환, 에너지, 지권, 판구조론, 중력, 운동, 충격량, 운동량, 화학 반응, 세포, 유전자

상호작용이 없을 때 물체가 가속되지 않음을 알고, 충격량과 운동량의 관계를 충돌 관련 안전장치와 스포츠에 적용할 수 있다.

➡ 두 물체가 상호작용하지 않을 때, 물체는 정지해 있거나 일정한 속도로 운동하며 가속되지 않는다. 이러한 물리적 법칙은 스포츠 과학뿐만 아니라 의약 분야에서도 중요한 역할을 한다. 의약 분야에서는 신체 움직임과 관련된 생리적·심리적·역학적 원리를 바탕으로, 안전하고 효과적인 재활 운동과 물리치료 방법을 연구하여 환자의 회복을 돕는다. 예를 들어 관절의 움직임을 개선하거나 근육 회복을 촉진하기 위해 의약 전문가들은 이러한 법칙을 적용해 치료 프로그램을 설계한다. 안전하고 건강한 생활을 위해 재활 운동 시 지켜야 할 규칙과 올바른 운동 습관을 작성하여 학급 게시판에 전시하고, '운동 치료에서 안전성 확보를 위한 올바른 운동 습관의 중요성 연구'를 주제로 보고서를 작성해 보자.

관련 학과 의약계열 전체

《이기고 싶으면 스포츠 과학》, 제니퍼 스완슨, 조윤진 역 , 다른(2022)

생명 시스템을 유지하기 위해서 다양한 화학 반응과 물질 출입이 필요함을 이해하고, 일상생활에서 활용되는 화학 반응 사례를 조사하여 발표할 수 있다.

➡ 의학 분야에서 화학 반응은 진단, 치료, 연구에 있어 핵심적인 역할을 한다. 화학 반응은 생명 시스템을 이해하고 유지하는 데 필수적이며, 환자 치료와 의학 연구에서도 매우 중요한 요소이다. 약물과 음식물은 소화 과정을 통해 흡수된 후 생체 내에서 대사 반응을 거친다. 이러한 대사 과정에는 다양한 화학 반응이 포함되며, 이는 약물의 생체 이용률과 반감기를 결정하는 중요한 요소이다. 의약품이 체내에 흡수되면 간이나 기타 조직에서

화학적 반응을 통해 분해되어 약물의 효능과 독성이 결정된다. 의학 분야에서 연구되거나 상용화된 물질과 관련된 화학 반응을 조사하고, '의약품의 생체 내 대사 반응과 약물의 효능 및 독성 관계 분석'을 주제로 보고서를 작성해 보자.

관련 학과 간호학과, 물리치료학과, 보건관리학과, 수의예과, 약학과, 의료공학과, 의예과, 임상병리학과, 작업치료학과, 치기공학과, 치위생학과, 치의예과, 한의예과

《**차이나는 클라스: 의학·과학 편**》, JTBC 〈차이나는 클라스〉 제작팀, 중앙북스(2020)

[10통과1-03-06] ●●●

생명 시스템의 유지에 필요한 세포 내 정보의 흐름을 유전자로부터 단백질이 만들어지는 과정을 중심으로 설명할 수 있다.

➡ 의사와 연구자들은 세포 내에서 DNA가 RNA로 전사되고 RNA가 단백질로 번역되는 과정을 연구하며, 이를 통해 유전자가 발현되는 방식과 단백질의 기능을 이해하고자 한다. 이를 위해 유전자 발현 분석, 단백질 분석, 세포 이미징 등 다양한 방법을 사용하여 특정 유전자가 언제, 어디서 발현되는지, 그리고 그 발현이 세포 기능에 어떤 영향을 미치는지 조사한다. 이러한 연구는 질병의 원인을 파악하고 새로운 치료 방법을 개발하는 데 중요한 정보를 제공한다. 예를 들어 암과 같은 질환에서는 특정 유전자의 발현 패턴을 분석하여 암의 발생 원인과 진행 과정을 파악하며, 이를 바탕으로 맞춤형 치료법을 개발하기 위한 연구가 진행되고 있다. 이와 같은 연구는 건강과 질병에 대한 이해를 증진하며, 정밀 의학과 같은 최신 치료법 발전에 중요한 기여를 하고 있다. 의사와 관련된 책을 읽고, 의사들의 커리어패스를 통해 그들이 현재의 직업을 갖기까지 어떤 일들을 거쳐 왔는지 발표해 보자.

《**의사 어떻게 되었을까?**》, 한승배, 캠퍼스멘토(2017)

국어 교과군

영어 교과군

수학 교과군

도덕 교과군

사회 교과군

과학 교과군

공통 과목	수능		절대평가	상대평가
	○	통합과학2	5단계	5등급

단원명 | 변화와 다양성

> **|🔍|** 지질 시대, 생물 다양성, 유전적 변이, 자연선택, 광합성, 화석연료, 산화와 환원, 산과 염기, 중화 반응, 에너지의 흡수와 방출

[10통과2-01-01] ● ● ●

지질 시대를 통해 지구 환경이 끊임없이 변화해 왔으며 이러한 환경 변화가 생물 다양성에 미치는 영향을 추론할 수 있다.

➡ 생물체가 환경의 변화에 적응하는 과정에서 외부 요인에 의해 질병에 대한 감수성이 증가하여 다양한 질병이 나타날 수 있다. 인류의 역사는 페스트, 천연두와 같은 전염병과 함께 이어져 왔으며 이를 극복하는 과정에서 의학과 약학 또한 발달했다. 인류의 역사 속에 나타난 전염병의 노출과 면역력의 관계에 대해 탐구해 보자.

관련 학과 간호학과, 수의예과, 약학과, 의예과, 임상병리학과, 작업치료학과, 재활학과, 한의예과

《세상을 뒤흔든 질병과 치유의 역사》, 오카다 하루에, 황명섭 역, 상상채널(2017)

[10통과2-01-02] ● ● ●

변이의 발생과 자연선택 과정을 통해 생물의 진화가 일어나고, 진화의 과정을 통해 생물 다양성이 형성되었음을 추론할 수 있다.

➡ 생물의 진화 원리를 통해 질병 발생과 그 진행에 대한 이해를 높일 수 있도록 인간의 진화와 질병에 대해 조사해 보자. 진화적 관점에서 인간 유전체의 변이, 병원체의 저항성, 면역 시스템의 발전 등을 연구하여 질병 예방, 진단 및 치료 방법 개발에 기여할 수 있다. 진화적 접근 방법을 사용하여 생물체의 유전자 조작을 통해 새로운 기능을 발견한 사례에 대해 조사하고, 이에 대한 최적화 방안에 대해 탐구해 보자.

관련 학과 간호학과, 보건관리학과, 수의예과, 약학과, 의료공학과, 의예과, 임상병리학과, 재활학과

《질병의 탄생─우리는 왜, 어떻게 질병에 걸리는가》, 홍윤철, 사이(2014)

[10통과2-01-03] ● ● ●

자연과 인류의 역사에 큰 변화를 가져온 광합성, 화석연료 사용, 철의 제련 등에서 공통점을 찾아 산화와 환원을 이해하고, 생활 주변의 다양한 변화를 산화와 환원의 특징과 규칙성으로 분석할 수 있다.

➡ 산화 환원 반응은 세포 내에 활성 산소를 생성하고 이로 인해 세포 손상과 노화, 질병이 발생하기 때문에 항산화 물질의 섭취와 활용, 질병 예방에 대한 연구가 필요하다. 또한 인체의 대사질환과 산화 환원 반응은 밀접한 관련이 있다. 심혈관 질환, 당뇨병, 비만, 지방간 등 대사질환에서의 산화 환원 반응 기전 또는 산화 환원 반응을 이용한 대사질환의 예측과 진단에 대해 탐구해 보자. 이어서 산화 환원 반응을 이용한 면역 조절, 뇌질환(파

킨슨병, 알츠하이머병, 뇌졸중) 등의 원인과 기전에 대해 탐구하는 심화활동도 해 보자.

관련 학과 간호학과, 보건관리학과, 수의예과, 약학과, 응급구조학과, 의예과, 임상병리학과, 작업치료학과, 재활학과, 한의예과

《질병 정복의 꿈, 바이오 사이언스》, 이성규, MiD(2023)

[10통과2-01-04] ● ● ●

대표적인 산·염기 물질의 특징을 알고, 산과 염기를 혼합할 때 나타나는 중화 반응을 생활 속에서 이용할 수 있다.

➡ 혈액의 pH 변화는 각종 질병에 영향을 미칠 수 있다. 이것은 혈액 내 산과 염기의 상태에 따라 달라진다. 적정한 pH 값을 유지하고 혈압, 혈액 순환 등 인체의 항상성을 유지 관리하는 방법에 대한 탐구를 해 보자. 또한 인체의 소화과정에서의 pH 조절과 관련해 위산, 소장 등의 pH 조절이 소화효과와 어떤 관련이 있는지 탐구하고, 산과 염기 반응의 원리를 이용한 약물치료 등 소화계 질환의 치료법에 대한 후속 탐구 활동을 하고 발표해 보자.

관련 학과 간호학과, 보건관리학과, 수의예과, 약학과, 응급구조학과, 의예과, 임상병리학과, 한의예과

《소화기계 질환 1. 위장관질환의 임상적 접근》, 김정룡, 일조각(2016)

[10통과2-01-05] ● ● ●

생활 주변에서 에너지를 흡수하거나 방출하는 현상을 찾아 에너지의 흡수 방출이 우리 생활에 어떻게 이용되는 지 토의할 수 있다.

➡ 개인의 상황이나 요구에 따라 통증 또는 부상으로 인해 저하된 신체기능을 회복시키는 치료 방법 중 에너지의 흡수와 방출이 적용되는 치료 방법에 대해 탐구해 보자. 통증을 완화, 치유하고 신체기능을 촉진하는 방법 중 온열치료는 신진대사를 증가시키고 관절의 경직과 통증을 완화한다. 또한 광선을 통해 조직 내에 에너지가 흡수되고 방출되는 과정을 이용하는 광선 요법에 대해 탐구함으로써 치료 효과를 높이는 방법을 연구할 수 있다.

관련 학과 의약계열 전체

《물리치료사로 살아가기》, 오덕원, 학지사메디컬(2020)

단원명 | 환경과 에너지

| 🔎 | 생태계, 생태 피라미드, 생태계 평형, 온실효과, 지구 온난화, 수소 핵 융합 반응, 에너지 전환, 핵 에너지, 신재생 에너지

[10통과2-02-01] ● ● ●

생태계 구성요소를 이해하고 생물과 환경 사이의 상호 관계를 설명할 수 있다. 생태계 구성요소를 이해하고 생물과 환경 사이의 상호 관계를 설명할 수 있다.

➡ 환경은 생물 활동에 큰 영향을 미치는 요소이며, 기후변화는 다양한 전염병 발생의 원인이 된다. 기후변화와 관련된 전염병 사례 연구를 통해 전염병의 대처 방안이나 효과적인 예방 방법에 대해 탐구해 보자. 또한 이런 전염병을 매개하는 벡터(모기, 진드기 등)의 분포와 이동이 전염병 전파에 어떻게 영향을 미치는지 조사하고, 건강한 생활 환경을 조성하는 방안에 대해 토의하여 결과를 발표해 보자.

관련 학과 의약계열 전체

《질병의 탄생—우리는 왜, 어떻게 질병에 걸리는가》, 홍윤철, 사이(2014)

먹이 관계와 생태 피라미드를 중심으로 생태계 평형이 유지되는 과정을 이해하고, 환경의 변화가 생태계에 미칠 수 있는 영향에 대해 협력적으로 소통할 수 있다.

➔ 다양한 허브와 식물의 추출물이 바이러스 감염을 억제하는 효과가 있다는 연구 자료가 있다. 이러한 식물성 물질을 의약품으로 개발하거나 항바이러스 효과를 실험하고 분석하는 탐구활동을 해 보자. 더 나아가 전염병의 유행이 생태계의 변화에 미치는 영향에 대해 탐구하고, 기후변화와 생태계의 변화가 감염병의 발생과 전파에 어떤 영향을 미치는지 조사하여 그에 따른 예방 및 대응 전략을 제시해 보자.

관련 학과) 간호학과, 보건관리학과, 수의예과, 약학과, 의예과, 임상병리학과, 한의예과

좋은 균, 나쁜 균, 이상한 균

류충민, 플루토(2019)

책 소개 ⋯⋯⋯⋯⋯⋯⋯⋯⋯⋯⋯⋯⋯⋯⋯⋯⋯

세계적으로 폭넓게 연구 활동을 하고 있는 한국생명공학연구원의 류충민 박사가 자신의 연구 경험뿐 아니라 저명한 동료 과학자들의 최신 발견까지 소개한 책이다. 현미경과 미생물의 발견 등 과학의 역사에 관한 내용을 시작으로, 똥으로 감자를 키우고 사람의 병을 고치는 일, 밤에 빛을 뿜어내는 오징어의 비밀, 유독 해충의 피해를 잘 입는 미국 옥수수와 대전시의 가로수를 건강하게 만든 프로젝트들, 해충의 공격을 막기 위해 미생물의 도움을 요청하고 주위 식물들에게 경고 신호를 보내는 식물들, 유기농 사과 재배에 이르기까지 다양한 이야기가 소개되어 있다.

세특 예시 ⋯⋯⋯⋯⋯⋯⋯⋯⋯⋯⋯⋯⋯⋯⋯⋯⋯

항생제에 내성이 있는 슈퍼 박테리아 중 하나인 클로스트리디움균과 황색포도상구균이 인간 대변의 미생물에 의해 치료된다는 분석 자료를 확인하고 교과연계 독서활동으로 '좋은 균, 나쁜 균, 이상한 균(류충민)'을 읽음. 식물도 감각기관과 면역 시스템이 있고 외부 환경 변화를 감지하여 다음 세대에 전달한다는 내용과 식물 바이러스가 식물에는 병을 일으키지만 인간에게는 선천면역을 활성화한다는 내용을 확인함. 지속적인 탐구를 통해 초미세 병원체의 형태와 구조, 병원체 감염 세포의 미세 구조를 확인하고자 '식물 바이러스 감염 세포 미세구조의 전자현미경 사진 해설(김정수·최홍수)'을 연계하여 읽음. 연계도서 독서활동을 통해 식물바이러스학과 병리학에 대한 관심을 갖고 바이러스 감염 세포의 특이 미세 구조에 대해 탐구한 결과물을 발표함.

온실효과 강화로 인한 지구 온난화의 메커니즘을 이해하고, 엘니뇨, 사막화 등과 같은 현상이 지구 환경과 인간 생활에 미치는 영향과 대처 방안을 분석할 수 있다.

➔ 사막화는 피부 건강, 호흡기 문제, 수질 오염 문제 등을 일으킨다. 사막화 지역에서 발생하는 건강 문제를 인식하고, 사막화 관련 질환 예방 및 치료 방안을 탐구할 필요성이 있다. 건조한 기후의 사막 지역에서 생활하는 사람들의 피부질환 발생률에 대해 조사하고, 사막 환경의 요소가 피부 건강에 미치는 영향을 파악해 보자. 또한

건조한 공기, 미세먼지 등 극한 환경이 인체 면역 시스템에 미치는 영향 그리고 면역질환의 원인과 치료 방법에 대해 탐구하여 발표해 보자.

관련 학과 간호학과, 보건관리학과, 수의예과, 약학과, 의예과, 임상병리학과, 한의예과

《**인체 면역학 교과서**》, 스즈키 류지, 장은정 역, 보누스(2021)

[10통과2-02-04] • • •

태양에서 수소 핵융합 반응을 통해 질량 일부가 에너지로 바뀌고, 그중 일부가 지구에서 에너지 흐름을 일으키며 다양한 에너지로 전환되는 과정을 추론할 수 있다.

➡ 태양 에너지 방출에 의해 지구에 도달하는 방사선이 생명체에 어떤 영향을 미치는지 조사하고, 방사선에 대한 보호 메커니즘을 파악하자. 또한 태양의 자외선은 피부에 작용하여 멜라닌 색소의 생성을 촉진하는데, 이런 멜라닌 색소가 만들어지는 원리와 기능, 자외선 노출이 피부색에 미치는 영향에 대해 탐구하는 활동을 해 보자.

관련 학과 의약계열 전체

《**피부 자외선**》, 안성구, 정우의학(2013)

[10통과2-02-05] • • •

발전기에서 운동 에너지가 전기 에너지로 전환되는 과정을 이해하고, 열원으로서 화석연료, 핵 에너지를 이용하는 발전소가 인간 생활에 미치는 영향을 조사·발표할 수 있다.

➡ 환경 오염 문제를 유발하는 화석연료 사용을 줄이면 인간의 생명을 실제로 얼마나 구할 수 있을까? 이에 대한 실증적 연구 결과(미국 위스콘신 대학교 매디슨 캠퍼스 연구팀의 데이터 실증 분석)를 매체 자료를 통해 확인할 수 있다. 석탄, 석유와 같은 화석연료를 태우면 각종 오염 물질, 특히 초미세먼지(PM2.5)와 오존 등이 배출된다. 화석연료를 태워 발생한 대기 오염 등이 심장병, 호흡기 질환, 시력 상실 등을 유발한다는 여러 선행 연구를 분석하고 탐구해 보자.

관련 학과 의약계열 전체

《**젊게, 오래 살려면 폐를 지켜라**》, 카이 미하엘 베에, 노선정 역, 쌤앤파커스(2023)

단원명 | **과학과 미래 사회**

🔍 감염병, 빅데이터, 인공지능 로봇, 사물 인터넷, 과학기술의 발전, 미래 사회문제 해결

[10통과2-03-01] • • •

감염병의 진단, 추적 등을 사례로 과학의 유용성을 설명하고, 미래 사회문제 해결에서 과학의 필요성에 대해 논증할 수 있다.

➡ 노인은 면역력이 약해서 감염병에 걸릴 확률이 높은 위험군으로 분류된다. 노인의 면역 시스템 변화와 관련된 요인을 조사하고 감염병 노출에 따른 예방 전략에 대해 알아볼 필요가 있다. 또한 감염병에 대한 면역력을 키워주고 감염병 예방에 효과적인 각종 예방접종에 대해 파악한 뒤, 건강 모니터링 방법에 대한 탐구활동도 해 보자.

관련 학과 의약계열 전체

《**면역 습관―자연 치유력을 깨우는 팬데믹 시대의 건강법**》, 이병욱, 비타북스(2021)

[10통과2-03-02]

빅데이터를 과학기술 사회에서 사용하고 있는 사례를 조사하고, 빅데이터 활용의 장점과 문제점을 추론할 수 있다.

➡ 빅데이터는 환자 건강 모니터링과 예측에도 유용하게 활용되고 있다. 환자의 건강 데이터를 실시간으로 수집하고 분석하여 질병 발생 위험성과 재발 가능성 등을 예측할 수 있다. 환자에 따른 맞춤형 치료 및 관리 전략에 관심을 갖고 탐구해 보자. 또한 환자의 운동 생체 역학 연구와 센서 네트워크에도 빅데이터가 활용되고 있음을 알고, 생체 신호 센서로부터 생성되는 데이터 분석을 통해 신체 운동에 따른 운동 반경, 근전도 등을 측정하여 활용할 수 있는 환자 건강 모니터링과 재활 방안에 대해 토론해 보자.

관련 학과 의약계열 전체

《보건의료 빅데이터 연구방법론》, 약학빅데이터연구회, 자유아카데미(2023)

[10통과2-03-03]

인공지능 로봇, 사물 인터넷 등과 같이 과학기술의 발전을 인간 삶과 환경 개선에 활용하는 사례를 찾고, 이러한 과학기술의 발전이 미래 사회에 미치는 유용성과 한계를 예측할 수 있다.

➡ 사물 인터넷 기술은 응급 상황 감지와 대응 시스템에 중요하게 활용될 수 있다. 사물 인터넷 센서 네트워크를 구축하여 화재, 낙상 등의 위급 상황 감지 및 실시간 알림 시스템을 통해 안전성 향상 및 위험 예방 전략 연구가 가능하다. 인공지능 로봇이 수술 보조와 재활 치료, 환자 모니터링에 어떻게 활용되는지 조사하고, 인공지능 로봇을 환자의 치료와 질병 예방 및 예측에 활용하는 방안에 대해 탐구해 보자.

관련 학과 간호학과, 물리치료학과, 보건관리학과, 응급구조학과, 의료공학과, 의예과, 작업치료학과, 재활학과

《디지털 헬스케어》, 최윤섭, 클라우드나인(2020)

[10통과2-03-04]

과학기술의 발전 과정에서 발생할 수 있는 과학 관련 사회적 쟁점(SSI)과 과학기술 이용에서 과학 윤리의 중요성에 대해 논증할 수 있다.

➡ 보건의료 관련 분야는 환자들의 건강 정보를 다루는 분야로, 환자 개인정보 보호와 관리에 대한 탐구를 통해 윤리적 문제와 법적 규제, 정보 보안 등을 조사하고 분석할 수 있다. 환자들의 질병이나 개인정보 보호와 관리에 대해 토론해 보자.

관련 학과 의약계열 전체

《생명의료윤리》, 구영모 외 8명, 동녘(2023)

공통 과목	수능	**과학탐구실험1**	절대평가	상대평가
	X		5단계	X

단원명 | 과학의 본성과 역사 속의 과학 탐구

| 🔍 | 과학사, 패러다임 전환, 결정적 실험, 과학의 발전, 과학사의 사례, 과학의 본성, 설명과 추론

[10과탐1-01-01] ●●●

과학사에서 패러다임의 전환을 가져온 결정적 실험을 따라 해 보고, 과학의 발전 과정에 관해 설명할 수 있다.

➡ 과학사에서 패러다임 변화를 가져온 결정적 실험으로는 마이켈슨-몰리 실험이 있다. 마이켈슨과 몰리는 빛의 속도를 측정하기 위해 회전하는 원판을 사용한 실험을 했다. 이 실험은 에테르라는 매체가 존재하는지 밝히려는 것이었으나 빛의 속도는 원판의 회전과 관계없이 일정했다. 이 결과는 에테르가 존재하지 않음을 시사하며 이론을 바꾸는 데 큰 역할을 했다. 또한 빛의 속도가 모든 관점에서 일정하다는 특별한 상대성 이론에 관한 아인슈타인의 발상을 견고히 했고, 전통적인 물리학적 이론을 흔들어 놓았다. 이는 이론적 변화에 큰 영향을 미치며 과학사에 중요한 순간으로 남게 되었다. 의학의 발전에서 패러다임의 전환을 가져온 결정적 실험을 선정하여 조사하고, 그 실험과 관련된 의학의 발전 과정을 조사한 후 보고서를 작성해 보자.

관련 학과 의약계열 전체

《**판타 레이—혁명과 낭만의 유체 과학사**》, 민태기, 사이언스북스(2021)

[10과탐1-01-02] ●●●

과학사의 다양한 사례들로부터 과학의 본성을 추론할 수 있다.

➡ 과학사의 다양한 사례들은 과학의 본성을 논의하는 데 중요한 통찰력을 제공한다. 갈릴레오 갈릴레이의 지동설, 찰스 다윈의 진화론, DNA 구조의 발견 등은 과학이 새로운 사실과 개념을 탐구하고 받아들이는 과정을 보여 준다. 의약 분야에서도 과학의 본성은 매우 중요한 역할을 한다. 질병의 원인을 밝히고 치료법을 개발하는 과정은 관찰, 실험, 논리와 증거에 기반한 과학적 탐구의 대표적인 예이다. 예를 들어 백신 개발 과정은 병원체와 면역 반응에 대한 깊은 이해를 바탕으로 하며, 꾸준한 연구와 실험을 통해 점차 개선되고 있다. 또한 항생제의 개발 및 사용 역시 과학적 관찰과 분석을 통해 최적화되며, 내성균 문제를 해결하기 위한 새로운 치료법 연구로 이어지고 있다. 의약 분야에서는 과학적 방법을 통해 현실 세계를 탐구하고 이해하며, 그 지식을 바탕으로 지속 가능한 의학 발전과 새로운 치료법 개발에 기여하고 있다. 지속 가능한 의학 발전을 위해 필요한 과학적 방법을 조사하여 발표하고, 이러한 방법들이 의학 연구와 실무에 어떻게 적용되는지 토론해 보자.

관련 학과 의약계열 전체

《**과학의 본성**》, 강석진 외 1명, 북스힐(2014)

단원명 | 과학 탐구의 과정과 절차

| 🔍 | 관찰, 탐구, 수행, 실험, 가설 설정, 귀납적 탐구, 연역적 탐구, 정성적·정량적 데이터, 협동 연구

[10과탐1-02-01] •••

직접적인 관찰을 통한 탐구를 수행하고, 귀납적 탐구 방법을 설명할 수 있다.

➡️ 귀납적 탐구 방법은 특정한 관찰이나 패턴을 통해 일반적인 결론을 도출하는 추론 방법이다. 이는 관찰된 사례나 증거를 바탕으로 일반적인 규칙, 원칙 또는 이론을 형성하는 과정을 의미한다. 예를 들어 여러 번의 관찰을 통해 '모든 살아 있는 동물은 호흡을 한다'라는 법칙을 도출할 수 있다. 이러한 법칙은 다양한 동물 관찰에서 발견된 패턴을 기반으로 하며, 관찰된 동물들이 모두 호흡하는 모습을 보였기 때문이다. 의약 분야에서는 귀납적 탐구 방법을 활용하여 질병의 증상, 치료 효과, 부작용 등 반복되는 사례에서 일반적인 결론을 도출할 수 있다. 예를 들어 특정 약물의 반복적인 사용 사례를 관찰하여 특정 부작용이 나타나는 패턴을 분석하고 이를 바탕으로 경고나 복용 지침을 제시할 수 있다. 관심 있는 의약 분야의 주제를 선정하고 관찰을 통한 탐구를 수행한 후, 귀납적 탐구 방법을 적용해 결론을 도출하고 이를 중심으로 보고서를 작성하여 발표해 보자.

관련 학과 의약계열 전체

《**창의성을 디자인하는 과학탐구 활동**》, 채희진, 더블북(2021)

[10과탐1-02-02] •••

가설 설정을 포함한 과학사의 대표적인 탐구실험을 수행하고, 연역적 탐구 방법의 특징을 예증할 수 있다.

➡️ 과학에서는 귀납적 탐구 방법과 연역적 탐구 방법을 모두 사용한다. 귀납적 탐구 방법은 관찰과 실험 결과에서 패턴을 식별하여 일반적인 법칙이나 이론을 도출하는 방식이며, 연역적 탐구 방법은 이미 알려진 법칙이나 이론을 바탕으로 특정 상황에서의 결과를 예측하는 데 사용된다. 의약 분야에서는 이러한 과학적 탐구 방법이 질병과 치료 효과를 연구하는 데 중요한 역할을 한다. 예를 들어 '아스피린과 위산의 화학적 반응'을 통해 아스피린이 위장에 미치는 영향을 탐구할 수 있다. 이 실험을 통해 아스피린의 화학 반응과 그 원리를 이해하고, 위산과의 반응 결과를 관찰함으로써 약물의 부작용과 안전성을 연구할 수 있다. 과학사에서 가설 설정을 포함한 대표적인 의약 탐구 실험에 대해 조사하고, 이 실험에 적용된 연역적 탐구 방법의 특징을 정리하여 보고서로 작성해 보자. 보고서의 핵심 내용을 정리하여 PPT로 제작한 후 발표해 보자.

관련 학과 의약계열 전체

《**과학탐구보고서, 소논문 쓰기**》, 이철구 외 3명, 상상아카데미(2018)

[10과탐1-02-03] •••

탐구 수행에서 얻은 정성적 혹은 정량적 데이터를 분석하고 그 결과를 다양하게 표현하고 소통할 수 있다.

➡️ 탐구 수행을 위한 데이터 분석은 다양한 형태로 진행될 수 있다. 정성적 데이터의 경우, 주로 주제에 따라 발견한 패턴, 현상 또는 관찰된 특징을 설명하고 정리할 수 있고, 정량적 데이터는 통계적 분석을 통해 정보를 유도하고 가설을 확인할 수 있다. 정성적 데이터 분석은 일반적으로 텍스트, 이미지, 표 또는 도표의 분석을 요구하고, 텍스트에 대한 텍스트마이닝, 이미지에 대한 특정 패턴 또는 특징의 탐지, 표 및 도표에 대한 관련성 분석 등을 통해 데이터의 산출물이나 관계성을 파악할 수 있다. 정량적 데이터의 경우, 통계 분석과 수치적 기법을

사용해 가설 검정, 상관 분석, 회귀 분석, 평균값 비교, 시간순서 분석 등을 수행할 수 있다. 탐구 수행에서 얻은 의료 데이터를 분석하고, '환자 데이터를 활용한 특정 질병의 발병률과 생활습관 간의 상관 분석'을 주제로 보고서를 작성해 보자.

관련 학과 의약계열 전체

《**데이터 시각화 디자인**》, 나가타 유카리, 김연수 역, 위키북스(2021))

[10과탐1-02-04] ● ● ●

흥미와 호기심을 갖고 과학 탐구에 참여하고, 분야 간 협동 연구 등을 통해 협력적 탐구활동을 수행하며, 도출한 결과를 증거에 근거하여 해석하고 평가할 수 있다.

➡ 과학 탐구는 지식을 확장하고 문제를 해결하기 위해 과학적 방법을 활용하는 과정으로, 문제 정의, 가설 설정, 실험 설계, 자료 수집, 자료 분석, 결론 도출 등으로 진행된다. 협동 연구는 다수의 연구자가 함께 작업하여 지식을 공유하고 확장하는 과정으로, 아이디어와 데이터를 공유하고 상호작용하여 문제를 해결하며, 다양한 전문성을 결합하여 효율적인 결과를 도출한다. 연구자들이 함께 작업하면서 피드백을 주고받고 지식을 공유하고 협력하여 새로운 지식을 창출하는 과정이다. 의학 연구를 위해 공동으로 과학 탐구를 하거나 협동 연구 과정에 참여할 때 지켜야 할 수칙이나 연구 윤리를 조사하여 발표해 보자.

관련 학과 의약계열 전체

《**착한 과학자들**》, 미국 한림원, 신민정 역, 글램북스(2016)

공통 과목	수능	**과학탐구실험2**	절대평가	상대평가
	X		5단계	X

단원명 | 생활 속의 과학 탐구

| 🔍 | 과학 원리, 생활 속 과학, 놀이 속 과학, 과학 탐구활동, 과학 개념, 실생활 문제

[10과탐2-01-01]

영화, 건축, 요리, 스포츠, 미디어 등 생활 속의 과학 원리를 실험 등을 통해 탐구하고, 과학 원리를 활용한 놀이 체험을 통해 과학의 즐거움과 유용성을 느낄 수 있다.

➡ 일상생활 속 스포츠 활동 중에 나타나는 대표적인 질병으로는 다양한 외상과 부상이 있다. 예를 들어 인대 염좌, 근육 기장 및 파열, 골절, 타박상 등이 발생할 수 있다. 관심 있는 스포츠 활동 중 발생할 수 있는 외상과 부상에 대해 조사하고 적절한 치료 방법에 대해 탐구하여 발표해 보자.

관련 학과 의약계열 전체

스포츠 재활 이론과 실전

아오키 하루히토 외 2명,
이제훈 외 1명 역,
범문에듀케이션(2022)

책 소개

일본에서 손꼽히는 대표적 스포츠 의학 시설인 요코하마 스포츠의과학센터의 20년간의 재활 치료 노하우를 담은 책이다. 재활과 물리치료사가 오랜 세월에 걸쳐 쌓아 온 스포츠(애슬레틱) 재활 분야의 병태 파악 방법, 기능 진단법, 치료 수기를 부위별, 종목별로 나누어 설명하고 있다. 또한 우리나라 국가대표 주치의를 지닌 정형외과 전문의와 국가대표 선수촌 물리치료사 30년 경력의 스포츠 의학 전문가가 참여하여 국내 실정에 맞는 전문 용어를 사용해 정확히 번역했다.

세특 예시

스포츠 활동 중 발생한 다양한 부상의 종류와 치료 방법에 대해 탐구하고자 교과연계 독서활동으로 '스포츠 재활 이론과 실천(아오키 하루히토 외 2명)'을 읽고 스포츠 의학과 수술적 치료 기술에 대해 탐구함. 도서연계 탐구활동을 통해 수술 전의 건강한 신체로 돌아가기 위해서는 환자에 대한 깊은 이해를 바탕으로 병태를 파악한 뒤 적합한 부위별 추가 치료를 하는 것이 중요함을 깨달음. 또한 스포츠 종목별, 부위별 여러 질환의 발생 메커니즘을 조사하고 이 질환들에 대한 치료의 개념을 탐구하여 발표함.

국어 교과군

영어 교과군

수학 교과군

도덕 교과군

사회 교과군

과학 교과군

[10과탐2-01-02]　　　　　　　　　　　　　　　　　　　　　　　　　●●●

사회적 이슈나 생활 속에서 과학 탐구 문제를 발견하고, 이를 해결하기 위한 과학 탐구 활동을 계획하고 수행할 수 있다.

➡️ 스마트 기기의 앱을 사용해 심박수, 혈압, 체온, 운동량 등 건강 데이터를 수집하여 다양한 생체 신호와 건강 지표를 분석해 보자. 또한 앱이나 웹 서비스를 통해 의료 기록이나 증상 정보를 수집하여 분석하고, 건강한 상태와 질병이 발생한 상태 사이의 관계를 탐색해 보자. 환자에게 위험 요소를 알려주거나 조기 진단 및 적절한 치료 계획 등 질병 발생 가능성 및 치료 방법에 대한 정보를 제공하는 스마트 기기 활용 프로그램에 대해 발표해 보자.

관련 학과 의약계열 전체

《**질병의 종말**》, 데이비드 B. 아구스, 김영설 역, 청림Life(2012)

[10과탐2-01-03]　　　　　　　　　　　　　　　　　　　　　　　　　●●●

과학 개념을 적용하여 실생활 문제의 해결방안을 창의적으로 고안하고, 필요한 도구를 설계·제작할 수 있다.

➡️ 국가통계포털(KOSIS) 자료에 따르면, 낙상사고를 포함한 추락사고 경험은 약 10%, 넘어짐이나 미끄러짐 같은 실족사고 경험은 약 59%로 높은 비율을 보이고 있다. 운동 중 균형을 유지하는 데 도움을 주고, 환자들의 안전 사고와 낙상사고를 감지할 수 있는 스마트 기기나 도구가 필요하다. 운동 중 센서와 알고리즘을 활용하여 사용자의 움직임과 균형 상태를 모니터링하며 위험한 상황이 발생하면 감지하여 경보 시스템을 작동시켜 사용자에게 위험 신호를 보내는 도구의 활용에 대해 발표해 보자.

관련 학과 간호학과, 물리치료학과, 보건관리학과, 수의예과, 응급구조학과, 의료공학과, 의예과, 작업치료학과, 재활학과

《**디지털 헬스케어**》, 최윤섭, 클라우드나인(2020)

단원명 | 미래 사회와 첨단 과학 탐구

🔍 | 첨단 과학기술, 과학 원리, 연구 윤리, 과학 윤리, 안전 사항

[10과탐2-02-01]　　　　　　　　　　　　　　　　　　　　　　　　　●●●

첨단 과학기술 속의 과학 원리를 찾아내는 탐구활동을 통해 과학 지식이 활용된 사례를 추론할 수 있다.

➡️ 유전체 분석이나 바이오마커, 의료 영상 등의 첨단 기술을 활용하면 질병의 조기 진단과 정확한 예측이 가능해진다. 단백질이나 DNA, RNA, 대사 물질 등을 이용해 몸 안의 변화를 알아내는 지표인 바이오마커를 활용하면 병리적 상태, 약물에 대한 반응 정도를 객관적으로 측정할 수 있다. 혈액과 체액, 조직 샘플에서 바이오마커를 검출, 분석하는 방법을 탐구하고, 진단 및 예후 평가에 활용되는 의료 첨단 기술에 대해 발표해 보자.

관련 학과 간호학과, 보건관리학과, 수의예과, 약학과, 의료공학과, 의예과, 임상병리학과, 치의예과

《**유전체, 다가온 미래 의학**》, 김경철, 메디게이트뉴스(2020)

[10과탐2-02-02]　　　　　　　　　　　　　　　　　　　　　　　　　●●●

과학 원리가 적용된 첨단 과학기술 및 탐구 산출물을 발표하고 공유하며, 이를 확산할 수 있다.

➔ 나노 과학과 나노 소재는 생명과학 및 의약학을 연계한 첨단 기술 분야로, 생명체의 구조와 기능을 이해하고 조작하는 데 도움이 되며 의학과 바이오센서, 의료 진단 및 치료에 활용된다. 나노 기술은 약물 전달 시스템 개발에 큰 영향을 주는 기술이며 나노 입자를 사용하여 약물을 표적 부위로 운반하고 제어한다. 약물의 효율성을 높이고 부작용을 줄일 수 있는 나노 의약품에 대해 탐구하여 발표해 보자.

관련 학과 간호학과, 보건관리학과, 약학과, 의료공학과, 의예과, 치의예과

《한권으로 읽는 나노기술의 모든 것》, 이인식, 고즈윈(2009)

[10과탐2-02-03]　　　　　　　　　　　　　　　　　　　　● ● ●

탐구활동 과정에서 지켜야 할 생명 존중, 연구 진실성, 지식 재산권 존중 등과 같은 연구 윤리와 함께, 과학기술 이용과 관련된 과학 윤리 및 안전 사항을 준수할 수 있다.

➔ 바이오 의약품 개발을 위한 임상시험으로 연간 5억 마리의 동물이 희생된다는 사실과 관련한 동물 복지 논란 그리고 동물실험을 해도 다수가 임상시험에 실패한다는 사실과 관련한 효용성 논란이 있다. 또한 미국 법안에서 '잠재적 약물의 안전성과 효능을 동물실험을 통해 검사해야 한다.'라는 규정이 삭제되고 'FDA는 동물실험 또는 비동물실험을 거친 약물이나 생물학적 물질(항체와 같은 더 큰 분자)의 인체 대상 임상실험을 증진한다.'라는 내용이 포함되면서, 동물을 대상으로 한 임상시험 의무가 사라졌다. 동물실험의 윤리적 문제를 탐구하고, 3R 원칙(Replace, Reduce, Refine)에 따라 동물실험을 최소화하거나 다른 것으로 대체할 수 있는 방안에 대해 탐구해 보자.

관련 학과 수의예과, 약학과, 의예과, 한의예과

《동물실험 윤리》, 권복규 외 4명, 로도스(2014)

국어 교과군

영어 교과군

수학 교과군

도덕 교과군

사회 교과군

과학 교과군

선택 과목	수능		절대평가	상대평가
일반 선택	X	**물리학**	5단계	5등급

단원명 | 힘과 에너지

> 🔍 알짜힘, 돌림힘, 안정성, 뉴턴 운동 법칙, 작용과 반작용, 운동량 보존 법칙, 일과 운동 에너지, 위치 에너지, 역학적 에너지 보존 법칙, 총 에너지, 열과 역학적 에너지, 영구 기관

[12물리01-01]　• • •

물체에 작용하는 알짜힘과 돌림힘이 0일 때 평형을 이룸을 알고, 다양한 구조물의 안정성을 분석할 수 있다.

➡ 알짜힘과 돌림힘은 물체의 운동을 설명하고 이해하는 데 중요한 물리학적 개념으로, 재활과 물리치료에 적용될 수 있다. 재활 운동에서 근육과 관절에 작용하는 힘을 분석하면 환자의 안정적인 움직임을 도울 수 있다. 알짜힘은 근육의 힘과 균형을 이해하는 데 도움을 주며, 돌림힘은 관절 운동의 회전과 안정성을 파악하는 데 중요하다. 물체의 운동을 설명하는 데 필요한 거리와 변위, 속력과 속도, 가속도 등 운동 관련 용어를 조사하여 표로 정리해 보자. 이를 바탕으로 PPT를 제작해 물리학적 원리가 재활과 물리치료에 어떻게 적용되는지 발표해 보자.

　관련 학과　의약계열 전체

《기초 물리 사전》, 오가와 신지로, 오시연 역, 그린북(2023)

[12물리01-02]　• • •

뉴턴 운동 법칙으로 등가속도 운동을 설명하고, 교통안전 사고 예방에 적용할 수 있다.

➡ 뉴턴의 운동 법칙은 물체의 움직임뿐만 아니라 의약 분야에도 중요하게 응용된다. 예를 들어 물리치료와 재활 분야에서 관절과 근육에 작용하는 힘과 움직임을 분석하는 데 도움이 된다. 환자가 안전하게 재활 운동을 수행하려면 가속과 감속을 조절하는 힘의 적용을 이해하는 것이 중요하다. 이러한 원리를 바탕으로, 환자가 무리 없이 일정한 운동 상태를 유지할 수 있도록 물리치료사가 적절한 힘과 운동 방식을 적용할 수 있다. 또한 낙상 방지와 같은 안전 요소를 고려해 환자들이 일상 생활에서 운동 상태를 잘 관리하도록 돕는다. 과학적 이론을 활용해 환자의 안전한 재활과 운동을 지원하는 안전교육 포스터를 제작해 학급에 전시해 보자.

　관련 학과　의약계열 전체

《과학자도 모르는 위험한 과학기술》, 피터 타운센드, 김종명 역, 동아엠앤비(2018)

단원명 | 전기와 자기

> 🔍 전하, 입자, 전기장, 자기장, 전위차, 전기 회로, 저항, 소비 전력, 전기 기구, 축전기, 전기 에너지, 센서, 신호 입력 장치, 자성체, 전류의 자기 작용, 에너지 전환, 전자기 유도 현상

[12물리02-04] ●●●

자성체의 종류를 알고 일상생활과 산업 기술에서 자성체가 활용되는 예를 찾을 수 있다.

⊙ 자성체는 전자기기, 컴퓨터, 발전기, 모터, 자동차, 센서, 스위치, 의료기기 등 다양한 산업과 일상생활에서 널리 활용되며, 그 범위는 계속 확장되고 있다. 자성체의 특성은 전기와 기계적 에너지 변환, 신호 감지, 위치 결정, 의료 진단, 이미지 처리, 에너지 저장 등에 유용하게 적용된다. 자성체가 사용된 의료기기의 사례를 조사하고, '심박수 및 뇌파 측정을 위한 자성체 기반 의료기기의 활용 사례 분석'을 주제로 보고서를 작성해 보자.

`관련 학과` 간호학과, 물리치료학과, 방사선학과, 보건관리학과, 수의예과, 응급구조학과, 의료공학과, 의예과, 임상병리학과, 작업치료학과, 재활학과, 치기공학과, 치위생학과, 치의예과, 한의예과

《의공학 입문》, 나승권, 상학당(2011)

[12물리02-05] ●●●

전류의 자기 작용을 이용하여 에너지를 전환하는 장치의 원리를 알고, 스피커와 전동기 등을 설계할 수 있다.

⊙ 전류의 자기 작용을 이용하여 에너지를 전환하는 장치는 여러 분야에서 사용되며, 스피커와 전동기는 그중에서도 대표적인 장치이다. 스피커는 전류가 생성하는 자기장이 동작에 따라 변화함으로써 소리를 발생시키고, 전동기는 전류가 생성하는 자기장을 이용하여 기계적인 회전 운동을 만들어 낸다. 의료 장비 중 전류의 자기 작용을 이용하여 에너지를 전환하는 장치를 조사하고, 작동 원리를 분석하여 발표해 보자.

`관련 학과` 의약계열 전체

《전자기 쫌 아는 10대》, 고재현 , 풀빛(2020)

단원명 | 빛과 물질

| 🔎 | 빛, 중첩, 간섭, 파동성, 굴절, 렌즈, 입자성, 이중성, 전자 현미경, 양자화된 에너지 준위, 스펙트럼, 고체, 에너지띠, 도체, 부도체, 반도체, 광속, 특수 상대성 이론, 시간 팽창, 길이 수축

[12물리03-03] ●●●

빛과 물질의 이중성이 전자 현미경과 영상 정보 저장 등 다양한 분야에 활용됨을 설명할 수 있다.

⊙ 의학 분야에서 현미경과 영상 정보는 병을 연구하고 치료하는 데 중요한 역할을 한다. X선, 자기 공명 영상, 컴퓨터 단층 촬영 등의 영상 정보는 질병 및 손상을 시각화하여 보여 주어 환자의 상태를 평가하는 데 도움이 된다. 의료 영상 정보는 환자의 의료 기록에 중요한 부분을 차지하며, 전자 건강 기록 시스템을 통해 관리된다. 현미경으로 들여다본 우리 몸속 질병과 의학의 역사와 관련된 영상을 조사하고, '의료 영상 정보의 발전이 환자 맞춤형 치료에 기여한 사례 탐구'를 주제로 보고서를 작성해 보자.

`관련 학과` 의약계열 전체

《질병과 의약품》, 콜린 살터, 정희경 역, 국민출판사(2018)

선택 과목	수능		절대평가	상대평가
일반 선택	X	화학	5단계	5등급

단원명 | 화학의 언어

🔍 화학, 과학, 기술, 사회, 단위, 몰, 물질의 양, 화학 반응식, 양적 관계, 실험, 화학 결합

[12화학01-01] ●●●

화학이 현대 과학·기술·사회의 발전에 기여한 사례를 조사·발표하며 화학에 흥미와 호기심을 가질 수 있다.

➡ 현대 의학은 과학, 기술, 사회 발전에 크게 기여하고 있다. 의학의 진보로 질병의 예방, 진단, 치료가 개선되면서 인류의 건강 수준이 크게 향상되었다. 의약품 개발, 의료기기 혁신, 수술 기술의 발전은 수명 연장과 다양한 질병 퇴치에 중요한 역할을 하고 있다. 또한 의학 연구는 유전학, 생명과학, 바이오테크놀로지 등과 접목되어 더욱 정밀하고 효과적인 치료법을 가능하게 한다. 이러한 발전은 개인의 삶의 질을 높이는 동시에 사회와 경제의 번영에도 크게 기여하고 있다. 현대 의학에 중요한 영향을 준 과학 이론이나 기술을 선정해 조사하고, 이들이 의학에 미친 영향을 분석하는 보고서를 작성해 보자. 보고서의 핵심 내용을 중심으로 PPT를 제작하여 발표하고, 의약계의 혁신과 사회 발전에 대한 기여도를 중심으로 토의해 보자.

관련 학과 간호학과, 물리치료학과, 방사선학과, 보건관리학과, 수의예과, 약학과, 응급구조학과, 의료공학과, 의예과, 임상병리학과, 작업치료학과, 재활학과, 치위생학과, 치의예과, 한의예과

《한 권으로 끝내는 Master 기초의학: 생화학》, 강상윤 외 5명, 예당북스(2023)

[12화학01-02] ●●●

다양한 단위를 몰로 환산할 수 있음을 이해하고, 물질의 양을 몰 단위로 표현할 수 있다.

➡ 의학 분야에서 다양한 물리적·생물학적 측정치를 일관된 단위로 환산하는 것은 매우 중요하며, 이를 위해 국제단위계가 널리 사용된다. 의학에서 단위 환산은 환자의 상태를 정확히 측정하고 해석하는 데 필수적이며, 표준화된 단위 덕분에 의료 전문가들은 환자 상태를 쉽게 비교하고 이해할 수 있다. 또한 약물 용량은 mg이나 ml 단위로 표기되며, 환자의 체중에 맞추어 정확히 조정되어 처방된다. 이러한 측정치와 단위는 다양한 의료 기기와 분석 도구에서도 일관되게 사용되어 진단과 치료의 정확성을 높인다. 의학 분야에서 자주 사용하는 단위를 조사하고, 각 단위의 의미를 표로 정리하여 보고서를 작성해 보자. 보고서의 핵심 내용을 바탕으로 PPT를 제작하고, 의학에서 단위 사용이 왜 중요한지 발표해 보자.

관련 학과 간호학과, 물리치료학과, 방사선학과, 보건관리학과, 수의예과, 약학과, 응급구조학과, 의료공학과, 의예과, 임상병리학과, 작업치료학과, 재활학과, 치위생학과, 치의예과, 한의예과

《의미단위로 쉽게 풀이한 의학용어》, 이현주, 에듀팩토리(2023)

국어 교과군
영어 교과군
수학 교과군
과학 교과군
사회 교과군
보활 교과군

[12화학01-03]

여러 가지 반응을 화학 반응식으로 나타내고, 화학 반응에서 물질의 양적 관계를 설명할 수 있다.

➡️ 화학물질의 성질과 화학 반응은 화학에서 중요한 개념이다. 화학물질의 성질은 물리적 특성과 화학적 특성으로 구분된다. 화학 반응은 화학물질이 상호작용하여 새로운 물질을 생성하는 과정이고, 이러한 반응은 에너지의 변화를 동반하며, 화학물질의 구조와 성질을 변화시킨다. 화학 반응은 화학물질의 합성, 분해, 변형 및 분석에 중요하며, 다양한 응용 분야에서 활용된다. 화학물질이 가진 성질 및 화학 반응의 의미와 그 가치를 생각해보고, '화학물질의 성질 변화가 인체에 미치는 긍정적·부정적 영향 조사'를 주제로 보고서를 작성해 보자.

관련 학과 의약계열 전체

《하루 한 권, 일상 속 화학반응》, 사이토 가쓰히로, 이은혜 역, 드루(2023)

단원명 | 물질의 구조와 성질

| 🔍 | 실험, 화학 결합, 전기적 성질, 전기 음성도, 주기적 변화, 쌍극자 모멘트, 결합의 극성, 원자, 분자, 루이스 전자점식, 전자쌍 반발 이론, 물리적 성질, 화학적 성질, 분자의 구조

[12화학02-01]

실험을 통해 화학 결합의 전기적 성질을 설명할 수 있다.

➡️ 화학물질의 전기적 성질을 이해하면 화재와 관련된 상황에서 안전을 유지하고 화재를 진압하는 데 활용할 수 있다. 화재 현장에서 사용하는 화학 소화제의 전기적 특성을 이해하기 위해 실험하거나, 화학물질의 전기 전도도, 전기 유도, 화학 반응에 따른 전기적 특성을 연구할 수 있다. 소방관은 화학물질의 전기 전도도나 충전 상태, 전기적 안정성을 실험과 훈련을 통해 익히고, 이를 바탕으로 화재 진압 시 화학 소화제를 안전하게 사용할 수 있다. 소방관과 관련된 서적을 읽고, 소방관들의 커리어패스를 통해 그들이 현재의 직업을 갖기까지 어떤 일들을 거쳐 왔는지 발표해 보자.

관련 학과 간호학과, 물리치료학과, 보건관리학과, 응급구조학과, 의료공학과, 임상병리학과, 작업치료학과, 재활학과

《소방관 어떻게 되었을까?》, 이민재, 캠퍼스멘토(2015)

[12화학02-04]

물질의 물리적, 화학적 성질을 분자의 구조와 연관 짓고, 이에 대한 호기심을 가질 수 있다.

➡️ 물질의 물리적, 화학적 성질은 주로 분자의 구조에 의해 결정된다. 분자 구조를 이해하고 파악하는 것은 의료 분야에서 매우 중요하다. 물질의 분자 구조가 항생제의 효과, 약물의 성질에 영향을 미치고 생체 내의 작용을 결정할 수 있으며, 화학적으로 비슷한 약물이라도 분자 구조의 미세한 차이로 효과나 독성이 달라질 수 있어서, 의약 및 의료 기술의 발전에 중요한 역할을 한다. 분자의 구조를 파악하고 다양한 화합물의 특성을 이해하면서 약물을 효과적으로 개발하고 인체 내의 작용 방식을 파악할 수 있다. 물질의 물리적, 화학적 성질을 연구한 결과가 의료 분야의 신약 개발 및 질환 진단에 활용되는 예를 조사하고, '분자 구조를 기반으로 한 신약 설계 기술과 성공 사례 분석'을 주제로 보고서를 작성해 보자.

관련 학과 간호학과, 물리치료학과, 보건관리학과, 수의예과, 약학과, 응급구조학과, 의료공학과, 의예과, 임상병리학과, 작업치료학과, 재활학과, 치기공학과, 치위생학과, 치의예과, 한의예과

국어 교과군

영어 교과군

수학 교과군

도덕 교과군

사회 교과군

과학 교과군

숫자로 끝내는 화학 100

조엘 레비, 곽영직 역,
지브레인(2016)

책 소개

이 책은 화학에서 가장 중요하고 가장 흥미로운 숫자들에 착안해 물질에 관한 초기 이론이나 화학 법칙의 기원, 화학이 과학으로 발전해 가는 과정과 관련 있는 것들을 소개하고 있다. 지구상에 살고 있는 생명체들에게 중요한 숫자들과 함께 화학의 핵심 개념도 쉬운 용어로 설명한다. 재료 과학과 원자핵 화학, 그리고 주기율표에서 독극물에 이르기까지 화학 전반에 걸친 흥미로운 세계를 만나게 될 것이다.

세특 예시

교과연계 독서활동에서 '숫자로 끝내는 화학 100(조엘 레비)'을 읽고 물질의 물리적, 화학적 성질을 연구한 결과가 의료 분야의 신약 개발 및 질환 진단에 활용되는 예를 조사함. 화학이 의약품 및 의료 기술에서 사용되는 예를 조사한 후, 주기율표에서 독극물에 이르기까지 다양한 화합물의 특성을 파악하고 약물의 효과적인 개발과 인체 내 작용 방식을 이해하기 쉽게 설명함.

단원명 | 화학 평형

| 🔍 | 가역 반응, 화학 평형 상태, 반응물, 생성물, 농도, 평형 상수, 반응 지수, 진행 방향, 농도, 압력, 온도 변화, 화학 평형의 이동, 화학의 유용함

[12화학03-01] • • •

가역 반응에서 나타나는 화학 평형 상태의 특징을 설명할 수 있다.

➡ 의료 분야에서 가역 반응의 화학 평형은 의약품의 흡수, 대사, 약물 작용을 이해하는 데 중요한 개념이다. 대부분의 약물은 체내 흡수와 분해 과정에서 가역 반응의 원리를 따르며, 체내에 들어간 약물은 체액과 상호작용하여 흡수된다. 약물이 체내로 흡수되는 과정은 가역 반응으로 볼 수 있으며, 이때 약물의 혈중 농도가 일정 상태로 안정화되면서 평형 상태에 도달하게 된다. 의료 전문가들은 체내에서 약물의 상태를 평가할 때 이 평형 상태를 고려하여 환자에게 최적의 약물 효과를 제공할 수 있도록 한다. 예를 들어 약물의 체내 농도와 조직 내 분포를 평가함으로써 약물의 작용 시간, 적절한 용량, 기대 효과를 예측하고 부작용을 최소화할 수 있다. 특히 혈액과 조직 사이의 약물 평형 상태를 파악함으로써 특정 조건에서의 효과와 부작용을 보다 정확히 예측하고 이해할 수 있다. 이러한 평형 상태의 개념은 간호학, 약학, 보건관리학과 등에서 중요한 학습 주제로 다뤄지며, 학생들은 이를 통해 환자에게 적합한 약물 투여와 치료 방법을 설계할 수 있다. 의약 관련 학과에서 가역 반응과 화학 평형 원리가 의약품의 효과적 이용과 환자 치료 최적화에 어떻게 기여했는지 조사하고, '약물의 체내 흡수와 분포 과정에서 화학 평형의 역할 분석'을 주제로 보고서를 작성해 보자.

관련 학과 의약계열 전체

《당뇨병의 정석》, 대한당뇨병학회, 비타북스(2023)

[12화학03-03]

반응 지수의 의미를 알고, 이를 평형 상수와 비교하여 반응의 진행 방향을 예측할 수 있다.

➡ 반응 지수는 반응에 참여하는 각 물질의 농도를 평형 상수식에 대입하여 얻는 값으로, 이를 통해 반응이 진행될 방향을 예측할 수 있다. 반응 지수는 화학 반응 속도와 관련이 있으며, 반응 속도식에서 반응물의 농도 변화가 반응 속도에 어떤 영향을 미치는지를 설명해준다. 반응 지수는 주어진 화학 반응에서 반응물과 생성물의 농도 사이의 관계를 나타내며, 반응 속도를 조절하거나 이해하는 데 중요한 역할을 한다. 의료 분야에서는 약물 대사 과정에서 반응 지수를 활용하는 사례가 있다. 예를 들어 체내에서 약물의 농도에 따라 반응 속도가 달라지는 약물 대사 반응을 예측하고 관리하는 데 사용된다. 반응 지수를 통해 약물의 효과, 작용 시간, 체내 분포를 예측할 수 있으며, 이를 바탕으로 환자 맞춤형 치료를 제공할 수 있다. 의료 분야에서 반응 지수가 적용된 사례를 조사하고, '약물 대사 반응 속도 조절을 위한 반응 지수의 응용 기술과 성공 사례'를 주제로 보고서를 작성해 보자.

관련 학과 의약계열 전체

《필수 물리화학》, 토머스 엥겔 외 1명, 강춘형 외 5명 역, 카오스북(2018)

단원명 | 역동적인 화학 반응

🔍 물, 자동 이온화, 이온화 상수, 수소 이온 농도, pH, 용액, 중화 반응, 양적 관계, 중화 적정 실험, 미지 시료의 농도

[12화학04-01]

물의 자동 이온화와 물의 이온화 상수를 이해하고, 수소 이온의 농도를 pH로 표현할 수 있다.

➡ 화학에서 pH는 용액의 산성 또는 염기성 정도를 나타내는 지표로, 수소 이온 농도의 상용로그 값에 마이너스를 붙여 계산한다. pH 값은 화학 실험, 물질의 성질 평가, 화학 반응 조절, 의약품 개발 등 다양한 화학 및 생물학 분야에서 중요한 역할을 한다. 최근에는 pH 센서가 개발되어 용액의 pH 값을 간편하게 측정할 수 있게 되었으며, 화학 실험, 생물학 실험, 환경 감시, 식품 제조, 수처리 등 여러 분야에서 활용되고 있다. 의료 분야에서도 pH는 매우 중요한 지표로, 혈액이나 소변 등의 pH를 통해 환자의 건강 상태를 평가할 수 있다. 또한 아두이노와 같은 소형 전자기기를 활용한 pH 센서와 기타 센서를 통해 다양한 의료 데이터를 실시간으로 측정하고 모니터링할 수 있는 시스템이 개발되고 있다. 아두이노를 활용하여 의료 관련 데이터를 측정할 수 있는 센서의 종류를 조사하고, 각 센서의 작동 원리와 의료 분야에서의 활용 사례를 분석하여 보고서를 작성해 보자.

관련 학과 의약계열 전체

《모두의 아두이노 환경 센서》, 로니킴, 길벗(2021)

[12화학04-03]

중화 반응을 이해하고, 중화 반응에서의 양적 관계를 설명할 수 있다.

➡ 중화 반응은 산과 염기 사이에서 일어나는 반응으로, 두 물질의 성질을 조화시켜 중성 상태를 만드는 반응을 말한다. 대표적인 중화 반응은 산과 염기가 반응하여 염과 물을 생성하는 산-염기 반응이다. 예를 들어 염산 (HCl)과 수산화나트륨(NaOH)이 반응하면 염화나트륨(NaCl)과 물(H_2O)이 생성되며, 이때 수소 이온(H^+)과 수산화

이온(OH^-)이 결합하여 물이 형성된다. 의약 분야에서는 중화 반응이 위산 과다로 인한 위장 장애를 완화하는 제산제에 적용된다. 제산제는 위산을 중화시켜 위장 내 산도를 낮추어 속쓰림을 완화하며, 탄산칼슘($CaCO_3$)이나 수산화마그네슘($Mg(OH)_2$)과 같은 염기성 물질이 주로 사용된다. 예를 들어 탄산칼슘은 위산과 반응하여 염과 물을 생성하며, 이 과정에서 발생하는 이산화탄소(CO_2)는 가벼운 트림을 유도할 수 있다. 제산제와 같이 의료 분야에서 활용되는 중화 반응의 예를 조사하고, 중화 반응에서의 양적 관계를 분석하여 보고서를 작성한 후 발표해 보자.

관련 학과 간호학과, 물리치료학과, 보건관리학과, 수의예과, 약학과, 응급구조학과, 의료공학과, 의예과, 임상병리학과, 작업치료학과, 치기공학과, 치위생학과, 치의예과, 한의예과

약의 과학

크리스티네 기터, 유영미 역,
초사흘달(2021)

책 소개

이 책은 약을 사용하면서 만날 수 있는 일상적인 궁금증을 해결해 준다. 약이 우리 몸속에서 어떻게 작용하는지 구체적으로 알아보고, 우리가 약을 삼킨 뒤 몸속에서 어떤 일이 일어나는지 설명한다. 약을 만드는 과정을 통해 신약 개발은 어떻게 이루어지는지도 엿볼 수 있다. 통증과 열, 감기, 속 쓰림, 피부 질환 등 많은 사람에게 흔히 일어나는 증상에 관해 간단하게 짚어보고, 저마다 꼭 필요한 상비약을 알차게 갖출 수 있도록 도와준다.

세특 예시

교과연계 독서활동에서 '약의 과학(크리스티네 기터)'을 읽고 의료 분야에서 볼 수 있는 중화 반응을 예를 조사함. 약이 몸속에서 어떻게 작용하는지 파악한 후, 약을 삼킨 뒤 몸속에서 어떤 일이 일어나는지 반응 순서를 보고서로 작성함. 약을 만드는 과정을 통해 신약 개발의 과정을 이해하고, 의료 분야에서 볼 수 있는 중화 반응의 양적 관계를 조사하여 구체적으로 설명함.

선택 과목	수능	생명과학	절대평가	상대평가
일반 선택	X		5단계	5등급

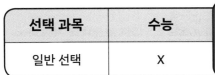

단원명 | 생명 시스템의 구성

| 🔍 | 생명 시스템, 물질대사, 에너지 전환, 소화, 순환, 호흡, 배설, 대사성 질환, 생태계 구조, 생태계 구성요소, 개체군과 군집

[12생과01-01]　　　　　　　　　　　　　　　　　　●●●

생물 및 생명과학의 특성을 이해하고 생명과학의 성과를 협력적으로 소통할 수 있다.

➡ 생물 및 생명과학을 통해 인체의 구조와 기능을 이해하고 인체 해부학, 세포 생리학, 장기 시스템 등을 연계하여 생명과학 분야를 학습할 수 있다. 질병의 예방과 치료, 약물 작용과 부작용 등 의료 분야의 발전에 기여하는 생명과학 분야의 성과에 대해 토의하여 발표해 보자.

관련 학과 의약계열 전체

《바로 읽는 생명과학의 역사》, 아이작 아시모프, 정정남 역, 탐구당(2017)

[12생과01-02]　　　　　　　　　　　　　　　　　　●●●

세포에서부터 생태계까지 생명 시스템의 구성 단계의 특징을 바탕으로 체계적인 설명 자료를 만들 수 있다.

➡ 세포를 기본단위로 하여 조직, 기관 등 구성 요소의 상호작용에 대한 체계적인 개념 이해가 필요하다. 세포에서 근육과 신경조직, 그리고 조직이 모여 고유한 형태와 기능을 나타내는 기관, 생명 활동을 하는 독립된 생물체에 이르기까지 생명 시스템의 구성 단계에 따른 인체의 구조와 기능을 분석해 보자. 이러한 인체 해부학적 지식을 바탕으로 질병 예방 방법이나 치료 전략에 대한 체계적인 설명 자료를 모둠별로 제작하여 발표해 보자.

관련 학과 간호학과, 물리치료학과, 보건관리학과, 수의예과, 응급구조학과, 의료공학과, 의예과, 작업치료학과, 재활학과, 치의예과, 한의예과

《인체 구조와 기능》, 발레리 스캔론, 박지원 외 다수 역, 메디컬사이언스(2019)

[12생과01-03]　　　　　　　　　　　　　　　　　　●●●

물질대사 과정에서의 에너지 전환 과정을 바탕으로 다양한 생명 활동에서의 에너지 사용을 추론할 수 있다.

➡ 생명 활동 및 물질대사 과정에 문제가 발생하여 생기는 대사성 질환에 대해 분석해 보자. 운동 부족이나 영양 과잉 등 생활 습관이 원인이 되어 나타나는 질환의 원인과 증상에 따라 다른 치료와 관리 방법에 대해 조사하고 물질대사의 중요성에 관해 발표해 보자.

관련 학과 간호학과, 보건관리학과, 수의예과, 약학과, 임상병리학과, 한의예과

《건강 불균형 바로잡기》, 닐 버나드, 최가영 역, 브론스테인(2021)

[12생과01-04]

••●

소화, 순환, 호흡, 배설 과정이 기관계의 통합적 작용으로 나타남을 신체의 생리적 변화와 연관 지어 추론할 수 있다.

➡ 소화 과정과 관련된 질병(위궤양, 위염, 장염 등)의 발생 메커니즘과 약물 치료 방법에 대한 탐구를 해 보자. 예를 들어 위궤양 발생 원인 중 하나인 위산 분비 조절 기전에 대해 조사하고, 이를 억제하거나 안정시켜 주는 약물에 대해 조사하자. 이후 약물의 흡수와 대사 과정에 따라 흡수 효율을 높이는 기술이나 약물 대사 경로에 따른 약동학적 변화를 파악해 보자. 약물의 흡수, 분포, 대사 및 배출 과정을 모델링하고 최적 용량이나 시간-농도 그래프를 분석하여 약물의 안전성과 효과성에 대한 탐구를 해 보자.

관련 학과 간호학과, 약학과, 의예과, 임상병리학과, 치의예과, 한의예과
《약은 우리 몸에 어떤 작용을 하는가》, 야자와 사이언스오피스, 이동희 역, 전나무숲(2021)

[12생과01-05]

••●

물질대사 관련 질병 조사를 위한 방법을 고안하여 수행하고 대사성 질환을 예방하기 위한 올바른 생활 습관에 대해 토의하며 협력적으로 소통할 수 있다.

➡ 대사성 질환과 올바른 생활 습관의 연관성은 매체 자료를 통해 쉽게 확인할 수 있다. 특히 체내에 지방조직이 과다한 상태인 비만은 대사성 질환의 위험 요소이므로 관련 내용에 대해 탐구해 보자. 예를 들어 규칙적인 신체 활동은 적절한 체중 유지와 심혈관 건강, 인슐린 감수성 향상 등 대사 기능을 개선하고 대사성 질환 예방에 도움을 준다. 대사성 질환의 관련 탐구를 통해 대사성 질환의 예방과 올바른 생활 습관에 대해 토의하고 발표해 보자.

관련 학과 간호학과, 보건관리학과, 약학과, 의예과, 임상병리학과, 재활학과, 한의예과
《비만학─현대인의 파라독스》, 서형주 외 3명, 내하출판사(2021)

[12생과01-06]

••●

생태계의 구조를 이해하고 물질의 순환과 에너지의 흐름을 추론하여 생태계 구성 요소들의 중요성을 설명할 수 있다.

➡ 생태계 구성 요소들의 중요성에 대해 인식하고 생물종의 보전과 인간-동물의 상호작용, 자연환경 보전의 필요성에 대해 탐구해 보자. 기후변화와 환경 오염 등으로 인한 생태계 구조의 변화에 대해 분석하여 멸종 위기 동물종의 보호와 번식 프로그램, 서식지 복원 등 생태계 구성 요소들이 지속될 수 있는 환경 조건에 대해 탐구해 보자.

관련 학과 수의예과
《우리가 꼭 알아야 할 멸종위기 야생생물 1》, 국립생태원 편, 국립생태원(2020)

[12생과01-07]

••●

개체군과 군집의 특성을 이해하고 이들의 상호작용의 예를 조사하여 발표할 수 있다.

➡ 개체군과 군집의 특성을 인간 건강과 질병 연구에 적용하여 탐구해 보자. 예를 들어 인구 통계 데이터와 유전자 정보를 분석하여 특정 개체군과 군집에서 발생하는 질병 패턴을 이해하고, 예방 및 치료 방안을 찾아볼 수 있다. 또한 유행병 감시와 대응에 개체군과 군집의 특성을 고려할 수 있으며, 전염병이나 감염성 질환 등의 유행 경향성을 파악하고, 해당 지역이나 집단에서 확산되는 패턴과 원인을 분석하여 예방 및 관리 방안에 대해 탐구할 수 있다.

관련 학과 간호학과, 보건관리학과, 수의예과, 약학과, 의예과, 임상병리학과, 한의예과
《**대유행병의 시대**》, 마그 호닉스바움, 제효영 역, 커넥팅(2020)

단원명 | 항상성과 몸의 조절

> 🔍 신경 세포, 시냅스, 신경계, 중추 신경계, 말초 신경계, 내분비계, 면역, 항원 항체 반응, 혈액의 응집 반응, 백신

[12생과02-01] •••

신경 세포의 구조와 기능을 이해하고, 신경 세포에서의 전도 과정을 모식도로 표현할 수 있다.

➡️ 신경 세포의 구조에 대한 체계적인 이해를 바탕으로 신경 세포 간의 정보 전달 과정에 대해 조사해 보자. 신경 전달 장애 관련 질환인 알츠하이머병이나 중추 신경계의 도파민 세포에 손상이 생겨 운동 조절 장애가 나타나는 질환인 파킨슨병에 신경 세포와 시냅스의 변화가 어떤 영향을 미치는지 관련 도서를 통해 분석해 보자. 추후 활동으로 신경 세포의 손상을 예방하거나 회복시키는 약물의 작용과 치료 과정에 대해 탐구해 보자.

관련 학과 간호학과, 수의예과, 약학과, 의예과, 재활학과, 한의예과
《**뇌박사 박주홍의 파킨슨병 이야기**》, 박주홍, 성안북스(2020)

[12생과02-02] •••

시냅스를 통한 신경 신호의 전달 과정을 이해하고, 약물이 시냅스 전달에 영향을 미치는 사례를 조사하여 발표할 수 있다.

➡️ 우울증은 개인의 정서적·신체적·인지적 기능에 영향을 주는 심리적 장애로, 사회적 고립과 대인관계의 어려움이 나타날 수 있다. 우울증은 신경 전달 물질의 불균형이나 기능적 변화와 관련된 신경학적 장애로 도파민과 관련된 약물을 치료에 사용할 수 있다. 이런 약물은 시냅스에서 도파민 수용체를 자극하여 도파민 신호 전달을 촉진하거나 대체하는 역할을 함으로써 우울증을 개선하는 효과를 낸다. 약물이 시냅스 전달 과정에서 어떤 작용을 하며 우울증 증상 완화에 어떻게 기여하는지 탐구하여 발표해 보자.

관련 학과 간호학과, 약학과, 의예과, 재활학과, 한의예과
《**약은 우리 몸에 어떤 작용을 하는가**》, 야자와 사이언스오피스, 이동희 역, 전나무숲(2021)

[12생과02-03] •••

사람 신경계의 구조와 기능을 이해하고 중추 신경계와 말초 신경계의 특징을 설명할 수 있다.

➡️ 신경계의 구조와 조직에 대한 이해를 바탕으로 중추 신경계와 말초 신경계의 해부학적 특징, 뇌 영역 및 신경망의 분포와 상호작용 등을 조사해 보자. 이를 통해 질병 발생과 관련된 변화나 손상된 영역에 대한 연구를 할 수 있다. 추후 활동으로 중추 신경계가 인지, 감정, 운동 등의 기능에 어떤 영향을 미치는지 탐구하여 발표해 보자.

관련 학과 간호학과, 물리치료학과, 보건관리학과, 수의예과, 응급구조학과, 의료공학과, 의예과, 재활학과

뇌·신경 구조 교과서

노가미 하루오, 장은정 역,
보누스(2020)

국어 교과군

영어 교과군

수학 교과군

도덕 교과군

사회 교과군

과학 교과군

책 소개

단면도, 확대도, 모식도, 투시도 등 다채로운 시각 자료를 활용해 최대한 많은 정보와 지식을 담아 체계적으로 구성한 책이다. 다양한 CG 일러스트를 중심으로 관찰할 수 있는 모든 부위를 직접 지시하고 상세한 해설을 달았다. 신경 해부학의 가장 기초적인 지식을 알기 쉽게 정리해 설명하는 것은 물론, 의사·간호사·물리치료사·작업치료사 등 의료계 여러 분야에서 필요한 전문 지식까지 담겨 있다.

세특 예시

신경계의 구조와 조직에 대한 학습을 통해 중추 신경계와 말초 신경계의 해부학적 특징에 관심을 갖고 관련 도서인 '뇌·신경 구조 교과서(노가미 하루오)'를 읽음. 독서활동을 통해 대뇌, 신경세포, 신경계의 구조와 기능에 대해 파악하고 질환과 증상의 본질을 파악하는 뇌신경 메커니즘에 대해 탐구활동을 함. 뇌와 척수, 신경으로 이루어져 온몸을 관장하는 인체의 신경 계통에 발생하는 질병과 증상에 대해 조사하고, 뇌와 신경의 메커니즘에 대해 탐구하여 발표함.

[12생과02-04] •••

내분비계와 신경계 작용 원리와 상호작용의 이해를 바탕으로 우리 몸의 항상성이 유지되는 과정을 추론할 수 있다.

➡ 최근 평균수명의 증가, 건강한 삶을 위한 관심과 더불어 나노 바이오센서 기술을 활용한 내분비계 신경계 작용 원리에 대한 연구가 진행되고 있다. 예를 들어 나노 바이오센서의 생체신호 처리 및 분석을 통한 특정 상태 변화나 이상 징후를 감지하여 몸의 항상성 유지에 도움이 되는 시스템을 개발하는 연구가 진행되고 있다. 몸의 항상성 유지에 대한 정보 수집과 질병 조기 감지 등 혈당 측정 센서나 심전도 센서 등을 사용하여 생체신호 데이터를 획득하고 분석하는 시스템의 활용 방안을 탐구해 보자.

관련 학과 간호학과, 물리치료학과, 보건관리학과, 응급구조학과, 의료공학과, 의예과, 작업치료학과, 재활학과

《**헬스케어 빅데이터 분석의 정석**》, 김선일, 에이콘출판(2023)

[12생과02-05] •••

병원체의 종류와 특징을 이해하고 우리 몸의 방어 작용을 선천적 면역과 후천적 면역으로 구분하여 설명할 수 있다.

➡ 세균, 바이러스, 원생동물 등 병원체의 구조와 특징에 대한 이해를 바탕으로 각각의 병원체가 인체에 어떻게 침투하고 증식하는지 관련 질병의 발생 과정에 대해 탐구해 보자. 코로나19 바이러스 감염 등을 통해 면역력의 중요성에 대해 인식하며, 선천적 면역과 후천적 면역의 상호작용, 면역 세포의 역할과 신호 전달 경로 등에 대한 이해를 통해 항원 항체 반응 및 병원체의 감염을 억제하는 방법을 탐구해 보자.

관련 학과 간호학과, 보건관리학과, 약학과, 의예과, 임상병리학과, 한의예과

《**질병의 탄생—우리는 왜, 어떻게 질병에 걸리는가**》, 홍윤철, 사이(2014)

[12생과02-06]

항원 항체 반응의 특이성을 이해하고, 혈액의 응집 반응 원리를 이용하여 혈액형을 판정할 수 있다.

➡ '국내 의학자, 혈액형 변환 기술 세계 첫 개발'이라는 매체 자료에서 국내 연구팀이 유전자 조작을 통해 'Rh D+' 혈액형을 'Rh D-'로 바꾸는 데 성공했다는 내용을 확인할 수 있다. 유전자 가위를 이용해 Rh D+ 혈액형을 Rh D- 혈액형으로 전환하는 데 세계 처음으로 성공한 것으로, 이 원천기술이 안정적으로 활용되면 희귀 혈액형 보유자에게 필요한 혈액이나 수혈 관련 문제를 해결하는 데 기여할 것으로 보인다. 혈액형 변환 기술과 방법, 활용 방안에 대해 탐구하여 발표해 보자.

관련 학과 의약계열 전체

《수혈의학》, 대한수혈학회, 고려의학(2023)

[12생과02-07]

백신의 종류와 작용 원리를 조사하고 질병의 예방 측면에서 백신의 필요성을 인식하여 협력적으로 소통할 수 있다.

➡ 백신이 면역세포에 보내는 신호와 면역체가 활성화되는 면역 반응을 어떻게 유도하는지 조사해 보자. 면역 항원과 항체의 상호작용과 면역세포의 신호 전달 경로, 세포 내 신호 전달 단백질 등을 탐구해 백신의 작용 원리를 파악해 보자. 또한 백신 접종 후 발생할 수 있는 일시적인 부작용(부종, 발열 등)의 원리를 탐구하여 발표해 보자.

관련 학과 간호학과, 보건관리학과, 수의예과, 약학과, 의예과, 재활학과, 한의예과
《백신과 자가 면역》, 토마스 코완, 김윤근 외 1명 역, 푸른씨앗(2022)

단원명 | 생명의 연속성과 다양성

|🔍| 염색체 구조, DNA, 유전자, 생식세포, 체세포, 생물 진화, 생물 분류 체계, 생물의 유연관계

[12생과03-01]

염색체의 구조를 이해하고, DNA, 유전자의 관계를 설명할 수 있다.

➡ 희귀질환의 유전적 진단 성공률은 30~40% 정도로 낮으며, 체계적인 희귀질환 환자 모집과 관리 및 분석 시스템이 필요한 상황이다. 최근 의생명 분야에 광범위한 영향을 미치는 차세대 염기서열 해독법(NGS)이 희귀질환 진단에 미치게 될 영향과 잠재성에 대해 조사해 보자. 건강한 사람의 유전체 분석과 환자의 진단, 변이 탐색을 통한 질병 원인 규명, 산발적 환자군 질환의 유전적 이해를 바탕으로 건강한 부모와 유전성 질환 환자 자녀 가족에 대해 탐구해 희귀 질환으로 고통받는 환자와 가족들을 위한 방안에 대한 보고서를 작성해 보자.

관련 학과 간호학과, 보건관리학과, 수의예과, 약학과, 임상병리학과, 치의예과, 한의예과
《유전병은 숙명인가》, Aubrey Milunsky, 한국유전학회 역, 전파과학사(1991)

[12생과03-02]

생식세포 형성 과정을 체세포 분열 과정과 비교하고, 생식세포 형성의 중요성을 생명의 연속성 및 다양성과 관련지어 추론할 수 있다.

➔ 특정 약물이 생식세포 형성 과정 또는 체세포 분열 과정에 어떤 영향을 미치는지 조사해 보자. 예를 들어 특정 약물이 세포 분열 속도, 세포 증식 능력, 유전자 발현 등에 어떤 변화를 가져오는지 분석하고, 분석 결과를 통해 약물의 효과와 부작용에 대해 탐구해 보자. 이와 관련한 추후 활동으로 약물 대사와 생식세포 형성 과정 간의 상호작용을 파악하고, 약물의 대사 경로와 약물 분해 및 변환 과정에 대해 탐구하는 활동을 해 보자.

관련 학과 수의예과, 약학과, 의예과, 한의예과

《약의 상호작용과 기전》, 임동순, 신일서적(2015)

[12생과03-03] ● ● ●

생물 진화의 원리를 이해하고, 생물 진화 연구의 다양한 사례를 조사하여 협력적으로 소통할 수 있다.

➔ 생물 진화 원리를 기반으로 한 새로운 의약품 개발에 대한 연구 자료를 조사해 보자. 우선 면역 시스템의 진화 과정과 면역 질환에 대해 학습하고, 면역 시스템이 바이러스와 세균에 대항하는 방법과 면역 질환의 발생 과정 및 치료 방법에 대해 알아보자. 추후 활동으로 약물 내성균의 발생 과정에 대한 연구 자료를 살펴보고, 그에 대응하는 새로운 항생제나 항암제 등의 개발에 대한 탐구를 진행해 보자.

관련 학과 간호학과, 보건관리학과, 수의예과, 약학과, 의예과, 임상병리학과, 한의예과

《항생제의 길잡이》, 대한감염학회, 군자출판사(2016)

[12생과03-04] ● ● ●

생물의 분류 체계를 바탕으로 각 분류군의 차이를 이해하고 생물군을 분류 체계에 따라 설명할 수 있다.

➔ 생물 분류 체계를 활용하여 특정 식물종의 생화학적 특성이나 식물에서 추출한 화합물을 기반으로 한 신약 개발 사례에 대해 조사해 보자. 예를 들어 커피나 차 같은 일부 식물의 열매나 잎, 씨앗 등에 함유된 알칼로이드 각성 물질인 카페인은 중추 신경계를 자극하여 각성을 일으키고 집중력을 강화하는 효과가 있다. 또한 버드나무 껍질이나 소나무 껍질에서 추출하는 아스피린이 있다. 아스피린은 해열진통제로 활용되며, 혈전 생성을 억제하고 혈액 순환을 개선하는 효과가 있어서 심혈관계 질환을 예방하고, 항염증 작용으로 암세포의 성장과 확산을 억제할 수 있다. 식물종에서 추출한 화합물이나 약물의 다양한 생리적 효과에 대해 탐구하여 발표해 보자.

관련 학과 간호학과, 보건관리학과, 약학과, 의예과, 임상병리학과, 한의예과

《식물의약품과 생약 그리고 독성식물》, 윤기동 외 1명, 신일서적(2021)

[12생과03-05] ● ● ●

동물과 식물 분류군의 특징을 문 수준에서 이해하고, 생물의 유연관계를 계통수로 나타낼 수 있다.

➔ 동물과 식물 분류군의 특징과 생물의 유연관계를 이해하고, 약용 식물에 대한 참고문헌을 조사해 보자. 예를 들어 특정 식물종이 전통적으로 어떤 약재로 사용되는지 조사하고, 관련 식물에서 추출한 유효 성분이 어떤 의약품에 응용되는지, 어떤 효과가 있는지 연구 자료를 찾아 탐구해 보자. 추후 활동으로 특정 식물에서 추출한 화합물에서 나타나는 생리적 작용과 부작용에 대해 탐구해 보자.

관련 학과 약학과, 의예과, 한의예과

《식물 혁명》, 스테파노 만쿠소, 김현주 역, 동아엠앤비(2019

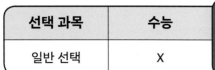

선택 과목	수능	지구과학	절대평가	상대평가
일반 선택	X		5단계	5등급

단원명 | 대기와 해양의 상호작용

| 🔍 | 해수의 성질, 염분, 용존 산소량, 심층 순환, 표층 순환, 고기압, 저기압, 태풍, 악기상, 용승, 침강, 엘니뇨, 남방진동, 기후변화 요인

[12지구01-01] ●●●

해수의 물리적, 화학적 성질을 이해하고, 실측 자료를 활용하여 해수의 온도, 염분, 밀도, 용존 산소량 등의 분포를 분석·해석할 수 있다.

➡ 해수 오염이나 기후변화와 같은 해수 환경 문제에 대해 조사하고, 사회적·경제적 측면을 분석하여 정책 제안을 해 보자. 또한 해양 플라스틱 오염이나 원전 오염수 방출 등이 일으키는 환경 문제가 인체에 유발하는 문제점 등을 조사해 보자. 이와 관련된 의학적 사례를 검토하여 탐구활동 보고서를 작성해 보자. 분석하고 검토한 글을 학교 게시판이나 소통의 장소에 게시하여, 사회문제 인식과 해결에 대한 공감대를 형성해 보자.

　관련 학과　간호학과, 보건관리학과, 수의예과, 약학과, 의예과, 임상병리학과, 한의예과

《플라스틱 바다》, 찰스 무어 외 1명, 이지연 역, 미지북스(2013)

[12지구01-03] ●●●

중위도 저기압과 고기압이 통과할 때 날씨의 변화를 일기도, 위성 영상, 레이더 영상을 종합하여 예측할 수 있다.

➡ 위성의 가시광선 영상은 구름과 지표면에서 반사된 태양 복사 에너지 중 가시광선 영역의 에너지를 나타내며, 적외선 영상은 구름이 방출한 적외선 영역의 에너지를 나타낸다. 이와 비교하여 초음파, CT, MRI 등을 이용하여 질병을 진단하고 치료하는 임상의학인 영상의학 분야나 방사선학에 대해 탐구해 보자. 진단과 치료를 위해 동물과 인간의 체내 의료용 촬영을 하는 원리와 기상 레이더 촬영 영상의 원리를 비교하는 탐구를 진행해 보자. 또한 영상 자료를 통해 분석할 수 있는 내용에 대해 탐색해 보자.

　관련 학과　간호학과, 물리치료학과, 방사선학과, 수의예과, 안경광학과, 의료공학과, 의예과, 작업치료학과, 재활학과, 치기공학과, 치의예과, 한의예과

《간호 보건의료인을 위한 영상판독입문》, Kushimoto Shigeki, 의학서원 역, 의학서원(2015)

[12지구01-05] ●●●

대기와 해양의 상호작용의 사례로서 해수의 용승과 침강, 엘니뇨-남방진동(ENSO)의 현상의 진행 과정 및 관련 현상을 설명할 수 있다.

➡ 지구 온난화는 전 지구적인 현상으로, 우리나라도 지구 온난화의 영향으로 기후가 빠르게 변하고 있다. 기상청에서 운영하는 기후 및 환경 데이터를 제공하는 웹사이트인 기상자료개방포털(국가기후데이터센터)에서 한반도

기후의 다양한 통계자료를 조사해 보자. 한반도 관측 및 통계자료[기상청 기상자료개방포털(국가기후데이터센터)-데이터/기후통계분석]를 분석하여 한반도의 기후변화 경향성과 질병 발생의 상관관계에 대해 탐구해 보자.

관련 학과 간호학과, 보건관리학과, 수의예과, 약학과, 의예과, 임상병리학과, 한의예과
《**2050 거주불능 지구**》, 데이비드 월러스 웰즈, 김재경 역, 추수밭(2020)

[12지구01-06] ● ● ●

기후변화의 원인을 자연적 요인과 인위적 요인으로 구분하여 설명하고, 인간 활동에 의한 기후변화 문제를 과학적으로 해결하는 방법을 탐색할 수 있다.

➡ 기후변화가 감염병 전파에 미치는 영향을 조사하고 분석할 필요가 있다. 기온 변화에 의해 악화하는 벡터 매개 질병(말라리아, 뎅기열)의 분포와 전파에 대해 조사해 보자. 또한 지구 온난화에 의한 기온 상승이 열사병이나 심혈관 질환에 미치는 영향을 탐구하여 기온이 높은 환경에서의 건강 관리 방법에 대해 보고서를 작성하고 캠페인을 진행해 보자.

관련 학과 간호학과, 보건관리학과, 수의예과, 약학과, 응급구조학과, 의료공학과, 의예과, 작업치료학과, 한의예과
《**기후와 날씨, 건강 토크 토크**》, 반기석 외 1명, 프리스마(2017)

단원명 ┃ 지구의 역사와 한반도의 암석

| 🔍 | 지층, 상대 연령, 절대 연령, 지질 시대, 화석, 변동대, 변성 작용, 지질 구조, 지질 단면도, 지질학적 형성 과정

[12지구02-01] ● ● ●

지층 형성의 선후 관계를 결정짓는 법칙들을 활용하여 상대 연령을 비교하고, 방사성 동위 원소를 이용한 광물의 절대 연령 자료로 암석의 절대 연령을 구할 수 있다.

➡ 약물동태학은 약물의 흡수, 분포, 대사, 배설 과정을 동역학적 관점에서 해석하고 예측하는 약물학의 한 분야이다. 반감기는 약물의 약동학적 특성 중 하나로, 특정 약물이 체내에 얼마나 오래 유지되는지를 측정한다. 이러한 정보는 약물의 투여 방법 및 용량을 결정하는 데 도움이 되며, 약물의 효과와 안전성을 평가하는 데 중요한 역할을 한다. 의약품의 반감기를 통해 약물의 체내 운반과 대사 과정에 대한 탐구를 진행해 보자.

관련 학과 간호학과, 보건관리학과, 수의예과, 약학과, 의예과, 한의예과
《**의·약학 전문가를 위한 약동학**》, John G. Wagner, 박종국 역, 신일서적(2021)

[12지구02-02] ● ● ●

지질시대를 기(紀) 수준에서 구분하고, 지층과 화석을 통해 지질시대의 생물과 환경 변화를 해석할 수 있다.

➡ 고대 식물이나 미생물 화석을 분석하여 새로운 의약품 후보 물질을 발견한 사례에 대해 조사해 보자. 또한 화석화된 인간이나 유물을 분석하여 과거 질병의 역사를 연구하고, 현재의 의학적 이해를 높일 수 있는 사례에 대한 문헌조사를 해 보자. 과거 지구의 기후와 환경에 따른 생물의 진화와 질병의 상관관계를 분석하고, 환경 요인이 인간의 건강에 미치는 영향에 대해 탐구해 보자.

관련 학과 간호학과, 보건관리학과, 수의예과, 약학과, 의예과, 임상병리학과, 한의예과

[12지구02-04] ● ● ●

변성작용의 종류와 지각 변동에 따른 구조를 변동대와 관련지어 설명하고, 지구 시스템에서 암석이 순환함을 추론할 수 있다.

➡ 태평양 해구 부근의 일본이나 대서양 중앙 해령에 위치한 아이슬란드에는 추운 겨울에도 야외에서 즐길 수 있는 온천이 많다. 이러한 지역에 온천이 많은 이유는 무엇인지 조사하고, 온천이 건강에 이로운 점을 탐구해 보자. 예를 들어 온천은 몸의 근육을 이완시키고 미네랄과 광물질이 함유되어 있어 피부 건강과 통증 완화에 도움을 준다. 또한 혈액 순환을 촉진하고 근육과 관절에 산소 및 영양분을 공급하는 데 도움이 되기에 근육과 관절 통증 완화와 치유를 촉진할 수 있다. 이러한 온천의 건강 관련 근거와 의학 지식을 분석하여 발표해 보자.

관련 학과 간호학과, 물리치료학과, 의예과, 작업치료학과, 재활학과, 한의예과

《통증혁명》, 존 E. 사르노, 이재석 역, 국일미디어(2017)

단원명 | 태양계 천체와 별과 우주의 변화

🔍 식 현상, 겉보기 운동, 분광형, 흑체 복사, H-R도, 허블의 은하 분류 체계, 외부 은하, 우주의 진화

[12지구03-01] ● ● ●

태양-지구-달 시스템에서의 식 현상을 이해하고 모형을 이용하여 태양계 행성의 겉보기 운동을 설명할 수 있다.

➡ 코페르니쿠스는 교황의 위세가 막강하던 시대에 종교계의 심기를 거스르지 않기 위해 태양 중심설을 조심스럽게 표현하였다. 이후 갈릴레이는 코페르니쿠스의 태양 중심설을 지지한다는 이유로 종교 재판을 받았다. 태양 중심설이 받아들여지게 된 계기가 무엇인지 조사하고, 우주관의 변천사를 예로 들어 과학 발전의 역사와 비판적 사고의 중요성에 대해 생각해 보자. 이와 연관 지어 현대 의학의 패러다임 변화에 대해 조사하고 의학 발전의 방향에 대해 토론해 보자.

관련 학과 보건관리학과, 수의예과, 의예과, 한의예과

《갈릴레오의 두 우주 체계에 관한 대화》, 오철우, 사계절(2009)

[12지구03-02] ● ● ●

별의 분광형 결정 및 별의 분류 과정을 이해하고, 흑체복사 법칙을 이용하여 별의 물리량을 추론할 수 있다.

➡ 일상생활에서 빨간색은 뜨겁고 높은 온도를, 파란색은 차갑고 낮은 온도를 상징한다. 그러나 흑체가 방출하는 전자기파의 에너지 분포를 설명하는 흑체복사 법칙으로 살펴보면, 물체의 온도가 높을수록 더 많은 에너지를 가진 짧은 파장의 전자기파가 상대적으로 푸른색을 방출한다. 이와 같이 일반 사람들이 가지고 있는 과학적 오개념이나 의학적 오개념에 대해 탐색해 보고, 오개념을 바로잡을 수 있는 과학적 원리에 대해 발표해 보자.

관련 학과 간호학과, 물리치료학과, 방사선학과, 보건관리학과, 수의예과, 안경광학과, 의료공학과, 의예과, 치의예과, 한의예과

《구석구석 개념 톡, 과학 톡!―알쏭달쏭 오개념을 잡아라!》, 서원호 외 1명, 파란자전거(2019)

> **[12지구03-03]** ● ● ●
>
> 다양한 질량을 가진 별의 진화 과정을 H-R도에 나타내고 해석할 수 있다.

➡️ 태양과 같은 별의 수명은 진화 과정을 거쳐 약 100억 년이며, 인간의 수명은 약 100년으로 탄생과 성장, 노화를 거쳐 죽음의 단계에 이른다. 별은 물리적 변화에 의한 진화 과정이지만, 인간의 일생은 생물학적, 유전학적, 환경적 요인의 영향을 받는다. 별의 진화 과정에서 별의 표면온도, 반지름 등 물리량 변화와 인간의 일생에서 신체적 변화, 질병을 서로 비교해 보자. 인간의 일생에 일어나는 신체적 변화나 질병을 H-R도처럼 그래프화하여 나타내고 상관관계에 대해 발표해 보자.

관련 학과 간호학과, 물리치료학과, 보건관리학과, 의예과, 재활학과, 한의예과

《**질병 정복의 꿈, 바이오 사이언스**》, 이성규, MiD(2023)

> **[12지구03-05]** ● ● ●
>
> 허블-르메트르 법칙으로 우주의 팽창을 이해하고 우주의 진화에 대한 다양한 설명 체계의 의의를 현대 우주론의 관점에서 비교할 수 있다.

➡️ 우주 탐사와 연구를 위해 우주선을 조종하거나 우주 공간에서 다양한 임무 수행을 하는 우주비행사는 우주에서 어떤 신체적 변화를 겪고 어떤 질병에 노출될 수 있는지 탐구해 보자. 예를 들어 무중력 환경에서 골격이나 근육이 손실될 수 있고, 우주에서의 신진대사 활동 변화가 영양소의 흡수와 에너지 소비에 영향을 미칠 수 있다. 또한 우주 방사선에 노출되어 세포 손상이 발생하거나 심장의 크기와 기능, 혈류량에 변화가 생겨 심혈관 문제가 발생할 수 있다. 우주비행사에게 일어날 수 있는 신체적 변화와 질병의 원인과 결과에 대해 분석해 보자.

관련 학과 간호학과, 물리치료학과, 의료공학과, 의예과, 재활학과

《**우주에서 살기, 일하기, 생존하기**》, 톰 존스, 승영조 역, 북트리거(2017)

선택 과목	수능	**역학과 에너지**	절대평가	상대평가
진로 선택	X		5단계	5등급

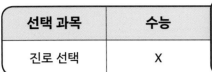

단원명 | 시공간과 운동

| 🔍 | 물체, 힘, 합력, 운동, 정량적 예측, 뉴턴 운동 법칙, 포물선 운동, 역학적 에너지, 힘의 방향, 운동 방향, 원 운동, 케플러 법칙, 중력, 인공위성, 행성의 운동, 역학적 에너지 보존, 탈출 속도, 운동량 보존, 우주선의 궤도, 일반 상대성 이론, 등가 원리, 시공간, 블랙홀, 중력 시간 지연

[12역학01-01] ● ● ●

물체에 작용하는 여러 가지 힘의 합력을 구하여 물체의 운동을 정량적으로 예측할 수 있다.

➡ 응급구조사가 환자를 이송하는 과정에서 여러 가지 힘이 작용할 수 있고, 주로 사용되는 힘은 중력, 마찰력 등이 있다. 환자에게 작용하는 지구의 중력은 항상 아래 방향으로 작용하고, 응급구조사가 환자를 들거나 옮길 때는 환자의 무게에 따른 중력을 이겨내야 한다. 바닥과 환자 또는 이동하는 물체 사이에 작용하는 마찰력은 이동을 어렵게 해서 응급구조사는 이 마찰력을 극복하여 움직일 수 있도록 노력해야 한다. 이러한 힘들은 환자를 이송하는 과정에서 서로 상쇄되거나 추가되며, 응급구조사는 이러한 힘들을 조절하여 환자를 안전하게 이송하기 위해 노력한다. 응급구조사와 관련된 서적을 읽고, 응급구조사들의 커리어패스를 통해 그들이 현재의 직업을 갖기까지 어떤 일들을 거쳐 왔는지 발표해 보자.

관련 학과 간호학과, 물리치료학과, 방사선학과, 보건관리학과, 언어치료학과, 응급구조학과, 의료공학과, 임상병리학과, 작업치료학과, 재활학과, 치기공학과, 치위생학과

《응급구조사 어떻게 되었을까?》, 캠퍼스멘토, 캠퍼스멘토(2022)

단원명 | 열과 에너지

| 🔍 | 건축, 열 에너지, 단열, 열 팽창, 과학의 유용성, 상태 변화, 이상 기체, 온도, 압력, 부피, 계에 가해진 열, 계의 내부 에너지, 외부에 한 일, 열 기관, 순환 과정, 열 효율, 열의 이동, 기체의 확산, 가역 현상, 비가역 현상, 엔트로피

[12역학02-01] ● ● ●

건축을 포함한 다양한 열 에너지 관련 기술에 단열, 열팽창 등이 활용된 예를 조사함으로써 과학의 유용성에 대한 가치를 인식할 수 있다.

➡ 열 팽창은 물체가 열을 받아 팽창하는 현상이고, 열을 흡수한 물체는 분자 간 거리가 증가하며 부피가 커지게 된다. 이것은 고체, 액체, 기체에서 모두 나타날 수 있으며, 열 팽창 계수라는 값은 물체의 열 팽창 정도를 나타

내는 데 사용된다. 열 팽창은 금속으로 된 다양한 기기에서 일어날 수 있다. 의료기기에서 발생할 수 있는 열팽창 현상을 조사한 후, 이러한 이유로 의료 현장에서 발생할 수 있는 문제점과 해결 방안을 보고서로 작성하여 발표해 보자.

관련 학과 | 의약계열 전체

《**그림으로 배우는 열에너지 공학**》, 김동진 외 2명, 북스힐(2023)

단원명 | 탄성파와 소리

| 🔍 용수철 진자, 단진동, 가속도, 변위, 탄성파, 투과, 반사, 도플러 효과, 속도 측정, 음향 장치, 소음 제어, 악기의 소리, 정상파

[12역학03-04] ● ● ●

음향 장치 또는 실내외 공간에서의 소음 제어에 음파의 간섭이 활용됨을 이해하고, 실생활에 사용되는 사례를 조사할 수 있다.

➡️ 음파의 간섭은 두 개 이상의 파동이 만나 서로 영향을 주고받는 현상을 의미한다. 음파 간섭은 진폭과 위상에 따라 보강 간섭과 상쇄 간섭으로 구분된다. 보강 간섭은 두 음파가 같은 진폭과 위상을 가질 때 발생하여 진폭이 증가하며, 상쇄 간섭은 두 음파가 반대 위상을 가질 때 발생하여 진폭이 감소한다. 이러한 원리는 의료 기기에도 활용되고, 초음파 진단 장비와 같이 음파 간섭을 통해 신체 내부 구조를 더욱 정확히 이미지화할 수 있다. 의약 분야에서 음파 간섭을 활용하는 의료 기기를 조사하고, 초음파 진단이나 충격파 치료 과정에서 간섭 현상이 어떻게 작용하는지 분석하여 보고서를 작성해 보자.

관련 학과 | 의약계열 전체

《**소음진동학**》, 김재수, 세진사(2013)

[12역학03-05] ● ● ●

현악기, 관악기 등에서 소리를 내는 원리를 정상파를 이용하여 설명할 수 있다.

➡️ 정상파는 시간에 따른 파동의 진폭이 일정하게 반복되는 파동이다. 정상파는 음악, 라디오, 빛, 무선 통신 등 다양한 분야에서 사용된다. 음악에서는 악기의 소리가 정상파의 원리에 따라 생성되며, 라디오나 무선 통신에서는 정보가 정상파 형태로 전파된다. 정상파는 파동의 간단하면서도 중요한 형태로, 다른 복잡한 파동들의 합성이나 분석에 사용된다. 초음파와 같이 의료 분야에서 사용되는 파동을 활용한 치료 방법을 조사하고 보고서를 작성하여 발표해 보자.

관련 학과 | 의약계열 전체

《**과학으로 풀어보는 음악의 비밀**》, 존 파웰, 장호연 역, 뮤진트리(2022)

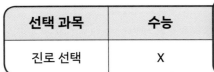

선택 과목	수능		절대평가	상대평가
진로 선택	X	전자기와 양자	5단계	5등급

단원명 ┃ 전자기적 상호작용

> | 🔍 | 전하, 전기장, 전기력선, 등전위면, 전기장의 세기와 방향, 정전기 유도, 유전분극, 자기력선, 도선 주위의 자기장, 로런츠 힘, 자기력선, 전자기 유도, 변압기, 인덕터, 저항, 축전기, 다이오드, 트랜지스터, 반도체, 전자회로

[12전자01-02] ●●●

정전기 유도와 유전분극을 설명하고, 일상생활에서 적용되는 예를 찾을 수 있다.

➡ 유전분극은 유전체 내부의 원자나 분자가 외부 전기장에 의해 영향을 받을 때 발생하는 현상이다. 외부 전기장을 가하면 유전체 내에서 양성자와 전자가 분리되어 양극과 음극을 형성하게 되며, 이로 인해 유전체 내부에 자체적인 전기장이 형성되어 물질이 전기적으로 극성화된다. 이러한 유전분극 현상은 의료기기에서도 활용된다. 예를 들어 초음파 진단기기에서는 유전분극이 트랜스듀서의 효율을 높여 초음파 신호의 정확한 전달과 이미징 성능을 향상시키는 데 기여할 수 있다. 이처럼 유전분극은 의료기기의 성능을 높이고, 진단과 치료에 더 높은 정확성과 효율성을 제공한다. 의약 분야에서 유전분극이 적용된 의료기기의 사례를 조사하고, '유전분극 기반 기술의 발전이 의료 진단 및 치료 분야에 미친 혁신적 사례 조사'를 주제로 보고서를 작성해 보자.

`관련 학과` 의약계열 전체

《**전자기학의 개념원리**》, 홍희식 외 2명, 복두출판사(2024)

[12전자01-04] ●●●

로런츠 힘이 발생하는 조건을 알고, 로런츠 힘과 관련된 현상과 기술을 설명할 수 있다.

➡ 가속기는 물리학 연구에서 중요한 역할을 하며, 초미세입자 물리학, 양자역학, 다양한 물리적 과정을 이해하는 데 사용된다. 뿐만 아니라 가속기는 방사선 진단과 방사선 치료 등 의학 분야에도 다양하게 활용되고 있다. 예를 들어 암 치료에서 방사선 치료 방법은 가속기를 통해 생성된 고에너지 입자를 사용하여 암세포를 파괴하는 방식으로 진행된다. 이러한 고에너지 입자는 정상 조직에 미치는 손상을 최소화하면서 암세포에 집중적으로 작용할 수 있어 효과적인 치료 방법으로 자리 잡고 있다. 의약 분야에서 가속기가 활용되는 사례와 그 작동 원리를 조사하고, 이러한 기술이 치료와 진단에 어떻게 기여하는지 분석하여 보고서를 작성해 보자.

`관련 학과` 간호학과, 물리치료학과, 방사선학과, 보건관리학과, 수의예과, 약학과, 응급구조학과, 의료공학과, 의예과, 임상병리학과, 작업치료학과, 재활학과, 치의예과, 한의예과

《**방사선치료용 양성자가속기**》, Wioletta Wieszczycha, 노승정 역, 북스힐(2013)

단원명 | 빛과 정보통신

|🔍| 빛, 간섭, 회절, 홀로그램, 정밀 기술, 렌즈, 거울, 광학 기기, 수차, 편광, 디지털 정보, 광전효과, 빛과 물질, 영상 정보, 광센서, 태양전지, 레이저, 빛의 증폭, 광통신

[12전자02-02]   •••

렌즈와 거울을 이용한 광학 기기의 원리와 수차를 설명할 수 있다.

➡ 안경 제작이나 내시경 촬영 등 의료 분야에서는 렌즈와 광학 기술을 다양하게 활용하고 있다. 광학 기술은 병을 치료하고 진단하거나 의학을 연구하는 데도 사용된다. 의료 분야에 광학 기기를 사용하는 예를 조사하고, '안경과 콘택트렌즈의 광학 설계 원리가 시력 교정에 미치는 영향 분석'을 주제로 보고서를 작성해 보자.

관련 학과 간호학과, 물리치료학과, 방사선학과, 보건관리학과, 수의예과, 안경광학과, 응급구조학과, 의료공학과, 의예과, 임상병리학과, 작업치료학과, 재활학과, 치의예과, 한의예과

《안경사를 위한 기하광학》, 김영철, 북스힐(2023)

단원명 | 양자와 미시세계

|🔍| 양자, 이중 슬릿, 입자, 파동, 이중성, 확률 파동의 간섭, 중첩, 측정, 상태 변화, 양자 컴퓨터, 양자암호통신, 터널 효과, 원자 모형, 불확정성 원리, 보어, 별, 핵 융합, 스펙트럼

[12전자03-03]   •••

터널 효과를 설명하고, 관련된 현상과 기술을 조사하여 발표할 수 있다.

➡ 주사 터널 현미경은 원자 수준의 분해능으로 시료의 영상을 얻을 수 있는 비광학 현미경 중 하나이다. 주사 터널 현미경은 1981년 스위스 IBM의 비니히와 로레르가 발명하였고, 양자 터널 효과 개념에 기초하고 있다. 도체 팁이 시료 표면을 지나감에 따라 달라지는 전류를 관찰하여 영상을 만들며, 시료에 대한 여러 가지 정보를 얻을 수 있다. 의료 분야에서 주사 터널 현미경의 원리를 응용하여 사용하고 있는 예를 조사하여 발표해 보자.

관련 학과 간호학과, 물리치료학과, 방사선학과, 수의예과, 약학과, 의료공학과, 의예과, 임상병리학과, 작업치료학과, 재활학과, 치기공학과, 치위생학과, 치의예과, 한의예과

《주사전자현미경 분석과 X선 미세분석》, 윤존도 외 5명, 교문사(2021)

선택 과목	수능	 물질과 에너지	절대평가	상대평가
진로 선택	X		5단계	5등급

단원명 | 물질의 세 가지 상태

| 🔍 | 기체, 온도, 압력, 부피, 몰수, 이상 기체 방정식, 혼합 기체, 부분 압력, 몰 분율, 액체, 분자 간 상호작용, 끓는점, 고체, 결정, 비결정, 화학 결합

[12물에01-03] •••

물질이 액체로 존재할 수 있는 이유를 분자 간 상호작용으로 이해하고, 액체의 종류에 따라 끓는점이 달라짐을 설명할 수 있다.

➡️ 분자 간 상호작용은 분자들이 서로 영향을 주며 작용하는 과정이며, 이는 약물의 안정성, 흡수율, 효과 등에 중요한 영향을 미친다. 의약 분야에서는 약물의 용해도, 체내 흡수 과정, 약물과 생체분자의 결합력에 영향을 미치기 때문에 그 이해가 필수적이다. 예를 들어 약물이 체내에서 특정 수용체에 결합하거나 세포막을 통과해 흡수될 때 분자 간 상호작용이 중요한 역할을 한다. 고체, 액체, 기체 등 물질의 상태별 특징을 조사하고, 약물이 액체 상태로 존재하거나 용액 형태로 체내에 흡수될 수 있는 이유를 분자 간 상호작용의 관점에서 분석하여 '약물의 용해도와 체내 흡수율에 영향을 미치는 분자 간 상호작용 분석'을 주제로 보고서를 작성해 보자.

관련 학과 의약계열 전체

《일상적이지만 절대적인 화학지식 50》, 헤일리 버치, 임지원 역, 반니(2016)

단원명 | 용액의 성질

| 🔍 | 액체, 물의 성질, 수소 결합, 실험 데이터, 용액, 농도, 증기압, 끓는점, 어는점, 삼투현상

[12물에02-03] •••

용액의 농도에 따른 삼투현상을 이해하고, 일상생활에서 삼투현상이 나타나는 사례를 찾아 화학 원리가 유용하게 적용됨을 인식할 수 있다.

➡️ 인체에서 나타나는 삼투현상은 화학적 물질이 혈관 벽을 통과하여 혈관 내부로 이동하는 현상을 의미한다. 혈관 벽은 미세한 구조와 물질의 특성에 따라 다층의 세포 구조로 이루어져 있으며, 이 구조를 통과하는 물질은 크기와 특성에 따라 다양한 정도로 이동할 수 있다. 삼투현상은 혈관 내에서 영양소와 물질대사의 산물이 교환되고, 불필요한 물질들이 제거되는 중요한 과정 중 하나이다. 인체에 나타나는 삼투현상이 가지는 장점이나 약물이 인체에 미치는 영향을 분석한 후 보고서를 작성해 보자.

관련 학과 간호학과, 물리치료학과, 보건관리학과, 수의예과, 약학과, 응급구조학과, 의료공학과, 의예과, 임상병리학과, 작업치료학과, 재활학과, 치기공학과, 치위생학과, 치의예과, 한의예과

국어 교과군

영어 교과군

수학 교과군

도덕 교과군

사회 교과군

과학 교과군

MT 약학

대한약학회, 청어람장서가(2024)

책 소개

이 책은 자연생약, 화학요법 개발 등 약의 역사는 물론 약학대학에서 무엇을 배우고 졸업 후 어떤 일을 할 수 있는지 소개하고 있다. 국내 신약 개발 현황과 약학대학의 6년제 변화 등 약학의 생생한 모습과 새로 생길 직업, 나노 기술과의 융합 등에 대한 내용이 나와 있어 약학을 전공하려는 학생들에게 길잡이가 된다. 대한약학회의 21명의 교수님과 2명의 전문가를 통해 약학의 생생한 세계를 체험할 수 있다.

세특 예시

교과연계 독서활동에서 'MT 약학(대한약학회)'을 읽고 인체에 나타나는 삼투현상으로 얻을 수 있는 장점이나 약의 효과를 조사한 후 보고서를 작성함. 인체에 나타나는 삼투현상은 화학적 물질이 혈관 벽을 통과하여 혈관 내부로 이동하는 현상이고, 약학은 이러한 삼투현상으로 인한 영양소와 물질대사의 변화, 그리고 필요 없는 물질들이 교환되는 과정을 연구하는 학문이라고 발표함.

단원명 | 화학 변화의 자발성

🔍| 엔탈피, 열화학 반응식, 헤스 법칙, 화학 법칙, 엔트로피, 화학 변화의 자발성

[12물에03-02] •••

측정하기 어려운 화학 반응의 엔탈피를 헤스 법칙으로 구하여 화학 법칙의 유용성을 인식할 수 있다.

➡ 헤스 법칙은 화학 반응에서 처음 상태와 나중 상태가 같으면 반응 경로에 관계없이 반응열의 총합은 항상 일정하다는 것이다. 의약품 개발에서 헤스 법칙은 다양한 화합물의 합성 및 화학 반응의 열적 특성을 이해하고 최적의 조건을 찾는 데에 중요한 도구로 활용된다. 헤스 법칙을 활용하여 의약품 개발 및 제조 과정에서 발생하는 열적 문제를 해결하고 안정성을 높이며 효율적인 생산을 도모할 수 있다. 헤스 법칙을 활용한 의약품 개발의 사례를 조사하고, 의약품에서 화학적 특징의 중요성을 PPT로 제작하여 발표해 보자.

관련 학과 간호학과, 보건관리학과, 수의예과, 약학과, 응급구조학과, 의료공학과, 의예과, 임상병리학과, 작업치료학과, 재활학과, 치기공학과, 치위생학과, 치의예과, 한의예과

《**임상 바로 읽기**》, 윤나리, 한국경제신문(2023)

단원명 | 반응 속도

🔍| 화학 반응 속도, 자료 해석, 반응 속도식, 1차 반응, 반감기, 반응물의 농도, 유효 충돌, 활성화 에너지, 농도, 온도, 촉매

[12물에04-02]

1차 반응의 반감기가 반응물의 농도에 의존하지 않음을 이해하고, 1차 반응의 반감기가 활용되는 사례를 조사·발표할 수 있다.

➡ 반감기는 원자, 분자 등의 개수 또는 농도가 절반으로 감소하는 데 걸리는 시간이다. 예를 들어 환자에게 투여된 약제의 혈중 농도가 반감되는 시간 혹은 어떤 특정 방사성 핵종의 원자수가 방사성 붕괴 때문에 원래의 수의 반으로 줄어드는 데 걸리는 시간을 말한다. 1차 반응의 반감기는 다양한 분야에서 활용될 수 있으며 화학, 의학, 환경과학 등에서 다양한 반응의 속도를 측정하고 예측하는 데 사용된다. 약물 사용에서 1차 반응의 반감기를 어떻게 활용하고 있는지 조사하고, '약물 대사 과정에서 1차 반응 반감기를 활용한 환자 맞춤형 치료 전략'을 주제로 보고서를 작성해 보자.

관련 학과 간호학과, 보건관리학과, 수의예과, 약학과, 응급구조학과, 의료공학과, 의예과, 임상병리학과, 작업치료학과, 재활학과, 치기공학과, 치위생학과, 치의예과, 한의예과

《**이런 화학이라면 포기하지 않을 텐데**》, 김소환, 보누스(2022)

[12물에04-03]

화학 반응에서 유효 충돌과 활성화 에너지의 의미를 알고, 화학 반응이 일어나기 위한 조건에 관심을 가질 수 있다.

➡ 화학 반응에서 유효 충돌은 반응이 일어나기 위해 두 분자가 충돌할 때 필요한 조건을 나타낸다. 이는 충돌할 때 분자들이 충분한 에너지를 가지고 적절한 방향으로 충돌해야 화학 반응이 일어날 수 있음을 의미한다. 간호사가 주사를 통해 약물을 투약하면 약물이 혈류나 조직으로 흡수된다. 주사침을 통해 약물이 삽입된 부위에서 혈관이나 조직으로 확산함으로써 이 과정이 이루어진다. 주사침과 약물 입자 사이의 충돌이 유효 충돌과 같지는 않지만 유사한 측면이 있을 수 있고, 올바른 각도와 방향으로 주사침이 삽입되어야 약물이 몸속으로 효과적으로 전달될 수 있다. 화학 반응의 유효 충돌과 간호사의 주사 투약 후의 약물 흡수는 둘 다 물질 간의 상호작용과 전달과 관련이 있다. 주사로 약물을 투약하는 간호사와 관련된 서적을 읽고, 간호사들의 커리어패스를 통해 그들이 현재의 직업을 갖기까지 어떤 일들을 거쳐 왔는지 발표해 보자.

관련 학과 간호학과, 보건관리학과, 수의예과, 약학과, 응급구조학과, 의료공학과, 의예과, 임상병리학과, 작업치료학과, 재활학과, 치기공학과, 치위생학과, 치의예과, 한의예과

《**간호사 어떻게 되었을까?**》, 캠퍼스멘토, 캠퍼스멘토(2018)

선택 과목	수능	화학 반응의 세계	절대평가	상대평가
진로 선택	X		5단계	5등급

단원명 | 산 염기 평형

| 🔍 브뢴스테드, 라우리, 산, 염기, 이온화 상수, 상대적인 세기, 약산, 약염기, 수용액의 pH, 중화 적정 실험, 실험 데이터, 이온화 상수, 염의 가수 분해, 화학 평형, 완충 작용

[12반응01-01] ● ● ●

브뢴스테드-라우리 산과 염기의 정의를 이해하고, 이에 따라 산과 염기를 구별할 수 있다.

➡ 산은 우리 주변에서 쉽게 볼 수 있으며 그 종류가 매우 다양하다. 산은 시큼하다는 의미의 라틴어 acidus에서 유래했으며 영어로는 acid이다. 주변에서 흔히 볼 수 있는 오렌지나 레몬 속의 산은 acid의 어원처럼 신맛을 낸다. 염기는 라틴어 basis에서 유래했으며, 화학 반응의 기본 물질이라는 뜻을 가지고 있다. 염기성 물질은 비누, 샴푸, 세제, 표백제 등에서 찾을 수 있으며, 쓴맛이 나거나 피부에 닿았을 때 미끈거리는 느낌을 준다. 의료 분야에서는 산과 염기를 활용하여 안정적이고 안전하게 사용할 수 있는 물질을 합성한다. 예를 들어 특정 약물에 산성이나 염기성 화합물을 사용하여 치료 효과를 높이고 약물의 안정성을 유지한다. 의약 분야에서 주로 사용하는 산과 염기를 활용한 화합물의 종류를 조사하고, 이들의 특징과 바이오 의약품의 활용 분야를 분석하여 '바이오 의약품에서 산·염기 조절이 약물의 체내 안정성에 미치는 영향 연구'를 주제로 보고서를 작성해 보자.

관련 학과 간호학과, 보건관리학과, 수의예과, 약학과, 응급구조학과, 의료공학과, 의예과, 임상병리학과, 작업치료학과, 재활학과, 치의예과, 한의예과

《합성의약품 시대는 가고 바이오의약품 시대가 온다》, 이형기 외 2명, 청년의사(2023)

[12반응01-03] ● ● ●

중화 적정 실험의 pH 변화를 데이터에 근거하여 해석할 수 있다.

➡ 중화 적정 실험은 pH가 변화하는 것을 관찰하여 화학적 반응이나 시스템의 특성을 이해하는 실험이고, 신약을 개발하는 데 중요한 역할을 한다. 화학적·생물학적 시스템에서 섭취한 약이 활동하기 위해서는 특정 pH 범위에서 최적의 활동성을 나타내야 한다. 종종 약물은 특정 pH에서 가장 효과적으로 작용하고, 이러한 특징은 신약의 안정성과 효능에 영향을 미친다. 중화 적정 실험을 통해 약물이 특정 pH에서 어떻게 반응하고 그 활동이 어떻게 변하는지 파악할 수 있다. 이를 통해 약물이 목표로 하는 화학적 환경에서 어떻게 작용하는지 이해하고, 이에 기초하여 효과적인 제품을 개발하는 데 활용할 수 있다. 인간이 복용하는 다양한 약을 판매하는 약사와 관련된 서적을 읽고, 약사들의 커리어패스를 통해 그들이 현재의 직업을 갖기까지 어떤 일들을 거쳐 왔는지 발표해 보자.

관련 학과 간호학과, 보건관리학과, 수의예과, 약학과, 응급구조학과, 의료공학과, 임상병리학과, 작업치료학과, 재활학과, 치기공학과, 치위생학과

《약사 어떻게 되었을까?》, 심주아, 캠퍼스멘토(2021)

•••

화학 평형으로 생체 내 완충 작용을 설명하고, 화학 원리의 신비로움을 느낄 수 있다.

➡ 생체 내 완충 작용은 특정 pH를 유지하기 위해 생체 내외의 화학적 조건을 일정하게 유지하는 기능이고 화학 평형을 통해 이루어진다. 생체 내 완충은 일정한 pH를 유지하여 효소나 세포 기능을 올바르게 유지하며, 혈액과 조직 내에서 중요한 생리학적 반응이 일어날 수 있게 한다. 생체 내 완충 작용은 의료 분야에서도 중요한 역할을 하고, pH에 따른 조절이나 개선을 통해 효과적인 의약품을 제조하는 데 활용된다. 의료 분야에서 화학 평형으로 생체 내 완충 작용을 활용하여 연구한 제품이나 기술을 조사하여 보고서를 작성해 보자.

관련 학과 간호학과, 보건관리학과, 수의예과, 약학과, 응급구조학과, 의료공학과, 의예과, 임상병리학과, 작업치료학과, 재활학과, 치기공학과, 치위생학과, 치의예과, 한의예과

이해하기 쉬운 인체생리학

구재옥 외 4명, 파워북(2019)

책 소개

이 책은 인체생리의 핵심 내용을 쉽고 재미있게 전달한다. 인체의 구조적·기능적 기본 단위인 세포 수준에서 조직, 기관, 기관계에 이르는 기능적 통합을 소개하고, 신체 내외의 자극에 대한 내부환경의 항상성 유지와 그 조절 메커니즘에 관해 설명한다. 신체 각 부위의 조직과 기관의 작용을 통제하고 상호 협조하도록 조절 기능을 하는 신경계와 내분비계에 대해 배울 수 있다.

세특 예시

교과연계 독서활동에서 '이해하기 쉬운 인체생리학(구재옥 외 4명)'을 읽고, 의료 분야에서 화학 평형으로 생체 내 완충 작용을 활용하여 연구한 제품과 기술을 조사하여 보고서를 작성함. 생체 내 완충은 일정한 pH를 유지하여 효소나 세포 기능을 올바르게 유지하고 혈액과 조직 내에서 중요한 생리학적 반응이 일어나게 하는 것임을 설명하고, 생체 내 완충 작용의 예를 들고 이해하기 쉽게 발표함.

단원명 | 산화·환원 반응

🔍 전자의 이동, 산화수 변화, 산화, 환원, 반쪽 반응식, 화학 전지, 실용 전지, 표준 환원 전위, 전위차, 전기분해, 생명 현상, 물질의 역할

[12반응02-01] •••

전자의 이동과 산화수 변화로 산화·환원 반응을 이해하고, 반쪽 반응식을 활용하여 산화·환원 반응식을 완성할 수 있다.

➡ 산화수란 일반적으로 물질 내 원자들이 이온화되었을 때 가지게 되는 가상의 전하량을 의미하며, 산화·환원 반응이 일어날 때 산화수의 변화가 발생한다. 물질 간 전자 이동으로 인해 산화와 환원 반응이 동시에 일어나게 되며, 전자를 잃은 물질은 산화수가 증가하여 산화되고, 전자를 얻은 물질은 산화수가 감소하여 환원된다.

이러한 산화·환원 반응은 약물의 체내 대사 과정에서 중요한 역할을 한다. 예를 들어 일부 약물은 체내에서 산화·환원 반응을 거치며 활성화되거나 대사산물로 변환되며, 이로 인해 약효가 나타나거나 약물이 배출될 수 있다. 특히 항산화제와 같은 물질은 산화·환원 반응을 통해 활성산소로 인한 세포 손상을 막아주는 역할을 한다. 의약 분야에서 산화·환원 반응이 약물 대사와 체내 작용에 어떻게 기여하는지 사례를 조사하고, 산화수 변화를 분석하여 '약물 대사 과정에서 산화수 변화가 약물의 효과와 배출 과정에 미치는 영향 분석'을 주제로 보고서를 작성해 보자.

관련 학과 의약계열 전체

《**한 번 읽으면 절대 잊을 수 없는 화학 교과서**》, 사마키 다케오, 곽범신 역, 시그마북스(2023)

[12반응02-03] • • •

화학 전지의 원리를 산화·환원 반응으로 설명하고, 표준 환원 전위를 이용하여 전위차를 구할 수 있다.

➡ 화학 전지는 산화·환원 반응에 기반하여 전기에너지를 생성하거나 저장하며, 이러한 원리는 의료 기기에 사용되는 배터리에도 적용된다. 전지에는 양극과 음극이 있으며, 음극에서는 산화 반응이 일어나 전자를 방출하고, 양극에서는 이 전자를 받아들이는 환원 반응이 발생한다. 이 과정에서 생성된 전자들은 회로를 통해 이동하면서 전기 에너지를 제공하게 된다. 의료용 배터리는 안정적이고 지속적인 전력 공급이 필요한 심박조율기, 인슐린 펌프, 인공와우 등의 장치에서 중요한 역할을 한다. 이러한 의료용 배터리에서는 화학 전지의 전위차를 계산하여 전력 효율과 안정성을 유지하는 것이 필수적이다. 의료기기용 배터리의 안정성과 효율성을 높이기 위해 고려해야 할 점들을 조사하고, '심박조율기와 인슐린 펌프에 사용되는 배터리의 안정성과 수명 연장 기술 연구'를 주제로 보고서를 작성해 보자.

관련 학과 의약계열 전체

《**배터리의 미래**》, M. 스탠리 위팅엄 외 3명, 이음(2021)

단원명 | 탄소 화합물과 반응

🔍 탄소 화합물, 작용기, 화학 반응, 단위체, 중합 반응, 고분자, 과학, 기술, 사회

[12반응03-03] • • •

단위체의 중합 반응으로 다양한 고분자가 합성되는 것을 이해하여 화학 반응의 유용성을 인식할 수 있다.

➡ 중합 반응은 고분자 화학에서 단위체 분자들이 결합하여 고분자 사슬을 형성하거나 삼차원 망상구조를 생성하는 반응을 말한다. 이 반응은 촉매, 열, 빛, 압력 등의 에너지에 의해 촉진될 수 있으며 다양한 유기 및 무기 고분자를 생성하는 데 사용된다. 의약 분야에서도 중합 반응은 중요한 역할을 한다. 예를 들어 생체 적합성 고분자나 약물 전달 시스템 개발에서 고분자는 약물을 안정적으로 운반하거나 체내에서 서서히 방출하도록 설계될 수 있다. 히알루론산, 폴리락트산과 같은 생체 적합성 고분자는 약물 전달 시스템, 인공 관절, 조직 재생, 피부 회복 등 다양한 의료 응용 분야에서 활용되고 있다. 의약 분야에서 사용되는 주요 고분자 합성 과정을 분석하여 보고서를 작성하고, 단위체가 중합 반응을 통해 고분자로 합성되는 과정을 단계별로 발표해 보자.

관련 학과 의약계열 전체

《**히미 오와 함께하는 탄소화합물 가상탐구**》, 오진호, 좋은땅(2023)

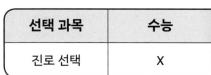

단원명 | 세포

| 🔍 | 탄수화물, 지질, 핵산, 단백질, 세포 소기관, 원핵세포, 진핵세포, 세포막, 물질 수송 과정, 삼투현상

[12세포01-01] ● ● ●

탄수화물과 지질의 종류와 주요 기능을 이해하고 생물체에 들어 있는 탄수화물과 지질을 관찰할 수 있다.

➡ 탄수화물과 지질의 약물 전달 시스템에 대한 관련 자료를 찾아보고, 약물 전달 및 의약품 연구에 활용되는 탄수화물 나노 코팅 기술 등을 조사해 보자. 이러한 약물 전달 시스템의 효율성, 안전성, 생체 적합성 등을 평가하여 의약품의 효과적 전달을 위한 기술 개발 가능성에 대해 탐구하자. 추후 활동으로 탄수화물과 지질 약물의 흡수, 분포, 대사, 배설 과정에 관해 조사하고, 탄수화물과 지질의 생리학적 기능과 약물 대사의 연관성을 탐구해 보자.

관련 학과 간호학과, 보건관리학과, 약학과, 의예과
《인체 영양학 교과서》, 가와시마 유키코, 장은정 역, 보누스(2022)

[12세포01-02] ● ● ●

핵산과 단백질의 기본 구조와 세포에서의 주요 기능을 조사하여 설명할 수 있다.

➡ 한국생명공학연구원 대사제어연구센터 연구팀은 갈색 지방의 열 생성을 제어하는 새로운 단백질을 규명하는 데 성공했다고 밝혔다. 이를 통해 향후 열 생성을 통한 에너지 소모를 촉진해 비만 등 대사성 질환 치료에 활용할 수 있을 것으로 기대하고 있다. 인체는 추위에 노출되면 골격근이 수축, 이완하며 열을 만들어 내지만 이것만으로는 체온 유지가 어려워 골격근, 내장근, 갈색 지방 조직 등이 추가로 열을 발생시키며 체온을 유지한다. 연구팀은 LETMD1 단백질이 에너지를 열로 전환하는 조절인자라는 사실을 새롭게 밝혀내었다. 이와 관련하여 LETMD1 단백질 제어를 통해 비만과 같은 대사성 질환을 치료하고 예방하는 방법에 대해 탐구해 보자.

관련 학과 약학과, 의예과, 한의예과
《단백질이 없으면 생명도 없다》, 다케무라 마사하루, 배영진 역, 전나무숲(2018)

[12세포01-03] ● ● ●

동물세포와 식물세포를 구성하는 세포 소기관의 구조와 기능을 이해하고, 세포 소기관들의 유기적 관계를 추론하여 협력적으로 소통할 수 있다.

➡ 노화가 진행되면 근육의 양과 힘이 감소하는데, 이를 노인성 근감소증이라고 한다. 노인성 근감소증의 원인은 만성염증, 호르몬 불균형, 영양결핍, 줄기세포 감소, 미토콘드리아의 기능 저하 등으로 알려져 있다. 한국생명

공학연구원의 노화제어 전문연구팀은 근육세포의 막유동성 감소가 노인성 근감소증의 원인이라는 새로운 학설을 제시하였다. 노화 근육의 지질 성분을 분석하여 세포내막을 이루는 인지질 성분의 변화를 발견했고, 노화에 따라 증가한 지질 전달 단백질이 세포내막 성분의 포화지방산 사슬을 증가시킴으로써 근육량과 근력을 저하시킨다는 것을 알아냈다. 연구팀이 제시한 '노화의 유동성 이론'에 대해 탐구하여 발표해 보자.

관련 학과 간호학과, 보건관리학과, 약학과, 의예과

**노화의 역행
—노화를 거스르는
최신 노화과학 활용법**

베스 베넷, 성세희 역,
레몬한스푼(2023)

책 소개

이 책은 나이가 들면서 인간 신체의 노화가 어떻게 진행되는지, 노화에 역행하는 '항노화' 비법이 있는지에 대한 저자의 원초적 질문에서 시작한다. 유전학자이자 노화과학자인 베스 베넷은 노화와 관련해 우리 신체에서 일어나는 세포의 화학적 변화와 대사 과정을 일상생활에 빗대어 독자의 눈높이에 맞게 풀어낸다. 이 책을 통해 노화가 어떻게 진행되는지 알게 되고, 노화의 부정적 결과를 완화하는 방법에 대해서도 알게 될 것이다.

세특 예시

세포 소기관의 구조와 기능에 대해 학습한 뒤, 세포 소기관 이온 통로에서 인체 각 기관의 노화 및 신경 퇴행에 대한 연구를 한다는 매체 자료를 통해 노화 현상에 관심을 갖고 조사함. 근육과 골격, 심혈관계, 뇌와 같은 인체 시스템이 노화에 어떤 영향을 받는지 알아보기 위해 관련 도서 '노화의 역행—노화를 거스르는 최신 노화과학 활용법(베스 베넷)'을 선정하여 읽음. 노화 과정에서 세포와 분자 속에 생기는 변화 과정을 규명하고 항노화 전략, 미토콘드리아 기능 저하에 의한 질환 등 노화 과정의 메커니즘에 대해 파악함. 또한 인체 각 기관의 노화와 신경 퇴행에 대한 지속적인 탐구를 진행하여 수명이 늘어난 시대에 건강하게 수명을 늘리는 방안에 대해 발표함.

[12세포01-04] ● ● ●

원핵세포와 진핵세포의 공통점과 차이점을 설명할 수 있다.

➡ 현재 의료계는 암 세포가 퍼진 상태에서 마지막 암세포를 찾아 그것을 죽이는 치료를 한다. 이렇게 하면 암세포를 죽이기 위해 환자의 몸 전체가 고통을 받는, 이른바 '치료가 환자를 죽이는 상황'이 생긴다. 이에 모든 암 연구, 암 치료, 암 예방의 포커스를 악성 세포로 자라나기 전 첫 번째 암 세포를 찾아내 박멸하는 방식, 즉 최초로 생성된 암 세포를 찾는 방향으로 돌려놓자는 의료계의 목소리가 있다. 관련 내용에 대해 탐구해 보자.

관련 학과 약학과, 의예과

《퍼스트 셀—죽음을 이기는 첫 이름》, 아즈라 라자, 진영인 역, 윌북(2020)

[12세포01-05] ● ● ●

세포막의 구조와 특성을 이해하고, 세포막을 통한 물질 수송 과정을 추론할 수 있다.

➡ 세포막의 지질 이중층은 울타리 역할을 하며 세포 내외의 경계를 만든다. 막단백질은 지질 이중층으로 막혀 있

어 통과하지 못하는 이온과 외부 물질들을 통과하게 하는 게이트 역할을 하며, 막탄수화물의 모양은 세포의 주민등록증과 같은 역할을 한다. 인체에서 조직의 경계를 무시하고 발달하는 세포가 암 세포이다. 암세포는 비정상적으로 경계를 넘어 전이가 되는 것으로 알려져 있다. 세포막 단백질의 구조와 기능에 대해 조사하고 막탄수화물과 암 세포의 차이점에 대해 탐구해 보자.

관련 학과 간호학과, 약학과, 의예과, 한의예과
《내 몸에 독이 되는 탄수화물》, 에베 고지, 한성례 역, 이너북(2021)

단원명 | 물질대사와 에너지

| 🔎 | 물질대사, 에너지 대사, 광합성, 세포호흡, ATP 역할, 효소, 효소 작용

[12세포02-01]   ● ● ●

물질대사는 생명체에서 생명을 유지하기 위해 일어나는 화학 반응임을 이해하고 에너지의 출입이 동반됨을 추론할 수 있다.

➡ 몸의 물질대사의 이상으로 발생하는 질환을 대사성 질환이라고 한다. 서구화된 식습관과 다양한 환경적 요인으로 성인병이 생긴다. 체형이 복부 비만형과 하체 비만형일 때 대사성 질환이 발생할 가능성이 크다. 대사성 질환이 발생하는 이유, 원인과 증상에 대해 조사하고 예방할 수 있는 방법에 대해 탐구해 보자.

관련 학과 간호학과, 보건관리학과, 수의예과, 약학과, 의예과, 임상병리학과, 한의예과
《대사질환에 도전하는 과학자들》, 남궁석, 바이오스펙테이터(2023)

[12세포02-02]   ● ● ●

생명 활동에 필요한 에너지를 공급하는 과정에서 광합성과 세포호흡 그리고 ATP의 역할을 설명할 수 있다.

➡ 고슴도치나 박쥐, 다람쥐처럼 체온 유지에 많은 에너지가 필요하고 먹이가 부족한 한겨울에는 겨울잠을 자는 포유류가 있다. 겨울잠을 잘 때는 체내 에너지 소모를 줄여 생존율을 높이게 된다. 겨울잠을 자는 동물은 5~10일을 주기로 한 번씩 깨어나 체온을 올리고, 근육을 보호하는 단백질을 흡수하여 근육과 뼈를 보호한다. 단백질이 체내에 소화, 흡수되어 뼈와 근육을 형성하는 과정에 대해 조사하고, 노약자들에게 단백질 흡수가 중요하다는 것을 탐구하여 발표해 보자.

관련 학과 간호학과, 물리치료학과, 보건관리학과, 의예과, 재활학과, 한의예과
《단백질이 없으면 생명도 없다》, 다케무라 마사하루, 배영진 역, 전나무숲(2018)

[12세포02-03]   ● ● ●

효소의 종류와 특성을 이해하고 효소의 활성에 영향을 미치는 요인에 대한 실험을 설계하여 수행할 수 있다.

➡ 효소에 결합하여 활성을 감소시키는 물질인 효소 저해제는 효소의 활성을 막음으로써 병균을 죽이거나 신진대사의 불균형을 바로잡는 의약품으로 이용되기도 한다. 효소의 활성 부위에 결합하여 효소 작용을 억제하는 물질인 아스피린은 염증 반응을 줄여주는 소염제, 열을 내리게 하는 해열제, 통증을 줄여주는 진통제로 이용된다. 또한 아스피린과 다르게 다른 부위에 결합하여 활성 부위의 구조를 변형시키는 비경쟁적 저해제도 있는데,

이것은 효소에 결합할 수 있는 결합력을 감소시켜 효소의 작용을 방해한다. 의약품으로 이용되는 효소 저해제의 원리에 대해 탐구해 보자.

관련 학과 보건관리학과, 수의예과, 약학과, 의예과, 한의예과

《**치유하는 효소**》, 신현재, 이채(2021)

[12세포02-04] • • •

효소의 작용 기작을 이해하고, 생명체 내에서 일어나는 효소 작용의 중요성에 대해 다양한 매체를 활용하여 협력적으로 소통할 수 있다.

➡ 페니실린은 푸른곰팡이에서 얻는 화학물질이며, 최초의 항생제로 세균에 의한 감염을 치료하는 약물이다. 페니실린은 세균의 세포벽을 형성하는 효소의 활성 부위에 결합하여 세포벽이 합성되는 것을 막아 세균의 증식을 억제하고 세포를 죽인다. 아스피린은 체내에서 염증이나 발열, 통증을 일으키는 물질의 합성에 관여하는 효소의 활성 부위에 결합하여 효소의 작용을 방해한다. 페니실린과 아스피린의 공통점과 차이점에 대해 분석해 보자.

관련 학과 보건관리학과, 수의예과, 약학과, 의예과, 한의예과

《**약은 우리 몸에 어떤 작용을 하는가**》, 야자와 사이언스오피스, 이동희 역, 전나무숲(2021)

[12세포02-05] • • •

효소가 우리 생활이나 산업에 다양하게 이용되는 사례를 조사하여 발표할 수 있다.

➡ 효소가 약물 대사에 미치는 영향과 효소의 다양한 작용 기전에 대해 조사해 보자. 효소와 약물 간의 상호작용에 대해 알아보고 약물 대사와 효소의 특성, 효소 변이가 약물 효과에 미치는 영향 등을 탐구해 보자. 이를 통해 효소가 약물 대사에 어떻게 기여하는지에 대한 이해를 높일 수 있다. 후속 활동으로 효소 효능의 약물 동태학 탐구와 효소 기반 약물 전달 시스템에 대한 탐구를 진행해 보자.

관련 학과 약학과, 의예과, 한의예과

《**효소―생명을 작동시키는 작지만 강한 분자기계**》, 폴 엥겔, 최가영 역, 김영사(2023)

단원명 | 세포호흡과 광합성

🔍 미토콘드리아, 세포호흡, 인산화 과정, 발효, 엽록체 구조, 광합성, 탄소 고정반응, 광합성 색소 분리

[12세포03-01] • • •

미토콘드리아의 구조를 이해하고 생명체 내에서의 미토콘드리아의 기능을 추론할 수 있다.

➡ 생명체 내의 미토콘드리아 기능 저하는 다양한 질병의 원인이 될 수 있다. 미토콘드리아의 기능이 저하되면 에너지 공급 부족으로 근육, 신경계, 심장, 뇌 등의 조직에 문제가 일어난다. 미토콘드리아 기능 저하를 치료하기 위한 다양한 접근법에 대해 탐구해 보자. 항산화제나 대사 활성화제를 통해 미토콘드리아 기능을 보강하거나 에너지 결핍을 보완하는 방법에 대해 조사하여 발표해 보자.

관련 학과 약학과, 의예과, 임상병리학과

《**미토콘드리아**》, 닉 레인, 김정은 역, 뿌리와이파리(2009)

세포호흡 과정의 단계별 특징을 다양한 매체를 활용하여 협력적으로 소통할 수 있다.

➡ 세포호흡 과정의 단계별 특징과 당뇨병, 심근경색 등 대사질환의 연관성에 대해 조사해 보자. 또한 각 단계에서의 대사 조절의 중요성과 대사질환과의 관련성을 조사하고, 대사질환의 발생과 세포호흡의 관계에 대해 탐구해 보자. 세포호흡과 대사질환의 연관성을 분석하고 세포호흡의 이상과 대사질환의 관련성을 탐구하는 것은 약물 개발과 치료에 중요한 역할을 한다.

관련 학과 보건관리학과, 약학과, 의예과
《당뇨병·대사·내분비의 구조》, 오다와라 마사토, 김선숙 역, 성안당(2023)

[12세포03-03] •••

세포호흡 과정에서의 인산화 과정을 기질 수준의 인산화와 산화적 인산화 과정으로 구분할 수 있다.

➡ 인산화 과정에서 나타나는 이상 현상은 다양한 질병과 연관될 수 있다. 인산화 과정에서의 유전적 변이, 효소 결핍 등이 어떤 질병과 관련 있는지 자세히 조사하고, 이를 통해 세포호흡 과정에서의 인산화 과정과 질병 발생 간의 연관성에 대해 탐구해 보자. 근육 기능 손상, 신경학적 이상, 심장 문제 등이 나타나는 미토콘드리아 질환이나 비만, 당뇨병 등의 원인이 되는 대사증후군 등 세포호흡의 인산화 과정과 관련된 질병에 대해 탐구하여 발표해 보자.

관련 학과 보건관리학과, 약학과, 의예과
《의학생화학》, Gerhard Meisenberg, 양성렬 역, 범문에듀케이션(2013)

[12세포03-04] •••

산소호흡과 발효의 공통점과 차이점을 이해하고, 실생활에서 발효를 이용한 사례 조사 계획을 세워 조사할 수 있다.

➡ 건강한 장은 강력한 면역 체계와 긍정적인 심리 건강에 영향을 준다. 장 건강 개선에 도움을 주는 발효식품이나 프로바이오틱스에 대해 조사해 보자. 미생물이 음식의 영양소를 분해하거나 변형시켜 건강 효과를 내는 발효식품, 건강에 유익한 세균 균주를 증식시키고 유해 세균의 증식을 억제하여 장 건강에 도움을 주는 프로바이오틱스에 대해 조사하자. 프로바이오틱스의 효능과 섭취 방법, 주의사항에 대해 분석하여 발표해 보자.

관련 학과 간호학과, 보건관리학과, 약학과, 의예과, 한의예과

책 소개

이 책은 치과의사이자 미생물 연구가가 쓴 것으로 '안티바이오틱스에서 프로바이오틱스로'의 인식 전환을 이야기한다. 저자는 미생물 관련 책을 꾸준히 써 오면서 쌓은 내공으로 "복잡하고 난해한 최신 과학적 발견을 각고의 숙성과 발효 과정을 거쳐 일반인들도 편하게 섭취할 수 있도록" 특유의 쉽고 유머러스한 필체로 설득력 있게 설명하고 있다.

세특 예시

세균, 효모에 의한 유기물 분해와 에너지 생성 과정 중 발효 과정을 학습하고 장내 미생물의 균형을 이뤄주는 역할을 하는 유산균에 대해 관심을

국어 교과군

영어 교과군

수학 교과군

도덕 교과군

사회 교과군

과학 교과군

안티바이오틱스에서 프로바이오틱스로

김혜성, 오랄바이옴(2023)

가짐. 교과연계 독서활동으로 '안티바이오틱스에서 프로바이오틱스로(김혜성)'를 선정하여 읽고, 콜레나나 폐렴 등의 감염병에서 지켜 온 안티바이오틱스(항생제)와 항생제 내성균, 프로바이오틱스에 대해 탐구함. 이를 통해 페니실린을 발견한 플레밍의 항생제의 한계에 대한 경고와 병원성 미생물에 대한 발효음식의 항미생물 효과 등을 분석함. 또한 고혈압, 당뇨, 고지혈증 같은 대사증후군이나 만성질환의 관리와 수술 후의 감염 예방 등에 유용한 역할을 하는 프로바이오틱스에 대해 탐구하여 발표함.

[12세포03-05] • • •

엽록체의 구조를 이해하고 기능과 관련지어 설명할 수 있다.

➡ 식물의 엽록체에 포함된 엽록소는 청록색 엽록소와 황록색 엽록소로 나뉘며, 각각 마그네슘과 철 원자가 있어서 인체에 필수적인 미량 원소로 혈액 생성, 에너지 대사, 신경 전달 등에 관여한다. 엽록소는 면역력 강화와 혈액 순환 개선, 장 건강 유지에 영향을 주기도 한다. 그러나 엽록소를 과다 섭취하면 소화불량, 구토, 설사 등의 부작용이 일어날 수 있으며, 항생제나 항암제, 당뇨병 약물과 함께 섭취하면 효과를 저해하거나 부작용을 일으킬 수 있다. 엽록소를 약학과 관련하여 탐구해 보자.

관련 학과 간호학과, 보건관리학과, 약학과, 의예과, 한의예과

《광합성의 세계—지구상의 생명을 지탱하는 비밀》, 이와나미 요조, 심상철 역, 전파과학사(2019)

[12세포03-06] • • •

광합성의 명반응과 탄소 고정반응을 단계별로 구분하여 특징을 이해하고 두 반응의 상호 관계를 추론할 수 있다.

➡ 햇빛은 피부를 통해 비타민D를 생성하고 면역 시스템 강화에 도움을 준다. 비타민D는 특정 면역 세포들의 활성화를 조절하여 인체의 면역 반응을 조절하는 역할을 한다. 또한 항균 작용, 염증 조절, 항암 효과 등 다양한 면역 반응에 관여한다. 햇빛이 부족하면 면역 부전이 생기거나 감염에 대한 저항력 약해지고 자가면역 질환 발생 위험이 높아질 수 있다. 반면 자외선에 과다하게 노출돼도 면역 반응이 과도하게 활성화되어 자가면역 질환의 발생 위험이 높아질 수 있다. 햇빛과 면역 반응의 관계에 대해 탐구하여 발표해 보자.

관련 학과 간호학과, 보건관리학과, 의예과

《햇빛을 쬐면 의사가 필요없다》, 우쓰노미야 미쓰아키, 성백희 역, 전나무숲(2022)

[12세포03-08] • • •

광합성 관련 과학사적 연구 결과를 조사하여 시각화 자료를 창의적으로 제작하여 협력적으로 소통할 수 있다.

➡ 토머스 쿤은 과학에 패러다임이라는 개념을 처음으로 도입했다. 과학 패러다임의 변화는 과학사 발전에 중요한 역할을 했으며 새로운 과학적 지식과 이해의 확장을 가능하게 했다. 관련 문헌을 조사해 광합성 연구자의 탐구 과정을 순차적으로 정리하고, 시대별 또는 연구분야별 탐구 과정을 재구성하여 시각화 자료를 만들어 보자. 추후 활동으로 의학 관련 패러다임의 변화가 이끌어낸 현대 의학의 발달 과정에 대해 분석하여 발표해 보자.

관련 학과 보건관리학과, 수의예과, 의예과, 치의예과, 한의예과

《과학혁명의 구조》, 토머스 S. 쿤, 김명자 외 1명 역, 까치(2013)

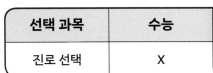

단원명 | 유전자와 유전물질

|🔍| 유전 형질, 다유전자 유전, 상염색체, 성염색체, 유전병, DNA 구조, 원핵세포, 진핵세포, DNA 복제

[12유전01-01] ●●●

유전 형질이 유전자를 통해 자손에게 유전됨을 이해하고, 상염색체 유전과 성염색체 유전 양상의 차이를 설명할 수 있다.

➡️ 성염색체의 변이, 염색체 구조 이상, 성염색체 유전자의 돌연변이 등을 조사하여 성염색체 유전 양상이 특정 질병과 어떤 관계가 있는지 탐구하자. 또한 성염색체의 유전 양상과 성별에 따른 질병 발생률 사이의 관계에 대해 조사해 보자. 성염색체 유전 양상이 특정 질병에 영향을 미치는지, 성별에 따른 질병 발생률 차이에 영향을 미치는지 통계자료를 분석하여 알아보는 탐구활동을 진행해 보자.

관련 학과 보건관리학과, 약학과, 의예과, 한의예과

《**질병 정복의 꿈, 바이오 사이언스**》, 이성규, MiD(2019)

[12유전01-02] ●●●

사람 유전 연구 방법의 어려움을 이해하고, 사람의 유전 현상 분석을 근거로 유전 형질의 유전적 특성을 추론할 수 있다.

➡️ 국내 연구진이 새로운 유전자를 발굴해 동맥경화, 혈관 염증 등 혈관 질환 치료제 개발의 가능성을 열었다는 소식을 매체 자료를 통해 확인할 수 있다. 바이오 신약 중개연구센터의 연구팀이 혈관 내피 세포의 염증반응 제어에 관여하는 유전자를 발견했다는 것이다. 혈관을 통해 이동하는 혈액은 몸 곳곳에 영양소와 산소를 전달하고 체온을 유지하는데, 다양한 원인에 의해 혈관 내벽이 두꺼워지면 탄력을 잃거나 정상적인 혈액의 흐름을 막아 뇌졸중이나 심근경색증과 같은 질병을 유발한다. 혈관 질환 치료제가 혈관 내 혈액의 흐름에 어떻게 작용하는지 파악하고 혈관 내피 세포의 염증반응 제어에 관여하는 유전자에 대해 탐구해 보자.

관련 학과 간호학과, 보건관리학과, 약학과, 의료공학과, 의예과, 한의예과

《**유전자를 알면 장수한다**》, 설재웅, 고려의학(2022)

[12유전01-03] ●●●

사람의 다유전자 유전에 대해 이해하고, 유전 현상의 다양성 사례를 조사하여 과학적 근거를 활용하여 협력적으로 소통할 수 있다.

➡️ 유전적 다양성이 응급 처치 및 응급 의료 관리에 어떤 영향을 미치는지 조사해 보자. 특정한 유전적 특성과 약물 대사 속도, 알레르기 반응, 질환 예방 등의 관계를 조사하여, 유전적 다양성이 개인별 응급 처치와 관련된 의

료 관리에 어떤 영향을 미치는지 탐구해 보자. 또한 환자의 질병이나 민감한 개인정보 보호의 중요성에 대해 토의하고 발표해 보자.

관련 학과 간호학과, 보건관리학과, 약학과, 응급구조학과, 의료공학과, 의예과, 한의예과

《보건의료정보관리학》, 박종선 외 7명, 보문각 (2022)

[12유전01-04] ● ● ●

염색체와 유전자 이상에 대해 이해하고, 사람의 유전병을 발병 원인별 조사 계획을 세워 조사할 수 있다.

➡️ 유전병 환자를 간호하기 위해서는 유전병의 발병 원인과 질환의 특성에 대한 이해가 필요하다. 개인의 유전검사 결과나 가족력에 대한 이해와 분석을 통해 유전 질환자의 개인별 간호 계획을 수립할 수 있다. 해당 환자만의 특수한 치료 및 예방, 관리 전략이 있을 수 있으므로, 의료진과의 협력하에 종합적인 접근 방식이 요구된다. 유전질환에 대한 이해와 예방 방법, 치료 및 약물 관리 방법 등 유전 질환자에 대한 간호사의 역할에 대해 토의해 보자.

관련 학과 간호학과, 방사선학과, 보건관리학과, 임상병리학과

《간호사가 말하는 간호사》, 권혜림 외 12명, 부키 (2012)

[12유전01-05] ● ● ●

DNA의 구조와 유전물질 규명 관련 과학사적 연구 결과를 설명하기 위한 발표 자료를 창의적으로 제작할 수 있다.

➡️ 우울증은 유전적 소인, 내분비 이상, 스트레스, 성격적 특성, 대인관계 문제 등과 아울러 체내 신경전달물질의 불균형과 관련이 있다. 신경전달물질 중 우울증에 영향을 미치는 주된 신경전달물질은 세로토닌, 노르아드레날린, 도파민이다. 신경전달물질은 신경의 끝에서 분비되어 연결된 다른 신경에 정보를 전달하는 미세한 물질로, 우울증 환자의 경우 신경전달물질의 신호가 감소하거나 혼란이 생긴다. 이런 원리를 이용하여 우리나라 감염병 연구센터 연구팀에서 세로토닌을 실시간으로 모니터링할 수 있는 바이오센서를 개발했다. 우울증 환자들의 유전적 소인은 무엇인지 진단하는 방법 및 치료 방법에 대해 탐구해 보자.

관련 학과 간호학과, 미술치료학과, 보건관리학과, 약학과, 의예과, 한의예과

《내 몸 안의 뇌와 마음 탐험, 신경정신의학》, 고시노 요시후미, 황소연 역, 전나무숲 (2022)

[12유전01-06] ● ● ●

원핵세포와 진핵세포의 유전자 구조와 유전체 구성을 이해하고, 공통점과 차이점을 비교하여 설명할 수 있다.

➡️ 국내 연구진이 유전자 단백질의 돌연변이에 의한 기능 감소 시 에너지 대사 및 활성산소 조절 주요 세포 소기관(퍼록시좀)의 감소를 유도하여 파킨슨병의 원인이 될 수 있음을 규명하였다. 세포 내에 존재하는 퍼록시좀은 단일막 구조의 세포 소기관으로 대부분의 진핵세포에 존재하며, 지방산을 분해하고 콜레스테롤 대사를 조절하는 기능을 한다. 선천성 유전자 변이나 노화에 따른 퍼록시좀 연구가 선천성 뇌신경계 발달장애나 파킨슨병과 같은 신경퇴행성 질환 분야의 새로운 치료 전략으로 주목받고 있다. 신경퇴행성 질환을 비롯해 암, 대사질환, 노인성 질환 등의 치료와 연관지어 퍼록시좀에 대해 탐구해 보자.

관련 학과 약학과, 의예과, 한의예과

《세포학: 분자적 접근》, Geoffrey M. Cooper, 문자영 외 16명 역, 월드사이언스 (2021)

[12유전01-07]   • • • •

반보존적 DNA 복제 과정을 이해하고 그 의미를 추론하여 협력적으로 소통할 수 있다.

➡️ DNA 복제를 통해 특정 유전자의 기능을 수정하거나 대체함으로써 유전질환을 치료하는 가능성에 대해 논의하고, 이에 따른 잠재적인 장단점과 윤리적인 고려사항을 탐구해 보자. 또한 개인의 유전정보를 기반으로 한 개인 맞춤형 진단과 예방, 치료 전략을 제공하는 개인화 의학의 가능성과 한계에 대해 의견을 공유하고 논의해 보자.

관련 학과) 간호학과, 보건관리학과, 의예과

《**생명의 윤리를 말하다**》, 마이클 샌델, 강명신 역, 동녘(2010)

단원명 | 유전자의 발현

🔍 | 유전자 발현 과정, 유전 부호, 유전 정보, 유전자 발현 조절 과정, 세포 분화, 단백질 합성

[12유전02-01]   • • • •

전사와 번역 과정을 거쳐 유전자가 발현되는 중심원리를 이해하고, 모형을 이용하여 유전자 발현 과정을 설명할 수 있다.

➡️ 바이오 신약 개발에서 유전자 클로닝과 유전자 발현은 중요한 과정이다. 이때 사용되는 주요 원리와 기술에 대해 조사하자. 원하는 유전자를 추출하고 복제하는 과정인 유전자 클로닝과 클로닝된 유전자를 특정 세포에서 유효하게 작용하도록 하는 유전자 발현 과정에 대해 탐구해 보자. 이러한 과정은 생명과학과 분자생물학 원리를 기반으로 하는 바이오 신약의 효과와 안정성을 평가하는 데 중요한 역할을 한다.

관련 학과) 약학과, 의예과

《**합성의약품 시대는 가고 바이오의약품 시대가 온다**》, 이형기 외 2명, 청년의사(2023)

[12유전02-02]   • • • •

유전 부호를 이해하고, 유전 부호 표를 사용하여 유전 정보를 해독할 수 있다.

➡️ 특정 유전질환과 약물 효과 사이의 관련성을 조사하고, 유전 부호 해독을 통한 유전 정보를 환자에게 가장 적합한 약물 치료 방법을 찾는 데 활용하는 방안에 대해 토의해 보자. 또한 유전 부호 해독을 통해 얻은 유전 정보를 이용하여 질병을 예측하고 개인 맞춤형 의학에 활용하는 방안에 대해 탐구해 보자. 개인의 유전 정보를 기반으로 한 질병의 예방과 진단, 치료 등 맞춤형 의료 서비스의 효율성에 대해 발표해 보자.

관련 학과) 간호학과, 보건관리학과, 수의예과, 약학과, 의예과

《**의학유전학**》, 로버트 누스바움, 박선화 역, 범문에듀케이션(2017)

[12유전02-03]   • • • •

원핵생물과 진핵생물의 유전자 발현 조절 과정을 비교하기 위한 설명 자료를 다양한 매체를 활용하여 제작할 수 있다.

➡ 말단 소체는 염색체를 구성하는 DNA의 끝에 있는 부위로 세포가 분열할 때마다 조금씩 짧아진다. 그리고 일정 길이 이상으로 짧아지면 DNA가 더는 복제하지 못해 세포 분열이 멈추고 노화가 일어난다. 하지만 암 세포는 세포가 분열해도 말단 소체가 짧아지지 않는데, 그 이유에 대해 근거 자료를 찾아 조사하고, 암 세포를 제거할 수 있는 치료 방법에 대해 탐구해 보자.

관련 학과 간호학과, 방사선학과, 보건관리학과, 약학과, 의예과, 한의예과
《텔로미어와 텔로머레이스》, 이오상진, 탐구당(2022)

[12유전02-04] ● ● ●

생물의 발생 과정에서 세포 분화가 유전자 발현 조절 과정을 통해 일어남을 추론할 수 있다.

➡ 국내 연구진이 세포분열 이상으로 야기되는 암 발생과 암 세포 증식 억제를 유도하는 항암제 개발에 크게 이바지할 수 있을 것으로 기대되는 새로운 세포분열 기전을 발견하였다. 연구팀은 윈트신호 전달의 주요 인자 중 하나인 베타-카테닌 단백질이 세포분열의 마지막 과정인 세포질 분열을 조절하는 핵심 인자임을 알아냈다. 이러한 사실은 베타-카테닌의 인산화 조절을 통해 세포분열 조절이 가능함을 의미하며, 세포분열 이상으로 초래되는 암 발생 또는 암 세포 증식을 억제하는 항암제 개발에 필요한 기전을 제공한 것이라고 할 수 있다. 관련 자료를 분석하여 세포분열 이상과 암 발생의 관계, 그리고 항암제의 치료 방법을 탐구해 보자.

*윈트(Wnt)신호 전달: 세포 운명 결정, 세포 이동, 세포 극성, 세포 분화 등 다양한 발생 단계에서 세포 상태를 조절하는 신호 전달 기전.

관련 학과 방사선학과, 보건관리학과, 약학과, 의예과
《과학의 발전과 항암제의 역사》, 김규원 외 3명, 범문에듀케이션(2015)

[12유전02-05] ● ● ●

생물의 유전자 발현 조절 및 발생에 대한 연구가 인류 복지에 기여한 사례를 조사하여 협력적으로 소통할 수 있다.

➡ 태어나면서부터 선천성 면역 결핍증을 앓아온 베터(1971~1984)는 무균 상태로 유지되는 투명한 버블 공간(플라스틱 공간) 안에서 살아야 했다. 치료법이 개발될 때까지 기다리고자 했으며, 열두 살 때 골수 이식을 받았으나 바이러스에 감염되어 결국 세상을 떠나고 말았다. 데실바(1986~)는 중증 복합 면역 결핍증에 걸렸지만, 1990년 최초의 유전자 치료를 통해 면역력이 회복되었다. 데실바가 받은 유전자 치료 방법을 조사하고 면역력 회복을 위한 방법에 관해 탐구해 보자.

관련 학과 간호학과, 보건관리학과, 의예과, 한의예과
《면역의 모든 것》, 헤더 모데이, 최영은 역, 코리아닷컴(2022)

단원명 | 생명공학 기술

🔍 생명공학 기술, 단일클론항체, 줄기세포, 유전자 편집 기술, 난치병 치료, 단백질 화합물, 유전자 변형 생물체(LMO), 생명 윤리

[12유전03-01] ● ● ●

생명공학 기술 발달 과정에서의 주요 사건을 조사하고 다양한 매체를 활용하여 발표할 수 있다.

국어 교과군

영어 교과군

수학 교과군

도덕 교과군

사회 교과군

과학 교과군

➔ 코노톡신은 청자고둥이 지닌 신경독을 총칭하며 청자고둥은 신경독소를 이용하여 먹이를 잡는다. 그런데 사람을 죽일 수 있는 무서운 신경독소인 코노톡신이 사람을 살리는 진통제 역할을 하기도 한다. 코노톡신이 독소로서 작용하는 메커니즘은 신경 전달에 관여하는 이온 채널이나 수용체를 차단하는 것이다. 코노톡신을 이용하여 만든 진통제는 모르핀보다 수천 배나 강한 진통 효과가 있으면서 부작용도 적다. 코노톡신의 의학적 활용과 생물의 신경 독소 활용 사례에 대해 탐구하여 발표해 보자.

관련 학과 보건관리학과, 약학과, 의예과, 임상병리학과, 한의예과

《독은 우리 몸에 어떤 작용을 하는가》, 다나카 마치, 이동희 역, 전나무숲(2022)

[12유전03-02] ● ● ●

단일클론항체, 줄기세포, 유전자 편집 기술이 난치병 치료에 활용된 사례를 조사하고, 이러한 치료법의 전망에 대해 협력적으로 소통할 수 있다.

➔ 혈액세포에 발생한 혈액암인 백혈병의 치료에 줄기세포 이식이 활용되는 경우가 있다. 백혈병은 골수에 발생하는 악성 질환으로 정상적인 혈액 세포의 생성과 조절이 균형을 잃은 상태이며, 줄기세포 이식을 통해 혈액세포를 재생하고 치료할 수 있다. 줄기세포를 이용한 난치병 치료법과 임상 응용에 대한 탐구를 진행하고, 치료법의 전망에 대해 토의해 보자.

관련 학과 간호학과, 방사선학과, 보건관리학과, 약학과, 의예과

《신의 선물 신선줄기세포》, 정성일, 밀리언서재(2020)

[12유전03-03] ● ● ●

생명공학 기술 관련 학문 분야를 이해하고 우리 생활과 산업에 활용 사례를 조사하여 창의적으로 설명 자료를 제작할 수 있다.

➔ 세포 검사 기사는 질병 진단을 위해 환자의 세포 표본을 채취하고 분석하는 역할을 수행하며 암이나 바이러스, 박테리아 등 병원을 발견해 내는 직업이다. 세포를 채취하여 검사 기준과 조건에 따라 세포의 모양, 색깔, 크기의 이상 유무를 검사하는데, 이러한 세포 검사 결과는 환자의 진단 및 치료에 결정적인 역할을 한다. 세포 검사 기기처럼 병원에서 사용되는 의료기기를 통한 질병 검사와 치료 방법에 대해 탐구하여 발표해 보자.

관련 학과 의약계열 전체

《교실 밖에서 듣는 바이오메디컬공학》, 임창환 외 6명, MiD(2021)

[12유전03-04] ● ● ●

유전자 변형 생물체(LMO)의 특징을 이해하고 인간과 생태계에 미치는 영향을 추론할 수 있다.

➔ 유전자 변형 생물체(LMO)가 인간 건강에 미치는 영향을 조사한 후, 유전자 변형 생물체와 인간 건강의 관계에 대해 탐구해 보자. 유전자 변형 식품의 섭취, 유전자 치료 등을 통해 유전자 변형 생물체가 인체에 미치는 생리적·약리적 영향을 분석하고 약물 저항성에 대한 대응책에 대해 조사한 후 그 안전성과 효과에 대해 토의해 보자.

관련 학과 보건관리학과, 약학과, 의예과, 한의예과

《GMO 사피엔스의 시대》, 폴 크뇌플러, 김보은 역, 반니(2016)

[12유전03-05] ● ● ●

생명공학 기술의 활용 과정에서 나타나는 문제점과 이에 대한 사회적 책임을 인식하고 생명윤리 쟁점에 대해 의사결정할 수 있다.

➔ 농촌진흥청 연구소는 생명공학 기술을 활용하여 장기가 손상된 사람에게 장기를 이식하기 위한 목적으로 형질 전환 돼지를 생산했다. 형질 전환 돼지의 장기를 사람에게 이식해도 면역 거부 반응이 일어나지 않는다. 형질 전환 돼지와 같은 장기 이식용 복제 돼지가 생산되면서 돼지의 장기를 사람의 몸에 이식하는 의료 행위가 현실화될 가능성이 커졌다. 유전자 변형 생물체(LMO)를 생산하는 과정에 활용되는 생명공학 기술의 발달이 미래의 인간 사회에 미칠 영향에 대해 탐구하여 발표해 보자.

관련 학과 보건관리학과, 수의예과, 의예과, 한의예과

《**바이오테크 시대**》, 제러미 리프킨, 전영택 외 1명 역, 민음사(2020)

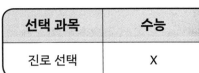

선택 과목	수능	지구시스템과학	절대평가	상대평가
진로 선택	X		5단계	5등급

단원명 | 지구 탄생과 생동하는 지구

> |🔍| 지구시스템, 생명체 탄생, 탄소의 순환 과정, 판구조론, 플룸 구조 운동, 암석의 순환 과정, 화산 활동, 지진파

[12지시01-02] ● ● ●

지구시스템이 진화해 온 역사에서 물, 탄소, 산소의 순환 과정을 통해 지권, 수권, 기권이 변화해 왔음을 추적할 수 있다.

➡ 수인성 질병은 원생생물, 세균, 바이러스 등 병원성 미생물에 오염된 물에 의해 전파되는 감염성 질병이다. 수생동물 질병학과 관련된 도서나 연구 자료를 살펴보고, 수생동물에 침입하는 병원체에 대한 효과적인 방어 기전을 탐구해 보자. 또한 해양식물이나 해조류, 해양동물 등 다양한 수생생물에서 유용한 화합물을 추출해 의약품으로 활용한 사례를 조사해 보자.

관련 학과 보건관리학과, 수의예과, 약학과, 의예과

《수산생명 질병학 첫걸음》, 박성우 외 1명, 바이오사이언스(2012)

[12지시01-05] ● ● ●

지진파의 종류와 특성을 이해하고, 지진파를 이용하여 지구 내부구조를 알아내는 과정을 탐구할 수 있다.

➡ 지진이 일어날 때 발생하는 지진파가 통과하는 물질에 따라 진행 방향과 빠르기가 달라지는 성질을 이용해 지구의 내부구조를 파악할 수 있다. 지구 내부는 성질과 특성에 따라 지각, 맨틀, 핵으로 나뉜다. 이와 관련하여 X선 촬영, 초음파 촬영, CT, MRI 등을 이용해 인체의 구조를 탐구하는 원리와 인체의 기능에 대한 기전 연구, 병리학적 원인을 연구하는 인체해부학을 비교하여 발표해 보자.

관련 학과 의약계열 전체

《인체 해부학 대백과》, 켄 에슈웰, 한소영 역, 보누스(2024)

단원명 | 해수의 운동

> |🔍| 에크만 수송, 지형류, 해파, 천해파, 심해파, 해일, 조석

[12지시02-02]

해파의 발생 과정을 이해하고, 천해파와 심해파의 차이점을 비교·설명할 수 있다.

➡ 바다와 파도를 주제로 다룬 헤밍웨이의 《노인과 바다》는 낚시꾼 산티아고의 용기와 성장 이야기를 통해 자연 세계와 인간의 관계를 그린 작품이다. 이 작품의 주인공인 산티아고는 84일 동안 물고기를 잡지 못해 좌절감과 무력감을 느끼고 있었지만, 포기하지 않고 매일 바다로 나가 결국 물고기를 잡게 된다. 오랜 시간 물고기와 사투를 벌이는 과정에서 배가 부서지고 죽음의 위협을 느끼기도 하는데, 포기하지 않고 자신의 모든 힘을 쏟아내서 결국 잡아낸다. 이와 같이 《노인과 바다》는 인간의 삶과 죽음에 대한 고민이 담겨 있다. 인간이 질병이나 죽음에 직면했을 때의 심리에 대해 탐구하고, 의료인으로서 환자를 대하는 태도와 의사소통 방법에 대해 발표해 보자.

관련 학과 의약계열 전체

《아프다면서 병원에도 가지 않으시고》, 차이자펀, 우디 역, 갈라파고스(2021)

[12지시02-03]

해일이 발생하는 여러 가지 원인을 이해하고, 피해 사례와 대처 방안을 제안할 수 있다.

➡ 해저의 지각 변동이나 해상의 기상 변화에 의해 바닷물이 육지로 넘쳐 들어오는 해일로 인해 발생할 수 있는 주요 질병에 대해 조사해 보자. 예를 들어 상처와 외상으로 인한 감염 및 출혈, 하수도 시스템의 파괴로 인한 급성 감염병, 재해로 인한 정신질환(스트레스와 불안) 등이 있다. 이런 질병들에 대해 파악하고 치료 방법과 의료 대책에 대해 탐구해 보자.

관련 학과 간호학과, 물리치료학과, 보건관리학과, 수의예과, 응급구조학과, 의료공학과, 의예과, 한의예과

《트라우마 이해와 치료방법론》, 임재호, 교육과학사(2014)

단원명 | 강수 과정과 대기의 운동

| 🔎 | 생명체 존재 조건, 지구 평균 열수지, 대기의 안정도, 단열 변화, 전향력, 정역학적 균형, 바람의 발생 원리, 행성파, 편서풍 파동

[12지시03-02]

지표와 대기의 열 출입과 관련된 물리 과정 및 전 지구 평균 열수지를 해석할 수 있다.

➡ 도시 중심부의 기온이 주변 지역보다 높아지는 열섬 현상에 의한 주민 건강 문제에 대해 분석할 필요성이 있다. 도시 열섬 효과에 따른 고온 고습 환경이 주민들의 건강에 미치는 영향, 특히 노인이나 어린이, 저소득층 등 취약한 그룹이 보이는 증상과 질병 발생률을 조사해 보자. 이를 바탕으로 녹지 공간 조성, 의료 시스템 개선 등 대응 방안을 모색하여 발표해 보자.

관련 학과 간호학과, 보건관리학과, 약학과, 의료공학과, 의예과, 한의예과

《감염 도시—대규모 전염병의 도전과 도시 문명의 미래》, 스티븐 존슨, 김명남 역, 김영사(2020)

기온의 연직 분포와 대기의 안정도와의 관계를 이해하고, 단열변화를 통해 안개나 구름이 생성되는 과정 및 강수 과정을 분석할 수 있다.

바람이 약하고 날씨가 맑은 날 밤에는 지표면의 복사 냉각으로 지표 근처의 공기가 냉각되어 역전층이 생긴다. 이때 생긴 역전층은 매우 안정한 층으로 공기 덩어리의 대류가 일어나지 않는다. 따라서 대기로 배출된 오염 물질이 확산하지 못하고 지표 부근에 쌓여, 호흡기 질환 등 인간의 건강에 나쁜 영향을 미친다. 안개 속의 미세 입자가 호흡기로 흡입되어 나타나는 폐렴과 기관지염, 폐 부종 등 관련 질병에 대해 조사하여 건강 의학 칼럼을 작성해 보자.

관련 학과 간호학과, 보건관리학과, 의예과, 한의예과

공기 전쟁
—전 세계에 드리운
대기오염의 절박한 현실

베스 가디너, 성원 역,
해나무(2022)

책 소개

미국의 환경 저널리스트 베스 가디너가 전 세계를 누비며 공기 재앙의 현실을 폭로한 현장 보고서이다. 스모그로 희뿌연 영국과 매연으로 뒤덮인 인도부터 공기가 씹히는 폴란드, 미세먼지가 내려앉은 중국까지 현 시대 가장 보편적인 '전염병'인 대기 오염을 초래한 정치적 결정과 경제적 힘을 보여 준다. 수많은 건강 문제와 대기 오염의 관계를 뒷받침하는 과학적 증거 그리고 건강한 호흡을 하기 위한 내용으로 구성되어 있다.

세특 예시

기온의 연직 분포와 대기의 안정도의 관계에 대해 학습하고 복사 냉각에 의해 역전층이 형성되었을 때 대기로 배출된 오염 물질이 확산하지 못하고 호흡기 질환이 발생할 수 있음을 알게 됨. 새벽 안개 속의 미세입자가 호흡기로 흡입되어 폐렴과 기관지염, 폐 부종 등의 질병을 유발할 수 있다는 것을 알고 교과연계 독서활동으로 '공기 전쟁—전 세계에 드리운 대기오염의 절박한 현실(베스 가디너)'을 선정하여 읽음. 매년 전 세계에 700만 명의 조기 사망자를 유발하고 뇌졸중과 심장마비, 암, 치매와 조산 등 다양한 질병을 초래하는 대기 오염의 실태에 대해 분석하여 발표함.

기압의 연직 분포로 정역학적 균형을 이해하고, 대기 중 연직 운동의 발생 원인을 추론할 수 있다.

고층 아파트에 사는 50대 여성 가운데 고혈압 환자가 많다는 일본의 연구 결과가 보고됐다. 혈압은 건물의 층수와 직접적인 관련은 없지만, 고층 아파트에 살면 일상생활이나 환경이 혈압에 영향을 줄 수 있다. 또한 고층일수록 기압이 낮고 산소가 부족할 수 있기 때문에 인체에 좋지 않은 영향을 미친다는 설이 있다. 고층 아파트에 사는 것이 질병이나 혈압에 영향을 미치는지, 질병과의 관계에 대해 탐구해 보자.

관련 학과 보건관리학과, 수의예과, 응급구조학과, 의료공학과, 의예과, 한의예과

《알기 쉬운 고혈압·심장병 이야기》, 김한수, 군자출판사(2013)

본오표선한

영모표선한

수학표선한

도모표선한

사회표선한

과학표선한

선택 과목	수능	행성우주과학	절대평가	상대평가
진로 선택	X		5단계	5등급

단원명 | 우주탐사와 행성계

| 🔍 | 태양계, 우주 탐사, 태양 활동 감시 시스템, 케플러 법칙, 소천체, 외계 행성계

[12행우01-01]　　　　　　　　　　　　　　　　　　　　　　　　　　●●●

태양계 탐사선의 활동을 통해 알아낸 성과를 이해하고, 인공위성을 활용한 우주 탐사의 필요성을 토론할 수 있다.

➡ 우주 탐사의 발전과 인류의 우주 활동이 미치는 영향을 이해하고 미래를 위해 대비할 필요가 있다. 인류가 다른 행성을 탐사하고 이동할 때의 생리적·심리적 영향을 조사해 보자. 이를 위해서는 천문학과 생물학, 심리학 등 다양한 학문을 통합한 연구가 필요하다. 우주에서의 생활과 인류의 역할에 대한 학문적 연구를 통해 생명 유지 시스템 개발과 심리적 건강 유지, 우주 환경 적응 등에 영향을 줄 수 있다. 우주 여행의 장기화에 따른 인간의 감정과 심리적 변화에 대해 탐구해 보자.

관련 학과 의약계열 전체

《우주인들이 인간관계로 스트레스받을 때 우주정거장에서 가장 많이 읽은 대화책》,
더글러스 스톤 외 2명, 김영신 역, 21세기북스(2021)

[12행우01-02]　　　　　　　　　　　　　　　　　　　　　　　　　　●●●

태양 활동 감시 시스템과 지구 접근 천체를 비롯한 지구를 위협하는 우주 위험 감시 기술의 중요성을 우주 재난 측면에서 인식할 수 있다.

➡ 우주라는 환경의 가장 큰 특성 중 하나는 무중력이다. 무중력 상태에서 나타나는 인체의 변화와 질병에 대해 탐구해 보자. 지구 표면에서 우리의 몸은 중력의 영향을 받아 혈액을 비롯한 체액이 아래로 쏠리며, 뼈와 근육의 기능이 발달한다. 그러나 우주 환경에서는 중력이 없어서 체액은 온몸으로 퍼져 얼굴이 붓고, 안압이 높아지는 증상이 나타난다. 또한 뼈를 이루는 칼슘의 감소로 골다공증이 생기고 신장, 비뇨기에도 영향이 있다. 귀의 전정 기능이 상실되면서 균형 감각을 잃거나 어지럼증과 구토 증세가 나타나기도 한다. 이와 같은 무중력 환경에서 나타나는 심혈관, 근골격, 신경계의 문제에 대해 탐구해 보자.

관련 학과 보건관리학과, 의료공학과, 의예과

《우주에서 살기, 일하기, 생존하기》, 톰 존스, 승영조 역, 북트리거(2017)

[12행우01-05]　　　　　　　　　　　　　　　　　　　　　　　　　　●●●

외계 행성계 탐사의 원리를 이해하고, 외계 행성에 생명체가 존재할 수 있는 조건과 외계 생명체의 존재 가능성에 대해 논증할 수 있다.

➡ 보이저 1호에는 '지구의 속삭임'이라는 이름의 타임캡슐이 실렸으며 이 타임캡슐에는 지구의 이야기가 12인

치의 황금 디스크에 실려 운반되고 있다. 보이저 1호는 약 60개 언어로 된 인사말, 인간의 문화와 음악, 자연 음향, 115장의 사진 정보가 실려 1972년 3월에 발사되었다. 이는 다른 항성계의 고등 외계인이 지구를 이해하도록 돕기 위한 것이었다. 보이저 1호는 현재 교신이 끊긴 상태로 태양계 밖으로 나가 항해 중이다. 외계 행성에 생명체가 존재할 수 있는 조건에 대해 알아보고, 인간이 다양한 외계 행성의 조건에 맞게 살아가려 할 때 나타나는 인체의 변화에 대해 탐구하여 발표해 보자.

관련 학과 방사선학과, 보건관리학과, 의료공학과, 의예과, 임상병리학과

《우주의 바다로 간다면》, 케빈 피터 핸드, 조은영 역, 해나무(2022)

단원명 | 태양과 별의 관측

🔍 광구, 흑점, 태양의 자전주기, 시차, 별의 거리, 시선속도, 접선속도, 질량-광도 관계, 맥동 변광성, 폭발 변광성

[12행우02-01] • • •

태양의 광구와 대기에서 나타나는 현상을 설명하고, 이러한 현상이 다양한 파장의 관측 자료에서 어떻게 나타나는지 비교·분석할 수 있다.

➡ 국제우주정거장(ISS)에서는 우주의 무중력 환경을 이용해 지상에서 발생하는 다양한 질환의 메커니즘을 규명하는 연구와 치매 치료제, 항암제 등 지상에 필요한 약제를 개발하는 연구가 활발히 진행되고 있다. 태양이 방출하는 매우 강한 방사선에 노출되면 암의 원인이 되기도 하며, 면역계를 비롯한 골수와 혈관, 중추 신경계, 위장 등에 문제를 유발할 수 있다. 우주 방사선이 인체에 어떤 영향을 미치는지, 그리고 이로 인해 발생할 수 있는 질병에 대해 탐구해 보자.

관련 학과 방사선학과, 보건관리학과, 수의예과, 약학과, 의예과

《방사선생물학》, 방사선생물학연구회, 청구문화사(2019)

[12행우02-02] • • •

별의 시차와 밝기를 이용하여 거리를 측정하는 다양한 방법을 비교·평가할 수 있다.

➡ 스티븐 호킹(1942~2018)은 영국의 이론물리학자로 블랙홀이 있는 상황에서의 우주론과 양자 중력 연구에 크게 기여했으며, 자신의 이론 및 일반적인 우주론을 다룬 여러 대중 과학 서적을 저술했다. 호킹은 21세 때부터 근위축성 측색 경화증(루게릭병)을 앓는 바람에, 휠체어에 의지하며 생활했다. 근위축성 측색 경화증의 원인과 증상, 치료제 및 치료 방법에 대해 탐구해 보자.

관련 학과 간호학과, 약학과, 의예과, 한의예과

《눈으로 희망을 쓰다》, 이규연 외 1명, 웅진지식하우스(2009)

[12행우02-03] • • •

별의 시선속도와 접선속도의 합으로 공간 운동이 나타남을 이해하고, 별자리를 구성하는 별들의 장시간에 걸친 형태 변화를 추론할 수 있다.

➡ 도플러 효과를 이용해 시선속도를 측정할 수 있다. 도플러 초음파는 의료 영상 분야에서 혈류 문제를 진단하는

방식을 변화시켰다. 비침습적 영상 기법은 도플러 효과의 원리를 활용하여 혈액 순환을 정확하게 평가하고 이상을 감지하며, 다양한 혈관 상태에 대한 자료를 제공한다. 이를 심부정맥혈전증(DVT)이나 말초동맥질환(PAD)과 같은 말초혈관 질환 등의 진단에 활용할 수 있다. 도플러 초음파를 통한 혈류 진단의 원리와 혈류 관련 질환에 대해 탐구해 보자.

관련 학과 | 간호학과, 수의예과, 의료공학과, 의예과, 한의예과

《**혈관초음파**》, 조진현, 가본의학(2007)

단원명 | 은하와 우주

| 🔍 | 성단, 맥동변광성, 성간 소광, 은하 회전 속도, 적색 편이, 분광 관측, 현대 우주론, 은하 장성, 보이드, 현대 우주론

[12행우03-01]   ● ● ●

성단의 C-M도를 이용하여 성단의 나이와 거리를 비교하고, 맥동변광성의 주기-광도 관계를 이용하여 우리 은하의 구조와 규모를 추론할 수 있다.

➡ 철학에서 우주론은 우주의 본질, 기원, 구조 등에 대해 탐구하는 분야이며, 역사적으로 우주론에 대한 논의는 종교적·과학적·철학적 시각에서 다양하게 이루어졌다. 우주와 우리은하의 무한성과 한계에 대한 철학적 고찰은 우주학, 물리학, 그리고 종교의 관점에서 출발한다. 철학자의 우주관을 조사하고 의학적 관점에서 우주론에 대해 토론해 보자.

관련 학과 | 수의예과, 의예과, 한의예과

《**철학자의 우주산책**》, 유호종, 필로소픽(2021)

[12행우03-05]   ● ● ●

은하의 공간 분포 자료를 통해 은하의 집단을 이해하고, 은하 장성, 보이드 등 우주의 거시적인 구조를 현대 우주론과 관련지어 설명할 수 있다.

➡ 1943년 앙투안 드 생텍쥐페리가 발표한 소설 《어린 왕자》는 인간의 본질과 인간관계, 사회적 압박 등에 관한 깊은 의미를 전달하고 있다. 어린 왕자는 여러 행성을 여행하며 다양한 인물을 만나고 인간의 가치와 사회적 문제에 대해 생각한다. 인간의 상상력과 탐구 정신을 자극하는 독특한 경험이 될 수 있는 우주 여행을 하는 인간의 심리에 대해 탐구해 보자. 우주의 불확실성으로 인해 생기는 심리와 질병에 대한 두려움에서 나타나는 심리를 비교하여 토의해 보자.

관련 학과 | 의약계열 전체

《**불확실성의 심리학**》, 아힘 페터스, 이미옥 역, 에코리브르(2022)

선택 과목	수능	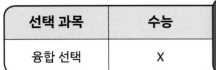	절대평가	상대평가
융합 선택	X		5단계	X

단원명 | 과학과 문명의 탄생과 통합

> | 🔎 | 인류 문명, 지혜, 그리스, 철학자, 중세 시대, 유럽, 중동 지역, 종교, 문화, 과학, 르네상스, 과학혁명,
> 사회문화적 배경, 예술, 신념, 세계관

[12과사01-01] ● ● ●

인류 문명의 탄생 과정에서 인류의 지혜가 담긴 과학적 사례를 발견하고, 이를 통해 과학이 인류 문명의 형성 과정에 기여하였음을 이해할 수 있다.

➡ 빅 히스토리는 인류 역사 전체를 아우르는 넓은 시간적·공간적·학문적 범위를 다루는 학문 분야이다. 인류 역사뿐만 아니라 지구의 형성부터 현재에 이르기까지의 모든 사건과 과정을 포괄하는 통합적 접근을 지향한다. 빅 히스토리는 일반적으로 큰 시간적 범위인 천문학, 지질학, 생물학, 인류학, 문화학, 그리고 사회과학과 같은 다양한 학문 분야를 종합하여 연구한다. 우주의 탄생부터 별의 형성, 지구의 생성, 생명의 발전, 그리고 인류 문명의 형성까지 포함하고 있다. 인류의 역사를 개별적인 사건이나 단편적인 시대로만 바라보는 것이 아니라 큰 맥락에서의 탐구한다. 빅 히스토리를 통한 지구의 역사를 탐구하고, 의학이 인류 문명의 형성 과정에 이바지한 과학적 사례를 중심으로 글을 작성해 보자.

`관련 학과` 의약계열 전체

《박문호 박사의 빅히스토리 공부》, 박문호, 김영사(2022)

[12과사01-03] ● ● ●

중세 시대 유럽과 중동 지역을 중심으로 종교나 문화가 과학에 기여한 바를 이해하고, 고대 그리스의 과학과 중세 과학의 특징을 비교할 수 있다.

➡ 중세 시대의 유럽과 중동 지역에서 종교와 문화는 과학 연구를 지원하고 활성화하는 역할을 했다. 이는 과학의 역사와 발전에 영향을 미쳤으며, 중세 시대의 과학적 발견과 연구가 현대 과학의 기초를 마련하는 데 중요한 기반이 되었다. 중세 시대의 중동 지역에서는 고대 그리스와 고대 이슬람 지식을 번역하고 보존하는 작업이 활발히 이루어졌고, 이러한 작업을 통해 수학·천문학·의학 분야의 여러 지식을 유럽으로 소개하고 이를 통해 과학 연구를 촉진했다. 중세 시대 유럽과 중동 지역을 중심으로 종교나 문화가 의학에 기여한 바를 조사하고, 고대 그리스의 과학과 중세 과학의 특징을 의학적인 측면에서 비교·분석한 후 발표해 보자.

`관련 학과` 의약계열 전체

《세계사를 바꾼 화학 이야기》, 오미야 오사무, 김정환 역, 사람과나무사이(2022)

단원명 | 변화하는 과학과 세계

[12과사02-04]   • • •

감염병이 사회에 영향을 미친 대표적인 사례를 찾고, 과학이 사회문제 해결에 기여함을 인식할 수 있다.

➡ 감염병은 인류 역사를 통해 사회에 많은 영향을 미쳤다. 역사상 가장 유명한 감염병인 흑사병은 14세기 유럽에서 시작되었는데, 전염력이 강하고 치명적이었기 때문에 인구의 급격한 감소를 불러왔다. 또한 콜레라, 독감, 에볼라, 그리고 최근의 코로나19와 같은 감염병들은 세계적인 유행으로 사회, 경제, 정치 등에 영향을 주었다. 감염병의 대유행으로 인한 경제적 충격, 사회적 거리두기, 병원 체계의 부하 등은 감염병이 사회에 미치는 영향의 대표적인 사례이다. 관련 정책의 변화, 공공의료 시스템, 정부의 대응, 사람 사이의 교류 방식 변화 등은 모두 감염병 유행의 영향을 반영하고 있다. 감염병이 사회에 영향을 미친 대표적인 사례를 구체적으로 조사하고, 의료 기술이 사회문제 해결에 어떻게 이바지했는지 보고서를 작성하여 발표해 보자.

관련 학과 의약계열 전체

《**세계사를 바꾼 10가지 감염병**》, 조 지무쇼, 서수지 역, 사람과나무사이(2021)

단원명 | 과학과 인류의 미래

[12과사03-04]   • • •

인간과 기계, 사물 등을 연결하는 과학기술의 발전 동향을 파악하고 미래 사회의 변화를 예측할 수 있다.

➡ 사물 인터넷은 인간, 기계, 기기 간의 연결을 강화하는 핵심 기술로 발전하고 있으며, 실시간 데이터 수집 및 분석을 통해 효율적인 통신, 생산, 서비스를 가능하게 한다. 머신러닝, 인공지능, 클라우드 컴퓨팅과 결합하여 스마트 시스템의 성능을 높이고, 자동화된 의사결정과 상호작용을 지원한다. 특히 5G 네트워크와 빅데이터는 이러한 발전에 중요한 역할을 하며, 연결된 장치 간 효과적인 소통과 데이터 처리를 지원한다. 이러한 기술의 발전은 스마트 시티, 스마트 홈, 스마트 헬스케어 등 다양한 분야에 혁신적인 서비스와 시스템을 제공하면서 산업과 인간 생활에 큰 변화를 가져오고 있다. 특히 의료 분야에서는 원격 의료, 웨어러블 기기 모니터링, 스마트 병원 등의 의료 기술이 사물 인터넷과 결합하여 발전하고 있으며, 환자 상태를 실시간으로 모니터링하고 원격으로 진료하는 등 환자 맞춤형 의료 서비스가 가능해지고 있다. 인간과 기계, 사물의 연결을 통해 의료 분야에서 사물 인터넷 기술이 어떻게 활용되고 있으며 미래의 의료 서비스에 어떤 변화를 가져올지 예측한 후 '5G 네트워크 기반 IoT 기술이 원격 수술 및 진단에 미친 영향과 미래 전망'을 주제로 보고서를 작성해 보자.

관련 학과 의약계열 전체

《**사물인터넷 개론**》, 서경환 외 3명, 배움터(2023)

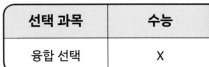

선택 과목	수능	기후변화와 환경생태	절대평가	상대평가
융합 선택	X		5단계	X

단원명 | 기후와 환경생태의 특성

| 🔍 | 날씨, 기후, 기후 시스템, 기후변화, 생태계, 되먹임 과정, 생태지도

[12기환01-01] ●●●

날씨와 기후의 특성을 이해하고, 이를 비교하여 설명할 수 있다.

➡ "무릎이 쑤시는 걸 보니 비가 오려나 보다."라는 할머니의 말이 과학적으로 맞다는 설이 있다. 날씨와 기후의 변화가 인간의 정서와 감정에 어떤 영향을 미치는지 조사해 보자. 또한 날씨와 기후에 따른 인체의 변화를 조사하고 과학적 연관성에 대해 탐구해 보자. 일기 예보 데이터와 연계하여 맑은 날이나 비 또는 눈이 오는 날, 구름 낀 흐린 날의 인간의 감정 변화를 분석하거나 인체의 변화와 기후 스트레스 간의 관련성을 분석해 보자.

관련 학과 의약계열 전체

《**기후변화의 심리학**》, 조지 마셜, 이은경 역, 갈마바람(2018)

[12기환01-03] ●●●

기후변화가 생태계와 우리의 생활환경에 영향을 미친 사례를 조사하여 발표할 수 있다.

➡ 지구 온난화에 의해 기후변화가 진행되면 수온이 높아져 비브리오균이나 슈퍼 박테리아가 증가하여 질병 발생을 증대시킬 수 있다. 비브리오균이나 슈퍼 박테리아가 번성하게 되는 환경을 조사하고, 비브리오균이나 슈퍼 박테리아가 인간의 건강에 어떤 위험을 초래할 수 있는지 분석하여 발표해 보자. 또한 지구 온난화와 질병 발생의 상관관계에 대해 친구들의 인식을 개선할 수 있는 캠페인 활동을 기획하여 진행해 보자.

관련 학과 간호학과, 보건관리학과, 수의예과, 약학과, 의예과, 한의예과

책 소개

만성질환의 대유행 시대에 들어선 지금, 질병을 유발하는 8가지 요인과 현대인을 가장 괴롭히는 8가지 질병에 대해 심층 분석한 책이다. 특히 농업혁명과 문명의 탄생, 산업혁명 등 환경의 급격한 변화를 일으킨 요인들이 인간의 질병에 어떤 영향을 끼쳤는지, 과연 질병은 유전적 요인과 환경적 요인 중 어느 요인에 더 많은 영향을 받는지를 인류사 전체를 통해 살펴본다.

세특 예시

기후변화가 생태계와 인간의 생활환경에 미친 영향에 대해 학습하고 기후변화가 일어나면 온도, 습도, 강우량 등이 변화하기 때문에 질병을 옮기

국어 교과군

영어 교과군

수학 교과군

도덕 교과군

사회 교과군

과학 교과군

質병의 탄생
—우리는 왜, 어떻게
질병에 걸리는가

홍윤철, 사이(2014)

는 매개체들의 생존과 번식, 이동에 영향을 미칠 수 있다는 것을 인식함. 이와 관련된 도서인 '질병의 탄생—우리는 왜, 어떻게 질병에 걸리는가(홍윤철)'를 읽고, 지구 온난화에 의해 기후변화가 진행되면 기온과 수온 상승에 의해 비브리오균이나 슈퍼 박테리아가 증가하여 질병 발생을 증대시킬 수 있다는 것을 알게 됨. 더 나아가 학술 자료와 매체 자료를 분석하여 지구 온난화와 질병 발생의 상관관계에 대해 발표함.

단원명 | 기후위기와 환경생태 변화

| 🔍 | 기후위기, 융해와 열 팽창, 극한 기상 현상, 미래 생태계 변화 예측 보고서, 꽃의 개화 시기, 곤충의 개체수 감소 원인, 생물 다양성, 곤충 매개 감염병

[12기환02-01]   ● ● ●

기후위기가 일어나는 주요 원인을 이해하고, 기후위기의 심각성을 인식할 수 있다.

➡ 세계 곳곳에서 기온이나 강수량 등이 정상적인 상태를 벗어난 이상기후 현상이 발생하고 있다. 이집트에서는 112년 만에 눈이 내려 피라미드와 스핑크스가 하얀 눈에 덮이고, 남미 대륙에서는 겨울인데 기온이 40도에 육박하는 이상고온 현상이 지속되기도 했다. 이러한 이상기후 현상에 적응하기 위해 나타나는 인체의 변화와 질병의 연관성에 대해 탐구하여 발표해 보자.

관련 학과 의약계열 전체

《**로마의 운명: 기후, 질병, 그리고 제국의 종말**》, 카일 하퍼, 부희령 역, 더봄(2021)

[12기환02-02]   ● ● ●

빙상의 융해와 열 팽창으로 인한 해수면 상승을 기후변화와 연계하여 설명할 수 있다.

➡ 기후정보포털에서 기후변화 영향 정보에 대한 다음과 같은 내용을 확인할 수 있다. "21세기 동안 지구 온난화를 1.5℃로 억제하더라도 지구 전체의 평균 해수면 높이는 2100년 이후에도 계속 상승할 것이며, 남극 해빙과 그린란드 빙상의 손실은 수백 년에서 수천 년에 걸쳐 수 미터의 해수면 상승을 초래할 수 있다. 상승 규모와 속도는 미래 탄소배출 경로에 따라 달라지는데, 지구 온난화가 1.5℃일 때 0.26~0.77m, 2℃일 때 0.30~0.93m로 예상된다. 이는 지구 전체의 해수면이 0.1m 상승할 때 2100년 인구 기준으로 최대 1,000만 명이 리스크에 더 노출된다는 것을 의미한다. 온난화로 인한 해수면 상승과 관련해 바닷물 침입, 홍수와 기반 시설 피해 증가가 군소 도서 지역, 저지대 해안 지역, 삼각주의 인간계와 생태계에 더 많은 위험을 초래할 것이다." 지구 온난화에 의한 해수면의 상승으로 해안 저지대가 침수될 것으로 분석되는데, 해안 저지대의 침수로 인해 나타날 수 있는 질병과 질병의 치료 방법에 대해 탐구해 보자.

관련 학과 간호학과, 보건관리학과, 수의예과, 약학과, 의예과, 임상병리학과, 한의예과

《**물이 몰려온다 ― 높아지는 해수면, 가라앉는 도시, 그리고 문명 세계의 대전환**》,
제프 구델, 박중서 역, 북트리거(2021)

[12기환02-03]

극한 기상 현상의 종류와 원인을 이해하고 극한 기상 현상이 환경생태에 미친 영향을 사례를 들어 설명할 수 있다.

➡ 극한 기상 현상은 인간에게 다양한 심리적 영향을 미칠 수 있다. 극한 기상 현상이 예측되거나 발생했을 때, 많은 사람이 불안감 속에서 자신과 가족의 안전을 걱정하며 긴장 상태에 놓일 수 있다. 때로는 생명과 안전에 위험 요소를 접하면서 두려움과 공포를 느낄 수 있으며 이로 인해 정신건강 문제가 발생할 수 있다. 또한 고통과 어려움이 장기간 지속된다면 정서적 충격과 부정적인 심리적 영향을 받아서 자살 위기에 직면할 수도 있다. 극한 기상 현상 발생 시 심리적·정신적 충격에 대해 조사하고 치료하기 위한 방안에 대해 탐구하여 발표해 보자.

관련 학과 간호학과, 보건관리학과, 약학과, 응급구조학과, 의예과, 한의예과

《정신분석 치료세계를 아십니까?》, 윤정, 북보자기(2023)

[12기환02-04]

기후변화 시나리오에 따른 미래 생태계 변화 예측 보고서를 찾아보고, 미래의 기후와 생태계의 변화 양상을 추론할 수 있다.

➡ 최근 동해에 출몰하는 해파리 떼로 어장이 황폐해지고, 때로는 사람도 위협받고 있다. 해파리의 대량 발생 주기는 50년 정도였으나, 최근 2~3년으로 짧아지고 출몰하는 기간도 길어지고 있다. 전문가들은 한반도 연근해에 해파리가 급증한 원인으로 지구 온난화로 인한 수온 상승과 해양 환경의 변화를 거론한다. 2010년 부산에서 열린 32회 정부 간 기후변화 협의체(IPSS) 총회에 따르면 2100년이 되면 해수면의 온도가 현재보다 약 3℃ 상승하고 해수면이 약 21cm 높아질 거라고 한다. 해수면의 온도와 해수면 높이의 변화가 인간이나 생태계에 어떤 영향을 미칠지 분석하고 토의해 보자.

관련 학과 보건관리학과, 수의예과, 의예과, 임상병리학과, 한의예과

《기후변화와 생태계 물질순환》, 박훈 외 3명, OJERI BOOKS(2024)

[12기환02-05]

꽃의 개화 시기 변화 자료를 조사하고, 꽃의 개화 시기 변화가 우리 생활에 끼치는 영향을 추론할 수 있다.

➡ 다양한 꽃에서 추출한 화합물이 인체에 어떤 생리적인 효과를 유발하는지 알아보자. 또한 꽃 추출물이 항산화, 항염, 항암 등의 효과를 내는 것을 파악하고 화합물이 어떻게 작용하는지 분석하는 활동을 해 보자. 일부 꽃의 추출물이 항생제 또는 천연 소독제로서 잠재력을 가지고 있다는 자료를 찾아보거나 꽃에서 추출한 폴리페놀이 식후 혈당 상승 억제에 도움을 주고 1차 소화효소 분비 억제에 도움이 된다는 이야기의 관련 근거에 대해 학문적 연구를 해 보자.

관련 학과 보건관리학과, 약학과, 의예과, 임상병리학과, 한의예과

《꽃맛도 보고 질병도 치유하는 약이 되는 꽃 먹기 2》, 제갈영 외 1명, 지식서관(2021)

[12기환02-06]

꿀벌을 비롯한 곤충의 개체 수 감소 원인을 기후변화와 연계하여 설명할 수 있다.

➡ 꿀은 수분 함량이 낮고 단당류와 유기산, 효소 등을 함유하고 있어 세균의 생존과 번식을 억제할 수 있어 자연

적인 항균 효과가 있다고 한다. 또한 T세포와 B세포 같은 주요 면역 세포들의 기능과 분화를 조절하여 면역 시스템의 활성화에 중요한 역할을 한다고 한다. 생명과학 교과와 화학 교과를 연계하여 꿀의 항균 및 항염 작용, 면역 조절, 항산화 작용에 대한 학술적 탐구를 진행해 보자.

관련 학과 약학과, 의예과, 임상병리학과, 한의예과
《**프로폴리스 면역혁명**》, 김희성 외 1명, 모아북스(2015)

[12기환02-08] ● ● ●

모기나 파리와 같은 곤충 매개 감염병이 새롭게 출현하거나 급격히 확산되는 현상을 기후변화와 연계하여 설명할 수 있다.

➡ 말라리아, 뎅기열, 지카 바이러스, 라임병, 웨스트 나일 바이러스와 같은 벡터 매개성 질병이 세계 공중 보건에 중대한 위협이 되고 있다. 모기나 파리와 같은 곤충은 다양한 전염성 질병을 인간에게 전파하는 벡터로 작용할 수 있으며, 접촉을 줄이거나 예방접종 및 개인 위생 관리 등 예방과 관리가 필요하다. 특정 곤충 종류와 관련된 전염성 질환의 확산과 기후 요인 사이의 상관관계를 분석하고 특정 곤충 종류에 따른 치료제에 대하여 탐구해 보자.

관련 학과 보건관리학과, 수의예과, 약학과, 의예과, 임상병리학과, 한의예과
《**보건의료인을 위한 감염관리학**》, 공혜연 외 7명, 의학교육(2023)

➡ 기후변화로 인해 기온이 상승하고 습도가 증가하는 환경 변화가 발생할 수 있다. 이러한 변화는 바이러스, 세균, 진드기, 모기 등 벡터 생물들의 서식지와 번식 조건을 변화시킬 수 있으며, 결과적으로 벡터 매개성 질병의 유행 가능성을 증가시킬 수 있다. 예를 들어 모기 서식지와 번식 조건의 변화로 모기를 통해 전파되는 말라리아, 뎅기열, 지카 바이러스 등이 확산될 가능성이 커진다. 기후변화와 벡터 매개성 질병의 관계에 대해 탐구하여 발표해 보자.

관련 학과 간호학과, 보건관리학과, 수의예과, 의예과, 한의예과
《**모기: 인류 역사를 결정지은 치명적인 살인자**》, 티모시 C. 와인가드, 서종민 역, 커넥팅(2019)

단원명 | 기후위기에 대응하는 우리의 노력

| 🔍 | 백화 현상, 해양 생태계, 바다 사막화, 탄소중립 사회, 탄소 저감 과학기술, 기후위기

[12기환03-02] ● ● ●

기후변화에 따라 가속화되는 사막화, 대형 산불, 지역적 가뭄과 홍수 등을 이해하고, 이를 극복하기 위한 인류의 노력에 대해 토의할 수 있다.

➡ 기후변화에 의한 재해 발생 시 나타나는 질병에 대해 조사해 보자. 예를 들어 사막화에 의해 공기 중 미세먼지와 모래 성분이 증가하여 나타나는 호흡기 질환인 폐 질환, 산불에 의해 발생하는 연기와 공기 중의 유해 물질에 의한 호흡기 질환 및 화상과 염증 같은 피부질환, 가뭄으로 인해 식수가 부족하거나 오염되어 나타나는 식중독과 소아 건강 문제, 홍수로 인해 하수도 시스템이 파괴되고 오염되어 나타나는 위생 문제 및 수포진 같은 피부 감염 질병 등 지역적인 조건, 보건 시스템의 대응 능력에 따라 심각성과 유병률이 달라질 수 있다. 기후변화에 따른 재해에서 발생하는 질병에 대한 예방 조치와 적절한 의료 지원, 치료 방법에 대해 탐구해 보자.

관련 학과 간호학과, 보건관리학과, 수의예과, 약학과, 의예과, 한의예과
《기후와 날씨, 건강 토크 토크》, 반기석 외 1명, 프리스마(2017)

[12기환03-04] • • •

기후위기와 환경생태 변화에 대응하기 위한 국제 사회의 노력을 알아보고, 민주 시민으로서 참여 방안을 제안할 수 있다.

➜ 폭우나 태풍 해일이 없이 바닷물이 넘쳐 일어나는 침수 피해를 '마른하늘의 홍수(sunny day flooding)'라고 한다. 미국의 과학자들이 사례를 집계하여 분석한 결과, 미국 동부와 남부 연안에서 마른하늘의 홍수가 급격히 늘고 있다. 노퍽 시에서 대서양을 따라 남쪽으로 800km를 가면 조지아 주의 작은 마을 디비 아일랜드가 나오는데, 이곳은 육지와 도로로 연결되어 있다. 최근 해수면이 높아지면서 침수가 잦아짐에 따라 티비 아일랜드는 고립된 섬이 되고 있다. 특정 지역이 고립되었을 때 나타나는 질병에 대해 과거의 사례를 조사하고, 이를 개선하기 위한 의료인의 역할과 참여 방안에 대해 토의해 보자.

관련 학과 간호학과, 보건관리학과, 수의예과, 약학과, 의예과, 임상병리학과, 치위생학과, 치의예과, 한의예과
《물이 몰려온다 — 높아지는 해수면, 가라앉는 도시, 그리고 문명 세계의 대전환》,
제프 구델, 박중서 역, 북트리거(2021)

선택 과목	수능	**융합과학 탐구**	절대평가	상대평가
융합 선택	X		5단계	X

단원명 | 융합과학 탐구의 이해

> 🔍 인류 사회, 문제 해결, 융합적 탐구, 예술 창작, 탐구 과정, 데이터의 종류와 가치, 지식의 창출

[12융탐01-01]　● ● ●

과학이 다양한 분야와 연계하여 인류 사회의 문제 해결에 기여하였음을 이해하고, 융합적 탐구의 유용성을 느낄 수 있다.

➡ 과학은 생물학, 지질학, 화학 등 여러 분야와 연계하여 환경 문제 해결에 기여하며, 이러한 협력은 복잡한 문제에 대한 효과적인 해결책을 찾는 데 중요한 역할을 한다. 과학과 사회에 대한 융합적 탐구를 통해 과학적 결정의 윤리적 측면과 사회적 영향을 이해하는 것은 필수적이며, 이는 과학적 결정이 사회에 미치는 영향을 고려할 수 있는 시민을 양성하는 데도 중요하다. 의학 또한 다양한 분야와 연계되어 인류 사회의 여러 문제를 해결하는 데 중요한 역할을 하고 있다. 예를 들어 환경 과학과 의학의 협력으로 공해나 유해 물질이 인체에 미치는 영향을 연구하고 대책을 마련하며, 정보 기술과 의학의 연계를 통해 원격 의료나 환자 맞춤형 의료 서비스가 가능해졌다. 의학이 다양한 분야와 협력하여 인류 사회의 문제 해결에 기여한 사례를 조사하고, 이러한 융합이 의료 분야에 어떤 변화를 가져왔는지 분석하여 '화학과 의학의 융합을 통한 신약 개발과 환경친화적 의료 기술 발전 사례 연구'를 주제로 보고서를 작성해 보자.

관련 학과 의약계열 전체

《**질병 정복의 꿈, 바이오 사이언스**》, 이성규, MiD(2023)

[12융탐01-04]　● ● ●

인공지능을 포함한 디지털 탐구 도구나 기술의 활용 사례를 조사하고, 과학적 탐구 과정에서 디지털 탐구 도구와 기술 활용의 의의를 평가할 수 있다.

➡ 인공지능을 포함한 디지털 탐구 도구와 기술은 언어 번역, 의료 진단과 치료, 자율 주행 자동차, 마케팅 및 광고, 예술 및 창작 등 다양한 분야에서 혁신적으로 활용된다. 의료 분야에서 인공지능은 X선, CT, MRI 스캔 이미지를 분석하여 종양, 질병 및 기타 의료 이상을 감지하는 데 사용된다. 인공지능을 활용한 로봇 수술 및 개인화된 치료 계획 개발도 연구 중이다. 의료 분야에서 인공지능을 포함한 디지털 탐구 도구나 기술의 활용 사례를 조사하고, '인공지능을 활용한 의료 영상 분석과 진단 정확도 향상 사례 연구'를 주제로 보고서를 작성해 보자.

관련 학과 간호학과, 보건관리학과, 수의예과, 약학과, 응급구조학과, 의료공학과, 의예과, 임상병리학과, 작업치료학과, 재활학과, 치기공학과, 치위생학과, 치의예과, 한의예과

《**인공지능 시대의 보건의료와 표준**》, 안선주, 청년의사(2019)

단원명 | 융합과학 탐구의 과정

[12융탐02-03]   ● ● ●

디지털 탐구 도구를 포함한 다양한 도구를 활용하여 데이터를 수집하고, 수집한 데이터의 타당성과 신뢰성을
평가할 수 있다.

➡ 과학에서 디지털 탐구 도구는 현대 과학 연구를 지원하는 다양한 디지털 도구와 소프트웨어를 의미하며, 데이
터 수집, 분석, 시각화, 시뮬레이션, 모델링, 실험 설계 및 협업을 향상시키는 데 사용된다. 이러한 도구들은 연
구자들이 복잡한 데이터를 효율적으로 처리하고 분석을 통해 유의미한 결과를 도출하는 데 중요한 역할을 한
다. 특히 의료 분야에서는 디지털 탐구 도구가 환자 데이터를 분석하고 질병 발생 경향을 예측하며 치료 계획
을 수립하는 데 활용된다. 예를 들어 병원에서 환자 수 증가 추이를 분석하거나 특정 질병의 유병률을 평가하
는 데이터 작업을 수행할 수 있다. 스프레드시트 프로그램을 사용하여 의료 관련 데이터를 수집하고, 다양한
그래프와 표를 활용해 데이터를 시각화하며, 이를 바탕으로 통계적 분석을 통해 수집한 데이터의 타당성과 신
뢰성을 평가해 보자. 이러한 분석 과정을 통해 데이터 기반의 의료 의사 결정이 어떻게 진행되는지 조사하고,
'의료 데이터의 통계적 분석을 기반으로 한 맞춤형 치료 계획 수립 사례 연구'를 주제로 보고서를 작성해 보자.

관련 학과 의약계열 전체

《엑셀 데이터 분석 바이블》, 최준선, 한빛미디어(2021)

[12융탐02-05]   ● ● ●

평균, 표준편차 등을 바탕으로 데이터의 특성을 파악하고, 이를 토대로 가설이나 모형을 평가할 수 있다.

➡ 평균, 표준편차 및 다른 통계적 요소를 활용하여 데이터의 특성을 파악하고 가설을 평가하는 사례 중 하나는
의약품 연구 및 임상시험이다. 새로운 의약품의 효과를 평가하기 위해 새로운 의약품이 특정 증상을 개선하는
데 효과적일 것으로 예상하고 '이 새로운 의약품은 특정 증상의 개선에 효과가 있다.'와 같은 가설을 설정할 수
있다. 연구자는 환자 집단에 새로운 의약품을 투여하고 특정 시점에서 증상의 변화를 측정하여 데이터를 수집
한 후, 환자 집단의 평균 증상 점수와 표준편차를 계산한다. 이러한 통계적 측정은 의약품 투여 전후의 증상 변
화를 파악하는 데 사용될 수 있다. 의학 분야에서 사용되는 평균이나 표준편차를 조사하여 어떻게 활용되는지
표로 정리하여 발표해 보자.

관련 학과 간호학과, 보건관리학과, 수의예과, 약학과, 응급구조학과, 의료공학과, 의예과, 임상병리학과, 작업치료학과, 재활
학과, 치기공학과, 치위생학과, 치의예과, 한의예과

《시험, 생활, 교양 상식으로 나눠서 배우는 통계학대백과사전》, 이시이 도시아키, 안동현 역, 동양북스(2022)

단원명 | 융합과학 탐구의 전망

[12융탐03-03]　●●●

융합과학 탐구 과정에서 준수해야 할 윤리에 대해 알아보고, 과학기술의 발달에 따라 발생할 수 있는 윤리적 쟁점을 토론할 수 있다.

➡ 융합과학은 다양한 학문 분야를 결합하여 새로운 지식과 혁신을 창출하는 과정이다. 이는 여러 학문 영역을 통합하고 상호작용하며 새로운 아이디어와 해결책을 도출하는 과정을 포함한다. 이러한 과정에서 다양한 전문성과 지식이 상호 보완적으로 융합될 수 있다. 융합과학의 탐구 과정은 다양한 단계로 나뉠 수 있다. 다양한 분야의 전문가들이 모여 문제를 정의하고 접근 방식을 결정한다. 이어서 각 분야의 지식을 융합하여 문제를 해결하는 새로운 접근법을 개발한다. 이 과정에서 실험, 모델링, 데이터 분석, 혁신적 기술 개발 등이 사용된다. 마지막으로 이러한 접근법과 기술이 실제 문제 해결에 적용되며, 결과를 평가하고 수정하는 과정을 거친다. 이러한 융합적인 접근은 새로운 아이디어와 기술을 발전시키고 혁신적인 해결책을 제시하는 데 중요하다. 다양한 분야의 전문가들이 협업하고 지식을 공유하면서 기존의 경계를 넘어서는 새로운 지식과 기술의 발전에 기여한다. 이러한 연구 과정에서 지켜야 할 원칙이나 지침을 토의와 토론을 통해 합의한다. '의료 분야 연구 과정의 3가지 원칙'을 주제로 보고서를 작성하여 발표해 보자.

관련 학과 의약계열 전체

《원병묵 교수의 과학 논문 쓰는 법》, 원병묵, 세로북스(2021)

[12융탐03-04]　●●●

융합과학 기술을 활용하여 사회문제를 해결하는 과정에서 시민 참여가 문제해결에 도움을 준 사례를 제시할 수 있다.

➡ 시민 과학은 전문적인 과학자가 아닌 일반인들이 과학적 연구에 참여하여 데이터를 수집하고 분석하는 활동을 의미한다. 이러한 시민 과학 활동은 의약 분야에서도 중요한 역할을 한다. 예를 들어 시민들은 스마트폰 앱을 사용하여 질병 증상을 기록하거나 건강 상태 및 생활 습관 데이터를 수집하여 연구 프로젝트에 기여할 수 있다. 이러한 데이터는 질병 발생 경향을 파악하고 건강 관련 연구를 통해 예방과 치료 방안을 모색하는 데 중요한 자료가 된다. 그러나 시민 과학 프로젝트에서는 개인정보 보호와 데이터 수집 과정의 윤리적 쟁점이 충분히 고려되어야 한다. 시민 참여형 공공 건강 프로젝트를 진행하기 위해 시민들의 의견을 수렴하고 데이터를 안전하게 관리하여 건강 연구에 반영하는 과정에서의 윤리적 측면을 분석하여 탐구 계획서를 작성해 보자.

관련 학과 의약계열 전체

《디지털 전환 시대 리더가 꼭 알아야 할 의료데이터》, 김재선 외 4명, 지식플랫폼(2023)

교과세특 탐구주제 바이블 _의약계열(2022 개정 교육과정 적용)

1판 1쇄 찍음   2025년 2월 3일

출판	(주)캠토
저자	허정욱·전소영·고재현·은동현·강서희·김강석·한승배·서수환·유홍규·안병선· 안준범·이남설·김래홍

총괄기획	이사라 (lsr@camtor.co.kr)
디자인	Gem
R&D	오승훈·민하늘·박민아·최미화·강덕우·송지원·국희진·양채림·윤혜원·송나래·황건주
미디어사업	이동준
교육사업	문태준·박흥수·정훈모·송정민·변민혜
브랜드사업	윤영재·박선경·이경태·신숙진·이동훈·김지수·조용근·김연정
경영지원	김동욱·지재우·임철규·최영혜·이석기·노경희
발행인	안광배

주소	서울시 서초구 강남대로 557(잠원동, 성한빌딩) 9F
출판등록	제 2012-000207
구입문의	(02) 333-5966
팩스	(02) 3785-0901
홈페이지	www.campusmentor.co.kr (교구몰)

ISBN 979-11-92382-46-3
ISBN 979-11-92382-41-8(세트)